Trunk • Die große Limpert-Ballspielschule

Elmar Trunk

Die große Limpert-Ballspielschule

Zielschussspiele erfolgreich lernen in Schule und Verein

Limpert Verlag Wiebelsheim

Bildnachweis: Cover: Fotolia©Alexander_M; Fotolia©Natalia Danecker; iStockphoto/Gary Milner; Fotolia©Dusan Kostic, Archiv Limpert
Alle Abbildungen im Buch stammen, sofern nicht anders angegeben, vom Autor.

Bibliografische Information der Deutschen Nationalbibliothek
Die Deutsche Nationalbibliothek verzeichnet diese Publikation in der Deutschen Nationalbibliografie; detaillierte bibliografische Daten sind im Internet über http://dnb.d-nb.de abrufbar.

1. Auflage 2013

www.verlagsgemeinschaft.com

Druck und Verarbeitung: Himmer AG, Augsburg
Printed in Germany/Imprimé en Allemagne
ISBN 978-3-7853-1866-9

Mario Gomez

Wie ich Fußballspielen lernte

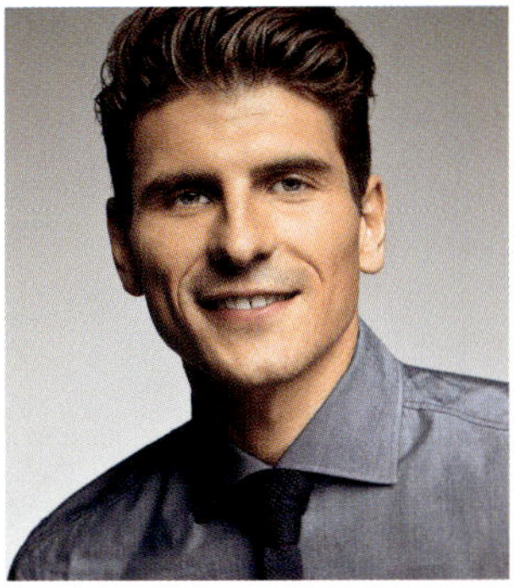

Zum Fußball kam ich wie die meisten anderen Kinder auch: Alles begann mit Torschussspielen mit meinem Vater im Wohnzimmer oder im Garten. Von frühen Kindesbeinen an begeisterte mich das Spiel mit dem Ball. Deshalb gehörte ich in meiner Heimatgemeinde Unlingen bald zu den Straßenspielern, die täglich in unserer Wohnsiedlung oder auf einem Bolzplatz stundenlang herumkickten. Im freien Spiel erwarb ich mir grundlegende Fähigkeiten und Fertigkeiten. Besonders fasziniert war und bin ich noch heute von der wohl schönsten Spielhandlung, dem Torabschluss: Von Anfang an wollte ich immer Tore für meine Mannschaft schießen, denn was gibt es Schöneres in einem Mannschaftsspiel als ein Tor zu erzielen, das aus dem gekonnten Zusammenspiel über mehrere Stationen resultiert.

Neben individueller Qualität wird dafür auch eine Taktik gebraucht, die das Einnehmen von Spielpositionen, die Übernahme von Aufgaben in Angriff und Verteidigung, eine Raumaufteilung, das Freilaufen zum richtigen Zeitpunkt und die Abstimmung der Laufwege mit den Mitspielern festlegt. Deshalb gehören gruppen- und mannschaftstaktische Elemente zur guten Ausbildung eines Jugendspielers.

Im C-Juniorenalter durfte ich über zwei Jahre hinweg erleben, wie mich der Autor dieses Buches Elmar Trunk als Trainer wesentliche taktische Elemente des Fußballspiels erlernen ließ, meine Fähigkeiten und Fertigkeiten gezielt förderte und mich so für die „schönste Nebensache" der Welt motivierte und vorbereitete.

Da die Straßenspieler leider immer seltener werden, freue ich mich, dass in der Ausbildungskonzeption der großen Limpert-Ballspielschule zahlreiche Elemente des Straßenspiels in verschiedenartigen Spielformen wiederzufinden sind und gerade die Inhalte des Sportspiels, die letztendlich seine Qualität, Dramatik und Attraktivität ausmachen, im Mittelpunkt stehen.

Ich wünsche allen Spielern, Lehrern und Trainern mit der großen Limpert-Ballspielschule viel Freude und Erfolg beim Erlernen und Lehren der Sportspiele.

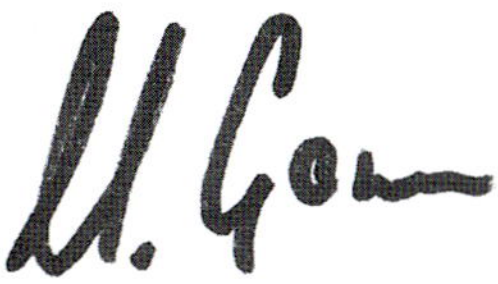

Mario Gomez

Inhaltsverzeichnis

Legende: ... XI
Vorwort ... XIII
Zielsetzung ... XVI

1 Eingrenzung des Themas und Einführung ins Lernen ... 1
1.1 Eingrenzung der Ballspiele auf Zielschussspiele ... 3
1.2 Einführung ins Lernen ... 5

2 Situationsanalyse der Ballsportarten ... 11
2.1 Die Ausbildung der Ballsportarten in Schule und Verein ... 11
2.2 Sportspielzugang früher ... 15
2.3 Sportspielzugang heute: Ausbildung im Verein ... 16
2.4 Problemfelder der Sportspielausbildung ... 17
2.4.1 Organisation des Trainingsbetriebs ... 18
2.4.2 Auswahl der Inhalte und Erfolgsdenken ... 19
2.4.3 Das Zeitbudget zum Lernen in den Sportspielen im Kindesalter ... 19
2.4.4 Das Medienverhalten der Kinder ... 22
2.4.5 Lehr- und Lernmethoden ... 22
2.4.6 Verfrühungserscheinungen in den Ballsportarten ... 23
2.4.7 Einseitige konditionelle und koordinative Ausbildung ... 23
2.4.8 Trainer- und Lehrerproblem? ... 24
2.4.9 Verplanung der Kinder ... 24
2.5 Zusammenfassung ... 25
2.6 Ausblick und Chancen ... 26

3 Handlungskompetenz in den Zielschussspielen ... 29
3.1 Die Komponenten der Handlungskompetenz im Sportspiel ... 29
3.2 Technik und Bewegungsfertigkeit ... 30
3.3 Taktik ... 31
3.4 Kognition ... 36
3.5 Interaktion ... 37
3.6 Emotion ... 38
3.7 Kondition/Koordination ... 39
3.8 Schlussfolgerungen für die Ausbildung der Handlungskompetenz ... 40

4 Fähigkeitsorientierter Fertigkeitserwerb und kompetenzorientiertes Lernen in den Ballspielen ... 41
4.1 Fähigkeiten als Lernvoraussetzungen ... 41
4.2 Die Struktur von Spielhandlungen ... 45
4.3 Allgemeine und koordinative Grundfähigkeiten ... 50
4.3.1 Die motorische Lernfähigkeit ... 51
4.3.2 Die motorische Steuerungsfähigkeit ... 52
4.3.3 Die motorische Anpassungs- und Umstellungsfähigkeit ... 54
4.3.4 Die sensorische/kinästhetische Differenzierungsfähigkeit ... 54
4.3.5 Die Orientierungsfähigkeit ... 56
4.3.6 Die Rhythmusfähigkeit ... 56
4.3.7 Die Reaktionsfähigkeit ... 56
4.3.8 Die Gleichgewichtsfähigkeit ... 57

4.3.9 Die Kopplungsfähigkeit ... 57
4.4 Die sensiblen Phasen der Fähigkeitsausbildung ... 57
4.5 Koordinative Ausbildung in einer Ballspielschule ... 58
4.5.1 Motorische Grundtätigkeiten und Ballkoordination ... 58
4.6 Die Fähigkeitstheorie in der Diskussion ... 60
4.6.1 Heidelberger Ballschule ... 61
4.7 Vom fähigkeits- zum kompetenzorientierten Lernen in den Zielschussspielen ... 63
4.7.1 Bildungsstandards und Kompetenzentwicklung ... 63
4.7.2 Die Rahmenbedingungen des kompetenzorientierten Lernens ... 64
4.7.3 Kompetenzorientiertes Lernen in den Zielschussspielen ... 66

5 Strukturmerkmale der Zielschussspiele – strukturiertes Lernen ... 71
5.1 Gemeinsame Strukturmerkmale der Zielschussspiele ... 71
5.1.1 Spielgedanke ... 72
5.1.2 Die Grundsituationen der Zielschussspiele ... 73
5.1.3 Individualtaktische Basiselemente ... 77
5.1.4 Gruppentaktische Elemente ... 84
5.1.5 Mannschaftstaktische Elemente ... 93
5.1.6 Basistechniken ... 94
5.1.7 Das Fähigkeitspotenzial des Ballspielers ... 98
5.2 Gemeinsame Ausbildungsinhalte der Zielschussspiele ... 100
5.3 Lerntheoretische Überlegungen zum Spielen lernen ... 102
5.3.1 Beispiel-Regel-Ableitung ... 102
5.3.2 Handlungskompetenz durch Wiederholung ... 104
5.3.3 Grundstruktur 3:3 oder 4:4 – Ordnung erleichtert Wahrnehmung ... 104
5.3.4 „Informationsstaubsauger“ Gehirn ... 106
5.3.5 Neuronale Vernetzung ... 106
5.3.6 Lerngespräche/Reflexionsphasen ... 107
5.4 Alters- und entwicklungsbedingte Lernvoraussetzungen ... 107
5.5 Langfristiger Erwerb der Spielstrukturen ... 108
5.6 Curriculum zur Entwicklung der Handlungskompetenz in den Zielschussspielen ... 109

6 Integratives und differenziertes Erlernen der Zielschussspiele ... 111
6.1 Integrative Ausbildung der speziellen Spielfähigkeit ... 112
6.2 Strukturverwandtschaft und Lerntransfer ... 112
6.3 Das Weingärtner Übertragungsmodell (WÜM) ... 114
6.4 Differenzierung in der Sportspielausbildung ... 117
6.4.1 Die äußere Differenzierung ... 117
6.4.2 Die innere Differenzierung ... 118
6.4.3 Spielen in homogenen und heterogenen Mannschaften ... 118
6.4.4 Praktikable Differenzierungsmaßnahmen in der Spielausbildung ... 119

7 Methodik einer Ballspielschule ... 121
7.1 Methoden der Sportspielvermittlung ... 122
7.1.1 Spielen oder Üben? ... 122
7.1.2 Die Technik-Taktik-Methode ... 124
7.1.3 Die Konfrontationsmethode ... 125
7.1.4 Die spielgemäße Methode ... 126
7.1.5 Die Inszenierung von Spielsituationen ... 128
7.1.6 Genetisches Lehren und Lernen ... 129

7.1.7 Das Taktik-Spielkonzept (TGFU- und TAA-Methode) 130
7.2 Die Steuerungsvariablen des Spiels 132
7.3 Methodisches Vermittlungsproblem bei simultanen Angriffs- und Abwehraktionen im Sportspiel 133
7.4 Methodische Überlegungen zur Ausbildung der Antizipation 134

8 Das Programm der Ballspielschule 137
8.1 Die Ausbildungspyramide – vier Ausbildungsstufen 137
8.1.1 Erste Ausbildungsstufe: Von Torwurf-/Torschusssituationen über Kleine Spiele zu den Vehikelspielen 138
8.1.2 Zweite Ausbildungsstufe: Über Torschuss-/Torwurf-/Korbwurfspiele zu Überzahl- und Gleichzahlspielen 140
8.1.3 Dritte Ausbildungsstufe: Von der spielspezifischen individual- und gruppentaktischen Ausbildung in den Spielsituationen (1)+3:3+(1) zu den Minisportspielen 141
8.1.4 Vierte Ausbildungsstufe: Von den Mini-Sportspielen (1)+4:4+(1) zu den komplexen Mannschaftsspielen 143
8.2 Handlungskompetenz durch Lernen kognitiver, emotional-affektiver und psychosozialer Ausbildungsinhalte 144
8.3 Visualisierungsmaßnahmen im Taktikunterricht zur Unterstützung der Lernprozesse 145
8.4 Die Ausbildungsphilosophie und das Spielsystem für Schule und Verein 147

Praxisteil: Kinder-Ballspielschule 149

9 Stufe 1 – Von Torwurf-/Torschusssituationen und Kleinen Spielen zu Vehikelspielen 149
9.1 Baustein 1: Ballkoordination/motorische Grundtätigkeiten 152
9.1.1 Beispiele zur Ausbildung ausgewählter koordinativer Fähigkeiten 153
9.2 Baustein 2: Torwurf-/Torschusssituationen 159
9.2.1 Torschusssituation 1:1 auf zwei Tore 160
9.2.2 Torschusssituation 2:2 auf zwei Tore 161
9.2.3 Torschusssituation 3:3 auf zwei Tore 162
9.2.4 Torschusssituationen 1:1/2:2/3:3 auf zwei Tore nach Balltransport 164
9.2.5 Unterstützende Spielformen zur Fähigkeits- und Fertigkeitsentwicklung – Laufspiele mit Ball 165
9.3 Baustein 3: Kleine Spiele 171
9.3.1 Kleine Spiele mit indirektem Störspieler 173
9.3.2 Kleine Spiele mit direktem Störspieler 176
9.3.3 Der horizontal anfliegende Ball – Werfen und Fangen 181
9.3.4 Zielwurfspiele zur Schulung der Treffsicherheit, des Passens und Fangens 183
9.3.5 Exkurs: Der hoch einfliegende Ball 184
9.4 Baustein 4: Vehikelspiele 187
9.4.1 Vehikelspiele mit dem rollenden Ball 189
9.4.2 Vehikelspiele mit dem aufsetzenden Ball 191
9.4.3 Spielformen 3:3 mit dem horizontal anfliegenden oder hoch einfliegenden Ball 193

10 Stufe 2 – Über Torschuss-/Torwurf-/Korbwurfspiele zu Überzahl- und Gleichzahlspielen 195
10.1 Baustein 1: Ballkoordination/motorische Grundtätigkeiten 196

10.1.1 Beispiele zur Ausbildung ausgewählter koordinativer Fähigkeiten 197
10.2 Baustein 2: Torschuss-/Torwurf-/Korbwurfspiele 204
10.2.1 Spielsituation I: 1:1:1 207
10.2.2 Spielsituation II: 2:2:2 212
10.2.3 Spielsituation III: 3:3:3 214
10.2.4 Spielsituationsorientierte Koordinationsschulung 217
10.3 Baustein 3: Überzahlspiele 219
10.3.1 Spielsituation IV: 2+1:3:1+2 222
10.3.2 Spielsituation V: 2+2: 4: 2+2 229
10.3.3 Spielsituation VI: 1+2:3:2+1 235
10.3.4 Spielsituation VII: 1+3:4:3+1 238
10.4 Baustein 4: Gleichzahlspiele 242
10.4.1 Spielsituation VIII: 1+3:3+1 243
10.4.2 Spielsituation IX: 1+4:4+1 246
10.4.3 Aufgabenbeispiele zur Veranschaulichung von Wissen in den Ballspielen 250
10.4.4 Stundenbilder als Beispiele 252

11 Die praktische Umsetzung der Kinder-Ballspielschule 263
11.1 Kinder-Ballspielschule im Sportunterricht 263
11.2 Ballspielschule im außerschulischen Sport – realisierbare Vision oder Utopie? 264

Praxisteil: Jugend-Ballspielschule 267

12 Stufe 3 – Von der individual- und gruppentaktischen Ausbildung zu den Mini-Sportspielen (1)+4:4+(1) 267
12.1 Baustein 1: Koordination/motorische Grundtätigkeiten 268
12.1.1 Sportartübergreifende Koordinationsschulung von Passarten/-wegen mit verschiedenen Laufarten 268
12.1.2 Sportartspezifische Koordinationsschulung von Passarten/-wegen mit verschiedenen Pass- und Laufarten 271
12.2 Baustein 2: Technische und individualtaktische Basiselemente 275
12.3 Baustein 3: Gruppentaktik 276
12.4 Baustein 4: Taktik der Mini-Sportspiele (1)+4:4+(1) 278
12.5 Basketball 282
12.5.1 Lektion 1: Individualtaktik – Freilaufen auf dem Flügel zur Angriffsauslösung – Deckungsverhalten des Abwehrspielers 284
12.5.2 Lektion 2: Individualtaktik – Schneiden des Spielmachers zum Korb – Deckungsverhalten des Abwehrspielers 290
12.5.3 Lektion 3: Gruppentaktische Angriffsmaßnahme – Ersetzen oder Cut and Fill .. 296
12.5.4 Lektion 4: Gruppentaktische Angriffsmaßnahme – Give and Go 299
12.5.5 Lektion 5: Gruppentaktische Angriffsmaßnahme – Blocken und Abrollen 302
12.5.6 Lektion 6: Gruppentaktische Angriffsmaßnahme – Spiel über den Dritten 305
12.5.7 Lektion 7: Gruppentaktische Angriffsmaßnahme – Schneiden über den Flügel (Hinterlaufen) 306
12.5.8 Lektion 8: Gruppentaktische Angriffsmaßnahme – Fast Break 309
12.5.9 Lektion 9: Gruppentaktische Abwehrmaßnahme – Sinkende MMV und Übergeben – Übernehmen 311
12.5.10 Lektion 10: Basketball – Mini-Sportspiel 4:4 314
12.5.11 Lektion 11 – Mannschaftstaktik:Umschalten von Abwehr auf Angriff/ von Angriff auf Abwehr 329

12.6 Fußball 338
12.6.1 Lektion 1: Individualtaktik – Freilaufen auf dem Flügel zur Angriffsauslösung – Deckungsverhalten des Abwehrspielers 338
12.6.2 Lektion 2: Individualtaktik – Ziehen des Spielmachers zum Tor – Deckungsverhalten des Abwehrspielers 345
12.6.3 Lektion 3: Gruppentaktische Angriffsmaßnahme – Ersetzen des Spielmachers . 350
12.6.4 Lektion 4: Gruppentaktische Angriffsmaßnahme – Doppelpass 353
12.6.5 Lektion 5: Gruppentaktische Angriffsmaßnahme – Hinterlaufen auf dem Flügel 356
12.6.6 Lektion 6: Gruppentaktische Angriffsmaßnahme – Spiel über den Dritten 359
12.6.7 Lektion 7: Gruppentaktische Angriffsmaßnahme – Kreuzen im Angriffszentrum 362
12.6.8 Lektion 8: Gruppentaktische Abwehrmaßnahme – „Mann-Raum-Verteidigung" mit Übergeben und Übernehmen 366
12.6.9 Lektion 9: Fußball – Mini-Sportspiel 1+4:4+1 374
Taktikelement: Abwehrverhalten der Sturmspitze in der „Ball-Raum-Verteidigung" 385
12.6.10 Lektion 10: Mannschaftstaktik – Umschalten von Abwehr auf Angriff/von Angriff auf Abwehr 389
12.7 Handball 399
12.7.1 Lektion 1: Individualtaktik – Stoßen auf dem Flügel – Deckungsverhalten des Abwehrspielers 400
12.7.2 Lektion 2: Individualtaktik – Stoßen des Spielmachers auf Lücke – Deckungsverhalten des Abwehrspielers 407
12.7.3 Lektion 3: Gruppentaktische Angriffsmaßnahme – Doppelpass nach Stoßen ... 412
12.7.4 Lektion 4: Gruppentaktische Angriffsmaßnahme – Parallelstoß 416
12.7.5 Lektion 5: Gruppentaktische Angriffsmaßnahme – Übergänge spielen 421
12.7.6 Lektion 6: Gruppentaktische Angriffsmaßnahme – Sperre – Absetzen 428
12.7.7 Lektion 7: Gruppentaktische Angriffsmaßnahme – Kreuzen 430
12.7.8 Lektion 8: Gruppentaktische Angriffsmaßnahme – Tempogegenstoß 436
12.7.9 Lektion 9: Gruppentaktische Abwehrmaßnahmen in der Raumdeckung 440
12.7.10 Lektion 10: Handball – Mini-Sportspiel 1+4:4+1 446
12.7.11 Lektion 11 – Mannschaftstaktik: Umschalten von Abwehr auf Angriff/ von Angriff auf Abwehr 460

13 Stufe 4 – Von den Mini-Sportspielen (1)+4:4+(1) zu den komplexen Mannschaftsspielen 469
13.1 Basketball: Vom 4:4 zum Zielspiel 5:5 471
13.2 Fußball: Vom 1+4:4+1 zu den Zielspielen 1+6:6+1 / 1+8:8+1 475
13.3 Handball: Vom 1+4:4+1 zum Zielspiel 1+6:6+1 481

Literaturverzeichnis 485

Register 489

Über den Autor 493

Legende:

	Spieler verschiedener Mannschaften
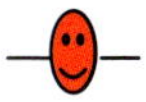	Tiger = störender Gegenspieler
	Ball
	Tor
	Offentor
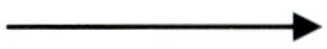	Ballweg, Pass
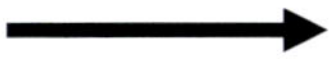	Zielschuss: Korb-/Torwurf/Torschuss
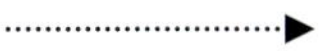	Laufweg des Spielers  (Im Gegensatz zur üblichen Darstellung wird der Laufweg der Spieler gestrichelt angegeben, weil er so der Laufbewegung eher entspricht.)
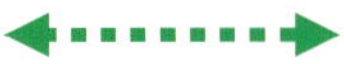	besondere Hervorhebung der Freilaufbewegung eines Spielers
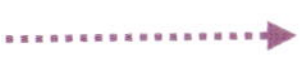	Laufweg mit kurzfristigem Ballbesitz im Handball
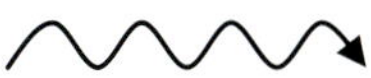	Dribbling
	Markierungshütchen/-teller
	Stangen als „passive Gegenspieler“
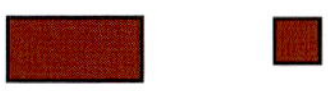	Kasten/Kleinkasten
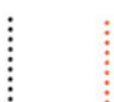	Schuss-/Wurflinie/Spielfeldbegrenzung
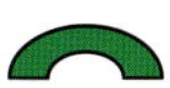	Block/Sperre
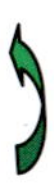	Passfinte
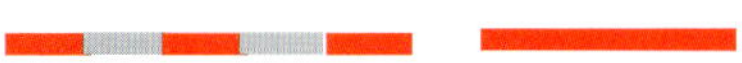	Baustellenband/Stretchband
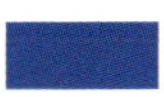	Turnmatte
	Sternschritt im Basketball

Benutzerhinweise:

– zur Schreibweise: (1) + 2: 3: 2+(1)

(ggf. 1 Torwart) + 2 Verteidiger parken und warten auf den Angriff | 3 Angreifer gegen | 2 Verteidiger + (ggf. 1 TW)

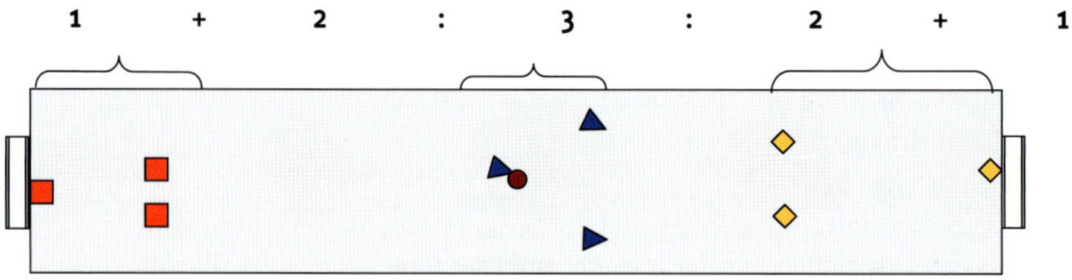

Im Basketball fällt der Torwart (TW) weg, der dritte Spieler einer Mannschaft pausiert und fungiert als Schiedsrichter. Wenn eine Spielsituation sportspielübergreifend angegeben wird, wird der Torwart deshalb immer in Klammer gesetzt.

– zur Terminologie:

Zur Vereinfachung der Schreib- und Leseweise

- wird in die Bezeichnung „Lehrer/Trainer/Spieler/Schüler" selbstverständlich auch die weibliche Form eingeschlossen;
- wird unter „Zielschuss" ein Torschuss, Torwurf, Korbwurf oder Wurf in eine Bandgasse zusammengefasst;
- wird oft nur eine Bezeichnung für „Unterricht" oder „Training" gewählt, obwohl die Aussagen für den Vereins- als auch Schulsport Gültigkeit besitzen.

– zur Gestaltung:

Spiel- und Übungsphasen werden deutlich voneinander abgesetzt. Längere Übungsphasen oder mehrere Übungsformen sind deshalb farblich hinterlegt.

Abkürzungen:

BB – Basketball
FB – Fußball
HB – Handball
HO – Hockey
TW – Torwart
WÜM – Weingärtner Übertragungsmodell
BASS – Ballspielschule (KI-BASS = Kinder-Ballspielschule, JU-BASS = Jugend-Ballspielschule)
MMV – Mann-Mann-Verteidigung

Vorwort

Die Große Limpert-Ballspielschule stellt eine durchgängige und stringente Ausbildungskonzeption für die Schule und den Verein vor, und das in mehreren strukturgleichen Ballspielen zugleich, nämlich in den sogenannten Zielschussspielen Basketball, Fußball, Handball und m. E. Hockey. Sie tritt bereits zu Beginn über einen monosportiven Ausbildungsansatz hinaus, präsentiert einen identischen Ausbildungsweg für vier Sportspiele und erfährt dadurch eine gewisse Einzigartigkeit. Besonders für Sportlehrer verspricht das eine ökonomische Unterrichtsvorbereitung, die sich nach einer Einarbeitungsphase auf drei weitere Sportspiele weitgehend strukturgleich übertragen lässt.

Für die Schüler bedeutet dieses Vermittlungsmodell eine Erleichterung, da sie rasch auf bekannte Strukturen zurückgreifen und somit das Lernen intensivieren können.

Eine solch langfristige Ausbildungskonzeption verlangt eine klare Gliederung, die mit der Aufteilung in eine Kinder- und Jugendballspielschule vollzogen wird. In beiden Ballspielschulen steht das praktische Lernen im Mittelpunkt, das in einem umfangreichen Theorieteil unter den Aspekten fähigkeitsorientiert – strukturiert – differenziert – integrativ thematisert wird. Dadurch erhalten Lehrer und Jugendtrainer das fachliche Wissen für eine fundierte Umsetzung.

Im Praxisteil der Kinderballspielschule werden zunächst die Lern- und Leistungsvoraussetzungen gezielt entwickelt und in einem polysportiven Ansatz Kindern die Möglichkeit gegeben, sich zu vielseitigen Ballspielern zu entwickeln. Die Jugendballspielschule setzt den eingeschlagenen Weg konsequent fort, indem das bislang entwickelte Spielsystem sportspielspezifisch ausdifferenziert wird und aus den Kindern Basketball-, Fußball- oder Handballspieler werden lässt.

Für die Jugendabteilungen der Ballspielvereine ergeben sich aus diesem Ansatz sowohl eine langfristige inhaltliche Jugendkonzeption als auch die Möglichkeit, neue Wege in der Nachwuchsförderung mit veränderten Strukturen einzuschlagen. Sportlehrer aller Schulen finden hier ein Spielcurriculum, das eine konkrete Unterteilung in Primar-, Orientierungs- und Sekundarstufe I sowie II erlaubt.

Das Vorhaben, ein Fachbuch zu einem so umfangreichen Thema mit verschiedenen Zielsetzungen zu schreiben, erfordert Unterstützung, aber auch vor allem Verständnis nahestehender Personen. Dazu gehört in erster Linie meine Familie, insbesondere meine Ehefrau und meine beiden erwachsenen Kinder, denen ich an dieser Stelle dafür herzlich danken möchte.

Zahlreiche Anregungen, neue Erkenntnisse und wichtige Impulse konnte ich während meiner fast dreißigjährigen Dienstzeit als Sportlehrer und auch als Fachleiter für Sport am Staatlichen Seminar für Didaktik und Lehrerbildung Weingarten in vielen Gesprächen mit Kollegen und auch bei Fortbildungen in den verschiedensten Sportarten sowie als langjähriges Mitglied des Trainerlehrstabs des Württembergischen Fußballverbandes sammeln. Allen Beteiligten gilt dafür mein aufrichtiger Dank.

Während des Schreibens wurden bald fachliche Diskussionen, Tipps, Feedbacks zu den Inhalten und zum Aufbau dieses Buches nötig, denn bei einer Arbeit dieser Komplexität läuft man Gefahr, den „Wald vor lauter Bäumen nicht mehr zu sehen“. Dafür waren fachkompetente Kolleginnen und Kollegen gefragt, ohne die ein solches Projekt nicht zu bewältigen wäre. Dafür möchte ich mich besonders bei meinem Vorgänger am Seminar für Didaktik und Lehrerbildung Weingarten, Herrn Prof. Wolfgang Scheuer, bedanken. Er hat mich nicht nur in meinem eigenen Referendariat mit dem von ihm federführend entworfenen Weingärtner Übertragungsmodell bekannt gemacht, sondern mich in freundschaftlicher Verbundenheit über meine ganze schulische Tätigkeit hinweg und bei der Ausdifferenzierung des Modells begleitet und letztendlich zu diesem Fachbuch motiviert. In akribischer Korrekturarbeit stand er mir ebenso zur Seite wie meine Kollegin am Seminar, Frau Stefanie Kucera. Aus der Sicht des erfahrenen Sportlehrers beäugten Studiendirektor Joachim Gerlach, aus der Sicht des Junglehrers und Basketballexperten Michael Zoller und aus der Sicht des Sportstudenten mein Sohn Timo das Werk kritisch und unterstützten das Gelingen mit konstruktiven Vorschlägen. Große Unterstützung erfuhr ich ebenfalls durch Tobias Nusser, der mir aus Referendarssicht Rückmeldung gab und als Computerfachmann mit Rat und Tat zur Seite stand. Allen dafür ein herzliches Dankeschön.

Für die Fotoaufnahmen stellten sich junge Sportler zur Verfügung, die im Fußball- oder Handballsport aktiv sind. Sie nahmen wie selbstverständlich den Hockeyschläger oder den Basketball in die Hand und belegen damit die sportspielgerichteten Möglichkeiten des Ausbildungsansatzes, der keine Perfektion in der Ausführung einfordern darf. Ihnen gebührt ebenso mein Dank wie meinem Trainerkollegen Mike Gleich von der Firma Jako-Sport für die Ausstattung der Demonstratoren mit Trikots, meinem Sohn Timo für die Fotoaufnahmen, meiner Cousine Trude Trunk für das Korrekturlesen und meinem Lektor Herrn Christian Becker für die kompetente Betreuung und Überarbeitung. Einschließen möchte ich auch den Limpert-Verlag für die Bereitschaft, ein so umfangreiches und mit vielen Abbildungen versehenes Lehrbuch zu verlegen.

Elmar Trunk, im Sommer 2012

Anmerkungen des Autors zum Lernen:
Ich selbst habe im vergangenen Jahr beim Schreiben meines Fachbuches zum Erlernen der Ballspiele sehr viel gelernt, vor allem über meinen PC. Als Vertreter einer Generation, die leider oder Gott sei Dank (siehe Kap. 2) nicht von Anfang an mit diesen Geräten aufgewachsen war, hatte ich schon vor vielen Jahren als Autodidakt begonnen, mich mit ihnen auseinanderzusetzen. Doch mit der Absicht, ein Fachbuch über ein so komplexes Thema zu schreiben, trat ich in eine neue Dimension ein. Die Anlage eines solch umfangreichen Dokuments war mir nie und nirgendwo vermittelt worden, auch hatte ich die verschiedenen Möglichkeiten meines PC wohl noch nicht in seiner ganzen Fülle kennen gelernt, viele Dinge noch nicht entdeckt. Oft stieß ich an meine Grenzen. Beharrlichkeit und Willensausdauer waren nötig. In der Fachsprache nennt man das heute „volitive Fähigkeiten“. Stunden, Tage, Nächte saß ich vor meinem PC, der mir sehr viel Geduld und Disziplin abverlangte. Er bereitete mir oft mehr Probleme als die spannende inhaltliche Arbeit, sodass der „Spaßfaktor“ oft nicht gegeben war.

Wenn ich ehrlich bin, verstanden habe ich dieses Gerät noch nie. Trotzdem habe ich mir bestimmte Fertigkeiten und Fähigkeiten im Umgang mit ihm angeeignet. Vor allem habe ich gelernt, mich mit Problemen auseinanderzusetzen und Lösungen zu finden. Das eigenständige Suchen dauerte oft stundenlang, führte mitunter zu keinem Erfolg. Dagegen brachten der Tipp eines Experten oder dessen genaue Anleitung mitunter nach wenigen Sekunden die richtige Lösung. Induktives und deduktives Vorgehen bescherten mir Erfolgserlebnisse, ich lernte durch verschiedene methodische Verfahrensweisen, manchmal schnell, manchmal langsam. Am wenigsten kam ich mit Fachbüchern im Stile „Computer – so geht's!“ zurecht. Fehlendes theoretisches Hintergrundwissen und die Unkenntnis zahlreicher Fachtermini ließen die Anleitungen zu einem undurchdringbaren Dickicht werden.

Erkennen Sie Parallelen zum „Erlernen der Ballspiele“?

Spiele verstehen? Fertigkeiten und Fähigkeiten entwickeln durch Ausprobieren, durch Tipps von Experten? Induktives, deduktives Vorgehen? Spaß? Beharrlichkeit? Willensausdauer? Probleme lösen?

In den Ballspielen stoßen Kinder auch permanent auf Situationen, die es zu lösen gilt. Das gelingt manchen sehr schnell, andere brauchen viele Wiederholungen, Impulse einer fachkompetenten Person, Anleitungen, Ratschläge ... Einige bleiben hartnäckig an einer Sache dran, während andere rasch aufgeben, nicht zuhören können, unkonzentriert sind, sich nicht anstrengen wollen oder können. Lernen spielt sich im Inneren einer Person ab, wo sich viele, auch rivalisierende Gefühle, Empfindungen, Einstellungen und Haltungen gegenüber stehen.

Fertige Stundenbilder, die uns „vorgaukeln“, dass alle Spieler zum selben Zeitpunkt dieselben Inhalte in der gleichen Zeit am selben Ort lernen, können diesen unterschiedlichen Voraussetzungen und inneren Vorgängen für ein qualitatives Lernen nicht gerecht werden, weshalb in diesem Buch ein anderer Weg eingeschlagen wird.

Zielsetzung

Das Fachbuch verfolgt die Intention, Übungsleitern und Trainern in den Ballspielvereinen, Sportlehrern in der Schule und Studenten eine Ausbildungskonzeption mit der Akzentuierung des Lernens in den Sportspielen vorzustellen. Dabei soll das häufig zu beobachtende „Herumprobieren an Spielen“ und „zufällige Sammeln von Lernerfahrungen in Spielen“ einem auf die gesamte Schulzeit angelegten Ausbildungskonzept mit klaren Zielsetzungen weichen. Die Maxime der Ausbildung soll lauten: Spielen lernen, um es zu können! Dazu müssen wir keine vollkommen neuen Inhalte erfinden, sondern das Bewährte kann aufgegriffen, variiert, didaktisch aufbereitet und so angeordnet werden, dass entwicklungsgemäßes und nachhaltiges Lernen in den Ballspielen möglich wird.

Um diesen anspruchsvollen Ausbildungsansatz in seiner über zehn Jahre andauernden Umsetzung nicht ausufern zu lassen und auf dem langen Weg nicht aus dem „Leser- und Schülerauge“ zu verlieren, ist es unerlässlich, eine Schwerpunktsetzung und eine didaktische Reduktion hinsichtlich der Inhalte in diesem Buch vorzunehmen.

Deshalb finden Sie in diesem Buch keine

» ausführlichen Technikbeschreibungen und keine methodischen Übungsreihen zum Erlernen der verschiedenen Techniken in den Ballspielen,
» keine Programme für das Training der konditionellen Leistungsfaktoren der Sportspiele,
» keine starr festgelegten Lehrwege, die nur so und nicht anders zu gehen sind,
» keine Abfolge von fertigen Stundenbildern aneinandergereiht.

Ein Blick in die Literatur der Spielvermittlung genügt, um zu erkennen, dass das Rad nicht neu erfunden und auch kein neues Buch für das Konditionstraining und die Technikvermittlung geschrieben werden muss. Außerdem lassen sich Bewegungstechniken mittlerweile in verschiedenen medialen Formen wesentlich anschaulicher darstellen.

Fertige Stundenbilder und fest vorgegebene Lehrwege gleichen Kochrezepten („Man nehme ...“). So funktioniert Lernen in den Ballspielen leider nicht, denn Individuen haben unterschiedliche Stärken und Schwächen, lernen auf eine ihnen eigene Weise schnell oder langsam, viel oder wenig und sind rasch über- oder unterfordert. Deshalb müssen Lerninhalte und Lernende eine Passung erfahren. Eine Orientierung an dem durchschnittlich begabten Spieler oder Schüler wird der Sache nicht gerecht, da es ihn kaum mehr gibt, denn die Schere des Leistungsvermögens gleichaltriger Kinder geht schon früh sehr weit auseinander.

Was finden Sie dafür in diesem Buch?

Ballspielschule

Für den Verein findet sich hier die inhaltliche Konzeption einer Ballspielschule für Kinder (KI-BASS), die sich in der Schule in der Primar- und Orientierungsstufe der weiterführenden Schule umsetzen lässt. Die Intention dieser BASS liegt in der vielseitigen und sportspielgerichteten Grundlagenausbildung 7-11-jähriger Kinder.
In der Ballspielschule für Jugendliche (JU-BASS) erfolgt die Ausdifferenzierung der sportspielspezifischen Ausbildung in den Zielschussspielen. Für die Schule ergibt das eine spielgemäße Konzeption von der Mittelstufe bis zum Abitur (Sekundarstufe II), für den Verein von den D- bis zu den C/B-Junioren.

Spielcurriculum/ Jugendkonzeption

Lehrer erhalten ein durchgängig ausgearbeitetes *Curriculum* für die Spielausbildung.
Für den Verein lässt sich daraus eine inhaltliche *Jugendkonzeption* von den F- bis zu den C-/B-Junioren erstellen.

Spielphilosophie

Die Ausbildungskonzeption basiert auf einer Spielphilosophie, in der das gemeinsame Agieren in Ballspielen im Zentrum steht: *Jeder Spieler (Schüler) ist ein wichtiges Mannschaftsmitglied! Jeder soll mitspielen können!*

Spielsystem

Es wird die Entwicklung eines Spielsystems in vier Ausbildungsstufen vorgestellt, in dem Kinder und Jugendliche die Grundprinzipien des Spielens in allen Zielschussspielen in bekannten Strukturen erlernen und ausdifferenzieren können.

Bausteine

Die Ausbildungsstufen 1–3 bestehen aus jeweils vier Bausteinen, mit denen sich Spielstunden je nach Bedarf und Könnensstand der Spieler zusammensetzen und auch differenziert gestalten lassen.

Hintergrundwissen

Sportlehrer, Übungsleiter, Referendare und Studenten erhalten das theoretische Hintergrundwissen und didaktisch-methodische Kenntnisse für einen fähigkeits-/kompetenzorientierten, strukturierten, differenzierten und integrativen Unterricht in den Ballspielen.

Ökonomie

Sie können letztendlich Basketball, Fußball, Handball und Hockey mit einem weitgehend identischen Ausbildungsweg unterrichten.
Sie bereiten Ihren Unterricht nicht nur ökonomisch vor, sondern führen ihn auch ökonomisch durch.

Unterrichts-vorbereitung

Sie erhalten Unterrichtseinheiten über mehrere Wochen oder Monate hinweg mit einem roten Faden, sodass Sie selbst festlegen können, wohin Sie mit Ihren Schülern bis zu einem bestimmten Zeitpunkt kommen wollen und wann Sie wo wieder einsteigen wollen. Diese Unterrichtseinheiten sind didaktisch aufbereitet durch Sachanalysen, organisatorische Hinweise, klare Zielsetzungen, unterstützende Maßnahmen bei Lernschwierigkeiten.

Methodik

Die Ausbildungskonzeption orientiert sich durchweg an einer spielgemäßen Verfahrensweise. Dabei erhalten Sie nicht nur eine Zusammenstellung von Spielformen, also was Sie mit den Kindern spielen können, sondern auch, wie diese gespielt werden können.

Arbeitsmaterialien

Sie finden ausgearbeitete Analysebögen für die Reflexion verschiedener Spielsituationen. Sie unterstützen dadurch die kognitiven Lernprozesse ihrer Spieler und gestalten Theoriephasen anschaulich.

Vereinfachung

Ihr Unterricht wird einfacher umzusetzen sein, da Ihre Schüler die Organisationsformen und Spielaufgaben bald kennen.

Intensität

Die aktive Bewegungszeit Ihrer Schüler wird rasch zunehmen, da die organisatorischen Abläufe schneller vonstatten gehen.

1 Eingrenzung des Themas und Einführung ins Lernen

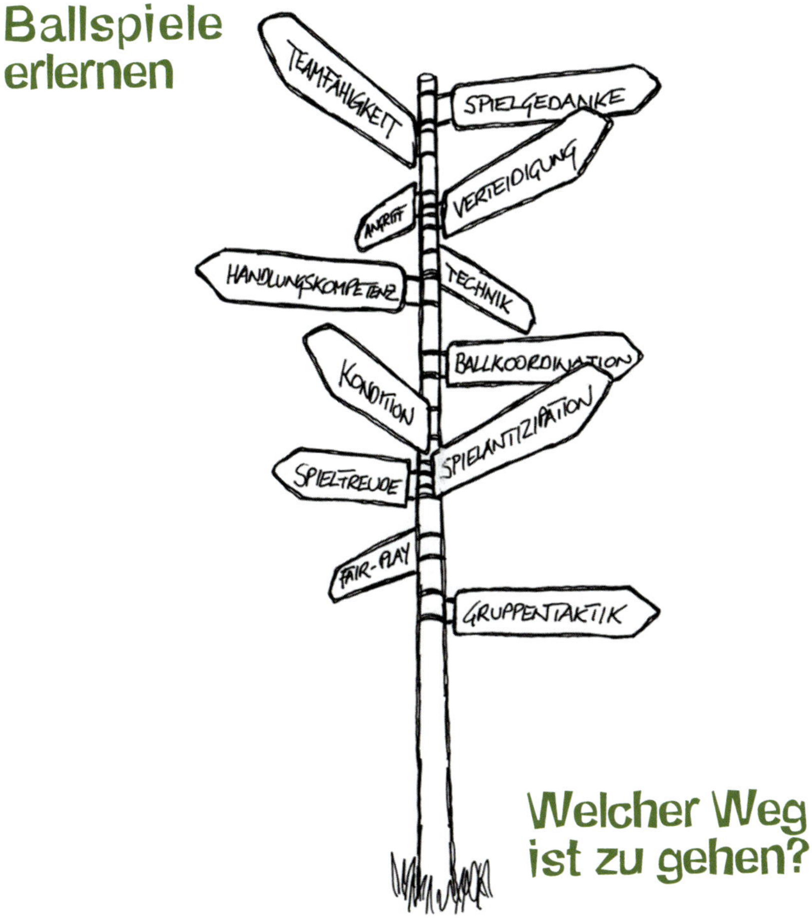

Abb. 1.1: Die Vielfalt der Ausbildungsinhalte in den Ballspielen

Der Einstieg der Kinder in die Ballspiele sollte durch kindgerechte Spiele erfolgen, nicht durch reduzierte Erwachsenenspiele.

Der Begriff „Ballspiele“ führt bei den meisten Menschen unseres Kulturkreises zu Assoziationen mit „Fußball“, „Handball“, „Basketball“, „Volleyball“ usw. Die Großen Sportspiele dominieren das Vorstellungsvermögen nicht nur von Erwachsenen, sondern auch von Kindern. Ein quer durch die Halle gespanntes Netz führt unweigerlich bei Zehnjährigen zu Fragen wie: „Spielen wir Volleyball?“ – „Spielen wir Tennis?“. Das Zielspiel prägt und leitet Kinder wie Erwachsene in ihrem Denken, weil sie kaum mehr Anderes kennen. „Richtig spielen“ heißt für Kinder heute „Fußball spielen wie Lionel Messi“, „Handball spielen wie Pascal Hens“ oder „Basketball spielen wie Dirk Nowitzki“. Das demonstrieren sie bereits als Fünfjährige mit ihren Trikots. Sie eifern ihren Idolen nach und wollen eigentlich dasselbe tun:

Tore schießen/werfen, Körbe erzielen. Die Ursachen liegen sicherlich in der Vermarktung dieser Stars, in ihrer Medienpräsenz, die als Ausdruck für außergewöhnlichen Erfolg, eine glänzende Karriere mit viel Geld, Ruhm und Ehre steht. Kinder nehmen heute schon sehr früh an dieser Welt teil, in Computerspielen an der Playstation stellen sie ihre Teams zusammen und dirigieren mit dem Joystick die Superstars. Deshalb ist es nicht verwunderlich, dass Kinder selbst schon sehr früh wie die Messis oder Nowitzkis spielen wollen, obwohl sie den Ball noch gar nicht so hoch oder so weit werfen können, um in den Basketballkorb oder das Fußballtor zu treffen. Die geschäftstüchtige Freizeitindustrie fördert diesen Reiz, indem sie eben kindgerechte Basketballkörbe für das Kinderzimmer oder das Fußballtore-Set für den Garten produziert und Kinder schon sehr früh zu potenziellen Kunden macht. Davon profitieren die Ballspielvereine, besonders die Fußballvereine, denn schon Fünf- bis Sechsjährige „rennen ihnen heute die Türen ein". Kinder kommen in den Handballverein, weil sie Handball spielen wollen, in den Fußballverein, weil sie Fußball spielen wollen. Den Eltern wird suggeriert, dass ihre Kinder nur richtig gut werden können, wenn sie möglichst früh mit dieser Sportart beginnen. Somit entsteht eine Erwartungshaltung, deren fehlende Offenheit für eine vielseitige Spielschulung eine kindgerechte Ausbildung geradezu im Keim erstickt.

Mit dem Plural „Zielschussspiele erlernen" wird bereits angedeutet, dass hier ein anderer Weg eingeschlagen und einer polysportiven Ballspielausbildung Vorrang eingeräumt werden soll. Polysportive Ausbildung heißt, Kinder zunächst in vielfältigen Ballspielen zu fördern, die sie mit der Hand, dem Fuß oder sogar mit einem Schläger spielen können. Dazu gehören vor allem die Kleinen Spiele mit Ball und die Transfer- bzw. Vehikelspiele, in denen die Grundlagen für die Großen Sportspiele sorgfältig angelegt werden können.

Das Verb „erlernen" impliziert zudem einen langfristigen Prozess und einen Perspektivenwechsel. Es soll hier weniger um das Lehren der Ballspiele gehen, das Lernen der Spieler soll im Vordergrund stehen. Aus dieser Intention lassen sich zahlreiche Fragen ableiten:

- » Wie kann ein so komplexer Gegenstand wie die Ballspiele erlernt werden?
- » Wie sollte die vielseitige Ballspielausbildung angelegt werden?
- » Welche Inhalte eignen sich in den verschiedenen Altersstufen, um Lernprozesse effektiv in Gang zu setzen?
- » Welche Voraussetzungen brauchen Kinder, um an den Großen Sportspielen teilnehmen zu können?
- » Wie sollte die sportspielspezifische Ausbildung fortgesetzt werden?

Diese Fragen öffnen ein weites Feld, denn selbst Fachleuten ist es kaum mehr möglich, die Vielzahl und Verschiedenartigkeit der Ball- und Sportspiele zu überblicken: Kleine Spiele mit und ohne Ball, Basisspiele, Transfer- oder Vehikelspiele für bestimmte Sportspiele und zuletzt Sportspiele in allen Variationen. Das Angebot an Inhalten und Möglichkeiten scheint unbegrenzt. Aus dem Fußball haben sich in den letzten Jahrzehnten Street-, Beachsoccer oder Futsal entwickelt, aus dem Handball Beachhandball, aus dem Basketball Streetball. Hockey wird auf Rasen, Eis und in der Halle gespielt. Aus dem Hallenhockey wurde Unihockey mit einem leichteren Ball und veränderten Schlägern abgeleitet.

Das Angebot an Sportspielen wächst ständig, die Nachfrage geht dennoch allmählich trotz aller Begeisterung für die Ballspiele aufgrund der rückläufigen Geburtenzahlen zurück. Dadurch wird ein Konkurrenzkampf um den Nachwuchs ausgelöst, sodass Kinder heute immer früher in den Sportverein geholt werden. Verbände und Vereine reagieren auf diesen Trend und entwickeln didaktisch-methodische Vermittlungskonzepte, die trotz aller Lippenbekenntnisse für eine kindgerechte Ausbildung oft nur die eine Intention verfolgen: Kinder oder Jugendliche für ihr Sportspiel zu begeistern und sie darin ganz gezielt auszubilden.

Kinder werden heute von Anfang an zu Spezialisten ausgebildet.

Obwohl in der Sportwissenschaft noch keine validen Untersuchungsergebnisse über eine frühe Spezialisierung gegenüber einem vielseitigen Sportspielzugang vorliegen, muss der Ausbildung eines breiten motorischen Fundaments aus vielerlei Gründen der Vorzug gegeben werden.

Im Gegensatz zu der durch den Vereinssport mittlerweile verbreiteten Praxis sollte die Ausbildung der allgemeinen Spielfähigkeit am Anfang einer Ballspielschule stehen, damit einem „uralten" methodischen Prinzip Rechnung getragen werden kann: vom Allgemeinen zum Speziellen. Daraus ergibt sich dann konsequenterweise folgender Ausbildungsweg:

sportspielspezifisch

↑

sportspielgerichtet

↑

sportspielübergreifend

Abb. 1.2: Vom Allgemeinen zum Speziellen in den Sportspielen (vgl. Hohmann/Kolb/Roth, 2005, S. 291)

In einem **sportspielübergreifenden Zugang** lassen sich die wesentlichen Grundlagen für die Ballspiele ausbilden. In Kleinen Spielen der verschiedensten Art können Kinder vielseitige und umfangreiche Kenntnisse, Fertigkeiten und Fähigkeiten erwerben, die zu einer allgemeinen Spielfähigkeit unter vereinfachten Bedingungen führen sollten.

Der **sportspielgerichtete Zugang** umfasst die Ausbildung in **strukturgleichen** Spielen. In Spielen mit einem identischen Spielgedanken sollen Kinder zum einen umfangreiche Erfahrungen sammeln und zum andern auch schon technische Fertigkeiten und taktische Verhaltensweisen im Sinne von „Basiselementen" für eine bestimmte Gruppe von Spielen erwerben können.

Die **sportspielspezifische Ausbildung** geht auf die umfassende Ausbildung aller leistungsbestimmenden Faktoren eines bestimmten Sportspiels ein.

1.1 Eingrenzung der Ballspiele auf Zielschussspiele

Ballspiele lassen sich grob in zwei Strukturgruppen einteilen:
Zielschussspiele – Rückschlagspiele.

Eine schlüssige und zielgerichtete Ausbildungskonzeption will einerseits durch das Erlernen der Ballspiele Grundlagen schaffen und andererseits darauf aufbauend einen gemeinsamen Weg im Sinne eines integrativen Vorgehens in den Großen Sportspielen gehen. Dafür ist es unverzichtbar, aus der Vielfalt der bei uns verbreiteten Ballspiele eine Auswahl und somit eine Reduktion der Inhalte vorzunehmen. Eine Möglichkeit der Eingrenzung liefert die Kategorisierung der Sportspiele in zwei Strukturgruppen, wie Abbildung 1.3 zeigt:

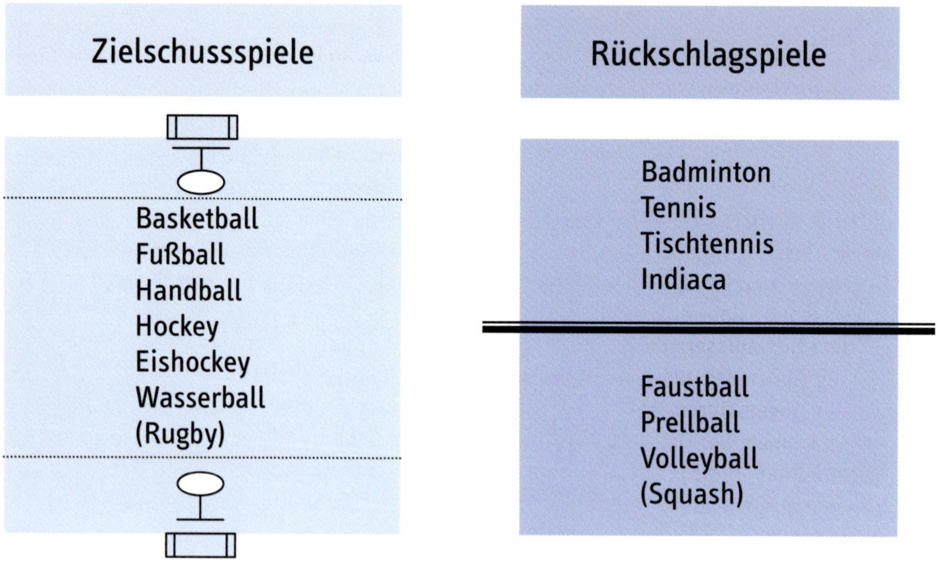

Abb. 1.3: Kategorisierung der Ballspiele in zwei Strukturgruppen

Das wesentliche Unterscheidungsmerkmal der beiden Strukturgruppen liegt in der räumlichen Trennung der Gegner. Während die **Zielschussspiele** durch den direkten Gegnerkontakt bestimmt werden, stehen sich in den **Rückschlagspielen** die beiden Spieler oder Mannschaften in zwei getrennten Spielfeldhälften gegenüber. Daraus resultieren zwar nicht gänzlich andere Anforderungen an das Fähigkeitspotenzial der Spieler, in den spielbestimmenden Merkmalen weichen sie jedoch deutlich voneinander ab. Ein Volleyballspieler braucht mitunter andere Fertigkeiten und Fähigkeiten als ein Hockeyspieler, dieser wiederum andere als ein Tennisspieler. Für den ersten Ausbildungsabschnitt im Sinne eines sportspielübergreifenden Ansatzes ist diese Tatsache zunächst noch unbedeutend. Für den sportspielgerichteten Zugang scheint es jedoch erforderlich, die bei uns verbreiteten Sportspiele den beiden Strukturgruppen zuzuordnen, was eine klare Eingrenzung des Themas ermöglicht.

Um einer falschen Erwartungshaltung an dieses Fachbuch vorzubeugen und terminologische Unklarheiten zu vermeiden, sei festgehalten:

Die „Große Ballspielschule" wird hier schwerpunktmäßig als Ausbildung in den Zielschussspielen gesehen. Mit der Einführung durch Kleine Spiele und Transfer- oder Vehikelspiele erfolgt beim Übergang von der sportspielübergreifenden zur sportspielgerichteten Ausbildung eine Ausrichtung auf die Mannschaftssportspiele, in denen es gilt, den Ball in der direkten Auseinandersetzung mit einer gegnerischen Mannschaft in deren Ziel zu befördern und das eigene erfolgreich zu verteidigen.

Die Strukturgruppe der Zielschussspiele lässt eine weitere Unterteilung in Zielwurf- und Zielschussspiele zu, was für das Thema „Ballspiele erlernen" nicht Einschränkung, sondern sinnvolle Erweiterung der Lernmöglichkeiten beinhaltet. Die Chancen, die in strukturgleichen Spielen liegen, in denen der Ball mit der Hand geworfen oder mit dem Fuß bzw. einem Schläger in ein Ziel geschossen werden muss, werden für eine Ausbildungskonzeption genutzt, in der Kinder zunächst umfangreiche und vielseitige Bewegungs- und Spielerfahrungen auf einer breiten motorischen Basis sammeln können.

1.2 Einführung ins Lernen

Lernen ist „ein aktiver Vorgang, in dessen Verlauf sich Veränderungen im Gehirn des Lernenden abspielen“ (Spitzer, 2002, S. 4). Trivialerweise kann daraus gefolgert werden, dass Lernen in den Ballspielen im Kopf stattfindet, ganz konkret im Gehirn.

Das Gehirn

Das Gehirn setzt sich im Wesentlichen aus Nervenzellen, den Neuronen, sowie aus Faserverbindungen zwischen den Neuronen zusammen. Allein die Anzahl der Neuronen in der Gehirnrinde liegt bei etwa zehn Milliarden. Da jedes einzelne Neuron mit bis zu 10.000 anderen Neuronen in Verbindung steht, ergibt sich eine Anzahl der Verbindungen von 100.000.000.000.000. Damit machen Nervenfasern volumenmäßig den größten Teil unseres Gehirns aus. Die Verbindung von der Außenwelt zum Gehirn wird in etwa von 2,5 Millionen Nervenfasern hergestellt, die von den Augen, Ohren, dem Mund, der Nase und der Haut Informationen als Input ans Gehirn liefern können. Der Output des Gehirns erfolgt über etwa 1,5 Millionen Nervenfasern zu den Effektororganen, die im Wesentlichen unser Verhalten steuern. Somit stehen rund 4 Millionen ein- und ausgehende Nervenfasern der riesigen Zahl der internen Verbindungen gegenüber. Obwohl der Kopf eines Neugeborenen (sowie dessen Gehirn) nur halb so groß wie der des Erwachsenen ist, sind bei der Geburt bereits alle Neuronen vorhanden. Wenn Kopf und Gehirn wachsen, wächst in erster Linie die Dicke der Nervenfasern. Die Entwicklung des Gehirns nach der Geburt bis über die Pubertät hinaus besteht vor allem in den Veränderungen der sogenannten „Verdrahtung“ der Neuronen. Da dicke Nervenfasern eingehende Impulse 30- bis 40-mal schneller leiten können als dünne, wird die notwendige Ausdifferenzierung des Gehirns erst verständlich. Denn nur mit dem Erreichen dieser hohen Geschwindigkeiten können die Verbindungen richtig genutzt und in den Informationsverarbeitungsprozess integriert werden (vgl. Spitzer, 2002, S. 52).

Auch das Handeln in Ballspielen unterliegt solchen Informationsverarbeitungsprozessen. Damit wird jetzt vielleicht das langsamere Agieren von Kindern, bis sie zum Ball oder zum Tor laufen oder einen Ball abspielen, selbst in einfachen Spielsituationen nachvollziehbar.

Impulse und synaptische Verbindungen

Die Speicherung und Verarbeitung von eingehenden Informationen aus den Sinneszellen als Impulse erfolgen in den Nervenzellen des Gehirns. Diese Impulse als Input werden in Form von Aktionspotenzialen, d. h. auf chemischem Wege, von den Nervenfasern zu den anderen Nervenzellen geleitet. Die Übertragung vollzieht sich an der Synapse und kann unterschiedlich stark sein. Ob ein Impuls einen großen oder einen kleinen Effekt auf die Erregung des nachfolgenden Neurons ausübt, hängt von der Stärke der synaptischen Verbindung ab. Der gleiche Impuls kann an verschiedenen Synapsen ganz unterschiedlich wirken. Eine starke synaptische Verbindung führt zu einer starken Erregung des nachfolgenden Neurons, bei einer schwachen ist die Auswirkung gering. Folglich kann der gleiche Input je nach Stärke der Übertragung das eine Neuron erregen, das andere jedoch nicht, sodass es nicht zwangsläufig zu einem Output kommen muss (vgl. Spitzer 2002, S. 41f.). Erst wenn sich ein Mensch intensiver mit einer Sache beschäftigt, verändert sich die Stärke der synaptischen Verbindungen zwischen Nervenzellen.

Aus der Vielzahl solcher einfachen, aber starken Schalteinheiten bildet sich ein neuronales Netzwerk heraus, in dem die Informationsverarbeitung in Form von Wahrnehmen, Denken und Lernen abläuft, denn Information ist im Gehirn in Form von Verbindungsstärken zwischen Neuronen gespeichert. Diese Verbindungsstärken bewirken, dass das Gehirn bei einem ganz bestimmten Input einen bestimmten Output produziert. Daraus resultiert Können, das sich aber nur langsam entwickelt.

Das Kleinhirn

Bei den Neuronenangaben wurden die 100 Milliarden Zellen des **Kleinhirns**, die im Durchschnitt kleiner sind, nicht eingerechnet. Das Kleinhirn wird an dieser Stelle erwähnt, weil in ihm die Ausbildung von technomotorischen Fertigkeiten stattfindet. Bis sich bei dieser enormen Anzahl von Neuronen interne Verknüpfungen und Verdrahtungen über die Synapsen so einstellen, dass sich „Bewegungsprogramme automatisch" abrufen lassen, bedarf es angesichts der schwierigen Formbarkeit des Kleinhirns sehr vieler Jahre in der Auseinandersetzung mit dem Spielgerät „Ball". Damit soll kein Plädoyer für eine technikorientierte Ausbildung erfolgen, sondern im Gegenteil, der Leser soll zum kritischen Hinterfragen der Unterrichtsinhalte angeregt werden. Was lässt sich in insgesamt 50 bis 60 Unterrichtsstunden, die für ein Sportspiel über die ganze Schulzeit hinweg oder in 80 Stunden Vereinstraining pro Saison bei den F-Junioren zur Verfügung stehen, in der Technikausbildung effektiv erreichen?

Abhängig ist die Entwicklung des Gehirns letztendlich von der Intensität der Auseinandersetzung mit bestimmten Inhalten. Je intensiver diese erfolgt, desto eher hinterlassen die Inhalte Spuren im Gedächtnis und führen zu Leistungsverbesserungen, wenn auch nur sehr langsam. Bei Fließbandarbeitern wurde festgestellt, dass die benötigte Zeit für eine bestimmte Abfolge von Handgriffen kontinuierlich abnimmt und erst nach 1–2 Millionen solcher Handgriffe die optimale Leistung erreicht wird (vgl. Spitzer, 2002, S. 67). Damit lassen sich beispielsweise auch die Leistungsunterschiede zwischen Tennisspielerinnen aus dem osteuropäischen Raum und Westeuropas erklären, denn Fachleute gehen davon aus, dass vor allem russische Nachwuchsspielerinnen 1-2 Millionen Bälle mehr geschlagen haben als ihre Konkurrentinnen aus Deutschland.

Welche didaktischen Konsequenzen lassen sich aus diesen Erkenntnissen für eine Ballspielschule ziehen?

Die intensive Auseinandersetzung mit einer Sache bzw. einem Inhalt spräche zunächst für eine monosportive Ausbildung, also lediglich in einem Ballspiel. Dadurch entstünde aber Einseitigkeit, elementare Bewegungs- und Spielerfahrungen blieben auf ein Sportspiel reduziert, sodass die motorische Ausbildung nur auf einem sehr schmalen Fundament basierte. Wenn der Fokus stärker auf die motorische Vielseitigkeit gerichtet wird, können Kinder fortwährend Neues und Verschiedenartiges lernen, wobei jedoch die Gefahr besteht, dass an vielen Sachen nur „herumprobiert" wird und nachhaltige Lernergebnisse ausbleiben. Aus neurobiologischer Sicht müssen folglich die komplexen Inhalte der Ballspiele didaktisch so aufbereitet werden, dass im Gehirn allmählich „Spuren" angelegt werden, Bewegungs- oder Spielhandlungen nach und nach gespeichert, Zusammenhänge hergestellt und letztendlich Lerntransfers ermöglicht werden können. Ziel einer Ballspielschule sollte es sein, das Lernen in den Ballspielen zu lernen, also eine Lernfähigkeit zu entwickeln, auf deren Grundlage sich eine erfolgreiche sportspielgerichtete und sportspielspezifische Ausbildung anschließen lässt. Für das Lernen aus neurobiologischer Sicht ist entscheidend, dass die Inhalte im neuronalen Netzwerk miteinander verknüpft werden können.

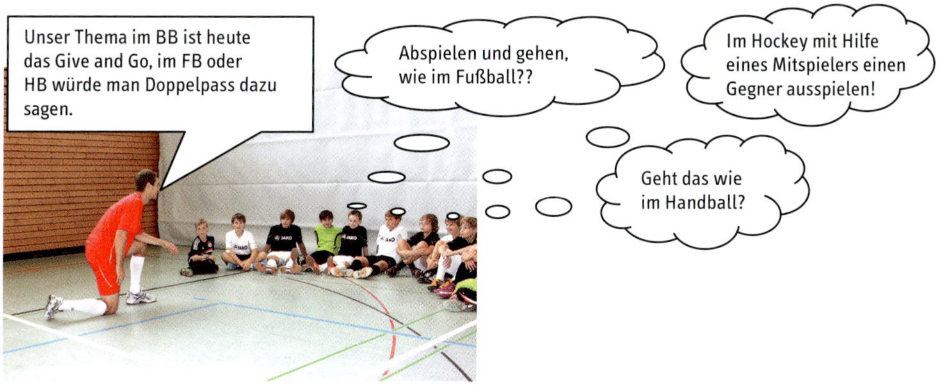

Abb. 1.4: Themenübergreifendes Lernen in den Sportspielen

Die Verknüpfung der einzelnen Lerninhalte wird als „Vernetzung" bezeichnet, der somit beim Lernen eine Schlüsselfunktion zufällt. Die Betrachtung der Struktur eines Netzes zeigt, dass sie sich aus der Anordnung zahlreicher **Rauten** ergibt.

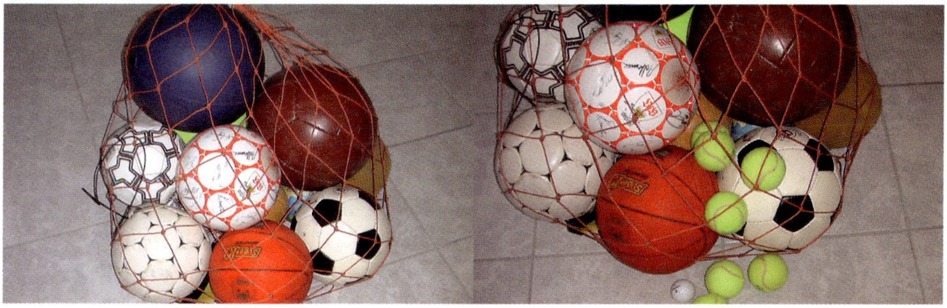

Abb. 1.5: Ein Netzwerk durch die Verknüpfung von Rauten: Die großen Inhalte bleiben hängen, die kleinen fallen durch.

Auch ein einmaliges Herumprobieren an einer Sache kann zu einem Lernergebnis führen. Wenn es jedoch kein einschneidendes Erlebnis darstellt, wird es ohne Wirkung bleiben und rasch in Vergessenheit geraten, weil es „durch das Netz fällt" (siehe Abb. 1.5). Betrachtet man die Vielfalt und Verschiedenheit der Ausbildungsinhalte (Abb. 1.1) in den Ballspielen, besteht die große Gefahr, dass viele Kinder überfordert sind, das Wichtige zu erkennen, Zusammenhänge herzustellen und nachhaltig erlernen zu können.

Die Verdrahtung neuer Fertigkeiten und Fähigkeiten mit bereits Gekonntem in den Ballspielen ist in erster Linie möglich, wenn zwei Bedingungen erfüllt werden:

a) Die Lernprozesse müssen mit den Spielerfahrungen der Kinder verknüpft werden.

„Man spricht heute gerne von Vernetzung, die am besten horizontal und vertikal sein soll (obgleich das ja im Wort ‚Netz' schon steckt!).
Die Sache ist ganz einfach: Es geht darum, dass die Schüler das Gelernte mit ihren eigenen Erfahrungen verbinden müssen. Dies ist keine ‚Kann-Bestimmung', nach dem Motto: Wenn möglich, sollte auch noch darauf (wie auf vieles andere auch) geachtet werden. Nein, wenn der Schüler es nicht schafft, die Inhalte, um die es in der Schule geht, mit seiner ganz in-

dividuellen Lebenserfahrung in Verbindung zu bringen, wird er letztendlich nichts lernen. Vielleicht werden ein paar ‚Leerformeln' hängen bleiben, mit großem Aufwand, und ohne jede Wirkung auf das Verhalten“ (Spitzer, 2002, S. 416).

Für die Ballspiele heißt das: Wenn es der Spieler nicht schafft, die Inhalte, um die es im Spielunterricht geht, mit seiner ganz individuellen Spielerfahrung in Verbindung zu bringen, wird er letztendlich nichts lernen, weil sie im „Netz“ nicht festgehalten werden können. Deshalb müssen sie an die Spielerfahrungen und somit an die Lern- und Leistungsvoraussetzungen des Lernenden angepasst werden, damit sich allmählich ein immer „dichter werdendes Netzwerk“ im Gehirn ausbilden kann, das sich vor allem aus den Inhalten der spielbestimmenden Komponenten zusammensetzt, wie sie Abb. 1.6 aufzeigt.

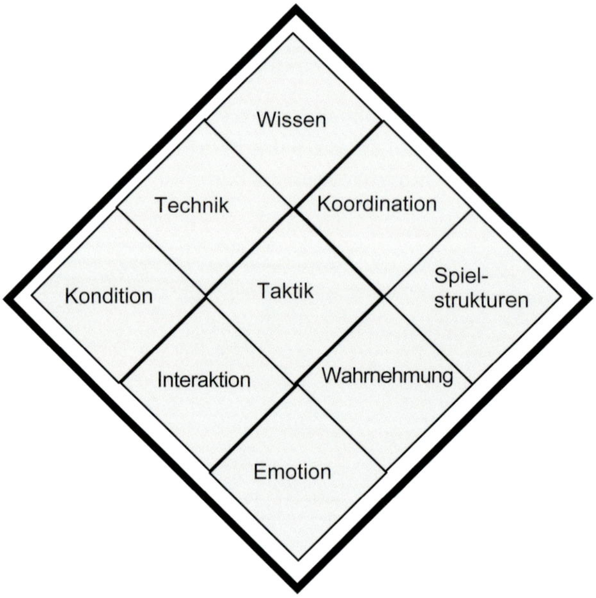

Abb. 1.6: Vernetzung der Kenntnisse, Fähigkeiten und Fertigkeiten eines Spielers durch Rauten

„Vernetztes Lernen“ kann sich in einem Mannschaftsspiel aber nicht auf die Ausbildung von Technik, Koordination, Kondition eines Einzelspielers beschränken. Eine weitere zentrale Aufgabe muss es sein, aus den Einzelspielern eine Mannschaft zu formen, in der das Zusammenspiel, also das gemeinsame Agieren im Vordergrund steht.

b) Die Inhalte der Ballspielausbildung müssen strukturiert sein.

„Mit das Schlimmste, was einem jungen Menschen passieren kann, ist das Fehlen von Struktur. Wenn Repräsentationen durch Strukturen in der Erfahrung entstehen, dann folgt, dass bei wenig äußerer Struktur eine innere gar nicht entstehen kann. Dies mag ein Grund dafür sein, dass kleine Kinder – mitunter wörtlich – nach Struktur geradezu schreien“ (Spitzer, 2002, S. 453).
In einem Vortrag formulierte Spitzer die Bedeutung der Strukturen noch deutlicher: „Das Gehirn ist geil auf Struktur“ (Vortrag Spitzer, Ballspielsymposium Karlsruhe 15./16.10.2004).“

Auch Mannschaften brauchen eine klare Struktur. Miteinander zu spielen und als Team aufzutreten, verlangt die Umsetzung von taktischen Maßnahmen in Angriff und Abwehr in einem Spielsystem, das aus verschiedenen Spielpositionen mit spezifischen Aufgaben der Einzelspieler entsteht. Prädestiniert als Grundlage für das Verknüpfen der einzelnen Spielpositionen ist die Form der Raute, weil in ihr stets vier Dreiecke für das Zusammenspiel zu finden sind. Da das Dreieck mit seinen drei Handlungsoptionen (Pass nach rechts/links oder Dribbling) als Grundformation des Angriffsspiels gesehen werden muss, lässt sich auf dieser Basis ein Spielsystem entwickeln, das sich auf die verschiedenen Sportspiele übertragen lässt. Dieser Lerntransfer gelingt jedoch nur, wenn die Spieler im Laufe der Ausbildung lernen, ihre erworbenen Fähigkeiten, Fertigkeiten, Kenntnisse und Einstellungen zu einem Mannschaftsspiel zu verknüpfen.

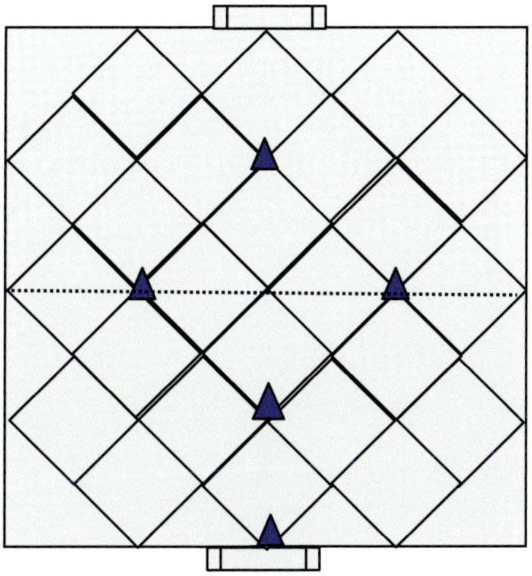

Abb. 1.7: Das Ziel eines strukturierten Lernwegs in den Ballspielen – die Vernetzung der einzelnen Spieler mit ihren Fertigkeiten und Fähigkeiten in der Rautenformation

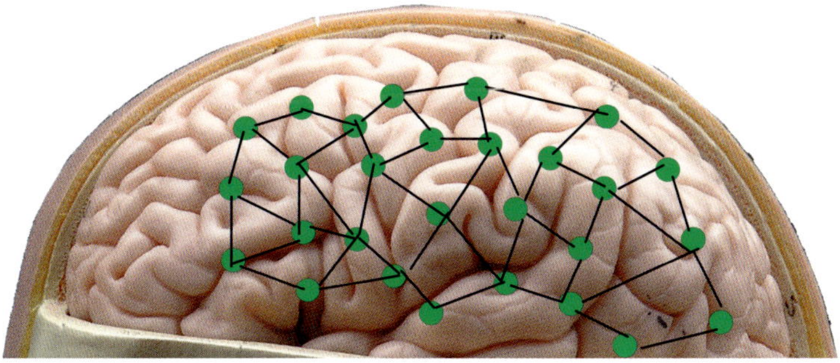

Abb. 1.8: Vernetzung der Lerninhalte im Gehirn

Da Kinder das Spielen in der Rautenformation nicht von Anfang an beherrschen, sondern es schrittweise entwickelt werden muss und zwar über die Hinführung zur Dreiecksaufstellung und die Erweiterung zur Rautenformation in verschiedensten Spielformen, spielt die Raute auf diesem Lernweg eine weitere zentrale Rolle. Deshalb fallen **der Raute drei Funktionen** zu, denn sie steht symbolisch für

1. vernetztes Lernen im Gehirn des Spielers (Abb. 1.8)
2. die Vernetzung der Spieler zu einer Mannschaft (Abb. 1.7)
3. den Ausbildungsweg von der Dreiecks- zur Rautenaufstellung unter dem Aspekt des Lerntransfers in den Zielschussspielen.

Ziel der Lernprozesse in der Ballspielschule sollte die Verknüpfung der einzelnen Inhalte sein, sodass deutliche Spuren im Gehirn hinterlassen werden. Dies ist jedoch nur möglich, wenn die einzelnen Lerninhalte so angeordnet werden, dass sie immer wieder vorkommen und dadurch gefestigt werden können. Somit erfahren die Auswahl und die Anordnung der Inhalte in einer Ballspielschule eine besondere Bedeutung.

2 Situationsanalyse der Ballsportarten

Ballspiele, insbesondere die Großen Sportspiele, faszinieren sowohl Spieler als auch ein breites Publikum gleichermaßen Spieltag für Spieltag in Stadien und Sportstätten oder vor dem Bildschirm.

Zu dieser ungeheuren Popularität der Ballspiele trägt im Wesentlichen der Spannungsgehalt der Sportspiele bei. Ballspiele sind in ihrem Ausgang stets offen, Spielverlauf und -ergebnis lassen sich nicht im Voraus bestimmen, geschweige denn mathematisch berechnen. Der Zufall, unerwartete Ereignisse, Aktionen, bei denen es um zentimetergenaue Präzision geht, beeinflussen oder bestimmen einen Spielverlauf ebenso wie das technische, taktische, konditionelle Vermögen oder die psychische Disposition der Spieler bzw. der Mannschaft. Dabei ist der Spieler kein produzierender Automat, sondern ein Individuum mit Verstand, Gefühlen, Motiven, Hoffnungen, Ängsten usw. Ballspiele stellen somit verschiedenartige und komplexe Anforderungen an die Spieler, verlangen ganz bestimmte Fertigkeiten, Fähigkeiten, Kenntnisse, Einstellungen und Haltungen. Kinder verfügen darüber noch nicht, sie müssen diese nach und nach erlernen, entwickeln, ausbilden. Dieser Prozess ist in der Schule auf zwölf Jahre, im Ballspielverein auf 14 bis 15 Jahre angelegt. In dieser Zeit werden aus Kindern Erwachsene. Interessen, Motive, Ziele verändern sich ebenso wie Haltungen und Einstellungen. Deshalb soll zunächst ein Blick auf die Spieler unter den Rahmenbedingungen der Schule und des Vereins geworfen werden.

2.1 Die Ausbildung der Ballsportarten in Schule und Verein

Die Erwartungshaltung und Zielsetzung der Schüler

Im Schulsport erfreuen sich die Ballspiele einer sehr hohen Beliebtheit und belegen in der Wunschskala der Schulsportarten die vorderen Plätze, wie die Ergebnisse einer Schulsportuntersuchung im Saarland zeigen (Abb. 2.1).

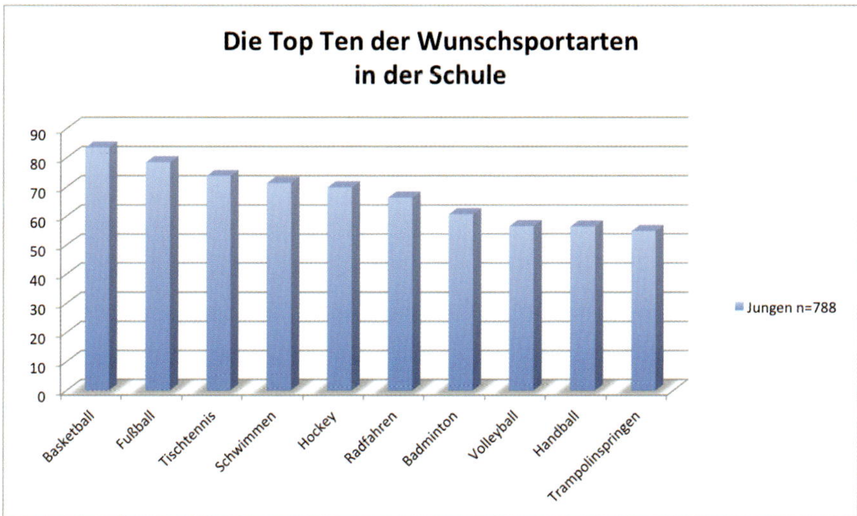

Abb. 2.1: Die Top Ten der Wunschsportarten der Schüler, Angabe der prozentualen Häufigkeiten (nach Wydra, 2000, S. 13)

Die Dominanz der Ballspiele in der Wunschliste der Schüler für die zu unterrichtenden Inhalte in der Schule ist unverkennbar. Etwas zurückhaltender stehen die Mädchen den Ballspielen gegenüber, wie Abbildung 2.2 belegt.

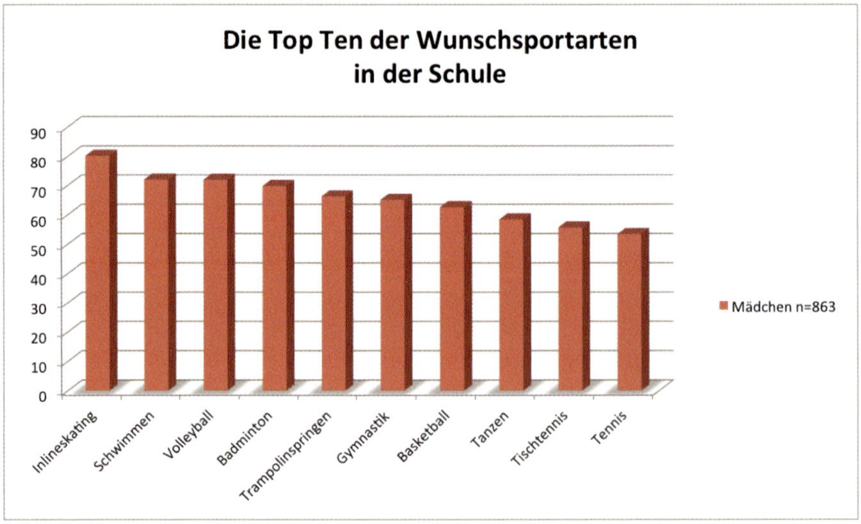

Abb. 2.2: Die Top Ten der Wunschsportarten der Schülerinnen, Angabe der prozentualen Häufigkeiten (nach Wydra, 2000, S. 13)

Dass den Wünschen im Sportunterricht nachgekommen wird, bei den Jungen noch eher als bei den Mädchen, belegen die ermittelten Zahlen über die tatsächlich durchgeführten Sportarten in der bislang umfangreichsten Untersuchung des Schulsports in Deutschland, der sogenannten SPRINT-Studie (Abb. 2.3).

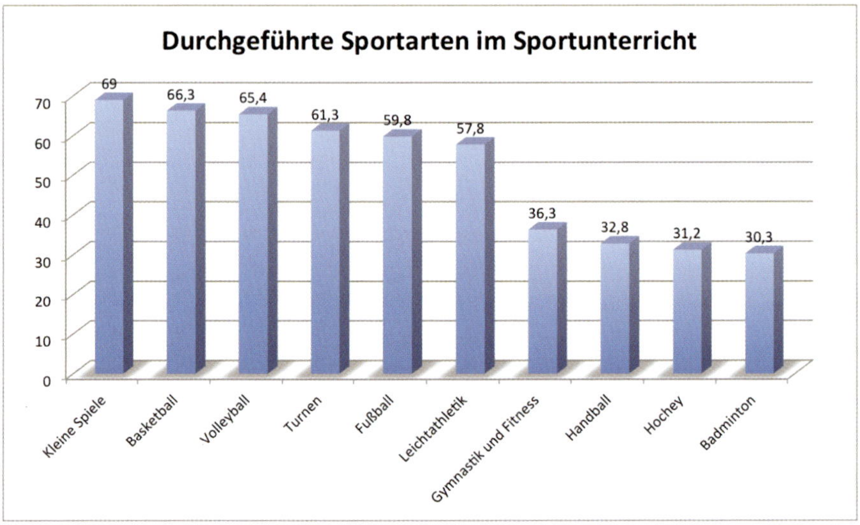

Abb. 2.3: Die zehn am häufigsten durchgeführten Sportarten im Sportunterricht (Häufigkeiten in Prozent laut Aussagen der Schüler) – (nach SPRINT-Studie, 2005, S. 115)

Obwohl der Sportunterricht schon sehr auf die Ballspiele ausgerichtet scheint, bleibt eine Diskrepanz zwischen Angebot und Nachfrage bestehen, denn Jungen wünschen sich noch mehr Fußball (42,5 %) und die anderen Ballspiele wie Handball, Basketball und Hockey (jeweils mehr als 25 %) – (vgl. SPRINT-Studie, 2005, S. 116).

Befragt nach den Zielen des Sportunterrichts, also was in den Augen der Schüler der Sportunterricht bewirken soll, gaben diese an:

Tab. 2.1: Die Ziele des Sportunterrichts (Häufigkeiten in Prozent, Zustimmung auf einer vierteiligen Skala von „stimmt nicht" = 1 bis „stimmt genau" = 4, laut Aussagen der Schüler). Die zehn am häufigsten durchgeführten Sportarten im Sportunterricht (Häufigkeiten in Prozent laut Aussagen der Schüler) – (mod. nach SPRINT-Studie, 2005, S. 115).

Persönliche Meinung (4-stufig) – Häufigkeiten in Prozent Der Sportunterricht soll Spaß machen und ... (1 = unwichtig; 4 = sehr wichtig)	1	2	3	4
... mich zu weiterem Sporttreiben motivieren	8,5	22,1	40,7	28,7
... die Gesundheit und Fitness fördern	2,7	9,3	37,1	50,9
... die Leistung in einzelnen Sportarten verbessern	4,3	15,0	41,5	39,2
... mir Neues aus dem Sport zeigen	6,1	19,2	39,1	35,7
... den fairen Umgang miteinander fördern	5,5	17,2	40,8	36,5
... Entspannung u. Ausgleich zu den anderen Fächern schaffen	6,9	16,3	33,2	43,6
... Schüler in den Sportverein bringen	26,6	35,9	21,3	16,1

Eine äußerst positive Bewertung erfahren die Ziele „Gesundheit und Fitness fördern", „Leistungsverbesserung" und „Entspannung und Ausgleich zu den anderen Fächern schaffen". Für die Umsetzung dieser drei, aber insbesondere der beiden letzten Ziele im Sportunterricht eignen sich die Sportspiele besonders.

Die Rahmenbedingungen der Ballsportarten in Schule und Verein

Die Bildungspläne der Schulen enthalten neben den Spielsportarten weitere Inhalte wie die Individualsportarten Leichtathletik, Schwimmen, Gerätturnen und Gymnastik/Tanz. Darüber hinaus muss für die Förderung der konditionellen Grundlagen Ausdauer und Kraft Zeit eingeräumt werden und andere Sportarten wie Ringen und Raufen oder Judo, Akrobatik, Klettern sollen in angemessenen Unterrichtseinheiten in den Sportunterricht integriert werden. Daraus leitet sich der Zeitumfang für die Ballspiele im Sportunterricht ab, der etwa mit **30 Stunden pro** Schuljahr in den Klassen 5–8 und mit etwa **20 Stunden** in den Klassen 9 und 10 angesetzt werden kann. Das bedeutet statistisch gesehen, dass jedes Große Sportspiel im zweijährigen Wechsel zunächst mit ca. 15 Stunden, später mit etwa zehn Stunden unterrichtet werden kann. Damit über diese Tatsache nicht hinweg gelesen wird, führe man sich die daraus resultierende Ist-Situation im Sportunterricht der weiterführenden Schulen vor Augen, die wie folgt aussehen kann:

Klassenstufe 5:	15 Stunden FB	–	15 Stunden HB
Klassenstufe 6:	15 Stunden BB	–	15 Stunden VB
Klassenstufe 7:	15 Stunden FB	–	15 Stunden HB
Klassenstufe 8:	15 Stunden BB	–	15 Stunden VB
Klassenstufe 9:	10 Stunden FB	–	10 Stunden HB
Klassenstufe 10:	10 Stunden BB	–	10 Stunden VB
Jahrgangsstufe 1:	20 Stunden Sportspiel 1		evtl. 15 Stunden Sportspiel 2
Jahrgangsstufe 2:	15 Stunden Sportspiel 1		evtl. 10–12 Stunden Sportspiel 2

Wird ein Sportspiel zu Beginn eines Schuljahres unterrichtet, können fast drei Schuljahre bis zur Wiederaufnahme dieses Spiels vergehen, wenn der Fachlehrer diese Unterrichtseinheit in der übernächsten Klassenstufe am Schuljahresende einplant. Was darf man in einer solchen Situation von Nicht-Vereinsspielern in Bezug auf Leistungsfortschritte und Leistungsniveau erwarten? Ab der Klasse 9 findet der Sportunterricht weitgehend in einer Doppelstunde pro Woche statt, und das oft mit 25–30 Schülern in einem Hallendrittel von 27 x 15 m. Unterrichtseinheiten über einen längeren Zeitraum von mehreren Wochen bleiben nur selten von Unterrichtsausfall verschont. Exkursionen, Betriebsorientierungen, Projekttage, Ferien, Sprachaufenthalte etc. sorgen permanent für Unterbrechungen der Lernprozesse.

Vordergründig scheinen die Bedingungen für die **Ballspielausbildung in den Vereinen** günstiger angelegt zu sein, treten Kinder doch heute schon mit vier, fünf oder sechs Jahren in den Sportverein ein und trainieren spätestens ab dem E- Juniorenalter zweimal wöchentlich über 90 Minuten und tragen pro Saison bis zu zwanzig Wettspiele aus. Außerdem gehen sie im Verein ihrem favorisierten Sportspiel nach, was sich positiv auf die Motivation und das Engagement auswirken dürfte. Die Bedeutung des Vereinssports für Schüler spiegelt Abbildung 2.4 wider. Berücksichtigt man in diesem Zusammenhang die Entwicklung der Mitgliederzahlen, kann festgehalten werden, dass sich die Ballspielvereine eines regen Zulaufs von Kindern erfreuen, die Bedeutung mit zunehmendem Alter aber abnimmt. Schon seit Jahren beklagen sich Ballspielvereine, dass die Mitgliederzahlen zwar in den unteren Juniorenstufen „boomen", dass es jedoch bei den A- und B-Junioren immer schwieriger wird, ausreichend Spieler für Wettkampfmannschaften zu rekrutieren.

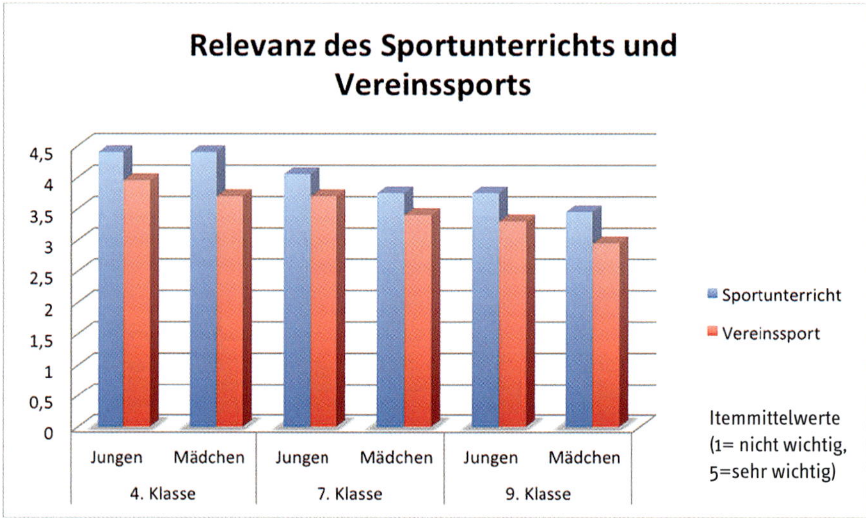

Abb. 2.4: Die Relevanz des Sportunterrichts und des Vereinssports in verschiedenen Klassenstufen (nach SPRINT-Studie, 2005, S. 109)

Die Ballspielvereine sehen sich auch mit einer neuen Situation konfrontiert, die sich aus dem veränderten Sportspielzugang ergibt. Darauf einen Blick zu werfen, kann aufschlussreiche Erkenntnisse für eine neue inhaltliche und auch methodische Konzeption liefern, vor allem unter der Fragestellung, unter welchen Voraussetzungen der Zugang zu den Ballspielen in unserer modernen Gesellschaft erfolgt.

Mit einer vergleichenden Betrachtung der Entwicklung der Spielfähigkeit vor etwa 50 Jahren soll nicht der Haltung „Früher war alles besser" das Wort geredet werden und mit der Forderung „Holt die Straßenspiele in die Vereinsausbildung zurück!" eine simple Lösung vorgeschlagen werden, sondern entscheidende Veränderungen gegenüber einer Zeit herausgestellt werden, in der Kinder noch täglich stundenlang auf der Straße spielten (spielen konnten!). Durch diesen Wandel im Sportspielzugang tun sich heute zahlreiche Problemfelder auf, die in ihren Auswirkungen kurz erläutert werden sollen, da sie als Ursache für eine notwendige und sinnvolle Überarbeitung der Sportspielausbildung angesehen werden können.

2.2 Sportspielzugang früher

Kinder spielten in den 60er- und 70er-Jahren des vorigen Jahrhunderts bis zum Alter von zehn Jahren nur auf der Straße, erst dann konnten sie in einen Ballsportverein eintreten.

In den sechziger und siebziger Jahren des 20. Jahrhunderts gehörte die Straße in vielen Wohngegenden noch den Kindern und Jugendlichen. Sie war der Hort einer Spielkultur, in der sich Kinder im freien Spiel wichtige Fähigkeiten, Kenntnisse und Einstellungen aneigneten. Stundenlanges Herumkicken mit irgendwelchen Bällen, Versteck-, Fang-, Hüpfspiele bildeten dabei den Hauptgegenstand der nachmittäglichen Freizeitgestaltung. Die Erschließung der näheren und weiteren Wohnumgebung in Abenteuerspielen ließ Kinder über Gräben und Bäche springen, Bäume erklimmen und Mauern überwinden.

Diese freie Spielwelt war voll von natürlichen Lernsituationen für Kinder. In selbst initiierten Spielen konnten sie implizit Erfahrungen, Fähigkeiten und Fertigkeiten sammeln. Spiele mussten erfunden oder organisiert, Mannschaften gebildet, Spielregeln ausgehandelt und eingehalten, der Modus für die Zählweise festgelegt werden, bevor das eigentliche Spiel in Gang gesetzt werden konnte. Bei Spielunterbrechungen mussten die beteiligten Spieler in der Lage sein, das Spiel wieder aufzugreifen bzw. selbstständig fortzusetzen. Dazu konnten Veränderungen in der Organisation, in den vereinbarten Regeln, Kompromisse, Zurückstellen eigener Bedürfnisse und Erwartungen nötig sein. Das spielende Kind musste sich so in eine Gemeinschaft einfügen, Aufgaben übernehmen und Absprachen einhalten lernen. Auf Grund der Selbstinitiierung erwarb es soziale, kognitive und emotionale Fähigkeiten.

Im Verlauf eines Spiels mussten Lösungsmöglichkeiten für die Spiel- bzw. Bewegungsaufgaben ausprobiert und entwickelt sowie Spielerrollen übernommen werden. Die daraus resultierenden technischen und taktischen Fertigkeiten und Fähigkeiten wurden spielerisch-implizit entwickelt, die konditionellen Fähigkeiten durch die Verschiedenartigkeit der Spiele und den hohen Zeitumfang breit angelegt. Motorische Fertigkeiten und Fähigkeiten wurden dabei in erster Linie durch Nachahmung der älteren Mitspieler in leistungsheterogenen Mannschaften oder durch ein eigenständiges Auffinden von Lösungsmöglichkeiten nach dem Lernmodell „Versuch und Irrtum" erworben, wodurch auch die Experimentierfreudigkeit, das selbstständige Suchen nach Lösungen und die Kreativität die Kinder in ihrem Wesen prägten.

In Hüpf-, Lauf-, Fang-, Versteck- und Ballspielen bildeten sich die Grundlagen für alle Sportspiele in der Auseinandersetzung mit Gleichaltrigen oder in heterogenen Altersgruppen weitgehend unbewusst und selbstständig aus, was zu einer **allgemeinen Spielfähigkeit** als

Basis für die Sportspiele führte. Dazu gehörten vor allem ein ausgeprägtes Bewegungsgefühl für die motorischen Grundtätigkeiten des Laufens, Hüpfens und Springens, aber auch der Wahrnehmung und Beobachtung von Mit- und Gegenspielern, von Bällen, von Zeit und Raum. Daraus resultierten eine Antizipationsfähigkeit von Eigen- und Fremdbewegungen, das Einschätzungsvermögen von Ballwegen, die Orientierungsfähigkeit in mannigfaltigen Spielsituationen, schlichtweg allgemeine Spielerfahrungen.

Im täglichen Herumkicken mit Bällen wurden auch bereits die wesentlichen Grundtechniken und -taktiken des Fußballspiels oder in Parteiballspielen das gezielte Werfen und Fangen erworben, was allmählich zu einer **speziellen Spielfähigkeit** führte. Kinder suchten oder entwickelten dazu Spielformen, die von ihren natürlichen Lernvoraussetzungen und Bedürfnissen ausgingen. So herrschte meist der Wettbewerbsgedanke vor, es ging immer um Sieg oder Niederlage, wodurch ein großer Spannungsgehalt gegeben war. Dabei lernten Kinder schon früh, mit anderen zu gewinnen, aber auch zu verlieren.

Begleitet wurde die motorische Entwicklung allenfalls durch den Turnverein, in dem für Kinder im Alter von sechs bis zehn Jahren eine umfassende Ausbildung der ganzkörperlichen Motorik mit einer gleichzeitigen Schulung der allgemeinen Spielfähigkeit stattfand (Abb. 2.5).

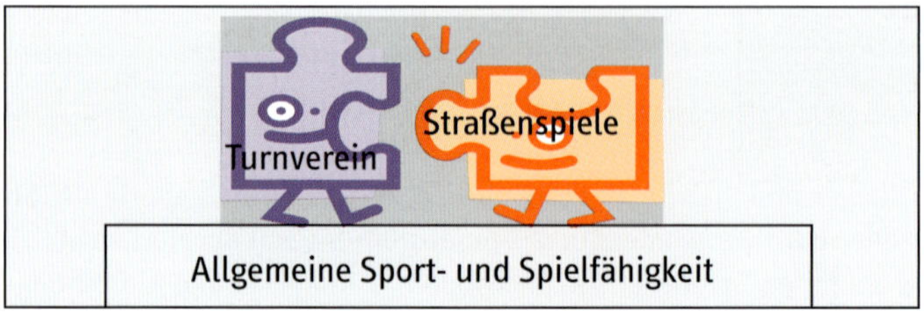

Abb. 2.5: Entwicklung einer allgemeinen Spielfähigkeit in den 60er-Jahren des 20. Jahrhunderts

2.3 Sportspielzugang heute: Ausbildung im Verein

Kinder treten heute mit vier oder fünf Jahren in den Ballspielverein ein und erwerben fortan eine sportspielspezifische Ausbildung.

Mit dem Aussterben dieser Straßenspielkultur hat sich bei uns der Zugang von Kindern und Jugendlichen zum Sporttreiben völlig verändert. Bereits in den achtziger Jahren traten Kinder schon im Alter von sechs Jahren den Ballsportvereinen bei und fanden ein sehr differenziertes Sportangebot vor. Im Fußballverein konnten und können seither sechsjährige Kinder das Fußballspielen erlernen, im Handballverein das Handballspielen, im Tennisverein das Tennisspielen. Damit ist einer monosportiven Ausbildung auf einem sehr schmalen motorischen Fundament der Weg bereitet.

Auf die beobachtbaren motorischen Defizite vieler Kinder haben in der Folge verschiedene Verbände reagiert: Ihre Vereine nehmen heute bereits Kinder in einem Alter von vier bis fünf Jahren auf, um einerseits den Bewegungsmangel kompensieren und grundlegende Bewegungserfahrungen vermitteln zu können und andererseits schon früh Kinder an sich zu binden, bevor die anderen konkurrierenden Ballspielvereine diese gewinnen können. Aus dieser Konkurrenzhaltung heraus ergibt sich eine zwangsläufige Abgrenzung und Schwerpunktsetzung der

Inhalte, die trotz aller Lippenbekenntnisse der Verantwortlichen zur vielseitigen und umfassenden Grundlagenausbildung nach wie vor so aussieht: Im Basketball- und Handballverein wird vor allem mit der Hand, im Fußballverein mit dem Fuß gespielt. Parallel dazu findet im Sportunterricht der Schule eine breite Grundlagenausbildung statt, in der die motorischen, kognitiven, sozialen und affektiv-emotionalen Aspekte des Spielens auf einer breiten Basis entwickelt werden.

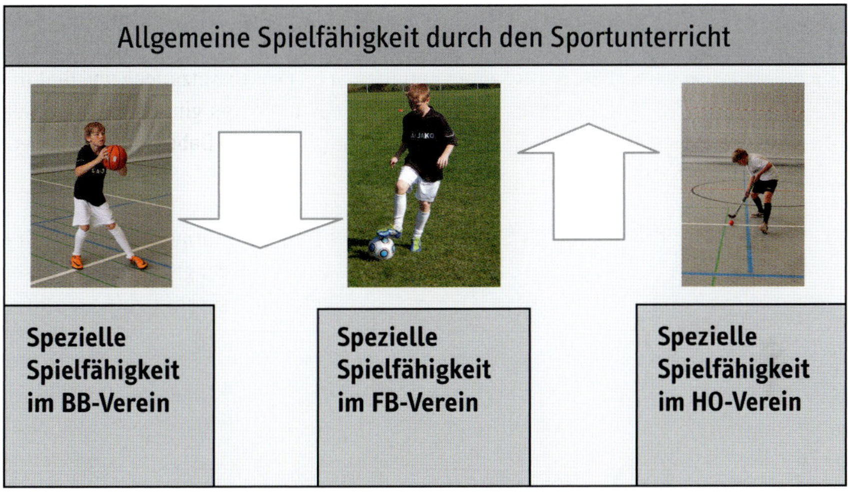

Abb. 2.6: Wechselseitige Ausbildung der allgemeinen und speziellen Spielfähigkeit durch Schule und Verein im 21. Jahrhundert

An die Stelle der freien Spielwelt ist heute der Sportverein getreten. Bevor Kinder spielen können, treten sie in einen Ballsportverein ein und entscheiden sich für eine sportspielspezifische Ausbildung, obwohl in der Sportwissenschaft seit vielen Jahren ein Konsens darüber besteht, dass die Spielausbildung vielseitig und sportspielübergreifend anzulegen ist.

Je vielfältiger die Bewegungserfahrungen sind, je reicher also der Bewegungsschatz ist, desto schneller und kreativer ist der Lernprozess (vgl. Hotz, 1986, S. 72 f.).

2.4 Problemfelder der Sportspielausbildung

Der Vergleich des Sportspielzugangs in den sechziger und siebziger Jahren des vorherigen Jahrhunderts mit dem heutigen deutet bereits zahlreiche Problemfelder an, die letztendlich auf die zivilisatorischen und gesellschaftlichen Veränderungen, den technischen Fortschritt und die moderne Lebensführung zurückzuführen sind. Da das Rad nicht zurückgedreht werden kann, heißt es nun, sich den veränderten Bedingungen zu stellen und die notwendigen Konsequenzen für die Ballspielausbildung zu ziehen. Abbildung 2.7 gibt einen Überblick über die verschiedenen Problemfelder der Sportspielausbildung heute.

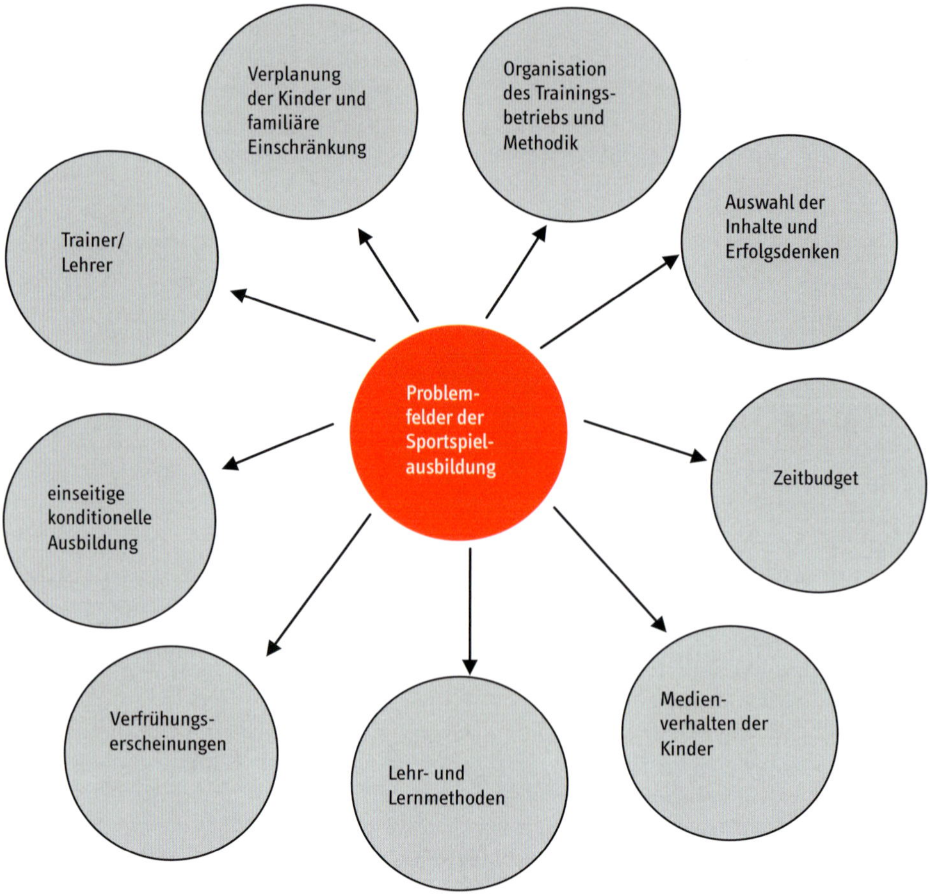

Abb. 2.7: Problemfelder der Sportspielausbildung

Im Folgenden sollen die einzelnen Aspekte kurz erläutert und kritisch betrachtet werden.

2.4.1 Organisation des Trainingsbetriebs

Im Vereinssport treffen fünfjährige Kinder heute von Beginn an auf „künstliche" Lernsituationen:
Sie erwerben in einem fremdorganisierten Trainingsbetrieb zuerst eine vornehmlich deduktiv vermittelte spezifische Spielfähigkeit.

Der Ballsportverein übernimmt in einem streng organisierten Trainingsbetrieb die Ausbildung von Kindern in den Sportspielen. Dabei erfahren sie von Anfang an die „Künstlichkeit" des Trainings, in dem sie auf vorgegebene Zeiten, Regeln, Ordnungsnormen und Inhalte treffen, die alle vom Trainer und somit fremdorganisiert sind. Dem individuellen und spontanen Spielerlebnis wird kaum Rechnung getragen. Der Trainer wählt die Inhalte aus, stellt Gruppen zusammen, organisiert den Aufbau, leitet die Spiele, greift ein und lenkt korrigierend auf bestimmte Lernziele hin. SCHMIDT spricht in diesem Zusammenhang von dem Phänomen, dass Kinder trainiert werden, bevor sie eigentlich spielen können (Schmidt, 2004, S. 8).

2.4.2 Auswahl der Inhalte und Erfolgsdenken

Bezirksmeisterschaften der Bambini oder Deutsche Meisterschaften für 8–10-Jährige sind die „krankhaften Auswüchse" des organisierten Vereinssports.

Im Mittelpunkt des Trainings stehen allzu oft und von Anfang an die Inhalte, die über den Ausgang des sportlichen Wettbewerbs entscheiden: die technischen Fertigkeiten des jeweiligen Ballspiels und die Hinführung zu einer spielspezifischen Ausbildung. Dabei dominieren häufig das direkte Lehrverfahren und die methodische Form des Übens, in denen der Trainer technische Bewegungsabläufe beschreibt, demonstriert und bei der Ausführung durch die Kinder in korrigierender Form eingreift. Die Integration dieser Inhalte in Spielformen orientiert sich meistens an den Wettspielformen der entsprechenden Altersstufen, die oftmals nicht entwicklungs- und kindgerecht sind. Sechs- und siebenjährige Kinder spielen dann im 7:7 Hand- oder Fußball auf Spielfeldern, die sie in ihren Ausmaßen völlig überfordern.

Die Auswüchse des verfrühten Leistungsdenkens waren oder sind noch immer Bambiniwettbewerbe, in denen vier- und fünfjährige Kinder um Bezirksmeistertitel gespielt haben bzw. noch immer spielen.

2.4.3 Das Zeitbudget zum Lernen in den Sportspielen im Kindesalter

Kinder haben heute wesentlich weniger Zeit zum Erlernen eines Sportspiels, obgleich sie mit vier bis fünf Jahren in den Ballspielverein eintreten.

Ein Vergleich des Stundenumfangs für das Spielen mit dem Ball bzw. für das Erlernen sportmotorischer Grundlagen für die Ballspiele zwischen heute und den 1960er-Jahren, als zur Zeit der Straßenspielkultur noch täglich stundenlang auf der Straße gespielt wurde, kann aufschlussreiche Erkenntnisse über die Auswirkungen des mittlerweile veränderten Sportspielzugangs liefern. Die Berechnungsgrundlagen beruhen auf Erfahrungswerten des Autors und besitzen somit keine empirisch abgesicherte Gültigkeit. Sie können jedoch tendenziell einen wichtigen Aspekt der Ballspielausbildung beleuchten.

In der Regel haben Kinder und Jugendliche früher im Durchschnitt vier bis fünf Stunden täglich auf der Straße gespielt. An etwa 250 Tagen im Jahr war bei entsprechender Witterung oft zur Hälfte der Zeit (oder sogar noch länger!) ein Ball im Spiel. Das führte im Jahr zu mindestens 600–700 Stunden Ballspielzeit. Ferner wurde die motorische Ausbildung durch den Turnverein ab sechs bis zehn Jahren gefördert, wo eine breite Grundlagenausbildung in Kombination mit einer Entwicklung der allgemeinen Spielfähigkeit stattfand. So kamen Kinder um 1960 auf rund 4000 Stunden, in denen ihre Motorik und ihre Spielfähigkeit ausgebildet und gefördert wurden, bevor sie mit elf Jahren in den Ballspielverein eintreten konnten. Mit diesem Eintritt nahm die Ausübung des spezifischen Sportspiels im informellen Rahmen, also meistens auf der Straße, noch bis zu einem Alter von 13 bis 14 Jahren zu. Im Verein wurde zweimal pro Woche trainiert, offizielle Wettspiele begleiteten die Ausbildung zusätzlich (vgl. Abb. 2.8).

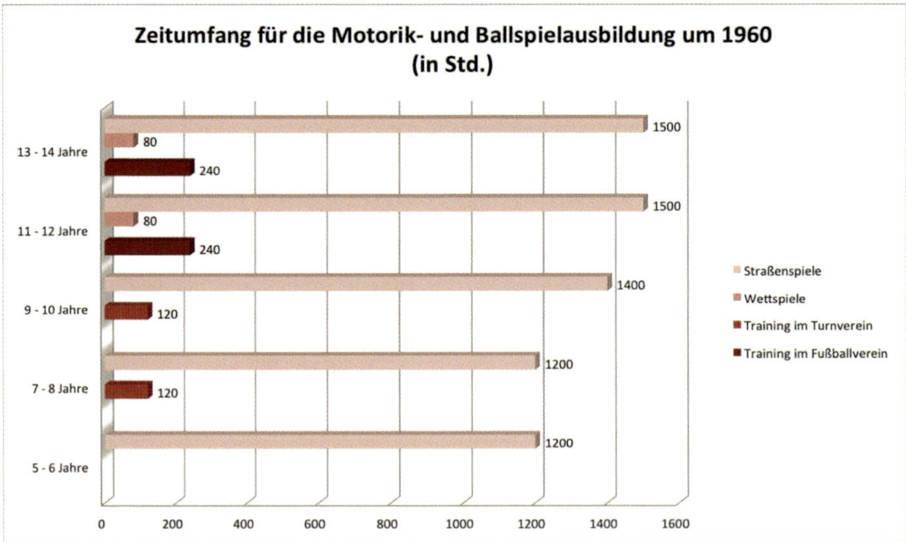

Abb. 2.8: Zeitumfang für die Motorik- und Ballspielausbildung um 1960 (in Stunden) nach Berechnung aus Erfahrungswerten des Autors

Im Breitensport hat sich die Trainingshäufigkeit heute gegenüber früher (1960) ab den D-Junioren nicht verändert. Abweichungen in der Vereinsausbildung resultieren nur aus dem früheren Vereinseintritt im Alter von ca. fünf Jahren bis zum E-Juniorenalter einschließlich, sodass Kinder bis zur E-Jugend einschließlich auf insgesamt ca. 600 Stunden Ausbildungszeit im Ballspielverein kommen, was Kinder um 1960 nicht kannten (vgl. Abb. 2.9).

Dieser Umfangssteigerung im Vereinstraining stehen jedoch fehlende Erfahrungen aus dem Straßenspiel und häufig auch aus dem Vereinsturnen gegenüber. Zwar toben sich auch heute noch Kinder auf Bolz- oder Kinderspielplätzen aus, vor allem im ländlich strukturierten Raum, jedoch nur noch in einem reduzierten Maße. Bei einer Stunde täglichen Straßenspiels ergibt das vom Bambinialter bis zu den E-Junioren einschließlich in sechs Jahren ca. 1500 Stunden. In der Summe führt das zu etwa 2100 Stunden Zeit, die heute für die motorische Ausbildung von den Bambini bis zur E-Jugend zur Verfügung steht. Dem stehen ca. 4000 Stunden „Bewegungszeit“ von Kindern um 1960 gegenüber (die Sportunterrichtszeit wird hier nicht mitberechnet, da sich keine wesentlichen Differenzen zwischen 1960 und heute ergeben).

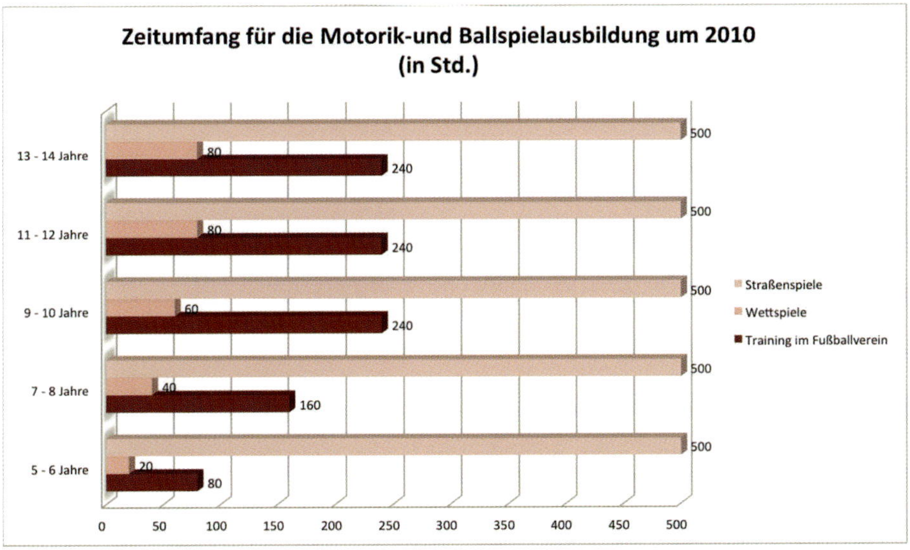

Abb. 2.9: Zeitumfang für die Motorik- und Ballspielausbildung um 2010 (in Stunden) nach Berechnung aus Erfahrungswerten des Autors

Durch den wesentlich höheren Zeitumfang im Straßenspiel auch im D- und C-Jugendalter resultiert letztendlich eine mehr als doppelt so hohe Stundenzahl, die Kinder und Jugendliche um 1960 für die motorische Ausbildung bis zu einem Alter von 14 Jahren aufbrachten, wie Abbildung 2.10 belegt.

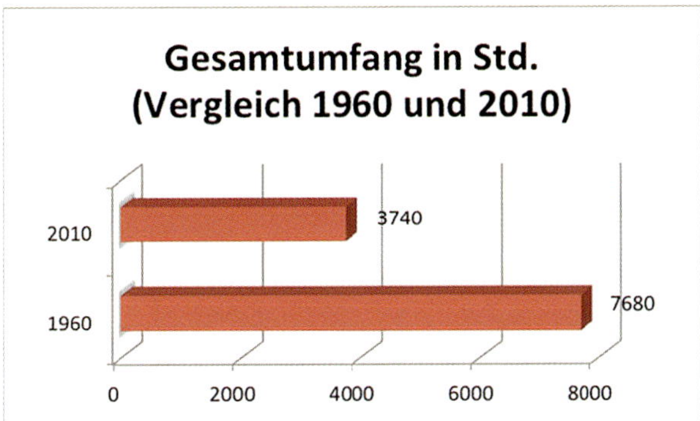

Abb. 2.10: Vergleich des Gesamtumfangs der Motorik- und Ballspielausbildung bis zu einem Alter von 14 Jahren zwischen 1960 und 2010 nach Berechnung aus Erfahrungswerten des Autors

Es ist müßig darüber zu diskutieren, ob oder in welcher Form sich diese quantitativen Unterschiede auf die heutige Bewegungs- und Spielqualität der Kinder und Jugendlichen auswirken. Das ständige Lamentieren der Trainer, dass die Straßenspieler immer mehr aussterben, ist nicht zu überhören. Kinder finden jedoch heute auch ganz andere Möglichkeiten vor. Die totale Vermarktung des Sports bringt ihn schon früh über die verschiedenen Medien in die Kinderzimmer. Somit wissen Kinder schon sehr früh sehr viel über ihren Sport, können aber noch sehr wenig. Außerdem sind heute die Tricks der Weltstars, ihre Dribblings und spektakulären Tore oder Körbe im Internet präsent, sie können unzählige Male angeschaut und nachgeahmt werden, sie müssen nicht selbst erfunden oder entdeckt werden. Folgt man den Ausführungen des Gehirnforschers und Neurobiologen SPITZER zum langsamen „Können-Lernen", muss man jedoch zur Kenntnis nehmen:

„Wer ein Profi-Geiger wird, der hat mit zehn Jahren schon 1000 Stunden Geige gespielt, als Teenager (mit 15 Jahren) 4000 Stunden und mit 20 Jahren mehr als 10000 Stunden. Mäßige Streicher haben etwa halb so viel Zeit mit ihrem Instrument zugebracht und Amateurpianisten noch einmal die Hälfte davon." (Spitzer, 2002, S. 317)

Bei dem quantitativen Vergleich des veränderten Sportspielzugangs wurde bisher noch nicht die Tatsache angesprochen und miteinberechnet, dass darüber hinaus früher weitere Straßenspiele durchgeführt wurden, in denen gerannt, gehüpft, geklettert, gesprungen wurde, was nicht nur zu einer koordinativen, sondern auch zu konditionellen Entwicklung führte.
Will man die Straßenspiele nun in den Verein und in den Schulsport zurückholen, ergibt sich allein aus der Betrachtung des Zeitumfangs ein Intensitätsproblem. Kinder selbst Spiele erfinden, Spielregeln aufstellen, die Organisation durchführen und Bewegungs- und Spielhandlungen entdeckend erforschen zu lassen ist sehr zeitaufwändig. Damit wird zunächst die Intensität im Training oder Sportunterricht deutlich herabgesetzt. Das könnte jedoch alles in Kauf genommen werden, wenn der Transfer dieser Spiele in die Freizeit gelänge und Kinder wieder stundenlang draußen spielten. Diesem Wunsch stehen aber häufig die Infrastruktur, die fehlenden Spielpartner, die Motivation und die Freizeit- und Unterhaltungsindustrie als unerbittliche Gegner gegenüber.

Der Ball hat viele Gegner!

2.4.4 Das Medienverhalten der Kinder

Viele Kinder spielen heute länger Fußball oder Basketball am Computer oder an der Playstation als auf dem Platz.

Viele Kinder werden heute gezielt zu Konsumenten einer Freizeitindustrie „erzogen", in der die Motorik keine bedeutende Rolle mehr spielt. Im Fernsehen wird auf unzähligen Kanälen Unterhaltung geboten. Daneben haben auch Game-boy, Playstation und Computer die Kinderzimmer erobert und machen Kinder schon sehr früh zu Konsumenten einer virtuellen Spielwelt. Neuere Untersuchungen belegen, dass Dritt- und Viertklässler in unserer Zeit von 14 Wachstunden zwischen 12-13 Stunden sitzen (in der Schule, vor dem Fernseher, dem Computer, der Playstation). Unsere Kinder leben in einer Sitzwelt, nicht mehr in einer freien und aktiven Spielwelt, wodurch wir völlig veränderte Ausgangsbedingungen für die sportliche Entwicklung in der Schule und im Verein vorfinden.

2.4.5 Lehr- und Lernmethoden

Kinder wollen spielen, nicht üben!

Spielen ist spannend, üben ist langweilig. Dadurch erfährt die Methodik der Lehr- und Lernformen eine zentrale Bedeutung in der Ausbildung. Kleinere Kinder können sich nicht über einen längeren Zeitraum auf eine Sache intensiv konzentrieren, es drängt sie nach Abwechslung, nach selbstständigem Erforschen und Ausprobieren. Sie suchen selbst nach Lösungen, um sich in ihrer kindlichen Welt zurechtzufinden und sich diese spielerisch zu erschließen.

Durch die Fremdorganisation und die Auswahl der Inhalte im Training bleibt ihnen oft der Sinn von langen Übungsphasen verschlossen. Sie wollen die Spannung des Spiels erleben und spielerisch lernen. Damit stoßen wir auf das zentrale Problem: Muss man nicht zuerst die Techniken des Passens und der Ballannahme beherrschen, um an einem Ballspiel teilnehmen zu können?

Wir wissen, dass sich Techniken erst durch unzählige Wiederholungen zu Bewegungsfertigkeiten entwickeln und somit ein langfristiges Lernen und Üben voraussetzen (Erinnerung an den Fließbandarbeiter mit seinen 1–2 Millionen Handgriffen).

Viele Trainer und Lehrer vergessen aber, dass Kinder keine Fließbandarbeiter sind, und beginnen deshalb die Spielausbildung mit einer umfassenden Ausbildung der Bewegungstechniken und wundern sich über unkonzentrierte und sich langweilende Kinder. Ihnen ist oftmals nicht bewusst, dass Kinder- und Jugendtraining kein reduziertes Erwachsenentraining ist. Die Ursachen für die Lustlosigkeit und aufkommenden Disziplinprobleme suchen sie im Wesen der Kinder zu finden, nicht in einer überholten und wenig kindgerechten Methodik.

2.4.6 Verfrühungserscheinungen in den Ballsportarten

Die Ausstiegsrate im Jugendbereich ist nach wie vor sehr hoch: Sport-Hopper oder sportliches Burn-out beeinträchtigen die Relation von Aufwand und Ertrag in der Jugendarbeit.

Während die weniger begabten Kinder den Sportverein schon nach wenigen Jahren wieder verlassen und sich zum Teil frustriert aus dem Vereinssport zurückziehen, wechseln andere mehrfach die Sportarten, probieren einfach aus und geben irgendwann ihre sportlichen Ambitionen auf. Nur wenige der Kinder und Jugendlichen, die heutzutage in einem Alter von fünf bis sechs Jahren in einen Ballspielverein eintreten, halten durch bis in den Erwachsenenbereich. Selbst begabte und äußerst erfolgreiche Kinder und Jugendliche legen den Tennisschläger weg oder hängen die Fußballschuhe an den Nagel, weil sie nach zehn Jahren Wettkampfsport „ausgebrannt“ sind und endlich etwas anderes kennen lernen und erleben wollen. Die Mitgliederzahlen der Verbände belegen diese Tendenz fast durchweg.

Es boomt (noch!) in den unteren Jahrgangsstufen in fast allen Verbänden, im Bereich der B- und A-Junioren führt der drastische Mitgliederschwund zu immer weniger Wettkampfmannschaften.

2.4.7 Einseitige konditionelle und koordinative Ausbildung

Muskuläre Dysbalancen und eine hohe Verletzungsanfälligkeit sind die gesundheitlichen Folgen einer langjährigen einseitigen konditionellen Belastung.

Die physische Ausbildung der Kinder und Jugendlichen leidet oft unter der monotonen Reizsetzung vom Vorschulalter bis in die Pubertät hinein. Dies zeigt sich häufig schon in den Eingangsklassen der weiterführenden Schulen. Dort sind Zehnjährige, die mitunter fünf oder sechs Jahre im Ballspielverein sind, nicht in der Lage, einen Klimmzug auszuführen oder ihren Körper im Stütz zu halten.

In den Sportspielen wird schwerpunktmäßig die Antriebsmuskulatur der unteren Extremitäten beansprucht, Belastungen der Sprung- und Streckmuskulatur im Fuß-, Bein- und Hüftbereich dominieren. Die auftretenden Kräfte bei schnellen Dreh-, Scher- und Schwungbewegungen sowie bei schnellen Richtungs- und Tempoänderungen führen zu einem Missverhältnis zwischen der Muskulatur der unteren Extremitäten und der schwach ausgebildeten Haltemuskulatur des Rumpfes, wodurch sich starke Beanspruchungen an der nur wenig stabilisierten Wirbelsäule ergeben. Haltungsschwächen und eine hohe Verletzungsanfälligkeit auf Grund von muskulären Dysbalancen sind oft die logische Konsequenz der sportlich monotonen Reizsetzung.

Im koordinativen Bereich zeigt sich durch die einseitige Ausbildung in den „Fußgängersportarten", wie die Ballspiele auch allgemein bezeichnet werden können, dass entweder fuß- oder handzentrierte Bewegungen im Mittelpunkt des Unterrichts- oder Trainingsgeschehens stehen und die Beherrschung des Körpers auf Bewegungskombinationen beschränkt bleibt, in denen motorische Bewegungen mit dem Laufen und Springen kombiniert werden. Rollen, Wälzen, Kletter- oder Hangübungen bleiben weitgehend ausgespart, so dass Kinder schon auffällige Schwierigkeiten bei einer Rolle vorwärts, bei einem „Rad" oder Aufschwingen in den Handstand haben.

2.4.8 Trainer- und Lehrerproblem?

Die kompetentesten Trainer sollten die Kleinsten ausbilden – doch da ist leider nichts zu verdienen.
In der Grundschule werden überwiegend Sportstunden von fachfremden Lehrern/innen unterrichtet.

Als Gründe für das Aussteigen aus einer Sportart im Jugendbereich werden primär die Qualität des Trainings und zu geringe Einsatzzeiten in den Wettspielen genannt. Beide Argumente beziehen sich somit auf die Kompetenz des Trainers (was natürlich auch einfacher und leichter ist, als eventuell eigene Unzulänglichkeiten einzugestehen). Die Forderung nach besser ausgebildeten Jugendtrainern lässt sich leicht stellen, doch nur wenige gute Ballspieler sind nach ihrer aktiven Karriere noch bereit, die ebenso zeitaufwändige wie schwierige Jugendarbeit auf sich zu nehmen. Wirklich kompetente Trainer lassen sich nur ganz selten in die „Niederungen der Jugendarbeit" hinab, denn dort gibt es wenig bis nichts zu verdienen.

Ein ähnlich gelagertes Problem finden wir im Grundschulsportunterricht auf Grund des Klassenlehrerprinzips vor. In vielen Grundschulen soll ein Lehrer oder eine Lehrerin zur Vertrauensperson der kleinen Schüler werden und möglichst viele Fächer in einer Klasse unterrichten. Dadurch kommt es in den meisten Klassen zu einem fachfremden Sportunterricht durch Lehrer, die selbst mit Sport „nie etwas am Hut hatten" und nicht annähernd auf eine fundierte Ausbildung in diesem Fach zurückgreifen können. Den goldenen Lernjahren im Sport, besonders für die so wichtige koordinative Entwicklung der Kinder, wird somit ein fruchtbarer Nährboden durch das Fehlen einer weitgehenden fachlichen Kompetenz entzogen. Es werden Chancen ausgelassen, die aufgrund besonderer Entwicklungs- und Reifungsphasen nicht wiederkommen und deren Defizite in späteren Jahren kaum aufgearbeitet werden können, denn „was Hänschen nicht lernt ...".

2.4.9 Verplanung der Kinder

Kinder haben heutzutage einen Terminplan wie Erwachsene durch die „Verpädagogisierung" der Freizeit.

Die Voraussetzung für eine qualifizierte Berufsausbildung ist ein entsprechender Schulabschluss, der Kindern und Jugendlichen mittlerweile zeitlich sehr viel abverlangt. So haben Fünftklässler auf dem Gymnasium im Moment eine Stundentafel von 32–33 Unterrichtsstunden in Baden-Württemberg, was zu einem zweimaligen Nachmittagsunterricht führt. Der Trend im

Bildungswesen führt nach der Einführung der achtjährigen Gymnasialzeit zur Ganztagesbetreuung, wodurch die freie Zeit für das Spielen in der Freizeit noch mehr eingeschränkt wird. Bildungspolitiker sehen darin jedoch eine Chance für die Vereine, mit den Schulen zu kooperieren und tagsüber Trainingsstunden für freiwillige Schüler anzubieten. Allein mit Pensionären und Schülermentoren ist diese Intention aber nicht qualitativ zufriedenstellend umzusetzen. Welcher Verein verfügt schon über solch kompetente Trainer, die es sich auch noch leisten können, nachmittags um 13.30 Uhr Training auf fast ehrenamtlicher Basis geben zu können?

Neben der Schule und dem Sport finden sich zahlreiche weitere pädagogisch orientierte Freizeitangebote in kommerziellen, kulturellen und religiösen Einrichtungen, die Kindern einen völlig verplanten Wochenablauf mit Terminstress bescheren.

Die ungezwungenen Möglichkeiten, mit Gleichaltrigen auf Bolzplätzen zu kicken oder auf einem zugefrorenen See Eishockey zu spielen, bestehen immer seltener, denn Kinder und Jugendliche haben heute wesentlich weniger unverplante Zeit als früher.

2.5 Zusammenfassung

Mit dem Aussterben der Straßenspielkultur und dem Eintritt vier- bis fünfjähriger Kinder in den Ballsportverein sehen sich Schule und Verein heute veränderten Zugangsbedingungen ausgesetzt, was zu folgenden Auswirkungen führt:

- Kinder verfügen kaum noch über einen umfangreichen Bewegungsschatz, koordinative und konditionelle Grundlagen sind oft nur schwach ausgebildet: Viele können nicht mehr werfen, nicht mehr springen, nicht mehr Bewegungen wie Laufen und Springen kombinieren, nicht mehr rollen, hangeln, stützen ...
- Der Zeitaufwand für die Ausbildung dieser motorischen Grundtätigkeiten ist sehr hoch, die zur Verfügung stehende Zeit jedoch im Schul- und Vereinssport gering.
- Die Verfrühungstendenz durch den Sportspielzugang in einem Alter von vier bis fünf Jahren bedeutet auch, dass Kinder in einen organisierten Trainingsbetrieb gesteckt werden, bevor sie eigentlich frei und ungezwungen spielen können.
- Kinder werden heute häufig mit der Ausbildung einer spezifischen Spielfähigkeit überfordert, weil allgemeine Grundlagen noch fehlen.
- Kinder werden früh einem „Wettkampfstress" ausgesetzt, bevor motorische, kognitive, psychische und physische Dispositionen sorgfältig angelegt sind. Die Anforderungen vieler Wettspielformen im Kindesalter entsprechen in ihrer Komplexität nicht dem Fähigkeitspotenzial der Kinder.
- Kinder stoßen auf Grund ihrer einseitigen Ausbildung schon früh an ihre „Leistungsgrenze" und können sich kaum noch weiter entwickeln.
- Die damit verbundene Überforderung vieler Kinder führt entweder zu einer hohen Fluktuation oder zu einem frühen Rückzug aus dem aktiven Sport.
- Auch bewegungsbegabtere und durchaus erfolgreiche Jugendspieler verspüren nach vielen Jahren des Wettkampfsports eine gewisse Monotonie und ziehen sich ausgebrannt von ihrem Sport zurück.
- Viele Kinder wollen sich schon früh nur noch in ihrer Lieblingssportart betätigen und belasten ihren Körper über viele Jahre hinweg sehr einseitig.

Die Probleme sind weitgehend bekannt, vereinzelte innovative Lösungsansätze sind jedoch nicht so angekommen oder in ihrer Umsetzung aus verschiedenen Gründen nie ernsthaft angegangen worden. Das Festhalten an überlieferten Strukturen und die fehlende Offenheit für grundlegend andere Konzepte haben zu einem Status quo geführt, der uns einen sehr hohen

Aufwand in der Jugendarbeit mit einem relativ bescheidenen Ertrag betreiben lässt, vor allem wenn man sich vor Augen führt, dass mehr Sechzehnjährige aus Sportvereinen ausgetreten als noch aktiv sind. Auch die sportliche Leistungsfähigkeit unserer Kinder lässt anscheinend zu wünschen übrig. In zahlreichen Gesprächen mit Jugendtrainern im Fußball war am Schluss immer wieder die Kritik herauszuhören: Unsere Jugendlichen können nicht mehr Fußball spielen, wir haben nur noch wenige Talente! Sportlehrer beklagen sich fast durchweg über den schlechten Leistungsstand der Schüler im Sportunterricht. Dabei wird aber gerne vergessen, dass die Kinder und Jugendlichen bis dato schon zehn Jahre Mitglied im Fußballverein sind oder mehrere Jahre im Schulsport unterrichtet werden.

2.6 Ausblick und Chancen

Der Sportverein ist nach wie vor die unangefochtene Nr. 1 der außerschulischen Jugendarbeit.

Obwohl die Schraube der gesellschaftlichen Entwicklung nicht mehr zurückgedreht werden kann und die demographische Entwicklung jetzt schon Rekrutierungsprobleme für Sportspielmannschaften voraussagt, brauchen wir heute nicht in Resignation zu verfallen, denn die Ballsportarten behaupten sich noch immer auf den vorderen Plätzen in den Mitgliederstatistiken der Sportbünde. Nach KURZ/SONNECK sind von fünf jungen Menschen, die derzeit in Nordrhein-Westfalen aufwachsen, vier während ihrer Schulzeit irgendwann einmal Mitglied eines Sportvereins geworden. Aus dieser relativ hohen Rekrutierungsquote von 80 %-Vereinsmitgliedern im Kindesalter lässt sich resümieren: „Der Sportverein ist die unangefochtene Nr. 1 der außerschulischen Jugendarbeit" (Kurz/Sonneck, 1996, S. 78).

Diesen Trend bestätigen auch neuere Untersuchungen wie bspw. vom Statistischen Landesamt Baden-Württemberg. „Obwohl die Zahl der Kinder und Jugendlichen bis 14 Jahre zwischen Ende 2000 und Ende 2008 um knapp 11 % abgenommen hat, ist die Zahl der gleichaltrigen Vereinsmitglieder im selben Zeitraum um fast 6 % angestiegen. Das beruht darauf, dass der Organisationsgrad der Kinder und Jugendlichen in den Sportvereinen ... deutlich zugenommen hat, nämlich von 49 % (2000) auf 58 % (2008)" (Cornelius, 2/2010, S.12 f).

Kinder zieht es stärker als je zuvor in den Sportverein. Dabei erfreuen sich die Ballsportarten einer überaus großen Beliebtheit, wodurch sich für alle Beteiligten günstigere Voraussetzungen und Chancen als vielfach angenommen ergeben, obwohl Kindern heute weniger Zeit für das Erlernen der Ballspiele zur Verfügung steht.

Daraus resultiert das Hauptproblem der Spielausbildung heute:

Die Ausbildungsinhalte sind bei insgesamt geringerer Ausbildungszeit komplexer geworden.

Da sich der Zeitumfang durch eine verplante Kindheit nicht beliebig erweitern lässt und sich die Inhalte auch nicht reduzieren lassen, muss die Frage gestellt werden, ob es sinnvoll und sachgerecht bzw. kindgemäß ist, die Ballspielausbildung im Verein und auch oft im Schulsport so noch weiterhin zu betreiben.

Während sich die Kindersportschulen längst etabliert haben mit der Zielsetzung, Kinder auf einem breiten Bewegungsfundament in den Individualsportarten sportfähig zu machen, buhlen die Sportspielvereine um die Mitgliedschaft der Kleinsten, binden sie früh an sich, bilden sie relativ rasch sportspielspezifisch aus und verlieren sie mit vierzehn/fünfzehn Jahren.
Ein logischer Schritt müsste doch sein, aus den unübersehbaren Tendenzen die Konsequenzen zu ziehen und Kinder in einer Ballspielschule zusammenzufassen und vielseitig auszubilden.

Dafür ist ein Umdenken bei allen Beteiligten unerlässlich. Argumente für eine andersartige Konzeption liefern uns sportwissenschaftliche Erkenntnisse zu den Themenbereichen, wie sie in Abbildung 2.11 dargestellt sind.

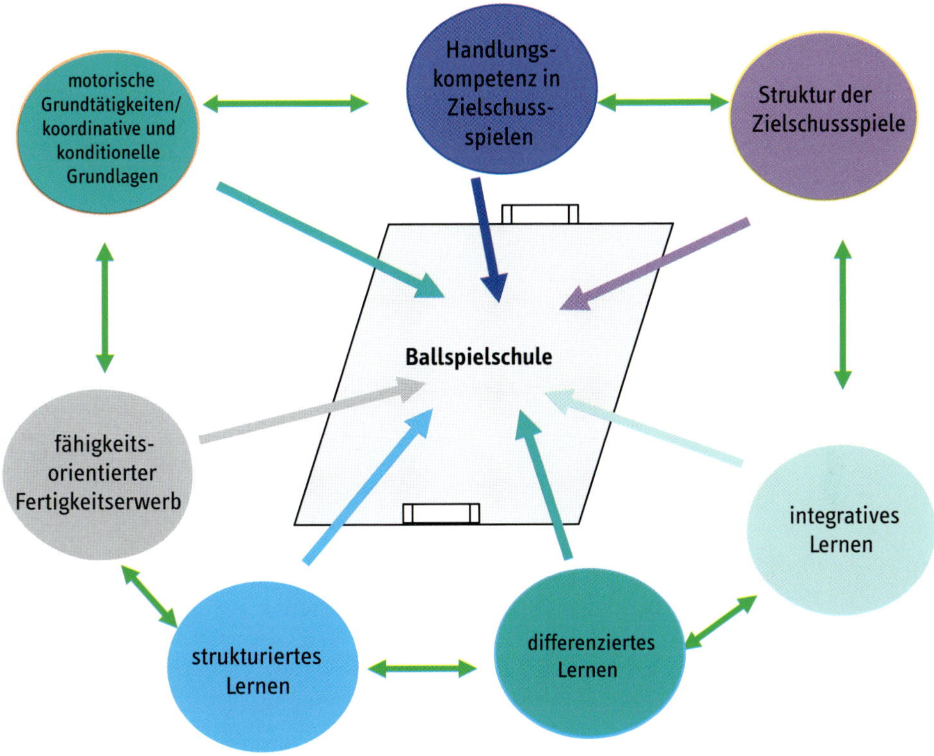

Abb. 2.11: Aspekte des Lernens in einer Ballspielschule

Über Jahrzehnte hat sich die Sport- und Erziehungswissenschaft in der Spielvermittlung mit diesen Aspekten mehr oder weniger intensiv beschäftigt. Durch neu hinzu gekommene neurobiologische Forschungsarbeiten, mit der Fokussierung auf den Gegenstandsbereich des Lernens, weg vom Lehren, und durch die intensive Auseinandersetzung mit der koordinativen Entwicklung der Kinder haben wir in den letzten Jahren Erkenntnisse erhalten, die in den verschiedenen wissenschaftlichen Teildisziplinen noch relativ unverbunden nebeneinander stehen und auf eine konsequente didaktische Umsetzung unter den aktuellen gesellschaftlichen Rahmenbedingungen warten.

Die an der Theorie interessierten Leser können sich in den Kapiteln 3–6 in das Erlernen der Ballspiele unter den Aspekten – fähigkeits-/kompetenzorientiert, strukturiert, differenziert, integrativ – einlesen und das notwendige Hintergrundwissen für die daraus resultierende Ausbildungskonzeption erwerben. Dadurch lassen sich Veränderungen im Ausbildungsprogramm, andere didaktisch-methodische Maßnahmen und neue Wege in der Trainingsgestaltung sicherlich leichter verstehen, erklären und gegenüber der weit verbreiteten Meinung, dass man möglichst früh nur mit einer Sache beginnen sollte, um sie später einmal „richtig" zu können, auch überzeugend begründen. In den Kapiteln 7 und 8 werden die möglichen methodischen Vorgehensweisen und das Ausbildungsprogramm vorgestellt.

In den weiteren Kapiteln ist der Praxisteil jedoch so angelegt, dass die Umsetzung auch dem nur praxisinteressierten Leser gelingen sollte.

3 Handlungskompetenz in den Zielschussspielen

Handlungskompetenz in Ballspielen kann als Spielen-Können definiert werden. Daraus lassen sich Fragen ableiten:

» Ab welchem Niveau kann man von „Können" reden?
» Über welche Leistungskomponenten muss ein Kind verfügen, um Ball spielen zu können?
» Wann und wie lassen sich diese Leistungskomponenten optimal fördern?

Die besondere Problematik der Handlungskompetenz in den Ballspielen ist, dass Spielsituationen in Ballspielen stets variabel und offen sind. Sie hängen nicht nur von dem Verhalten der Mitspieler, sondern auch von dem der Gegenspieler ab. Was gegen einen schwachen Gegner scheinbar mühelos gelingt, ist gegen einen starken Gegner nicht mehr vorhanden. Offene Handlungssituationen in Ballspielen stellen somit fortwährende Probleme dar, die fast immer auf verschiedene Arten gelöst werden können. Deshalb lassen sich „spielen" und „spielen lernen" ganz einfach und prägnant bestimmen:

Spielen heißt:	Spielsituationen lösen.
Spielen lernen heißt:	Spielsituationen lösen lernen (vgl. Loibl, 2001, S. 42).

Dies geschieht in erster Linie durch das Spielen selbst, sodass wir mit Fug und Recht behaupten können:

Spielen macht den Meister!

„Spielertypen" verfügen nicht nur über ein breites motorisches Fundament, sondern auch über sportspielübergreifende Fähigkeiten und Leistungsvoraussetzungen, die es ihnen erlauben, in allen Sportspielen auf entsprechendem Niveau zu agieren. Egal mit welchem Ball sie es zu tun haben, sie wirken meist handlungskompetent. Sie wissen sich taktisch angemessen zu verhalten, können mit anderen zusammenspielen und schnell erfolgreich agieren. Folglich muss es bestimmte Basisfähigkeiten und -fertigkeiten für die Sportspiele geben.

3.1 Die Komponenten der Handlungskompetenz im Sportspiel

Die Handlungskompetenz im Spiel setzt sich nicht nur additiv aus den Leistungen im konditionellen, technischen und taktischen Bereich zusammen. Spielen können heißt auch, auf andere einzugehen, sich für andere einzusetzen, gewinnen wollen oder verlieren können, ein Risiko zu tragen, Verantwortung zu übernehmen, sich anzustrengen und Einsatz zu zeigen. Außerdem muss man bspw. auch Regeln kennen, akzeptieren und im Sinne des „fair-play" einhalten können.

Handlungskompetentes Verhalten im Sportspiel ergibt sich erst aus der Wechselwirkung bzw. Verknüpfung aller leistungsbestimmenden Komponenten. Wer den Spielgedanken nicht erfasst hat, kann nicht mitspielen. Wer die Spielregeln nicht kennt, kann ebenso am Spiel nicht teilhaben. Wer nicht weiß, wo er hinzulaufen hat, wird auf dem Spielfeld teilnahmslos herumstehen oder das Kombinationsspiel ggf. durch falsche Laufwege stören. Was nützt jedoch all das Wissen über ein Sportspiel einem Spieler, wenn die Angst vor Fehlern seine Aktivität lähmt und er sich in der Mannschaft gehemmt zeigt oder sich sogar „versteckt". Folglich muss auch der Ausbildung der kognitiven und affektiv-emotionalen Kompetenz im Sportspiel ein entsprechender Stellenwert eingeräumt werden wie allen anderen Komponenten, wenn daraus Handlungskompetenz entstehen soll. Spielen lernen muss also in einer komplexen Wechselbeziehung gesehen werden. Dazu sind Kenntnisse über die motorische, die kognitive, soziale und emotionale Entwicklung von Kindern wichtig, um sie nicht durch Inhalte und Spielformen zu überfordern.

Einen ersten Aufschluss über die Handlungskompetenz im Sportspiel kann die Betrachtung der wesentlichen Komponenten ergeben.

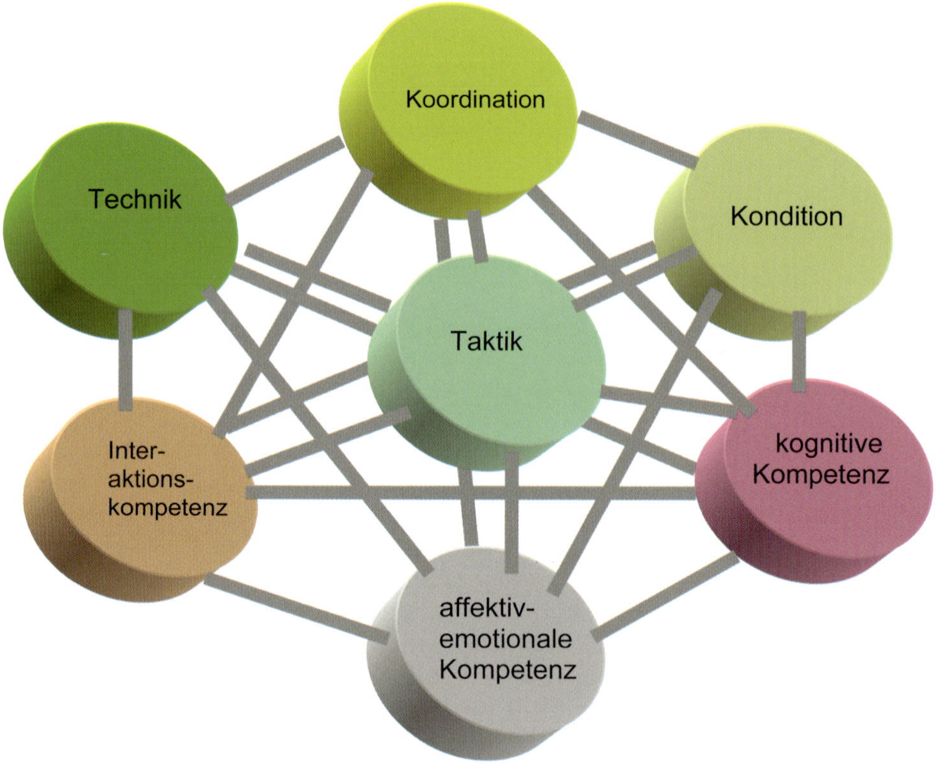

Abb. 3.1: Komponenten der Handlungskompetenz in den Sportspielen

3.2 Technik und Bewegungsfertigkeit

Unter sportlicher Technik versteht man eine „spezielle Abfolge von Bewegungen oder Teilbewegungen beim Lösen von Bewegungsaufgaben in Sportsituationen"(Röthig, 1983, S. 404).
Mit dem Eintritt in die Schule oder in den Sportverein heißt motorisches Lernen für Kinder in den Ballspielen heute unter anderem *Neulernen von sportlichen Bewegungstechniken*.
Die Ausbildung der Bewegungstechniken umfasst verschiedene Lernphasen und somit unterschiedliche Qualitätsstufen, bis daraus Bewegungsfertigkeiten entstehen. Diese lassen sich wie folgt einteilen:

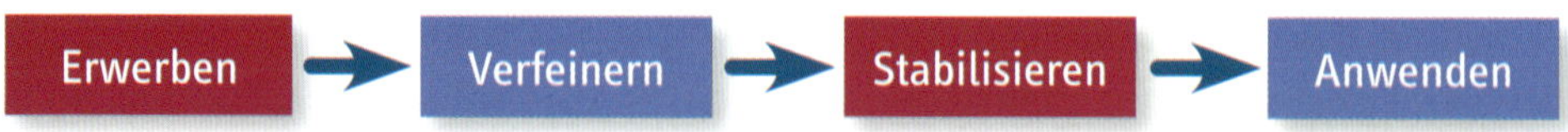

Bewegungsfertigkeit bezeichnet eine „weitgehend automatisch ausgeführte Komponente der bewussten menschlichen Tätigkeit, die sich vornehmlich durch Üben herausbildet“ (Röthig, 1983, S. 133).
Technische Bewegungsabläufe mit dem Ball sind für viele Kinder komplexe und komplizierte Bewegungen, die einen langfristigen Lern-, Übungs- und Trainingsprozess erfordern, bis sie sich zu Fertigkeiten ausgebildet haben. Erst wenn diese Bewegungen ohne größere Bewusstseinssteuerung ablaufen, werden Kapazitäten für die Wahrnehmung der Spielumgebung und damit der Spielsituation frei, woraus sich das wesentliche Moment der Handlungskompetenz ergibt. Bis sich der Erwerb von Bewegungstechniken in den vier Phasen als automatisiertes Anwenden in Form von Bewegungsfertigkeiten einstellt, vergehen Jahre. Die Ursache liegt in der Physiologie des Gehirns. Techniktraining bedeutet schwerpunktmäßig Kleinhirntraining. Das Kleinhirn mit seinem Charakter eines Langzeitspeichers verfügt nur über eine geringe Plastizität, so dass nur durch langes Üben spezielle Programme fixiert werden können. Daraus resultiert logischerweise auch ein Methodenproblem für eine Ballspielschule: Kinder wollen nicht üben, sie wollen spielen. Üben verlangt viele Wiederholungen zunächst unter standardisierten, dann unter variierenden Bedingungen, was für Kinder jedoch rasch monoton und langweilig wird.

„Offene“ Fertigkeiten in den Ballspielen

Ballspiele verlangen offene Fertigkeiten, d. h. die Techniken der Ballspiele unterliegen je nach Spielsituation einer ständigen Variation. Ein in Brusthöhe angeflogener Ball muss anders gefangen werden als ein in Bauchhöhe zugespielter Ball. Ein Ball kann im Spiel flach und weich zugepasst werden, aber auch halbhoch und hart, wobei die Ballannahme mit oder ohne Gegnerbehinderung vollzogen werden muss. Ebenso müssen Pässe auf die Laufgeschwindigkeit von Mit- und Gegenspieler abgestimmt werden. Deshalb ist das Erlernen technischer Bewegungsabläufe möglichst rasch von „geschlossenen Übungsformen“ auf offene Spielsituationen zu übertragen. Nach LOIBL ist entscheidend, dass Bewegungstechniken nicht als **„Kunststücke“** erlernt oder trainiert werden, sondern als Bewegungsfertigkeit im Spiel zur Lösung von Spielsituationen funktional angewandt werden (vgl. Loibl, 2001, S. 42).
An einem Beispiel aus dem Basketball lässt sich diese Problematik verdeutlichen:
Kinder müssen im Sportunterricht stundenlang in motorischen Übungsreihen die richtige technische Ausführung des Korblegers erlernen. In den Spielphasen im Anschluss an die Übungsreihe muss der Trainer oder Sportlehrer aber erstaunt feststellen, dass trotz aller Aufforderung der Korbleger nicht zur Anwendung kommt.
Beim Techniklernen in den Sportspielen geht es folglich nicht nur um den Erwerb von Bewegungstechniken, sondern auch um die richtige Anwendung als motorische Antwort in Spielsituationen. Deshalb kann nur gelten:

- Kindgerechte Spiele müssen mit einfachen Bewegungstechniken bestritten werden können.
- Balltechniken sind so zu erwerben, dass sie im Spiel zur erfolgreichen Lösung von Spielsituationen eingesetzt werden können.
- Durch die ständige Anwendung von Bewegungstechniken in der Grobform in Spielsituationen entwickeln sich diese zu Bewegungsfertigkeiten.

3.3 Taktik

Unter **Taktik** verstehen wir den Einsatz eines Systems von Handlungsplänen und Entscheidungsalternativen zur Erreichung eines Spielziels.

Die Taktik legt im Spiel die speziellen Handlungsweisen des einzelnen Spielers (Individualtaktik), eines Mannschaftsteils (Gruppentaktik) sowie der gesamten Mannschaft (Mannschaftstaktik) fest, wodurch das Mannschaftsziel realisiert werden soll. Dieses Spielziel wird angestrebt durch Maßnahmen aller Spieler in Angriff und Verteidigung. Dabei lässt sich das motorische Handeln von zwei Aspekten bestimmen:
a) von einplanbaren Verhaltensweisen
b) von spontanen Verhaltensweisen, die sich aus der konkreten Spielsituation ergeben.

Verhaltensweisen im Spiel einzuplanen, stellt eine große Herausforderung dar, da der Gegner im direkten Kampf um den Ball häufig nicht zu berechnen ist. Insgesamt kann das Verteidigen des eigenen Tores als leichtere Aufgabe angesehen werden, so dass hier die Verhaltensweisen noch eher eingeplant werden können.

Verteidigen ist leichter als Angreifen!

Schwieriger wird es beim eigenen Angriffsspiel, da die Planung eigener Spielhandlungen ein gewisses Maß an Ballsicherheit, an Präzision und Konstanz im Abspiel und in der Ballannahme verlangt. Da jedoch das taktische Verhalten an bestimmte Grundsätze gebunden ist, lassen sich aus dem „Wenn-dann-Prinzip" grundlegende Erfahrungen zur Erhöhung der Erfolgswahrscheinlichkeit von Spielaktionen ableiten („Wenn du von deinem Gegenspieler wegläufst, dann kannst du angespielt werden"). Deshalb sollte die individualtaktische Ausbildung von Kindern möglichst früh nach diesem Prinzip erfolgen.

In Ballspielen dominiert eindeutig das spontane Verhalten. Selbst auf höchstem Leistungsniveau entscheiden oftmals spontane individuelle Aktionen über Sieg und Niederlage. Da diese Aktionen jedoch oft erst aus einem bestimmten taktischen Verhalten der gesamten Mannschaft oder einzelner Mannschaftssteile resultieren, kommt der taktischen Ausbildung im Sinne eines Mannschaftsspiels zentrale Bedeutung in der Spielausbildung zu.

Die Vielfalt der Handlungsmöglichkeiten einer Mannschaft in einer Spielsituation wird als „taktische Divergenz" bezeichnet.

Die taktische Divergenz hängt von allen leistungsbestimmenden Faktoren eines Sportspiels ab. Aus dieser Vielfalt von Handlungsmöglichkeiten sollte ein Spieler oder eine Mannschaft lernen, die optimale (taktische Konvergenz) auszuwählen. Was ist aber die optimale Antwort in einer offenen Handlungssituation? Ist es ein Dribbling, ein Rückpass zur Ballsicherung oder ein riskanter Pass zu einem mitlaufenden Spieler, wodurch die Situation mit einem Korb oder Tor gelöst werden kann?

Aus der taktischen Divergenz sollte eine taktische Konvergenz resultieren, d. h. die optimale Lösung einer Spielsituation.

Da Kinder beim Vereinseintritt aufgrund ihres Alters noch nicht über taktische Kenntnisse verfügen, tut sich vor allem in diesem Bereich der Lernens eine große Schwierigkeit auf, denn die Voraussetzung für taktisches Handeln bildet das taktische Denken, bei dem eigene sowie fremde Entscheidungsalternativen und Handlungspläne aufeinander bezogen und optimal für den eigenen sportlichen Erfolg genutzt werden müssen. Demnach handelt es sich beim taktischen Verhalten um bewusstseinspflichtige Tätigkeiten und somit wirken die Bewusstseinskapazität bzw. die kognitive Leistungsfähigkeit determinierend. Da Kinder im Vorschulalter und frühen

Schulkindalter spontan handeln und die kognitiven Fähigkeiten erst allmählich umfassender entwickelt werden, muss uns klar sein, dass Kindern die Voraussetzungen für das Erfassen komplexer taktischer Abläufe noch fehlen und dass nur langsam mit der Ausbildung elementarer individualtaktischer Verhaltensweisen begonnen werden kann (s. Abb. 3.2).

Die Denkprozesse für taktische Verhaltensweisen laufen in den Hirnrindenarealen ab. Die Hirnrinde ist im Gegensatz zum Kleinhirn (Entstehung der Engramme für technomotorische Bewegungsabläufe) zwar bei sechs- bis siebenjährigen Kindern **„sehr schnell bildbar"**, jedoch liegt nur eine **„eingeschränkte Merkfähigkeit"** vor, so dass es sehr lange dauert, bis taktische Abläufe in Form von Bewegungsprogrammen gespeichert werden können (vgl. Weineck, 1983, S. 227f.). Deshalb sollte sich nicht die Frage stellen, welche sportmotorischen Fertigkeiten für die geplante Taktik benötigt werden, sondern eher, welche grundlegenden taktischen Verhaltensweisen beim jeweiligen Fertigkeitsstand der Spieler möglich sind.

Spielsituationen sind wie bereits oben erwähnt stets offen, Angriffs- und Abwehraktionen stehen in ständiger Wechselwirkung. Das Ziel des taktischen Ausbildungsprozesses kann deshalb nur darin bestehen, jeden einzelnen Lernenden zu befähigen, offene Situationen im Spiel „lesen", „verstehen" und „schreiben" (= motorisch lösen) zu können (vgl. Hohmann/Kolb/Roth, 2005, S. 290). Dazu sind zunächst Grundkenntnisse über die richtigen Verhaltensweisen in Abwehr- und Angriffssituationen notwendig. Diese Basiselemente können von Kindern im frühen Schulalter nur im Spiel erlernt werden. Deshalb müssen Kinder Spielformen vorfinden, die ihren motorischen, kognitiven und psychischen Voraussetzungen entsprechen und in ihrer Komplexität drastisch reduziert sind. Das häufig zu beobachtende teilnahmslose Herumstehen von Kindern auf dem Fußball-, Handball- oder Basketballspielfeld kann verschiedene Ursachen haben: Desinteresse, Langeweile, fehlendes motorisches Können, Unwissenheit, fehlende Kenntnisse, Angst vor Fehlern. Erst wenn Kinder über die grundlegenden individualtaktischen Verhaltensweisen verfügen, ist es sinnvoll, die Spielhandlungen mit den Mitspielern abzustimmen. Über diese gruppentaktische Ausbildung muss im weiteren Verlauf die Hinführung zu einer Mannschaftstaktik erfolgen (Abb. 3.2).

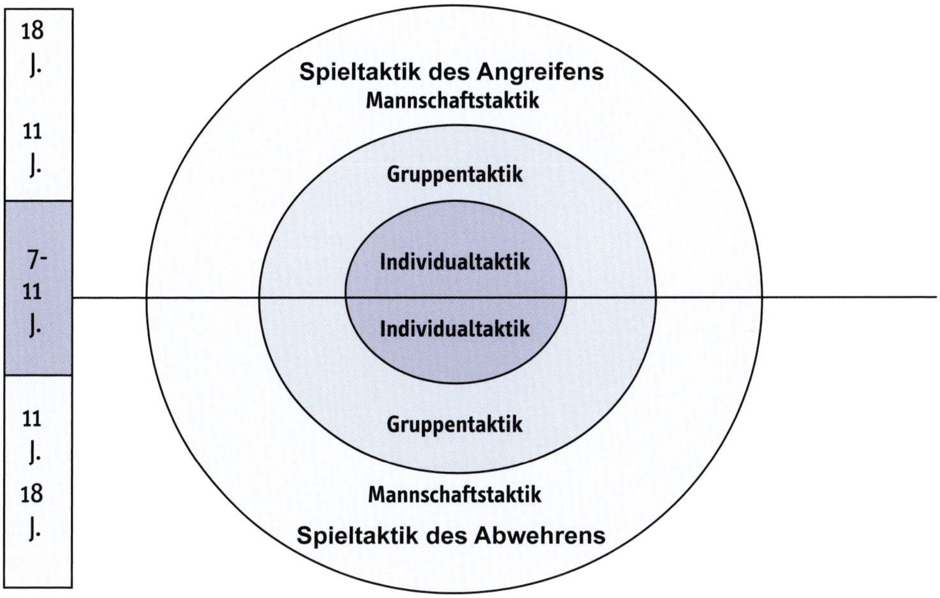

Abb. 3.2: Schwerpunktmäßige Verteilung der Ausbildung von Individual-, Gruppen-, Mannschaftstaktik in Angriff und Verteidigung auf die verschiedenen Altersstufen im Schulsport

Taktisches Lernen von Kindern ist nur durch eigenes Tun, durch die praktische Umsetzung möglich. Erklärungen, Bilder, Videosequenzen von Spielsituationen reichen nicht aus. Zahlreiche Wiederholungen von nahezu identischen Spielsituationen sind notwendig, bis gewisse taktische Verhaltensweisen beherrscht werden. Diese Wiederholungen in hoher Dichte auftreten zu lassen, ist jedoch in den Ballspielen von Kindern äußerst schwierig, da sich der Spielverlauf oft nicht planen lässt. Deshalb müssen Kinder zunächst lernen, ganz einfache (didaktisch reduzierte) Spielsituationen wahrzunehmen, den Spielgedanken zu erfassen und mit ihren gering ausgeprägten Leistungsvoraussetzungen umsetzen zu können, um an einem Spiel mit anderen aktiv teilnehmen zu können. Erst mit zunehmendem Könnens- und Reifestand und einer gewissen Ballsicherheit lassen sich komplexere taktische Maßnahmen einführen. Im Vereinssport ist dies in etwa bei D-Junioren, im Sportunterricht in der Mittelstufe möglich. Vorher sollte sich die taktische Ausbildung auf die Inhalte, die in der Tabelle 3.1 zusammengefasst sind, beschränken.

Tab. 3.1: Zusammenfassung der wesentlichen taktischen Elemente einer Kinder-Ballspielschule

	Basketball		**Fußball**		**Handball**	
Verhaltens-weisen	**Angriff**	**Abwehr**	**Angriff**	**Abwehr**	**Angriff**	**Abwehr**
Individual-taktik	Täuschen	Täuschung lesen	Finten	Finten lesen	Finten	Finten lesen
	Fangen	Zuspiel stören	Ball-annahme	Zuspiel stören	Fangen	Zuspiel stören
	Passen	Pass abfangen	Passen	Pass abfangen	Werfen	Pass abfangen
	Dribbeln	Dribbler stellen u. abdrängen	Dribbeln	Ball-abnahme	Dribbeln	Ball heraus-spielen
	Korbwurf	Wurf ab-blocken Aussperren	Torschuss	Torschuss abblocken	Torwurf	Wurf ab-blocken
	Freilaufen	Decken auf innerer Linie	Freilaufen	Decken auf innerer Linie	Freilaufen	Decken auf innerer Linie
	Schneiden zum Korb	Sinken	Zum Tor ziehen	Stellen und Begleiten	Auf-Lücke-Stoßen	Heraus-treten und Stellen
	ohne Ball: Rebound Fußarbeit Täuschen	Rebound Aussperren Täuschung lesen	Torwart-spiel zum Angriffs-aufbau	Torwart-spiel	Torwart-spiel zum Angriffs-aufbau	Torwart-spiel

	Basketball		Fußball		Handball	
Verhaltensweisen	**Angriff**	**Abwehr**	**Angriff**	**Abwehr**	**Angriff**	**Abwehr**
Gruppentaktik	Give & Go Dreiecksaufstellung	Verteidigung bei Unterzahl; Mann-Mann-Verteidigung Verschieben im Abwehrdreieck	Doppelpass Dreiecksaufstellung Positionswechsel Flügelspiel Konterangriff	Verteidigung bei Unterzahl; Aushelfen – Übergeben Zusammenspiel mit dem TW Kombinierte Mann-Raum-Verteidigung im Abwehrdreieck	Stoßen mit Rückpass Dreiecksaufstellung	Verteidigung bei Unterzahl; Verschieben – Lücke schließen, Aushelfen Mann-Mann-Verteidigung im Abwehrdreieck
Mannschaftstaktik	1-2-1-Aufstellung Spiel öffnen Umschalten auf Angriff	Mann-Mann-Verteidigung Spielraum verengen Umschalten auf Abwehr (auch sinkende MMV in der Abwehrraute)	1-1-2-1-Aufstellung Spiel öffnen Umschalten auf Angriff	Kombinierte Mann-Raum-Verteidigung; ggf. Ball-Raum-Verteidigung Umschalten auf Abwehr (kompaktes Verschieben in der Abwehrraute)	1-1-2-1-Aufstellung Spiel öffnen Umschalten auf Angriff	Mann-Mann-Verteidigung (auch sinkend) oder Ball-Raum-Verteidigung Umschalten auf Abwehr in der Abwehrraute

Wie Tab. 3.1 zeigt, ergeben sich vor allem im individualtaktischen Bereich zahlreiche gemeinsame Ausbildungsinhalte in den drei Zielschussspielen. In der darauf aufbauenden Jugend-Ballspielschule werden dann vor allem diejenigen gruppen- und mannschaftstaktischen Elemente des Angriffs- und Abwehrspiels im Mittelpunkt stehen, die

» sich aufgrund ihrer Strukturverwandtschaft in allen drei Sportspielen gleichermaßen anwenden lassen,
» für das jeweilige Sportspiel eine herausragende Bedeutung haben,
» sich aus der zu Grunde liegenden Spielphilosophie ableiten lassen,
» sich in das angestrebte Spielsystem integrieren lassen und
» sich fast zwangsläufig aus dem Lernweg ergeben.

3.4 Kognition

Die Spieltätigkeit und damit auch die Leistung eines Sportspielers werden in besonderem Maße von den kognitiven Komponenten bestimmt. Konzentration, Aufmerksamkeit, Wahrnehmung, Entscheidungsfähigkeit, Antizipation beeinflussen die psychische Regulation der Handlungen eines Spielers entscheidend, weshalb sie in ihrer Ausbildung nicht dem Zufall überlassen werden sollten. An einem Spiel aktiv teilnehmen zu können, verlangt geistige Handlungsfähigkeit in Sportspielen, was nichts anderes bedeutet, als Spielverständnis zu besitzen. In motorischen wie auch in taktischen Lernprozessen sind Denk- und Entscheidungsprozesse notwendig, die von der Verarbeitung von Informationen und somit von kognitiven Fähigkeiten abhängen.
Kognitive Fähigkeiten und Fertigkeiten in den Sportspielen sind nötig, um

- Spielgedanke und -regeln verstehen und umsetzen zu können,
- über die notwendigen Informationen von Bewegungsabläufen oder Aufstellungsformen zu verfügen,
- das Verhalten von Mit- und Gegenspieler in Spielsituationen erkennen und einschätzen zu können,
- taktische Abläufe verstehen und motorische Handlungen planen zu können;
- mit Mitspielern in Kontakt zu treten, zu kommunizieren und gemeinsam zu agieren,
- Kompromisse auszuhandeln und Konflikte zu lösen.

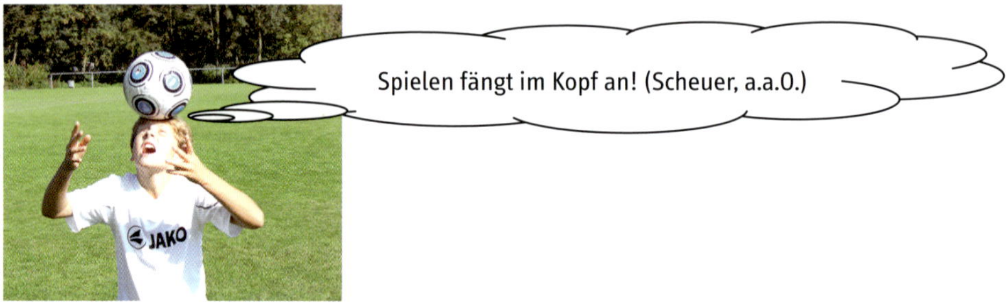

Abb. 3.3

Kognitive Kompetenzen führen zu verbesserten Lernleistungen. Sie erhöhen die Informationsaufnahme und -wiedergabe der kommunikativen und motorischen Prozesse in Lernsituationen und ermöglichen eine Verknüpfung inhaltlicher Aspekte in den Ballspielen. Wenn wir die Ballspiele in ihren Anforderungen näher betrachten, können wir feststellen, dass sie ein Potenzial beinhalten, Kompetenzen, die vorwiegend kognitiv und affektiv-emotional ausgerichtet sind, in der ganzen Breite zu entwickeln. Sie werden in komplexen Spielsituationen erst in zunehmendem Alter erreicht, und zwar mit der Entwicklung des kritischen Denkens, d. h., dass die kognitive Komponente aufgebaut wird, während gleichzeitig der natürliche Lernantrieb des Schülers an Wirkung verliert.
Im Alter von acht bis zwölf Jahren erlernen Kinder motorische Fertigkeiten sehr rasch und zielstrebig („goldenes Lernalter"). Das Spielen nach festen Regeln tritt etwa ab acht bis neun Jahren ein, so dass echte Wettspiele entstehen. Das symbolische und vorbegriffliche Denken sowie die Fähigkeit, Normen zu respektieren, bilden die Grundlage dafür. Kinder dieses Alters sind dann auch in der Lage, den Ball in geregelter Weise zwischen Mit- und Gegenspieler zuzuspielen. Auf diese Ebene der Regelhaftigkeit folgt die des taktischen Denkens. Dann können Handlungspläne entworfen, verglichen, durchkreuzt, bestimmte Sozial- und Spielerrollen innerhalb einer Mannschaft eingenommen werden. Besondere Funktion kommt neben der Spielerfahrung der intellektuellen Kompetenz (abstrakt-begriffliches Denken, Sprache) bei.

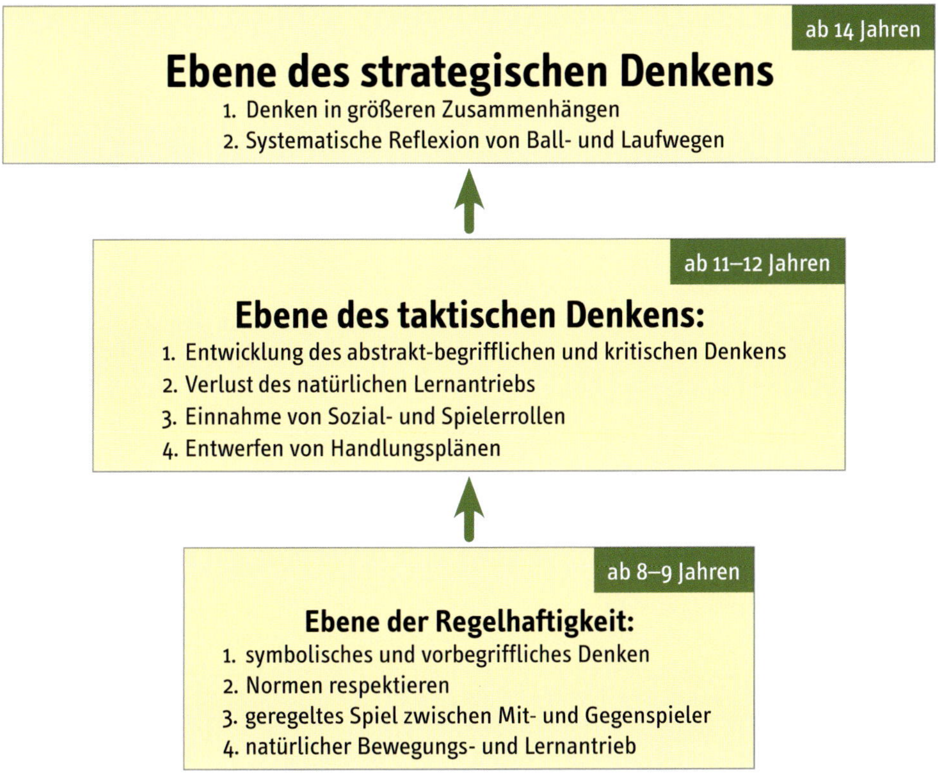

Abb. 3.4: Entwicklung des strategischen Denkens in drei Stufen

Die systematische Reflexion der geplanten und vollzogenen Wege des Balles findet auf der Endstufe, der Ebene des strategischen Denkens, statt. Das Denken in größeren Zusammenhängen wird erst durch zunehmende Spiel- und Lebenserfahrung ausgebildet.

Mit dem Wissen, zu welchen kognitiven Fähigkeiten Kinder in verschiedenen Altersstufen im Hinblick auf die Anforderungen der Sportspiele in der Lage sind, sollte die Ausbildung der kognitiven Komponenten kein „Selbstläufer“ sein, sondern begleitend zu der motorischen Entwicklung zielgerichtet fachspezifisch gefördert werden. Dazu bedarf es vor allem einer Anpassung der Kommunikation des Lehrenden an die kognitiven Voraussetzungen seiner Schüler.

3.5 Interaktion

Ballspiele in Mannschaftsform stellen hohe Anforderungen an alle Beteiligten durch die wechselseitigen Handlungen, die aus der relativ hohen Anzahl von Mit- und Gegenspielern resultieren.

Ein Individuum besitzt Interaktionskompetenz, wenn es das „Handeln mehrerer Personen, das durch wechselseitig aneinander ausgerichtete, komplementäre Erwartungen der Handelnden zustande kommt, aufeinander beziehen kann“ (Röthig, 1983, S. 177).

Interaktion wird u.a. durch soziale Normen und Rollen, im Ballspiel durch bestimmte Spielpositionen und damit verbundene Regeln, Aufgaben und Funktionen ermöglicht. Diese bewirken, dass sich die Spieler (Torwart – Abwehrspieler – Angreifer) nicht am zufälligen Verhalten eines anderen orientieren, sondern an den wechselseitigen Erwartungen, gemeinsamen Einschätzungen und Bewertungen der Handlungssituation, wodurch bestimmte Interaktionsmuster entstehen. Erst wenn diese bekannt sind, werden die Spieler in der Lage sein, die tatsächlich ablaufenden Aktionen zu verstehen und als Spiel zu interpretieren.

Konkretes kooperatives Agieren hängt also von dem Verständigungsprozess über die Zielsetzung des gemeinsamen Handelns ab. Dieser ist während des Spiels an kommunikative Symbole wie Worte, Gestik, Mimik und spezifische Körperbewegungen gebunden. Bei der Ausbildung in den Ballspielen wird häufig vergessen, dass diese kommunikativen Symbole von den Spielern gegeben, wahrgenommen und verstanden bzw. richtig gedeutet werden müssen.

Sportspiele sind insbesondere geprägt von sozialen Interaktionen, die in erster Linie durch die Motorik der Spieler zustande kommen. Der Spieler muss sich mit seinen motorischen Aktionen verständlich machen, er muss aber auch die *Auslöser* seiner Mitspieler verstehen und interpretieren können, um im Rahmen einer Interaktion eine Antwort geben zu können.

Als Auslösezeichen (Signale) im kommunikativen Sinne kommen vor allem nichtsprachliche Zeichen wie Körperbewegungen, optische Signale (Handzeichen, Blicke, Gestik), akustische Zeichen und sprachliche Zeichen vor.

Demnach müssen Kinder schrittweise lernen, diese Zeichen zu lesen und zu verstehen, um eine Spielsituation erfassen zu können. Die Analogie zum Lesen lernen und zur Herstellung eines Textverständnisses wird somit offensichtlich. Wenn man jedoch einen Vergleich anstellt, wie gezielt und behutsam diese Fähigkeiten und Fertigkeiten im Unterricht der Grundschule entwickelt werden, wird einem schnell bewusst, dass viele Wettspielformen im Kinderbereich eine völlige Überforderung für zahlreiche Kinder darstellen und Interaktionen in kleinen Mannschaften und in vereinfachten Spielsituationen schrittweise entwickelt werden müssen.

3.6 Emotion

Ballbesitz bedeutet für wenig ballspielerfahrene Kinder sehr oft „Stress". In Panikaktionen werfen oder schlagen sie den Ball einfach weg und zeigen deutliche Symptome einer Überforderung. Begleitet wird diese Stresssituation von Ängsten, entscheidende Fehler zu machen und den Unmut der Mitspieler auf sich zu ziehen. Für andere Spieler bietet der Ballbesitz die Chance, durch gelungene Aktionen auf sich aufmerksam zu machen und im Spiel zu glänzen. In dieser Polarität bewegt sich der Spannungsgehalt von Ballspielen für den Einzelnen. Für den Lernprozess sind als psychische Faktoren „Erfolgs- und Misserfolgserlebnisse", „Leistungserwartung" und „Anspruchsniveau" von besonderer Bedeutung. Erfolgs- oder Misserfolgserlebnisse resultieren meist aus der Diskrepanz zwischen einer erwarteten und der tatsächlich erbrachten Leistung. Die Leistungserwartung hängt wiederum von dem subjektiven Anspruchsniveau ab. Deshalb muss ein Lernprozess ein angemessenes Anspruchsniveau und eine dem Schwierigkeitsgrad der Aufgabe entsprechende Leistungserwartung schaffen. Dazu ist es notwendig, dass der Spieler genaue Kenntnisse über sein individuelles Leistungsvermögen und den individuell notwendigen Leistungseinsatz besitzt und dass der Lehrer/Trainer im Sinne eines differenzierten Unterrichtsangebots Bewegungs- und Spielaufgaben stellt, die dem einzelnen Spieler gerecht werden und ihn anregen, sich mit der Leistungssituation auseinanderzusetzen. Somit muss besonders der Aktivierung der Handlungs- und Anstrengungsbereitschaft ein Hauptaugenmerk in der Anfängerausbildung in den Ballspielen zukommen, denn die dabei ablaufenden emotionalen und kognitiven Prozesse sind gleichzusetzen mit der Leistungsmotivation, deren Ausbildung also ganz entscheidend von dem Schwierigkeitsgrad der Spielaufgabe abhängig ist (Hoffnung auf Erfolg – Furcht vor Misserfolg). Dies schaffen wir in erster Linie mit Ballspielen, die kind- und entwicklungsgerechte Anforderungen stellen, realistische Erfolgschancen versprechen und möglichst allen Kindern Erfolgserlebnisse eröffnen. Damit stärken wir Kinder in ihrem Selbstbewusstsein und in ihrer Persönlichkeitsentwicklung. Wir vermitteln ihnen den Glauben an ihre Fähigkeiten und fördern somit positive Einstellungen, wodurch wir Kinder nicht nur zum Sport, sondern auch durch den Sport erziehen.

Viele Kinder geraten in den Ballspielen häufig überhaupt nicht in Situationen, in denen sie bemerkenswerte Erfolgserlebnisse erzielen können. Die Tore oder Treffer werden meistens von den leistungsstarken Spielern erzielt. Diese bestimmen den Spielverlauf und übernehmen auch die Verantwortung für den Zielschuss. Aufgabe in der Spielerziehung sollte es deshalb auch sein, durch didaktisch-methodische Maßnahmen möglichst alle Kinder die Faszination spielentscheidender Aktionen erleben zu lassen.

Ebenso bedeutend ist der Aspekt der Handlungsdramatik, der sich aus dem Spielverlauf ergibt, welcher wiederum besonders von der Mannschaftszusammensetzung und damit der Mannschaftsstärke abhängig ist. Ausgeglichene und im Ergebnisverlauf offene Spiele implizieren einen hohen Spannungsgehalt, der zu einer erhöhten Aktivität und Anstrengungsbereitschaft aller Beteiligten führt. Dieser Tatsache wird mitunter bei der Mannschaftsbildung im Unterrichts- und Trainingsalltag viel zu wenig Beachtung geschenkt.

Die individuelle Förderung im Bereich der affektiv-emotionalen Fähigkeiten in den Ballspielen kommt somit im Ausbildungsprozess von Kindern häufig zu kurz, obgleich sie für die weitere Sportspielkarriere doch von entscheidender Bedeutung ist: „Keine Lust mehr" wird oft als Begründung für das Verlassen des Ballspielvereins und für den mangelnden Einsatz im Sportspielunterricht in der Schule angegeben.

3.7 Kondition/Koordination

Es würde den Rahmen dieses Buchs überschreiten, wenn für eine integrative Vorgehensweise in den Zielschussspielen auch die konditionelle Ausbildung sachgerecht und umfassend thematisiert werden soll. Zu unterschiedlich sind die Anforderungen an die konditionellen Leistungsfaktoren Beweglichkeit, Schnelligkeit, Kraft und Ausdauer in den verschiedenen Spielen.

Tab. 3.2: Die sensiblen Phasen der konditionellen Fähigkeitsentwicklung (nach Farfel u. a. 1970 sowie Hirtz u. a. 1980, zit. bei Beug u. a., S. 7)

Alter	6 – 7	7 – 8	8 – 9	9 – 10	10 – 11	11 – 12	12 – 13
Schnelligkeit	●	●	●	●	●	●	●
Schnellkraft (aktiv)	●	●	●	●	●	●	●
Maximalkraft (dynamisch)	●	●	●	●	●	●	●
Kraftausdauer (allgemein)	●	●	●	●	●	●	●
Beweglichkeit	●	●	●	●	●	●	●
Ausdauer (aerob)	keine sensible Phase: Ausbildung durch kindgerechte Spielformen						
Entwicklungsmöglichkeit	**mäßig** ●	**gering** ●	**mittel** ●	**submaximal** ●		**maximal** ●	

Durch den sportspielübergreifenden Ansatz kann jedoch deutlich herausgestellt werden, dass im Gegensatz zu einer monosportiven Ausbildung alle großen Muskelgruppen angesprochen werden und somit eine ganzkörperliche Entwicklung erfolgt, weil sich durch die Vielzahl der verschiedenen Bewegungsformen, die im Spiel fortwährend zur Anwendung kommen, eine Anpassung in den Bereichen Beine, Rumpf, Arme einstellt. Dadurch erhöht sich auch die Anzahl der motorischen Grundtätigkeiten, die an die Kinder gestellt werden. Gehen, Laufen, Springen, Hechten, Abrollen, Drehungen in Kombination mit den verschiedenen Bewegungsfertigkeiten der einzelnen Ballspiele verbessern die motorischen Grundlagen auf breiter Basis und bilden einen umfangreichen Bewegungsschatz aus.

Für eine gezielte Ausbildung der konditionellen Leistungsfaktoren muss hier auf die einschlägige Literatur verwiesen werden. Tabelle 3.2 gibt einen Überblick über die in einem bestimmten Altersabschnitt optimal zu entwickelnden konditionellen Teilleistungsfaktoren.

Die Koordination als Komponente der Handlungskompetenz wird aufgrund ihrer Bedeutung für den Lernprozess im vierten Kapitel „Fähigkeitsorientierter Fertigkeitserwerb" ausführlich behandelt.

3.8 Schlussfolgerungen für die Ausbildung der Handlungskompetenz

Handlungskompetenz in den Sportspielen ist nicht auszubilden durch die Vermittlung von Bewegungstechniken in langen methodischen Übungsreihen, durch eine beliebige Aneinanderreihung zahlreicher Spielformen, durch Taktikerklärungen an der Tafel, durch den Appell, sich freizulaufen und anzubieten, um miteinander als Team spielen zu können, durch die Aufforderung zu Fairness usw. sondern nur **durch das eigene Tun der Spieler** in konkreten Spielsituationen. Sie ergibt sich erst aus dem komplexen Geflecht der leistungsbestimmenden Komponenten. In dieser Wechselwirkung liegt jedoch auch die Schwierigkeit begründet, inhaltliche und methodische Entscheidungen zu treffen, um die verschiedenen Leistungskomponenten für die Anforderungen spezifischer Spielsituationen gezielt und qualitativ auszubilden. Die Ausrichtung auf die Ausbildung von Technik, Taktik und Kondition scheint vor allem im Kindersport nicht mehr auszureichen. Dadurch bleiben wichtige Faktoren der Spielleistung unberücksichtigt oder werden in ihrer Ausprägung dem Zufall überlassen.

Das größte Problem für Kinder stellt zunächst der Umgang mit dem Ball dar. Spielsituationen zu lösen, setzt in erster Linie das Beherrschen des Balls voraus. Ballbeherrschung zu erlangen, ist jedoch ein langwieriger Weg, der eigentlich nie abgeschlossen ist. Je komplexer die Spielsituationen, je höher das Spieltempo, je höher der Gegnerdruck ist, desto schwieriger ist es den Ball zu kontrollieren. Der Umgang mit dem Ball muss von Anfang an in vereinfachten Spielsituationen, die den Lern- und Leistungsvoraussetzungen der Kinder angepasst sind, erlernt werden. Nur so können Kinder Spielerfahrungen sammeln und nur so lässt sich auch das Gefüge von Informationsaufnahme – Informationsverarbeitung – Handlungsausführung und Handlungsbewertung, das auf kognitiven, affektiv-emotionalen, sozialen und motorischen Fähigkeiten und Fertigkeiten beruht, für einen ganzheitlichen Ausbildungsansatz Schritt für Schritt in den Mittelpunkt des Lernens in den Ballspielen rücken.

- » Nicht die Bewegungstechniken Passen, Ballannahme, Finte, Dribbling oder Zielschuss sind die Voraussetzungen für die Spielfähigkeit, sondern die Spielhandlungen.
- » Die **Spielhandlungen** Passen, Annehmen, Fintieren, Dribbeln oder aufs Ziel schießen sind Lösungsmöglichkeiten einer Spielsituation.
- » Für die Spielausbildung von Kindern heißt das: Spielen mit einfachen Techniken zur Lösung von Spielsituationen, die allmählich immer anspruchsvoller werden.
- » Förderung der Spielfähigkeit heißt, die Fähigkeiten auszubilden, die für die Lösung von Spielsituationen relevant sind.

4 Fähigkeitsorientierter Fertigkeitserwerb und kompetenzorientiertes Lernen in den Ballspielen

Nach SCHMIDT sollen Kinder „befähigt werden, im Spiel anfallende Mehrfachaufgaben (Verhalten am Ball, Verhalten ohne Ball, Verhalten gegenüber Mit- und Gegenspielern, Verhalten unter Zeitdruck, Zielverhalten) situationsgerecht und (ihrem Könnensstand angepasst) zu lösen“ (Schmidt, 1981, zitiert bei Hotz, 1986, S. 122).

Folglich darf es beim Erlernen der Ballspiele von Kindern nicht primär um einen Fertigkeitserwerb (Ausbildung von Bewegungstechniken) gehen, es müssen vielmehr umfassendere Fähigkeiten entwickelt werden, mit denen sich Fertigkeiten wesentlicher leichter erlernen lassen (fähigkeitsorientierter Fertigkeitserwerb) und die den komplexen Anforderungen des Phänomens „Spielen“ gerecht werden.

4.1 Fähigkeiten als Lernvoraussetzungen

Fähigkeiten auszubilden muss das Hauptanliegen im Ausbildungsprozess von Kindern sein, denn Fähigkeiten, verstanden als Leistungsvoraussetzungen, bilden die Grundlage für den späteren Erwerb von Fertigkeiten.

Nach PÖHLMANN lassen sich drei Fähigkeitskomplexe als Lern-/Leistungsvoraussetzungen für das sportliche Handeln ableiten:

Tab. 4.1: Die drei Fähigkeitskomplexe für die Orientierungs-, Antriebs- und Ausführungsregulation (modifiziert nach Pöhlmann, 1979)

Fähigkeitskomplex I	Fähigkeitskomplex II	Fähigkeitskomplex III
– auf Wahrnehmung beruhend: Beobachtungs-, Empfindungsfähigkeit (perzeptiv) – auf Erkenntnis beruhend: Denk-, Urteilsvermögen (kognitiv) – auf Speicherung beruhend: Merkfähigkeit (mnestisch) – auf Steuerung und Regelung beruhend: Steuerungs-, Regelungsfähigkeit (koordinativ)	– auf dranghaft-organismischen Reflexen beruhend: Funktionslust, Erforschung der Umwelt, Experimentierfreudigkeit (reflektorisch-dranghaft) – auf Temperament und Gefühl beruhend: Spielfreude, Selbstvertrauen, Angst, Aggression (emotional-affektiv) – auf Willen und Erkenntnis beruhend: Willensausdauer, Anstrengungsbereitschaft (volitiv-gnostisch)	– auf Muskel-Nerv-Zusammenspiel beruhend: Gleichgewichts-, Reaktions-, Rhythmus-, Orientierungs-, Differenzierungsfähigkeit (koordinativ) – auf körperlichen Zustand beruhend: Beweglichkeit, Kraft, Schnelligkeit, Ausdauer (konditionell)
„Orientierung“	**„Antrieb“**	**„Ausführung“**

Die nähere Betrachtung der drei Fähigkeitskomplexe zeigt, dass in ihnen jeweils Fähigkeiten mit einer bestimmten Funktion zusammengefasst sind.

Im Komplex I sind Fähigkeiten zu finden, die der *Orientierung* dienen. Mit ihrer Hilfe kann der Sportler Informationen aufnehmen und verarbeiten. Bezogen auf das Spiel sind das Fähigkeiten, mit denen er Spielsituationen beobachten, lesen und verstehen kann. Sie helfen ihm, die wichtigen Objekte (Mit-, Gegenspieler, Spielgerät, Eigen- und Fremdbewegungen in Raum- und Zeitkonstellationen) wahrzunehmen und somit eine Spielsituation zu erkennen, sich zu erinnern, wie solche Situationen gelöst werden können, einen Handlungsplan zu erstellen usw. Als individuelles Qualitätskriterium muss hier die Aufmerksamkeitsleistung im Zusammenhang mit der Konzentrationsfähigkeit und intellektuellen Fähigkeiten angesehen werden.

Im Komplex II sind die psychischen Fähigkeiten enthalten, die den *Antrieb* und die Motivation des Lernenden bedingen. Sie können positive oder negative Gefühle auslösen, wie Spielfreude, Experimentierfreudigkeit, Anstrengungsbereitschaft, Hoffnung auf eine gute Aktion, aber auch Stress bei Ballbesitz, Angst vor Fehlern, vor dem Verlieren. In jüngster Zeit hat vor allem der volitiv-gnostische Aspekt in der Erziehungswissenschaft an Aufmerksamkeit gewonnen. Die auf Willen und Erkenntnis beruhenden Fähigkeiten gelten als zentrale Voraussetzungen für ein kompetenzorientiertes Lernen.

Im Komplex III sind die koordinativen und konditionellen Fähigkeiten anzutreffen, die für die *Ausführung* einer sportlichen Bewegungshandlung maßgebend sind. Dabei kann die Geschwindigkeit, der Krafteinsatz von Bewegungen, das Einschätzen der Flugbahn des Balles, das Abschätzen der Entfernung zum Tor, das Annehmen des Balles usw. von Bedeutung für die Bewegungsaktion sein.

Die Handlungskompetenz eines Sportspielers setzt sich demnach aus dem Qualitätsniveau der Fähigkeiten auf den drei Regulationsebenen „Orientierung“, „Antrieb“ und „Ausführung“ zusammen.

Da Kinder bei ihrem Vereins- oder Schuleintritt über viele dieser Fähigkeiten nur im eingeschränkten Maße verfügen, muss das Hauptanliegen einer Ballspielschule in der Ausbildung der wesentlichen Fähigkeiten liegen.

Folglich kann es in diesem Ausbildungsprozess nicht nur um das Erlernen von Bewegungsabläufen gehen, sondern auch um das Wahrnehmen und Verarbeiten von Informationen durch die gezielte Lenkung der Aufmerksamkeit, um das Erkennen von Spielsituationen, um die Ausbildung von Selbstbeherrschung, Durchhaltevermögen, Entschlusskraft sowie von sportlichen Einstellungen, von Selbstvertrauen, Ich-Stärke, das Erleben von Sieg und Niederlage, von Freude und Frustration.

Deshalb ist es wenig sinnvoll, die Tabelle 4.1 mit ihren drei Komplexbereichen unverbunden nebeneinander stehen zu lassen. Erst in der Verknüpfung der drei Fähigkeitskomplexe kommt deren Bedeutung für den Lernprozess im Sport zum Ausdruck (Abb. 4.1):

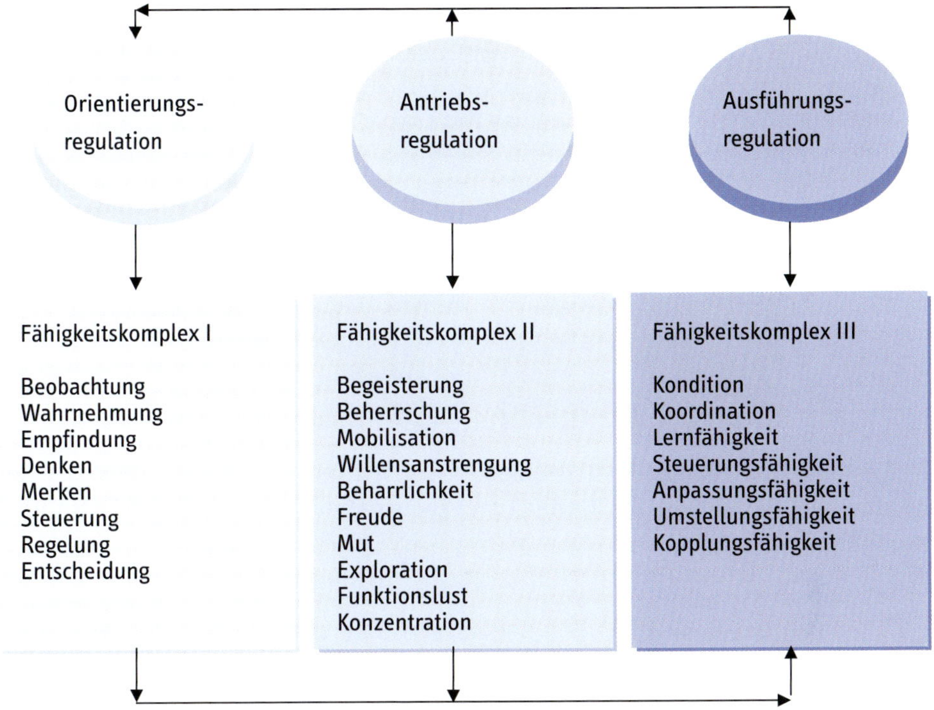

Abb. 4.1: Verknüpfung der Fähigkeitskomplexe (modifiziert nach Pöhlmann, 1979)

Ohne Konzentrationsvermögen können neue Bewegungsabläufe ebenso wenig realisiert werden wie konditionelle Leistungsverbesserungen ohne Willensanstrengung. Wie kann das Zusammenspiel einer Mannschaft verbessert werden, wenn die Spieler nicht bereit sind, sich ständig zu bewegen und sich freizulaufen? Was nützt auf der einen Seite die Laufbereitschaft, wenn koordinative Defizite ein zielgerichtetes Passen oder eine sichere Ballannahme nicht zulassen? Was nützt einem Spieler das Beherrschen aller Finten, wenn er sie im Spiel aus Angst, den Zweikampf zu verlieren, nicht einsetzt und deshalb nur Sicherheitspässe spielt?

Daran wird die Komplexität und Schwierigkeit der Ausbildung in den Ballspielen erkennbar. Sie muss ebenso auf die Entwicklung von Motiven, Einstellungen, Empfindungen, Antrieben usw. ausgerichtet werden. Denn je besser diese grundlegenden Fähigkeiten ausgebildet sind, desto schneller und besser lassen sich dann auch neue motorische Fertigkeiten erlernen.

Nicht die motorischen Fertigkeiten (Techniken) eines Sportspiels dürfen im Vordergrund der Ausbildung stehen, denn diese bilden nur einen kleinen Ausschnitt dessen, was die Spielfähigkeit ausmacht, sondern alle leistungsbestimmenden Fähigkeiten, die das wesentlich umfassendere Programm darstellen.

Dieser Zusammenhang von Fertigkeiten und Fähigkeiten kann in einem Bild zum besseren Verständnis zum Ausdruck gebracht werden (Abb. 4.2). Der Regentropfen stellt eine Bewegungsfertigkeit wie das Werfen oder Fangen eines Balles in einem Sportspiel dar. Wer diese Fertigkeit ständig schult, verbessert auf Grund des wechselseitigen Zusammenhangs von Fertigkeit und Fähigkeit zwar auch seine allgemeinen Fähigkeiten („Allgemeine Fähigkeiten ... erfahren jedoch auch beim Erlernen und weiteren intensiven Anwendungen der Fertigkeiten eine Verbesserung" (Berndt, 1984, S. 29, zit. bei Hotz, 1986, S. 11), ordnet jedoch die wesentlichen Bereiche, die das Fähigkeitspotenzial eines Spielers ausmachen, dem Erwerb von Bewegungstechniken unter. Wer über die Bewegungstechniken Werfen oder Fangen verfügt, kann die Entwicklung seiner Spielfähigkeit in kleinen Wellen konzentrisch auslösen, er wird deshalb aber noch kein guter Sportspieler sein.

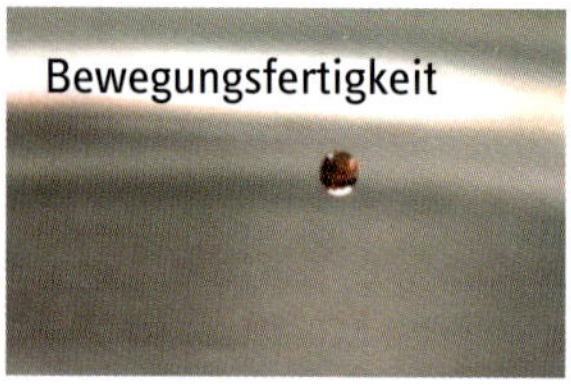

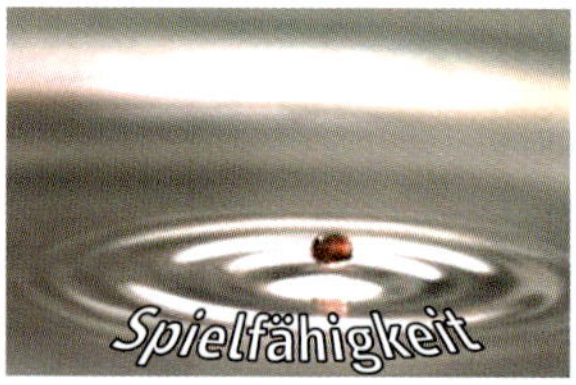

Abb. 4.2: Ein Wassertropfen fällt in einen großen Wasserbehälter – die Relation einer Bewegungsfertigkeit (wie des Werfens oder Fangens) zum gesamten Fähigkeitspotenzial des Sportspielers

In den Ballspielen gilt es, neben den koordinativen Fähigkeiten (für die Ausführung einer Bewegung verantwortlich) besonders die Fähigkeiten zu fördern, die den Antrieb und die Orientierung bei Spielhandlungen (Informationsaufnahme und -verarbeitung) regulieren. Da einzelne Fähigkeiten nicht isoliert ausgebildet werden können, kommt dem ganzheitlichen Ansatz besondere Bedeutung bei. Daraus erhebt sich von selbst die Forderung nach einer vielseitigen **Ballspielschule** im Anfängerbereich, um die Bewegungserfahrungen und damit auch die Entwicklung der spielrelevanten Fähigkeiten möglichst spielgemäß und umfangreich gestalten zu können. Deshalb muss das Leitprinzip der Grundausbildung heißen:

fähigkeitsorientierte Spielausbildung.

Auf der Grundlage dieser Fähigkeiten lassen sich in der Folge beim Bewegungs- oder Handlungslernen unter einem qualitativen und somit weiterführenden Aspekt die inneren Vorgänge des Lernenden, also der Innenaspekt gegenüber dem Außenaspekt, in den Vordergrund der Betrachtung rücken. Dann steht auch der Lernende, und nicht der Lehrende, im Mittelpunkt des Interesses und somit auch die Frage: *Wie erlernt der Mensch sportliche oder motorische Bewegungen/Handlungen?*

Tab. 4.2: Innen- und Außenaspekt bei Lernprozessen

Innenaspekt	Außenaspekt
Der Bewegungserwerb des Individuums hängt weitgehend von seinen „Erwerbsmöglichkeiten" (= Lerndispositionen) ab, die in seinem „Innern" angelegt sind.	Die Bewegungsvermittlung wird vornehmlich unter den Gesichtspunkten „Bewegungsbeschreibung", „Bewegungsdemonstration", „Bewegungsausführung" und „Bewegungskorrektur" gesehen, was also über äußere Prozesse wahrnehmbar ist.

Für das Bewegungs- bzw. Spielenlernen ergeben sich daraus die folgenden relevanten Fragen:

- *Wie nimmt der Lernende eine (neue) Lern-/Spielsituation wahr?*
- *Welche Informationen ordnet er wie zu?*
- *Worin integriert er diese Informationen?*
- *Wie differenziert er sie?*
- *Was baut er in seinem Innern auf?*
- *Was ruft er ab?* (Vgl. Hotz, 1986, S. 36)

Die Tätigkeiten „wahrnehmen", „zuordnen", „integrieren", „aufbauen", „abrufen" deuten an, dass das Bewegungserwerben von motorischen Vorerfahrungen abhängig ist, dass etwas vorhanden sein muss, dem etwas zugefügt oder in das etwas integriert werden kann. Es müssen bereits „vernetzte Strukturen" im Gehirn angelegt sein, die neue Informationen aufnehmen und weiterverarbeiten können.

4.2 Die Struktur von Spielhandlungen

Spielen heißt, Informationen in Spielsituationen wahrzunehmen, zu verarbeiten, motorisch umzusetzen und auszuwerten. Spielen lernen heißt dann, Informationen in Spielsituationen wahrnehmen, verarbeiten, motorisch umsetzen und auswerten zu lernen.

Bereits 1974 definierte MAHLO die Spielhandlung als „ein auf den bestmöglichen Erfolg der gesamten Tätigkeit gerichtetes Lösen situativer Spielaufgaben im Rahmen der gültigen Spielregeln" (1974, S. 551, zit. bei Brettschneider/Westphal, 1976, S. 33).

Während Kinder im Spiel vornehmlich spontan handeln und sich von ihrem natürlichen Bewegungsantrieb leiten lassen, entwickelt sich mit zunehmendem Alter und mit einem gewissen Maß an Spielerfahrung eine sportartbezogene Denkfähigkeit, mit der sich Spielsituationen erfassen, analysieren, planen, ausführen und auswerten lassen. Nach HOTZ läuft dieser Prozess in drei Phasen ab.

1. Phase: Um in einer Spielsituation richtig handeln (oder sich richtig verhalten) zu können, muss ein Sportspieler sowohl fremde als auch eigene Bewegungen beobachten und wahrnehmen können. Dazu stehen ihm bestimmte Analysatoren (Augen, Ohren, „Muskelsinn") zur Verfügung, durch die er Informationen aufnehmen und über Nervenbahnen ans Gehirn weiterleiten kann. Ebenso muss er seine Empfindungen registrieren, sich an vergleichbare Spielsituationen erinnern und ggf. Gemeinsamkeiten oder Unterschiede erkennen, um die Situation beurteilen zu können.

Anschließend erfolgt die gedankliche Auseinandersetzung mit der Spielaufgabe, die sich aus der Zielsetzung und der Spielsituation ergibt. Die Informationen müssen zu einer **Bewegungsvorstellung** bzw. zu einem **Handlungsplan** verarbeitet werden, damit eine Bewegungshandlung realisiert werden und eine Lösung zustande kommen kann.

„Im Mittelpunkt des qualitativen Bewegungslernens muss immer die Erarbeitung einer umfassend klaren (präzisen) Bewegungsvorstellung stehen: Alle diesbezügliche Informationen (Gehörtes, Gesehenes, Gespürtes, Erlebtes) müssen zur Verbesserung der Bewegungsvorstellung genutzt werden" (Hotz, 1986, S. 153).

Für diese interne Selbstregulation sind gedankliche Prozesse nötig: Der Sportspieler muss nachdenken, interpretieren, planen, entscheiden. Demnach ist Bewegungshandeln als Aufnahme und Verarbeitung innerer und äußerer Informationen anzusehen, aber auch als Fähigkeit des Sportlers, seine Wahrnehmungsinformationen mit den im Bewegungsgedächtnis gespeicherten Bewegungsprogrammen und Erfahrungen vergleichen und koppeln zu können.

2. Phase: Der Handlungsplan muss in motorische Aktionen umgesetzt werden. Diese hängen nicht nur von den koordinativen, technischen und konditionellen Mitteln des Spielers ab, sondern auch vom emotionalen Erleben der Spielsituation, von seiner Hoffnung auf Erfolg oder Furcht vor Misserfolg, von seiner Spielfreude, Konzentration oder der Angst vor Fehlern. Nicht zuletzt deshalb stimmen Handlungsplan und motorische Lösung oft nicht überein.

3. Phase: Die Auswertung des Handlungsergebnisses erfolgt in einem Ist-Soll-Vergleich. Die zentrale Frage ist, ob die erwartete Handlung tatsächlich eingetreten ist oder ob Abweichungen festgestellt werden können. Eine Antwort darauf kann nur der Spieler selbst finden, da nur er seinen Handlungsplan kennen kann. Trotzdem ist im Hinblick auf Lernprozesse in den Zielschussspielen die eigene Rückmeldung oft nicht ausreichend, da ein Mannschaftsspiel in Interaktion mit den Mitspielern ablaufen sollte. Durch Korrekturen, Impulse, Denkanstöße des Lehrers oder Anregungen der Mitspieler können die Eigeninformationen des Spielers erweitert werden. Dadurch erhöht sich die Qualität der Feedbackprozesse, wodurch die Lernprozesse effektiver gestaltet werden können (vgl. Brettschneider, 1976, S. 35).

Tab. 4.3: Phasenstruktur von Bewegungs- und Spielhandlungen (modifiziert nach Hotz, 1986)

Phasen	Tätigkeiten
I a Situationsanalyse als Informationsaufnahme	wahrnehmen – empfinden – beobachten – erkennen
I b Interpretation als Informationsverarbeitung	nachdenken – reproduzieren – vorstellen – planen – entscheiden
II Aktion	ausführen
III Auswertung	beurteilen

Die Umsetzung des Phasenmodells

Das Problem der Umsetzung besteht in der Dynamik der Zielschussspiele, im Problem der offenen Fertigkeiten und in der geringen Zeitspanne, die einem Spieler für die verschiedenen Phasen zur Verfügung steht. Vor allem in komplexen Spielsituationen mit hohen Druckanforderungen müssen die einzelnen Phasen in Bruchteilen einer Sekunde ablaufen. Deshalb ist eine Überschneidung von einzelnen Phasen wahrscheinlich und nötig. Automatisch ablaufende Handlungen können dem Spieler helfen, Kapazitäten für die Erstellung und Umsetzung des Handlungsplans freizuhalten. Als automatisierte Handlungen könnten die Balltechniken helfen, den Blick vom Ball wegzunehmen und Reserven für die Beobachtung von Mit- und Gegenspielern im Raum oder des Zieles freizubekommen. Leider verfügen nur wenige Jugendspieler über diese Fertigkeit, bei den meisten ist die Konzentration auf den Ball Voraussetzung für das Gelingen der Ballannahme oder des Zuspiels. Um ältere Kinder dennoch Schritt für Schritt an die Ausführung von Spieltätigkeiten nach dem Phasenmodell heranzuführen, bedarf es vielfältiger didaktisch-methodischer Erleichterungen und Maßnahmen, auf deren Grundlage sich die Qualität der drei Phasen steigern lässt. Dazu muss in den dafür notwendigen Lernprozessen die Innensicht stärker akzentuiert werden, vor allem in den Phasen, in denen sich die kognitive und affektiv-emotionale Auseinandersetzung mit der Spielsituation vollzieht. Insgesamt gliedert sich das Bewegungslernen oder das Lernen von Spielhandlungen in drei Phasen:

– prämotorische Phase – motorische Phase – postmotorische Phase.

Am Beispiel der Anwendung des Spannstoßes beim Torschuss könnte dann das Bewegungs-/ Handlungslernen in den drei Phasen wie folgt ablaufen (vgl. Hotz, 1985, S. 154f.):

I. Prämotorische Phase

a) Informationsaufnahme:

Der Lernende nimmt vorerst durch Erklärung und Demonstration visuelle, taktile, verbale Informationen von außen auf:
Wahrnehmungsphase = sehen – beobachten – fühlen – speichern

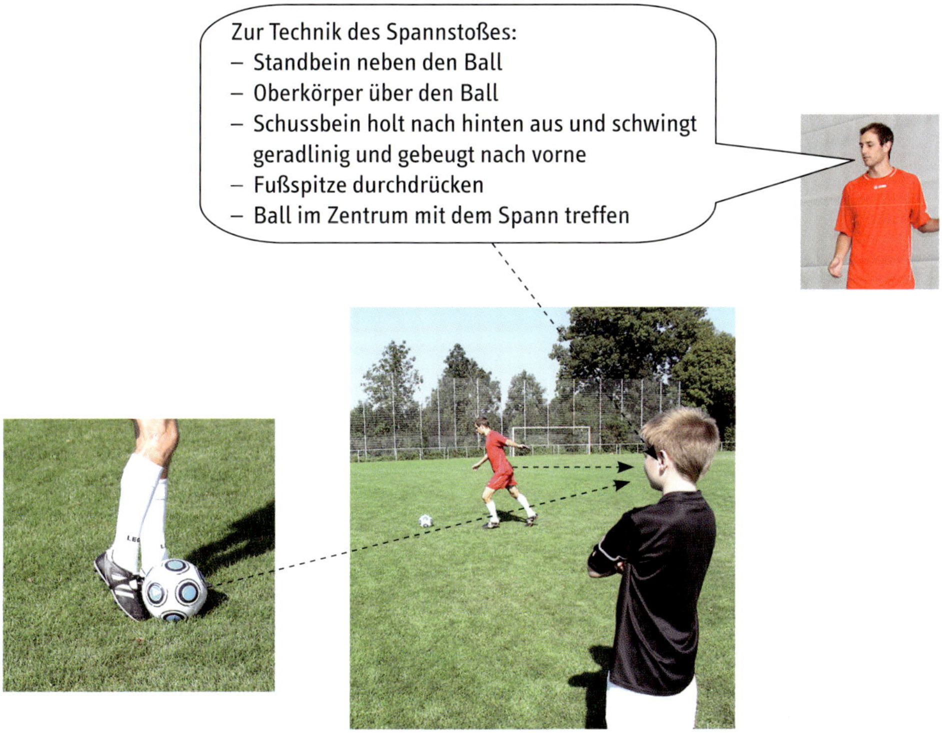

David nimmt die verbalen Informationen des Trainers auf, beobachtet dessen Bewegungsdemonstration, nimmt bereits kinästhetische Empfindungen wahr, speichert den gesehenen Bewegungsablauf ab und geht die Aufgabe, den Spannstoß beim Torschuss auszuführen, mit gewissen Gefühlen an. Er kann sich auf die Bewegungsaufgabe freuen, kann Erfolgszuversicht verspüren, vielleicht aber auch den Druck, es besonders gut machen zu müssen, weil sein Bild in einem Fachbuch erscheinen soll.

b) Informationsverarbeitung:

Vergleich der auszuführenden Bewegung mit bestehenden „Bewegungsprogrammen“; zunehmend bewusstere Vorstellung und wenn möglich gedankliche Realisierung.

Antizipationsphase:
Bewegungsentwurf herstellen, mentales Probehandeln
= nachdenken – erinnern – reproduzieren – vorstellen – planen

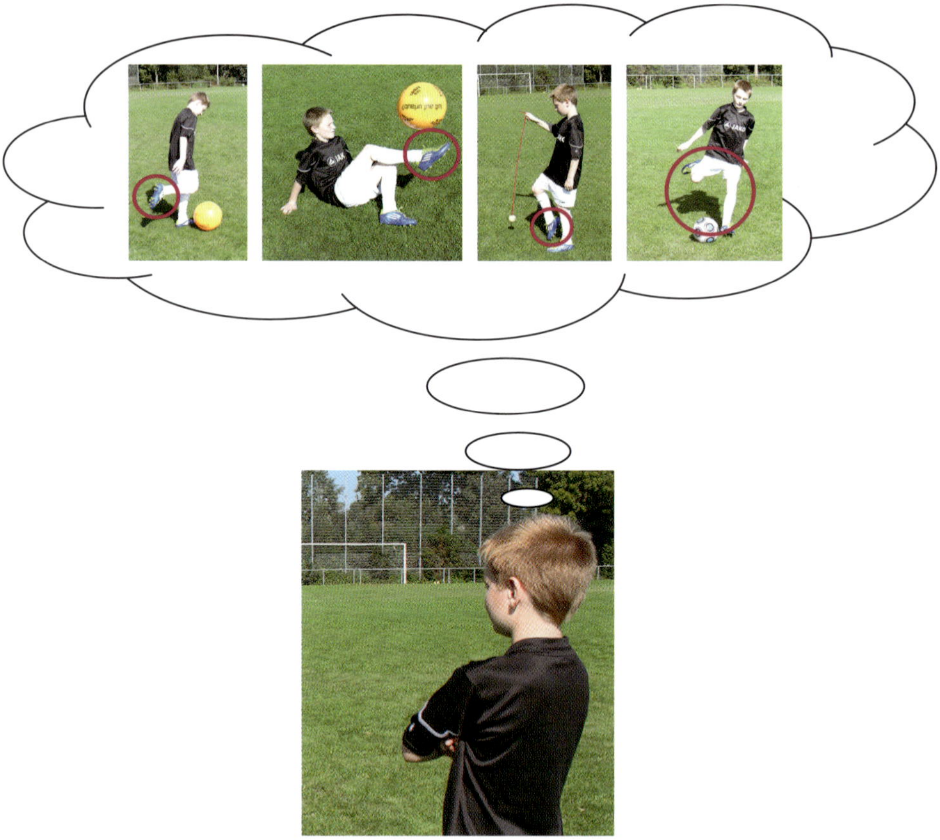

David erstellt in der Antizipationsphase einen Bewegungsentwurf. Er verarbeitet die Informationen, erinnert sich an frühere Situationen, in denen er die Fußhaltung der Spannstoßtechnik unter verschiedenen Bedingungen (Ballmaterial) und die Ausführung der Gesamtbewegung schon geschult hat.
Er vergleicht sie mit dem Führen eines Wasserballs, den er im Zentrum mit dem Spann spielen musste, damit der Ball nicht nach oben „wegflog“, erinnert sich an das Jonglieren im Sitzen und an das Jonglieren eines am Pendel hängenden Tennisballs. Außerdem denkt er den Bewegungsablauf des Spannstoßes mit seinen wesentlichen Merkmalen nochmals durch. Er reproduziert die Empfindungen im Fußgelenk, die Ausholbewegung und stellt sich die Situation vor: Dribbling zum Tor, den Ball vorlegen, das Standbein neben den Ball ... Er spielt die Torschusssituation mental durch und erstellt sich einen Handlungsplan.

II. Motorische Phase

– In die Tat umsetzen

Der Lernende führt Geplantes aus.
Realisierungsphase = erproben – erfühlen – erleben – erfahren

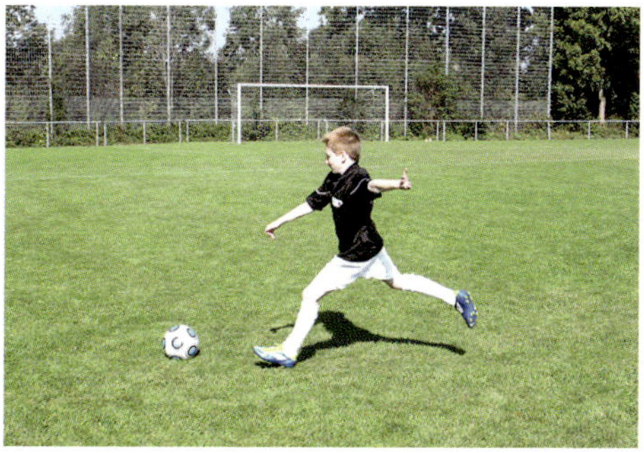

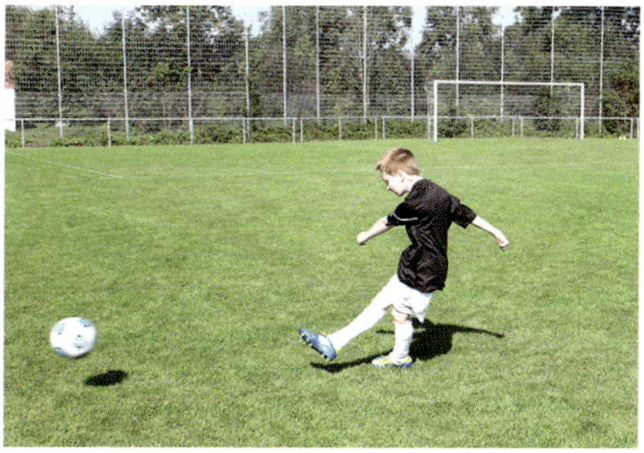

In der Ausführungsphase wird der Plan in die Tat umgesetzt. David dribbelt los, legt den Ball etwas nach rechts zum Torschuss vor, läuft dem Ball nach, setzt das Standbein auf, holt aus und führt den Torschuss aus.

III. Postmotorische Phase

– Ist-Soll-Vergleich

Der Lernende überprüft, ob die Bewegung so ausgeführt worden ist, wie sie sein Bewegungsplan vorgesehen hat.

Auswertungsphase = erkennen

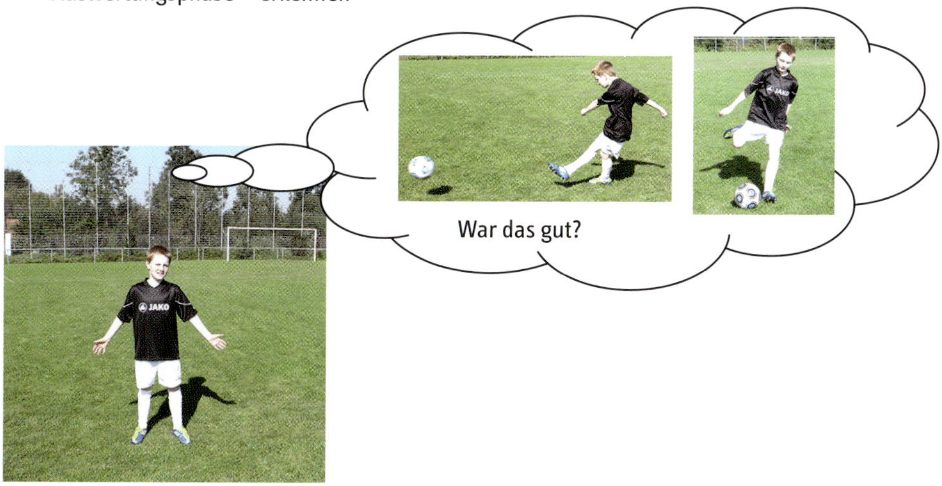

Obwohl der Ball ins Tor ging, sollte sich David jetzt die Frage stellen, ob die Ausführung so erfolgte, wie er sie geplant hatte. Da er über eine sehr gut ausgebildete Spannstoßtechnik verfügt, müsste er die die tatsächliche Abweichung vom Sollwert erkennen. Die Ursache dürfte nicht in einem fehlerhaften Handlungsplan liegen, denn als Torjäger seiner Mannschaft hat er schon oft bewiesen, dass er diesen sogar unter schwierigeren Umständen entwerfen und umsetzen kann, sondern eher in der Regelung und Steuerung der Ausführung. Vermutlich war die Geschwindigkeit des vorgelegten Balles höher, als er sie wohl beabsichtigt hatte, und somit stimmten auch die Orientierung beim Anlaufen und der Rhythmus zum wegrollenden Ball nicht überein, denn das Standbein war im Moment des Spannstoßes zu weit hinter dem Ball. Rückmeldung müsste er auch über seinen Gleichgewichtssinn und die kinästhetischen Empfindungen beim Torschuss erhalten.

An diesem Beispiel einer Spielhandlung lässt sich die Schwierigkeit der Umsetzung von Bewegungstechniken in offenen Situationen aufzeigen:
„Der Sportspieler muss aus mehreren Handlungsmöglichkeiten, die sich in jeder Situation neu ergeben, in kürzesten Zeiteinheiten die optimale Handlungsvariante auswählen und motorisch richtig und präzise unter den für die Sportspiele typischen Zwang- und Druckbedingungen ausführen (...). Um diese Anforderungen bewältigen zu können, benötigt der Sportspieler bestimmte Leistungsvoraussetzungen. Dabei kommt den koordinativen Fähigkeiten, also den durch den Prozess der Bewegungssteuerung und -regelung bedingten Leistungsvoraussetzungen, ein hoher Stellenwert zu" (Zimmermann, 1982, S. 440f., zit. bei Hotz, 1986, S. 123).

4.3 Allgemeine und koordinative Grundfähigkeiten

Die koordinativen Fähigkeiten bilden die wesentliche Grundlage für das Erlernen neuer Bewegungen. Deshalb können die koordinativen Fähigkeiten als Leistungs- bzw. Lernvoraussetzungen bezeichnet werden.

Koordination im Sport bedeutet, die bei einer sportlichen Bewegung tätigen Muskeln harmonisch zusammenwirken zu lassen. Dies ist abhängig von dem Zusammenspiel der Wahrnehmungsorgane, des Zentralnervensystems und der Muskeln als den Vollzugsorganen. Soll dieses Zusammenspiel bei neu zu erlernenden Bewegungen erlangt werden, ist der Koordinationsprozess nichts anderes als ein Lernprozess. Koordinieren können heißt dann lernen können.

Die koordinativen Fähigkeiten stellen die wesentliche Grundlage für die Lernfähigkeit des Sportlers dar. Je höher das Niveau der koordinativen Fähigkeiten ist, desto schneller und effektiver können neue und später auch schwierigere Bewegungen erlernt werden. Außerdem befähigen sie den Sportler, Bewegungshandlungen schnell und zielgerichtet auszuführen.

Aus der Vielzahl der koordinativen Fähigkeitsfaktoren lassen sich aufgrund der besonderen Stellung und Bedeutung **drei allgemeine Grundfähigkeiten** ableiten:

» die motorische Lernfähigkeit
» die motorische Steuerungsfähigkeit
» die motorische Anpassungs- und Umstellungsfähigkeit

Zu den **koordinativen Grundfähigkeiten** gehören:

Rhythmusfähigkeit

Orientierungsfähigkeit

Sensorische/kinästhetische Differenzierungsfähigkeit

Gleichgewichtsfähigkeit

Reaktionsfähigkeit

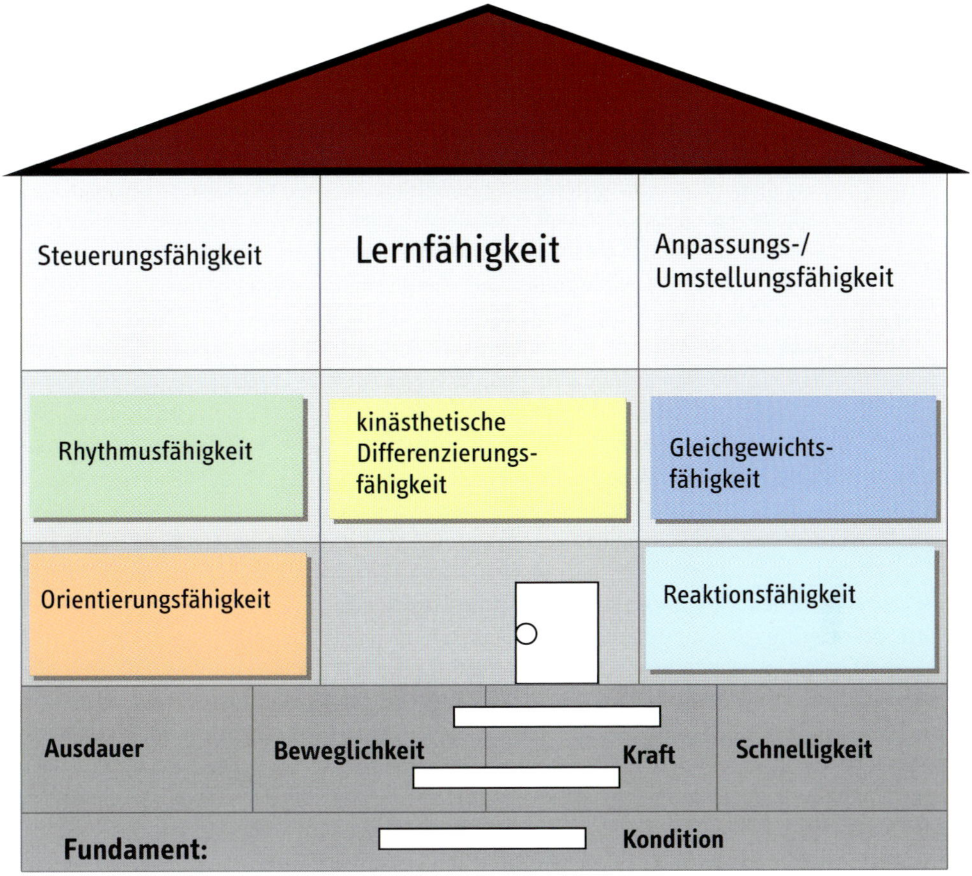

Abb. 4.3: Das Haus der allgemeinen und koordinativen Grundfähigkeiten auf dem Fundament der Kondition

4.3.1 Die motorische Lernfähigkeit

„Die psychomotorische Lernfähigkeit als Ziel kognitiv-emotionaler Schulung wird in ihrer Güte gemessen an:

» der Zeit, die für das Erlernen von Bewegungsaufgaben und von Situationen (z. B. taktische Maßnahmen) gebraucht wird.

Die Zeit ist wiederum abhängig von der

» Menge und Güte der zu verarbeitenden Lerninhalte (Bewegungsabläufe, Kenntnisse, Verhalten) und der
» Schwierigkeit der zu erlernenden Bewegungsabläufe (vgl. Rieder 1979, 155)" (Hotz, 1986, S. 61).

Für die motorische Lernfähigkeit spielt die **Bewegungserfahrung** eine zentrale Rolle. Unter ihr versteht man ein geordnetes System von Bewegungsmustern, das über Rückmeldungen von Bewegungshandlungen entstanden ist und deren Resultate als „Informationsablagerungen" gespeichert wurden. Sie entsteht, wenn die Planung und Ausführung von Bewegungen systematisch „aufbewahrt" wird, wofür Rückmeldungsprozesse ans Gehirn verantwortlich sind. Die dabei entstehenden Strukturen leiten die Verarbeitung von Informationen bei sportlichen

Bewegungen, wodurch die „Informationsablagerung" für künftiges Bewegungshandeln ausgewertet werden kann, weil sich das „geordnete System" auf das Erinnern, Reproduzieren und Wiedererkennen von Bewegungselementen auswirkt (vgl. Hotz, 1986, S. 72f).

In diesem Zusammenhang ist die Tatsache zu berücksichtigen, dass bei sechsjährigen Kindern das Gehirn 90 %, bei siebenjährigen praktisch seine volle Größe erreicht hat. Die Vernetzung und Ausdifferenzierung der Hirnzellstrukturen gehen aber weiter, so dass das Kind eine recht hohe motorische Lern- und Leistungsfähigkeit aufweist. Die hohe Lernfähigkeit versetzt Kinder jedoch nicht in die Lage, die gelernten Bewegungen dauerhaft zu behalten. Die Großhirnrinde kann als Ort der Gedächtnisspeicherung die Bewegungsschleifen der erregten Hirnzentren nicht festhalten (vgl. Weineck, 1983, S. 226 ff). Daraus resultiert bei einer **hohen Lernfähigkeit** eine **mangelnde motorische Merkfähigkeit**, was zum zentralen Problem im motorischen Ausbildungsprozess führt: Soll nur eine begrenzte Auswahl von Inhalten immer wieder angeboten und so rasch die motorische Merkfähigkeit dieser Inhalte gefördert werden oder ist es sinnvoller, die hohe Lernfähigkeit auszunutzen und eine vielseitige Bewegungsausbildung anzustreben?

„Wer längere Zeit nichts Neues lernt, bereichert seinen Bewegungsschatz nicht und lässt somit auch seine ‚Lern-Lernfähigkeit' verkümmern, indem er auf die oft ungeahnten Möglichkeiten neu erworbener Erfahrungen verzichtet" (Hotz, 1986, S. 77).

Es ist immer wieder zu beobachten, dass Kinder, vor allem die akzelerierten, mit einer einseitigen, aber intensiven Ausbildung derselben motorischen Fertigkeiten relativ rasch auf ein beachtliches sportliches Niveau kommen können. Sie gehören zu den Erfolgreichen, erringen bereits mit zehn Jahren Siege bei Deutschen Meisterschaften und weisen einen enormen Vorsprung vor Gleichaltrigen auf. Bei vielen tritt in den Folgejahren oft eine Stagnation in der Leistungsentwicklung ein. Dagegen brauchen Kinder mit einer vielseitigen und sportartübergreifenden Ausbildung wesentlich länger, um auf dasselbe Niveau zu kommen. Sie können sich jedoch häufig in den späteren Jahren aufgrund ihres umfangreichen Bewegungsschatzes weiterentwickeln, erreichen dann letztendlich ein wesentlich höheres Leistungsniveau.

4.3.2 Die motorische Steuerungsfähigkeit

Die motorische Steuerungsfähigkeit ist als Fähigkeit zu verstehen, komplizierte Bewegungen nach einem vorweggenommenen, der Aufgabe entsprechenden Bewegungsprogramm zielgerichtet und genau zu steuern.

Erst wenn Gelerntes in gespeicherter Form vorrätig ist und für Bewegungsabläufe zur Verfügung gestellt werden kann, kann die motorische Steuerungsfähigkeit für eine situative Gestaltung wirksam werden.

In der Praxis wird sie bei allen motorischen Tätigkeiten verlangt, die hohe Anforderungen an die Bewegungsgenauigkeit stellen. Das sind in den Sportspielen besonders die ballspezifischen Techniken. Im Basketball, Handball, Hockey werden sie mit der Hand, im Fußball mit den Füßen ausgeführt. Das Steuerungsvermögen mit der Hand wird schon im Kindergarten allmählich und systematisch gefördert, die Steuerung von fußzentrierten Bewegungen bleibt dagegen weitgehend unberücksichtigt, seit das Straßenspiel fehlt. Daraus resultiert die Notwendigkeit, die Steuerungsfähigkeit durch einfache Aufgabenstellungen gezielt anzugehen (Abb. 4.4 und 4.5). In Rückschlagspielen oder im Hockey wird die Steuerungsfähigkeit über einen Schläger gefordert, was zusätzliche anspruchsvolle Ausbildungsinhalte ergibt.

Das sensomotorische Leistungsprofil fünf- bis sechsjähriger Kinder zeigt bei normal verlaufender Entwicklung, dass sie Alltagsbewegungen, Rumpfsteuerungen und langsame Simultan-Bewegungen (Laufen und Springen) beherrschen, alltagsferne Bewegungsfolgen oder Bewegungen mit hoher Geschwindigkeit, wie sie in den Ballspielen häufig gefordert werden, noch nicht realisieren können.

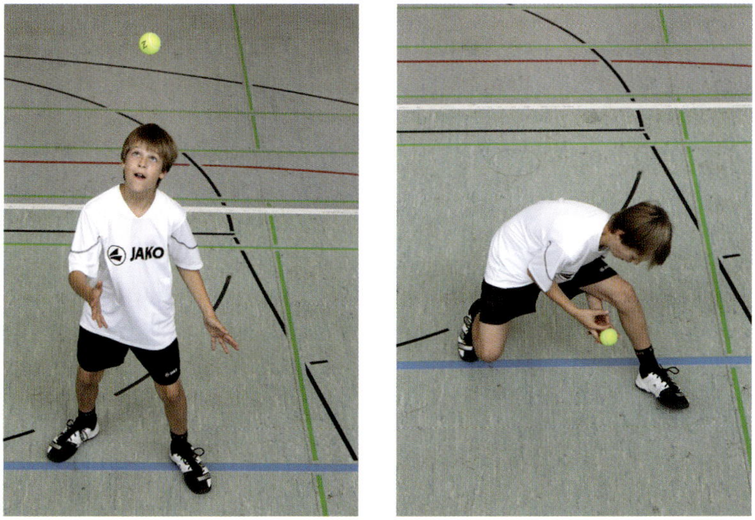

Abb. 4.4: Handbewegungen steuern

Die Steuerungsfähigkeit der Füße verkümmert durch das fehlende Straßenspiel völlig. Deshalb muss der Ausbildung der Steuerungsfähigkeit in einer Ballspielschule besondere Aufmerksamkeit zukommen.

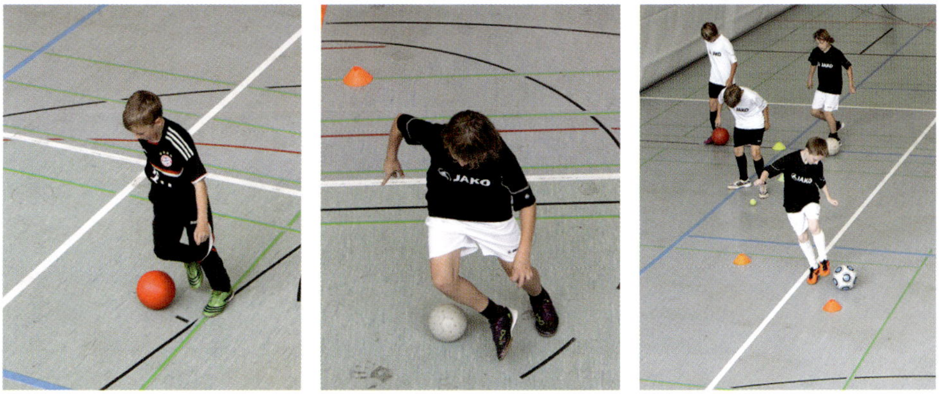

Abb. 4.5: Fußbewegungen steuern beim Übersteiger und Ballführen mit verschiedenen Bällen

4.3.3 Die motorische Anpassungs- und Umstellungsfähigkeit

Sie bezeichnet die Fähigkeit, eine Bewegungsaufgabe auch unter stark veränderten (oder ungünstigen) Bedingungen und störenden Einflüssen situationsgerecht (zweckmäßig) erfüllen zu können. Als ungünstige Bedingungen und störende Einflüsse können Platzbeschaffenheit, Wetter, Gegenspieler usw. stehen (Abb. 4.6). Da dies wohl erst auf höherem Leistungsniveau zu erwarten ist, wird die Anpassungs- und Umstellungsfähigkeit auf niedrigem Lernniveau eher als Aspekt der psychomotorischen Lernfähigkeit interpretiert.

Erst wenn eine ausreichende Bewegungserfahrung vorhanden ist, kann eine optimale Anpassung an situative Veränderungen erfolgen, weil der Sportler dann in der Lage ist, den Anpassungsvorgang präzise zu steuern.

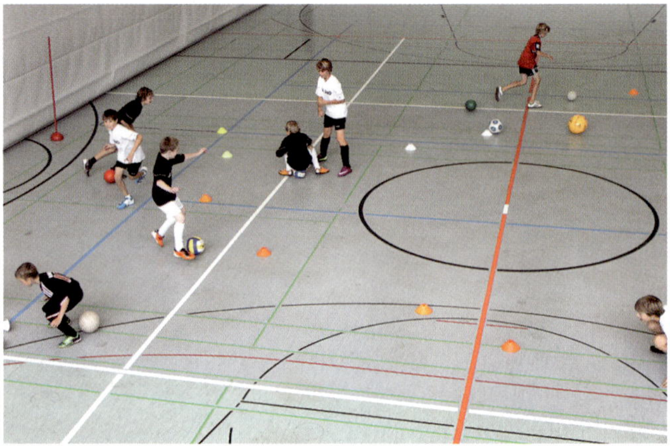

Abb. 4.6: Schnell umstellen und neu orientieren, wenn ein Ball „besetzt" ist!?

4.3.4 Die sensorische/kinästhetische Differenzierungsfähigkeit

Auf der Grundlage einer ausgeprägten Differenzierungsfähigkeit kann der Sportler motorische Aktionen in ihrem zeitlichen, räumlichen und kraftmäßigen Verlauf mit großer Bewegungspräzision durchführen.

Die sensorische Differenzierungsfähigkeit spielt bei der Aufnahme und Aufbereitung von Informationen durch die Sinnesorgane, die von der Qualität ihrer Analysatoren abhängig sind, eine wichtige Rolle.

Die Analysatoren empfangen über Rezeptoren Informationen auf der Grundlage von Signalen, kodieren sie um, leiten sie weiter und verarbeiten sie. Für die motorische Koordination bzw. für ein nuanciertes Bewegungsgefühl sind fünf Analysatoren verantwortlich:

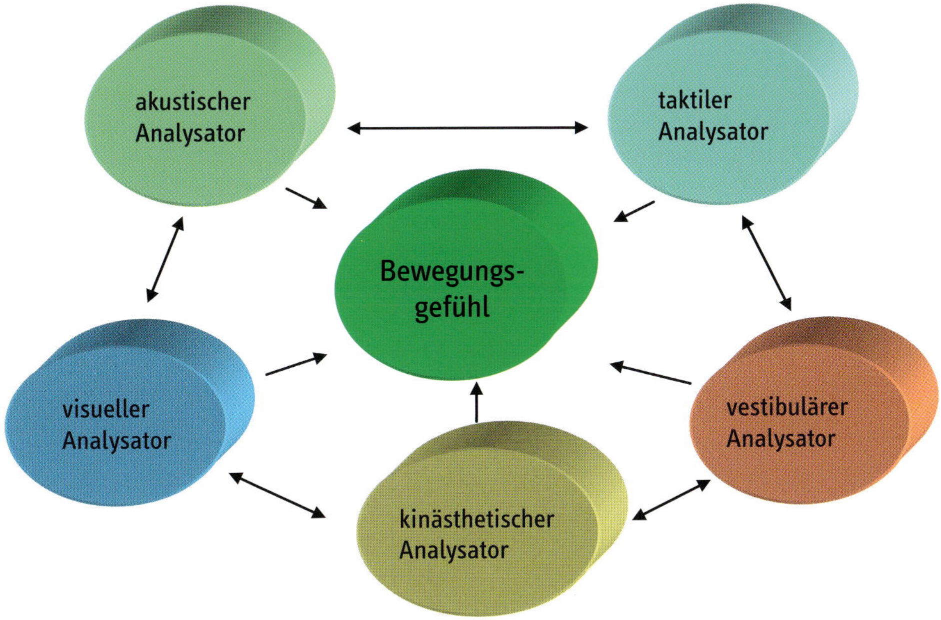

Abb. 4.7: Die fünf für das Bewegungsgefühl verantwortlichen Analysatoren

Dem kinästhetischen Analysator kommt bei dem Prozess der Steuerung und Regelung der Bewegungshandlungen eine bedeutende Rolle zu. Durch ihn erhalten wir Auskunft über Gelenkstellungen, Muskelspannungen, auf den Muskel einwirkende Kräfte, sodass er das Muskelempfinden ermöglicht und deshalb umgangssprachlich auch als „Muskelsinn" bezeichnet wird. Er ist also nicht nur bei allen Aktionen mit dem Ball von grundlegender Bedeutung, sondern bei allen motorischen Bewegungen, die in Bezug auf Kraft und Dynamik eine Differenzierung erfahren müssen. Dies gilt in den Ballspielen vor allem für Tempowechsel, Krafteinsätze bezüglich des Spielobjektes oder in direkten Zweikampfauseinandersetzungen mit einem Gegenspieler.

Der visuelle Analysator gibt durch das zentrale und periphere Sehen Auskunft über Eigen- und Fremdbewegungen, wodurch er die visuelle Führung des Bewegungsvollzuges darstellt. Er spielt bspw. bei der Flugbahnberechnung des Balles, beim Beobachten des Bewegungsverhaltens der Mit- und Gegenspieler eine wichtige Rolle und ist somit für die Antizipationsfähigkeit von enormer Bedeutung.

Der taktile Analysator informiert über Form und Oberfläche berührter Gegenstände, in den Ballspielen über den Ball oder über Gegnereinwirkungen.

Der vestibuläre Analysator liefert Informationen über Richtungs- und Beschleunigungsänderungen und hat wesentlichen Einfluss auf das Gleichgewicht. Er ist für schnelle Richtungsänderungen beim Dribbling, v.a. auf rutschigem Untergrund oder bei Torwürfen bzw. Torschüssen von Bedeutung.

Der akustische Analysator sammelt und verarbeitet Informationen von Umwelt- bzw. Bewegungsgeräuschen wie bspw. von Mit-, Gegenspieler oder Ball.

Die Qualität der Analysatoren von Sinnensinformationen bestimmt das Ballgefühl und somit die Qualität der technischen Ausführung. Somit kann festgehalten werden:

Eine hohe Bewegungsqualität ist nur durch ein differenziertes Bewegungsgefühl möglich.

4.3.5 Die Orientierungsfähigkeit

Mit Hilfe der Orientierungsfähigkeit kann ein Spieler den ihn umgebenden Raum strukturierter erfassen, sich besser zurechtfinden und die notwendigen Steuerungsvorgänge einleiten.

Sie ist in den Sportspielen besonders gefragt bei

» plötzlichen Richtungswechseln mit und ohne Ball;
» Spielsituationen, in denen ein Spieler mit dem Rücken zum gegnerischen Tor oder Korb steht;
» Pässen über größere Distanzen in die Laufbewegung eines Mitspielers;
» Entfernungen zum Ball oder zu Mit- und Gegenspielern;
» beim Aufrücken aus der Verteidigung oder beim Zurückziehen aus dem Angriff;
» dem Erkennen freier Räume zum Freilaufen oder von Lücken für den Pass.

Die Beobachtung des Spielverhaltens kleiner Kinder lässt erkennen, dass diese noch große Schwierigkeiten haben, ein Spielfeld strukturiert zu erfassen. Im Eifer des „Gefechts" spielen sie außerhalb des Spielfelds weiter, geben eine vorgegebene Organisationsform auf oder fordern Pässe von den Mitspielern über eine Distanz, die diese mit ihrer Schuss- oder Wurfkraft noch gar nicht leisten können. Die Ursache für dieses Fehlverhalten liegt in dem noch nicht ausgeprägten Tiefensehen der Kinder bzw. in dem Unvermögen, den Raum so zu erfassen, dass Eigen-, Fremdbewegungen, Zeitabläufe und Krafteinsätze gezielt koordiniert werden können. Diese Fähigkeit entwickelt sich zum einen durch Reifung, zum andern kann sie aber auch durch gezielte Aufgabenstellungen in Übungs- und Spielformen gefördert werden. Markierungslinien, Spielfelder mit Zonen, Aufgabenstellungen mit dem Vergleich von Ball- und Laufgeschwindigkeit, klar abgesteckte Räume können Kindern helfen, die Orientierungsfähigkeit gezielt auszubilden.

4.3.6 Die Rhythmusfähigkeit

Sie bezeichnet die Fähigkeit, einen selbstbestimmten (inneren), in der eigenen Vorstellung geprägten bzw. einen fremdbestimmten (äußeren) Rhythmus zu erfassen und umzusetzen.
In den Sportspielen ist die Rhythmusfähigkeit von Bedeutung

» beim Einhalten von Schrittregeln;
» beim Anlaufen zum Torwurf/-schuss, zu Pässen mit höherem Krafteinsatz;
» bei genau getimten Dribblings;
» bei Sprints zum Ball und bei der Ballan-/-mitnahme in der Bewegung.

Der Rhythmus kann auf jeder Lernstufe eine Lernhilfe sein und ist daher – auch im Hinblick auf eine differenzierte Informationsaufnahme und -verarbeitung – schon frühzeitig (bereits im Vorschulalter) zu schulen.

4.3.7 Die Reaktionsfähigkeit

Sie bezeichnet das komplexe Vermögen, bei einer unerwarteten Situationsänderung möglichst schnell und zweckmäßig handeln zu können. Bewegungsreaktionen sind meist Antworten auf bestimmte Umweltsignale, die in den Ballspielen primär als optische, aber auch als akustische und taktil-kinästhetische Reize auftreten und die im Gegensatz zu einem Start beim 100-m-Lauf in den Spielen in erster Linie offen sind und dadurch einem Auswahlprinzip unterliegen, sodass auch die Entscheidungsfähigkeit bei Auswahlreaktionen eine bedeutende Rolle spielt.

Die Reaktionsfähigkeit ist in den Spielen von besonderer Bedeutung

» für das Torwartspiel;
» beim Reagieren auf Laufbewegungen und Finten des Gegenspielers,
» bei Tacklings und dem Herausspielen des Balles;
» beim Abfangen von Pässen;
» bei abgefälschten Bällen und unerwartet auftretenden Situationen im Kampf um den Ball;
» beim Freilaufen und Dribbeln;
» beim Erkennen und Ausnutzen von Lücken.

4.3.8 Die Gleichgewichtsfähigkeit

Dies ist die Fähigkeit zur Erhaltung und Wiedererlangung des körperlichen Gleichgewichts besonders bei schnelleren Bewegungsabläufen und in Zweikampfsituationen mit einem ausgeprägten Körpereinsatz. Sie erhält ihre Praxisbedeutung

» bei allen Torwürfen und -schüssen sowie Pässen in höherer Dynamik;
» bei dynamischen Richtungsänderungen oder schnellen Drehungen um die Körperlängsachse;
» bei Sprüngen;
» beim Dribbling mit Gegnerkontakt;
» bei der Annahme von halbhoch zugespielten Bällen auf rutschigem Untergrund oder von hohen Pässen, die im Sprung aus einer hohen Laufgeschwindigkeit heraus gefangen werden müssen.

4.3.9 Die Kopplungsfähigkeit

Sie wird eigentlich nicht zu den fünf koordinativen Grundfähigkeiten gezählt, soll jedoch an dieser Stelle wegen ihrer besonderen Bedeutung in den Sportspielen kurz vorgestellt werden. Unter ihr verstehen wir die Fähigkeit, mehrere selbstständige Bewegungsformen oder Teilhandlungen räumlich, zeitlich und dynamisch folgerichtig zu einem einheitlichen Handlungsgefüge zusammenzusetzen. Sie wird auch Kombinationsfähigkeit genannt, weil sie bspw. für die flüssige Abfolge von Anlauf, Absprung, Torwurf oder Kopfball verantwortlich zeichnet.

4.4 Die sensiblen Phasen der Fähigkeitsausbildung

Die menschliche Entwicklung verläuft nicht gleichmäßig ansteigend, sondern stufenweise. Auf eine Phase schneller Reifung folgt eine Phase höherer Leistungsfähigkeit, auch ***sensible Phase*** genannt. In einem zeitlich begrenzten sensiblen Abschnitt („Zeitfenster") reagiert der Körper intensiver und effektiver auf bestimmte Umweltreize, d. h., dass mit demselben Aufwand eine wesentlich höhere Wirkung zu erzielen ist als zu einem späteren Zeitpunkt. Die **rechtzeitige** Schulung der koordinativen und der konditionellen Fähigkeiten ist deshalb Voraussetzung dafür, dass ein späteres hohes Entwicklungsniveau erreicht werden kann.

In der Zeit vom siebten Lebensjahr bis zum Eintritt der Pubertät sind eine schnellere Reifung des Zentralen Nervensystems und eine Funktionsverbesserung der Wahrnehmungsorgane zu beobachten. Dadurch können Informationen besser verarbeitet werden, sodass das Lernen komplizierter Bewegungsfertigkeiten erleichtert wird, was sich wiederum auf das Niveau der koordinativen Fähigkeiten positiv auswirkt.

Einen Überblick über diese „Zeitfenster" liefert Tabelle 4.4:

Tab. 4.4: Die sensiblen Phasen der koordinativen Fähigkeitsentwicklung Fähigkeitsentwicklung (nach Farfel u. a. 1970 und Hirtz u. a. 1980, zit. bei Beug u. a., o. J., S. 7)

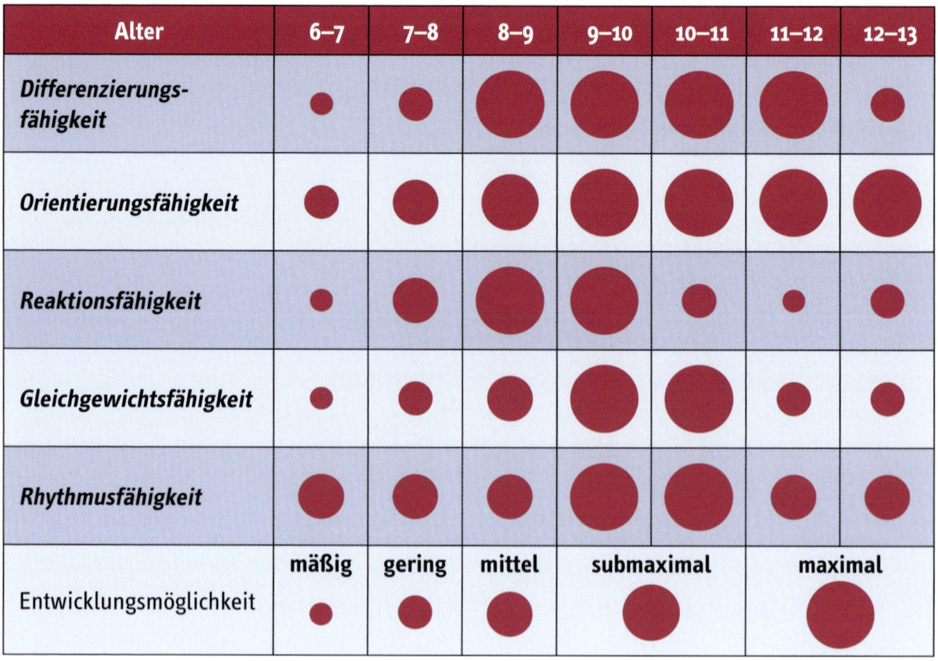

4.5 Koordinative Ausbildung in einer Ballspielschule

Die koordinative Ausbildung in den Ballspielen muss sowohl die Ballkoordination als auch die Koordination elementarer motorischer Tätigkeiten umfassen sowie deren Einordnung in übergeordnete Handlungsprogramme verfolgen.

Koordinative Ausbildung in einer Ballspielschule verlangt heute, die Inhalte den veränderten Lern- und Leistungsvoraussetzungen aufgrund des veränderten Sportspielzugangs anzupassen. Deshalb muss zuerst die Frage nach den motorischen Voraussetzungen und Lerndispositionen der Kinder gestellt werden:

» Was bringen die Kinder an Voraussetzungen mit?
» Welche neuen Inhalte lassen sich optimal an das bisherige Können anschließen?
» Wie müssen Lernprozesse gestaltet werden, damit vernetzte Strukturen dauerhaft entstehen können?

4.5.1 Motorische Grundtätigkeiten und Ballkoordination

Kinder bringen heute bei ihrem Vereinseintritt mehr oder weniger ausgeprägte Bewegungserfahrungen mit dem Ball mit, die sie vornehmlich in Torschuss- oder Zielwurfspielen und 1:1-Situationen gesammelt haben. Darüber hinaus verfügen sie über alltagsmotorische Grundtätigkeiten in unterschiedlichem Maße. Manche Kinder fallen durch eine ausgeprägte Körperbeherrschung und -geschicklichkeit auf, andere verraten schon beim Laufen und Springen motorische Defizite, die sich oft bereits zu Automatismen ausgebildet haben. Ein falscher

Fußaufsatz über die Ferse beim Schnelllaufen oder eine mangelnde Kombinationsfähigkeit von Laufen und Springen sind bei Kindern nicht selten zu beobachten.

In Anlehnung an KNIRSCH lassen sich die für die Ballspiele wichtigen alltagsmotorischen Tätigkeiten entsprechend ihres Hauptkraftansatzes in drei Bewegungstypen einordnen:

Tab. 4.5: Grundtätigkeiten der Alltagsmotorik (nach Knirsch, 1996, zit. bei Beug, o. J., S. 8)

fußzentrierte Bewegungen	handzentrierte Bewegungen	rumpfzentrierte Bewegungen
– Stehen – Springen – Laufen	– Werfen – Fangen – Schlagen, Schießen eines Balles mit einem Schläger	– Rollen – Drehen – Fallen, Hechten

Je nach Struktur und Regelwerk des Ballspiels kommen den drei Bewegungstypen unterschiedliche Bedeutungen zu. Im Fußball dominieren mit Sicherheit die fußzentrierten Bewegungen, während im Basketball und Handball die handzentrierten Bewegungen eine gewichtigere Rolle spielen.

Die Bedeutung der motorischen Grundtätigkeiten muss betont werden, denn letztendlich entscheidet ihre Ausprägung im Wesentlichen mit über das zu erreichende Leistungsniveau. Sportspieler mit einem außergewöhnlichen Ballgefühl bekommen ihre Grenzen aufgezeigt, wenn sie nicht in der Lage sind, zu einem Sprungwurf oder Schmetterschlag hoch abzuspringen oder ein Dribbling in hohem Lauftempo ausführen zu können. Deshalb erscheint die koordinative Ausbildung der motorischen Grundtätigkeiten heute eine vornehmliche Aufgabe im Kindersport zu sein. Sie bildet die Grundlage für motorische Lernprozesse und muss ständig ein fester und durchgängiger Bestandteil der Ausbildung sein, zumal zahlreiche Kinder beim Vereinseintritt darin schon auffallende Defizite aufgrund des Bewegungsmangels aufweisen.

Die Erfahrungen im Umgang mit dem Ball sind bei sechsjährigen Kindern ebenfalls sehr unterschiedlich ausgeprägt. Während einzelne schon ein ansprechendes Ballgefühl zeigen und über die grobe Bewegungstechnik des Werfens, Schießens oder Fangens in einfachen Spielsituationen verfügen, tun sich bei vielen Kindern hier große Schwierigkeiten auf.

Daraus resultieren drei wichtige Aufgabenbereiche für die koordinative Ausbildung in den Ballspielen:

a) Ausbildung eines differenzierten Bewegungsgefühls für motorische Grundtätigkeiten;
b) Ausbildung eines differenzierten Ballgefühls;
c) Kombination des differenzierten Bewegungsgefühls für motorische Grundtätigkeiten mit dem Ballgefühl.

Aus der Erkenntnis „Keine Koordination ohne Kondition" ergibt sich eine weiteres Aufgabenfeld: Koordinative Lernprozesse hängen auch von den konditionellen Eigenschaften ab. Wer keine Wurfkraft besitzt, wird sich beim Erlernen des Schlagwurfes schwer tun.

Kinder brauchen jedoch noch kein spezielles Konditionstraining. Über eine entsprechende Spiel-, Bewegungs- oder Übungsintensität bilden sich je nach Schwerpunktsetzung die einzelnen konditionellen Faktoren immanent aus. Beachtet werden sollte in diesem Zusammenhang, dass Koordinationstraining nicht in einem ermüdeten Zustand durchgeführt wird, sondern zu Beginn des Trainings oder Unterrichts. Dabei kann es bereits in das Aufwärmen bei Kindern integriert werden.

Sind Kinder mit der Kombination von motorischen Grundtätigkeiten und einfachen Ballfertigkeiten zur Ausbildung von Bewegungskopplungen überfordert, bedarf es zunächst einer isolierten koordinativen Ausbildung der motorischen Grundtätigkeiten. Allzu oft wird dieser Aspekt in der Ausbildung der Ballspielvereine vernachlässigt, die Vermittlung ballspielspezifischer Fertigkeiten in den Vordergrund gestellt, sodass Kindern die wesentlichen motorischen Grundlagen fehlen.

Für die Ballsportarten heißt dann koordinative Ausbildung vor allem:

Koordinationsschulung für Ballspiele

=

Ausbildung eines differenzierten Bewegungsgefühls für einfache motorische Grundtätigkeiten + **Ausbildung eines Ballgefühls**

Für die Ausbildung des Ballgefühls sind **einfache Ballfertigkeiten** auszuwählen. Dabei gilt für eine Ballspielschule das Prinzip der Vielseitigkeit, also Ballfertigkeiten mit der Hand, dem Fuß, einem Schläger und natürlich auch mit verschiedenartigen Bällen auszubilden. Die Forderung nach Variation der Bewegungsausführung und der Übungsbedingungen lässt eine Vielfalt an koordinativen Bewegungsaufgaben entstehen, die sicherlich zu einer allgemeinen Ballkoordination beiträgt. Da wir aber noch keine gesicherten Erkenntnisse zur Transferenz (Lernübertragung) dieser allgemeinen Ballkoordination besitzen, scheint es angebracht, die Koordinationsschulung in einer zweiten Phase an den Spielsituationen und deren Anforderungen auszurichten. Dabei kommt dann der Kombination der Ausbildung der motorischen Grundtätigkeiten und eines speziellen Ballgefühls größere Bedeutung zu.

4.6 Die Fähigkeitstheorie in der Diskussion

Unter koordinativen Fähigkeiten versteht man, wie oben ausführlich dargestellt, allgemeine Leistungsvoraussetzungen, die nicht an spezifische Fertigkeitsausführungen gebunden sind. Sie betreffen das generelle Niveau der Bewegungssteuerung und -regelung. Die koordinativen Fähigkeiten bilden die Grundlage für die motorische Lernfähigkeit, die sportliche Begabung oder das sportartbezogene Talent. Somit können sie auch als „Pendants" zu den kognitiven Intelligenzmerkmalen interpretiert werden. Da sie jedoch nicht konkret als etwas Reales, Messbares nachgewiesen werden können, werden sie häufig als hypothetische Konstrukte, als Erdachtes, Angenommenes für die Bezeichnung von Persönlichkeitsfaktoren gehalten (vgl. Hohmann/Kolb/Roth, 2005, S. 327). Auf Grund der damit verbundenen unsicheren wissenschaftlichen Ausgangslage schlagen nun Sportwissenschaftler wie NEUMAIER und MECHLING sowie HIRTZ, HOTZ und ROTH vor, einen Paradigmenwechsel vorzunehmen und den Blick auf die Anforderungen zu richten, die sportliche Situationen an das Subjekt stellen. Als Einteilungskriterien dienen die Analysatoren für die Informationsaufnahme (in Anlehnung an Hirtz) und die sportspieltypischen Anforderungsbedingungen (d. h. Druckbedingungen in Anlehnung an Mechling, Neumaier), die in der HEIDELBERGER BALLSCHULE aufgegriffen und in ein Ausbildungskonzept für Kinder integriert wurden.

4.6.1 Heidelberger Ballschule

Aufgrund der fehlenden Straßenspielkultur, der natürlichen Ballschule für Kinder, und der heutigen Frühspezialisierung von Kindern auf ein bestimmtes Sportspiel richtet sich die Heidelberger Ballschule an Spielanfänger im Grundschulalter, um die Straße wieder zurück in die Sporthallen und damit in die Sportspielausbildung zu bringen. Dementsprechend lautet ihr Motto: Freies, unangeleitetes Spielen macht den Meister.

Die Heidelberger Ballschule setzt sich aus drei zusammenwirkenden Grundpfeilern zusammen, die gleichwertige Teile des Konzeptes darstellen.

Tab. 4.6: Zugang, Ziele, Inhalte und Methoden der allgemeinen Ballschule (Kröger/Roth, 1999, S. 13)

Zugang	Ziele	Inhalte und Methoden
A: situationsorientiert	Spielen lernen	„Reines" Spielen in sportspielübergreifenden Taktikbausteinen
B: fähigkeitsorientiert	Verbesserung der Ballkoordination	Üben von sportspielübergreifenden, informationell-motorischen Anforderungsbausteinen
C: fertigkeitsorientiert	Verbesserung grundlegender Ballfertigkeiten	Üben von sportspielübergreifenden Technikbausteinen

In allen drei Bereichen ist das implizite Lernen und Erfahrungssammeln oberstes methodisches Prinzip. Jede Ballschulstunde besteht aus den drei Bausteinen, die im Folgenden kurz vorgestellt werden sollen.

A: Die spielerisch-situationsorientierte Ballschule

Im spielerisch-situationsorientierten Ansatz sollen eine allgemeine, übergreifende Spielfähigkeit und taktische Grundkompetenzen erworben werden. Dazu wurden sieben Taktikbausteine von Experten aus den Sportspielen abgeleitet, in denen es um taktische Aufgabenstellungen mit verschiedenen Schwerpunkten geht. Diese lassen sich wie folgt zusammenfassen:

Tab. 4.7: Sieben „offensive" Taktikbausteine nach Kröger/Roth, 1999, S. 32

Ins Ziel treffen	Einen Ball in ein Ziel werfen, schießen oder schlagen
Ball zum Ziel bringen	Mit einem Ball einen Zielbereich erreichen
Vorteil herausspielen	Über ein Zusammenspiel mit Partnern einen Tor- oder Punktgewinn vorbereiten
Zusammenspiel	Bälle von Partnern annehmen oder an Partner weiterspielen
Lücke erkennen	Chancen für einen Tor- oder Punktgewinn in der Auseinandersetzung mit Gegenspielern wahrnehmen
Gegnerbehinderung umgehen	Einen Ballbesitz in der Auseinandersetzung mit Gegenspielern sichern
Anbieten und Orientieren	Zum richtigen Zeitpunkt eine optimale Position auf dem Spielfeld einnehmen

B: Die fähigkeitsorientierte Ballschule

Im fähigkeitsorientierten Ansatz soll die allgemeine Ballkoordination verbessert und das Bewältigen von informationell-motorischen Anforderungsbausteinen geübt werden. Dazu gehören sechs verschiedene Anforderungs- bzw. Drucksituationen:

Tab. 4.8: Koordinationsbausteine (Druckbedingungen und ihre Definition) (nach Kröger/Roth,1999, S. 86)

Zeitdruck	Koordinative Aufgabenstellungen, bei denen es auf Zeitminimierung oder Geschwindigkeitsmaximierung ankommt
Präzisionsdruck	Koordinative Aufgabenstellungen, bei denen es auf höchstmögliche Genauigkeit ankommt
Komplexitätsdruck	Koordinative Aufgabenstellungen, bei denen es auf eine Bewältigung vieler hintereinander geschalteter (sukzessiver) Anforderungen ankommt
Organisationsdruck	Koordinative Aufgabenstellungen, bei denen es auf eine Bewältigung vieler gleichzeitiger (simultaner) Anforderungen ankommt
Variabilitätsdruck	Koordinative Aufgabenstellungen, bei denen es auf die Bewältigung von Anforderungen unter wechselnden Umgebungs- und Situationsbedingungen ankommt
Belastungsdruck	Koordinative Aufgabenstellungen, bei denen es auf die Bewältigung von Anforderungen unter physisch-konditionellen oder psychischen Belastungsbedingungen ankommt

Die Ausbildung der koordinativen Fähigkeiten im Sinne von generellen, bewegungsungebundenen Kompetenzen lässt sich nach folgender Grundformel umsetzen:

Ballkoordinationsschulung = **Einfache Ballfertigkeiten** + **Vielfalt** + **Druckbedingungen**

(vgl. Kröger, 1999, S. 22)

Durch die Heidelberger Ballschule wird den Kindern das vielseitige Spielen wieder näher gebracht und sie entwickeln übergreifende Ballfähigkeiten und Ballfertigkeiten, was die Grundlage jeder erfolgreichen Sportspielausbildung ist.

C: Die fertigkeitsorientierte Ballschule

Neben den Grundsäulen aus Taktik- und Koordinationsbausteinen enthält das Modell der Heidelberger Ballschule einen dritten Pfeiler, der sich im Rahmen einer fertigkeitsorientierten Ballschule aus acht Technikbausteinen zusammensetzt. Hierbei geht es um das Herausbilden des übergreifenden „Baumaterials“ für Sportspielbewegungen, indem einzelne Technikbausteine geschult oder kombiniert miteinander geübt werden, um grundlegende sportspielübergreifende Ballfertigkeiten zu schulen und zu verbessern.

Zu diesen Technikbausteinen gehören:

Tab. 4.9: Technikbausteine der Heidelberger Ballschule, nach Kröger/Roth, 1999, S. 28

Winkel steuern (Schlag, Wurf, Schuss)
Krafteinsatz steuern (Schlag, Wurf, Schuss)
Spielpunkt des Balles bestimmen
Laufwege und -tempo zum Ball festlegen
Sich verfügbar machen
Zuspielrichtung und -weite vorwegnehmen
Abwehrposition vorwegnehmen
Laufwege beobachten

Aus der Sicht des Lernenden muss bei der Aufteilung in drei Ausbildungssäulen die Frage gestellt werden, ob Kinder schon in der Lage sind, die verschiedenen Inhalte miteinander verbinden und beispielsweise den Sinn von Übungsphasen zur Fertigkeitsausbildung erfassen zu können. Folglich lässt diese Konzeption offen, ob und wie sich der Transfer der erworbenen Fertigkeiten auf die beiden anderen vollzieht. Betrachtet man bspw. die spielerisch-situationsorientierte Ausbildungssäule näher, fällt auf, dass die Strukturen der vorgeschlagenen Spielformen so auseinander gehen, dass es einem weniger begabten Kind sehr schwer fallen könnte, diese verschiedenartigen Reize und Impulse implizit, strukturiert und ganzheitlich erfassen zu können.

4.7 Vom fähigkeits- zum kompetenzorientierten Lernen in den Zielschussspielen

Um spielen zu können, brauchen Kinder gewisse Fähigkeiten, Kenntnisse und Einstellungen. Aufgabe der Grundlagenausbildung ist es, diese gezielt zu fördern und als Lern- und Leistungsvoraussetzungen zu entwickeln. Ob man in diesem Zusammenhang bereits von Kompetenzen reden sollte, wie es im Bildungsplan der Grundschule des Landes Baden-Württemberg getan wird, sollte mit Bescheidenheit hinterfragt werden.

4.7.1 Bildungsstandards und Kompetenzentwicklung

Mit der Einführung sogenannter **Bildungsstandards** durch die Kultus-Minister-Konferenz rückte ein Begriff ins Zentrum pädagogischer Überlegungen: **Kompetenz.** In den Bildungsplänen der Bundesländer wurde eine Abkehr von der sogenannten Input-Orientierung vollzogen, d. h., es werden nun keine konkreten inhaltlichen Vorgaben mehr gemacht, denn entscheidend sind die Ergebnisse von Lernprozessen, Output oder auch Outcome genannt. Bildungsstandards legen heute die Kompetenzen fest, die Schülerinnen und Schüler nach bestimmten Phasen ihrer Schullaufbahn (in Baden-Württemberg nach Klasse 2, 4, 6, 8, 10, 12) beherrschen müssen. Kompetenzen werden hierbei als Verbindung von Wissen **und** Können verstanden. Kurz gesagt wenden sich die Bildungsstandards von der „Input-Orientierung“ der Lehrpläne zugunsten einer „Output-Orientierung“ der Bildungspläne ab.

Um die Autonomie der Schule zu stärken, kann diese heute selbst festlegen, mit welchen Inhalten sie diese Standards erreichen wollen. Von Bildungswissenschaftlern wird den Praktikern im Moment zwar suggeriert, dass bestimmte Kompetenzen mit unterschiedlichen Inhalten entwickelt werden können, unter den Rahmenbedingungen des Schulsports (vgl. Kapitel 2.1) müssen sie sich aber auch die Frage gefallen lassen, ob Schüler mit dem zur Verfügung stehenden Stundenumfang überhaupt zu „Kompetenzen“ gelangen können oder ob sie nicht a priori dazu verurteilt sind, nur noch an der Oberfläche vieler verschiedener Inhalte „herumzuprobieren“ und nie in die Tiefe einer Sache vordringen zu können.

4.7.2 Die Rahmenbedingungen des kompetenzorientierten Lernens

Am Beispiel des Bildungsplans des Landes Baden-Württemberg (2004, S. 114f.) sehen die Vorgaben für kompetenzorientiertes Lernen im Bewegungs- und Erfahrungsfeld Spielen – Spiel an der Grundschule wie folgt aus:

Klasse 2

1. Bewegungs- und Erfahrungsfeld: Spielen – Spiel

Die Schülerinnen und Schüler können
- in überschaubaren Situationen sowohl selbstinitiierte als auch vorgegebene Spiele spielen;
- einzeln, mit der Partnerin/dem Partner und in der Gruppe mit unterschiedlichen Spielgeräten, Materialien und Objekten auf vielfältige Art und Weise umgehen und spielen.

Die Schülerinnen und Schüler
- verfügen über ein Repertoire „Kleiner Spiele“ (Platzsuchspiele, Platzwechselspiele, Fangspiele, Symbolspiele, darstellende Spiele, kooperative Spiele, Vertrauens- und Wahrnehmungsspiele);
- lernen Regeln kennen, können sie einhalten und bei Bedarf verändern.

Klasse 4

1. Bewegungs- und Erfahrungsfeld: Spielen – Spiel

Die Schülerinnen und Schüler können
- komplexe Spielideen verstehen und Spiele selbstständig organisieren;
- Spielregeln akzeptieren, verändern, erfinden und alle Mitspielerinnen/Mitspieler in das Spiel einbeziehen.
- verfügen über ein großes Repertoire gängiger Spiele (Fang-, Kraft-, Gewandtheits-, Wett- und kleine Sportspiele);
- beherrschen grundlegende Verhaltensweisen im Umgang mit unterschiedlichen Spielgeräten;
- lernen und üben Spielfertigkeiten wie Werfen, Fangen, Prellen, Dribbeln, Zuspielen, Annehmen, Abwehren, Schießen und Schmettern und können diese in altersgemäßen Formen der zielorientierten Spiele und Rückschlagspiele anwenden.

Die Kompetenzen und Inhalte der weiterführenden Schulen sind im Bildungsplan der allgemein bildenden Gymnasien in Baden-Württemberg für die Bereiche „Spielen – Spiel“ und „Mannschaftssportarten“ (2004, S. 303f.) wie folgt formuliert:

Klasse 6

2. Spielen – Spiel

Die Schülerinnen und Schüler können

- die bisher erworbenen spielspezifischen Fertigkeiten in verfeinerter Form ausführen;
- einfache Spielsituationen erkennen und angemessen agieren;
- spielspezifische Handlungen in Angriff und Abwehr realisieren;
- mit- und gegeneinander spielen;
- Spielregeln verstehen, entwickeln und akzeptieren;
- Spiele mit vereinfachtem Regelwerk mit und ohne Schiedsrichter organisieren;
- eigene Spiele erfinden und diese auf ihre Bedürfnisse abändern.

Klasse 8 – 3. Sportbereich III: MANNSCHAFTSSPORTARTEN

Die Schülerinnen und Schüler können

- den zu Grunde liegenden Spielgedanken erfassen und ihn im Spiel umsetzen;
- die wesentlichen spielspezifischen Handlungen in Angriff und Abwehr umsetzen;
- die erworbenen Grundtechniken spielspezifisch anwenden.

Klasse 10 – 3. Sportbereich III: MANNSCHAFTSSPORTARTEN

Die Schülerinnen und Schüler können

- spielspezifische Fertigkeiten im gemeinsamen Spiel in einer Mannschaftssportart anwenden;
- gruppen- und mannschaftstaktische Strategien im Spiel umsetzen;
- Spiele entwickeln, organisieren und leiten.

KURSSTUFE (2-STÜNDIG) – 3. Sportbereich III: MANNSCHAFTSSPORTARTEN

Die Schülerinnen und Schüler können

- spielspezifische Fertigkeiten im gemeinsamen Spiel in einer Mannschaftssportart anwenden;
- gruppen- und mannschaftstaktische Strategien im Spiel anwenden;
- Spiele entwickeln, organisieren und leiten.

KURSSTUFE (4-STÜNDIG) – 3. Sportbereich III: MANNSCHAFTSSPORTARTEN

Die Schülerinnen und Schüler können

- spielspezifische Fertigkeiten im gemeinsamen Spiel in mindestens zwei Mannschaftssportart anwenden;
- gruppen- und mannschaftstaktische Strategien im Spiel anwenden;
- Spiele entwickeln, organisieren und leiten.

Wie diese Auszüge verdeutlichen, enthalten Bildungspläne keine konkreten sportspielspezifischen Inhalte mehr, sondern nur noch verbindliche Kompetenzen.

Sowohl der Unterrichtsgegenstand als auch die Inhalte müssen von der Fachkonferenz der Schule ausgewählt bzw. festgelegt werden. Dazu sind zwei Möglichkeiten denkbar:

» Konzentration in allen Klassenstufen nur auf dasselbe Sportspiel, sodass im Sportunterricht im Sportbereich III bspw. nur Volleyball durchgeführt wird.
» Auswahl bestimmter Sportspiele und Zuordnung zu den einzelnen Jahrgangsstufen.

Während die erste Option im Hinblick auf den zur Verfügung stehenden Zeitumfang günstige Voraussetzungen für ein kompetenzorientiertes Lernen schaffen könnte, setzt sicherlich eine gewisse Monotonie im Sportspielunterricht und auch ein Unbehagen bei den Schülern ein, die ihre Stärken in einem anderen als dem angebotenen Sportspiel sehen.

Die zweite Option bietet mehr Abwechslung durch ständig andere Sportspiele, wodurch der breiten Masse der Schülerschaft nachgekommen wird, jedoch reduziert sich die zur Verfügung stehende Zeit bei zwei Sportspielen bereits um die Hälfte pro Spiel, was einem kompetenzorientierten Lernen besonders im Hinblick auf die Ausbildung der Fachkompetenz in der üblichen methodischen Vorgehensweise nicht zuträglich sein dürfte.

Mit der Forderung an Mittel- oder Oberstufenschüler, gruppen- und mannschaftstaktische Strategien im Spiel umsetzen bzw. anwenden zu können, werden unabhängig von einer nicht näher bestimmten Niveaukonkretisierung bereits gehobene Ansprüche gestellt, wenn man das Spielverhalten in der Mittel- und Oberstufe genauer betrachtet. Wie sagte doch unlängst ein Schüler eines vierstündigen Sportkurses der Jahrgangsstufe 13: „Im Sportspiel in der Schule rennen eigentlich alle Schüler nur los, keiner weiß, was der andere tut." Unter diesem Gesichtspunkt ist das Erstellen von Curricula für die Schule kein leichtes Unterfangen.

Wesentlich günstiger stehen die Vorzeichen für ein kompetenzorientiertes Lernen in den Ballspielvereinen, da hier Kontinuität durch ein mindestens zweimaliges Training pro Woche und zahlreiche Wettspiele während einer Saison garantiert ist. Probleme entstehen hier durch fehlende jahrgangsübergreifende Ausbildungskonzepte, unterschiedliche Spielauffassungen rasch wechselnder Trainer und die große Leistungsheterogenität der Spieler.

4.7.3 Kompetenzorientiertes Lernen in den Zielschussspielen

In den im Moment kontrovers geführten Kompetenzdiskussionen zeigen sich bereits die ersten Schwierigkeiten in der exakten Begriffsbestimmung von „Kompetenzen". Als meistzitierte Variante scheint sich die Definition von F. E. Weinert durchgesetzt zu haben:

Kompetenzen werden definiert „als die bei Individuen verfügbaren oder durch sie erlernbaren kognitiven Fähigkeiten und Fertigkeiten, um bestimmte Probleme zu lösen, sowie die damit verbundenen motivationalen, volitionalen und sozialen Bereitschaften und Fähigkeiten, um die Problemlösungen in variablen Situationen erfolgreich und verantwortungsvoll nutzen zu können." (Weinert, 2001, S. 27f.)

Diese Definition ist für den Sport und das Sportspiel nicht ausreichend. Die praktische Lösung einer Spielsituation vollzieht sich nur durch die motorische Handlung. Spielhandlungen sind motorische Antworten, die zwar auf kognitiven Fähigkeiten basieren können, jedoch liegt die Schwierigkeit in den Sportspielen primär in der Ausführung von Bewegungshandlungen. Kognitive Fähigkeiten und Fertigkeiten spielen oft nur eine sekundäre Rolle, denn **Wissen** bedeutet im Sport noch lange nicht **Können**. Selbstverständlich ist es wichtig, dass Spieler wissen, was sie in einzelnen Situationen zu tun haben und wie sie diese lösen können, doch nützt das Wissen wenig, wenn die Ausführung nicht gelingt. Somit äußert sich die individuelle Kompetenz eines Sportspielers stets in der tatsächlich erbrachten Leistung, der sogenannten Performanz als sichtbares Resultat seiner Handlungskompetenz.

Die Kultusministerkonferenz definiert die **Handlungskompetenz** als „die Bereitschaft und Befähigung des Einzelnen, sich in beruflichen, gesellschaftlichen und privaten Situationen sachgerecht durchdacht sowie individuell und sozial verantwortlich zu verhalten" (KMK, 2004, S. 9, zitiert bei ISB, 2006, S. 9). Sie steht im berufs- und wirtschaftspädagogischen Bereich für das Leitziel beruflicher Bildung und somit im Mittelpunkt als Schnittmenge von vier Kompetenzbereichen.[1] Im allgemein bildenden Bereich findet der Begriff der Handlungskompetenz noch keine einheitliche Verwendung.

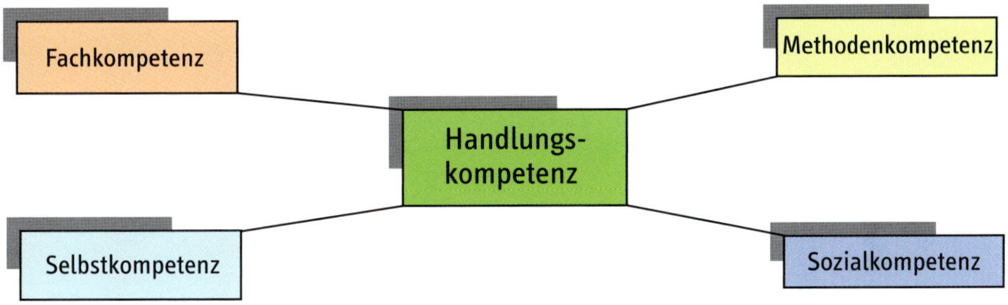

Abb. 4.8: Handlungskompetenz als Schnittmenge von Fach-, Methoden-, Selbst- und Sozialkompetenz

Diesen Kompetenzbereichen für berufliche Bildung werden in der Literatur in weitgehend übereinstimmender Weise folgende Fähigkeiten, Fertigkeiten, Kenntnisse und Einstellungen zugeordnet.

[1] Einige Modelle beschränken sich auf „Fachkompetenz", „Selbstkompetenz" und „Sozialkompetenz" und sehen die „Methodenkompetenz" wie die „kommunikative Kompetenz" und die „Lernkompetenz" als integralen Bestandteil der drei Hauptkategorien.

Tab. 4.10: Fähigkeiten, Fertigkeiten, Kenntnisse und Einstellungen der vier Kompetenzbereiche für praktische Berufe

Fachkompetenz	Methodenkompetenz	Selbstkompetenz	Sozialkompetenz
– Erscheinungen differenziert wahrnehmen – Kontrastbildung: Gemeinsamkeiten/Unterschiede erkennen – Verallgemeinerungen: Regeln erkennen, Muster bilden – systemisches Handeln – Transfer von Strategien auf neue Situationen – körperliche Beweglichkeit, Bewegungsfertigkeit, koordinatives Vermögen	– Analysefähigkeit – Lern-/Arbeitstechniken – Denken in Zusammenhängen – abstraktes und vernetztes Denken – Planung von Lernprozessen – Organisation – Präsentation von Lernergebnissen	– Leistungsbereitschaft – Lernbereitschaft – Engagement – Motivation – Volition – Flexibilität – Kreativität – Intuition – Selbstständigkeit – Anpassungsfähigkeit – Belastbarkeit – Zuverlässigkeit – Zuversicht – Selbstbewusstsein – Teamfähigkeit	– Kooperationsfähigkeit – Kommunikationsfähigkeit – Konfliktfähigkeit – Einfühlungsvermögen (Empathie) – Emotionale Intelligenz – Interaktionsfähigkeit – Rollenbewusstsein – Verantwortungsfähigkeit

Der Vergleich mit dem Phasenmodell von Spielhandlungen, der Strukturierung in Orientierungs-, Antriebs- und Ausführungsregulation und der Verknüpfung der Fähigkeitskomplexe nach Pöhlmann (Abb. 4.1) belegt, dass ein Sportspieler zur Leistungsverbesserung eigentlich „kompetenzorientiert" lernen muss, weil er genau über die Fähigkeiten, Fertigkeiten, Kenntnisse und Einstellungen verfügen muss, die in den vier Kompetenzbereichen zusammengestellt sind.

Zur Fachkompetenz gehört die differenzierte Wahrnehmung von Spielsituationen. Der Spieler muss Gemeinsamkeiten mit früheren Spielsituationen und ebenso deren Unterschiede im Sinne von Kontrastbildungen erkennen können. Er muss aus konkreten Spielsituationen Verhaltensregeln für sich und seine Mit- und Gegenspieler ableiten und daraus Verhaltensmuster bilden können. Er muss sich in einem Spielsystem zurechtfinden und die abgesprochenen Zielvorgaben einhalten können. Er muss einen ständigen Transfer zu anderen Spielsituationen leisten können. Dazu muss er sich Bewegungsfertigkeiten, Koordination und Kondition zur Ausführung von Spielhandlungen aneignen. Für ihre Aneignung sind Lern- und Arbeitstechniken nötig, für das taktische Lernen eine Analysefähigkeit. Er muss in komplexen Spielsituationen in Zusammenhängen denken, abstrakt und vernetzt, vor allem in gruppen- und mannschaftstaktischen Prozessen. Dazu sind Persönlichkeitsfaktoren wie Leistungs-, Lernbereitschaft, Motivation, Volition, Selbstständigkeit usw. nötig (Selbstkompetenz). Außerdem muss er Team- und Kooperationsfähigkeit besitzen, kommunikations-, konflikt- und interaktionsfähig sein. Er muss bereit sein, Verantwortung zu übernehmen, und braucht eine emotionale Intelligenz, sodass er sich in Mit- und Gegenspieler einfühlen kann (Sozialkompetenz).

Kompetenzorientiertes Lernen verlangt folglich, diese Persönlichkeitsfaktoren in Lernprozessen zu fördern und qualitativ zu entwickeln, sodass der Lernende im Laufe der Zeit darüber verfügen kann. Der Kern des Problems liegt nun in der Auffassung und Erwartung des Lehrers von „Spiel“ und damit in der Zielsetzung mit einer unterschiedlichen Gewichtung der einzelnen Kompetenzbereiche, denn „die sportliche Spieltätigkeit weist eine vielschichtige Struktur auf“ (Brettschneider, 1976, S. 32). Werden die Zielschussspiele mehr unter dem Aspekt des Wettbewerbs und damit der Leistungsorientierung gesehen, rückt die motorische Komponente und damit die fachliche Kompetenz in den Vordergrund. „Wird das Spiel als partnerorientiertes Kommunikations- und Interaktionssystem aufgefasst, dann wird die soziale Teilleistung höher bewertet. Der kognitive Aspekt würde besonders berücksichtigt werden müssen, wenn z. B. taktisches Denken im Vordergrund steht“ (Brettschneider, 1976, S. 32). Da jedoch die Spielfähigkeit bzw. Handlungskompetenz auf keinen dieser Aspekte verzichten kann, müssen für ein kompetenzorientiertes Lernen in den Zielschussspielen die folgenden Kriterien Gültigkeit finden:

» Ein langfristiger Kompetenzaufbau in allen Komponenten der Handlungskompetenz;
» die Berücksichtigung der Lerndispositionen: Vorerfahrung, Können, Wissen;
» die Verknüpfung mit bereits vorhandenem Können;
» die Befähigung zum Transfer auf andere Situationen;
» der kumulative Erwerb von Können;
» die problem-, prozess- und handlungsorientierte Vorgehensweise;
» die Förderung von Lernstrategien;
» die Transparenz von Lösungs- und Lernwegen;
» die konkrete Zielorientierung;
» die Lösungen auf unterschiedlichen Niveaus
(mod. nach Abraham/Baumann, 2007)

Bei der vielschichtigen Struktur der sportlichen Spieltätigkeit können die Kompetenzen auch als Diagnoseinstrument dienen. Lassen sich Defizite einzelner Schüler in den verschiedenen Kompetenzbereichen feststellen, kann im Sinne einer individuellen Förderung eine unterschiedliche Vorgehensweise und methodische Aufbereitung des Inhalts notwendig sein. Hierbei muss jedoch bedacht werden, dass einem Lehrer im Sportspielunterricht mit 25 Schülern in einem Hallendrittel organisatorische und methodische Grenzen gesetzt sind.

5 Strukturmerkmale der Zielschussspiele – strukturiertes Lernen

In den Ballspielen strukturiert zu lernen, ist nur möglich, wenn wir die gemeinsamen Strukturmerkmale oder identische Elemente der Zielschussspiele kennen.

Im Kapitel 3 wurden die wesentlichen Komponenten der Handlungskompetenz in den Zielschussspielen erläutert:

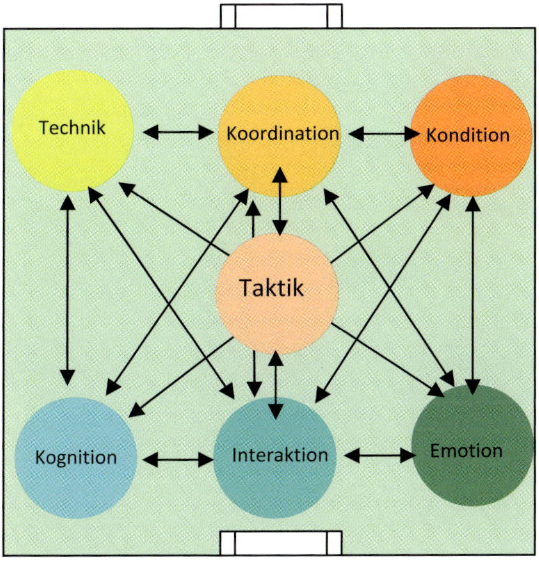

Abb. 5.1: Komponenten der Handlungskompetenz in den Sportspielen

Über eine Strukturanalyse der Zielschussspiele lassen sich die sportspielgerichteten Übereinstimmungen herausfinden. Im zweiten Schritt ist es wichtig, diese identischen Elemente für einen strukturierten Lernprozess so anzuordnen, dass Kinder diese Gemeinsamkeiten erkennen, verstehen, motorisch umsetzen und von einer Spielform in die nächste übertragen können. Voraussetzung dafür ist eine konsequente didaktische Reduktion auf den Kern der Zielschussspiele. Von diesem ausgehend müssen die weiteren Spielformen oder Spielsituationen in einem curricularen Aufbau stets wiederkehren. Ziel muss es sein, dabei die Qualität des Spiels schrittweise auf ein höheres Leistungsniveau zu führen.

5.1 Gemeinsame Strukturmerkmale der Zielschussspiele

Strukturverwandtschaften in den Zielschussspielen verlangen konsequenterweise die Übereinstimmungen in der Technik, Taktik, Kondition, Koordination, Kognition, Interaktion und Emotion. Die einzelnen Ballsportarten unterscheiden sich auf den ersten Blick vor allem in den Bereichen Technik, Taktik und Kondition deutlich voneinander, doch beleuchtet man die einzelnen Komponenten genauer, kann man durchaus zahlreiche Gemeinsamkeiten erkennen, die Ansatzpunkte für ein strukturiertes und integratives Vorgehen liefern.

5.1.1 Spielgedanke

Voraussetzung für ein sportspielgerichtetes Lernen in den Ballspielen ist zunächst eine Übereinstimmung im Spielgedanken. Der Spielgedanke im Basket-, Fuß-, Handball oder Hockey lässt sich spielübergreifend formulieren:

In den Zielschussspielen stehen sich zwei Mannschaften auf einem Spielfeld direkt gegenüber und jede Mannschaft versucht, den Ball ins Ziel der gegnerischen Mannschaft zu bringen und das eigene abzuschirmen, sodass sie mindestens einen Treffer mehr als der Gegner erzielt.

Die praktische Umsetzung des Spielgedankens führt zum direkten Kampf um den Ball, den es gegen einen Gegner in dessen Ziel unterzubringen gilt. Diese Auseinandersetzung zeigt sich permanent in folgenden Spielsituationen oder in sich wechselseitig bedingenden Aktionen, wie Abb. 5.2a/b/c anschaulich belegt:

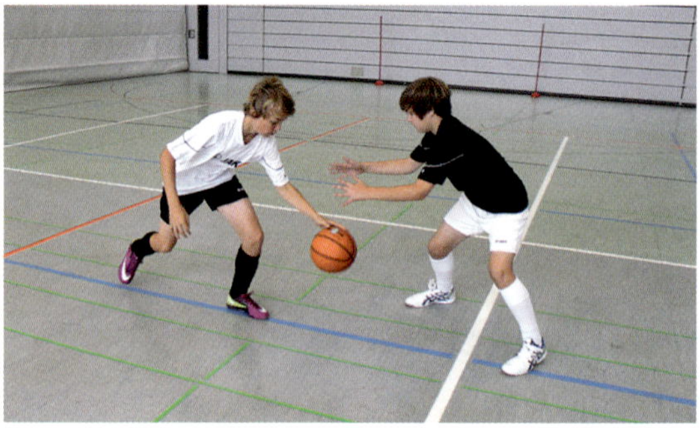

- Ich habe den Ball – der Gegner will ihn haben.
- Ich will zum „Korb“ dribbeln – der Gegner will den Weg dorthin versperren. (Abb. 5.2a)

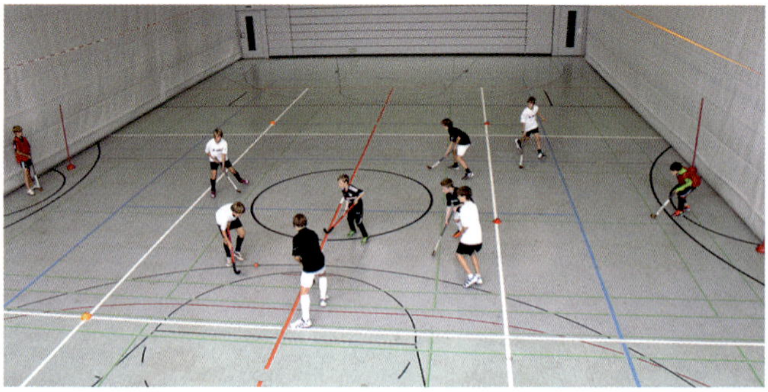

- Ich laufe mich frei – der Gegner deckt mich.
- Ich will den Ball einem Mitspieler zupassen – der Gegner will ihn abfangen. (Abb. 5.2b)

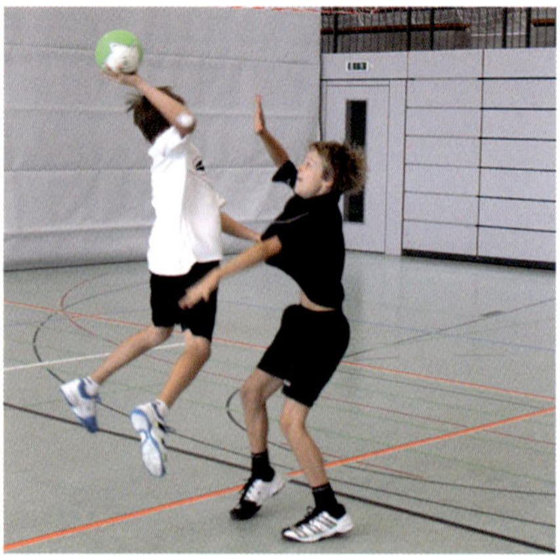

- Ich will aufs Tor werfen – der Gegner den Zielschuss abwehren. (Abb. 5.2c)

Alle Zielschussspiele weisen damit eine gewisse **Simultanität und Korrespondenz von Angriffs- und Abwehraktionen** auf.

In diesem antagonistischen Ablauf sind die ersten identischen Elemente zu finden. Diese zeigen sich in den beiden folgenden Aufgabenbereichen, die der Spielgedanke impliziert und die von Kindern kognitiv erfasst werden müssen:

Treffer erzielen – Treffer verhindern

Um einen Ball in ein Ziel werfen oder schießen zu können, muss er zuerst in dessen Nähe transportiert werden. Diesen Balltransport kann die gegnerische Mannschaft schon sehr früh oder auch erst in der Nähe des eigenen Tors oder Korbs aktiv behindern und versuchen, den Ball zu gewinnen.

Balltransport zum Ziel – Verhindern des Balltransports und Versuch des Ballgewinns

Somit ergibt sich eine gemeinsame Spielstruktur aus dem Balltransport zum Ziel und einer Abschlussaktion in das Ziel sowie dem Verhindern des Balltransports bzw. des Zielwurfes oder -schusses als sich korrespondierende Aktionen, die nahezu simultan ablaufen.

5.1.2 Die Grundsituationen der Zielschussspiele

Eine weitere Ausdifferenzierung und damit detailliertere Elementarisierung der Spielsituationen im Fußballspiel hat DIETRICH bereits in den 60er-Jahren des letzten Jahrhunderts erarbeitet, indem er das Straßenspiel von Kindern beobachtete. Daraus ließen sich drei Grundsituationen ableiten:

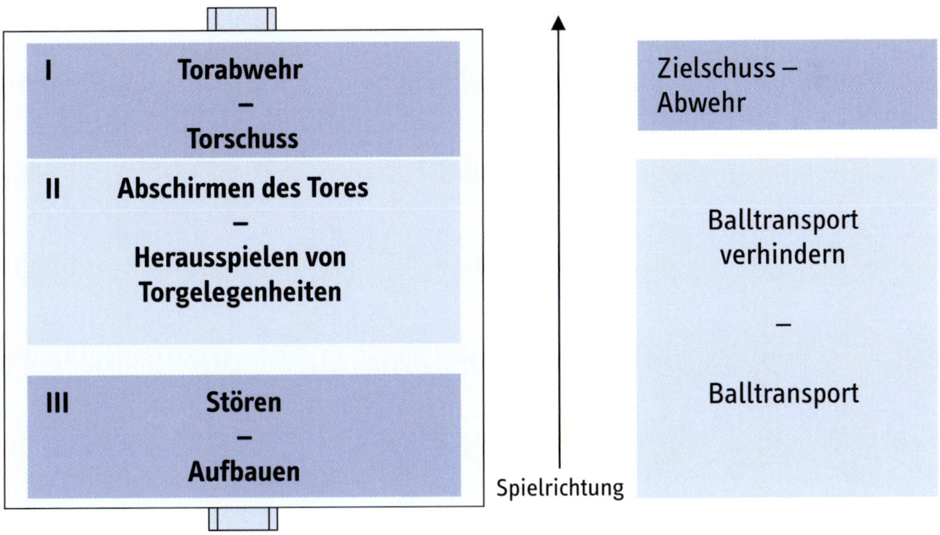

Abb. 5.3: Die drei Grundsituationen der Zielschussspiele (nach Dietrich, 1977, S. 12)

– Grundsituation I: Torschuss – Torabwehr

In der Grundsituation I Torschuss – Torabwehr unterscheiden sich die einzelnen Sportspiele durch die Form und durch die Bewachung des Zieles voneinander. Während der kleine Korb im Basketball den Zielwurf mit dem großen Ball enorm erschwert und somit einen speziellen Spieler als „Korbwächter“ unnötig macht, wird im Fußball, Handball oder Hockey das Tor von einem mit speziellen Spielregeln ausgestatteten Spieler bewacht. Außerdem legen formale Spielregeln die Lösung dieser Grundsituation in den einzelnen Zielschussspielen fest: Im Fußball kann der Ball ins Tor gedribbelt, im Handball muss vor der Kreislinie abgeworfen und im Hockey die Schusskreislinie erst überspielt werden, bis der Zielschuss möglich ist. Während im Basketball der Bewegungspräzision eine gewichtigere Rolle zukommt, lassen sich bei großen Zielen vor allem auch Treffer mit einem höheren Krafteinsatz erzielen. In allen Spielen zeigt sich, dass der Raum vor dem Ziel häufig sehr eng ist, sodass vor allem Handlungsschnelligkeit und Entscheidungsfähigkeit gefordert sind, um einen Angriff erfolgreich abzuschließen. Deshalb ist der Zielwurf oder Zielschuss von Kindern oder weniger ballspielerfahrenen Jugendlichen nur mit hoher Wahrscheinlichkeit erfolgreich, wenn er aus kurzer Distanz zum Ziel abgegeben wird. Diese Tatsache macht die Notwendigkeit der Distanzminimierung des Angreifers zum Ziel plausibel, was ein gemeinsames Merkmal aller Zielschussspiele darstellt.

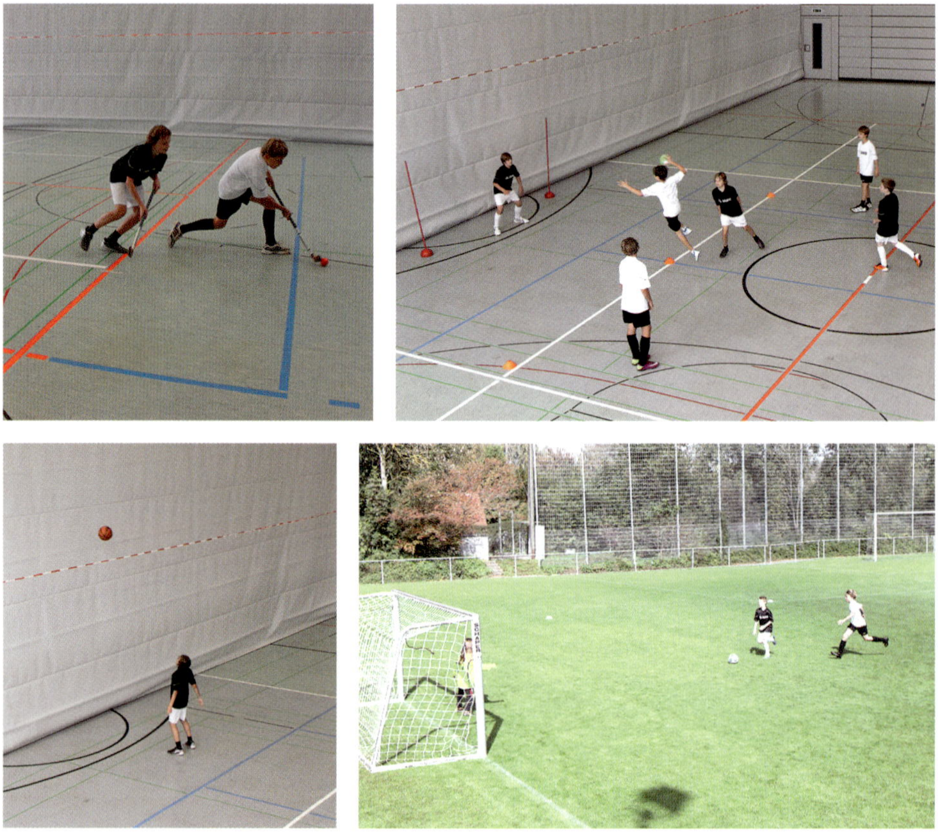

Die Erfolgswahrscheinlichkeit eines Zielschusses ist umso höher, wenn er aus einer 1:0(+1 TW)-Situation aus kurzer Distanz abgegeben wird.

Abb. 5.4: Grundsituation I: „Treffer erzielen – Treffer verhindern“ in den Sportspielen FB, HB, HO und im Bandbasketball

– Grundsituation II: Torgelegenheiten herausspielen – Abschirmen des Tores

Die Unterschiede in dieser Grundsituation zwischen den einzelnen Zielschussspielen ergeben sich vor allem aus der Spielfeldgestaltung und den damit verbundenen Spielregeln. Wurfkreis, Schusskreis, Wurfraum oder Abseitslinie erlauben zwar ein spezielles Abschirmen des Tores, allen gemeinsam ist jedoch die folgende Grundstruktur: Der verteidigende Spieler oder die verteidigende Mannschaft sollte sich zwischen dem Gegner und dem Ziel auf der sogenannten „inneren Linie“ befinden, um zu verhindern, dass der Angreifer dem Ziel näher kommt als er selbst und er dieses abschirmen kann.

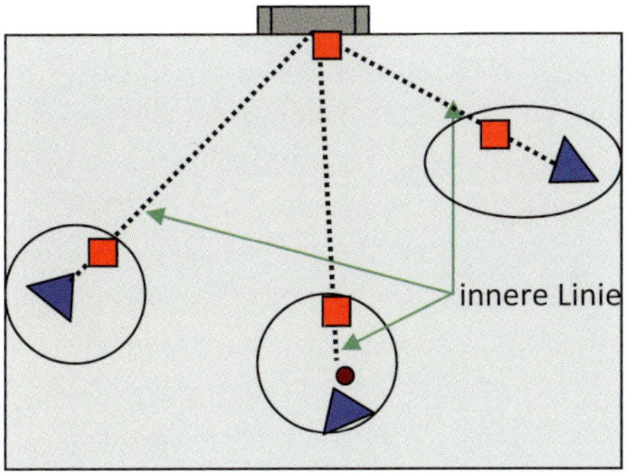

Abb. 5.5: 1:1 – Situationen im Gleichzahlspiel 1+3:3 bei Mann-Deckung

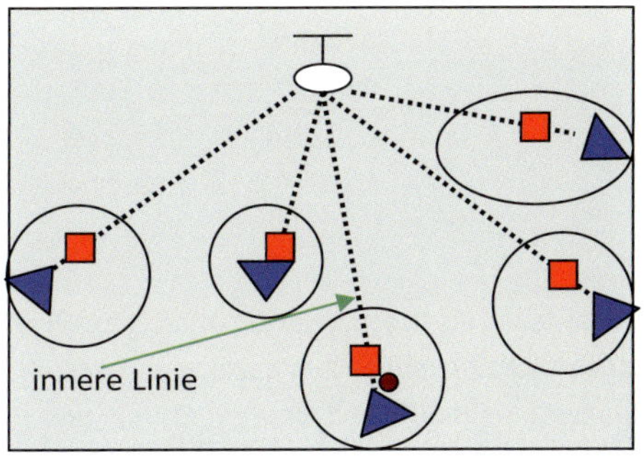

Abb. 5.6: 1:1 – Situationen im Gleichzahlspiel 5:5 bei Mann-Mann-Verteidigung im BB

Das Einnehmen der „inneren Linie“ ist unabhängig von der Art des Deckungsverhaltens: Egal ob eine Mannschaft in der Abwehr mit einer Mann-Mann-Verteidigung oder einer raumorientierten Verteidigung agiert, die Spieler sollten lernen, in der Nähe des abzuschirmenden Zieles bei allen Angriffsaktionen auf einer gedachten Linie innen zwischen Ziel und angreifenden Spielern zu stehen, um zu verhindern, dass diese in eine Spielsituation kommen, in der ein Angreifer in einer 1:0-Situation allein mit dem Ball vor dem Tor ohne Behinderung einen Zielwurf/-schuss ansetzen kann.

Dagegen müssen die Angreifer bemüht sein, durch ein Dribbling, Passspiel und Freilaufaktionen gerade diese Situation herauszuspielen. Dies gilt vor allem für das Spiel von Kindern. Um Korb- oder Torgefahr entwickeln und Torchancen herausspielen zu können, müssen die Angreifer mit oder ohne Ball zum Ziel ziehen und dadurch eine ständige Gefahr für die Abwehr darstellen. Daraus ergeben sich für diese Grundsituation folgende sportspielübergreifende Elemente:

Tab. 5.1: Sportspielübergreifende Gemeinsamkeiten in der Grundsituation II der Zielschussspiele

Abschirmen des Ziels	Herausspielen von Torgelegenheiten
– innere Linie einnehmen	– am Verteidiger vorbeiziehen
– Angreifer aktiv stellen	– aus dem Deckungsschatten treten
– Angreifer begleiten	– vom Verteidiger durch Täusch- und Freilaufbewegungen lösen und anbieten
– Raum verengen	– Spiel öffnen
– Lücken schließen	– in Lücken stoßen
– Pässe abfangen	– Pässe in Lauf des stoßenden Spielers

– **Die Grundsituation III: Aufbauen – Stören**

Hier finden wir große Unterschiede zwischen den Zielschussspielen vor, die sich vornehmlich in der Ballsicherheit beim Balltransport und somit im Aufbauspiel zeigen. Während im Basket- und Handball der Ballbesitz mit den Händen recht gut kontrolliert werden kann und somit zu einer hohen Ballsicherheit führt, ist er im Fußball und Hockey stets bedroht, was sich auf das Stören des Angriffsaufbaus entscheidend auswirkt. Im Basketball wird dazu häufig nur ein Spieler abgestellt. Im Handball zieht sich die verteidigende Mannschaft an den eigenen Kreis zurück. Im Hockey oder Fußball lassen sich der Angriffsaufbau bereits sehr effektiv stören und der Ball schon in der Nähe des gegnerischen Tores gewinnen.

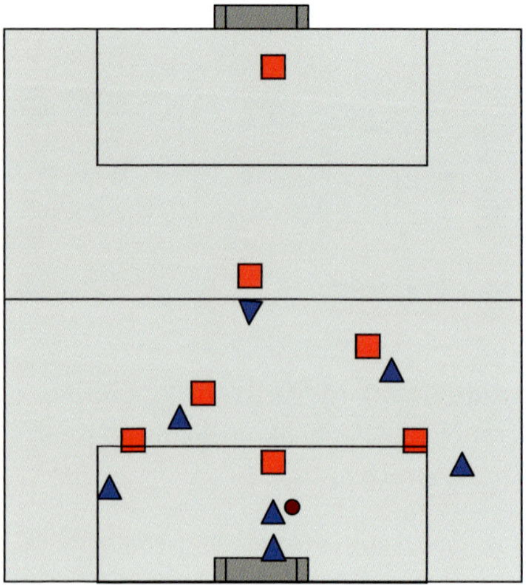

Abb. 5.7:
Aufbauen – Stören im Fußball 7:7

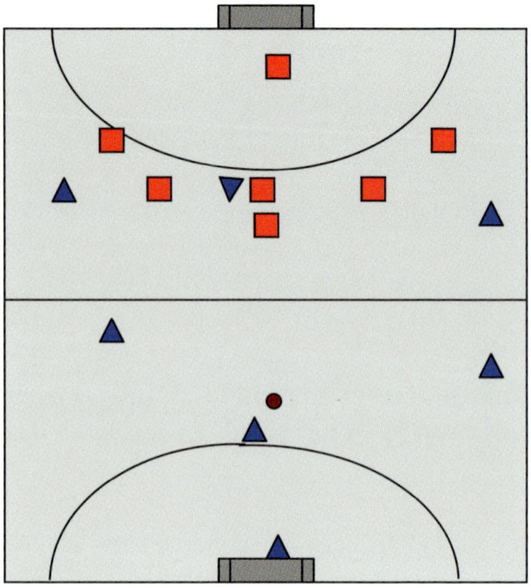

Abb. 5.8:
Aufbauen – Stören im Handball 7:7

Im Hand- und Basketballspiel von Kindern sehen wir jedoch in dieser Grundsituation dasselbe Spielverhalten wie im Fußball oder Hockey (Abb. 5.9).

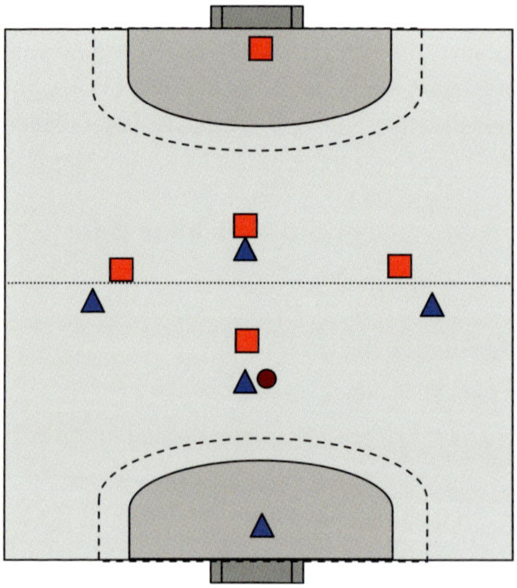

Abb. 5.9: Aufbauen – Stören im Handballspiel 5:5 von Kindern

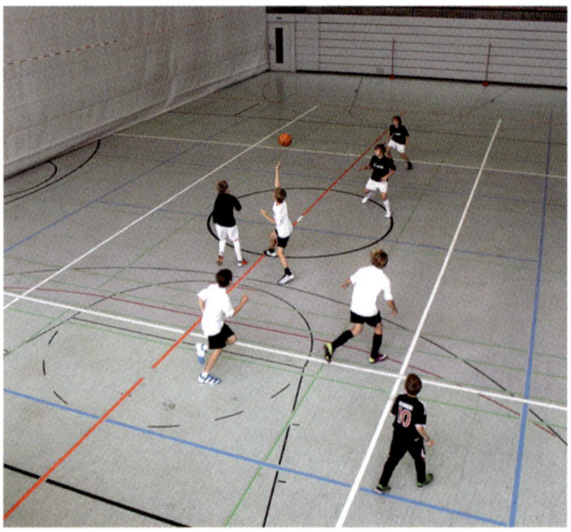

Abb. 5.10: Offene Feldverteidigung von Mannschaft „weiß“ trotz Unterzahl (3:4) im Bandbasketball

Da die Ballsicherheit im Hand- oder Basketballspiel von Kindern noch nicht gegeben ist, zieht sich die verteidigende Mannschaft nicht zurück. Kinder wollen in Ballbesitz kommen und orientieren sich am Ball. Dieses „ballorientierte" Spielverhalten treibt sie nach vorne, um den Ball schnellstmöglich zu gewinnen. Das Resultat sind „Ballungen" oder Spielertrauben, und zwar dort, wo sich der Ball befindet. Kinder wollen den Ball und primär die Faszination des erfolgreichen Zielwurfes bzw. -schusses erleben und deshalb so schnell und so nah wie möglich am gegnerischen Ziel den Ball erobern, um sofort den Zielschuss ansetzen zu können. Daraus resultieren offene Spielsituationen auf dem ganzen Feld, was einer Spielstruktur wie im Fußball oder Hockey entspricht. Somit ergeben sich für den Spielaufbau in allen Zielschussspielen dieselben Ausgangssituationen, die mit identischen individual-, gruppen- oder mannschaftstaktischen Mitteln gelöst werden können.

Schlussfolgerungen:
Aus der Übereinstimmung des Spielgedankens lassen sich dieselben Grundsituationen der Zielschussspiele ableiten. Egal ob im Basketball, Fußball, Handball oder Hockey, muss ein Ball in der direkten Auseinandersetzung mit einem Gegner zu dessen Ziel transportiert werden. In der Nähe dieses Zieles müssen nun Chancen herausgespielt werden, um einen Treffer erzielen zu können. Das Zusammenspiel für den Balltransport zum Ziel und die erfolgreiche Ausführung der Abschlusshandlung beinhalten dieselben Aktionen und unterliegen identischen Anforderungen. Sie unterscheiden sich lediglich in der technischen Ausführung und in den räumlichen Gegebenheiten, weisen jedoch zahlreiche Gemeinsamkeiten in der Taktik und im Fähigkeitspotenzial auf, über das Ballspieler verfügen sollten.

5.1.3 Individualtaktische Basiselemente

Unter Individualtaktik verstehen wir in Ballspielen den planmäßigen Einsatz aller durch das Regelwerk erlaubten Mittel eines Spielers, damit ein Erfolg gegenüber dem Gegner möglich wird. Die Individualtaktik bezieht sich demnach auf alle Angriffs- und Abwehrhandlungen eines Einzelspielers, die vornehmlich in der Auseinandersetzung mit einem direkten Gegenspieler ablaufen und somit in 1:1-Situationen stattfinden.

Die 1:1-Situation als „Keimzelle des Spiels"
Aus dem Versuch der Angreifer, den Ball zum Ziel zu transportieren, und dem Bestreben der Verteidiger, dies zu verhindern und selbst in Ballbesitz zu gelangen, entstehen zwangsläufig 1:1-Situationen, die als „Kern oder Keimzelle des Spiels" angesehen werden können. Verhält sich der Abwehrspieler, der dem Ballbesitzer am nächsten gegenüber steht, im Spiel taktisch richtig, ergibt sich unabhängig von der Spielposition die in der Abb. 5.11 grob vereinfachte Konstellation:

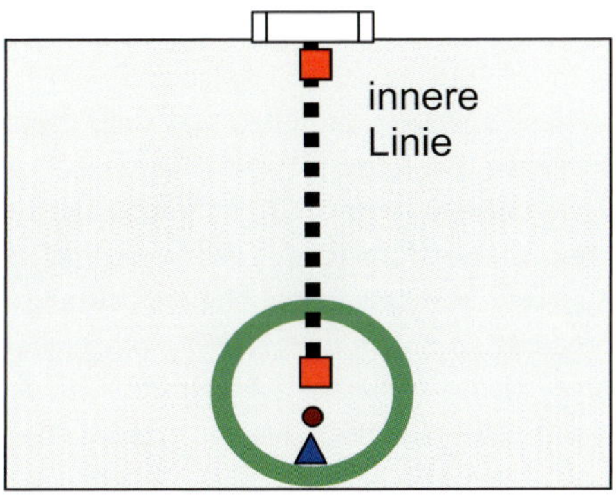

Abb. 5.11: Die Keimzelle des Spiels

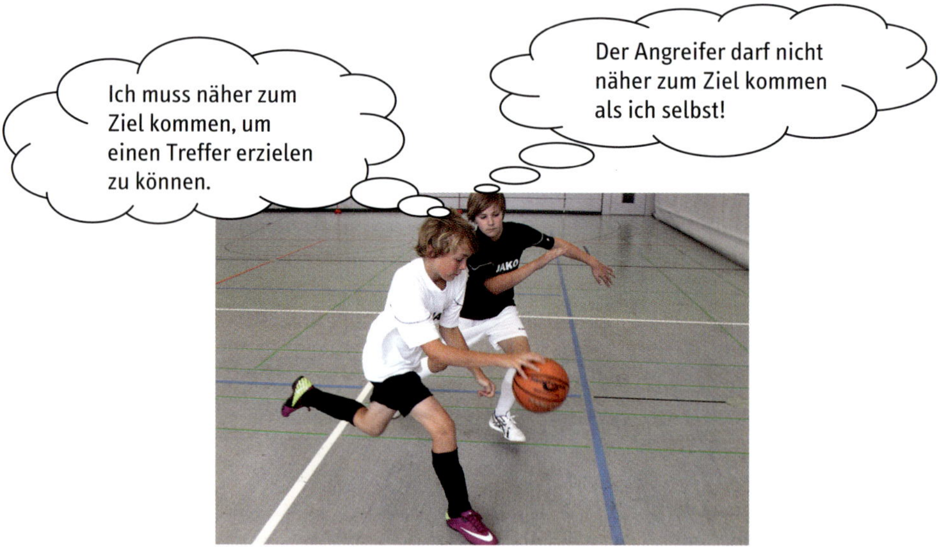

Abb. 5.12: Die Keimzelle des Spiels im Basketball

Diese Ausgangssituation muss nun aus der Perspektive des Abwehrspielers und des Angreifers gesehen werden.

Der Abwehrspieler steht auf der inneren Linie näher zum eigenen Tor als der Angreifer und hat im Wesentlichen drei Aufgaben zu erfüllen, denn er muss

a) sich so stellen, dass er nicht überlaufen und ausgespielt wird;
b) den Zielschuss verhindern;
c) versuchen in Ballbesitz zu kommen, um seinerseits den anderen Aspekt des Spielgedankens umzusetzen, nämlich Tore/Treffer zu erzielen.

Für den Angreifer ergibt sich daraus eine ungleich schwierigere Spielsituation. Er muss die anspruchsvollen Bewegungstechniken des Fintierens und Dribbelns beherrschen, um mit Ball am Gegenspieler vorbeiziehen zu können. Da Angreifen ungleich schwieriger als Verteidigen ist, sollte dem Ballbesitzer Hilfe geleistet werden. Im Mannschaftsspiel ist dies durch die Unterstützung der Mitspieler möglich, sodass sich insgesamt zwei Lösungsmöglichkeiten ergeben:

a) Der Ballbesitzer fintiert und dribbelt zum Ziel.
b) Der Ballbesitzer spielt zu einem Mitspieler ab.

Diese beiden Handlungsoptionen werden benötigt, um 1:1-Situationen stets auf verschiedene Arten lösen zu können und somit den direkten Gegenspieler über die eigentliche Handlungsabsicht im Unklaren zu lassen.

Die erste Lösungsmöglichkeit verlangt ein breites Repertoire an Finten und stellt damit hohe Anforderungen an die koordinativen Fähigkeiten. Bis diese so weit entwickelt sind, dass sie erfolgreich eingesetzt werden können, dauert es sehr lange. Häufiger entscheidet die Antrittsschnelligkeit mit einem geradlinigen Vorbeiziehen und Überlaufen des Gegenspielers den Ausgang einer 1:1-Situation. Da dies in erster Linie von dem konditionellen Leistungsfaktor Schnelligkeit und oft auch von dem reifebedingten Entwicklungsstand eines Kindes abhängig ist, kann in Ballspielen von Kindern immer wieder beobachtet werden, dass sich die Akzelerierten in solchen Zweikampfsituationen durchsetzen. Durch das Spielen in reduzierten Mannschaften und auf kleineren Spielfeldern fordern wir jedoch die Handlungsschnelligkeit und somit die grundlegenden taktischen und technomotorischen Fertigkeiten ein, durch die sich „Spielertypen“ auszeichnen.

Für die Auflösung einer 1:1-Situation durch ein Passspiel muss die ballbesitzende Mannschaft lernen, dem unter Druck stehenden Ballbesitzer zu helfen und stets eine sichere Abspielmöglichkeit zu gewährleisten, indem sich die Mitspieler so freilaufen, dass sie anspielbar sind.

Miteinander spielen heißt stets, dem Ballbesitzer durch Freilaufen mindestens eine sichere Abspielmöglichkeit zu bieten.

Der Deckungsschatten und das Freilaufen

Aus der „Keimzelle des Spiels“ ergibt sich das zentrale Problem des Zusammenspiels. Der gegen den Ballbesitzer agierende direkte Verteidiger baut einen Deckungsraum oder „Deckungsschatten“ auf, in den kaum hineingepasst werden kann (Abb. 5.13).

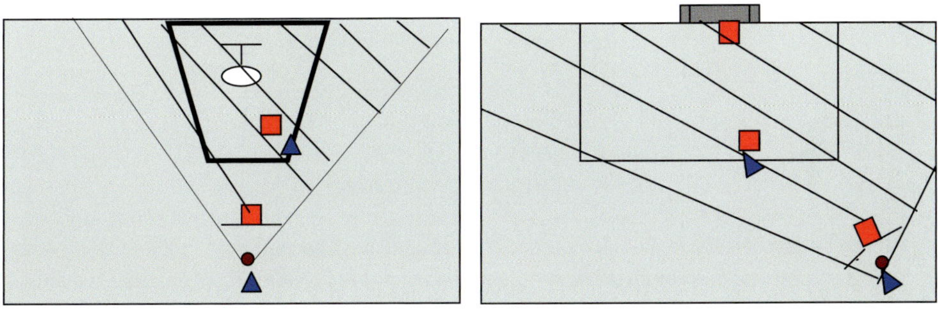

Abb. 5.13: Der Deckungsschatten im Basketball und Fußball bei einer 1:1-Situation

Der Ballbesitzer kann im Basketball lediglich eine „Bogenlampe“ über den direkten Gegenspieler hinweg spielen, im Fußball ist diese bei der engen Gegnerdeckung überhaupt nicht möglich. Da hohe Bogenlampen meist eine lange Flugdauer des Balles zur Folge haben, bieten sie der Verteidigung Zeit, darauf zu reagieren und erfolgreich einzugreifen. Deshalb sollten diese Pässe vermieden werden und das Freilaufen unter dem Aspekt „Heraus aus dem Deckungsschatten“ erlernt werden.

Für das Phänomen „Freilaufen und Anspielbereitschaft herstellen“ liefert uns die konkrete Betrachtung des Deckungsschattens in einer 1:1-Situation wichtige Erkenntnisse.

Die Größe des Deckungsschattens ist abhängig von der Entfernung des direkten Verteidigungsspielers zum Ballbesitzer. Daraus resultiert die Problematik des Freilaufens, was uns die beiden folgenden Abbildungen verdeutlichen:

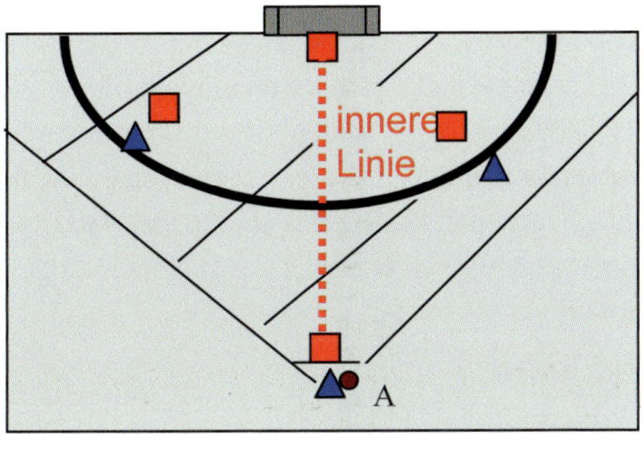

Abb. 5.14: 3:3(+1 TW)-Situation im Hockey

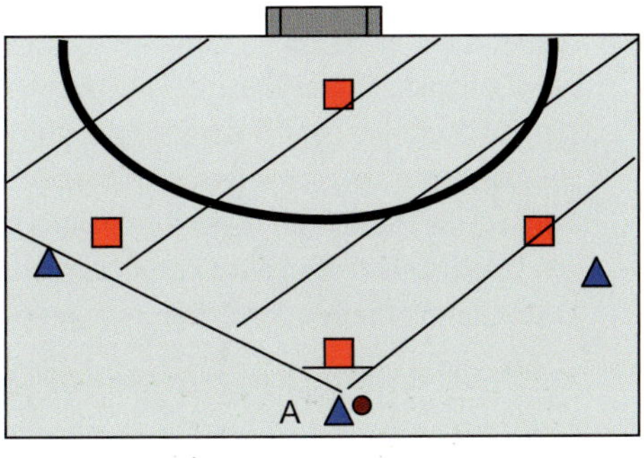

Abb. 5.15: 3:3(+1TW)-Situation im Hockey

In der Abb. 5.14 stehen die beiden blauen Flügelspieler im Deckungsschatten des direkten Gegenspielers von A. Sie sind somit nicht anspielbar und können dem Spielmacher in der 1:1-Situation nicht helfen. A muss den Ball sichern oder mit einem Dribbling an seinem Gegenspieler vorbeiziehen.

In der Abb. 5.15 treten die beiden Flügelspieler aus dem Deckungsschatten heraus und können somit dem Spielmacher in dieser Drucksituation helfen. Bei dieser Handlungsoption stoßen wir auf erhöhte Anforderungen an die Wahrnehmung und Informationsverarbeitung, die den Voraussetzungen von sechsjährigen Kindern noch nicht entsprechen und folglich erst langsam entwickelt werden müssen, da sie später ganz entscheidend das Vermögen eines jeden Spielers festlegen werden, sich der Spielsituation entsprechend freilaufen zu können. Damit muss eine Ballspielschule auch im Hinblick auf das Freilaufen die Schulung der Wahrnehmung ermöglichen und fördern. Außerdem müssen die Grundsätze des Freilaufens und Anbietens kindgerecht, das heißt in einfachen und überschaubaren Situationen vermittelt werden, sodass die Angreifer lernen können, Antworten auf die folgenden Fragen zu finden:

- » Wohin laufe ich mich frei?
- » Wann laufe ich mich frei?
- » Wie bieten wir uns an?
- » Wo biete ich mich an?
- » Wann biete ich mich an?

Diese Fragen zeigen, dass es sich dabei um ein räumliches und zeitliches Problem handelt, das viele Lösungsoptionen offen lässt, vor allem wenn mehrere Spieler versuchen, sich freizulaufen und in Ballbesitz zu kommen. Das erfordert eine klare Abstimmung und die Zuteilung von Spielpositionen, die mit konkreten Funktionen und Aufgaben verbunden sind.

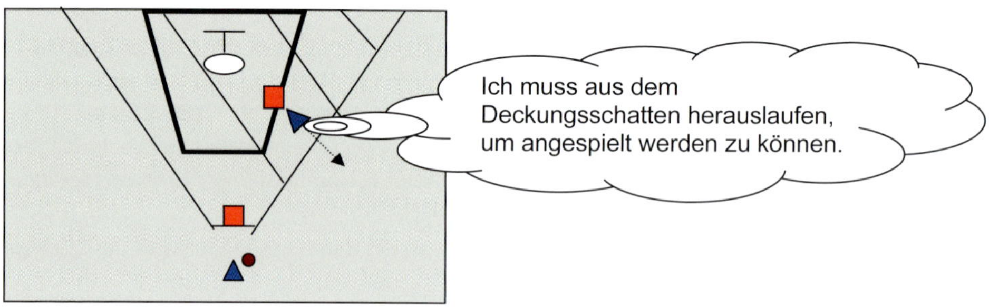

Abb. 5.16: Freilaufen aus dem Deckungsschatten heraus

Die Umsetzung des ersten Grundsatzes zum Freilaufen erfordert zunächst eine umfassende Orientierung im Raum. Die Position des ballbesitzenden Mitspielers und dessen Gegenspielers sind für den weiteren Verlauf der Spielhandlung ebenso wesentlich wie der eigene Abstand zum Ballbesitzer und zum direkten Gegenspieler. Denn bei jeder Passaktion müssen die Dauer der Ballannahme, der Herstellung einer Abspielbereitschaft, der motorischen Handlung und des Ballfluges berechnet werden. Diese Zeitspanne gibt den Gegenspielern wiederum Gelegenheit, auf die Passaktion zu reagieren und störend einzugreifen. Durch die Positionsveränderung der Gegenspieler wird der Deckungsschatten zu einer variablen Größe, die sich beim richtigen taktischen Verhalten der Abwehrspieler permanent verändert.

Der Deckungsschatten als variable Größe verändert sich permanent mit dem Abstand des Verteidigers zum Ballbesitzer.

Für die Freilaufaktion muss somit nicht nur eine ständige Orientierung am Ballbesitzer, an dessen Gegenspieler, am eigenen Gegenspieler stattfinden, sondern auch der Zeitaspekt für den Ballflug und den eigenen Laufweg dazu in Beziehung gesetzt werden. Wir bezeichnen diese Fähigkeit als Spielantizipation, die in einer integrativen Ballspielschule eine zentrale Position im Ausbildungskonzept einnehmen muss, weil im Spiel ständig folgende Situationen vorzufinden sind:

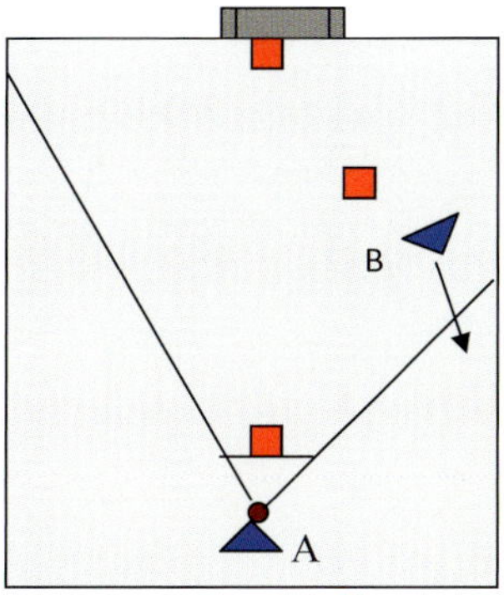

Abb. 5.17

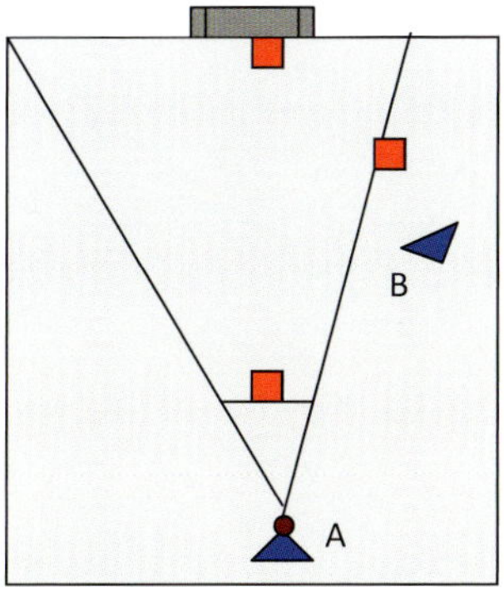

Abb. 5.18

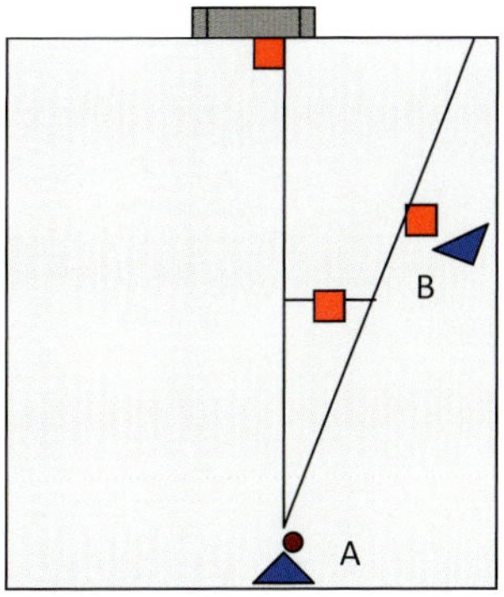

Abb. 5.19

In Abb. 5.17 muss der Angreifer zunächst aus dem Deckungsschatten herauslaufen, damit er anspielbar ist. Ein Pass über den Abwehrspieler als „hohe Bogenlampe" wäre zwar ebenso denkbar, bietet jedoch aufgrund der langen Flugdauer dem Gegenspieler von B genügend Zeit zum Eingreifen.

In Abb. 5.18 stehen A und B genau gleich zueinander wie in Abb. 5.17. Da der Abstand des Verteidigers zu A aber größer als in Abb. 5.17 ist, müsste ein Abspiel von A zu B sicher möglich sein.

In Abb. 5.19 hat sich der Abstand des Verteidigers zu A weiter vergrößert, hingegen wird B von seinem Verteidiger enger gedeckt. Ein Pass von A zu B bietet beiden Verteidigern die Chance zum Eingreifen, weil der Pass über diese Distanz so lange unterwegs ist, dass die beiden Verteidiger reagieren und mit entsprechender Dynamik versuchen können, den Ball abzufangen, selbst wenn B dem Ball noch entgegenläuft. Daraus lässt sich ein weiterer Grundsatz folgern:

Angespielt werden kann, wer sich außerhalb eines Deckungsschattens von seinem Gegner freiläuft, damit er Zeit und Raum für die Ballannahme erhält.

An diesen Beispielen sehen wir, dass das Zusammenspiel von sehr vielen Faktoren abhängig ist, wodurch ein äußerst komplexes Geschehen entsteht, das in seiner Schwierigkeit noch erhöht wird, wenn ein Ballspiel komplizierte Techniken für das Passen und Annehmen verlangt.

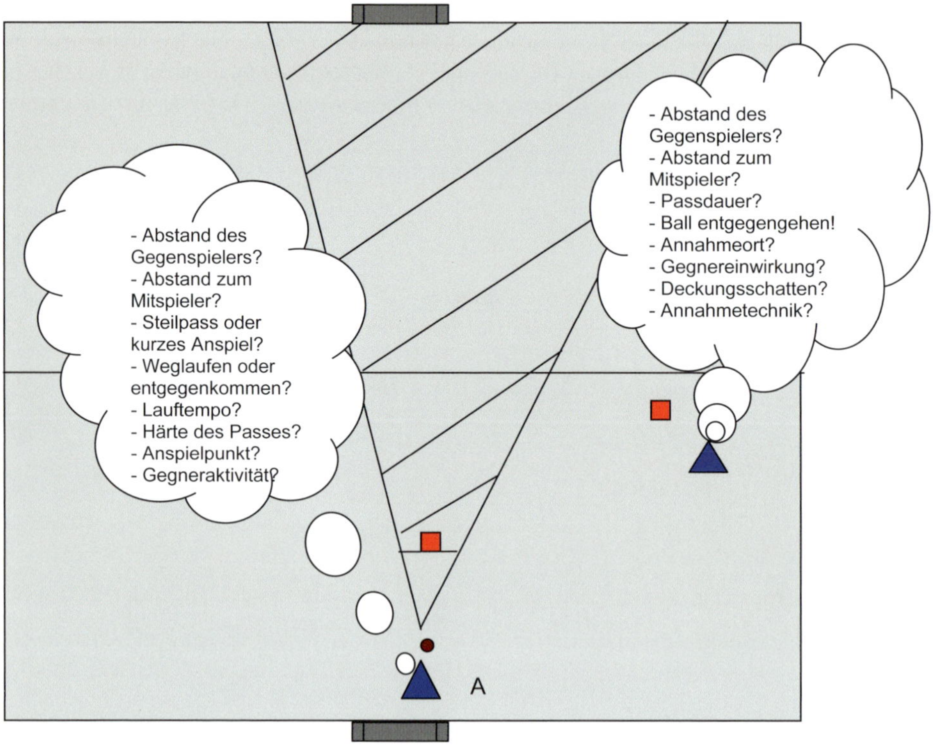

Abb. 5.20: Wahrnehmungskriterien in einer Spielsituation 2:2 für eine Situationsanalyse

Deshalb ist es wichtig, dass Kinder lernen, einfach zu spielen. Dazu gehören vor allem:

Der **einfache Pass**, *denn er ist der* **Schlüssel** *zum Erfolg*
weil

– einfache Pässe über kurze Distanzen relativ zielgenau zu spielen sind;
– einfache Pässe über kurze Distanzen leichter zu fangen oder anzunehmen sind.

Einfache Pässe können jedoch nur gespielt werden, wenn sich die Mitspieler situativ richtig freilaufen.

Freilaufen (Spiel ohne Ball) *ist das* **Schloss.**

Die Tür zum Miteinander-Spielen kann erst geöffnet werden, wenn Schlüssel und Schloss zusammenpassen.
Deshalb müssen das Passspiel und das Freilaufen aufeinander abgestimmt werden.

Folglich muss der Leitsatz für das Freilaufen lauten:

Dem unter Druck stehenden Angriffsspieler möglichst eine sichere Abspielmöglichkeit bieten, besser sogar noch zwei, damit dem Gegner „das Lesen des Spiels" erschwert wird!

Die **Dreiecksaufstellung** als Ausgangsform für das Angriffsspiel bietet diese Möglichkeit, weshalb sie ins Zentrum der Spielausbildung rückt:

Laufen ist eine motorisch einfache Bewegungsform – sich **frei**zulaufen ist eine motorisch einfache Bewegungsform mit einem hohen Anspruch an die Orientierungsfähigkeit und die räumlich-zeitliche Wahrnehmungsfähigkeit.

Aufgabe einer Ballspielschule für Kinder muss es primär sein, die Wahrnehmung der wesentlichen Komponenten des Spiels, nämlich Ball, Mit-, Gegenspieler und Ziel unter räumlichen und zeitlichen Aspekten in einfachen Spielsituationen zu schulen. Auf eine einfache Formel gebracht, heißt das:

Ballspielschule für Kinder
=
Wahrnehmungsschule

Die Wahrnehmungsschulung muss konkret ausgerichtet werden auf:

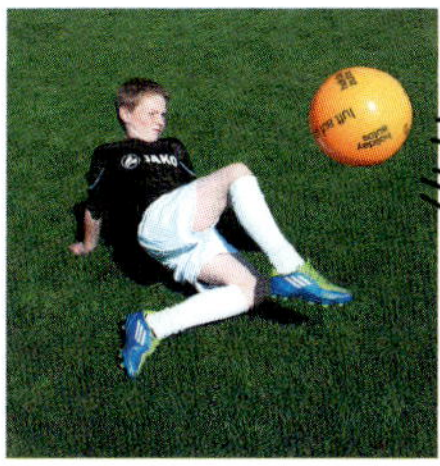

- Beschaffenheit des Balls:
- Größe, Gewicht, Härte, Material
- Fluggeschwindigkeit
- Flugrichtung
- Rotation
- Sprung-, Prellverhalten

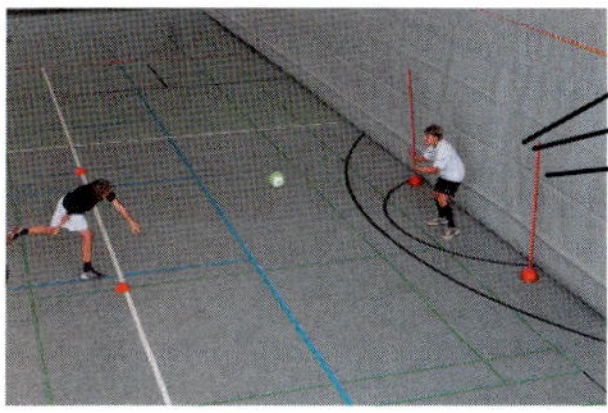

- Ziel: Größe, Höhe, Breite, Form
- Entfernung des Spielers zum Ziel
- Weg, Position zum Ziel

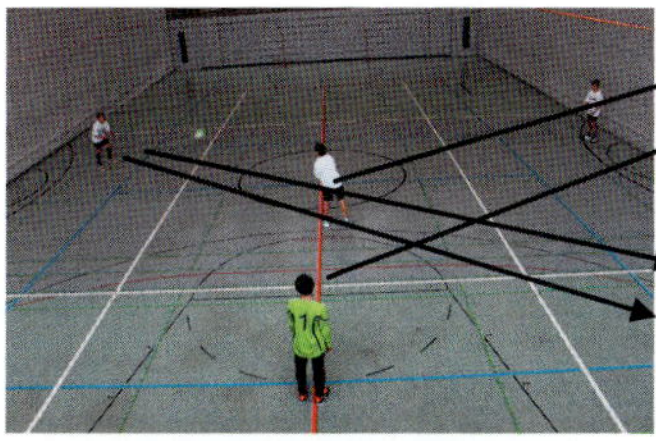

- Mitspieler:
  Aufstellungsform
  Abstände in Tiefe und Breite
  Position, Haltung, Bewegung der Mitspieler
  Lauf-, Sprungvermögen
  Technische Fertigkeiten der Mitspieler

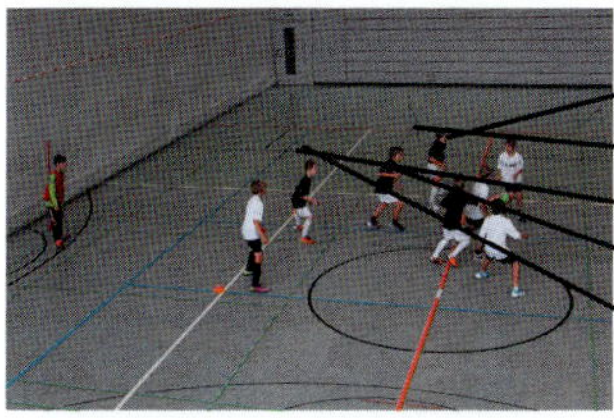

- Gegner:
  Aufstellungsform, Spielerzahl
  Abstände in Tiefe und Breite, Lücken
  Position, Haltung, Bewegung der Gegenspieler
  Lauf-, Sprungvermögen
  Technische Fertigkeiten

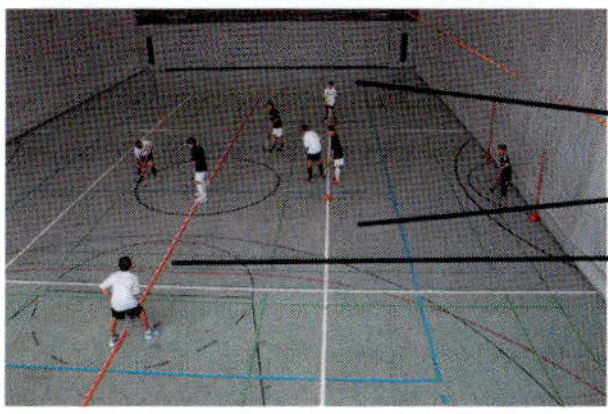

- Raum/Zeit:
  Spielfeldbreite, -länge
  Bodenbeschaffenheit
  Schusskreis

Abb. 5.21: Wahrnehmungskriterien für Ball, Ziel, Mit-, Gegenspieler, Raum

5.1.4 Gruppentaktische Elemente

Gruppentaktik bezeichnet alle regelgerechten Interaktionsformen von Mannschaftsteilen in Angriff und Verteidigung zur Erhöhung der Erfolgswahrscheinlichkeit gegenüber dem Gegner.

Das Angriffsdreieck

Wenn der Ballbesitzer sowohl auf seiner rechten als auch auf seiner linken Seite eine Anspielstation vorfindet, besitzt er gegenüber den Abwehrspielern einen wichtigen Vorteil: Er kann entscheiden, welchen Mitspieler er aufgrund seiner Handlungsalternative anspielt. Bei nur einer Anspielmöglichkeit im Spiel 2:2 reduzieren sich die Handlungsoptionen auf ein Dribbling oder einen Pass zum freilaufenden Mitspieler. Dadurch wird das Abwehrverhalten wesentlich erleichtert, sodass man zu der Schlussfolgerung kommen kann: Für die Angreifer ist das Spiel 2:2 schwieriger als das Spiel 3:3, weil hier durch die Bilateralität eine zusätzliche Handlungsoption besteht. Voraussetzung ist, dass die drei Angreifer permanent die **Grundformation des Angriffsspiels,** das **Angriffsdreieck**, aufsuchen.

Die Abb. 5.22a/b veranschaulichen die Möglichkeiten des Balltransports über das gruppentaktische Mittel Angriffsdreieck. Mit einer schnellen Passfolge kann der Ball dem gegnerischen Ziel angenähert werden. Die Spielfortsetzung hängt jedoch entscheidend davon ab, in welcher Position Spieler C den Ball erhält und wo sich dessen Gegenspieler befindet.

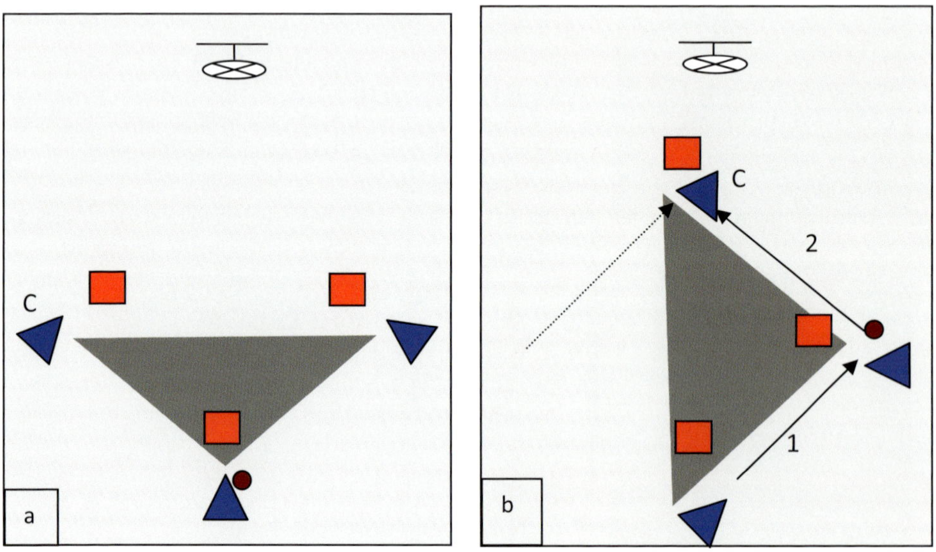

Abb. 5.22a/b: Die Grundformation des Angriffsspiels: das Angriffsdreieck

Eine enge Manndeckung von C hat zur Folge, dass er sich mit dem Ball kaum zum Ziel drehen kann (Abb. 5.23a). Wenn er mit dem Rücken zum Korb steht, müssen sich seine beiden Mitspieler im Rückraum anbieten. Hat sich C von seinem Gegenspieler erfolgreich gelöst und findet er Zeit für die Ballannahme und Drehung zum Korb, können die beiden Mitspieler auf den Flügeln in Richtung Korb schneiden und das nächste Angriffsdreieck aufbauen (Abb. 5.23b).

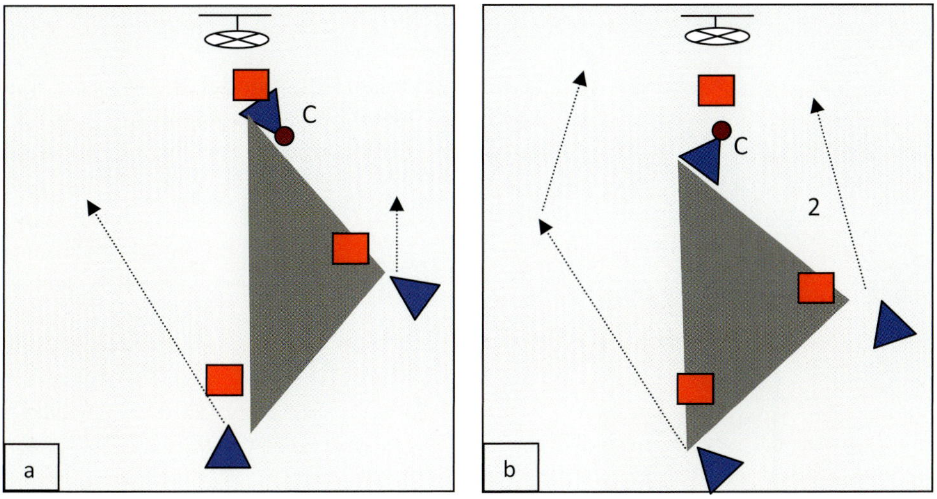

Abb. 5.23a/b: Die Grundformation des Angriffsspiels: das Angriffsdreieck

Diese Beschreibung des Spielverlaufs dokumentiert, dass mit der Dreiecksaufstellung unter ganz bestimmten Bedingungen die Angriffsauslösung und der Balltransport vollzogen werden können. Beide sind jedoch in ihrem Verlauf situationsabhängig. Sie werden ganz konkret durch das Verhalten der Gegenspieler festgelegt. Dadurch müssen Spielsituationen stets neu wahrgenommen und nach dem „Wenn-dann-Prinzip" analysiert werden. Bei der Suche nach der optimalen Lösung können sich die Spieler an solchen gruppentaktischen Maßnahmen orientieren, finden aber noch genügend Handlungsfreiheit, wodurch der Entwicklung von Kreativität und Intuition im Spiel Raum gelassen wird.

Doch allein mit dem Einnehmen des Angriffsdreiecks ist das Problem der sicheren Abspielmöglichkeit bzw. des kontrollierten Balltransports in den Sportspielen noch nicht gelöst.

In Spielsituationen mit einer engen Manndeckung, wie in der Abbildung 5.22 dargestellt, bedeutet dies nun, dass die beiden Flügelspieler zwar in richtiger Position stehen, ein Abspiel aber zu ihnen von dem dazwischen laufenden direkten Gegenspieler abgefangen werden kann, woraus sich die Möglichkeit für einen schnellen Gegenangriff in Überzahl ergeben könnte (Ab. 5.24).

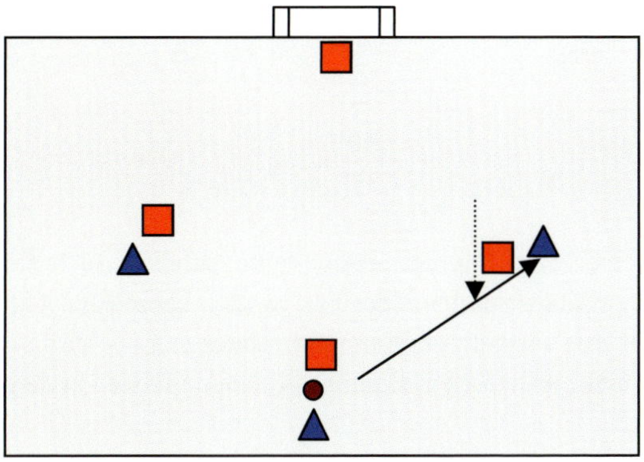

Abb. 5.24: Drucksituationen der Flügelspieler durch Mann-Mann-Verteidigung (MMV) in der Dreiecksaufstellung

Kommen beide Flügelspieler dem Ballbesitzer entgegen, führt das zu einer Spielsituation wie in einer „Telefonzelle" (Abb. 5.25): Der Spielraum für die Angreifer wird so eingeengt, dass ein sicheres Passspiel durch die hohe Drucksituation kaum mehr möglich ist.

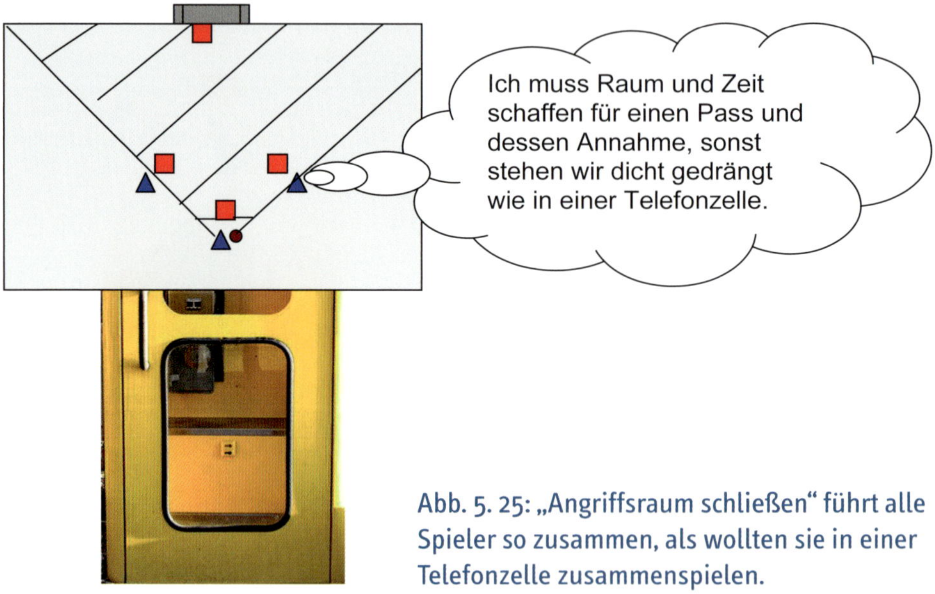

Abb. 5. 25: „Angriffsraum schließen" führt alle Spieler so zusammen, als wollten sie in einer Telefonzelle zusammenspielen.

An diesen Beispielen sehen wir, dass das Zusammenspiel bereits in einer reduzierten Mannschaft von drei Feldspielern von sehr vielen Faktoren abhängig ist, wodurch ein äußerst komplexes Geschehen entsteht. Aufgabe beim Schulen des Freilaufens muss es deshalb primär sein, die Wahrnehmung der wesentlichen Faktoren des Spiels, nämlich Ball, Mit-, Gegenspieler unter räumlichen und zeitlichen Aspekten in einfachen Spielsituationen zu schulen, denn damit lässt sich das Spieltempo in Bezug auf den Balltransport und das Ausspielen eines Gegenspielers steuern.

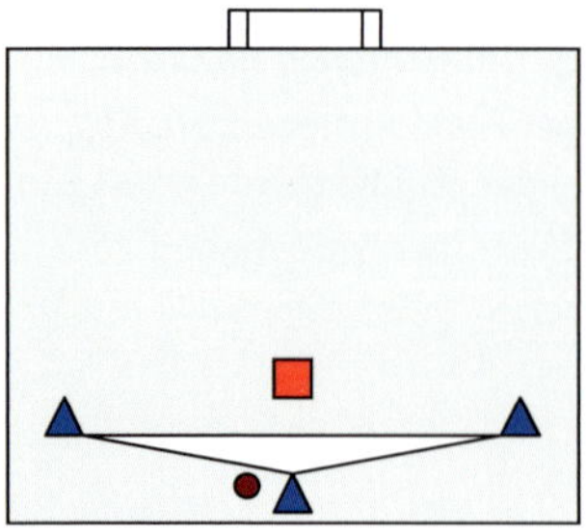

Abb. 5.26: stumpfes Dreieck

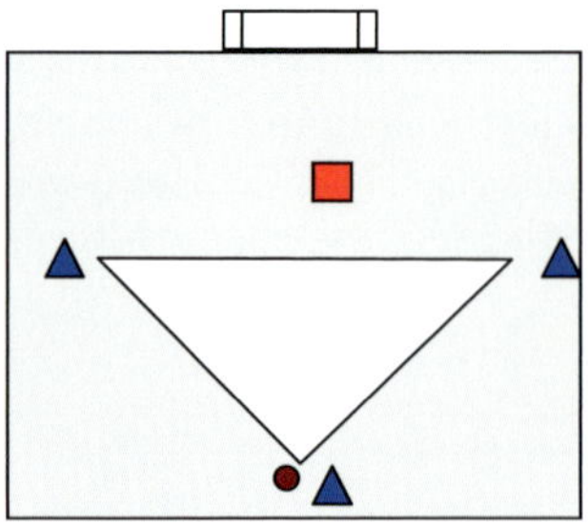

Abb. 5.27: rechtwinkliges Dreieck

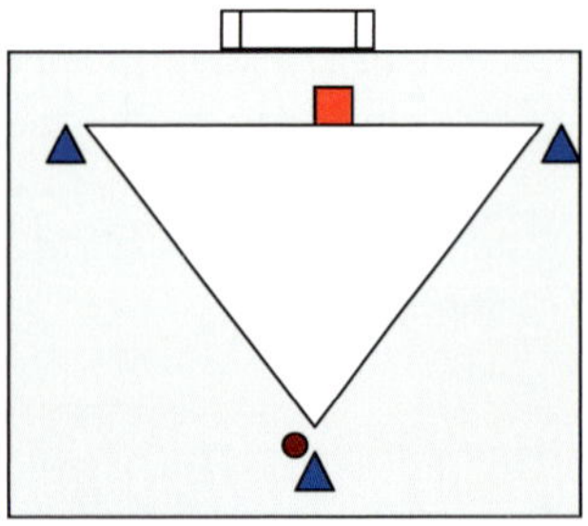

Abb. 5.28: spitzes Dreieck

Spieler müssen nicht nur lernen, die Dreiecksaufstellung einzunehmen, sondern auch die Form des Dreiecks zu erkennen, mit der ein Gegenspieler überspielt werden kann (Abb. 5.26 – 5.28). Dies ist abhängig von der Position des Verteidigers zum Ballbesitzer, von der Laufgeschwindigkeit, Antizipationsfähigkeit und der Handlungsschnelligkeit der Angreifer und des Verteidigers.

Voraussetzung für einen erfolgreichen Balltransport bildet in Gleichzahlspielen im Wesentlichen das **Lösen vom direkten Gegenspieler**. Dieses Lösen schafft für Kinder Raum und Zeit für die Ballannahme und das Passen. Es unterliegt in allen Ballspielen denselben Grundsätzen. Es sollte mit einer Täuschbewegung eingeleitet werden, um den Gegenspieler zuerst in die Irre zu führen und ihn über die wahre Handlungsabsicht im Unklaren zu lassen.

Genauso wichtig kann es sein, je nach Spielsituation **einen Gegenspieler zu binden**, ihn durch eine Freilaufbewegung aus einem Raum zu führen und damit Platz für das Kombinationsspiel oder Dribbling zu schaffen. Dieses Wegführen wird in unserer Spielausbildung vollkommen vernachlässigt, da ein Versuch des Freilaufens eigentlich nur mit der Intention durchgeführt wird, selbst in Ballbesitz zu kommen. Neben der kognitiven Verdeutlichung dieses wichtigen vortaktischen Elements ist hier ein Eingehen auf die emotionale Komponente der Ballspieler besonders von Bedeutung: nicht egoistisch zu denken, sondern sich in den Dienst einer Mannschaft zu stellen.

Spielraum verengen und Spiel öffnen

Die Struktur der Zielschussspiele ist antithetisch, d. h. die Verhaltensweisen im Angriffs- und Abwehrspiel sind direkt entgegenstellend. Während die verteidigende Mannschaft versuchen muss, den Raum für das gegnerische Angriffsspiel zu verengen und somit mehr Druck auf die Angreifer auszuüben, muss die ballbesitzende Mannschaft bestrebt sein, sich dem Druck zu entziehen und sich Zeit für die Ballannahme und ein kontrolliertes Passspiel zu verschaffen. Dies gelingt in erster Linie dadurch, dass sich die Angreifer in freie Räume bewegen, ihre Gegenspieler vom Ballbesitzer wegführen und somit die „Ballung" um den Ballbesitzer auflösen.

Verteidigen heißt, den Spielraum zu verengen.

Angreifen heißt, den Spielraum zu öffnen.

Die gegnerische Einwirkung kann durch ein Ausnutzen der ganzen Spielfeldbreite erschwert werden. Das verlangt jedoch von den Spielern einer Mannschaft, die den Ball gewinnt, ein schnelles Umschalten von Abwehr auf Angriff sowie die Flügelpositionen zu besetzen. Dadurch verschaffen die freilaufenden Spieler dem Ballbesitzer zusätzlich Raum für ein Dribbling oder die Ballsicherung. Außerdem erschweren sie den Verteidigern die Abwehrarbeit, da diese ihre Aufmerksamkeit auf die sich bewegenden Angreifer richten müssen.

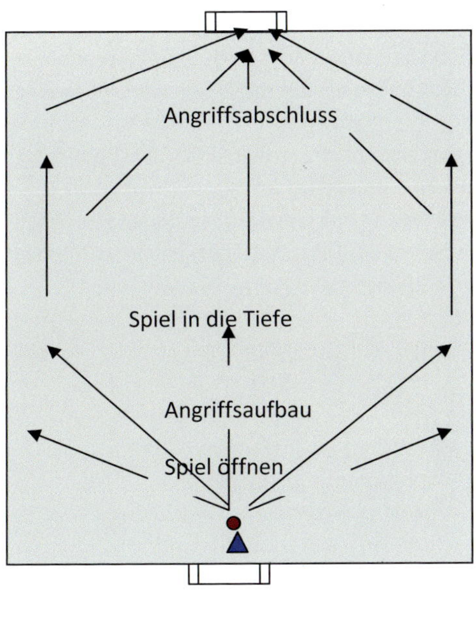

Abb. 5.29a: Spiel öffnen (in Breite und Tiefe) zur Ausnutzung des Raumes im Spiel 4:4

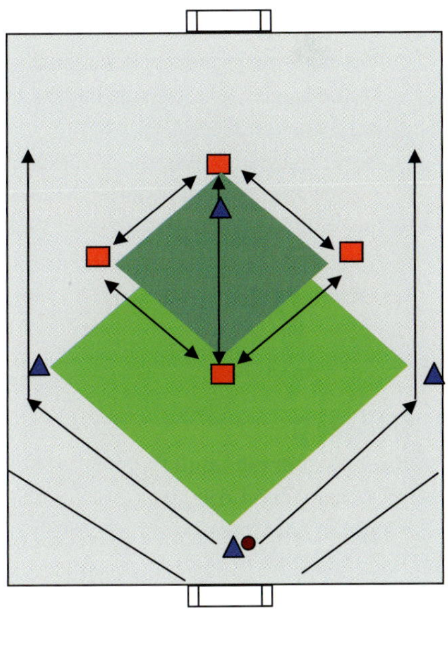

Abb. 5.29b: Spielraum verengen durch kompakte Grundordnung in der Abwehrraute

Freilaufen und Stoßen in Lücken

Ballspiele erlernen heißt auch, gruppentaktische Verhaltensweisen zur Lösung von 1:1-Situationen im Sinne von „Helfen" zu erwerben. Dazu sollten Spielsituationen didaktisch so aufbereitet werden, dass bestimmte Verhaltensweisen „zwanghaft" eingefordert und somit spielerisch implizit erlernt werden können.

Durch die Grundformation des Angriffsspiels in der Dreiecksaufstellung ergeben sich bei gegnerischer Manndeckung drei 1:1-Situationen, sodass der ballbesitzende Spieler die schwierigste Aufgabe vorfindet. Er muss sich gegen den Gegnerdruck am Ball behaupten, bis ein Mitspieler anspielbar ist, oder er muss sich in der Zweikampfsituation durchsetzen können. Für die Zweikampfsituation benötigt er Raum, weshalb die beiden Mitspieler ihre direkten Gegenspieler wegführen müssen (Abb. 5.30).

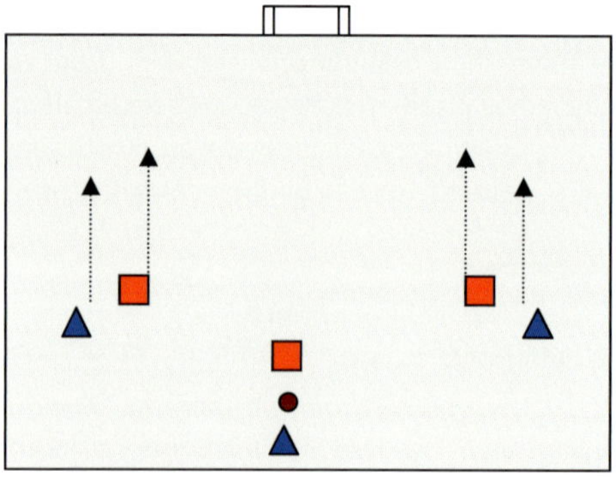

Abb. 5.30: Wegführen der Gegenspieler, um den Spielraum zu öffnen („In-Bewegung" im BB, „Gehen" im FB)

Durch dieses Wegführen der Gegenspieler entsteht eine Divergenz von taktischen Lösungsmöglichkeiten:

- » Der Ballbesitzer kann durch einen Pass zu einem freilaufenden Mitspieler diesen in eine 1:0-Situation bringen, wenn sich der Verteidigungsspieler überlaufen lässt und die Passlücke nicht schließt;
- » der Ballbesitzer besitzt genügend Raum für ein Dribbling in der 1:1-Situation, jedoch muss ihm bewusst sein, dass er bei Ballverlust dem Gegenspieler einen Gegenangriff in einer 1:0-Situation ermöglicht;
- » die Flügelspieler brechen ihre Freilaufbewegung zum Tor ab und bieten sich dem Ballbesitzer für ein Abspiel an, indem sie ihm entgegenkommen;
- » nur ein Flügelspieler bricht seine Freilaufbewegung ab und bietet sich an, der andere Flügelspieler wechselt die Spielfeldseite und baut so ein neues Dreieck mit dem neuen Ballbesitzer und dem bisherigen zentralen Spielmacher auf (Abb. 5.31).

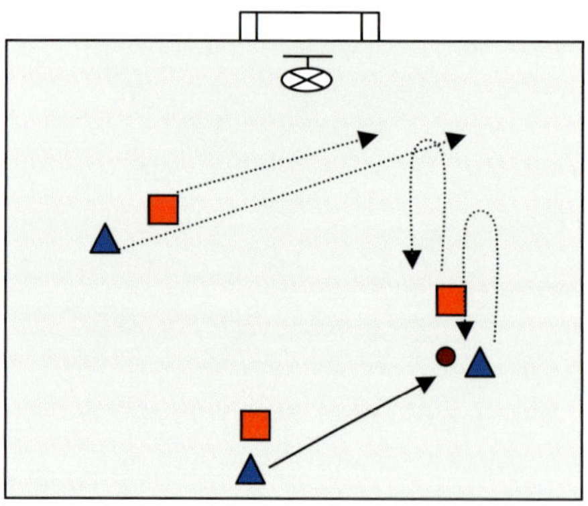

Abb. 5.31: „In and Out" im BB oder „Freilaufen und Anbieten auf dem Flügel" im FB

Der Balltransport zum Ziel hin muss auf Lücken im Abwehrverbund ausgerichtet sein. Diese Lücken entstehen in allen Zielschussspielen nach demselben Handlungsschema in der Angriffsauslösung. Das Erkennen und Anwenden der optimalen Lösungsmöglichkeit im Sinne einer taktischen Konvergenz muss deshalb als oberstes Ziel angesehen werden, damit Kinder Handlungskompetenz in Spielsituationen erwerben können. Aufgrund der veränderten Spielfeldmaße und unterschiedlichen technomotorischen Fertigkeiten als Mittel des Balltransports stellen die einzelnen Sportspiele variierende Anforderungen und bieten somit variable Lerngelegenheiten. Deshalb sollten vor allem die Wenn-dann-Beziehungen („Wenn die Spielsituation so ist, dann muss ich ...") stark auf das Wahrnehmen von Lücken, auf das Freilaufen und Anbieten sowie auf die Ausnutzung der Lücken im Abwehrverbund fokussiert werden. Die dabei zu vermittelnden individualtaktischen Verhaltensweisen gelten für alle Zielschussspiele und können damit als Basiselemente für eine allgemeine Spielfähigkeit angesehen werden. Sie verlangen ein ständiges Vorwegnehmen von Spielsituationen, was sich erst mit zunehmender Spielerfahrung einstellen kann. Diese Spielantizipation verhilft dem Könner sowohl zu einem frühzeitigen Erkennen von Spielsituationen („Lesen eines Spiels") als auch zu einer schnellen motorischen Antwort („Schreiben eines Spiels"). Da Kinder über diese Fähigkeiten noch nicht verfügen, ist es sinnvoll, in der Grundlagenausbildung diese in kindgerechten Spiel- und Übungsformen zu entwickeln und anzulegen.

„Passen und Laufen"

Da die Grundformation des Angriffsdreiecks für alle Zielschussspiele gilt, muss sie als ein wesentliches Strukturmerkmal angesehen werden. Doch allein das Einnehmen der Dreiecksaufstellung führt uns nicht in die gewünschte 1:0-Situation, vor allem wenn es die Abwehrspieler verstehen, trotz der Freilaufbewegung der Angreifer stets die innere Linie einzuhalten.

Aus dieser Dreiecksaufstellung lassen sich jedoch wiederum individual- und gruppentaktische Maßnahmen entwickeln, die in den verschiedenen Ballspielen gemeinsam zu finden sind. Durch ein Stoßen, Schneiden, Laufen oder Passen in die Lücken des Abwehrverbunds zum Ziel hin müssen die Angreifer versuchen, in eine 1:0-Situation zu gelangen. Dies kann nur realisiert werden durch das Grundprinzip „Passen und Laufen". Weitere Möglichkeiten bieten der Doppelpass (Give and Go), Positionswechsel oder ein überraschendes Dribbling, um den Abwehrspieler auszuspielen und zum Ziel vorzustoßen.

Welche gruppentaktischen Verhaltensweisen in einem Sportspiel notwendig sind, zeigt Abb. 5.32 mit einer Spielsituation, die sich nach der Spieleröffnung mit dem Pass auf den Flügel fast ständig im Spiel 3:3 ergibt:

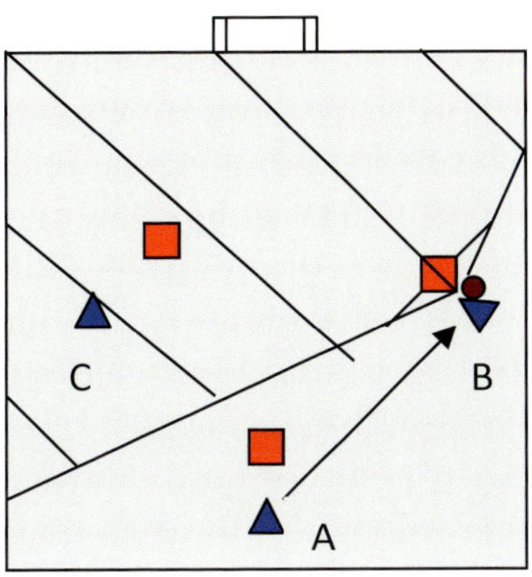

Abb. 5.32: Deckungsschatten bei enger MMV auf dem Flügel

Der linke Flügelspieler C steht im Deckungsschatten des Gegenspielers von B. Er ist somit nicht anspielbar. B verbleibt nur ein Dribbling oder ein Rückpass zu A. Wenn der Gegenspieler von A diese beiden Handlungsoptionen kennt, ist bei einem Rückpass die Chance groß, entsprechenden Druck auf A auszuüben (Abb. 5.32).

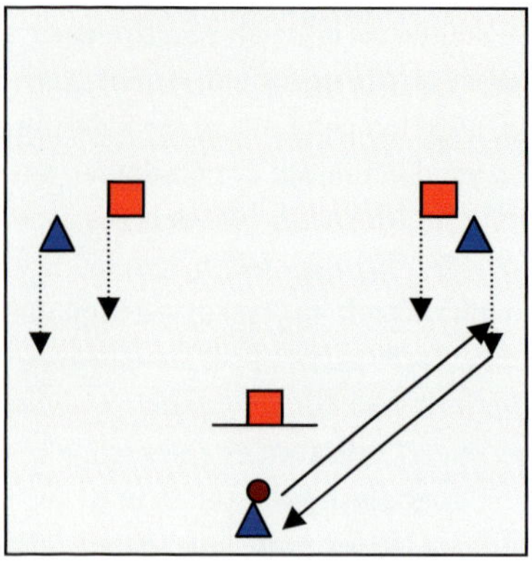

Abb. 5.33: Gegnerdruck bei Entgegenkommen zum Ballbesitzer

Der Balltransport zum Ziel gelingt der angreifenden Mannschaft nicht, weil der Druck der Verteidiger zu groß ist, um sich in dem beengten Raum durchzusetzen. Der Spielraum wird immer enger, sodass ein Fehlpass, Ballverlust bei der Ballannahme oder ein verlorener Zweikampf immer wahrscheinlicher werden.

Dieses Phänomen zeigt sich bei der Initiierung von Angriffshandlungen bzw. bei der Spieleröffnung in allen Zielschussspielen und ist auf folgende Ursachen zurückzuführen:

» Die Flügelspieler laufen sich nicht frei, sie kommen nur entgegen, die Verteidiger folgen ihnen unmittelbar, wodurch der Spielraum verengt wird.
» Der Spielmacher stößt nicht in eine Lücke zum Ziel und zieht somit seinen direkten Gegenspieler nicht aus dem Raum, was für den konstruktiven Spielaufbau nötig ist (Abb. 5.33).

Durch das Freilaufen auf dem Flügel („In and Out") und aus dem Schneiden, Stoßen oder Durchbruch des Spielmachers in Richtung Ziel (Abb. 5.34) ergeben sich nun zahlreiche gruppentaktische Maßnahmen. Das Abwehrgefüge der verteidigenden Mannschaften gerät durcheinander, die beiden hinteren Verteidiger müssen durch die drohende Unterzahlsituation ihre Manndeckung aufgeben. Dadurch entstehen für die Angreifer mehrere Handlungsoptionen (= gruppentaktische Angriffsmittel), von denen die einfacheren bereits in die Kinder-Ballspielschule Eingang finden können, denn talentierte Zehnjährige sind durchaus in der Lage, ein Give and Go/Doppelpass einzusetzen, um einen Gegner auszuspielen.

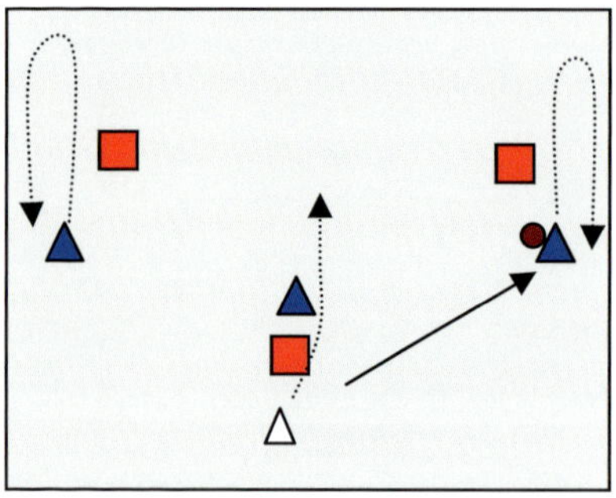

Abb. 5.34: Passen und Laufen des Spielmachers, In and Out der Flügelspieler

Give and Go/Doppelpass

Der Doppelpass ist ein geeignetes Mittel, um den direkten Gegenspieler des Ballbesitzers durch zwei Pässe und mit Hilfe eines Mitspielers auszuspielen. Dabei überläuft der Ballbesitzer nach dem Pass zum Mitspieler seinen direkten Gegenspieler und bekommt den Ball meist direkt in seinen Laufweg zugepasst. Der Doppelpasspartner führt seinen direkten Gegenspieler zunächst aus dem Raum, in den die angreifende Mannschaft mit dem Doppelpass hineinstoßen will, und bewegt sich dann dem Anspiel entgegen (Abb. 5.35).

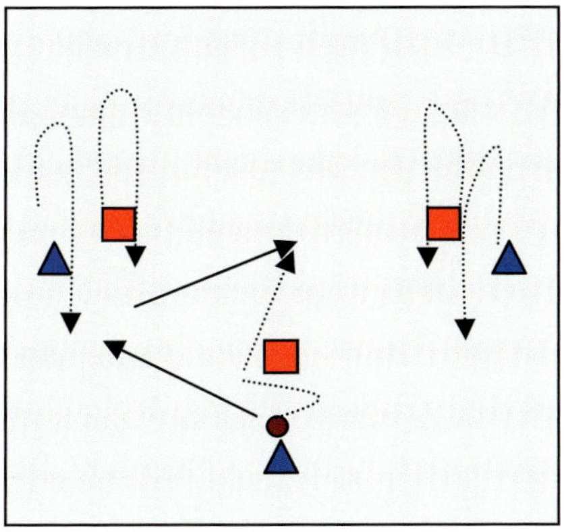

Abb. 5.35: Give and Go-Aktion in der Dreiecksaufstellung

– Kontinuum durch Cut and Fill (Schneiden und Auffüllen = Ersetzen)

Die Notwendigkeit, den schneidenden oder durchstoßenden Spielmacher zu ersetzen und damit den eigenen Angriff abzusichern, erscheint plausibel. Da der Doppelpass (= Give and Go) schnell gespielt werden muss, können sich Ungenauigkeiten vor allem unter hohem Gegnerdruck einschleichen. Ein Fehlpass würde den Abwehrspielern einen schnellen Gegenstoß auf das gegnerische Ziel durch das Zentrum, also auf dem kürzesten Weg ermöglichen. Um die Abwehr nicht so zu „entblößen", bietet es sich deshalb an, den schneidenden Spielmacher zu ersetzen. Der nicht an der Passaktion beteiligte Flügelspieler läuft auf die bisherige Position des Spielmachers. Die Laufwege der drei Angreifer verunsichern dabei die Abwehrspieler, die sich absprechen müssen, ob sie die Angreifer übergeben und übernehmen oder in Manndeckung beschatten. Der daraus resultierende **Bewegungsvorsprung** ermöglicht den drei Angreifern ein konstruktives Zusammenspiel.

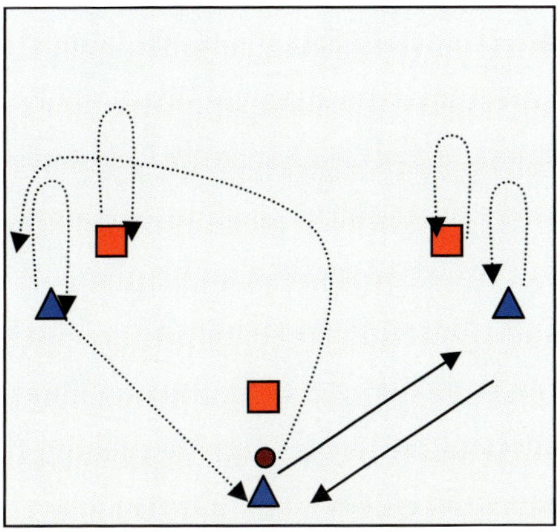

Abb. 5.36: Cut and Fill in der Dreiecksaufstellung

Das Ersetzen des Spielmachers durch den linken Flügelspieler bietet dem angespielten rechten Flügelspieler eine weitere Handlungsoption. Sollte der Raum für einen Doppelpass zu eng sein oder der Spielmacher seinen direkten Gegenspieler nicht überlaufen können, kann er durch einen Rückpass auf den ersetzenden Spieler die Spielsituation beruhigen und den Ball in den eigenen Reihen sichern. Der schneidende Spielmacher zieht zunächst zum Ziel weiter und nimmt dann die Position des linken Flügelspielers wieder ein, wodurch ein neues Angriffsdreieck gegeben ist.

– Hinterlaufen

Eine weitere Möglichkeit, einen Angriff aus der Dreiecksaufstellung zu inszenieren, bietet das Hinterlaufen durch den Spielmacher. Da dessen direkter Gegenspieler zunächst nicht weiß, wohin dieser läuft, wird er durch den Bewegungsvorsprung freien Raum erhalten und damit zur Verunsicherung der Abwehr beitragen. Nach seinem Pass auf den Flügel hinterläuft er den neuen Ballbesitzer, der sich schnell mit dem Ball zum Ziel drehen muss (Facing im BB!).

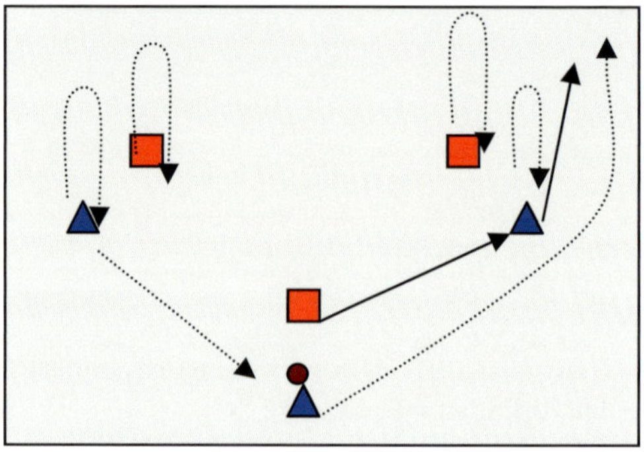

Abb. 5.37: Hinterlaufen in der Dreiecksaufstellung

Durch den freilaufenden Spielmacher besitzt der rechte Flügelspieler die Handlungsoptionen, dem auf dem Flügel freilaufenden Spielmacher zuzupassen oder die kurzzeitige 2:1-Situation und die daraus resultierende Unsicherheit gegen seinen direkten Gegenspieler auszunutzen und an diesem vorbei auf das Ziel zu dribbeln. Der linke Flügelspieler ersetzt den bisherigen Spielmacher.

– Spiel über den Dritten

Ist ein Abspiel nach dem Hinterlaufen durch den Spielmacher auf der rechten Flügelposition nicht möglich, weil der direkte Gegenspieler des Flügelspielers den Passweg zustellt, kann nach einem Querpass auf den linken Flügelspieler (= Dritter) der Ball durch einen Diagonalpass auf den hinterlaufenden Spielmacher gespielt werden.

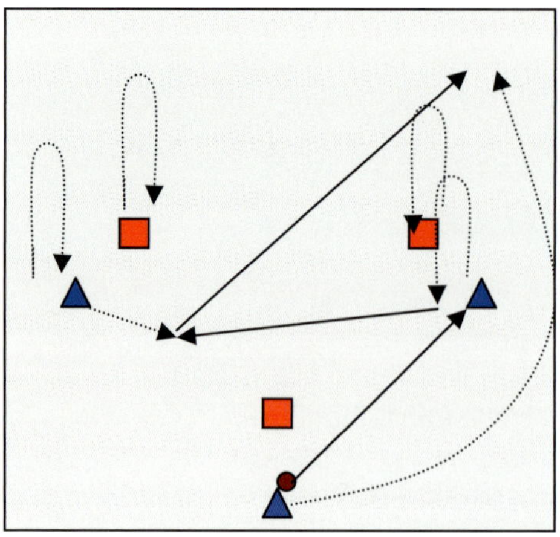

Abb. 5.38: Spiel über den Dritten

Je nach Spielsituation muss der durchbrechende Spieler entscheiden, ob er allein zum Ziel ziehen kann oder seine beiden nachstoßenden Mitspieler in Ballbesitz bringt.

– Kreuzen

Aus der obigen Ausgangskonstellation, in welcher sich der Ball auf dem Flügel in der Nähe der gegnerischen Grundlinie befindet, lässt sich eine Handlungsvariante für den Angriffsabschluss einführen. Dabei zieht der passende Spieler diagonal Richtung Ziel. Der rechte Flügelspieler kreuzt danach dessen Laufweg auf die gegenüberliegende Seite.

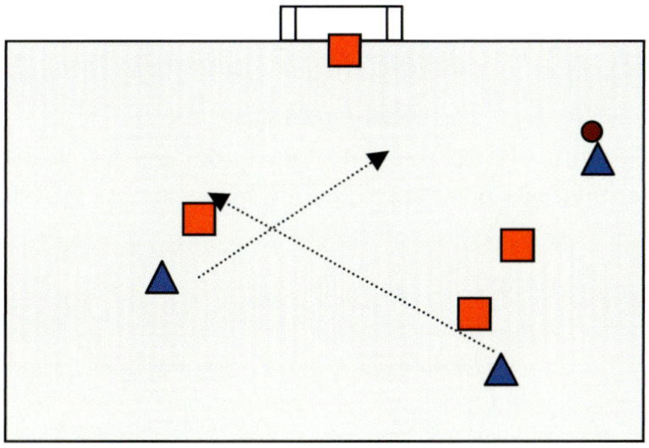

Abb. 5.39: Kreuzen der Flügelspieler nach Durchbruch zur Grundlinie

Ziel des Kreuzens ist es, die beiden manndeckenden Verteidiger durch das überraschende Bewegungsverhalten zu verwirren und sie aus der günstigen Position der inneren Linie zu bringen.

Didaktische Schlussfolgerungen:

Die identischen Elemente in den individual- und gruppentaktischen Maßnahmen steigern sich in ihrer Komplexität und damit in ihrem Schwierigkeitsgrad. Deshalb kann ihr Erlernen nur in einem über Jahre dauernden Ausbildungsprozess umgesetzt werden. Sie verlangen nicht nur eine zunehmende Ballsicherheit, sondern auch eine gewisse kognitive Reife, die wiederum altersabhängig ist, und eine bestimmte Spielerfahrung. Demnach müssen die einzelnen Maßnahmen verschiedenen Ausbildungsstufen zugeordnet werden.

5.1.5 Mannschaftstaktische Elemente

Die Mannschaftstaktik lässt sich in allen drei Zielschussspielen in Offensiv- und Defensivtaktik aufteilen. Die Umsetzung mannschaftstaktischer Vorgaben erfolgt über Aufstellungsformationen in Angriff und Abwehr, bei denen Spieler bestimmte Positionen zugeteilt bekommen. Ihre Aufgaben leiten sich aus der Position auf dem Spielfeld ab. Somit lassen sich über die räumliche Anordnung der Einzelspieler in der Breite und Tiefe des Spielfeldes verschiedene Mannschaftstaktiken entwickeln.

In allen drei Zielschussspielen nimmt der Spielmacher eine zentrale Position ein. Er ist in erster Linie für den Angriffsaufbau und das Herausspielen von Torgelegenheiten zuständig. Die Flügelspieler ermöglichen das Spiel in die Breite, die Spielverlagerung und das Eindringen in die Abwehr von der Seite. Die Angriffsspitze spielt in vorderster Linie, bindet Abwehrspieler, schafft Lücken oder stößt in Lücken, um Angriffe in Tornähe abzuschließen.

In der Defensive agiert der Spielmacher als Abwehrorganisator im Zentrum. Er dirigiert seine Mitspieler beim Verschieben zum Ball, Zurückziehen oder Aufrücken und versucht Lücken in unmittelbarer Tornähe zu schließen und den Torabschluss zu verhindern.

Um als Mannschaft taktisch spielen zu können, ist das Einnehmen dieser Spielpositionen als Grundordnung Voraussetzung. Die Qualität einer Mannschaft ergibt sich dann aus der Qualität der Einzelspieler auf den einzelnen Spielpositionen und aus der Qualität des Zusammenwirkens aller Spieler bzw. Mannschaftsteile.

Betrachtet man das Basketball-, Handball- oder Fußballspiel von Kindern, fällt auf, dass sie ihre Spielpositionen rasch aufgeben, dem Ball nachrennen und sich dadurch Spielertrauben um den Ball bilden. Kinder wollen den Ball, handeln spontan und intuitiv und denken noch nicht taktisch. Sie erhöhen unbewusst die Drucksituationen auf den Ballbesitzer, indem sie nur dem Ball nachjagen. Dadurch findet sich nur wenig Zeit und Raum für die Ballannahme, das Passen oder ein Dribbling. Zahlreiche Ballverluste auf beiden Seiten sind die Folge, sodass Angriffs- und Abwehrsituationen rasch wechseln und ein offener „Schlagabtausch" auf dem Feld entsteht, der jegliches mannschaftstaktische Agieren nahezu unmöglich macht.

Folglich können mannschaftstaktische Elemente erst erfolgreich angewendet werden, wenn die Spieler über die individual- und gruppentaktischen Fertigkeiten und eine gewisse Ballsicherheit verfügen. Ferner müssen sie in allen drei Zielschussspielen lernen, ihre Spielpositionen einzunehmen und ihre Grundordnung herzustellen.

Erst dann ist das Umschalten von Angriff auf Abwehr und umgekehrt einigermaßen planvoll einsetzbar und wird zu einem spielübergreifenden Strukturmerkmal des Mannschaftsspiels. Dazu sollten die Spieler folgende Aktionen umsetzen können:

Offensive:
- » Bei Ballgewinn alle Spielpositionen der Grundordnung besetzen;
- » Spiel öffnen;
- » mit dem nach vorne gepassten Ball aufrücken;
- » die Abstände zwischen den einzelnen Spielreihen sollten so klein sein, dass der hinterste Spieler den vordersten noch mit einem kontrollierten Pass anspielen kann;
- » Angriffsauslösung aus der Dreiecksaufstellung unter Anwendung der gruppentaktischen Maßnahmen;
- » die Nebenspieler sollten in Lücken stoßende Spieler ersetzen und bei einem Ballverlust aushelfen können;
- » bei zugestellten Durchbruchsräumen Ball sichern und Spiel verlagern.

Defensive:
- » Schnell hinter den Ball kommen;
- » Grundordnung einnehmen (Abwehrdreieck, -raute);
- » zum Ball verschieben, Einrücken der ballfernen Defensivspieler;
- » kompakt bleiben und Durchbruchsräume schließen;
- » Abstände so wählen, dass der Abwehrspieler in der Zweikampfsituation abgesichert und ihm ggf. ausgeholfen werden kann.

5.1.6 Basistechniken

Da Bewegungsaufgaben in den Sportspielen sehr oft (aber nicht ausschließlich) mit dem Ball verbunden sind, erfahren die Balltechniken eine besondere Bedeutung bei der Umsetzung des Spielgedankens. Die Unterschiede in den Techniken der einzelnen Sportspiele resultieren aus dem Regelwerk und der zweckmäßigen Behandlung des Spielgeräts. Sportspielübergreifend lassen sich die Techniken in drei Gruppen einteilen:

Tab. 5.2: Sportspielübergreifende Bewegungsaktionen mit und ohne Ball (Basistechniken)

Balltechniken Angriff	Balltechniken Abwehr	Körpertechniken
– Passtechniken – Annahmetechniken – Finten und Dribbeltechniken – Zielschuss-/-wurftechniken	– zum Blockieren des Zielschusses/-wurfes – zum Zerstören des gegnerischen Angriffs – um in Ballbesitz zu gelangen – ggf. Torwartspiel	– Regelgerechter Körpereinsatz im Zweikampf – zur effektiven Umsetzung der motorischen Grundtätigkeiten

Im Mittelpunkt stehen die Techniken, die sich im Umgang mit dem Ball als zweckmäßige Möglichkeit zur Lösung des Balltransports zum Ziel hin und für den Zielschuss bzw. Zielwurf herausgebildet haben, die sogenannten Balltechniken der Annahme, des Passens, Dribbelns, Fintierens und des Schießens oder Werfens. Darüber hinaus gibt es auch bestimmte sportspielübergreifende Abwehrtechniken, mit deren Hilfe der Ball gewonnen oder ein erfolgreicher Angriffsabschluss verhindert werden kann, und Körpertechniken, die nicht unbedingt im direkten Umgang mit dem Ball zu sehen sind wie bspw. das regelgerechte Abwehrverhalten beim Stellen eines Angreifers, um nicht überlaufen zu werden, oder das Blockieren eines Zielschusses oder Passes. Außerdem sind die motorischen Grundtätigkeiten in Lauf- oder Sprungtechniken, schnellen Drehungen oder Abrollbewegungen in den verschiedenen Ballspielen ein weiterer leistungsbestimmender Faktor, der in der Ausbildung sowohl unter dem koordinativen als auch konditionellen Aspekt gesehen werden muss.

– Passen und Annehmen als Mittel des Balltransports

Die einzelnen Zielschussspiele unterscheiden sich im Wesentlichen durch die Art des Zuspiels und somit des Balltransports. Betrachten wir aber das Passen und Annehmen eines Balles in seiner Bewegungsstruktur genauer, fallen auch hier gemeinsame Bewegungsmerkmale auf. Ballspieler beherrschen auf Grund ihrer Fähigkeit zur Bewegungskopplung die Ausholbewegung sowohl mit dem Arm als auch dem Bein beim Passen mit dem Fuß, so wie sie es auch verstehen, dem Ball mit dem annehmenden Körperteil entgegenzugehen und beim Auftreffen „weich nachzugeben", damit der Ball nicht abprallt (Abb. 5.40).

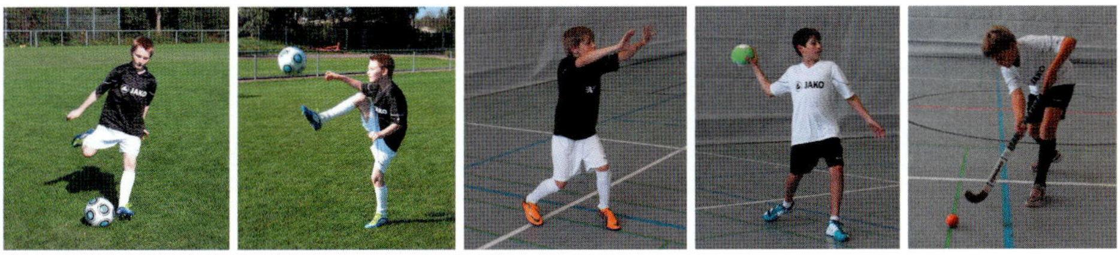

Abb. 5.40: Passen und Ballannahme in den Zielschussspielen – gemeinsame Bewegungsstruktur

Neben dem Gefühl für den Ballweg und die Ballgeschwindigkeit liegen hier spielübergreifende Kenntnisse, Fähigkeiten und Fertigkeiten vor, die als Strukturmerkmal der Ballbehandlung anzusehen sind.

– Dribbling und Finten

Identische Elemente zeigen sich auch beim ballsichernden oder beim raumüberwindenden Tempodribbling mit der Hand oder dem Fuß. Grundsätzlich ist es beim Dribbling wichtig, die

Lauf- mit der Ballbewegung koordinieren zu können. Ob der Ball dabei mit dem Fuß gespielt oder mit der Hand geprellt wird, ist von sekundärer Bedeutung. Entscheidend sind das Steuerungsvermögen und die Differenzierungsfähigkeit der Hand oder des Fußes, wodurch sich Gemeinsamkeiten für Kraft-, Beschleunigungs- und Richtungsimpulse auf den Ball ergeben. Den Ball geradlinig zu dribbeln heißt, ihn zentral zu spielen, seitlich zu dribbeln, ihn lateral zu spielen. Hohe Geschwindigkeit verlangt ein weites Dribbel-V (den Ball schräger nach vorne auf den Boden prellen) oder weiter vorgelegte Bälle. Eine enge Ballführung verlangt bei jedem zweiten Schritt Ballkontakt oder ein tiefes Dribbling. Ein hohes Dribbling räumt dem Gegenspieler Zeit ein, auf den Ball zu reagieren. Deshalb ist es wichtig, den Körper zwischen Ball und Gegenspieler zu bringen, um ihn so zu schützen.

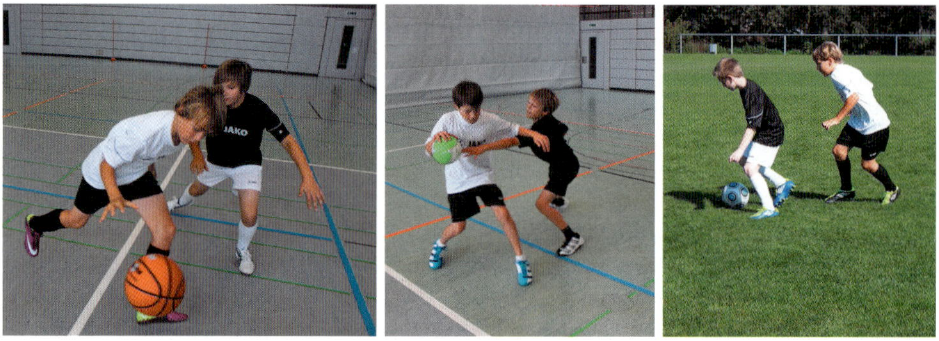

Abb. 5.41: Körper zwischen Ball und Gegner – der Blick jedoch sehr stark auf den Ball gerichtet – ein typischer Fehler in dieser Altersstufe

Um die Spielsituation erfassen zu können, sollte der Blick vom Ball weg gerichtet werden. Dies gelingt jedoch erst mit einer fortgeschrittenen Ballsicherheit und dem Vermögen, Eigen- und Fremdbewegungen richtig einschätzen und koordinieren zu können.

Sportspielübergreifende Gemeinsamkeiten beim Dribbling:
Körper zwischen Ball und Gegenspieler!
Blick weg vom Ball!

Diese Fähigkeiten und Fertigkeiten werden auch für das Ausführen von Finten in ihrem strukturellen Verlauf benötigt.

Finten im Sportspiel stellen Täuschbewegungen dar, die den Gegenspieler zu einem Fehlverhalten verleiten sollen. Um dem Gegenspieler überhaupt Gelegenheit zu einer Fehlreaktion zu geben, müssen Finten in ihrem räumlich-zeitlichen Ablauf mit einem entsprechenden Timing ausgeführt werden. Die Auftaktbewegung als Täuschung darf zeitlich nur so schnell ausgeführt werden, dass der Gegner sie wahrnehmen und darauf reagieren kann, und zwar mit einem Fehlverhalten. Außerdem darf der räumliche Abstand nur so groß sein, dass der Gegner die Notwendigkeit sehen muss, auf die Bewegung zu reagieren. Nach der Täuschbewegung muss das Tempo gesteigert werden, um am Gegenspieler vorbeiziehen zu können. Somit bieten die Bewegungsstrukturen des Fintierens ebenfalls eine Ansatzmöglichkeit für eine sportspielübergreifende Ausbildung.

Sportspielübergreifende Gemeinsamkeiten beim Fintieren:
- » Tempo der Täuschbewegung so wählen, dass der Gegner darauf hereinfällt!
- » Nach der Täuschbewegung Temposteigerung!
- » Täuschbewegung im entsprechenden Abstand zum Gegenspieler ausführen!

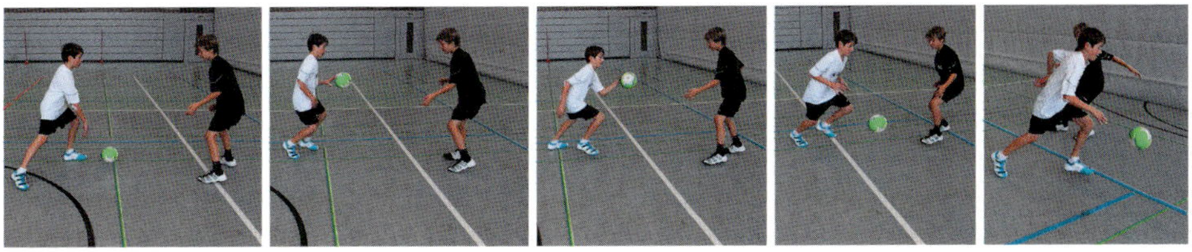

Abb. 5.42: Fintieren im Handball – Körpertäuschung nach links, rechts vorbeiziehen mit Temposteigerung

– Sportspielübergreifende Körpertechniken

Unter sportspielübergreifenden Körpertechniken verstehen wir das Einnehmen von ganz bestimmten Körperpositionen in spezifischen Spielsituationen. Beobachten wir Ungeübte, können wir feststellen, dass sie in einer 1:1-Situation schnell auf den Ballbesitzer zulaufen und in frontaler Position dicht vor dem Ballbesitzer abstoppen. Damit bringen sie sich in eine ungünstige Ausgangsposition, wenn der Ballbesitzer plötzlich antritt und vorbeizieht. Eine zur Seite offene Abwehr- oder Angriffsposition (Fuß bzw. Schulter vor) ermöglicht eine umfassendere Wahrnehmung der Spielumgebung, ein besseres Abschirmen des Balles mit dem Körper und ein schnelleres Aufnehmen der Laufgeschwindigkeit. Kinder müssen das richtige Sich-Stellen in Bezug auf die Körpertechniken, auf die Wahrnehmung von Zeit und Raum erst erlernen. Da die verschiedenen Zielschussspiele immer wieder gleiche Spielsituationen für das Stellen und richtige Begleiten eines Gegenspielers (G-3-Abwehrmaßnahmen)liefern, lässt sich dieses Strukturmerkmal auch sportspielübergreifend schulen.

Sportspielübergreifende Gemeinsamkeiten beim Stellen des Gegenspielers:

G-3-Abwehrverhalten: Grundposition – Grundstellung – Grundhaltung

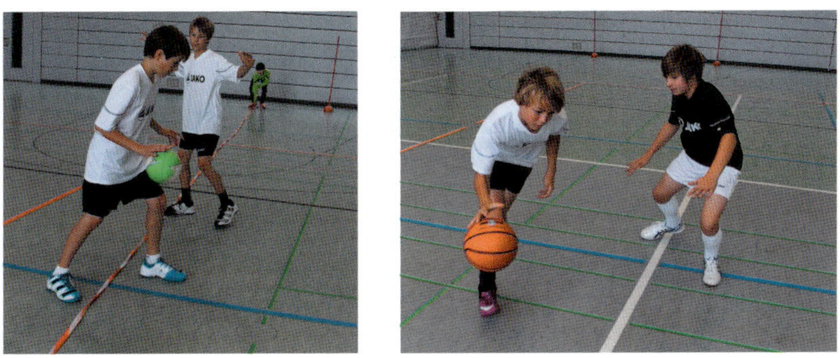

Abb. 5.43: Grundposition auf der inneren Linie – links mit Baustellenband, seitliche und gebeugte Körperposition, um Gegenspieler abzudrängen und Tempo aufnehmen zu können.

5.1.7 Das Fähigkeitspotenzial des Ballspielers

Die Spielantizipation

Wenn die Spieler einer Mannschaft in der Lage sind, früh zu erkennen, was der jeweilige Spieler mit oder ohne Ball vorhat, spricht man von der sogenannten Spielantizipation. Sie zeigt sich in der vorausgehenden Abstimmung des Bewegungsverhaltens auf eine folgende Bewegungsphase oder den Gesamtbewegungsablauf in Spielsituationen. Dabei unterscheidet man die Vorwegnahme von Eigenbewegungen besonders in Bezug auf das Spielgerät Ball von Fremdbewegungen der Mit- und Gegenspieler und die Antizipation von Situationen mit ganz bestimmten taktischen Zusammenhängen. Eine Spielsituation antizipieren zu können, heißt dann, das Geschehen „lesen" und erkennen zu können, sodass eine motorische Antwort vorstellungsmäßig vorweggenommen und frühzeitig in die Tat umgesetzt werden kann.

Der Könner steht dort, wo der Ball hinkommen wird!

Die Antizipation muss sich folglich auf folgende Komponenten beziehen:

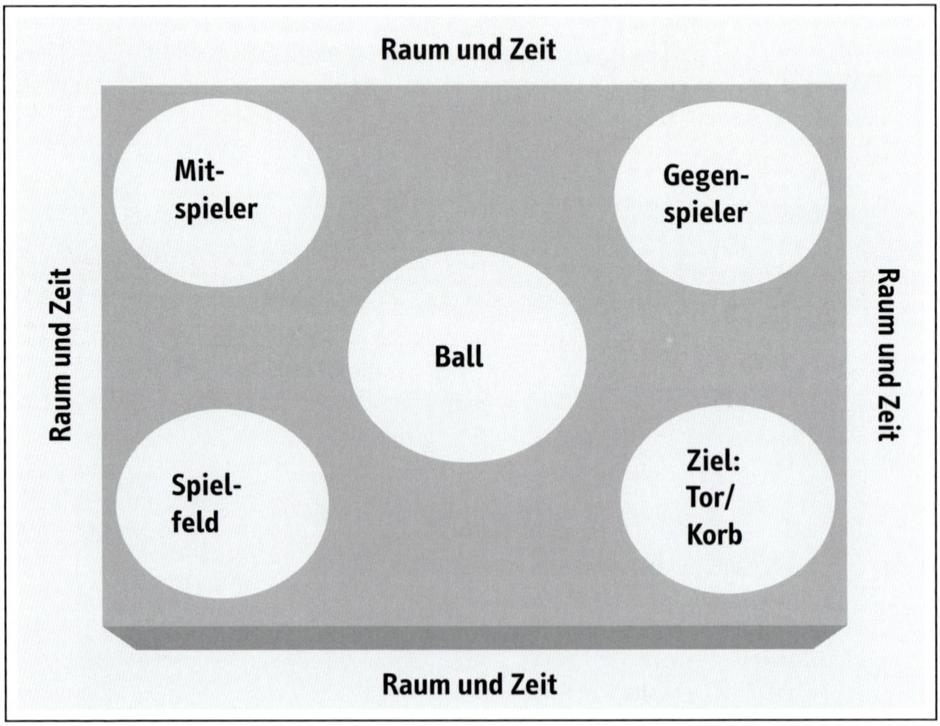

Abb. 5.44: Antizipation in den Zielschussspielen verlangt oft einen Fünfer-Würfel-Blick des Spielers

Wenn Spielschulung eine **Wahrnehmungsschulung** sein soll, muss sie methodisch sorgfältig aufgebaut werden. Die Förderung der Antizipationsfähigkeit in Bezug auf den Ball verlangt ein genaues Beobachten der Teil-Aktionen, durch die der Ball einen Kraftstoß erfährt. Dieses Beobachten im Sinne eines gezielten „Hin-Sehens" erfordert nicht nur ein geschultes Auge, sondern auch eigene umfangreiche Erfahrungen im Umgang mit dem Ball, die bei der Schulung der Ballkoordination gesammelt werden können.

Wenn solche Wahrnehmungen auch **strukturiert** ausgebildet werden sollen, sollten sie die Umsetzung in fünf Schritten bis zum Spiel (1)+3:3+(1) oder (1)+4:4+(1) ermöglichen. Während zu Beginn des Lernens in den Ballspielen der Ball im Mittelpunkt des Geschehens steht und die gesamte Aufmerksamkeit des Lernenden erfordert, kann im zweiten Schritt die Zielwahrnehmung hinzukommen, wobei bereits der Spielgedanke enthalten ist. Wird in einem dritten Schritt im Sinne des Zusammen-Spielens (des Mannschaftsspiels) der Fokus auf den Mitspieler gerichtet, sollte nachfolgend der direkte Gegnerkontakt in die Spielausbildung integriert werden. In der letzten Phase sollte die Ausnutzung des Spielfeldes im Mittelpunkt stehen. Somit ergibt sich folgende Gliederung, die Kinder vor einer Überforderung schützen kann:

1. Ballschule/Ballkoordination (Konzentration auf den Ball)
2. Ballspiele mit einem Ziel (Konzentration auf Ball und Ziel)
3. Ballspiele mit einem Ziel in kleinen Mannschaften ohne direkten Gegnerkontakt (Konzentration auf Ball, Mitspieler und Gegenspieler im Tor)
4. Ballspiele mit einem Ziel in kleinen Mannschaften mit direkten Gegenspielern (Konzentration auf Ball, Mitspieler, Ziel und direkt störende Gegenspieler)
5. Zielschussspiele auf variierenden Spielfeldern im (1)+3:3+(1) oder (1)+4:4+(1) (Konzentration auf Ball, Mitspieler, Ziel, direkt störende Gegenspieler und Raum)

Der Bewegungsvorsprung und die Spielantizipation

Aufbauen ist schwieriger als Zerstören. Erstellt man mit Spielkarten ein Haus, genügt ein einziger Luftzug, um ein mühevoll erstelltes Werk zusammenfallen zu lassen. Der Bau einer Wand für ein Wohnhaus ist material- und zeitintensiv, ihr Abbruch durch eine Abrissbirne erfolgt in Minuten. Parallelen dazu lassen sich auf die Ballspiele übertragen. In einem komplexen Spiel mit dem direkten Kampf um einen Ball erfordert es viel Können, den Ball durch individuelle Einzelleistungen oder durch planmäßiges Zuspielen so in die Nähe des Ziels zu transportieren, dass ein erfolgreicher Zielschuss möglich wird. Deshalb lässt sich das Verteidigungsspiel wesentlich leichter erlernen. Oft genügt die Grundposition auf der inneren Linie, um die Angriffsbemühungen und somit einen konstruktiven Spielaufbau im Keim zu ersticken.

Voraussetzung für das Offensivspiel sind bestimmte spielrelevante Fähigkeiten, die in allen Zielschussspielen zum Tragen kommen. In dem Fähigkeitspotenzial zur Analyse, Interpretation, Ausführung und Auswertung von Spielhandlungen fällt der **Entscheidungsfähigkeit** eine besondere Rolle zu. Vor allem in Spielsituationen mit mindestens drei Feldspielern, die in der Dreiecksaufstellung agieren, muss sich der Ballbesitzer für ein Dribbling oder für einen Pass auf eine der beiden Seiten entscheiden. Da Sportspiele unter Druck ablaufen, ist die Zeitspanne dafür nur minimal. Der Blick des Ballbesitzers darf deshalb nicht auf den Ball gerichtet sein, sondern muss die gesamte Spielsituation erfassen.

Der Umgang mit dem Ball bzw. dessen Beherrschung erschwert das Angriffsspiel. Technische Fehler führen zu Ballverlust oder zu Unterbrechungen im Angriffsspiel. Trotzdem beinhaltet das Spiel mit dem Ball sowohl für den Ballbesitzer als auch für seine Mitspieler einen wichtigen Vorteil: den Bewegungsvorsprung. Der Ballbesitzer kann in einer 1:1-Situation ein Dribbling anwenden und versuchen, den Gegenspieler mit Finten zu täuschen. Dabei weiß der Gegenspieler nicht, auf welcher Seite er an ihm vorbeiziehen will. Er muss auf die Aktionen des Angreifers reagieren, während der Ballbesitzer agiert. Aus diesem Wissensvorsprung kann ein Bewegungsvorsprung für den Ballbesitzer erfolgen. Dasselbe gilt für alle anderen Mitspieler in ihren Freilaufbewegungen. Deren Gegenspieler wissen nicht, wann und wohin sich diese freilaufen.

Das Spiel mit dem Ball bietet die Chance des Agierens, während der verteidigenden Mannschaft nur das Reagieren verbleibt.

Für die Spielausbildung muss das heißen, die individualtaktische Ausbildung so anzulegen, dass durch Freilauf- und Täuschbewegung die „leichtere Arbeit" im Defensivverhalten zunehmend erschwert wird, sodass die Wahrnehmungsanforderungen für die Abwehrspieler erhöht werden, wodurch zwangsläufig längere Reaktionszeiten erfolgen und sich somit ein Bewegungsvorsprung erzielen lässt. Daraus resultiert dann im Moment der Ballannahme eine geringere Drucksituation, weil sich der Angreifer dafür mehr Zeit und Raum und damit eine höhere Kapazität für die Konzentration auf die technischen Bewegungsabläufe verschaffen kann.

5.2 Gemeinsame Ausbildungsinhalte der Zielschussspiele

Aus der Analyse der gemeinsamen Strukturmerkmale bzw. der identischen Elemente der Zielschussspiele lassen sich die Ausbildungsinhalte für die **Kinder-Ballspielschule** ableiten. Tabelle 5.3 gibt einen Überblick über die gemeinsamen Ausbildungsinhalte:

Tab. 5.3: Sportspielgerichtete Ausbildungsinhalte der Zielschussspiele für die „Kinder-Ballspielschule"

<table>
<tr><th colspan="2">Spielgedanken:
Treffer erzielen – Treffer verhindern</th></tr>
<tr><td colspan="2">Grundsituationen der Zielschussspiele
I Torschuss – Torabwehr
II Herausspielen von Torgelegenheiten – Abschirmen des Tores
III Aufbauen – Stören</td></tr>
<tr><td colspan="2">Taktik: individualtaktische Maßnahmen</td></tr>
<tr><td>im Angriff
– Dribbling, Ausspielen des direkten Gegenspielers
– Abspiel ermöglichen durch Freilaufen und Anbieten der Mitspieler
– Grundprinzip „Passen und Stoßen in Lücken"</td><td>in der Abwehr
– innere Linie einnehmen und Versuch des Ballgewinns
– Deckungsschatten aufbauen, Abfangen des Balles
– Begleiten des Gegenspielers, Einhalten der inneren Linie</td></tr>
<tr><td colspan="2">Taktik: gruppentaktische Maßnahmen</td></tr>
<tr><td>– Angriffsdreieck, Drachenaufstellung als Grundordnung einnehmen
– Spiel öffnen
– Doppelpass</td><td>– Abwehrdreieck, Drachenaufstellung als Grundordnung einnehmen
– Raum schließen
– Aushelfen, Übergeben, Übernehmen</td></tr>
</table>

Spielgedanken: Treffer erzielen – Treffer verhindern	
Taktik: mannschaftstaktische Maßnahmen	
– Umschalten von Abwehr auf Angriff – Spiel öffnen	– Umschalten von Angriff auf Abwehr – Raum schließen
Fertigkeitspotenzial des Sportspielers Körpertechniken, Strukturelemente einzelner Bewegungsfertigkeiten	
Fähigkeitspotenzial des Sportspielers Wahrnehmung, Analyse, Ausführung und Auswertung von Spielhandlungen; koordinative und konditionelle Fähigkeiten und Spielantizipation; kognitive, emotionale und interaktive Fähigkeiten.	

In der **Jugend-Ballspielschule** stehen dann die gemeinsamen Strukturelemente aus dem individual-, gruppen- und mannschaftstaktischen Bereich im Mittelpunkt der Ausbildung. Parallel dazu lässt sich durch ein entsprechendes methodisches Vorgehen die sportspielspezifische Entwicklung der weiteren gemeinsamen Ausbildungsinhalte aus Tab. 5.3 weiter ausdifferenzieren und auf ein höheres Qualitätsniveau führen.

Tab. 5.4: Identische individual-, gruppen- und mannschaftstaktische Strukturelemente der Zielschussspiele

Taktik	Abwehr	Angriff
Individual-taktik	– Gegenspieler decken durch Einnehmen der inneren Linie in ballnahen und -fernen Spielsituationen; – Angreifer mit Ball aktiv stellen und Deckungsschatten aufbauen; – Angreifer begleiten; – Passwege zustellen und Bälle abfangen; – Ballgewinn in Zweikampfsituationen.	– vom Verteidiger durch Täusch- und Freilaufbewegungen lösen; – aus dem Deckungsschatten herauslaufen und anbieten; – in Lücken stoßen und Abwehrspieler vom Ballbesitzer wegführen; – Pässe in Lauf des stoßenden Spielers – Ballsicherung, Dribbeln und Fintieren.
Gruppentaktik	– Verschieben; – Übergeben – Übernehmen; – Aushelfen, Sichern, Einordnen, Doppeln.	– Cut and Fill/Schneiden und Ersetzen; – Give and Go/Doppelpass/Stoßen mit Rückpass; – Spiel über den Dritten; – Hinterlaufen; – Blocken, Sperren; – Tempogegenstoß/Fast Break/Konter.
Mannschafts-taktik	– Spiel eng machen, Räume schließen – schnelles Umschalten von Angriff auf Abwehr: Zurückziehen hinter den Ball, Einnehmen der Abwehrformation, Verschieben, Einrücken der ballfernen Abwehrspieler, kompakt bleiben.	– Spiel öffnen, Zeit und Raum schaffen – schnelles Umschalten von Abwehr auf Angriff: Grundordnung einnehmen, sicheres Passspiel unter Einbezug der gruppentaktischen Maßnahmen zur Angriffsauslösung; ggf. Ballsicherung und Spielverlagerung.

5.3 Lerntheoretische Überlegungen zum Spielen lernen

Qualitatives Lernen in den Ballspielen verlangt strukturiertes Lernen, um neue Lerninhalte in vorhandene Strukturen einordnen zu können.

Der Ausbildungsprozess zum Erwerb von Handlungskompetenz in Ballspielen verlangt nach einem Lernweg, der im Laufe der Zeit „abrufbare Programme" im Zentralnervensystem entstehen lässt. Durch das Bewegungshandeln werden Neuronengruppen wie „Strickmuster" vermascht, so dass im motorischen Gedächtnis „Neuronenschleifen" entstehen, die wieder aktiviert werden können, wenn die Bewegung reproduziert wird (vgl. Hotz, 1986, S. 60). Da es in den Ballspielen aber nicht nur um das Reproduzieren von Bewegungen geht, sondern um das Lösen von Spielsituationen, ist es wichtig, dass Kinder auf Spielsituationen treffen, in denen sie zunächst Lösungen selbst finden können. Es ist hinlänglich bekannt, dass selbstentdeckte Lernergebnisse (implizites Lernen) besser behalten und gespeichert werden können. Sie gelten als robuster, stressresistenter und widerstandsfähiger gegen das Vergessen als Lernergebnisse aus expliziten Lernprozessen.

Dieser entdeckenden Erwerbsphase von Lösungen in einfachen Spielsituationen muss die vielseitige Anwendung in bekannten Strukturen zur Festigung folgen. Denn wie in den vorherigen Kapiteln bereits erläutert wurde, besitzen Kinder eine hohe Plastizität des Gehirns, die eine hohe Lernfähigkeit, jedoch nur eine eingeschränkte Merkfähigkeit zur Folge hat. Erst ständige Wiederholungen des Gelernten und deren Anwendung in strukturgleichen Situationen unter variierenden Bedingungen lassen letztendlich Handlungskompetenz entstehen.

Die Erkenntnisse aus der Gehirnforschung und der Lernpsychologie können uns helfen, mehr Transparenz in das Lernen in den Ballspielen zu bringen.

5.3.1 Beispiel-Regel-Ableitung

Die Beispiel-Regel-Ableitung dient als Basis für das Lernen in den Ballspielen. Sie besagt, dass Kinder das Allgemeine nicht abstrakt erlernen, sondern nur dadurch, dass sie Beispiele verarbeiten (wie beim Freilaufen) und daraus selbst Regeln produzieren. Das bedeutet, dass Kinder konkrete Spielsituationen brauchen, in denen sie bestimmte Regeln bspw. für das Zusammenspielen systematisch erwerben können.

„Auf der Einführungsstufe (...) muss sich der Schüler im taktischen Bereich des Spiels gewisse Grundverhaltensweisen aneignen. Diese taktischen Grundschemata kann er am einfachsten in übersichtlichen Spielformen erwerben, deren Anforderungen dem Schüler regelmäßig eine bestimmte Verhaltensweise ermöglichen. Dieses Grundverhalten kann (...) in Befehlssätze oder Anweisungen formuliert werden. Auf diese Weise wird die Spielhandlung für den Schüler bewusster und dadurch besser selbst kontrollierbar" (Hasler 1982, S. 17, zit. bei Hotz, 1986, S. 123).

Wenn verschiedenartige Ballspiele, Spiel- oder Übungsformen als Beispiele zusammenhanglos aneinander gereiht werden, finden Kinder kaum dieselben Situationen vor, in denen sie durch Versuch und Irrtum eigenständig lernen oder das soeben Erlernte durch Anwenden wiederholen und festigen können. Außerdem sind selbst reduzierte Spielformen oft so komplex, dass spielunerfahrene Kinder mit ihrem begrenzten Zeitaufwand an aktiver Spielzeit kaum implizit oder inzidentell (unbewusst) dazulernen. Sie zeigen nach Wochen und Monaten oft noch dieselben Verhaltensweisen wie zu Beginn des Spielunterrichts.

Unerfahrene Trainer oder Sportlehrer glauben, dass durch die Aneinanderreihung von Kleinen Spielen wie Völkerball, Jägerball, Hand-Kopfball etc., durch verschiedene Übungen zur Ballkoordination, durch Slalomdribbling oder Übungsformen zum Passen und Fangen in Form des Einfüllens mit dem „Nürnberger-Trichter" die Handlungskompetenz im Spiel von Kindern entwickelt werden kann (Abb. 5.45). Sie übersehen allzu oft, dass die dabei zufällig erworbenen Fertigkeiten und Fähigkeiten meistens nicht als Grundlage für das Erlernen der Großen Sportspiele ausreichen und diese Kinder stets Schwierigkeiten verraten, an einem Mannschaftsspiel aktiv teilzunehmen. Besonders im Schulsport ist zu erkennen, dass nach vielen Jahren mit einem dreistündigen Sportunterricht noch immer zahlreiche Schüler teilnahmslos herumstehen und nur sporadisch in das Spiel eingreifen. Die Ursachen für dieses Verhalten liegen vornehmlich in der Komplexität der Spielsituationen und im mangelnden Spielverständnis: Viele Schüler wissen einfach nicht und haben nie gelernt, wie sie sich in bestimmten Spielsituationen zu verhalten haben. Sie verfügen nicht annähernd über die elementaren taktischen Verhaltensregeln, die es ihnen erlaubt, am Spiel konstruktiv teilzunehmen.

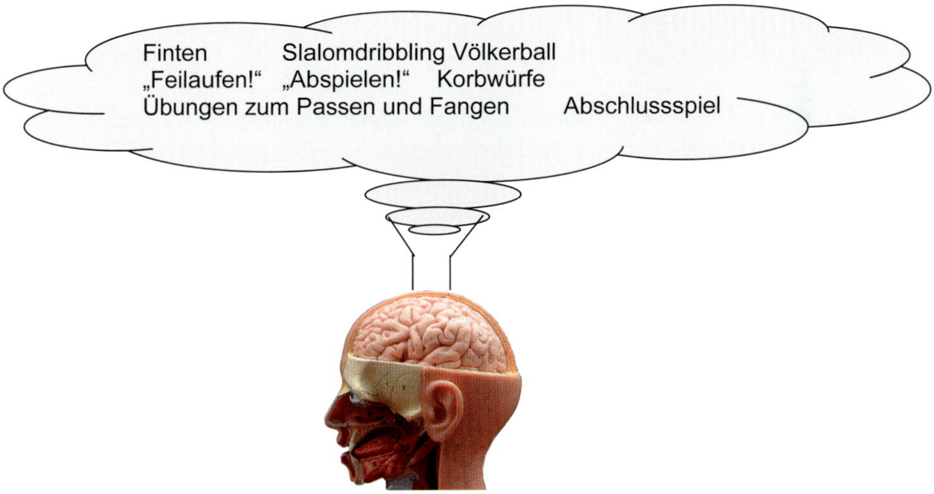

Abb. 5.45: Der „Nürnberger Trichter" – Lerninhalte als zusammenhangloser Input in den Ballspielen

Deshalb brauchen wir Spielsituationen, die durch ihre Struktur eine Regelhaftigkeit einfordern, am besten sogar noch zwangsläufig, sodass diese Regeln auch extrahiert werden können. Verdeutlichen lässt sich diese Problematik an einem Beispiel des Freilaufens:

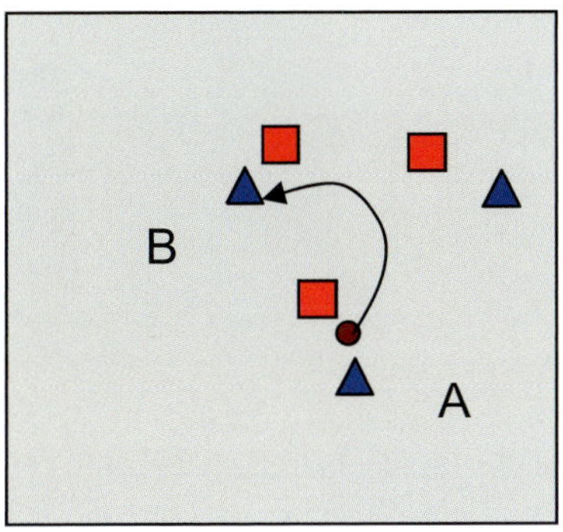

Abb. 5.46: Problematik des Freilaufens in unterschiedlichen Ballspielen

Im Basketballspiel könnte A seinen Mitspieler B mit einer Bogenlampe über seinen direkten Gegenspieler anspielen (Abb. 5.46). B lernt in dieser Situation, dass er einen Ball zugespielt bekommen kann, wenn er vor seinem direkten Gegenspieler steht und dem Ball entgegengeht. Ob dieses individualtaktische Verhalten oder die hohe Bogenlampe richtig oder sinnvoll sind, sei im Moment dahingestellt. Im Ringhockey- oder Rollballspiel ist B so jedoch nicht anspielbar, da er direkt hinter dem Gegenspieler von A steht. Dieselbe Spielsituation in zwei unterschiedlichen Spielen verlangt nun plötzlich unterschiedliche Verhaltensweisen. Welche Regeln oder Grundverhaltensweisen können Kinder daraus ableiten und wie können sie diese immer wieder anwenden, wenn ständig etwas anderes von ihnen gefordert wird? Aufgrund der fehlenden Straßenspielkultur und den veränderten Zugangsvoraussetzungen zu den Ballspielen müssen Kinder heute diese Regeln im Sportunterricht oder Vereinstraining erwerben. Über die geschickte didaktische Planung der einzelnen Inhalte und die methodische Anordnung der einzelnen Spielformen bzw. Spielsituationen lassen sich die ablaufenden Lernprozesse dabei qualitativ steuern.

5.3.2 Handlungskompetenz durch Wiederholung

Die **ständige und regelhafte Wiederholung der Beispiele** ist wichtig, damit es zur Ausbildung von Handlungskompetenz kommt, denn Kinder lernen nur, indem sie etwas immer wieder tun, und das vor allem in veränderten Kontexten. „Nur dann, wenn die gelernte Regel oder Grundverhaltensweise immer wieder angewendet wird, geht sie vom expliziten und sehr flüchtigen Wissen im Arbeitsgedächtnis in Können über, das jederzeit wieder aktualisiert werden kann" (Spitzer, 2002, S. 78). Für die motorische Ausbildung heißt das, dass wir **eine** Spielsituation oder -form über mehrere Unterrichtsstunden oder Trainingseinheiten hinweg zum Thema oder Unterrichtsgegenstand machen sollten. Nach einer Erarbeitungs- und Erwerbsphase ist eine ständige Anwendung von Grundverhaltensweisen nötig, damit es zur Entwicklung von Handlungskompetenz kommt. Der ständige Hinweis „Ihr müsst euch freilaufen" bleibt ohne Wirkung, solange die Spieler nicht wissen, wann und wohin sie laufen müssen.

5.3.3 Grundstruktur 3:3 oder 4:4 – Ordnung erleichtert Wahrnehmung

Da Strukturen bzw. Muster selbst durch konstant gehaltene Inputs nur langsam erworben werden, bis der Lernvorgang abgeschlossen ist, führen ständige Veränderungen von Situationen nur zu einer Verwirrung und behindern damit das Lernen.

„Erkennen Sie als Leser in den drei folgenden Spielsituationen der Abb. 5.47a/b/c klare Strukturen, aus denen sich einfache Befehlssätze für Grundverhaltensweisen der Spieler ableiten lassen?"

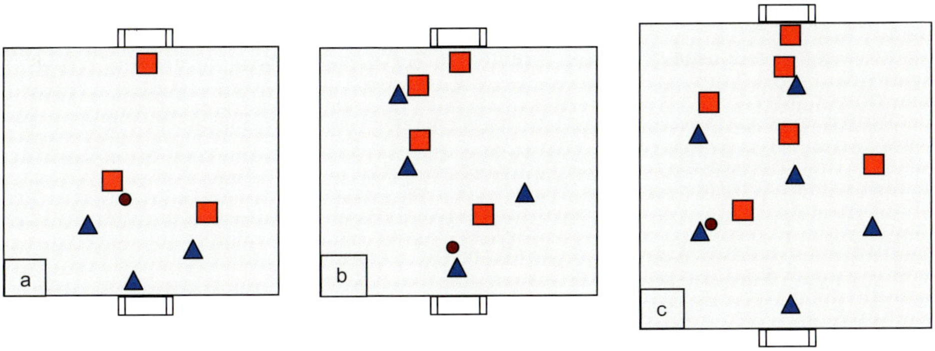

Abb. 5.47a/b/c: Spielen in unterschiedlichen Mannschaftsstärken

Für die praktische Ausbildung in einem Ballspiel verlangt die Erarbeitung von Grundverhaltensweisen, über längere Zeiträume hinweg in übersichtlichen Spielformen und in bekannten Strukturen zu spielen.

Klare Strukturen in den Zielschussspielen ergeben sich zunächst aus der Mannschaftsstärke und der damit verbundenen Aufstellungsform.

Die Dreiecksaufstellung gilt, wie oben ausführlich dargestellt, als Grundformation für das Angriffsspiel, weil dadurch der ballbesitzende Spieler an seinem direkten Gegenspieler vorbei nach rechts oder links zu einem Mitspieler passen kann.

Durch Veränderungen der Spielfeldausmaße, des Zieles, des Spielballs und der Spielregeln lässt sich diese Spielsituation behutsam und methodisch überlegt variieren, sodass für die Kinder „neue" Spiele entstehen, wodurch sich im Laufe der Zeit ein Schatz an allgemeinen Erfahrungen ansammeln kann. Als Ausgangspunkt für das Lernen in den Ballspielen ist demnach die Hinführung zu dieser Dreiecksaufstellung zu sehen. Wenn diese Aufstellungsform gefestigt ist, kann im nächsten Schritt auf die Ausdifferenzierung der einzelnen Spielerrollen bzw. Spielpositionen in der auf drei Feldspieler reduzierten Spielsituation vorgenommen werden. Im weiteren Verlauf gilt es, die Mannschaftsstärke zu erhöhen, und zwar so, dass die erlernten Grundformationen dort ständig aufgesucht und zur Anwendung kommen können. Als konsequente Fortsetzung ergibt sich dann das Spielen in der Rauten- bzw. Drachen- oder Vogelaufstellung, weil hier das Angriffsdreieck für jeden ballbesitzenden Spieler permanent gegeben ist (Abb. 5.49).

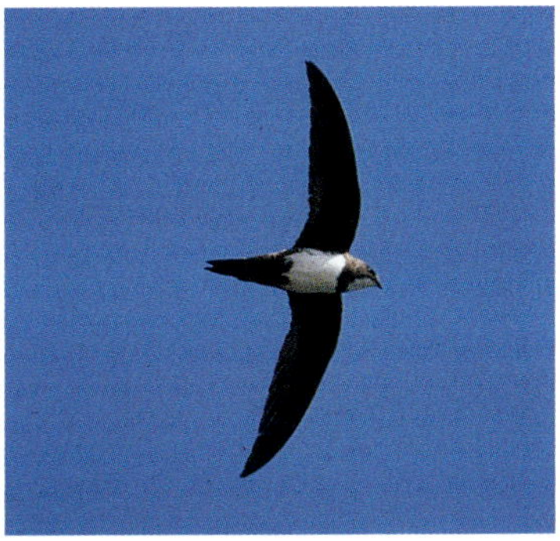

Abb. 5.48: Alpensegler
Foto: A. Limbrunner

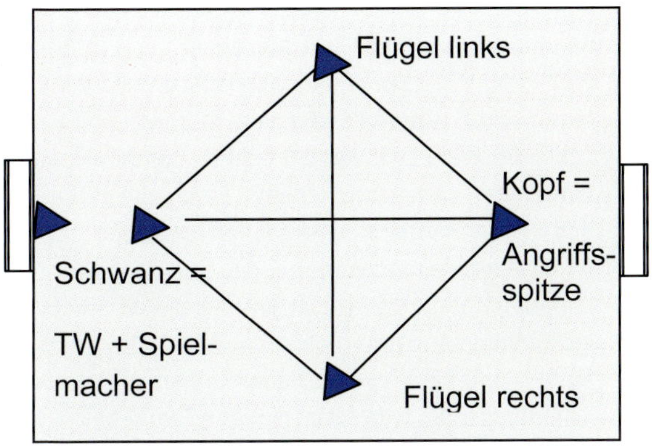

Abb. 5.49: Spielen in der „Vogelaufstellung"/ „Drachenaufstellung" oder Rautenaufstellung

Die Ähnlichkeit zwischen dem Alpensegler und der Vogelaufstellung ist nicht zu verkennen:

„Vogelaufstellung" auch deshalb, weil sich die Mannschaft in der Form eines Vogels aufstellt: Der Kopf sieht und denkt, die Flügel tragen, der Schwanz lenkt das Spiel. Damit wird Kindern bereits anschaulich aufgeführt, welche grundlegenden Funktionen Spielmacher, Flügelspieler, Sturmspitze ausführen sollten. Auch die Bezeichnung „Drachenaufstellung" ist auf Grund der Ähnlichkeit mit dem Flug- und Spielgerät „Drachen" möglich.

Ein weiterer Vorteil dieser Aufstellungsform bietet die Erarbeitung gruppentaktischer Maßnahmen aus dieser Dreiecksaufstellung heraus, weil sich die Lernenden dann in diesem „Rahmen" sicher fühlen, auf bekannte Wahrnehmungsschemata zurückgreifen können und Lernkapazitäten für die neu zu erarbeitenden Handlungsabläufe frei werden.

Die Häufung ähnlicher Wahrnehmungsmuster führt zu einer Erweiterung des entsprechenden Gehirnareals. Wenn das Gehirn die gemeinsamen Strukturmerkmale und die übereinstimmenden Informationen durch die kontinuierliche Beschäftigung damit für bedeutsam hält, wird es sie zu einem Netzwerk verbinden können. Diese Tatsache spricht für die Ausbildung der Zielschussspiele in einem sportspielgerichteten Ansatz, weil die Kinder dadurch ständig mit denselben Spielsituationen konfrontiert werden. So können wir nach einer spielgemäßen Hinführung zu den Grundstrukturen durchgängig an ihnen festhalten und diese in einem mehrjährigen Prozess bis zu den Minispielformen der Großen Sportspiele weiterentwickeln und sportspielspezifisch ausdifferenzieren.

5.3.4 „Informationsstaubsauger" Gehirn

In den komplexen Handlungsabläufen der Ballspiele wetteifern unzählige Eindrücke und Wahrnehmungen um die Aufmerksamkeit des Gehirns. Deren Abspeicherung würde binnen kürzester Zeit das Gehirn mit einer Fülle sinnlosen Datenmülls lahm legen (vgl. Spitzer, 2002, S. 10). Deshalb muss es vor allem zwei Aufgaben bewältigen können: Wichtiges von Unwichtigem zu unterscheiden und Kategorien zu bilden. Allein unter diesem Gesichtspunkt wird die Forderung, dass Spielen nur durch Spielen zu erlernen ist, verständlich. Handlungskompetenz in Ballspielen verlangt von den Spielern, die wesentlichen Informationen herauszufiltern, in Verhaltensregeln zu verarbeiten und diese hierarchisch geordnet sowie letztendlich automatisch anzuwenden.

5.3.5 Neuronale Vernetzung

So wie bei kognitiven Lernprozessen neue Informationen einen sinnvollen Platz im bereits vorhandene Wissen einnehmen müssen und damit vernetzt werden können, müssen auch in motorischen Lernprozessen neue Aktionen im bereits vorhandenen motorischen Können eingebunden werden. In Kapitel 1 wurde bereits erläutert, dass unser Gehirn nach dem Prinzip der neuronalen Vernetzung arbeitet. Eindrücke, Bilder, Informationen usw. werden aufgenommen und weiterverarbeitet. Entweder werden neue Strukturen herausgebildet oder die eingehenden Impulse werden mit vorhandenen Strukturen vernetzt.

Daraus folgt, dass wir Kinder dieselben Spielsituationen in gleicher Struktur, jedoch mit vollkommen anderen motorischen Fertigkeiten, mit unterschiedlichen Bällen, Zielen, Spielfeldern und Spielregeln erleben lassen sollten, damit sie aus einer bekannten Struktur die bedeutungsrelevanten Informationen entnehmen, verarbeiten und umsetzen können und somit gezielt lernen können. Dadurch lassen sich neue Erkenntnisse, Fertigkeiten und Fähigkeiten nicht nur einmalig kurzfristig gewinnen, sondern sie bekommen die Chance, langfristig gefestigt und somit erworben zu werden. Durch ständige Rückkopplungen und Reaktivierungen sorgen wir dafür, dass sich die relevanten Informationen in unser Gehirn einprägen und bei Bedarf zur

Verfügung stehen. Spitzer erklärt dieses Phänomen mit der „Statistik des Gebrauchs". Verhaltensweisen, die oft wiederholt werden und auf dieselbe Art und Weise ablaufen, hinterlassen im Gehirn breite und stabile Gedächtnisspuren, sie legen einen „Trampelpfad" an. Regeln, die aus den einzelnen Erfahrungen abgeleitet wurden, führen nur durch die ständige Benutzung zu festen Spuren im Gehirn (vgl. Spitzer, 2002, S. 6). Da jedoch die Einseitigkeit der Spielerfahrung Einseitigkeit des Handelns produziert, sollte in einem Lernprozess eine möglichst große Varianz an strukturgleichen Spielsituationen angeboten werden, und zwar unter dem Motto: „Wir spielen immer wieder dasselbe, aber immer anders." So entsteht Können, aber nur sehr langsam, denn es ist „noch kein Meister vom Himmel gefallen."

5.3.6 Lerngespräche/Reflexionsphasen

Wichtige Inhalte müssen immer wieder „gelernt" und das Begriffene (Gelernte) muss immer wieder angewendet werden. Bekanntes sollte deshalb vor einem Spiel von den Spielern selbst immer wieder angesprochen, damit in den Aufmerksamkeitshorizont gebracht und schlussendlich im Spiel immer wieder umgesetzt werden. Dadurch werden Kinder sicher und entwickeln ihre Fertigkeiten weiter. In Reflexionsphasen müssen Spieler Gelegenheit erhalten, ihr Spielverhalten zu überdenken und taktische Verhaltensweisen für sich oder bestimmte Mannschaftsteile zu entwickeln. Nur so kann sich allmählich taktisches Denken in zunehmend komplexeren Situationen ausbilden.

Somit bleibt eigentlich nur noch die Frage offen, wie Kinder zu diesen Grundstrukturen gelangen können. Dazu ist es erforderlich, die Lernvoraussetzungen von Kindern zu betrachten und sinnvolle methodische Schlüsse daraus zu ziehen.

5.4 Alters- und entwicklungsbedingte Lernvoraussetzungen

Wir wissen aus den vorherigen Kapiteln, dass Kinder nur wenige Ballspielerfahrungen besitzen, wenn sie in den Schulsport bzw. in den Sportverein kommen. Sie verfügen über unterschiedlich ausgeprägte motorische Grundtätigkeiten, besonders im Laufen, und können nur wenige Bewegungskopplungen vollziehen. Das Werfen und Fangen zielgerichtet zugespielter Bälle klappt bei einigen schon recht gut, die Anwendung in kleineren Spielsituationen mit direktem Gegnerkontakt stellt für viele noch eine Überforderung dar. Dasselbe gilt für die Bewegungsformen des Passens und der Annahme mit dem Fuß, wobei die größten Probleme bei der Ballannahme zu beobachten sind. Die Hauptursache hierfür ist in der mangelnden Antizipations- bzw. Differenzierungsfähigkeit zu sehen, aber auch in der schwierigen Bewegungskopplung mit dem Anlaufen zum Ball, dem notwendigen Einbeinstand und dem kontrollierten Einsatz des Spielbeins. Häufig wird diese Fertigkeit umgangen, indem der Ball direkt in der Laufbewegung weggekickt wird.

Der Bewegungsantrieb der Kinder ist im Allgemeinen hoch, die Konzentration auf eine Sache jedoch nur für wenige Minuten gegeben. Das gilt vor allem für Übungsphasen, aber auch in Spielformen kann eine mangelnde Beharrlichkeit konstatiert werden, besonders wenn eine Niederlage absehbar wird. Kinder wollen zwar gewinnen, können aber noch nicht verlieren. Die kognitiven Voraussetzungen reichen nur für Spielformen mit einem einfachen Spielgedanken und vereinfachten Spielregeln aus.

Als elementare Voraussetzung für das Spielen-Können wird das „technomotorische Handwerkszeug" (im Fuß-Ball = „Fußwerkszeug") angesehen: Kinder müssen doch zuerst den Ball werfen, schlagen, schießen, fangen, annehmen, prellen, führen können, bevor sie mit- und gegeneinander spielen können. Diese Fertigkeiten erwirbt man durch Üben. Damit sind wir bei einem grundlegenden Problem, denn wir wissen, dass viele Kinder heutzutage die Bereitschaft und das Konzentrationsvermögen kaum mehr aufbringen können und wollen, bestimmte Techniken beharrlich zu üben und zu Fertigkeiten auszubilden. Die Voraussetzungen dazu müssen in einem langen Zeitraum geschaffen werden, die positiven Lerneffekte stellen sich dann in den späteren Ausbildungsphasenhasen ein.

Welche Alternative verbleibt also?

Die Spielausbildung muss mit den Spielformen und -situationen beginnen, die Kinder bereits spielen können und die somit kindgemäß sind. Da jedoch Spielerfahrungen in unserer Gesellschaft nur noch rudimentär vorhanden sind, müssen die Anforderungen didaktisch stark reduziert werden. Wir müssen an den realen Spielsituationen der Kinder ansetzen und sie nach den Voraussetzungen und dem Könnensstand der Kinder weiter ausgestalten und ausdifferenzieren.

Beobachtet man Kinder heutzutage bei Ballspielen in der Freizeit, fällt auf, dass das komplexe Spiel vornehmlich auf den Zielschuss und evtl. dessen Abwehr reduziert wird. Torschuss- oder Torwurfspiele in verschiedenen Variationen oder das Zielwerfen auf einen Basketballkorb mit zwei oder maximal drei Kindern bilden dabei den Hauptgegenstand.

Folglich kann die äußerste Reduzierung auf den Kern des Spielgedankens „Treffer erzielen und verhindern“ als methodischer Ausgangspunkt für einen integrativen Ansatz in der „Spielvermittlung“ fungieren. Hauptaufgabe muss es im weiteren Verlauf sein, Kinder von diesen einfachen Spielsituationen an die Grundstruktur der Zielschussspiele heranzuführen.

5.5 Langfristiger Erwerb der Spielstrukturen

Wir wissen jetzt, dass es im Sport sehr lange dauert, bis wir über Gelerntes so verfügen können, dass es im Gedächtnis fest verankert und gespeichert ist. Wenn wir Kinder zu erfolgreichen Spielern ausbilden wollen, ist es wichtig, sie schon frühzeitig an bestimmte Grundverhaltensweisen im Spiel heranzuführen. Da Umlernen wesentlich schwieriger als Neulernen ist, sollten wir deshalb Kinder gleich das Richtige und Wesentliche in ihrem Spielverhalten erlernen lassen.

Die Grundformation des Angriffsdreiecks gilt als wesentliche Voraussetzung für das Zusammenspiel in einer Mannschaft. Kinder diese Erkenntnis gewinnen zu lassen, muss ein zentrales Anliegen der Anfängerausbildung sein. Erst wenn Kinder in der Lage sind, diese Grundordnung einzunehmen und beizubehalten, kann das Freilaufen und Anbieten entwickelt werden. Da Kinder am Anfang die dazu erforderlichen kognitiven und perzeptiven Voraussetzungen noch nicht besitzen, müssen diese durch die koordinative Schulung und ausgewählte Spiel-/Übungsformen allmählich entwickelt und gefördert werden. Diese Phase dauert je nach Umfang und Intensität dieser Lernprozesse mehrere Jahre und lässt sich in folgenden Schritten vollziehen:

- Hinführung zur Dreiecksformation im Angriff;
- Anwenden und Festigen der Dreiecksformation in Kleinen Spielen, in Transfer- oder Vehikelspielen;
- Anwenden und Festigen der Dreiecksformation in Überzahlspielen;
- vielseitiges Spielen in Gleichzahl in der Dreiecksformation;
- Erweiterung der Dreiecksformation zur Rautenaufstellung durch das Spielen in Überzahl- und Gleichzahlsituationen;
- automatisches Anwenden der Rautenaufstellung in den Minispielformen.

5.6 Curriculum zur Entwicklung der Handlungskompetenz in den Zielschussspielen

Handlungskompetenz in den Zielschussspielen kann nicht durch eine Aneinanderreihung zahlreicher Inhalte im Sinne eines additiven Vorgehens entwickelt werden, sondern nur durch ständige Rückkopplungen und Wiederholungen, damit sie nicht in Vergessenheit geraten und nach der Erwerbsphase verfeinert, stabilisiert und permanent angewendet werden können. Soll dieser Prozess zusätzlich klar strukturiert ablaufen, brauchen wir eine zusammenhängende und übereinstimmende Spiel- oder Handlungsstruktur, an der wir konsequent festhalten und die wir in verschiedenen Schritten auf ein zunehmend höheres Qualitätsniveau führen. Wollen wir darüber hinaus die Lernprozesse unserer Schüler strukturiert gestalten, müssen wir sie befähigen, in den einzelnen Phasen von Bewegungs- und Spielhandlungen gezielt lernen zu können. Dazu ist eine durchgängig umfassende Ausbildung der koordinativen und konditionellen Fähigkeiten nötig.

Zur Entwicklung des Spielverständnisses und eines taktischen Spielsystems werden die Schüler an die Dreiecksformation in Torschussspielformen und Kleinen Spielen herangeführt. Die Anwendung und Festigung dieser Grundordnung erfolgt in Transfer- oder Vehikelspielen und wird auf die Torschuss-, Überzahl- und Gleichzahlspiele übertragen. Dadurch werden die technischen Elemente, kognitiven, interaktiven und affektiv-emotionalen Fähigkeiten in erster Linie spielerisch-implizit entwickelt, der Lernprozess kann jedoch stets durch Übungsformen begleitend unterstützt werden. Mit der Erhöhung der Mannschaftsstärke zum Spielen in der Rautenformation lassen sich diese Inhalte wiederum in den Ausbildungsprozess integrieren und letztendlich zum komplexen Mannschaftsspiel ausbauen.

Der gesamte Ausbildungsverlauf lässt sich folglich in einem Curriculum anordnen, in dem eine ständige Verknüpfung der spielbestimmenden Inhalte gegeben ist.

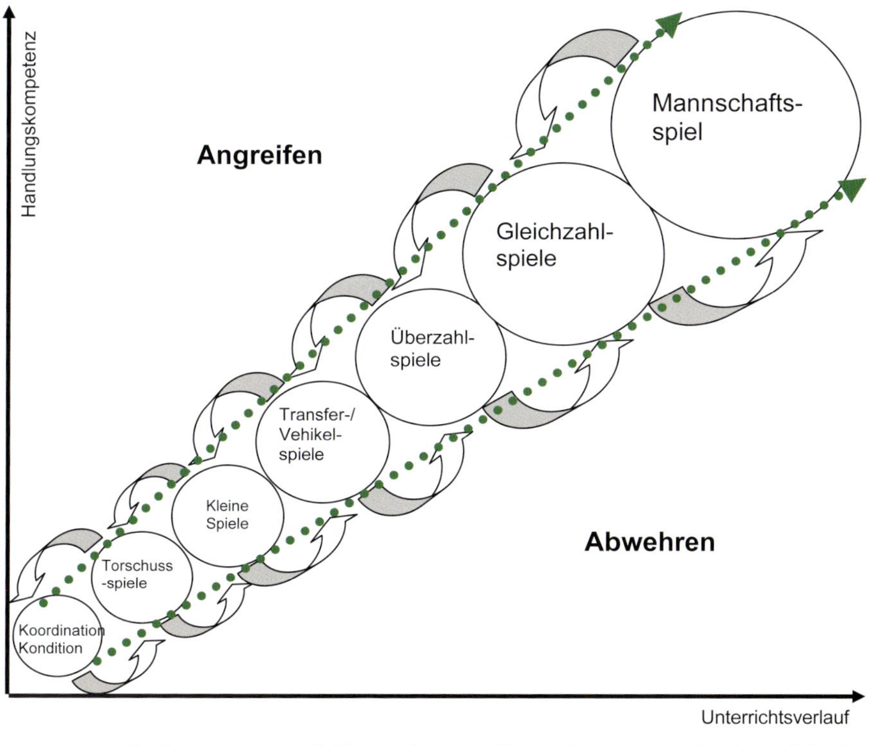

Abb. 5.50: Curriculum zur Entwicklung der Handlungskompetenz in den Zielschussspielen

6 Integratives und differenziertes Erlernen der Zielschussspiele

Wenn wir unter „integrativ" verstehen, aus einzelnen Teilen oder Elementen eine Einheit zu bilden, kann das für ein integratives Erlernen der Zielschussspiele nur heißen, aus den identischen Strukturen der verschiedenen Sportspiele eine einheitliche didaktisch-methodische Konzeption zu erstellen.

Konsens in der Literatur des 20. Jahrhunderts zur „integrativen Sportspielvermittlung" besteht allein in ihrer Zielsetzung, nämlich in der Entwicklung der allgemeinen Spielfähigkeit. Damit wird diese didaktische Konzeption auf die Anfängerausbildung in den Ballspielen reduziert. In der integrativen Spielvermittlung sollen in erster Linie die Grundlagen für die „sportspielübergreifende Spielfähigkeit" ausgebildet werden.

Nach BRETTSCHNEIDER/WESTPHAL „setzt die Spielfähigkeit ... die Ausübung einer sehr komplexen Tätigkeit voraus, die etwa als Einheit von motorischen, sozialen, kognitiven und emotional-affektiven Leistungskomponenten gekennzeichnet werden kann" (Brettschneider/Westphal, 1976, S. 32). Ihre Beurteilung ist von der Erwartungshaltung der Lehrenden abhängig, die wiederum mit dem Verständnis von Spielfähigkeit verbunden ist. Wird das Spiel mehr unter dem Wettkampfaspekt gesehen, „dann muss vor allem die motorische Komponente der Spielfähigkeit eine besondere Akzentuierung erfahren. Wird das Spiel als partnerorientiertes Kommunikations- und Interaktionssystem aufgefasst, dann wird die soziale Teilleistung höher bewertet. Der kognitive Aspekt würde besonders berücksichtigt werden müssen, wenn z. B. taktisches Denken im Vordergrund steht. Die sportliche Spielfähigkeit weist – dies ist unverkennbar – eine vielschichtige Struktur auf. Das dient als Anlass, darauf hinzuweisen, dass alle genannten Momente an der Konstituierung der Spieltätigkeit beteiligt sind und dass auf keines von ihnen verzichtet werden kann, ohne die Spieltätigkeit in ihrer Komplexität zu amputieren. Diese Aussage beansprucht allgemeine Gültigkeit" (Brettschneider/Westphal, 1976, S. 32).

Folglich kann derjenige als „spielfähig" bezeichnet werden, der in einer Spielsituation ein angemessenes Handlungsrepertoire abrufen kann, um bestimmte Spielaufgaben zu lösen.

Parallelen zu dem divergierenden Verständnis von Spielfähigkeit zeigen sich in den verschiedenen Auffassungen von integrativer Spielvermittlung.

Von einigen Vertretern wird das Erfinden von neuen und verschiedenartigen Spielen durch das selbstständige Verändern des Regelwerks und die Inszenierung von Spielsituationen als integratives Konzept propagiert.

Andere sehen in der vielseitigen Vermittlung von technischen Fertigkeiten bspw. in Form von Passen und Annehmen, Dribbeln usw. mit der Hand, dem Fuß, mit Schlägern und deren Integration in Spielformen, die sie zeitgleich oder kurz hintereinander anbieten, einen möglichen Weg für die Umsetzung des integrativen Ansatzes.

Wiederum andere bieten sogar nur ein Basisspiel als integratives Konzept an, aus dem sich aufeinander folgend die Spielfähigkeit in den verschiedenen Zielschussspielen ergeben soll. Damit werden alle Vertreter zwar einem vielseitigen und abwechslungsreichen Vermittlungsansatz gerecht, denn gespielt oder geübt wird mit der Hand, dem Fuß, einem Schläger, mit großen, kleinen Bällen, auf große Tore, kleine Ziele usw. auf verschiedenen Spielfeldern zeitgleich oder in unmittelbarer Abfolge, der integrative Charakter ist jedoch nur sehr punktuell.

Einzigartig ist deshalb die Konzeption der HEIDELBERGER BALLSCHULE (s. Kapitel 4), die sich jedoch auf die Grundlagenausbildung in einem sportspielübergreifenden Ansatz konzentriert.

Die Zielschussspiele integrativ zu erlernen, heißt den Weg konsequent weiterzugehen und auch die sportspielgerichtete und -spezifische Ausbildung trotz aller didaktisch-methodischen Bedenken und Vorbehalte integrativ vorzunehmen.

6.1 Integrative Ausbildung der speziellen Spielfähigkeit

Nach SÖLL ist die integrative Spielvermittlung „keine Methode, sondern ein neuerer didaktischer Ansatz und zugleich eine praktisch-organisatorische Maßnahme, um Sportunterricht zu vereinfachen und zu intensivieren" (Söll, 2003, S. 245).

Letztendlich führt diese zu vier unwiderlegbaren Vorteilen, die sich zeigen

- » in der Unterrichtsorganisation
- » in der Unterrichtsökonomie
- » in der Unterrichtsintensität
- » in der Lernwirksamkeit.

Konkret bedeutet das für die vier Großen Sportspiele (BB, FB, HB, HO) einen Ausbildungsweg. Wenn Kinder nach der Einführung in ein Sportspiel auf dieselben bekannten Organisations- und Handlungsmuster in dem zweiten Sportspiel treffen, verleiht ihnen das Sicherheit. Wir verbrauchen keine unnötige Zeit, immer neue organisierende Maßnahmen oder Aufstellungsformen einzuführen, sondern greifen auf bereits Bekanntes, bereits Gekonntes zurück. Dadurch wird die Unterrichtsdurchführung ökonomisch, die Konzentration auf den Lernstoff ist eher gegeben, mehr effektive Unterrichtszeit steht für das Lernen zur Verfügung und die Bewegungsintensität wird erhöht. Die Anknüpfung an bereits Bekanntes erleichtert die Wahrnehmung, die Integration neuer Lerninhalte in bereits vorhandene Strukturen erlaubt das „Festhalten" des Gelernten, viele Wiederholungen garantieren das Einschleifen von Programmen in unserem motorischen Gedächtnis.

Wie jedoch jede Medaille hat auch die integrative Sportspielvermittlung ihre Kehrseite, die es zu beachten gilt, vor allem wenn es um die Ausbildung spielspezifischer Verhaltensweisen geht, denn es gibt nicht nur eine positive Übertragungswirkung (Lerntransfer), sondern auch eine hemmende. Letztere wird als Interferenz bezeichnet und tritt vor allem bei Strukturähnlichkeiten – nicht bei Strukturgleichheit – auf. Deshalb ist es angebracht, noch einen kurzen Blick auf den Schlüsselbegriff *Strukturverwandtschaft* zu werfen.

6.2 Strukturverwandtschaft und Lerntransfer

Ein Zehnjähriger dribbelt in den letzten Sekunden des Spiels bei Gleichstand alleine auf den Basketballkorb zu. Der Ball ist für seine Hände relativ groß, der kleine Korb hängt für die kleinen Spieler sehr hoch. Nur mit einem präzisen Wurf wird es gelingen, das Spiel zu Gunsten seiner Mannschaft zu entscheiden.

Ein Zehnjähriger dribbelt in den letzten Sekunden des Spiels bei Gleichstand alleine mit dem Ball am Fuß auf das Tor zu. Der Ball ist für seine Füße relativ groß, das große Tor wird von einem relativ kleinen Torhüter bewacht, der jedoch sehr flink ist. Nur mit einem Tor wird es gelingen, das Spiel zu Gunsten seiner Mannschaft zu entscheiden.

Zwei Spielsituationen in zwei verschiedenen Sportspielen. Identisch oder ähnlich? Strukturverwandtschaft oder Strukturähnlichkeit? Außensicht-Ähnlichkeit oder Innensicht-Verwandtschaft? Nach SKAGGS-ROBINSON sind diese Fragen entscheidend für den Lerntransfer, denn eine leichte Ähnlichkeit führt zu einem negativen Lerntransfer, eine völlige Identität zu einem positiven.

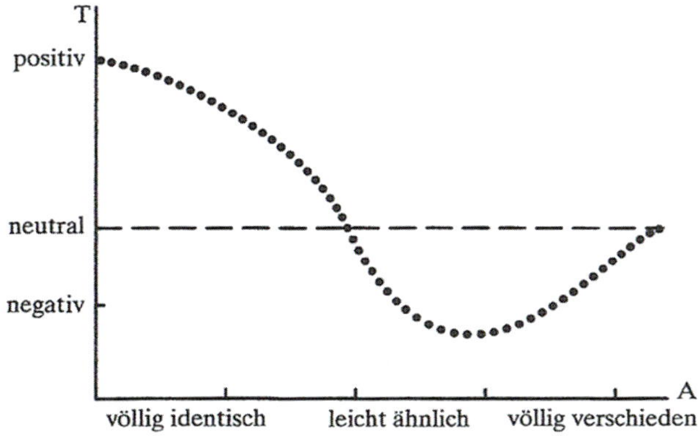

Abb. 6.1: Die Skaggs-Robinson-Transferhypothese: Ähnliche Aufgaben stören sich am meisten (nach Pöhlmann, 1994, S. 149)

Von außen betrachtet zeigen die beiden Spielsituationen mehr Unterschiede als Gemeinsamkeiten, und doch wird man das Gefühl nicht los, dass hier eine völlig identische Spielsituation vorliegt, obgleich es im Basketball keinen störenden Torwart gibt, jedoch eine komplizierte Schrittregel, die einem erfolgreichen Abschluss beim Übergang vom Dribbling zum Wurf im Wege stehen könnte.

Nach HASLER entscheiden über Verwandtschaften in Spielsportarten nicht allein gemeinsame Bewegungsausführungen, sondern die Grundidee des Spiels, der Spielgedanke, prägt entscheidend den Charakter eines Spiels (vgl. Hasler, 1982, S. 17). Folglich läge in den beiden beschriebenen Spielsituationen eine völlige Identität vor: Einen Treffer mehr als der Gegner zu erzielen, und das in den letzten Sekunden des Spiels.

Auch ein Blick auf die Innensicht verweist mehr auf Gemeinsamkeiten als auf Unterschiede:

Die beiden Situationen entsprechen sich in Bezug auf die kognitiven, emotionalen und psychosozialen Anforderungen. Außerdem besteht für eine erfolgreiche Lösung der Spielsituation im umfassenden Sinne eine absolute Planungsverwandtschaft, denn eine Bewegungshandlung darf nicht nur auf die Bewegungsausführung reduziert werden. HOTZ spricht von „struktureller Bewegungsverwandtschaft“, „wenn das Wesentliche (nämlich die Informationsverarbeitungs- und Koordinationsvorgänge) zweier Spielhandlungen übereinstimmt“ (Hotz, 1986, S. 127). Die verschiedenen Ausführungsformen bezeichnet er als „Variationen über das Thema“ und fordert, unter solchen Verwandtschaftsaspekten – mit der berechtigten Hoffnung auf Lerntransfer – die methodischen Angebote im Bewegungslernen zu gestalten (ebd., S. 127).

6.3 Das Weingärtner Übertragungsmodell (WÜM)

Einen strukturierten methodischen Weg finden wir im WEINGÄRTNER ÜBERTRAGUNGSMODELL angelegt, indem es die drei Grundsituationen der Zielschussspiele in neun Spielsituationen mit progressiv steigender Komplexität so aufbereitet, dass sowohl Anfänger als auch Könner darin ihre Handlungskompetenz in klar strukturierten Lernschritten für die Großen Sportspiele Basketball, Fußball, Handball (wie auch für Wasserball und Hockey) erweitern können.

Das Weingärtner Übertragungsmodell setzt an der Nahtstelle vom sportspielgerichteten zum sportspielspezifischen Übergang an. Es ermöglicht sowohl die Ausbildung der allgemeinen als auch der spezifischen Spielfähigkeit.

Anders formuliert:

Das WÜM erlaubt eine Umsetzung der neun Spielsituationen auf völlig unterschiedlichen Qualitätsstufen. Deshalb kann es in mehreren „Lerngängen" immer wieder durchlaufen werden.

Die Übertragung der neun Spielsituationen auf die verschiedenen Zielschuss- oder Zielwurfspiele lässt unterschiedliche Akzentuierungen und Zielsetzungen zu. Soll die sportspielgerichtete Ausbildung noch im Vordergrund stehen, kann der Schwerpunkt zunächst auf die gemeinsamen Strukturen der Sportspiele gerichtet werden. Die Ausbildung der sportspielspezifischen Fertigkeiten und Fähigkeiten tritt damit in Hintergrund, ebenso werden die sportspielspezifischen Regeln wie bspw. Schrittregeln noch sehr allgemein gehalten und großzügig ausgelegt. Das Verstehen der Spielidee, das Erkennen der Grundsituationen, allgemeine Basisfertigkeiten zum Balltransport und Zielschuss oder grundlegende taktische Verhaltensweisen zum „Angriffsaufbau – Stören" – „Herausspielen von Torgelegenheiten – Abschirmen des Tores" können prioritären Charakter erhalten.

Darüber hinaus lassen die neun Spielsituationen im Sinne eines Übergangs zur speziellen Spielfähigkeit die spielgemäße Ausbildung der wesentlichen technomotorischen, individual-, gruppen- und mannschaftstaktischen Elemente zu. Unter Ausbildung ist hier das Erwerben, Verfeinern, Stabilisieren und Anwenden, also ein jahrelanger Prozess, zu verstehen. Durch die möglichen Variationen der einzelnen Spielsituationen schafft das WÜM selbst für den höchsten Leistungsbereich Möglichkeiten für ein effektives Training, das alle Leistungskomponenten eines Sportspiels umfasst. Da immer die Spielsituation und dadurch das Spielen im Mittelpunkt steht, lassen sich auch in ihm die kognitiven, emotional-affektiven und interaktiven Kompetenzen von Spielern spielerisch-implizit weiterentwickeln.

Dem WÜM wird eine exponierte Stellung in der „Ballspielschule" zuerkannt. Durch die Ausdifferenzierung auf verschiedenen Niveaustufen stellt es den Kern eines Spielcurriculums für die Unter- und Mittelstufe wie auch für eine Ballspielschule im Verein dar. Mit anderen Worten heißt das, dass wir in dem jahrelangen Ausbildungsprozess immer wieder auf dieselben Spielsituationen zurückkommen, allerdings mit anderen, höheren Ansprüchen und Anforderungen. Dadurch sind Langfristigkeit, Vernetzung, Kumulation und Transfer als Grundlage für eine Kompetenzentwicklung gegeben. Somit lässt sich festhalten:

Mit dem Weingärtner Übertragungsmodell lassen sich die Zielschussspiele ökonomisch, effektiv und nachhaltig erlernen!

Die neun Spielsituationen des WÜM lassen sich entsprechend der drei Grundsituationen der Zielschussspiele wie folgt gliedern:

Treffer erzielen – Treffer verhindern	Torwurf-/Torschuss-/Korbwurfspiel-situationen
Herausspielen von Torgelegenheiten – Abschirmen des Tores	Von Überzahl- zu Gleichzahlspielen
Aufbauen – Stören	Gleichzahlspiele

Durchgängiges Merkmal des Übertragungsmodells sind „offene" Handlungssituationen auf einer **„Spielstraße"** (= Hauptstraße) im Sinne der spielgemäßen Methode. Diese lassen unterschiedliches methodisches Handeln durch den Lehrer oder Trainer zu. Er kann sich dabei für ein spielerisch-implizites oder auch explizites Lernen entscheiden. Dies hängt davon ab, mit welchen Erwartungen, Zielsetzungen und Anweisungen bzw. Aufgabenstellungen er die einzelnen Spielsituationen inszeniert.

Notwendige Fertigkeiten und Fähigkeiten für eine erfolgreiche Lösung der Spielsituationen lassen sich auf der „Nebenstraße" durch gezielte Übungsmaßnahmen fördern, sodass der Sinn von Übungsphasen durch die enge Verbindung mit den Spielphasen dem Lernenden nicht verschlossen bleiben sollte. Insgesamt umfasst die Ausbildung nach dem WÜM durchweg folgende Komponenten:

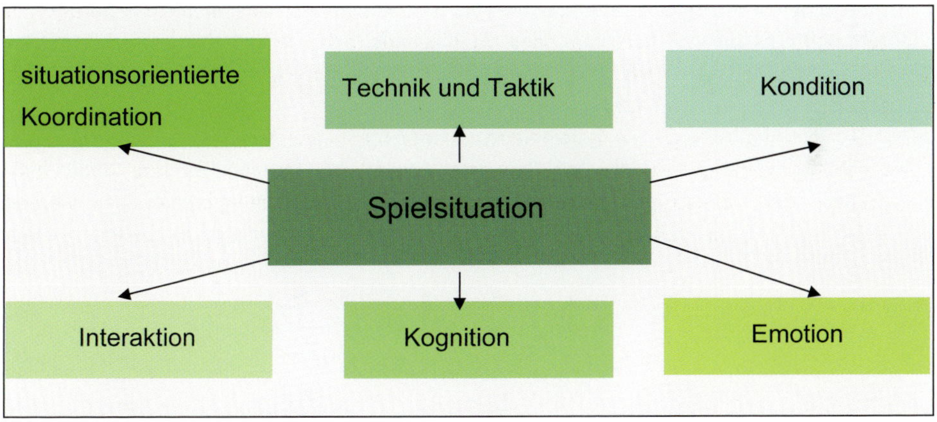

Abb. 6.2: Inhaltskomponenten einer Spielsituation

Dass die einzelnen Spielsituationen eine Durchführung auf verschiedene Qualitätsstufen erlauben, indem beispielsweise höhere taktische, technische oder konditionelle Anforderungen gestellt und dadurch auch ausgebildet werden können, lässt sich aus Abb. 6.2 ableiten.

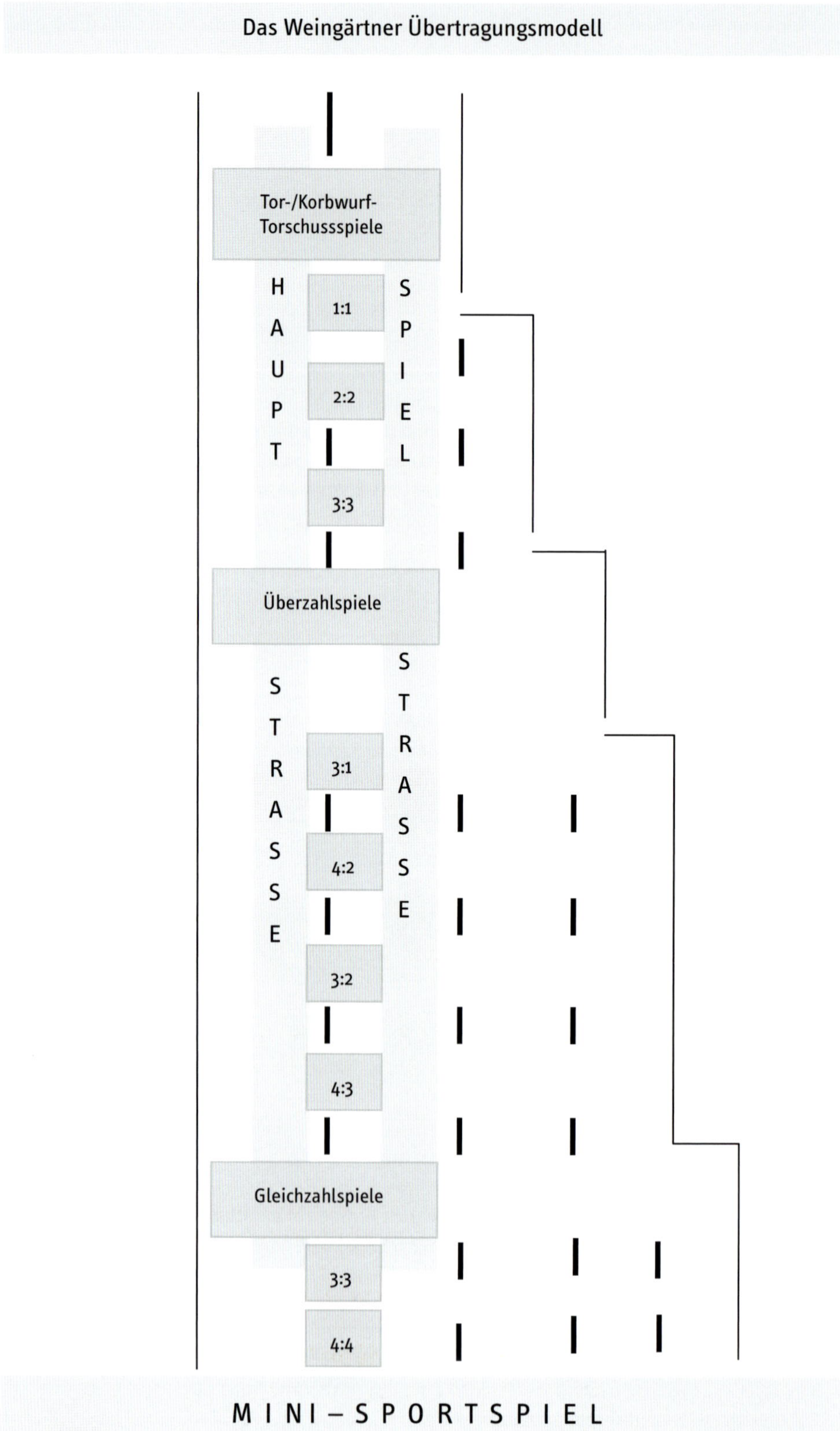

Abb. 6.3: Die neun Spielsituationen des WÜM auf der Hauptstraße (=Spielstraße)

6.4 Differenzierung in der Sportspielausbildung

Sportklassen mit bis zu 30 Schülern und Vereinsmannschaften mit bis zu 20 Spielern effizient zu unterrichten und zu trainieren, scheitert sehr oft an der Leistungsheterogenität der Spieler. Unterschiedliche Begabungen und soziokulturelle Hintergründe, verschiedene Interessen und Sozialisationserfahrungen, spezielle Fähigkeiten und Fertigkeiten, andersartige Lerntypen mit gravierenden Abweichungen im Lerntempo sind im Unterricht zu berücksichtigen, was für Sportlehrer und Trainer eine „Herkulesaufgabe" bedeutet. Der Anspruch der heutigen Bildungswissenschaftler nach „individueller Förderung", d. h., jedes Kind mit seinen jeweiligen Stärken und Schwächen passgenau zu fördern und zu begleiten, läuft vor allem in den Sportspielen Gefahr, unter den momentanen Rahmenbedingungen der Schule und des Vereinssports alle Beteiligten zu überfordern. Nicht mehr die Orientierung an dem „imaginären" Durchschnittsschüler (den es wohl so nie gab) mit der Ausrichtung auf ein durchschnittliches Leistungsniveau, das zur Über- und Unterforderung vieler Lernenden führte, soll zentrales Anliegen von Bildungsprozessen sein, sondern die gezielte Förderung des Individuums, das einzigartig ist und besondere Stärken besitzt. Ein hehres Ziel, bei 30 Kindern in einem Hallendrittel von 15 x 27 m, das hier Praktiker von Theoretikern auferlegt bekommen, vor allem in dem Wissen, dass die „Schere immer weiter auseinander läuft". Damit sind die Unterschiede in den Interessen, die Kinder einer Sache entgegenbringen, und in den Leistungen, zu denen sie fähig sind, gemeint.

Lösungsansätze finden wir in einem alten pädagogischen Prinzip aus den 60er-Jahren des vorigen Jahrhunderts, das heute Wiedergeburt zu feiern scheint: die **Differenzierung.** Sie bezeichnet im weiteren Verständnis „das breite Spektrum schul- und unterrichtsorganisatorischer Maßnahmen, mit deren Hilfe die Schule den vielfältigen und sehr unterschiedlichen Fähigkeiten und Interessen der Lernenden einerseits und den mannigfaltigen Forderungen der Gesellschaft andererseits gerecht zu werden versucht" (Stemper, 1982, S. 288).

Aus dieser Zielsetzung resultiert die Problematik der Differenzierung, in der sich zwei konträre Intentionen gegenüberstehen: Differenzierung soll einerseits die Möglichkeit schaffen, besondere Fähigkeiten eines Individuums zu erkennen und zu fördern, andererseits aber soll sie möglichst alle Schüler zum gleichen Ziel führen, das in der Regel durch einen Bildungsplan festgelegt wird. Diese beiden Positionen spiegeln sich auch in der Sportspielausbildung als zentrales Problem wider. Sportspiele als Mannschaftssportarten sind gekennzeichnet durch das Zusammenwirken verschiedener Mannschaftsteile oder Spielpositionen, die mitunter gänzlich andere Anforderungen an die Akteure stellen. Als oberstes Ziel muss deshalb ein gemeinsames Maß an fundamentalen Fähigkeiten und Fertigkeiten in Form von sportspielrelevanten „Basiselementen" gesehen werden, die noch genug Raum für die individuelle Entwicklung lassen. Dazu können differenzierende Maßnahmen im Unterricht oder Training beitragen.

6.4.1 Die äußere Differenzierung

Bei der äußeren Differenzierung (auch organisatorische genannt) werden Schüler oder Spieler in Gruppen zusammengefasst mit dem Ziel der „Homogenisierung der Lerngruppen durch deren Ausrichtung auf die Leistungsfähigkeit oder die Interessen der Schüler mit Hilfe der organisatorischen Maßnahmen" (Söll, 1973, S. 15).

Für die Sportspielausbildung in der Schule oder im Verein hieße das, Kinder in Gruppen entsprechend ihres Leistungsvermögens einzuteilen. Für die Schule würde das bedeuten, den Klassenverband schon früh aufzulösen und Kinder unter Missachtung wichtiger pädagogischer Kriterien in Leistungsgruppen zu unterrichten.

„Leistungsdifferenzierung" im Verein führt häufig zu starken und schwachen Mannschaften oder Gruppen. Da es im Kindersport noch kein ausdifferenziertes Spielklassensystem gibt, sind Kantersiege in Wettspielrunden vorprogrammiert. Diese bedeuten aber für die Verlierer schlichtweg frustrierende Niederlagen, die sich sehr nachhaltig auf die emotionale Entwicklung und Einstellung auswirken können. Insgesamt stellt die äußere Differenzierung somit ein Problem für Vereine dar, die in einer Altersklasse mehrere Mannschaften in eine Wettbewerbsrunde schicken können. Für viele Vereine wäre das aber ein „Luxusproblem", denn sie sehen sich der Situation ausgesetzt, dass in einer Mannschaft etwa ein Drittel aller Spieler sehr talentiert, durchschnittlich oder auffällig schwach sind, sodass sie letztendlich eine große Leistungsheterogenität aufweist.

6.4.2 Die innere Differenzierung

Für Schulklassen oder Vereinsmannschaften mit einem großen Leistungsgefälle kann als didaktisches Mittel meist nur die innere Differenzierung eingesetzt werden. Sie bezieht sich auf alle Differenzierungsformen, „die innerhalb einer gemeinsam unterrichteten Klasse oder Lerngruppe vorgenommen werden und deren Einsatz immer nach den aktuellen Notwendigkeiten flexibel erfolgt" (Söll, 1979, S. 83).

Das Ziel der inneren Differenzierung besteht darin, die Lernprozesse auf das Begabungs- und Leistungsgefälle sowie auf die Interessensunterschiede innerhalb einer Lerngruppe durch methodische und didaktische Mittel auszurichten (= methodische oder didaktische Differenzierung). Daraus ergeben sich zwei Ebenen, auf denen sich eine innere Differenzierung abspielen kann.

Auf der einen Ebene wird der Klassenverband als organisatorische Voraussetzung zwar beibehalten, der Lern- und Unterrichtsprozess findet aber in Untergruppen statt. Es werden hierbei Formen und Methoden der äußeren Differenzierung auf den Unterricht im Klassenverband übertragen. Dadurch müssen Unterschiede in den Zielsetzungen, Inhalten und Methoden des Unterrichts getroffen werden:

- qualitative Unterschiede in den Lernzielen, also im Niveau der Anforderungen;
- quantitative Unterschiede in den Lernzielen, also im Umfang und in der Menge des zu behandelnden Stoffes;
- Unterschiede in der methodischen Aufbereitung und Darbietung des Stoffes;
- Unterschiede in den besonderen Lernhilfen;
- Unterschiede im Lerntempo.

Auf der anderen Ebene wird der Klassenverband als einheitliche Lerngruppe beibehalten. Von der gemeinsamen Zielsetzung wird nur in zwingenden Fällen abgewichen. Die Differenzierung erfolgt in erster Linie durch methodische Mittel.

Zusammenfassend kann gesagt werden, dass sich die innere Differenzierung auf die Nachteile aller Formen des Unterrichts in heterogenen Klassen bezieht und bestrebt ist, diese durch pädagogische und methodische Maßnahmen abzubauen. Sie versteht sich demnach als fruchtbarer Kompromiss, der einerseits die soziale Funktion des Klassenverbandes oder der Lerngruppe, andererseits aber auch die Lernvoraussetzungen des einzelnen Schülers zu berücksichtigen sucht.

6.4.3 Spielen in homogenen und heterogenen Mannschaften

Die heutige Sportspielausbildung im Verein sieht oft so aus, dass bereits fünf- oder sechsjährige Kinder in Bezug auf sportspielbezogene Aufgaben ausgebildet werden. Die Ballbegabten stehen im Mittelpunkt des Geschehens, haben viele Ballkontakte, bestimmen den Spielverlauf und entscheiden auch oft den Ausgang des Spiels. Die weniger begabten füllen die Mannschaften auf, bekommen die Außenpositionen oder eher Defensivaufgaben zugeteilt. Damit werden sie für ihre weitere Karriere vorbestimmt: Wer mit fünf Jahren seine Karriere als linker Verteidiger im Fußball beginnt, hängt mit 13 oder 60 Jahren seine Fußballschuhe als linker Verteidiger an den Nagel.

Beobachtungen im Sportspielunterricht in der Schule bestätigen eine ähnliche Tendenz. Die schwächeren Schüler werden in den „Abschlussspielen" auf die wenig attraktiven Außenpositionen gestellt und erhalten oft nur durch Zufall einen Ball.

In der Ballspielschule sollen Kinder vielseitig ausgebildet werden. Durch das strukturierte Vorgehen erhalten sie stets Gelegenheit, Spielerfahrungen auf allen Positionen der Dreiecks- bzw. der Rautenaufstellung zu sammeln. Durch das intensive Spiel in reduzierter Mannschaftsstärke wechseln Spielsituationen sehr rasch. Dadurch werden die Anforderungen, die Spielsituationen an die Spieler stellen, sehr vielfältig, mitunter auch unlösbar, vor allem wenn die weniger ballspielerfahrenen Spieler dabei stets auf äußerst leistungsstarke Spieler treffen. Deshalb bietet sich das Prinzip der Homogenisierung in der Sportspielausbildung doch immer wieder an, denn Untersuchungen belegen (nach Söll, 1979, S. 83):

» Die Zahl der durchschnittlichen Ballkontakte ist in homogenen Mannschaften höher.
» Die Spielanteile sind gleichmäßiger verteilt.
» Schwächere Schüler kommen hier zu Erfolgserlebnissen.
» Gute Schüler suchen in heterogenen Mannschaften die Schwachstellen des Gegners aus, um zu Torerfolgen zu kommen.
» Gute Spieler müssen in homogenen Mannschaften mehr abspielen.
» Das taktische Spielverhalten wird in homogenen Mannschaften besser geschult.

Da die guten Sportspieler ebenso gebraucht werden, um das Spiel zu lenken und schwächere Spieler anzuleiten und einzusetzen (Prinzip der Heterogenisierung), darf das Spiel in homogenen Mannschaften nicht zum durchgängigen Prinzip gemacht werden. Es bedarf einer ständigen Überprüfung der Zielsetzung und eines kritischen Abwägens der Vor- und Nachteile bei der Mannschaftszusammenstellung in der jeweiligen Lernsituation.

6.4.4 Praktikable Differenzierungsmaßnahmen in der Spielausbildung

Differenzierende Unterrichtsmaßnahmen in der Sportspielausbildung konsequent umzusetzen, erfordert von Lehrern und Trainern nicht nur umfangreiche fachliche und didaktische Kompetenzen, sondern vor allem bei Kindern auch pädagogisches und psychologisches Geschick.

In den Sportspielen verlangen Lernarrangements zunächst mitunter umfangreiche organisatorische Maßnahmen: Bälle und Parteihemden müssen herbeigeschafft, Spielfelder markiert, Tore aufgebaut werden. Lerninhalte müssen beschrieben, Techniken und Übungsabläufe erklärt und demonstriert werden. Dazu müssen Gruppen eingeteilt und den verschiedenen Spielfeldern zugeordnet werden. Bei Anfängern im Sportlehrerberuf dauert es selbst nach einem fünf- bis sechsjährigem Hochschulstudium und fast lebenslangen eigenen Sportspielerfahrungen sehr lange, bis Übungsprozesse oder Spiele überhaupt in Gang kommen. Obwohl sie in der richtigen Reihenfolge vorgegangen sind – zuerst die Aufgabe, dann die Organisation – müssen sie feststellen, dass zahlreiche Anweisungen nicht oder nur unzureichend verstanden werden und das Unterrichtsgeschehen nur schleppend in Gang kommt. Wesentliche Informationen müssen wiederholt oder nachgeschoben werden, was alles viel Zeit kostet und die Übungs- und Spielintensität deutlich herabsetzt. Die ersten Kinder langweilen sich, beginnen mit dem Ball zu jonglieren, kicken mit ihm herum, das Ganze endet letztendlich im Chaos. Und jetzt sollen noch differenzierte Unterrichtsmaßnahmen durchgeführt werden! In der Steigerung der

Anforderungen an den Lehrer oder Trainer soll dann auch noch jedes einzelne Kind individuell gefördert werden! Die Herkulesaufgabe wird zur Sisyphusaufgabe!

Letztendlich können differenzierende Unterrichtsmaßnahmen in den Sportspielen nur erfolgreich umgesetzt werden, wenn sich der organisatorische Aufwand dafür in Grenzen hält.

Sie lassen sich dann durchführen, wenn sie folgende Bedingungen erfüllen:

- die Organisationsform bei allen Spiel- oder Übungsgruppen weitgehend identisch ist;
- die Struktur der Spiel- oder Übungssituationen nahezu übereinstimmt;
- die Anforderungen durch einfache methodische Mittel (Spielregeln) schrittweise zu steigern sind;
- die Aneinanderreihung von Spielsituationen methodisch zielgerichtet ist.

Differenzierte Maßnahmen bieten sich vor allem bei folgenden Inhalten an:

- bei der Koordinationsschulung, indem leistungsstärkere Spieler schwierigere Aufgabenstellungen erhalten;
- bei der Technikschulung, indem die Komplexität reduziert bzw. erhöht wird (Werfen aus dem Stand – Werfen aus dem Anlauf);
- in Spielformen, indem die Bewegungsfertigkeiten und die Anforderungen an die Antizipation unterschiedlich gestaltet werden (Rollen mit der Hand – Passen mit dem Fuß – Passen mit einem Schläger);
- in der Situationswahrnehmung und Informationsverarbeitung durch vereinfachte Drucksituationen, indem schwächere Mannschaften länger in Überzahl agieren, auf größere Ziele spielen usw.
- in der Erhöhung der taktischen Anforderungen für leistungsstärkere Mannschaften durch Zusatzaufgaben (Balltransport ohne Dribbling, nur durch Passen);
- in der konditionellen Ausbildung durch unterschiedliche Anforderungen in Bezug auf die Bewegungsintensität, Wiederholungszahlen usw.

Trotz aller differenzierten Unterrichtsmaßnahmen ist es zunächst wichtig, dass wir alle Kinder möglichst lange auf dem Weg zum Erwerb der Basisfertigkeiten und -fähigkeiten in den Zielschussspielen mitnehmen und ihnen ein breites Fundament an Spielerfahrung zukommen lassen. Unbestritten bleibt, dass nicht alle Kinder alles lernen können. Doch gerade die Sportspiele bieten den unterschiedlichen Begabungen und Veranlagungen Chancen, durch eine gezielte Ausdifferenzierung zu wichtigen Mannschaftsmitgliedern auf bestimmten Spielpositionen in dem für sie geeigneten Sportspiel zu werden. Unbestritten bleibt auch, dass Kinder aufgrund unterschiedlicher Begabung und Sozialisation verschiedenartig lernen und vor allem ein völlig anderes Lerntempo besitzen. Durch den Einsatz geeigneter methodischer Mittel können die Differenzen in den Lern- und Entwicklungsvoraussetzungen berücksichtigt und so die wichtige Ausbildung der Lernfähigkeit gefördert werden. Und damit sind wir an dem entscheidenden Punkt der Spielausbildung angekommen: Vorgefertigte Stundenbilder aus der Fachliteratur können diesen individuellen Unterschieden nicht gerecht werden. Diese muss der Fachlehrer erkennen und darauf seine didaktisch-methodische Planung ausrichten. Nicht das Kopieren von Stundenbildern, die von Fachleuten erstellt wurden, gewährleistet einen guten Sportspielunterricht, sondern die richtige Einschätzung des Könnens und der Lernvoraussetzungen der eigenen Schüler und die Anpassung der Inhalte an diese.

7 Methodik einer Ballspielschule

Die Methodik soll im Sport, und dies gilt besonders für die Ausbildung in den Ballspielen, die Mittel bereitstellen, die Überblick, Ordnung und Zielstrebigkeit in das Handeln des Lehrers oder Trainers in den Unterricht oder das Training bringen können. Sie befasst sich mit der zentralen Frage, **wie eine Sache dem Lernenden vermittelt werden kann**. In der Didaktik wird sie auch als Anordnung der Inhalte und Organisation des Lernens verstanden. Damit kommt ihr eine Schlüsselrolle beim Erlernen der Sportspiele zu, da diese angesichts ihrer Komplexität eine Vielzahl von methodischen Konzeptionen oder Vermittlungswegen und eine völlig unterschiedliche Auswahl von Inhalten zulassen.

Während sich in der Sportwissenschaft in zunehmendem Maße eine Favorisierung des sportartübergreifenden Ansatzes und integrative Lernkonzepte für Spielanfänger durchsetzt, zeichnet sich bei der Diskussion „Spielen oder Üben?" eine klare Tendenz ab, die in den folgenden Thesen deutlich zum Ausdruck kommt:

» Spielen lernt man nur durch Spielen.
» Spielen heißt, Spielsituationen zu lösen.
» Spielen lernen heißt, Spielsituationen zu lösen lernen.
» Spielen in der Grundausbildung heißt: Wir spielen von Anfang an.
» So viel spielen wie möglich, so viel üben wie nötig.
» Spielen vor Üben.
» Spielsituationen sind taktisch zu „lesen", zu „verstehen" und ihre Lösungen zu „schreiben".

Bei der Fragestellung „implizites oder explizites Lernen?" stoßen wir nach wie vor auf völlig konträre Grundpositionen. Während sich ROTH et al. in der Heidelberger Ballschule klar für ein implizites Lernen entschieden haben, vertreten LOIBL und v. a. amerikanische Spieldidaktiker die Ansicht, dass erst durch gezielte Fragen im Unterricht taktische Lernprozesse möglich sind. Da es in der Methodik nie den „Königsweg" gibt, kann eine Vorstellung der verschiedenen Methodenkonzeptionen in einem Fachbuch zur „Spielvermittlung" mehr bewirken als die Vorgabe eines starren methodischen Konzepts.

Als Parameter für die sinnvolle Auswahl der Methode scheinen jedoch vier wesentliche Aspekte häufig in Vergessenheit zu geraten: die Rahmenbedingungen, der Zeitaspekt (Ökonomie), die Bewegungs- bzw. Übungsintensität und die Zielsetzung des Lernprozesses. Deshalb empfiehlt es sich in dieser Diskussion an SÖLL zu orientieren: „ Methodik ist dann ‚richtig' – und zumeist auch am effektivsten, wenn man möglichst wenig davon merkt" (Söll, 2003, S. 196). Vollkommene Einigkeit, um das Lernen zu erleichtern, besteht dagegen in der Notwendigkeit, die methodischen Grundsätze auch in der Spielausbildung einzuhalten, als da wären:

» Vom Allgemeinen zum Speziellen
» Vom Leichten zum Schweren
» Vom Bekannten zum Unbekannten
» Vom Einfachen zum Komplexen

7.1 Methoden der Sportspielvermittlung

In der Methodik der Spielerziehung können grundsätzlich drei unterschiedliche Konzeptionen festgestellt werden:

- » die Technik-Taktik-Methode
- » die Konfrontationsmethode
- » die spielgemäße Methode

Diese drei Methoden lassen sich auf zwei verschiedene Grundideen von Spiel zurückführen und stehen deshalb für zwei konträre Auffassungen. Während sich die Technik-Taktik-Methode für die Anwendung von Übungsreihen (deduktive Methode) ausspricht, fordern die anderen beiden die induktive Methode in Form von Spielreihen.

Die Konfrontationsmethode und die spielgemäße Methode gehen von der Komplexität des Spiels aus, die eine Aufgliederung in einzelne Teile aufgrund der Totalität des Spielgedankens nicht erlaubt. Spiel ist hier mehr als die Summe der Einzelteile, es ist nur durch Spielen erlernbar. Das methodische Problem liegt darin, wie man Kinder am Spiel teilhaben lassen kann, ohne sie zu überfordern. Eine Lösung verspricht die methodische Spielreihe, eine nach methodischen Grundsätzen geordnete Folge von vorbereitenden Spielen und Spielformen, oder die Aneinanderreihung von Spielsituationen, die zu einem Zielspiel führt. Die vorbereitenden Spiele sollen die im Zielspiel benötigten Techniken vorbereiten, die Spielformen den Spielgedanken des Zielspiels in vereinfachten Formen entwickeln. Durch die Spielreihe können die Kinder von Beginn an den Spielgedanken und somit den Charakter des Zielspiels erfahren.

Gemäß der Auffassung „Spielen will gelernt sein und bedarf der Übung" erscheinen Übungs- und Spielreihe als methodische Komplementärbegriffe. Die neueren methodischen Konzeptionen für die Ballspiele in der Schule und im kindgerechten Vereinstraining versuchen diese Situation zu berücksichtigen.

7.1.1 Spielen oder Üben?

„Taktisches Bewusstsein, Lösen von Problemen und Fällen von Entscheidungen sind wichtige Aspekte in Sportspielen. Schüler müssen, um gute Spieler zu werden, als Erstes lernen, zu entscheiden, wohin sie sich bewegen müssen, unabhängig davon, ob sie den Ball haben oder nicht" (Fisette, 2006, S. 267).

„‚Wir wollen spielen!' sagen die Schüler. Die Antwort der Lehrperson: ‚Bevor ihr spielt, müsst ihr die richtigen Techniken lernen und üben.' Zwar wollen die Lehrer, wenn sie Spiele lehren, dass ihre Schüler erfolgreiche Spieler werden und Spaß am Spiel haben, doch das Erlernen von Techniken erscheint gerade bei den Spielen vielen von uns Sportlehrern als entscheidend" (Bohler, 2006, S. 260).

In diesen beiden Zitaten wird ein Grundproblem der Spielvermittlung angesprochen, das von vielen Sportlehrern und Vereinstrainern gar nicht wahrgenommen wird. Ihr Stundenaufbau in den Ballspielen sieht fast immer gleich aus: Aufwärmen mit Ball – Technikübungen zum Dribbeln (Slalom durch Stangen), Passen und Annehmen – Torschuss- oder Korbwurfübungen – Abschlussspiel. Selbst Lehramtsanwärter nehmen diese Problematik nach mehreren Jahren eines sportwissenschaftlichen Studiums kaum wahr, haben sie doch in der Sportspielausbildung an den Hochschulen einen Großteil der Unterrichtszeit mit dem Erlernen der vorbildlichen Demonstrationstechnik des Schmetterschlags im Volleyball, des Spannstoßes im Fußball oder des Korblegers im Basketball verbracht. Die Kenntnisse aus den Theorie- und die eigenen Erfahrungen aus Praxisveranstaltungen sowie der persönlichen Sportbiografie klaffen weit auseinander. Dasselbe gilt auch häufig für das Vereinstraining, bei dem die Inhalte des

Erwachsenentrainings in reduzierter Form auf Kinder „herabgebrochen“ werden. Doch Kinder sind keine kleinen Erwachsenen, sie unterscheiden sich in vielem von ihnen. Für sie macht es einen entscheidenden Unterschied im Lernprozess, ob er in Spiel- oder in Übungsformen abläuft, was sich mit der Gegenüberstellung in den beiden folgenden Abbildungen deutlich aufzeigen und erklären lässt.

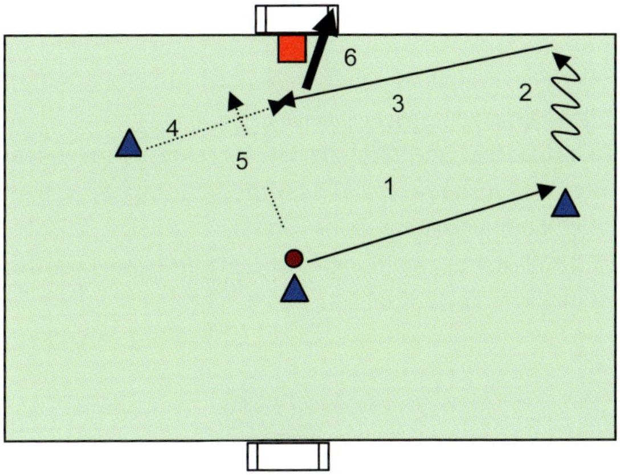

Abb. 7.1: Übungssituation 3:0 (+TW)

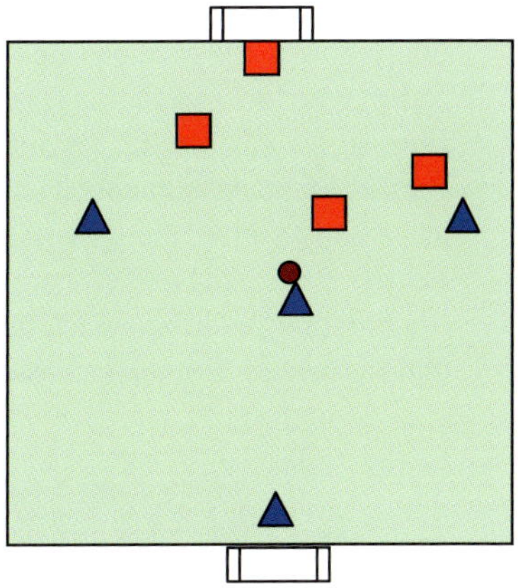

Abb. 7.2: Spielsituation 1+3:3+1

In der Abb. 7.1 verlangt ein Fußballtrainer von seinen Spielern folgenden Spielzug einzuüben: Der Spielmacher passt mit der Innenseite zum rechten Flügelspieler (1), der zur Grundlinie dribbelt (2) und mit dem Innenspann eine Flanke vor das Tor schlägt (3). Währenddessen kreuzen der linke Flügelspieler (4) und der Spielmacher (5) zum Tor. Die kurz geschlagene Flanke soll der linke Flügelspieler mit dem Kopf verwandeln (6).

In der Abb. 7.2 ist eine offene Spielsituation im Fußball dargestellt. Derselbe Spielzug wie in Abb. 7.1 wäre von der Grundaufstellung und der Ausgangskonstellation möglich, jedoch nicht unbedingt Erfolg versprechend umzusetzen. Der rechte Flügelspieler sieht sich einer engen Bewachung ausgesetzt, wodurch ein Pass zu ihm abgefangen werden könnte. Dagegen hat der linke Flügelspieler wesentlich mehr Raum und Zeit für die Ballannahme, sodass ein sicheres Zuspiel zu ihm angebracht wäre. Der Spielmacher muss diese Situation nun wahrnehmen und analysieren, die Informationen verarbeiten, zu einer Entscheidung und zur Handlungsausführung kommen.

Während in Abb. 7.1 der Trainer vorgegeben hat, **wie** der Spielzug abzulaufen hat, muss der Spielmacher nun entscheiden, **was** er tun soll. In einem auf Übungsreihen aufgebauten Lernprozess kann er die notwendigen Fähigkeiten dafür nicht entwickeln, kann er nicht lernen, selbsttätig situationsgerecht zu handeln. Somit werden die kognitiven Muster für ein gelingendes Spielen nicht ausgebildet.

Beim Üben lernen die Kinder, wie sie etwas machen müssen, beim Spielen lernen sie, was sie in einer Spielsituation machen können.

Nach ROTH ist bei dieser Methodenentscheidung ein klarer Trend erkennbar: „ Erstens wird in nahezu allen Lehrwegen die Frage nach dem ‚Spielen oder Üben' mit der Kompromissformel ‚Spielen und Üben!' beantwortet ... Zweitens sind auch die Kontroversen um die methodische ‚Hauptzutat' weitgehend aufgelöst. Das alters- und entwicklungsgemäße Motto lautet ‚Spielen vor Üben!'“ (Hohmann/Kolb/Roth, 2005, S. 290).

Im Folgenden soll ein Blick auf die verschiedenen Methoden der Spielvermittlung, die noch immer anzutreffen sind oder die im Unterrichtsalltag zu wünschen wären, geworfen werden.

7.1.2 Die Technik-Taktik-Methode

Die Technik-Taktik-Methode stellt eine Teilmethode dar, weil in ihr das Spiel in seine Elemente zerlegt wird (= Zergliederungsmethode). Dabei nimmt die Schwierigkeit der Aufgabenstellungen bzw. die Komplexität bis zum Zielspiel stetig zu.

Ausgangspunkt ist zunächst das Üben technischer Grundfertigkeiten. Diese werden in zunehmend komplexeren Übungen in spieltypischer Abfolge geschult und verbessert. Danach schließt sich die Einführung und Weiterentwicklung individual-, gruppen- und mannschaftstaktischer Grundformen an. In einem letzten Schritt sollen diese dann in das Zielspiel integriert werden und das bisherige Gelernte zur Anwendung kommen.

Technik – Taktik- Methode

↓

Erlernen und Üben von Bewegungstechniken wie Ballannahme, Dribbling, Finten, Zielschuss in methodischen Übungsreihen

↓

Weiteres Einüben dieser Bewegungstechniken in komplexen Übungsformen

↓

Erlernen und Üben individualtaktischer Grundformen (wie Freilaufen, Decken) in Angriff und Abwehr unter Einbeziehung von Gegenspielern in komplexen Übungsformen – Spielzügen – Spielphasen

↓

Weiterentwicklung zu gruppen- und mannschaftstaktischen Grundformen in zunehmend komplexeren Übungsformen, Spielzügen und Spielphasen

↓

Integration der erlernten technischen und taktischen Elemente in das Zielspiel bzw. **Sportspiel**

Abb. 7.3: Zusammenfassende Darstellung der Technik-Taktik-Methode

Die Vorteile dieser Methode liegen sicherlich im fehlerfreien Erlernen der Technikelemente und in der genauen Anpassung der Übungen an den Könnensstand der Übenden. Außerdem lässt diese Methode eine allmähliche Einführung der Gegenspieler (passiv – teilaktiv – aktiv) zu.

Die Nachteile liegen jedoch auf der Hand: Es dauert sehr lange, bis gespielt wird, sodass sich die allgemeine Spielfähigkeit nur ungenügend entwickelt. Außerdem besteht keine Garantie, dass sich die erlernten Elemente problemlos ins Spiel integrieren lassen, da sich die Lernenden kaum mit der selbstständigen Informationsaufnahme und -verarbeitung in Spielsituationen auseinandersetzen.

Diese Konzeption gilt sowohl für die Schule als auch für das Vereinstraining vor allem in jüngeren Jugendstufen als überholt und veraltet, da dem Lernenden der Sinn der vorbereitenden Übungen häufig verborgen bleibt. Die aus dem Spielzusammenhang „sezierten" und isoliert geübten Techniken können im Spiel kaum angewandt werden, da sie nicht als funktionale Mittel zur Lösung von komplexeren Spielsituationen erfahren werden. Außerdem lassen Kinder aufgrund der fehlenden aktiven Spielmöglichkeiten in der Freizeit immer mehr die Bereitschaft zum intensiven Üben vermissen.

7.1.3 Die Konfrontationsmethode

Sie bezeichnet alle Methodenkonzeptionen, bei denen nach dem Prinzip der Ganzheitsmethode von Anfang an „richtig" gespielt wird.

Die „reine" Konfrontationsmethode: Die Kinder oder Lernenden werden mit dem „fertigen" Spiel konfrontiert, was der Art und Weise entspricht, wie die Kinder „auf der Straße" spielen gelernt haben. Da wir aber das Straßenspiel kaum mehr vorfinden und der Sportspielzugang wesentlich früher erfolgt, ist davon auszugehen, dass die weniger begabten Kinder dabei vollkommen auf der Strecke bleiben und sich völlig überfordert zeigen.

Die „aufbereitete" Konfrontationsmethode: Sie versucht das Spiel durch Vereinfachung (z. B. durch die Verkleinerung der Spielerzahl) methodisch aufzuarbeiten, etwa nach folgendem Schema:

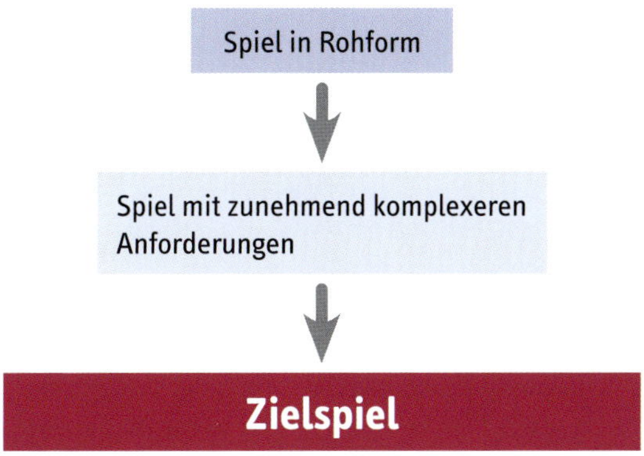

Abb. 7.4: Die aufbereitete Konfrontationsmethode

Diese Form entspricht weitgehend den Wünschen der Kinder. Der Vorteil ist, dass alle technischen, taktischen und sozialen Erfordernisse in dem Umfang, wie sie im Spiel gebraucht werden, zwar entwickelt und gefördert werden können, die große Gefahr liegt jedoch in der Qualität der Bewegungstechniken, weil sie unter Wettkampfbedingungen häufig fehlerhaft ausgeführt werden.

Die schwächeren Spieler bleiben auch hier zurück, da sie durch ihre Defizite nur wenig ins Spiel kommen und Mühe haben mitzuhalten.

Die „indirekte" Konfrontationsmethode: Bei dieser Methode arbeitet man sich über Kleine Spiele zum Zielspiel vor, und zwar in der Reihenfolge:

Kleine Spiele → Kleine Sportspiele → Sportspiele

Sie macht die Kleinen Spiele methodisch nutzbar, durch deren Eigenstruktur und Eigenanspruch ergeben sich jedoch erhebliche Transferprobleme. Der kritische Punkt liegt im Übergang von den „Kleinen Spielen" zu den „Sportspielen".

Zusammenfassend kann festgehalten werden, dass die Konfrontationsmethode von Anfang an das Spielerlebnis ermöglicht und somit die Ausbildung wichtiger Fähigkeiten durch entdeckendes Lernen fördert. Probleme ergeben sich im Bereich des Techniklernens, was aber umgangen werden kann, wenn wir Kindern Spielformen anbieten, die eine komplexe Spielstruktur enthalten, jedoch mit einfachen Bewegungstechniken realisiert werden können. Dieser Forderung entsprechen die Kleinen Spiele und Vehikelspiele, die Kindern in kleiner Mannschaftsstärke konfrontativ angeboten werden können.

7.1.4 Die spielgemäße Methode

Die spielgemäße Methode geht von einer realen Spielsituation aus, die je nach Voraussetzung und Könnensstand der Lernenden ausgestaltet und ausdifferenziert werden kann. Dabei steht die Entwicklung der Spielfähigkeit von Anfang an im Vordergrund, was sich vor allem in der Spielreihe als „Hauptstraße" zeigt.

a) Spielreihe als „Hauptstraße"

Die Spielreihen werden gebildet durch methodische Reihung von vereinfachten Spielformen gleicher Spielidee. Die vereinfachten Spielformen ergeben sich durch die Zerlegung des Spiels in spielimmanente Grundsituationen oder durch Reduktion des Komplexitätsgrades des Zielspiels.

b) Übungsreihe als „Nebenstraße"

Die Übungsreihen sollen sicherstellen, dass die notwendigen technischen und taktischen Grundfertigkeiten richtig erlernt und intensiv geübt werden. Betrachtet man diese Aufteilung der spielgemäßen Methode näher, fällt auf, dass sie die Mängel der anderen beiden Methoden zu vermeiden und deren Vorteile aufzugreifen versucht.

Die Kritik an dieser Methode betrifft mitunter die ergänzenden Übungsreihen, die von den Lernenden als mehr oder weniger notwendiges Übel aufgefasst werden, was für die Integration in das Spielganze nachteilig sein soll. Abhilfe leisten können dabei sowohl die zeitliche als auch die inhaltliche Gestaltung der Übungsphasen, indem sich die zu erlernenden Elemente ganz eng an die Spielsituation anlehnen und somit die Einsicht in deren Notwendigkeit gegeben ist. Außerdem kann mit dem Übergang zu einem spielerischen Üben der Monotonie vorgebeugt werden.

Weitere kritische Einwände betreffen vor allem den Begriff „spielgemäß", der nirgends klar definiert wird und in zahlreichen Methodenkonzeptionen nicht schlüssig umgesetzt wird, weil in ihnen Spielformen mit veränderten Spielgedanken gegenüber dem Zielspiel enthalten sind.

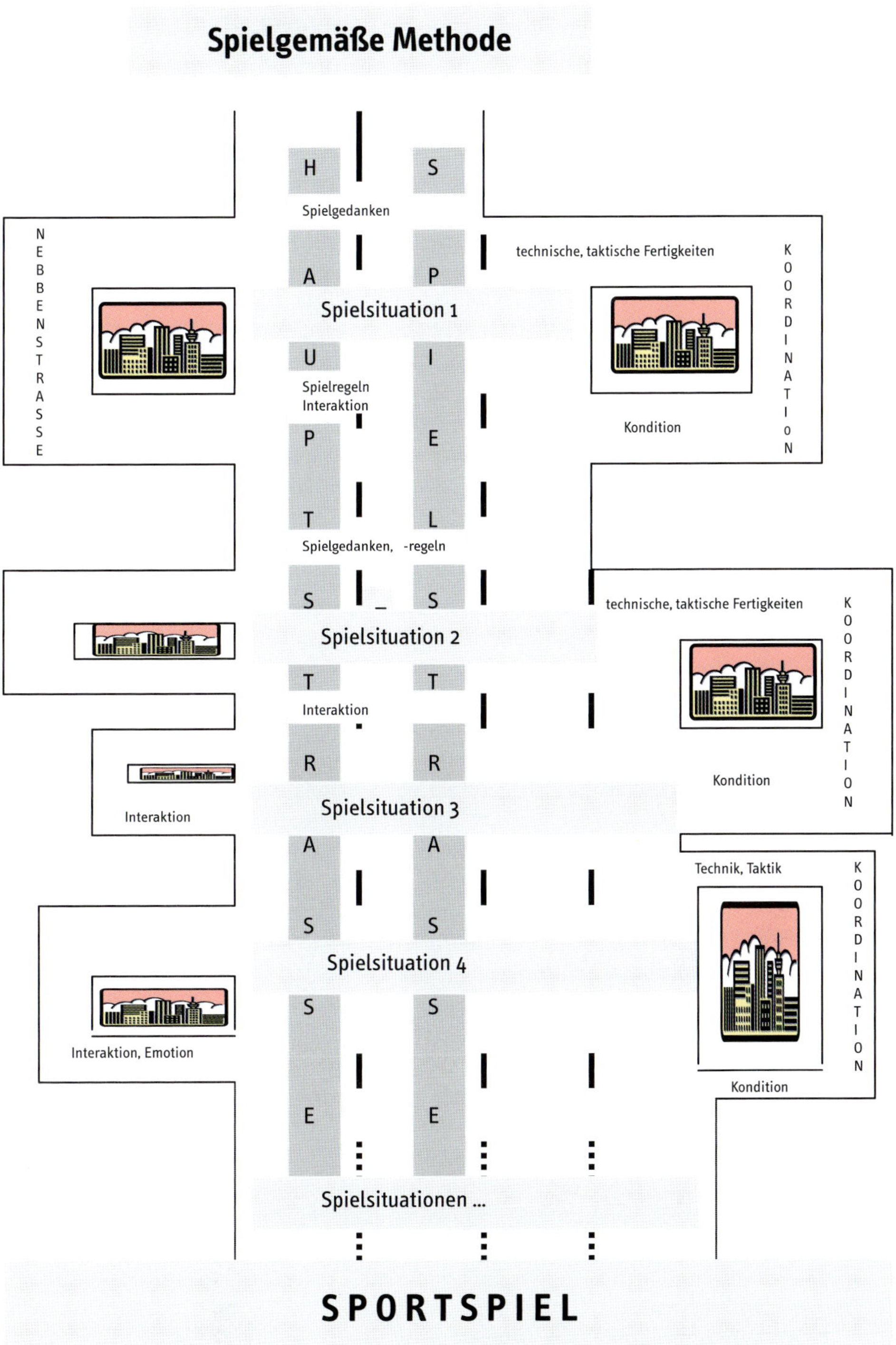

Abb. 7.5: Die spielgemäße Methode mit Hauptstraße und Nebenstraßen

Somit stellt sich die Forderung an die spielgemäße Methode, vor allem unter integrativen Gesichtspunkten, dass alle Spielsituationen denselben Spielgedanken enthalten, also „spielecht" sind, und im Mittelpunkt der Ausbildungskonzeption stehen müssen. Daraus lassen sich die wesentlichen Inhalte für die Nebenstraße ableiten, indem die in den Spielsituationen geforderten Bewegungstechniken begleitend oder unterstützend gelernt bzw. geübt werden. Außerdem lassen sich die zugrunde liegenden koordinativen Voraussetzungen gezielt für die Anforderungen in dieser Spielsituation ausbilden („situationsorientierte Koordinationsschulung"). In koordinativen Übungen können dabei ganz speziell die Wahrnehmung von Spielgerät, Mit- und Gegenspieler unter den räumlich-zeitlichen Bedingungen der anschließenden Spielsituation schrittweise entwickelt werden. Dies führt zu dem Vorteil, dass die Organisationsform für die koordinative Ausbildung kaum verändert werden muss und Kinder die Gelegenheit haben, sich in bekannten Strukturen auf konkrete Lernziele konzentrieren zu können. Ferner wird eine enge Verknüpfung zwischen den unterstützenden Übungsformen und den Spielsituationen hergestellt, sodass Kinder den Sinn des Übens erfassen können. Damit steigen neben der Motivation die Intensität des Unterrichts sowie die Sicherheit der Lernenden, weil sie stets an Bekanntes anknüpfen und die Integration von Neuem in gefestigte Strukturen vornehmen können.

Aus diesen drei Grundkonzeptionen der Spielvermittlung haben sich im Laufe der Zeit zahlreiche Variationen herausgebildet. Da die spielgemäße Methode sowohl für die Schule als auch für das Vereinstraining bei Kindern als die geeignetste angesehen werden muss, sollen im weiteren Verlauf noch weitere daraus ableitbare Vermittlungsansätze vorgestellt werden. Darin wird dem spielerisch-expliziten Lernen der Vorzug gegeben.

7.1.5 Die Inszenierung von Spielsituationen

Inszenierung bezeichnet die Umsetzung eines Handlungsplanes in eine Handlung bzw. eine Abfolge von Handlungen. In der Theaterarbeit umfasst dieser Begriff sowohl den Prozess der Einrichtung und des Einstudierens eines Bühnenstücks als auch das Produkt, wodurch Inszenierung prozess- und produktorientiert zu sehen ist. Damit werden die Parallelen zum Lernen in den Ballspielen offensichtlich: Lernprozesse in offenen Spielsituationen werden durch eine gewisse Vorstrukturierung (in Form eines Drehbuchs = Spielbuchs) intendiert und initiiert. Dabei geht es um die folgenden Fragen:

- Wie lösen die Spieler die dargebotene Spielaufgabe bzw. die zu erwartenden Spielsituationen?
- Welche Handlungsstrukturen entwickeln sich in bestimmten Spielsituationen?
- Welche Fähigkeiten und Fertigkeiten setzen die Spieler in bestimmten Spielpositionen bzw. Spielerrollen ein?

In dieser Lehr- und Lernarbeit von Schülern und Sportlehrern wird durch die geschickte Gestaltung von Unterricht in Form von Vorstrukturierung von Lernsituationen bzw. Spielsituationen eine gewissen Erwartungshaltung an die „Akteure" gestellt, die zunächst Lösungsmöglichkeiten selbst finden und ggf. mit Hilfe des Lehrers durch bestimmte Impulse und Anregungen weiterentwickeln sollen.

Zu den Voraussetzungen für die Inszenierung von Lehren und Lernen gehören:

Bühne:	Sporthalle, Spielfelder
Klare Rollendefinitionen:	Regisseur (Lehrer/Schüler) – Schauspieler (Spieler: Spielmacher, Flügelspieler, Center), Zuschauer (Schüler/Lehrer) evtl. ständiger Rollenwechsel durch Beobachter-/Bewertertätigkeit des „Lehrers"

Textbuch:	zwischen Lehrer und Schülern vereinbarte Themenstellungen, Spiele, Spielsituationen
Regieanweisungen:	Regeln, Rituale, Ratschläge
Proben/Aufführungstermine:	Sport-/Spiel-/Trainingsstunden
Requisiten:	Tore, Bälle, Schläger, Mannschaftskennzeichnung ...

In der Inszenierung von Spielsituationen kommt der Interaktion zwischen Lehrenden und Lernenden eine besondere Rolle zu. Beide müssen Verantwortung für das Handeln übernehmen und sich aufeinander einlassen. Der Lehrende kann eine wichtige Rolle mit expliziten Fragestellungen einnehmen.

7.1.6 Genetisches Lehren und Lernen

Der Mathematik- und Physiklehrer Martin Wagenschein (1896 – 1988) bezeichnet mit dem Begriff „Genetisches Lehren" einen Vermittlungsweg, der durch die drei Prinzipien – genetisch, sokratisch, exemplarisch – gekennzeichnet ist.

„Genetisch" lehren heißt, die Lernenden am ursprünglichen Problem arbeiten zu lassen und zur Lösung von Problemen zu befähigen.

Unter „sokratischem" Lehren wird verstanden, die Selbsttätigkeit der Lernenden durch gezielte Fragestellungen zu fördern und sie so auf den Weg des „Selbstdenkens" zu führen, wie es der griechische Philosoph Sokrates mit seinen Schülern praktizierte.

Das „exemplarische" Lehren bedeutet, einzelne Beispiele auszuwählen, an denen die wesentlichen Erkenntnisse in einem genetisch-sokratischen Lernprozess besonders prägnant gewonnen werden und auf andere Problemsituationen übertragen werden können (vgl. Loibl, 2001, S. 9 f).

Ausgangspunkt beim Genetischen Lehren ist das Phänomen, dessen „Exposition" durch den Lehrenden erfolgt und durch das sich das Problem dem Lernenden wie von selbst aufwirft. Dieser muss das Problem zu seinem eigenen machen und selbsttätig und interessiert nach eigenen Lösungen durch Experimentieren und Weiterentwickeln suchen. Deshalb stellt das Problem das zentrale Glied des Genetischen Lehrens dar.

Nach LOIBL lässt sich die Struktur eines genetischen Lehrgangs in der Abfolge darstellen:

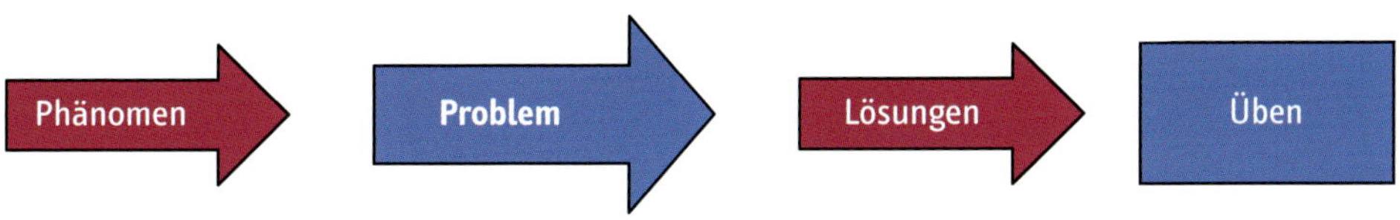

Abb. 7.6: Das Prinzip eines genetischen Lehrgangs (nach Loibl, 2001, S. 20)

In seinem Genetischen Konzept zum Erlernen des Basketballspiels sieht LOIBL die sich ständig verändernde Spielsituation als die ultimative Herausforderung an den Spieler. Im Spiel gilt es zunächst zu erkennen, **WAS** getan werden könnte, um die Situation möglichst optimal zu lösen. Im Gegensatz dazu wird beim Üben gelernt, **WIE** die verschiedenen Aktionen auszuführen sind. Wenn im Spiel nun ständig Situationen auftreten, die von Schülern noch nicht bewältigt werden können, entscheiden die Schüler gemeinsam mit dem Lehrer, sich in Spielformen mit dem Spielproblem auseinanderzusetzen und gemeinsam Lösungen zu finden. Als möglichen Weg schlägt er deshalb vor, nicht komplizierte Techniken in vereinfachten Situationen zu schulen, sondern komplexe Situationen mit vereinfachten Techniken zu lösen. Da Techniken im Spiel durch das Regelwerk festgeschrieben werden, setzt er bei der Veränderung der Spielregeln an, die im Diskurs mit den Lernenden einvernehmlich geändert und weiterentwickelt werden. Im Unterricht wechseln sich somit Erprobungs- und Reflexionsphasen ab. Je nach Bedarf werden auch Übungsphasen eingeschoben, um die Spielformen anschließend auf höherem Niveau bestreiten zu können.

Kritik erfährt das Genetische Konzept insbesondere durch die willkürliche Veränderung der Spielregeln, die bei LOIBL beispielsweise ein Tragen des Basketballs durch die Aussetzung der Dribbelregel erlauben. Durch diese Vereinfachung soll der Lernende „Ressourcen freimachen" können für die Wahrnehmung der Spielsituation, er soll die Lücke erkennen und ohne eine Reglementierung zum Korb schneiden und einen Korbleger anwenden können. Die Intention ist sicherlich lobenswert, die Umsetzung durch einen Eingriff in die Grundstruktur des Basketballspiels allerdings fraglich, vor allem unter dem Aspekt des Transfers auf andere Sportspiele.

7.1.7 Das Taktik-Spielkonzept (TGFU- und TAA-Methode)

Das Taktik-Spielkonzept ist im englischsprachigen Raum weit verbreitet und gilt als eines der führenden Konzepte zur Vermittlung von Sportspielen in Schule und Verein. Zugehörige Modelle wie das „Teaching Games for Understanding" (TGFU), „Tactical Games Model" (TGA), „Tactical Awareness Approach" (TAA) oder „Game Sense" folgen zwei Leitsätzen:

- Lehre zuerst, was zu tun ist (taktisches Verständnis), und dann erst, wie es zu tun ist (technisches Können).
- Ein Sportspiel kann auf jedem Fertigkeitsniveau gespielt werden (vgl. Wurzel, 2008, 11, S. 343).

Das Taktik-Spielkonzept verfolgt die Zielsetzung, zuerst die Taktiken von Sportspielen zu erlernen und dann in diesem Kontext die dazu erforderlichen Spieltechniken zu schulen. Es werden in vereinfachten Spielformen (in reduzierter Mannschaftsstärke, auf kleineren Spielfeldern, vereinfachte Regeln) die Anforderungen an die Lern- und Leistungsvoraussetzungen der Spieler angepasst. Ausgangspunkt sind also Spielformen mit geringer taktischer Komplexität, um das Spielverständnis schrittweise zu entwickeln. Sportspieltechniken werden nur dann explizit vermittelt, wenn ein Spielniveau erreicht wird, das ein Beherrschen schwierigerer Techniken erfordert. Im Vordergrund steht also eindeutig die Entwicklung des Spielverständnisses. Dafür werden Spielformen mit dem Anspruch der „Spielechtheit" so ausgewählt, dass sie umfangreiche Spielerfahrungen ermöglichen und Erkenntnisse von taktischen Übereinstimmungen zwischen den verschiedenen Spielen gewinnen lassen. Die taktischen Grundstrukturen sollen dabei identisch mit denen des Erwachsenenspiels, aber immer an die Voraussetzungen der Schüler angepasst sein.

Nach der Einführung einer Spielform mit der notwendigen Gelegenheit zur Erprobung können spezifische taktische Probleme herausgearbeitet und Lösungen mit den Spielern gemeinsam gesucht werden. Die dazu erforderlichen Spieltechniken werden als Mittel zur Lösung von taktischen Problemen in den Lernprozess integriert und stehen in engem Zusammenhang mit den erforderlichen Wahrnehmungs- und Entscheidungsfähigkeiten. Das weitere Lernen vollzieht sich in einem spiralförmigen curricularen Aufbau, indem die taktischen Anforderungen immer komplexer werden und sich dem Zielspiel annähern.

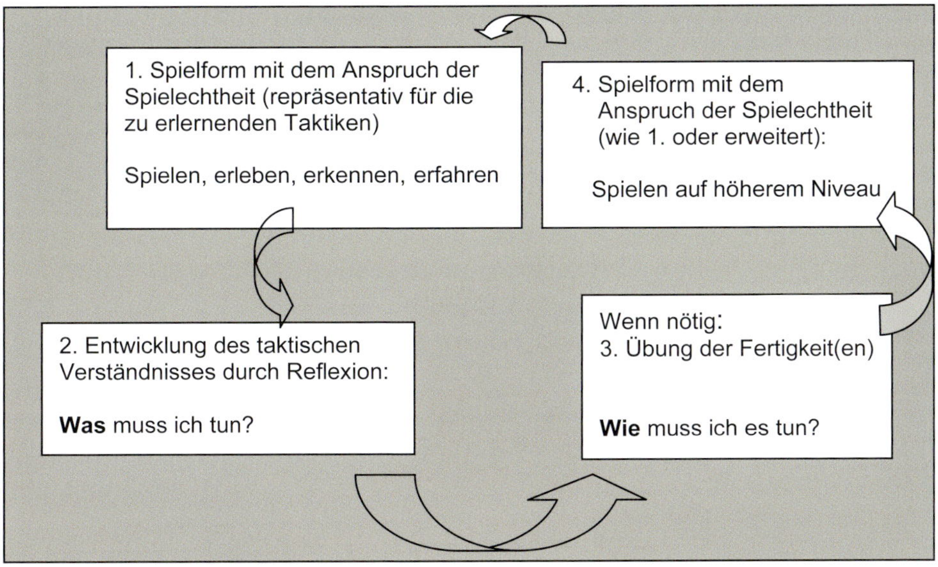

Abb. 7.7: Kreis-Spiral-Modell des Taktik-Spielkonzepts (in Anlehnung an Mitchell et al., 2006, S. 13, modifiziert nach Wurzel, Sportunterricht, 2008, 11, S. 343)

Das Taktik-Spielkonzept greift demnach auch exemplarische Spielsituationen heraus, in denen zentrale und grundlegende Erkenntnisse besonders prägnant gewonnen werden können. Unter einer etwas veränderten Zielsetzung gegenüber dem Genetischen Lehren und Lernen arbeiten die Spielenden vornehmlich am taktischen Problem einer Spielsituation. Dies hieße am Beispiel des Gleichzahlspiels, dass bei einer Mann-Mann-Verteidigung sowohl der rechte als auch der linke Flügelspieler ständig eng gedeckt sind und somit die Pässe des Spielmachers abgefangen und Gegentore durch schnelle Konterangriffe erhalten werden. In einem ersten Geneseschritt kann der Lehrer das Interesse der Schüler mit der Frage wecken, wie die gegnerische Mannschaft ihre Tore erzielt. Er führt damit in die Problematik ein, die sich den Lernenden quasi aufwirft: Das Abspiel erreicht die Flügelspieler nicht, weil deren Verteidiger ständig schnell nach vorne in das Abspiel hineinlaufen und somit in Ballbesitz kommen. Das eigentümliche Problem liegt nun im Verhalten der beiden Flügelspieler: Was müssen sie tun, damit ein Abspiel zu ihnen erfolgreich sein wird? Der Grundgedanke, die Lernenden selbsttätig nach Lösungen suchen zu lassen, führt zu einem Erproben, gegebenenfalls zu einem Verwerfen und zu einem Weiterentwickeln von Lösungen. Allein das Anbieten durch Entgegengehen wird sie zwar in Ballbesitz bringen, jedoch wird die enge Drucksituation durch den Gegenspieler dadurch noch nicht behoben. Sie werden Schwierigkeiten haben, nach vorne zu spielen und Raum zu gewinnen, weil sie mit dem Rücken zum gegnerischen Tor stehen. Was sollten die Lernenden vor dem Anbieten noch tun?

Zusammenfassung:
Die verschiedenen Methodenkonzeptionen unterscheiden sich in ihrem theoretischen Ansatz mitunter weit voneinander, in der praktischen Umsetzung jedoch oft nur marginal. Für die Ausbildung von Kindern in einer Ballspielschule finden entsprechend der verschiedenen Entwicklungs- und Altersstufen bis auf die Technik-Taktik-Methode fast alle vorgestellten Modelle oder Methoden ihre Berechtigung. Durch die spiralförmige Anordnung der Inhalte auf verschiedenen Ausbildungsstufen lassen sich die spielgemäße Methode (richtig umgesetzt!) ebenso wie das spiralförmige Taktik-Spielkonzept einsetzen.

7.2 Die Steuerungsvariablen des Spiels

Die Schwierigkeit eines Spiels (vom Leichten zum Schweren) und die Entwicklung ganz bestimmter Verhaltensweisen lassen sich mit den „Steuerungsvariablen" bestimmen. Diese bedingen sich gegenseitig und müssen deshalb sorgfältig aufeinander abgestimmt werden. Dazu gehören:

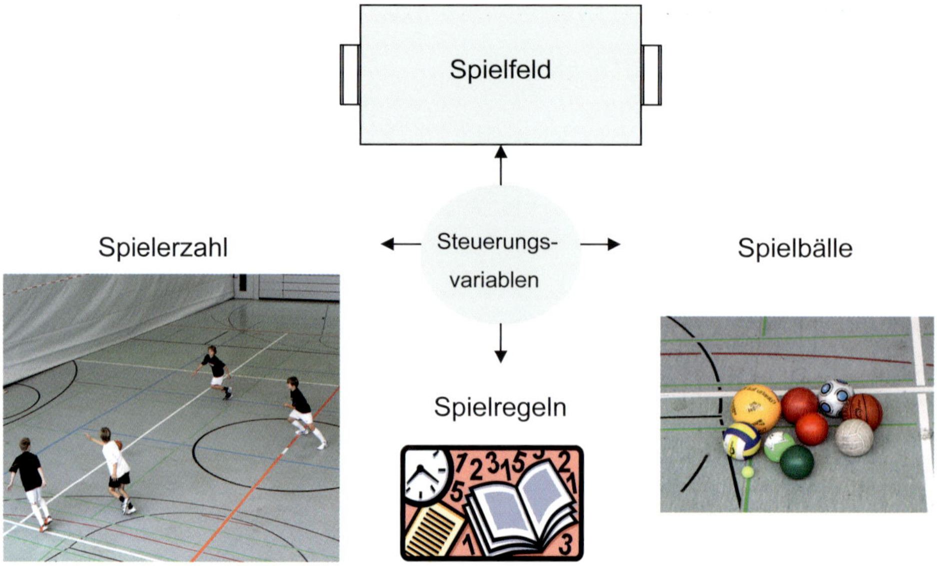

Abb. 7.8: Die Steuerungsvariablen des Spiels

Ballspiele sind für Kinder besonders schwierig, wenn sie komplizierte Bewegungstechniken für das Zuspielen des Balles verlangen oder die antizipatorischen Anforderungen besonders in Bezug auf die Flugbahn des Balles sehr hoch sind. Über die Spielregeln können wir die Art und Weise des Zuspielens und somit die Schwierigkeit der Pass- und Annahmetechniken regulieren. In Verbindung mit der Reduktion der antizipatorischen Anforderungen können wir damit kindgerechte Spielformen schaffen, die den Leistungsvoraussetzungen der Kinder angepasst sind.

Das methodische Prinzip, vom Bekannten zum Unbekannten, heißt, Kinder in Spielformen abzuholen, die sie bereits kennen. Aufgrund des fehlenden Straßenspiels und des frühen Vereinsbeitritts heute können Kinder noch nicht über umfassende Spielerfahrungen verfügen. In Anknüpfung an die „Gartenspiele" in Form von „Treffer erzielen und verhindern" können mögliche Spielformen zunächst nur auf diese Grundsituation reduziert und im weiteren Verlauf durch den gezielten Einsatz der Steuerungsvariablen langsam in ihrer Komplexität gesteigert werden.

Daraus ergeben sich mehrere Möglichkeiten für die Ausbildung in dieser Grundsituation durch eine allmähliche Steigerung der Drucksituationen:

- Zielschüsse ohne direkte Gegenspieler
- Zielschüsse auf größere Ziele/Tore
- Zielschüsse aus geringerer Distanz
- Zielschüsse aus dem ruhenden oder selbst geführten/gedribbelten Ball
- Zielschüsse nach einem zugepassten Ball

7.3 Methodisches Vermittlungsproblem bei simultanen Angriffs- und Abwehraktionen im Sportspiel

Da die Zielschussspiele von dem Element der Korrespondenz und Simultanität geprägt sind, müssen wir uns die Frage nach der Reihenfolge der zu vermittelnden Inhalte, konkret nach der Reihenfolge des Angriffs- und Abwehrverhaltens stellen.

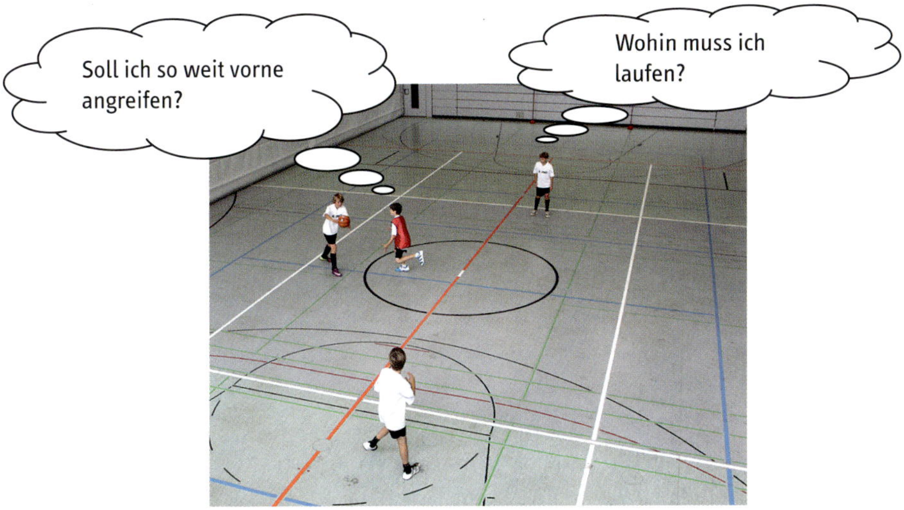

Abb. 7.9: Simultanität und Korrespondenz von Angriffs- und Abwehraktionen

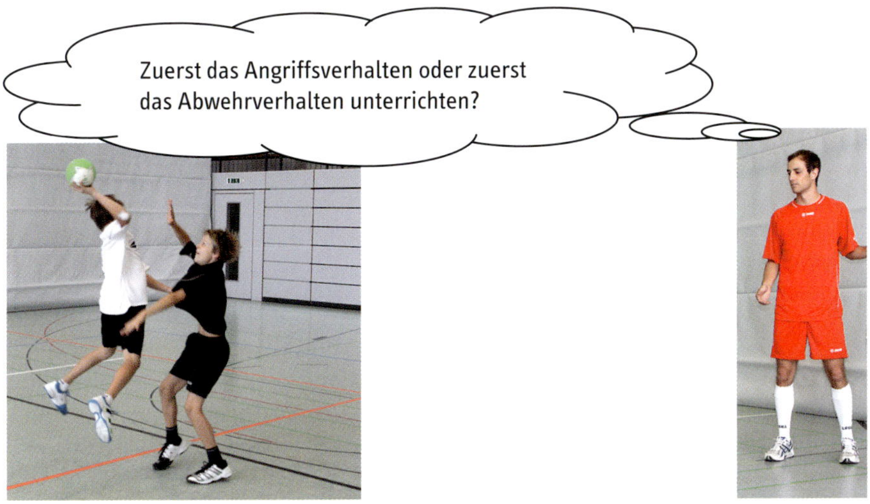

Abb. 7.10

Da Angreifen ungleich schwieriger als Verteidigen ist, scheint es sinnvoll, zunächst auf das Erlernen der Elemente im Spiel mit dem Ball einzugehen. Die Umkehrung, zuerst das Abwehrspiel korrekt zu vermitteln, würde die Aufgabe für die Angreifer im Spiel mit dem Ball gegen eine geschulte Abwehr noch schwieriger gestalten und Erfolgserlebnisse mitunter im Keim ersticken. Das zentrale Problem ist jedoch:

Kann bei fehlerhaftem Abwehrverhalten das Angriffsspiel richtig erlernt werden?

Lassen sich für Angreifer überhaupt Regeln für ihr Spielverhalten aus einzelnen Spielsituationen ableiten, wenn der Gegner ständig falsch steht und grundlegende individualtaktische Maßnahmen wie zum Beispiel das Decken auf der inneren Linie nicht beherrscht?
Am Beispiel des Freilaufens der Flügelspieler im Basketball („In and Out") kann diese Problematik verdeutlicht werden:
Die Out-Bewegung der Flügelspieler, also das Herauslaufen aus der Nahzone des Korbes, ist oft nicht nötig, wenn die direkten Gegenspieler beim Schneiden zum Korb vom Flügel (bei der In-Bewegung) nicht mitgehen und sich ohne Weiteres überlaufen lassen. Dann ist ein Pass in die Lücke zu einem schneidenden Angreifer einfacher und effektiver. Wenn Spielen heißt, Spielsituationen einfach zu lösen, brauchen die beiden Flügelspieler ihre Schneidebewegung nicht abzubrechen und aus der freien Position unter dem Korb wieder vor den Verteidiger zurückzulaufen. Dieses Spielverhalten der Flügelspieler wäre in dieser Situation widersinnig und entspräche keinesfalls dem Aufsuchen der einfachsten Lösung im Angriffsspiel. Somit lässt sich der Komplex „In and Out" nur richtig erlernen, wenn sich die Verteidiger stets auf der Korb-Angreifer-Linie (= innere Linie) befinden. Außerdem werden Anschlussaktionen im Sinne gruppentaktischer Maßnahmen wie das Give and Go oder Blocken und Abrollen demnach hinfällig und nicht „unterrichtbar".

Für die Ausbildung der Individualtaktik brauchen wir konkrete Spiel- und Übungssituationen, die ein Lernen durch das eigene Tun nach dem Wenn-dann-Prinzip gestatten:

Wenn der Angreifer auf dem Flügel ohne Ball antritt, dann musst du als Verteidiger ...
Wenn der Abwehrspieler die innere Linie einhält, musst du als Angreifer

Beim Auftreten grundlegender Fehler im individualtaktischen Abwehrverhalten auf höherer Ausbildungsstufe sollten diese korrigiert und abgestellt werden, bevor mit der Schulung gruppentaktischer Maßnahmen begonnen wird.

Die Einführung gruppentaktischer Angriffsmittel ist nur sinnvoll, wenn die gegenüberstehenden Abwehrspieler das grundlegende individuelle Abwehrverhalten beherrschen.

7.4 Methodische Überlegungen zur Ausbildung der Antizipation

In der Grundausbildung müssen Kinder Erfahrungen mit dem Ball sammeln können, die sie vertraut werden lassen mit dem Ball und die sie befähigen, Unterschiede in Bezug auf Flugbahn, Geschwindigkeit, Härte und Wucht des Balles erkennen zu können. Durch Werfen, Rollen, Schlagen, Passen, Fangen, Stoppen des Balles mit den Händen, Füßen, Schlägern sollen vornehmlich in überschaubaren Spielsituationen die koordinativen Fähigkeiten der Steuerung, Differenzierung, Orientierung, Reaktion usw. vielseitig ausgebildet werden. Sechs- bis siebenjährige Kinder haben generell Schwierigkeiten, die Flugbahn des Balles vorauszuberechnen (zu antizipieren), Krafteinsätze beim Passen des Balls zu differenzieren und sich im dreidimensionalen Raum zu orientieren.

Deshalb lassen sich Bewegungsfertigkeiten wie bspw. das Werfen und Fangen nur in einem mehrstufigen Prozess erlernen, wobei trotz intensiver Schulung die Kinder einer bestimmten Altersstufe über ein gewisses Niveau nicht hinauskommen. Offensichtlich sind diese Kinder in Bezug auf die Koordination der einzelnen Körperteile zu einer flüssigen Folge von Bewegungssequenzen überfordert. Der Entwicklungsstand der neuromuskulären Reifung wird somit zum determinierenden Faktor, sodass das Erlernen einer neuen motorischen Fertigkeit nicht in erster Linie vom kalendarischen Alter, sondern eher von der Bereitschaft, die sich aus dem Reifungsgrad und aus den vorhergehenden Lernerfahrungen zusammensetzt, abhängt.

Bis zum Ende des frühen Schulkindalters entwickelt sich die Wurfbewegung nur geringfügig, wenn sie nicht intensiv geschult wird. Das Fangen eines Balles ist in den ersten Schuljahren ebenfalls recht unterschiedlich ausgeprägt, da es besonders übungsabhängig ist. Schulanfänger sind im Allgemeinen in der Lage, brusthoch zugespielte Bälle erfolgreich zu fangen. Sofern das Zuspiel nicht zu scharf erfolgt, gilt dasselbe auch für Pässe in Brust- oder Reichhöhe, von denen die Kinder die Flugbahn des Balles antizipieren können. Voraussetzung dafür ist jedoch, dass der Ball direkt mit dem Ziel des Fangens zugespielt wird. Auf andere Situationen des Spiels lassen sich diese Resultate nicht übertragen. Wird für das erfolgreiche Fangen eine schnelle Positionsveränderung oder eine unerwartete Teilbewegung des Körpers (Beugen, Strecken) notwendig, stellen sich bei Kindern der ersten Schuljahre wenige Erfolgserlebnisse ein.

Da Ballspiele von ihrem Spielgedanken und ihrer Spielstruktur her gerade schnelle Positionsveränderungen implizit einfordern, können selbst reduzierte Spielformen, in denen über die Bewegungstechniken Werfen und Fangen der Ball zugespielt werden muss, die Fähigkeiten der Kinder überfordern.

Deshalb empfiehlt es sich, um Spielerfahrungen sammeln zu lassen, eine Differenzierung hinsichtlich der Flugbahn des Balles vorzunehmen. Entsprechend dem methodischen Grundsatz „vom Leichten zum Schweren“ bietet sich dazu folgende Einteilung an:

1. Spielformen mit dem rollenden Ball
2. Spielformen mit dem aufspringenden Ball (Aufsetzer)
3. Spielformen mit dem hoch einfliegenden Ball (hohe Flugparabel)
4. Spielformen mit dem horizontal anfliegenden Ball (flache Flugparabel)

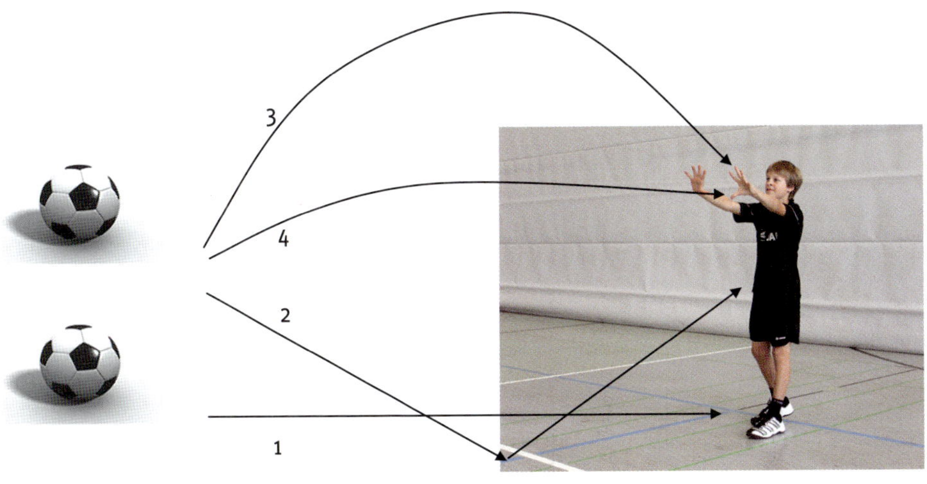

Abb. 7.11: Antizipation von auftretenden Flugbahnen in den Ballspielen

Ausgangspunkt muss der rollende oder leicht aufspringende Ball (1) sein, sodass sich der Spieler in erster Linie auf den Weg und die Geschwindigkeit des Balles in zweidimensionaler Ebene (rechts – links, vorne – hinten) konzentrieren kann. Damit der Ball am Anfang auch tatsächlich auf dem Boden rollt, werden zahlreiche Spielformen zuerst mit der Hand gespielt. Dabei kann die für den Wurf so wichtige Kreuzkoordination (mit der rechten Hand rollen, den linken Fuß bei Rechtshändern vorne aufsetzen) eingeführt werden. Das Rollen mit entsprechend handlichen Bällen kann als einfache Bewegungsfertigkeit angesehen werden, die sich auch schon im Anfängerbereich für koordinative Aufgabenstellungen einsetzen lässt. Außerdem kann der Ball durch das Halten besser kontrolliert und in Besitz gebracht werden als bei Spielen mit dem Fuß oder einem Schläger. Die Ausbildung verschiedener Bewegungsfertigkeiten zum Anhalten des Balles kann bis zur Ballannahme mit dem Fuß führen. Genauso können dabei einzelne Arten des Passens oder Schießens mit dem Fuß und die Fertigkeiten des Ballführens und -treibens eingeführt und entwickelt werden. Somit lassen sich zahlreiche Bewegungsfertigkeiten geschickt miteinander kombinieren, wodurch die motorische Kombinationsfähigkeit gefördert wird. Verlangen wir von den Spielern zusätzlich, die geforderten Spiel- oder Bewegungsaufgaben auch mit der schwächeren Körperseite auszuführen, nehmen wir damit schon sehr früh das Problem der Beidseitigkeit (Bilateralität) auf und bieten den einzelnen Spielformen mannigfache Variationsmöglichkeiten.

In Spielformen mit dem aufspringenden Ball (2) können die Kinder anschließend ihre Bewegungserfahrungen mit dem Ball erweitern, denn dabei werden erste Anforderungen an das Antizipationsvermögen für Ball, Mit- und Gegenspieler im dreidimensionalen Raum gestellt. Während bei Aufsetzern die Wucht des Balles durch den Boden gebremst wird und der Ball durch die aufsteigende Flugkurve langsamer wird, stellt der hoch einfliegende Ball (3) höhere Anforderungen an die Antizipationsfähigkeit. Erst wenn der Lernende in der Lage ist, die aufsteigende Flugbahn, den Kulminationspunkt und die absteigende Flugbahn richtig einzuschätzen, kann er dort stehen, wo der Ball hinfallen wird. Dies ist unbestreitbar eine wichtige Voraussetzung für zahlreiche Ballspiele, sei es für die Annahme eines Abschlags aus der Hand des Torwarts im Fußball oder für die Annahme einer Angabe von unten im Volleyball oder für das Zurückspielen eines Lobs im Tennis oder eines Clears im Badminton.

Manche Spielformen erreichen dadurch schon Schwierigkeitsgrade, die aufgrund der vorhandenen Fähigkeiten der Kinder über deren Leistungsniveau liegen könnten. Über das richtige Ballmaterial (Luftballons, Wasser-, Softbälle), Spielfeldgröße, differenzierte Aufgabenstellung können die Anforderungen gezielt gesteuert und zum verbindlichen Lerninhalt erhoben werden. Durch verschiedenartige Bälle sollen die Lernenden unterschiedliche Erfahrungen und Sinnesempfindungen entdecken und sammeln, um so mit dem Ball vertraut zu werden.

Im weiteren Verlauf werden die Anforderungen durch Spielformen mit dem horizontal anfliegenden Ball (4) erhöht. Der Ball fliegt nun auf direktem Wege zwischen Passgeber und Empfänger, wodurch ein sehr hoher Zeit-, Präzisions- und Orientierungsdruck entsteht, vor allem wenn die Passdistanzen größer und die Pässe etwas härter gespielt werden. Dann sind Ungenauigkeiten im Abspiel häufig mit einem Ballverlust verbunden.

Das wichtigste Ziel dieses differenzierten Vorgehens in Bezug auf die Flugbahn des Balles besteht in der Ausbildung der Antizipationsfähigkeit hinsichtlich des Spielgerätes Ball in verschiedenen methodischen Schritten („vom Leichten zum Schweren“).

Zusätzlich lassen sich auch Spielformen und Spielsituationen in ihrem Schwierigkeitsgrad dadurch gezielt steuern. Komplexe Spielformen werden in ihrem Anforderungsgrad reduziert, wenn sie zuerst als Rollballspiel, also im zweidimensionalen Raum, durchgeführt werden. Durch die Erleichterung der technischen Anforderungen im Passspiel werden „Kapazitäten“ frei für die Wahrnehmung von Mit- und Gegenspielern sowie von Raum und Zeit, sodass wir Lernende befähigen, mit ihren individuellen Leistungsvoraussetzungen rasch an „komplexeren“ Spielhandlungen teilnehmen zu können.

Diese Vorgehensweise bietet sich auch bei der Schulung der koordinativen Fähigkeiten und bei der Durchführung von Kleinen Spielen und Vehikelspielen an, sodass sich die Spielausbildung auf verschiedenen Qualitätsstufen stets differenziert, vielseitig und variantenreich gestalten lässt.

8 Das Programm der Ballspielschule

Nachdem die Ausbildungsinhalte und die Struktur des Ausbildungswegs in den vorangegangen Kapiteln umfassend thematisiert wurden, bleibt eigentlich nur noch eine Frage offen:

– Wie lassen sich die einzelnen Inhalte in einem „Ausbildungsprogramm" zeitlich anordnen?

Die Struktur im Ausbildungsprozess erhalten wir dadurch, dass wir nach der Hinführung zu den Aufstellungsformen auf den ersten drei Ausbildungsstufen alle Spielformen mit drei oder vier Feldspielern durchführen. Der Ausbildungsweg zielt also nicht darauf ab, die Komplexität des Spiels durch eine kontinuierliche Erhöhung der Spielerzahl zu steigern, sondern die Qualität des Spiels durch komplexere Anforderungen vornehmlich im taktischen Bereich bei reduzierter Mannschaftsstärke zu verbessern. Für diese Entscheidung spricht die hohe Häufigkeitsdichte, mit der lernrelevante Gelegenheiten in Spielsituationen mit drei oder vier Feldspielern auftreten. Durch die permanente Revision und Reaktivierung in Verbindung mit neuen Lerninhalten können sich die Wahrnehmungs-, die Informationsverarbeitungs- und die Handlungsprozesse qualitativ auf einem zunehmend höheren Niveau entwickeln.

8.1 Die Ausbildungspyramide – vier Ausbildungsstufen

Eine erfolgreiche Ausbildung in den Ballspielen kann nur in einem jahrelangen und mehrstufigen Prozess erfolgen, der mit einer Pyramide zu vergleichen ist, die aus vier aufeinander aufbauenden Bausteinen besteht. Um dem didaktischen Prinzip der Altersgemäßheit der Inhalte nachzukommen, werden die Bausteine 1 und 2 in der Kinder-Ballspielschule zusammengefasst und somit einer Altersgruppe von ca. 7–11 Jahren zugeordnet. Je nach Leistungs- und Könnensstand einer Klasse variieren diese Angaben. In den Bausteinen 3 und 4 sind die Inhalte einer Jugend-Ballspielschule vornehmlich für die Schule zu finden. Sie lassen eine fortschreitende Erhöhung des Schwierigkeitsgrades der Ausbildungsinhalte erkennen. Eine Einführung der einfacheren Inhalte ist bereits bei ca. 12-jährigen Schülern möglich. Den Abschluss bilden Inhalte, die in dem Kern- oder Profilfach Sport in der Abiturprüfung zur Anwendung kommen sollten. Dadurch finden sich auch für die Vereinstrainer ab den D-Junioren interessante Inhalte für die sportspielspezifische Ausbildung in den einzelnen Zielschussspielen.

Stufe 1: Der breite und tragende Unterbau soll durch eine sportspielübergreifende, also vielseitige und umfangreiche Spielschule gewährleistet werden. Werden diese Spiele konfrontativ in kleinen Mannschaften dargeboten, können Kinder dabei induktiv lernen und spielerisch-implizit elementare Spielerfahrungen erwerben.

Stufe 2: Den Mittelbau stellt die sportspielgerichtete Umsetzung der drei Grundsituationen der Sportspiele in einem integrativen Ansatz mit einer Hinführung zu den „Mini-Spielformen" der Zielschussspiele dar. Dabei steht das **Weingärtner Übertragungsmodell (WÜM) mit seinen neun** Spielsituationen im Zentrum der Ausbildungsstufe, wodurch sich die Ausbildung einer allgemeinen Spielfähigkeit und darauf aufbauend schrittweise eine spielspezifische Ausdifferenzierung vornehmen lässt.

Stufe 3: Zum Mittelbau gehört auch die sportspielspezifische Ausbildung durch ausgewählte Spielsituationen aus dem WÜM, die ebenfalls durch einen integrativen Ansatz vor allem das

Spielverständnis unter taktischen Gesichtspunkten ausdifferenzieren sollen. Dabei bilden die Spielsituationen (1)+3:3+(1) und (1)+4:4+(1) den wesentlichen Ausbildungsgegenstand.

Stufe 4: Um nicht „auf der Zielgeraden stehen zu bleiben", geht es hier um die Erhöhung der Spielerzahl bis zum institutionalisierten Zielspiel bzw. bis zu einer Mannschaftsstärke, mit der die Umsetzung im Sportunterricht noch sinnvoll ist. Im Zentrum steht die Integration der „Raute" in das Mannschaftsspiel und dadurch das Wiedererkennen von Spielsituationen, in denen die gruppentaktischen Maßnahmen angewandt und in die Mannschaftstaktik integriert werden können.

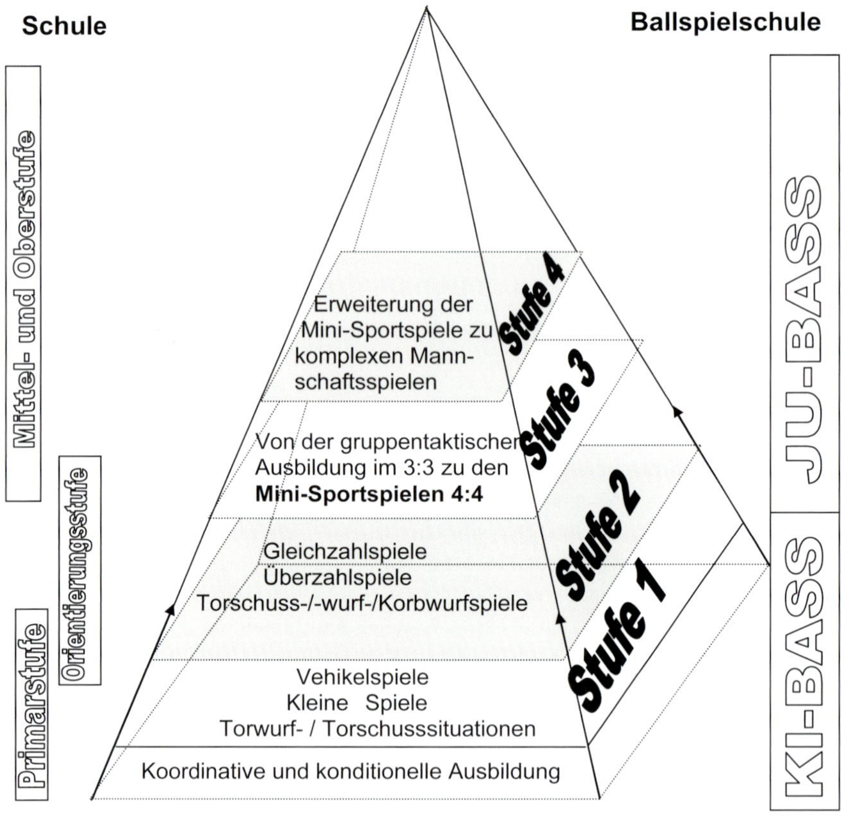

Abb. 8.1: Inhaltsbausteine einer Ballspielschule[1]

8.1.1 Erste Ausbildungsstufe: Von Torwurf-/Torschusssituationen über Kleine Spiele zu den Vehikelspielen

Die motorischen Grundlagen für ein Lernen in den Ballspielen bilden die koordinativen Fähigkeiten, alltagsmotorischen Tätigkeiten und konditionellen Eigenschaften. Sie müssen den Ausbildungsprozess durch eine weitere Ausdifferenzierung auf ein zunehmend höheres Niveau

[1] Die Zuordnung der einzelnen Ausbildungsstufen zu den verschiedenen Alters- oder Schulstufen kann nur einer groben Orientierung dienen und muss unter Vorbehalt gesehen werden: Gut ausgebildete und talentierte Viertklässler können in ihren Lern- und Leistungsvoraussetzungen weiter sein als leistungsschwache Sechstklässler. Dementsprechend müssen sich die Ausbildungsinhalte nach oben oder unten verschieben.

begleiten. Dabei ist zu beachten, dass die auf den verschiedenen Ausbildungsstufen erforderlichen koordinativen und konditionellen Anforderungen im Voraus langfristig entwickelt werden. Auf den unteren Ausbildungsstufen geschieht das durch eine allgemeine konditionelle und koordinative Schulung. Da wir jedoch nicht genau wissen, in welchem Ausmaße sich die allgemeine Ausbildung der koordinativen Fähigkeiten auf die Anwendung in konkreten Spielsituationen auswirkt, erfolgt auf den folgenden Stufen die koordinative Ausbildung auch stets „situationsorientiert".

Voraussetzung für ein „Mitspielenkönnen" in den Ballspielen bilden sogenannte Basisfertigkeiten und -fähigkeiten im Umgang mit dem Ball, die auf der Grundlage eines allgemeinen „Ballgefühls" entwickelt werden sollen. Folgen wir dem didaktischen Grundsatz „Zuerst spielen, dann üben!", brauchen wir einfache Spielsituationen mit der Reduktion auf einen einfachen Spielgedanken und einfache motorische Bewegungsfertigkeiten, die zunächst in einem sportspielübergreifenden Konzept ausgebildet werden und gegen Ende der Spielstufe immer mehr auf eine sportspielgerichtete Ausbildung zulaufen. Diese Forderung lässt sich mit Zweifelderspielen ohne störenden, dann mit einem oder mehreren indirekt störenden Gegenspieler(n) umsetzen. Im weiteren Verlauf wird die Spielfeldtrennung aufgehoben und es kommt in den Vehikelspielen zu Spielsituationen, in denen sich zwei Mannschaften direkt gegenüberstehen und versuchen, einen „Ball" in das gegnerische Ziel zu befördern.

Daraus lassen sich folgende motorischen Lernziele ableiten.

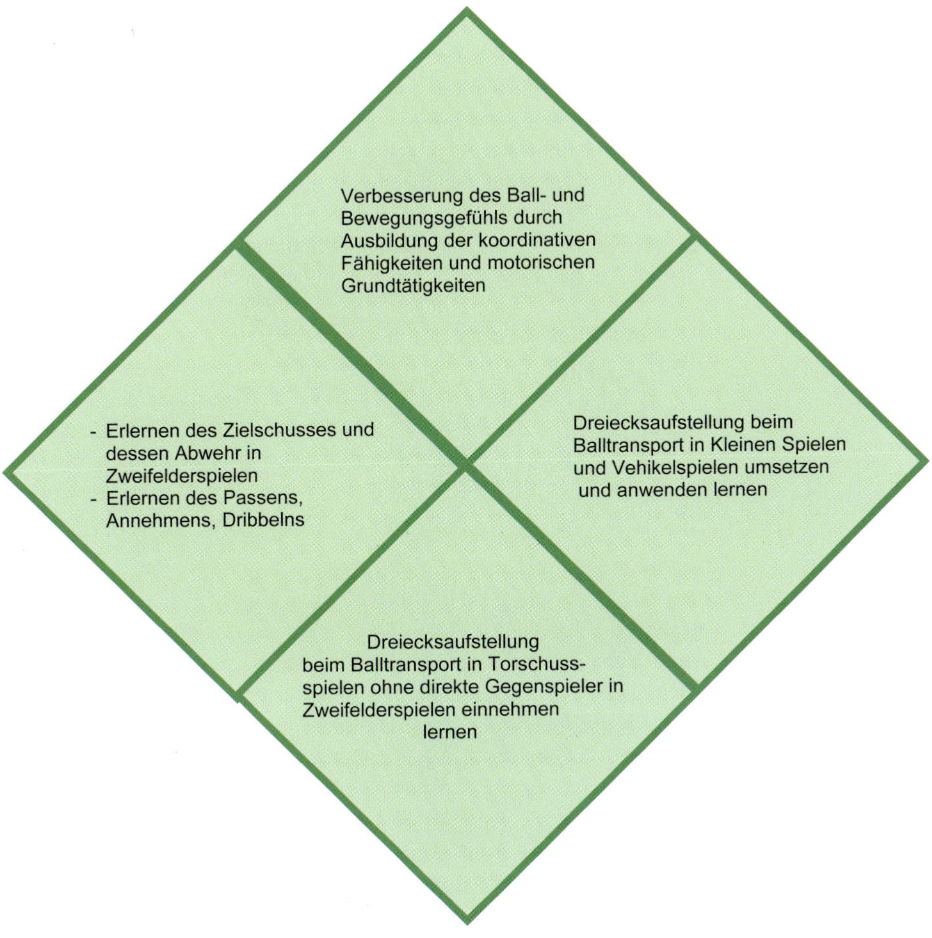

Abb. 8.2: Die Vernetzung der Ausbildungsinhalte der ersten Ausbildungsstufe

8.1.2 Zweite Ausbildungsstufe: Über Torschuss-/Torwurf-/ Korbwurfspiele zu Überzahl- und Gleichzahlspielen

Über Torschuss-/Tor-/Korbwurfspiele zu Überzahlspielen

Die zweite Ausbildungsstufe nähert sich über Torschuss-/Torwurf-/Korbwurfspiele und Überzahlspiele im Sinne einer umfassenden und vielseitigen Spielausbildung den Sportspielen in reduzierter Komplexität an. Sie verläuft also von einem sportspielgerichteten Ansatz zu einer sportspielspezifischen Ausbildung. Deshalb erfolgt der Einstieg erneut über Torschuss-/Tor-/Korbwurfspiele, um das Können durch ständige Wiederholungen in variierender Form und auf einem höheren Niveau zu fördern, zumal sich auch die Kinder im Verlaufe des Ausbildungsprozesses mittlerweile durch ihre körperliche, geistige und motorische Entwicklung verändert haben.

Der allmähliche Übergang zur sportspielspezifischen Ausbildung vollzieht sich zu Beginn in Überzahlspielen, wodurch die Drucksituationen noch deutlich reduziert werden können. In den Überzahlspielen steht das Herausspielen von Torgelegenheiten im Mittelpunkt. Erleichterungen entstehen am Anfang durch zahlreiche methodische Hilfsmittel und eine großzügige Auslegung der den Spielfluss hemmenden Spielregeln. Im Mittelpunkt steht das Herausspielen von 1:0-Situationen in Verbindung mit dem Angriffsabschluss. Durch die Überzahlspiele werden diese Situationen eher zustande kommen, wodurch die Kinder auch Zeit für die Ballkontrolle und die Wahrnehmung der Spielsituation erhalten. Dazu sind erste individual- und gruppentaktische Verhaltensweisen notwendig. Begleitend dazu müssen die auf der ersten Spielstufe entwickelten technischen Grundfertigkeiten jetzt spielspezifisch weiter entwickelt werden, um zu einer Ballkontrolle zu gelangen. Durch den allmählichen Abbau der Überzahl wird das Spielen in der Grundsituation II zunehmend anspruchsvoller gestaltet. Das Abschirmen des Tores mit mehreren Verteidigungsspielern stellt erhöhte Anforderungen an die Angreifer, sodass ein gemeinsames Agieren unerlässlich wird, um zu Torerfolgen zu kommen. Durch diese zunehmende Komplexität wird auch die Ausbildung kognitiver, emotionaler und sozialer Lernziele gefördert, indem die Spieler in Reflexionsphasen ein Feedback zu ihrem Spielverhalten erhalten sollen.

Von Überzahl- zu Gleichzahlspielen

Durch die Reduzierung der Überzahl auf der zweiten Ausbildungsstufe gelangen wir zu den Gleichzahlspielen in kleinen Mannschaften. Die Struktur und Aufstellungsformen im (1+)3:3(+1) oder (1+)4:4(+1) werden konsequent weitergeführt, die Grundsituation III mit einem sicheren Angriffsaufbau gegen einen Mann-Mann-Verteidigung gewinnt jetzt in den Gleichzahlspielen eine höhere Bedeutung und stellt insgesamt steigende Anforderungen an die Spieler, wodurch allmählich individual- und gruppentaktische Verhaltensweisen besonders für das Zusammenspiel weiter ausdifferenziert werden müssen. Die Hinführung zu einem Positionsspiel verlangt die zuverlässige Übernahme von Aufgaben. Damit bekommen alle Spieler eine gewisse Verantwortung übertragen. In den Gleichzahlspielen heißt das zunächst, gegen einen direkten Gegenspieler in Angriff und Abwehr zu agieren. Darüber hinaus soll jetzt das Mannschaftsspiel gefördert werden, wodurch der Interaktion zwischen den einzelnen Spielpositionen beim „Zusammenspielen“ vermehrt Aufmerksamkeit zukommen muss.

Daraus leiten sich die folgenden motorischen Lernziele ab:

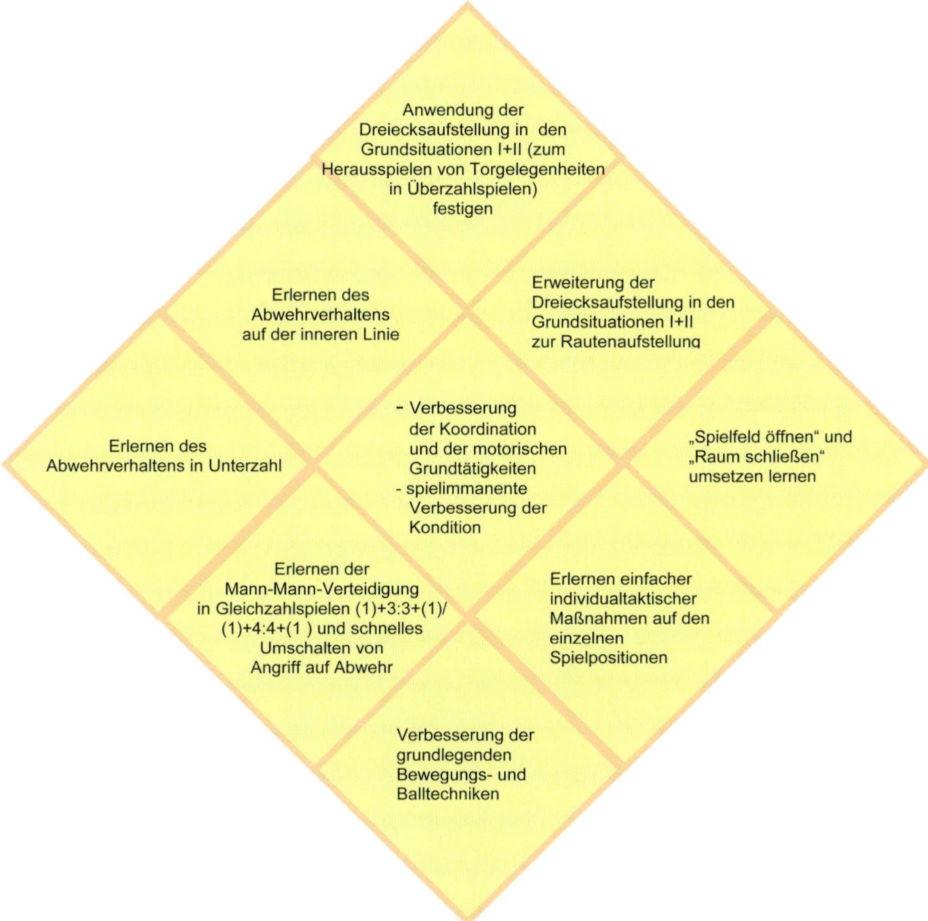

Abb. 8.3: Die Vernetzung der Ausbildungsinhalte der zweiten Ausbildungsstufe

8.1.3 Dritte Ausbildungsstufe: Von der spielspezifischen individual- und gruppentaktischen Ausbildung in den Spielsituationen (1)+3:3+(1) zu den Minisportspielen

Die dritte Stufe konzentriert sich auf die Ausdifferenzierung der sportspielspezifischen Spielfähigkeit. Als „Mini-Sportspiele" werden hier die Zielschussspiele mit einer Mannschaftsstärke von vier Feldspielern und ggf. einem Torwart bezeichnet. Die technischen Fertigkeiten müssen jetzt sportspielspezifisch weiter ausgebildet, gefestigt und situativ angewandt werden. Da die Mini-Spiele in ihrer Mannschaftsgröße (4:4/5:5) den früheren Spielsituationen weitgehend entsprechen, treffen die Spieler hier auf bekannte Strukturen, in die sie die neuen Lerninhalte integrieren können. Diese bestehen in erster Linie in der Ausbildung der individualtaktischen Maßnahmen auf den einzelnen Spielpositionen und der gruppentaktischen Elemente, die ein Spielen im Sinne eines gemeinsamen Agierens ermöglichen. Besonderen Wert wird dabei auf die abgestimmte Auslösung von Angriffshandlungen gelegt, auf deren Basis ein freies und kreatives Spielen entsteht. Das spontane Agieren weicht jetzt immer mehr einem abgestimmten Spielverhalten zwischen den einzelnen Mannschaftsmitgliedern, wodurch der Analyse und dem Entwurf von Spielhandlungen größere Bedeutung zukommt. Die Voraussetzungen sind durch die fortschreitende Intellektualisierung der Spieler gegeben, sie lassen sich jedoch nur langfristig und in kleinen Schritten ausdifferenzieren. Besonders hilfreich sind Spielsituationen, in denen die lernrelevanten Elemente sehr oft auftreten. Werden die Sportspiele in gleicher Weise unterrichtet, kommen wir dieser Forderung nach und bieten den Lernenden sehr viele Möglichkeiten, den Transfer von einem Sportspiel zum anderen zu schaffen.

Besonders problematisch könnte sich jedoch die Vermittlung spielspezifischer Verhaltensweisen in Bezug auf eine Interferenz in den beiden Zielwurfspielen Basket- und Handball erweisen. Allein die Anwendung der Schrittregel und die Schulung des Abwehrverhaltens lassen eine negative Transferwirkung erwarten, so dass auf eine klare zeitliche Trennung der Ausbildung im Basket- und Handball geachtet werden muss. Obwohl die Schrittregel im Basketball deutlich anspruchsvoller als im Handball erscheint, macht es aufgrund der Foulregel und des Körpereinsatzes Sinn, zunächst Basketball und mit einem gewissen zeitlichen Abstand Handball zu unterrichten.

Zusammenfassend ergeben sich folgende Lernziele für diese Ausbildungsstufe:

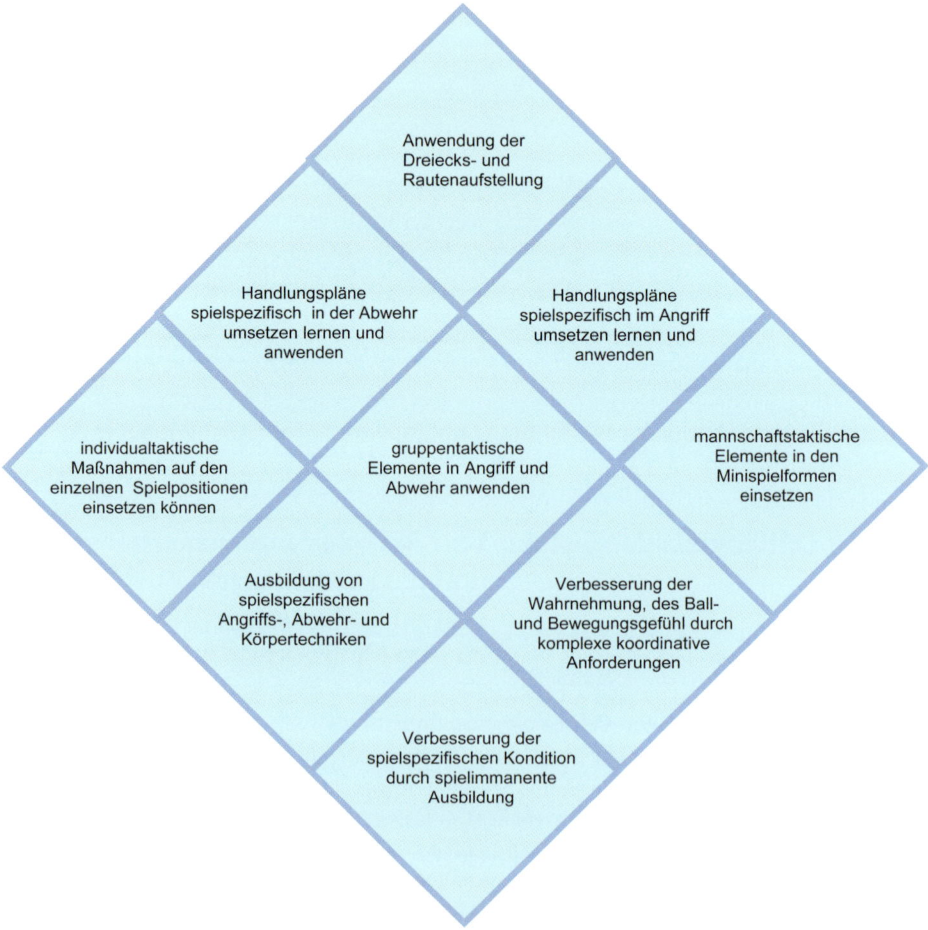

Abb. 8.4: Die Vernetzung der Ausbildungsinhalte der dritten Ausbildungsstufe

8.1.4 Vierte Ausbildungsstufe: Von den Mini-Sportspielen (1)+4:4+(1) zu den komplexen Mannschaftsspielen

Den Abschluss der Ausbildungskonzeption bildet der Übergang zu den komplexen Mannschaftsspielen. Die Gründe für das langjährige Verharren in den Mini-Sportspielformen wurden in den vorangehenden Kapiteln ausführlich erörtert. Mit der Ausbildung in reduzierten Spielsituationen wird besonders den Lern- und Leistungsvoraussetzungen aller Schüler Rechnung getragen, weil sich dadurch in einem Klassenverband differenzierte Unterrichtsmaßnahmen durchführen lassen. Gute Spieler treffen auf ebenso leistungsstarke Gegner, sodass das bessere gruppen- oder mannschaftstaktische Agieren über Sieg und Niederlage entscheidet. Folglich müssen sich auch diese Spieler in den Dienst der Mannschaft stellen und Bereitschaft entwickeln, mit den anderen zu kooperieren und zu kommunizieren. Damit werden neben den fachlichen auch die personalen und sozialen Kompetenzen entwickelt.

Weniger ballspielerfahrene Jugendliche lernen in homogenen Leistungsgruppen, selbst Initiative zu ergreifen und Verantwortung für die Spielhandlungen zu übernehmen. Sie werden fast zwangsläufig mit Spielsituationen konfrontiert, in denen sie die wesentlichen Spielregeln anwenden, Spielpositionen verteilen und Spielhandlungen in Gang setzen müssen. Auch müssen sie sich verstärkt um die Spielgestaltung bemühen, Entscheidungen treffen und den Angriffsabschluss suchen. Daraus resultieren Erfolgserlebnisse und vor allem das Bewusstsein, am Spiel aktiv beteiligt zu sein.

Beim Spiel in komplexeren Mannschaften können aus organisatorischen Umständen oder aus sozialen Aspekten die verschiedenen Leistungsgruppen wieder zusammengeführt werden. Leistungsunterschiede werden nach wie vor auftreten und sichtbar bleiben. Da die schwächeren Schüler jedoch gelernt haben, sich selbst ins Spiel einzubringen, kann diese Haltung für das komplexe Mannschaftsspiel genutzt werden. Sie sollten gruppentaktische Abläufe kennen und umsetzen können. Legt man jetzt die Aufstellungsformen im komplexeren Mannschaftsspiel so an, dass sich ständig neue Rautenformationen mit anderen Spielern ergeben, fällt die Integration neuer Spieler nicht schwer. Begleitet man diese Erweiterung der Mannschaftsstärke mit den in den Mini-Sportspielen erarbeiteten mannschaftstaktischen Elementen des schnellen Umschaltens von Angriff auf Abwehr und umgekehrt sowie den grundlegenden Spielverhaltensweisen wie „Spiel öffnen" und „Spielverlagerung", dann können im Schulbereich Sportspiele auf ansprechendem Niveau entstehen, in denen das „Miteinander-Agieren" im Mittelpunkt steht.

Daraus resultieren für die vierte Ausbildungsstufe folgende motorische Lernziele:

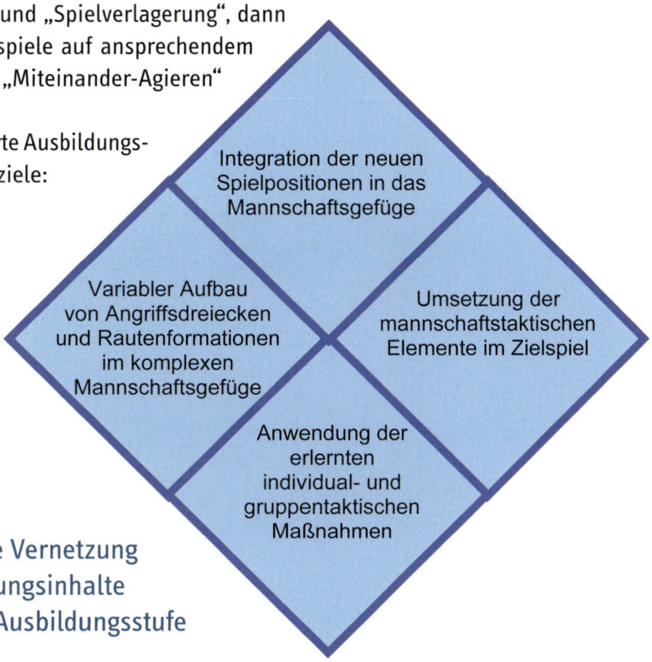

Abb. 8.5: Die Vernetzung der Ausbildungsinhalte der vierten Ausbildungsstufe

8.2 Handlungskompetenz durch Lernen kognitiver, emotional-affektiver und psychosozialer Ausbildungsinhalte

Eine Ballspielschule mit dem Anspruch einer fähigkeits- und kompetenzorientierten Ausbildung verlangt neben motorischen Lernzielen auch eine gezielte Schulung der weiteren Komponenten der Handlungsfähigkeit. Dazu gehören vor allem die Fähigkeiten, die für die Qualität der „Orientierungs-" und „Antriebsprozesse" in Spielhandlungen verantwortlich sind. Die Entwicklung der Lern- und Leistungsvoraussetzungen muss deshalb auch auf Denk-, Wahrnehmungs- und Merkprozesse sowie auf Willensleistungen und eine positive Gefühlslage ausgerichtet werden.

Nach HOTZ verlangt Lernen ein intensives Sich-auseinander-Setzen mit Bewegungen oder Spielhandlungen

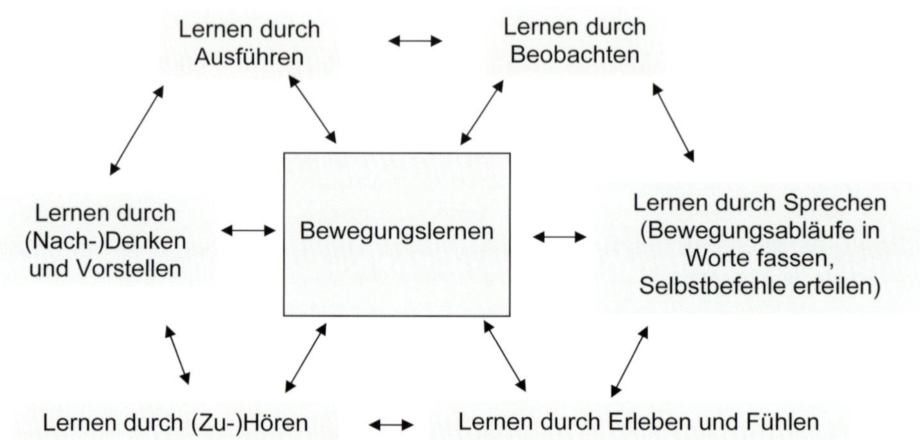

Abb. 8.6: Bewegungslernen durch intensives Sich-auseinander-Setzen: Wahrnehmen – Verstehen – Erleben (modifiziert nach Hotz 1985 g, 150, verändert zitiert, 1986, S. 110)

Für ein qualitatives Lernen in den Sportspielen müssen wir demnach Kinder befähigen, vom

Sehen	zum	Hinsehen (= genaues Beobachten)
Hören	zum	Zuhören (= exaktes Aufnehmen)
Denken	zum	Nachdenken und Vorstellen
unverbindlichen Tun	zum	selbstbefohlenen Ausführen
zufälligen Eindruck	zum	Erleben und Fühlen

zu gelangen.

Es versteht sich von selbst, dass Wahrnehmungsleistungen oder Denkprozesse Konzentration erfordern. Es ist Aufgabe eines erziehenden Unterrichts oder Trainings, diese Fähigkeitskomplexe in einem ganzheitlichen Ansatz zu fördern und zu fordern. Das geschieht am einfachsten, wenn wir es schaffen, Kinder mit den dargebotenen Inhalten zu begeistern.
Abhängig ist die Begeisterung von der Aufgabenschwierigkeit und dem Spannungsverlauf in den Spielen. In Unterrichtsgesprächen, Spielanalysen, aber auch durch ein Feedback für gelungene Aktionen gilt es zusätzlich, Kinder in ihrem Selbstvertrauen zu stärken, Mut zuzusprechen, die Angst vor Fehlern zu nehmen, ihre Anstrengungsbereitschaft anzustacheln. Einzelne Impulse lassen sich durch das methodische Vorgehen setzen, andere durch den pädagogischen Umgang und das psychologische Geschick des Lehrers oder Trainers. Deshalb sollten wir uns in einer ganzheitlichen Ausbildung stets auch an kognitiven, emotional-affektiven und psychosozialen Lernzielen orientieren, die sich im Sinne eines Erlebens, Erkennens, Erfühlens, Entwickelns und Verstehens auf die folgenden fachlichen, methodischen, personalen und sozialen Aspekte beziehen:

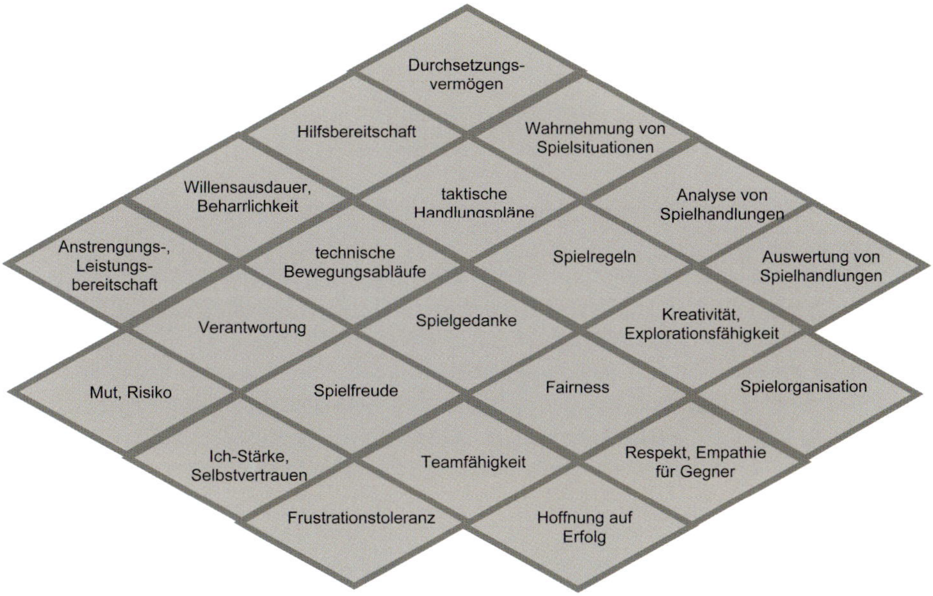

Abb. 8.7: Die Vernetzung der nicht-motorischen Ausbildungsinhalte in den Zielschussspielen

8.3 Visualisierungsmaßnahmen im Taktikunterricht zur Unterstützung der Lernprozesse

Spielsituationen auszuwerten oder das mögliche Spielverhalten vorab zu erklären, bedarf der Anschaulichkeit, aber auch einer gewissen Abstraktionsfähigkeit und Spielerfahrung, die Mittel- und Oberstufenschüler ebenso wie D-Junioren im Verein schon besitzen.

Deshalb gehören Visualisierungshilfen wie Taktiktafel, Reihenbilder, Demonstrationen von nachgestellten Spielsituationen oder von zu realisierenden Handlungsabläufen in verlangsamtem Tempo bis zur entsprechenden Dynamik in der realen Spielsituation als Standard in den Sportspielunterricht. Ebenso sollten Spielsituationen „eingefroren" (Stop-and-Go-Spiel) und gemeinsam mit den Spielern besprochen werden. Wichtig ist in diesem Zusammenhang, dass die dabei gewonnenen Erkenntnisse auch unmittelbar darauf in die Praxis umgesetzt werden können. Darin liegt jedoch ein Hauptproblem des Spielunterrichts. Im komplexen freien Spiel wird dieselbe Situation so kaum wieder auftreten. Im Spiel in kleineren Mannschaften erhöht sich jedoch die Wahrscheinlichkeit, dass nahezu gleiche Situationen in höherer Dichte auftreten und somit mehr Lernmöglichkeiten bestehen.

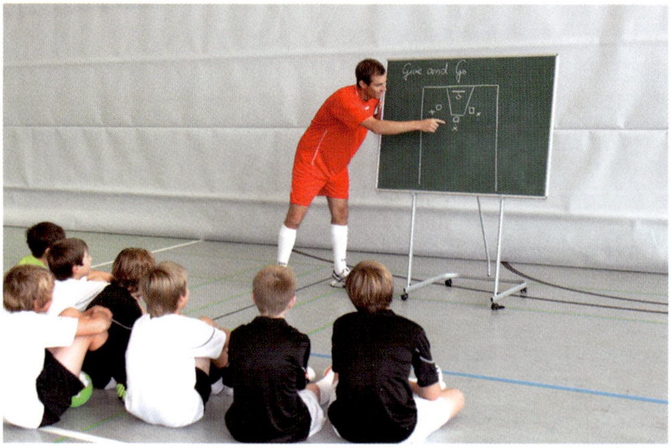

Abb. 8.8: Taktikunterricht an der Tafel – „Wie lässt sich die Umsetzung des Give and Go verbessern?“

Äußerst schwierig ist es im Fußball, aufgrund der großen Entfernungen auf dem Fußballfeld und den verschiedensten Witterungsbedingungen die Reflexionsphasen ökonomisch zu gestalten. Hier bietet sich die Taktikausbildung vor allem durch das Nachstellen von Spielsituationen mit Markierungstellern auf einem Miniaturspielfeld an (Abb. 8.9).

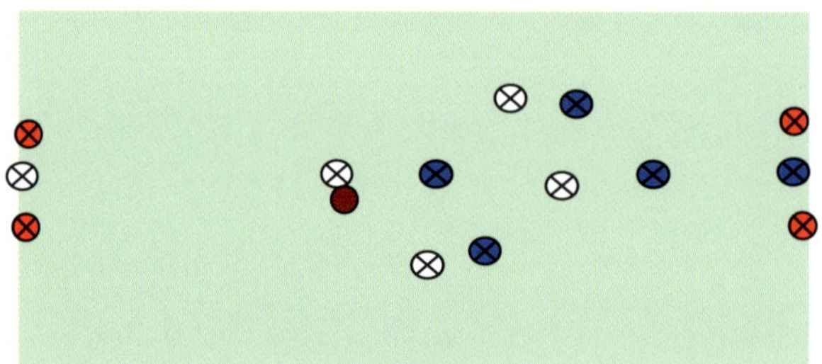

Abb. 8.9: Nachstellen von Spielsituationen mit Markierungstellern im FB

Zusätzlich lassen sich durch Arbeitsblätter die Reflexions- wie auch die Planungsfähigkeit von Schülern ab einem Alter von ca. 10 Jahren fördern. Deshalb werden dem Praxisteil einzelne Beispiele angehängt und in das Ausbildungskonzept integriert.

8.4 Die Ausbildungsphilosophie und das Spielsystem für Schule und Verein

Eine Ausbildungsphase in der Schule über die Primar-, Sekundarstufe I und II hinweg oder von den F- bis zu den C-Junioren im Verein sind für die Lernenden mit häufigem Lehrer- oder Trainerwechsel verbunden. Dadurch erhöht sich das Problem eines systematischen und zielgerichteten Lernens. Kontinuität soll in der Schule durch festgeschriebene Curricula gewährleistet werden. In vielen Vereinen bleibt eine einheitliche Ausbildungskonzeption jedoch ein Wunschdenken, obgleich dadurch zahlreiche Missstände verhindert werden könnten. Neue Mitarbeiter finden in einer Ausbildungsphilosophie Orientierung und einen Leitfaden. Die wesentlichen Leitgedanken der Ausbildung im Kindes- und Jugendalter beziehen sich auf folgende Aspekte:

- » Wir spielen möglichst lange in kleinen Mannschaften, um den Spielern eine hohe Bewegungsintensität, viele Ballkontakte, die Wiederkehr von gleichen Spielsituationen in hoher Dichte zu ermöglichen, damit ein zielgerichtetes Spielen-Lernen möglich ist.
- » Ausgehend von der Grundordnung des Angriffsdreiecks und der Rautenaufstellung spielen wir vornehmlich in den Spielsituation (1+)3:3(+1) oder (1+)4:4(+1).
- » Jeder Spieler ist ein wichtiges Mannschaftsmitglied, das die klar definierten Spielpositionen des Angriffsdreiecks mit festgelegten Aufgaben kennt und einnehmen kann.
- » Wir gelangen über die Schulung individualtaktischer Fertigkeiten und die schrittweise Einführung gruppentaktischer Maßnahmen zu einer Spielqualität auf zunehmend höherem Niveau.
- » Erst wenn die gruppentaktischen Maßnahmen beherrscht und in reduzierten Spielsituationen zur Anwendung kommen, wird die Mannschaftsstärke erhöht.
- » Die Grundordnung der Raute bleibt das „Herzstück" auch komplexerer Mannschaften, indem weitere Spielpositionen so hinzugefügt werden, dass ständig neue Rauten oder Angriffsdreiecke entstehen.
- » Mit der Integration der Rautenaufstellung in komplexere Mannschaften wird die Erfolgswahrscheinlichkeit erhöht, dass die Spieler die Spielsituationen erkennen, in denen bestimmte gruppen- und mannschaftstaktische Maßnahmen anzuwenden sind.
- » Einfache Pässe und aufeinander abgestimmte Laufwege führen zu verschiedenen taktischen Lösungsmöglichkeiten (v.a. in der Spieleröffnung) im Sinne einer taktischen Divergenz.
- » Spielen heißt, Spielsituationen zu lösen. Die besten Lösungen sind die einfachen. Taktisch konvergentes Lernen verlangt von den Spielern, die einfachen Lösungen herauszufinden.
- » Nach einer abgestimmten Spieleröffnung sollen die Spieler frei, intuitiv, spontan und kreativ handeln und die entstandenen Abwehrlücken ausnutzen.
- » Wir gehen in allen drei Zielschussspielen integrativ und strukturiert vor, damit die Schüler durch ständige Wiederholungen die einzelnen Fähigkeiten und Fertigkeiten stets wiederholen, nachhaltig erwerben und zur Handlungskompetenz ausbauen können.

Den Vereinen steht ein wesentlich höherer Zeitumfang für die spielspezifische Ausbildung zur Verfügung als der Schule. Ferner werden hier Kinder vornehmlich im späteren Schulkindalter in ihrem selbst gewählten Lieblingssportspiel trainiert, was sich sicherlich auf die Motivation und die Lernprozesse auswirkt. Somit ist zu rechnen, dass im Verein schnellere Lernfortschritte erzielt und neue Inhalte zeitlich früher angegangen werden können. Außerdem muss sich der Verein früher an den Wettbewerbsformen der einzelnen Jahrgänge orientieren. Eine Lösung dieses Problems bietet der ständige Transfer auf die komplexeren Mannschaftsspiele in den obligatorischen Spielphasen an Ende einer Trainingseinheit.

Auf der Grundlage dieser Ausbildungsphilosophie lässt sich nun ein taktisches Spielsystem entwickeln, das sich an den Fähigkeiten von Kindern und Jugendlichen (besonders von Schülern mit geringer Ballspielerfahrung) orientiert:

- Wir spielen mit einfachen, kurzen Pässen, die genau ankommen und sicher anzunehmen sind.
- Wir bieten dem Ballbesitzer durch die Grundformation des Angriffsdreiecks Abspielmöglichkeiten und halten so den Ball in unseren Reihen.
- Wir laufen uns frei, indem wir stets die Dreiecksaufstellung aufsuchen.
- Durch abgestimmte Freilaufbewegungen verunsichern wir den Gegner und schaffen Durchbruchsräume zum Ziel.
- Wir nutzen Lücken im Abwehrverbund des Gegners, indem wir in diese Lücken hineinstoßen und mit dem Ball zum Ziel ziehen.
- Bei Ballverlust ziehen wir uns schnell hinter den Ball zurück.
- Wir verschieben zur Ballseite, indem die ballfernen Spieler einrücken.
- Wir versuchen die Räume der Angreifer eng zu machen und Lücken zu schließen.
- Wir versuchen dem Abwehrspieler in der Zweikampfsituation durch Absichern zu helfen.

Praxisteil: Kinder-Ballspielschule

Hinweise für die Praxis:

Die KI-BASS setzt sich aus zwei Bausteinkästen zusammen. Beide enthalten je vier Bausteine in Form von Koordination und verschiedenen Spielformen bzw. Spielsituationen, die in ihrem Schwierigkeitsgrad progressiv gesteigert werden können. Da Schüler auf Grund ihrer Veranlagung und sozialisationsbedingten Spielerfahrungen Unterschiede im Lerntempo, -niveau und in der -stabilität zeigen, sollten Spiele nicht nur kurz „abgehandelt", sondern so lange durchgeführt werden, bis qualitative Lernfortschritte erkennbar sind. Das macht differenzierte Aufgabenstellungen, ein Verweilen und intensives Beschäftigen mit dem Stoff bei Lernschwierigkeiten, vielleicht sogar einen Rückgriff auf frühere Spiel- und Übungsformen und ein unterschiedliches methodisches Vorgehen nötig. Deshalb werden strukturgleiche Unterrichtsinhalte der einzelnen Zielschussspiele ausgewählt, zu Themen zusammengefasst und in die Grundsituationen der Sportspiele chronologisch sinnvoll eingeordnet, sodass sich daraus ganze Unterrichtseinheiten über mehrere Wochen oder Monate ergeben. Um der Leistungsheterogenität gerecht werden zu können, lassen sich diese Themen durch den Einsatz methodischer Mittel variieren und somit in ihren Anforderungen differenzieren. Je nach Leistungs- und Könnensstand der Gruppe lassen sich dadurch Unterrichtseinheiten flexibel erstellen und inhaltlich begrenzen. Sie erlauben nach einem Sportartenwechsel in der Schule einen Wiedereinstieg, der sich an den Leistungsvoraussetzungen und dem noch vorhandenen Können der Schüler orientiert.

9 Stufe 1 – Von Torwurf-/Torschusssituationen und Kleinen Spielen zu Vehikelspielen

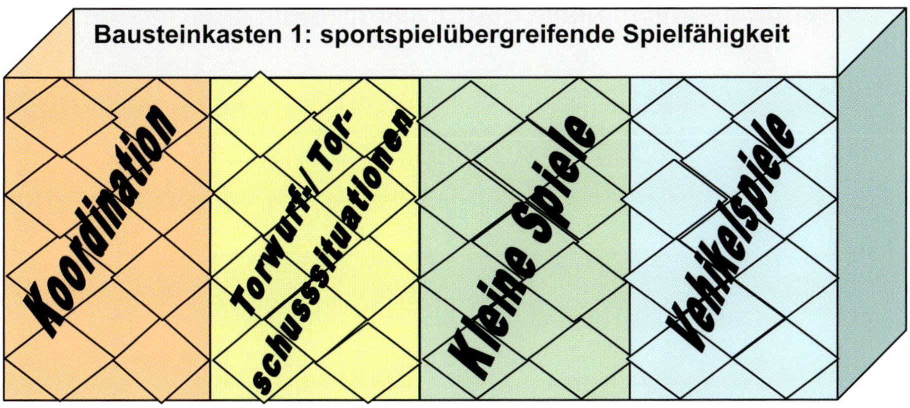

Abb. 9.1: Bausteinkasten 1

Der Bausteinkasten 1 zur Ausbildung auf der ersten Spielstufe setzt sich aus folgenden Bausteinen zusammen:

- **Ballkoordination und Koordination motorischer Grundtätigkeiten**
- **Torschuss-/Torwurfspiele**
- **Kleine Spiele**
- **Vehikelspiele**

Aus diesen Bausteinen lassen sich die einzelnen Unterrichts- oder Trainingsstunden variabel zusammenstellen. Ob der Lehrer/Trainer dabei den Schwerpunkt zunächst mehr auf die koordinative Ausbildung, das Lernen in Torwurf-/Torschusssituationen oder in Kleinen Spielen bzw. Vehikelspielen legt oder ob er aus jedem Baustein Inhalte für eine Spielstunde herausgreift, bleibt ihm selbst überlassen. Besondere Berücksichtigung sollten jedoch die Forderungen an eine gute Ballspielstunde finden: Neben der methodischen Zielgerichtetheit und dem Lernen von Neuem sollten vor allem die Bewegungsintensität und die Handlungsdramatik beachtet werden.

Die Erkenntnisse der Trainings- und Bewegungslehre in Bezug auf den Aufbau der Stunde und die Vermittlung der Inhalte gilt es einzuhalten. Die koordinative Ausbildung und das Erlernen neuer Bewegungsfertigkeiten gehören nach dem Aufwärmen an den Anfang einer Unterrichtsstunde, wenn die dazu notwendigen Regelungs- und Steuerungssysteme noch nicht ermüdet sind. Die belastenden Unterrichtsformen folgen am Stundenende.

Für das methodische Vorgehen bieten sich fast durchgängig drei Lehr-/Lernwege an, die mit horizontal, vertikal und diagonal bezeichnet werden können.

a) Horizontaler Lernweg:

Spielsituation 1/ Kleine Spiele	→	rollender aufsetzender horizontal anfliegender Ball	→	Spielsituation 2/ Kleine Spiele:	→	rollender aufsetzender horizontal anfliegender Ball

Wir spielen zunächst alle möglichen Torwurf-/Torschussspiele in der Spielsituation 1 durch und gehen dann zur Spielsituation 2 über.
Wir spielen ein Kleines Spiel zuerst mit dem rollenden, danach mit dem aufsetzenden und schließlich mit dem horizontal anfliegenden Ball in Dreiermannschaften und gehen erst dann zum nächsten Kleinen Spiel über.

b) Vertikaler Lernweg:

Spielsituation 1/Kleine Spiele	rollender Ball
↓	↓
Spielsituation 2/Kleine Spiele:	rollender Ball
↓	↓
Spielsituation 3/Kleine Spiele:	rollender Ball

Wir spielen zunächst die Torwurf-/Torschussspiele in den Spielsituationen 1, 2, 3 mit dem rollenden, danach mit dem aufsetzenden und schließlich mit dem horizontal anfliegenden Ball durch.
Wir spielen die verschiedenen Kleinen Spiele zuerst mit dem rollenden, danach mit dem aufsetzenden und schließlich mit dem horizontal anfliegenden Ball durch.

c) Diagonaler Lernweg:

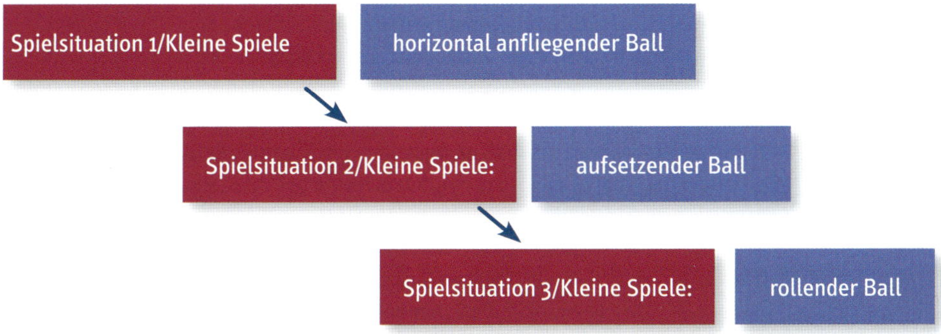

Wir spielen zunächst die Torwurf-/Torschussspiele in der einfachen Spielsituation 1 mit dem horizontal anfliegenden Ball, dann die kompexere Spielsituation 2 mit dem aufsetzenden Ball und schließlich die noch anspruchsvollere Spielsituation 3 mit dem rollenden Ball durch.
Wir spielen ein einfaches Kleines Spiel mit dem horizontal anfliegenden Ball, das zweite komplexere Kleine Spiel mit dem aufsetzenden und schließlich das dritte mit dem rollenden Ball durch.

Anmerkung: *Diese methodische Vorgehensweise lässt sich nicht auf die Abfolge der Vehikelspiele übertragen. Es sollten deshalb diejenigen ausgewählt werden, die sich zuerst mit dem rollenden, dann mit dem aufsetzenden und schließlich mit dem hoch anfliegenden Ball spielen lassen.*

Zum möglichen Aufbau einer Sportspielstunde:

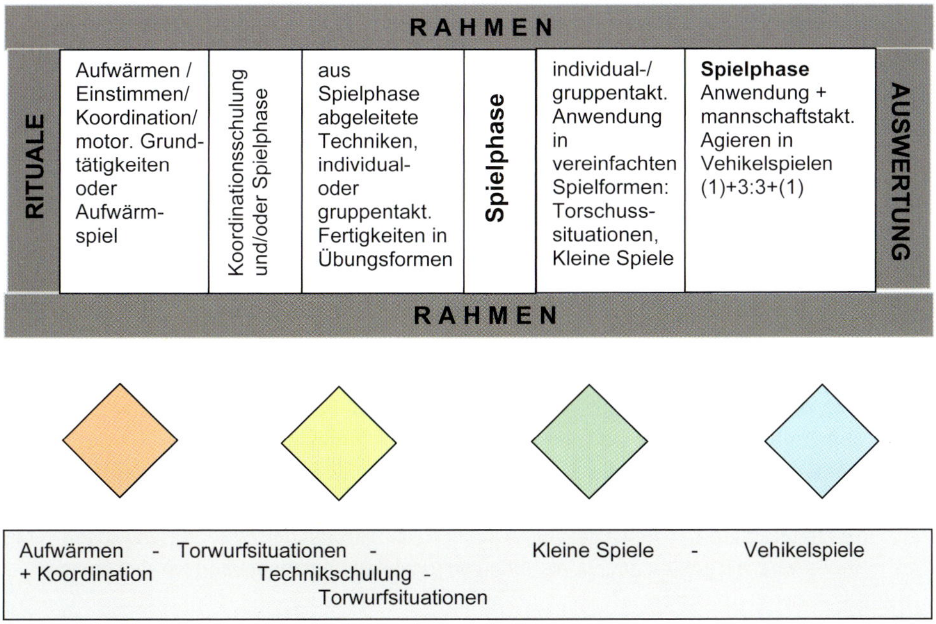

Abb. 9.2

9.1 Baustein 1: Ballkoordination/motorische Grundtätigkeiten

Einzelne koordinative Fähigkeiten können nicht isoliert ausgebildet werden. Es ist jedoch möglich, durch spezifische Aufgabenstellungen oder organisatorische Maßnahmen Schwerpunkte zu setzen. Sollten Kinder erhebliche Mängel in den motorischen Grundtätigkeiten verraten, empfiehlt es sich, diese immer wieder mit Übungen ohne Ball gezielt zu fördern.

Zur Erinnerung:

Koordinationsschulung für Ballspiele		
	=	
Ausbildung eines differenzierten Bewegungsgefühls durch einfache motorische Grundtätigkeiten	+	Ausbildung eines Ballgefühls durch einfache Bewegungsfertigkeiten

Aus dieser Formel ergibt sich eine Vielfalt an Kombinationsmöglichkeiten. Es ist im Rahmen dieses Fachbuchs nicht möglich, eine umfassende Zusammenstellung von Bewegungsaufgaben zu erstellen. Anhand verschiedener Beispiele wird jedoch ein Einblick gegeben, wie die Koordinationsschulung für Ballspiele durchgeführt werden kann. Dabei wird auf dieser Ausbildungsstufe der Schwerpunkt auf erste koordinative Erfahrungen mit dem rollenden, aufsetzenden, hoch einfliegenden und horizontal anfliegenden Ball gelegt. Einfache Bewegungsaufgaben mit dem Ball werden im Laufe der Zeit immer mehr mit den motorischen Grundtätigkeiten kombiniert, in Partnerform mit ein und zwei Bällen durchgeführt, sodass ständig neue Variationen bzw. Übungsbedingungen entstehen. Die methodische Vorgehensweise soll auch hier dem Unterrichtenden überlassen werden. Drei verschiedene Möglichkeiten sind auch hier denkbar:

» **Horizontales Vorgehen:** Der Ball bleibt bei allen Aufgabenstellungen am Boden (alle Bewegungsaufgaben beziehen sich auf den rollenden Ball)
» **Vertikales Vorgehen:** Wenn eine Bewegungsaufgabe mit dem rollenden Ball gelöst werden kann, wird sie sofort danach mit dem aufsetzenden, dann mit dem hoch anfliegenden Ball durchgeführt.
» **Diagonales Vorgehen:** Es werden rasch wechselnde Bewegungsaufgaben zum rollenden, aufsetzenden, hoch einfliegenden Ball unmittelbar hintereinander oder sogar in kombinierter Form in einer Einheit der Ballkoordination angeboten.

Besondere Hinweise:

» Die Bewegungsaufgaben sind von unterschiedlichen Schwierigkeitsgraden, sodass stets differenzierte Aufgabenstellungen entsprechend dem Leistungsniveau möglich sind.
» Alle Beispiele lassen sich immer mit unterschiedlichen Bällen durchführen. Die Ausführung einer Bewegungsaufgabe mit ganz verschiedenartigen Bällen kann zu einer wesentlichen Verbesserung des Ballgefühls durch Kontrastlernen führen. Deshalb sollten diese von den Spielern immer wieder selbstständig gewechselt werden, selbst wenn in den folgenden Programmen nicht immer explizit darauf hingewiesen wird. Außerdem wird die Steuerungsfähigkeit beim Spielen des Balles mit den Händen oder den Füßen geschult, wenn eine Umstellung von großen auf kleine Bälle und umgekehrt vorgenommen werden muss.

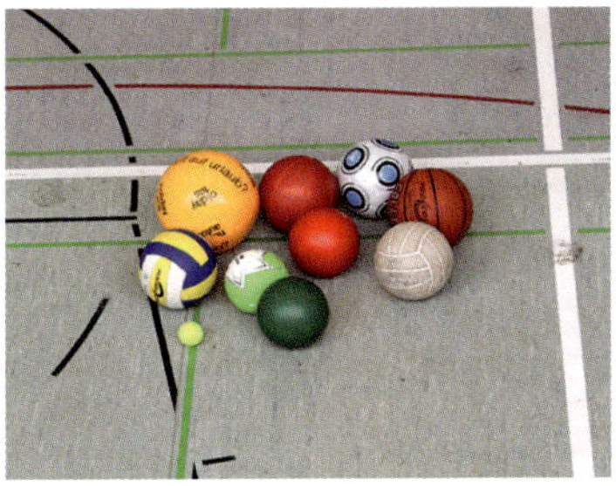

Abb. 9.3: Das Ballmaterial für die Koordinationsschulung

9.1.1 Beispiele zur Ausbildung ausgewählter koordinativer Fähigkeiten

Beispiel 1: ***Schwerpunktmäßige Ausbildung der Differenzierungs- und Orientierungsfähigkeit mit dem rollenden Ball***

Organisation: Spielfeld 20 x 20 m oder Hallendrittel, 10–12 Offentore durch verschiedenfarbige Markers, pro Spieler 1 Ball, unterschiedliche Bälle: Tennis-, Gummi-, Wasser-, Gymnastik-, Volley-, Hand-, Fußbälle.

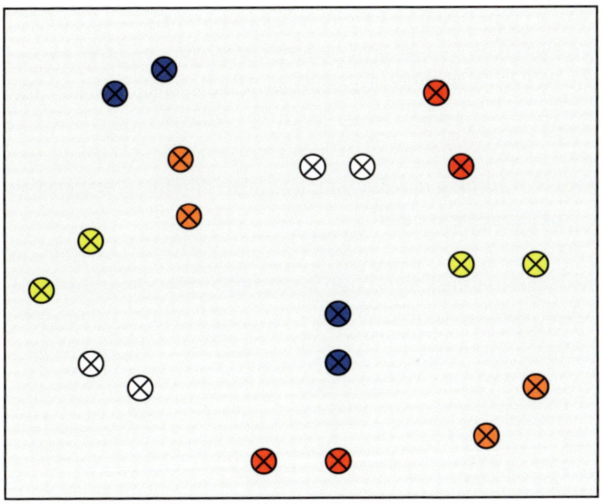

Abb. 9.4: Spielfeld mit Offentoren

Bewegungsaufgaben: Differenzierungsfähigkeit, Orientierungsfähigkeit

» Den Ball am Boden mit einer Hand kreuz und quer rollen, dabei Mitspielern ausweichen, Handwechsel bei Richtungsänderungen. Wer kann in 30 sec so durch die meisten Tore dribbeln?
» Freies Dribbling mit dem Ball am Fuß auf dem Spielfeld; auf Signal Ball mit der Sohle anhalten und mit dem Ball eines anderen Spielers weiterdribbeln.
» Wer kann in 30 sec die meisten Offentore im Gegenuhrzeigersinn umdribbeln?
» An 5 verschiedenen Bällen im Wechsel hüpfen und dabei jeweils den Ball 4x mit jeder Sohle berühren.

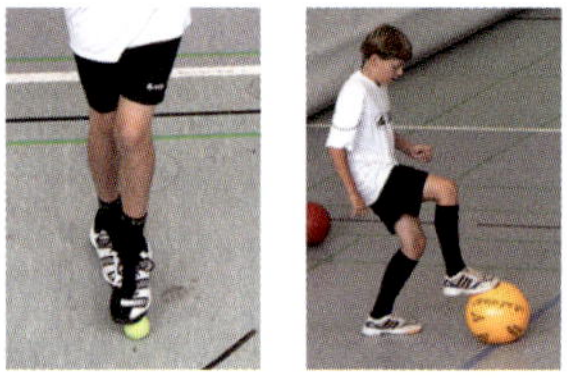

Abb. 9.5: Beispiel für differenzielles Lernen beim Wechselhüpfen durch unterschiedliche Ballgrößen (Kontrastlernen)

» Wer kann die zwei gleichfarbigen Offentore am schnellsten umdribbeln, indem er den Ball nur mit der linken Hand am Boden rollt?
» Lauft/hüpft zu fünf unterschiedlichen Bällen und berührt diese mit der Stirn.
» Dribbelt mit dem 5. Ball weiter, indem ihr ihn durch vier verschiedene Tore in einer Acht um und durch die Offentore mit der rechten oder linken Hand am Boden rollend führt.
» Lauft schnell zu 5 unterschiedlichen Bällen und berührt diese mit dem Gesäß.
» Dribbelt mit dem Ball am Fuß zu 8 Toren, passt den Ball durch, lauft am Tor vorbei und dribbelt dann mit dem Ball weiter.

Bei diesen Bewegungsaufgaben bleibt der Ball ständig am Boden, seine Bewegungsbahn ist auf zwei Dimensionen reduziert. Die Kinder können die unterschiedlichen Eigenschaften der verschiedenen Bälle erforschen. Sie müssen bei jedem Ballkontakt, ob mit der Hand oder dem Fuß, die Krafteinsätze je nach Ball variieren und lernen so zu differenzieren. Außerdem werden sie durch die Aufgabenstellungen gezwungen, sich zu orientieren, nach Offentoren zu schauen und bestimmte Farben wahrzunehmen. Dazu bewegen sie sich in gebückter Haltung, aufrecht laufend oder auf einem Bein hüpfend, üben also verschiedene motorische Grundtätigkeiten aus.

Beispiel 2: ***Schwerpunktmäßige Ausbildung der Rhythmisierungs- und Differenzierungsfähigkeit mit dem aufspringenden Ball***

Organisation: Hallendrittel, die verschiedenfarbigen Linien ins Aufwärmprogramm einbeziehen, pro Spieler 1 Ball, unterschiedliche Bälle: Tennis-, Gummi-, Gymnastik-, Volley-, Hand-, Basket-, Fußbälle.

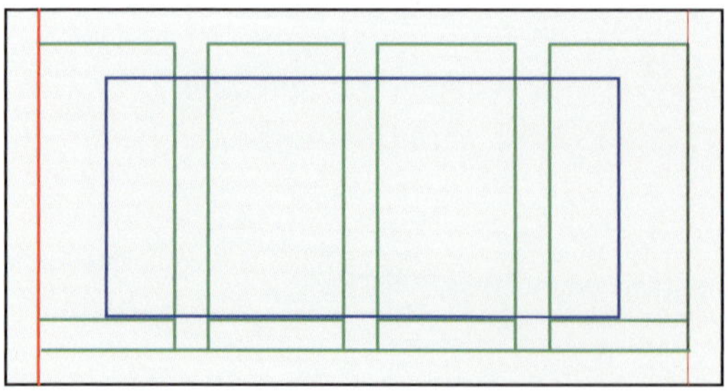

Abb. 9.6

Bewegungsaufgaben: Rhythmisierungsfähigkeit, Differenzierungsfähigkeit

» Freies Prellen mit dem Ball, auf Mitspieler zugehen, Ball mit der linken Hand prellen, sich mit der rechten begrüßen und vorstellen, danach den Namen des anderen rhythmisch prellen und dann weiterlaufen.
» Dito, jedoch am Mitspieler vorbeilaufen und mit der rechten Hand abklatschen.
» Den Ball nur auf Linien prellen, 4x rechts, 4x links.

- Auf jeder andersfarbigen Linie eine unterschiedliche Fortbewegungsart wählen (Seitstellschritte, Gehen, Laufen, rückwärts Gehen) und im Rhythmus 2x rechts, 2x links prellen.
- Bälle ablegen. Wer kann als Schnellster auf einem Bein zu fünf verschiedenen Bällen hüpfen und diese jeweils mit der rechten Schulter berühren?
- Dito, jedoch mit dem anderen Bein hüpfen und mit der anderen Schulter berühren;
- Den Ball mit der rechten Hand hochhalten, auf den Boden fallen lassen, mit der rechten Hand anzeigen, wie hoch der Ball springen wird und mit der linken Hand auffangen, bevor er zum zweiten Mal den Boden berührt. Danach schnell zu 5 anderen Bällen laufen und die Bewegungsaufgabe jeweils wiederholen;
- Dito, den Ball jedoch hochwerfen.
- Liniendribbling: auf den blauen Linien auf jeden 5. Schritt prellen, auf den roten auf jeden 3. Schritt, auf den schwarzen auf jeden 2. Schritt und auf den grünen auf jeden Schritt prellen.
- Wer kann in 10 sec mit seinem Ball im Einbeinstand am häufigsten prellen?
- Wer muss in 10 sec seinen Ball am wenigsten prellen? (Einbeinstand auf anderem Bein). Der Ball darf jedoch nicht gehalten werden.
- Bälle ablegen: Zu fünf verschiedenen Bällen im Vierfüßlergang laufen und den Ball jeweils mit einem Ellenbogen berühren.
- Autofahren: nur auf den Linien prellen: blau = 1. Gang (langsam anfahren), grün = 2. Gang (gleichmäßig langsam fahren), rot = 3. Gang (beschleunigen), schwarz = 4. Gang, auf der Bundesstraße gleichmäßig schnell fahren).
- Den Ball im Stehen so stark aufprellen, dass er vom Boden bis zur Kniehöhe zurückspringt, dort wieder geprellt wird, sodass er bis zur Hüfthöhe zurückspringt und von dort aus wieder nach unten geprellt wird bis zur Brusthöhe und zuletzt bis zur Kopfhöhe.
- Den Ball so hoch halten oder so hoch anwerfen, dass er senkrecht nach unten fällt und bis auf Kniehöhe, Hüfthöhe, Brusthöhe oder Kopfhöhe zurückspringt.

Beispiel 3: ***Schwerpunktmäßige Ausbildung der Differenzierungsfähigkeit und Reaktionsfähigkeit in Partnerform***

Organisation: Drittelhalle oder Spielfeld 20 x 25 m, jeder Spieler mit 1 Ball, unterschiedliche Bälle: Gummi-, Gymnastik-, Hand-, Volley-, Fußbälle.
Gassenaufstellung: Abstand je nach Leistungsstand zwischen 4–7 m. Bälle zwischen den Paaren nach 2–3 Bewegungsaufgaben austauschen.

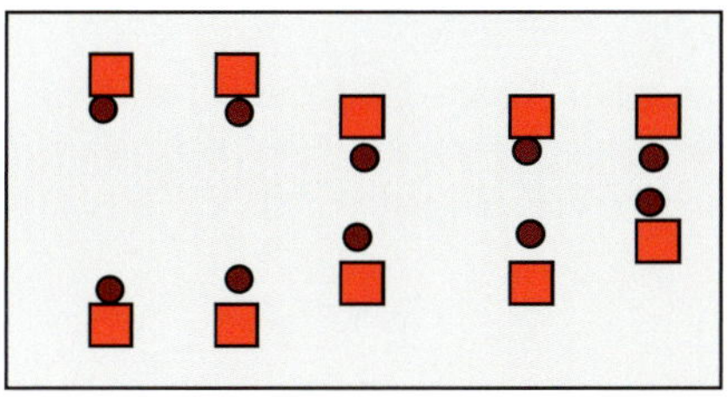

Abb. 9.7

Bewegungsaufgaben: Differenzierungsfähigkeit, Reaktionsfähigkeit

- A und B rollen sich ihren Ball gleichzeitig zu. Das Kommando „und" heißt ausholen, das Kommando „hopp" heißt rollen. A fängt den Ball von B und umgekehrt.
- A rollt immer den Ball, B wirft den Ball mit beiden Händen als Bodenpass zu. Auf Kommando des Lehrers Rollenwechsel.

» A und B werfen sich den Ball als Aufsetzerpässe geradlinig nach vorne zu. Sie stehen dabei etwa 1 m seitlich versetzt und bewegen sich nach rechts oder links zur Passlinie des Partners in Seitstellschritten und fangen den Ball des Partners.
» Dito, jedoch wirft A Aufsetzerpässe und B Brustpässe. Auf Kommando des Lehrers Rollenwechsel.
» Dito, jedoch spielen sich A und B den Ball mit Brustpässen zu.
» Dito, jedoch wirft A mit beiden Händen vor der Stirn hohe „Bogenlampen", B passt den Ball mit dem Fuß. Beide fangen den Ball, B legt ihn auf den Boden und passt wieder mit dem Fuß. Auf Kommando Rollenwechsel.
» Dito, A und B legen sich den Ball mit dem Fuß geradlinig etwas vor, laufen dem Ball nach und halten ihn mit der Sohle an. Danach rollen sie ihren Ball mit der Hand zum Partner. Welches Paar schafft in 30 sec die meisten Pässe?
» A passt den Ball immer mit dem Fuß, B spielt zuerst Aufsetzerpass, dann Brustpass, schließlich eine hohe Bogenlampe, danach erfolgt Rollenwechsel. Welches Paar ist nach 4 korrekten Durchgängen als erstes fertig?
» „Ziehharmonika": A und B stehen sich an der Mittellinie des Feldes 1 m gegenüber und 1 m seitlich versetzt. Sie rollen den Ball gleichzeitig geradlinig nach vorne. Jeder Spieler läuft etwa 1 m schräg zurück und rollt den Ball wieder nach vorne. Wenn die zwei Spieler etwa 10 m auseinander sind, wechselt die Bewegungsrichtung und die zwei Spieler kommen wieder aufeinander zu.
» Dito, jedoch mit Aufsetzerpässen oder Brustpässen, schließlich mit dem Fuß.
» A und B stehen sich 2 m gegenüber. A wirft beide Bälle gleichzeitig mit rechts und links, B versucht beide zu fangen. Welches Paar schafft die meisten gültigen Versuche?
» A hält mit seitlich ausgestreckten Armen in jeder Hand schulterhoch einen Ball, B steht ihm 2 m gegenüber. A lässt einen Ball fallen, den B nach einmaligem Aufspringen auffangen muss. Nach jedem gelungenen Versuch geht B etwas weiter weg, bis er die Bewegungsaufgabe nicht mehr lösen kann. Danach erfolgt Rollenwechsel.
» A und B stehen hintereinander, Abstand ca. 3 m. B rollt von hinten seinen Ball durch die gegrätschten Beine von A, der versucht, den Ball von B ebenfalls durch Rollen zu treffen. Danach sprinten beide zu ihrem Ball und es erfolgt Rollenwechsel.
» A und B stehen sich ca. 5 m gegenüber. A und B werfen ihren Ball gleichzeitig mit beiden Händen senkrecht hoch, sprinten zum Ball des Partners und fangen ihn auf.

Beispiel 4: ***Schwerpunktmäßige Ausbildung der Orientierungs- und Differenzierungsfähigkeit mit dem hoch einfliegenden Ball***

Organisation: Hallendrittel, jeder Spieler mit einem Ball, unterschiedliche Bälle: Tennis-, Gummi-, Gymnastik-, Volley-, Hand-, Basket-, Fußbälle. Gymnastikreifen im Hallendrittel auslegen (entsprechend der halben Spielerzahl).

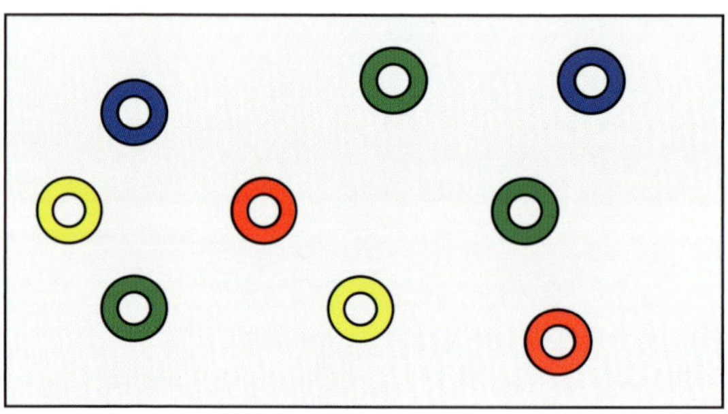

Abb. 9.8

Bewegungsaufgaben: Orientierungsfähigkeit, Differenzierungsfähigkeit

» Mit dem Ball in der Hand frei auf dem Feld bewegen, Reifen und Mitspielern ausweichen, Ball hochwerfen, 1x aufspringen lassen und auffangen.
» Dito, jedoch nach dem Aufspringen mit der rechten Hand anzeigen, wie hoch der aufgesprungene Ball bis zum Umkehrpunkt steigen wird, mit der linken Hand den Ball von unten fangen.
» Ball in der Bewegung hochwerfen und in der Luft fangen, und zwar mit der linken Hand unten (Handrücken zeigt zum Boden).
» Dito, jedoch dem Ball entgegenspringen und ihn in der Luft mit beiden Händen fangen.
» Dito, jedoch den Ball auf einem Körperteil (Arme, Oberschenkel, Schulter, Kopf) aufspringen lassen und dann fangen.
» Den Ball hochwerfen, mit beiden Händen auf den Boden greifen (eine Drehung um die Längsachse), Ball auffangen.
» Der Spieler steht in einen Reifen, wirft den Ball senkrecht hoch und fängt ihn wieder auf, dribbelt zu einem freien Reifen. Wer schafft als Erster zehn gelungene Versuche?
» Der Spieler wirft aus kurzer Distanz mit beiden Händen den Ball von unten hoch, sodass er im Reifen landet, läuft an dem Reifen vorbei und fängt den Ball in der Luft; in der Folge wird die Distanz zum Reifen immer größer.

Jeder 2. Spieler legt seinen Ball in den Ballwagen, nun zu zweit mit einem Ball an einem Reifen.
» Die beiden Partner stehen sich frontal gegenüber. Ein Reifen liegt in der Mitte zwischen den beiden. Der Ballbesitzer wirft den Ball mit beiden Händen über der Stirn hoch (als Bogenlampe) in den Reifen, der Partner fängt ihn und wirft ihn gleich zurück. Wenn beide in den Reifen treffen und den Ball auffangen, gehen sie beim nächsten Durchgang einen Schritt zurück. Welches Paar schafft den größten Abstand zum Reifen?
» Gassenaufstellung, Abstand ca. 5 m; A mit Reifen, der mit beiden Händen waagerecht vor dem Bauch gehalten wird, B mit Ball; B wirft beidhändig von unten in Richtung A, der zum herunterfallenden Ball läuft und diesen durch den Reifen fallen lässt. B läuft dem Ball nach und fängt ihn nach dem Aufsetzen auf. A und B wechseln für den nächsten Versuch die Seiten. Später Rollenwechsel;
» Dito, jedoch legt A den Reifen dort auf den Boden, wo der Ball voraussichtlich landen wird; A sprintet einige Schritte zurück und versucht den aufgesprungenen Ball zu fangen. Danach Rollenwechsel mit B;
» der Reifen liegt in der Mitte zwischen A und B; A mit Ball, B läuft in den Reifen, springt dort beidbeinig ab, A wirft den Ball beidhändig von unten hoch, so dass B den Ball im Sprung fangen kann (Timing entwickeln);
» Dito, jedoch Distanz zunehmend vergrößern.

Beispiel 5: ***Schwerpunktmäßige Ausbildung der Orientierungs- und Differenzierungsfähigkeit in Partnerform***

Organisation: Spielfeld 20 x 20 m oder Hallendrittel, 10–12 Offentore durch verschieden farbige Marker, 2 Spieler mit 1 Ball, unterschiedliche Bälle: Tennis-, Gummi-, Gymnastik-, Volley-, Hand-, Basket-, Fußbälle.

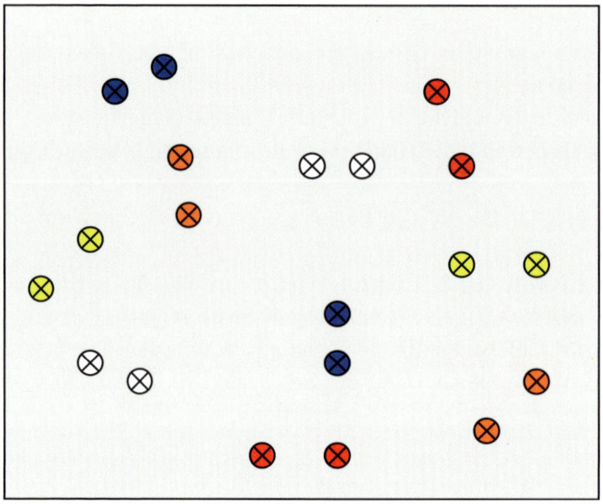

Abb. 9.9: Spielfeld mit Offentoren

Bewegungsaufgaben: Orientierungsfähigkeit, Differenzierungsfähigkeit

- » In Partnerform den Ball im Feld indirekt (Aufsetzerpässe) zupassen, Blickkontakt, Anspielbereitschaft durch ausgestreckte Arme anzeigen.
- » Welches Paar erzielt in 30 sec die meisten Treffer? Ein Treffer wird erzielt durch Aufsetzer ins Offentor, der Partner muss den Ball hinter dem Tor sicher fangen.
- » Aufsetzerpass von A zu B, der den Ball fängt, auf dem Boden ablegt, hinter ein Offentor läuft, währenddessen A zum Ball läuft und diesen aufnimmt und durch das Offentor indirekt wieder zu B wirft; anschl. Rollentausch, Ballwechsel auf Signal mit anderem Paar.
- » A und B müssen sich den Ball 5x/1x/4x/2x indirekt zupassen, bevor ein indirekter Wurf durch ein Offentor zum Torerfolg führen kann. Wer schafft in 30 sec die meisten Tore?
- » Die Paare werden durchnummeriert. Auf Kommando können alle Paare mit geraden Zahlen nur durch die Tore mit der vom Lehrer angegebenen Farbe werfen, die ungeraden passen sich den Ball in der Bewegung bis zum nächsten Kommando zu.
- » A passt zu B, der mit dem Ball um ein Offentor dribbelt. Danach müssen sich die beiden Spieler den Ball zu einem anderen gleichfarbigen Offentor indirekt zupassen und den Ball als Aufsetzer durch das Tor zum Partner werfen.
- » Variation: Alle Bewegungsaufgaben mit direkten Pässen ausführen lassen, der Wurf durch das Offentor sollte jedoch weiterhin als Aufsetzer erfolgen.
- » A passt mit dem Fuß zu B, der mit dem Ball im Gegenuhrzeigersinn um ein Offentor dribbelt. Danach müssen sich die beiden Spieler den Ball zu einem anderen gleichfarbigen Offentor mit dem Fuß zupassen und den Ball mit dem Fuß durch das Tor zum Partner passen.
- » Dito, jedoch im Uhrzeigersinn in einer Acht um/durch das Offentor dribbeln.

9.2 Baustein 2: Torwurf-/Torschusssituationen

Die Reduzierung auf den elementaren Spielgedanken der Zielschussspiele „Tore erzielen und verhindern“ steht im Mittelpunkt der Inhalte dieses Bausteins. Die drei Torschusssituationen 1:1, 2:2, 3:3 bilden die Haupt- bzw. Spielstraße.

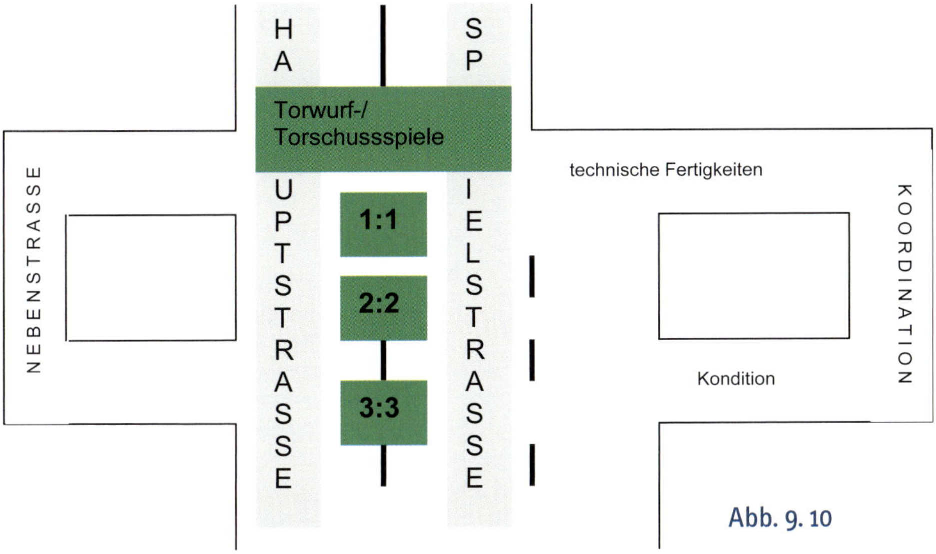

Abb. 9. 10

Die Konzentration auf die Umsetzung des Spielgedankens, die Wahrnehmung des Balles und die grundlegenden motorischen Fertigkeiten sollten zunächst nicht durch einen direkten Gegenspieler gestört werden. Deshalb wird das Spielfeld durch ein Netz oder Baustellenband in zwei Spielfeldhälften getrennt, auf denen sich die Spieler oder Mannschaften gegenüberstehen.

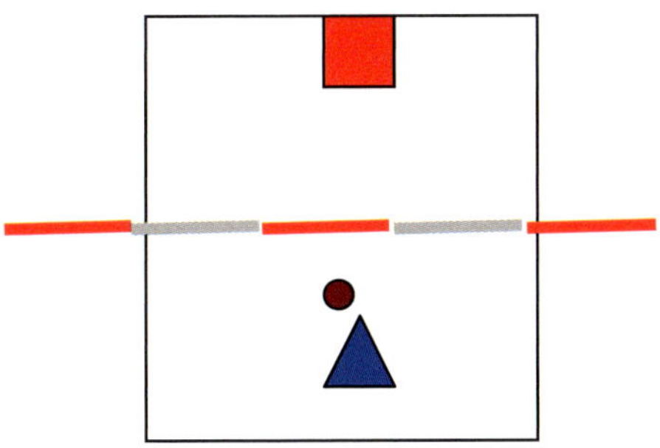

Abb. 9.11

Diese Trennlinie und Höhenmarkierung sorgt zwangsläufig dafür, dass der Ball entsprechend den Spielregeln korrekt auf das gegnerische Ziel gespielt wird. Die leichteste Form der Torwurf-/ Torschusssituationen stellt sicherlich das Rollen mit einem handlichen Ball als Torrollball dar.

Wichtige Hinweise:

- **Alle Zielschussspielsituationen können in der Reihenfolge „rollender", „aufspringender" und „horizontal anfliegender" Ball durchgeführt werden.**
- **Durch den gezielten Einsatz der Steuerungsvariablen lassen sich die Spielsituationen stets variieren und differenzieren:**
  - **mit verschiedenartigen Bällen spielen**
  - **verschiedene Bewegungsausführungen kombinieren (mit Fuß, Hand, Schläger)**
  - **Spielfeld-, Torgröße variieren**
- **Durch die Variation der Spielsituationen lassen sich bestimmte koordinative Fähigkeiten schwerpunktmäßig ausbilden.**

9.2.1 Torschusssituation 1:1 auf zwei Tore

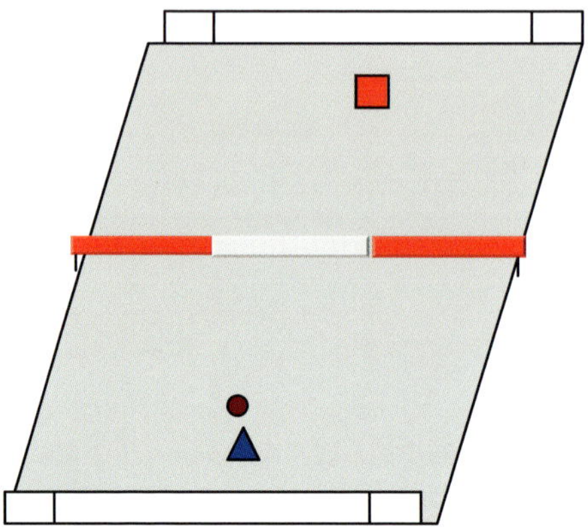

Abb. 9.12

Spielbeschreibung:
Zwei Spieler stehen sich auf einem Spielfeld von 3 x 10 m gegenüber und versuchen, einen Ball unter der Höhenmarkierung hindurch ins Tor des Gegners zu rollen (bei kleineren Schülern: 8 m Torabstand).

Regeln:
- Der Ball darf nur mit den Händen gespielt werden.
- Mit dem Ball in der Hand darf nur 1 Angehschritt zum Rollen ausgeführt werden.
- Tore können nur erzielt werden, wenn der Ball unter der Höhenmarkierung hindurchrollt.

Didaktische Intention	– Reduzierung des Ballweges auf zwei Dimensionen – Spielnahe Ausbildung des Rollens und Fangens mit vielen Bewegungswiederholungen
Fähigkeitsausbildung	Die Spieler lernen induktiv, aus der Position des Ballbesitzers beim Rollen den Ballweg zu erahnen, die Ballgeschwindigkeit einzuschätzen und das Lauftempo zum Ball zu koordinieren, wodurch sie an einfaches Antizipationsverhalten herangeführt werden. Bei Fehleinschätzungen kommt es bei Kindern schnell zu einem Hechten nach dem Ball, was zu einer Erweiterung der motorischen Grundtätigkeiten führt.
Technik – Taktik	Die Technik des Rollens erfolgt mit einem geradlinigen Vorschwingen des Armes aus der Kreuzkoordination (linkes Bein gebeugt vorne beim Rechtshänder!). Dadurch ist aus der Körperposition der Ballweg abzulesen. Um den Ball dorthin spielen zu können, wo der Gegner nicht steht, muss der Angreifer also schnell eine schräge Position auf dem Spielfeld einnehmen, damit er einen Angriffswinkel spielen kann.

Über die gegebenenfalls notwendige technische Ausbildung lässt sich ein genaues und kontrolliertes Rollen, Schießen bzw. Werfen entwickeln. Dies kann auf der „Nebenstraße" durch zusätzliche spielerische Übungsformen unterstützt werden, indem durch enge Hütchentore, die direkt unter dem Netz auf der Mittellinie stehen, gepasst werden muss.

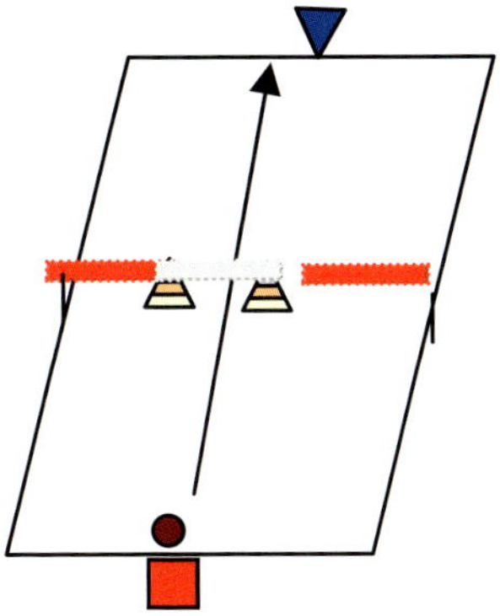

- Welches Paar schafft in einer bestimmten Zeiteinheit die meisten Pässe durch das Tor auf der Mittellinie?
- Welcher Spieler erzielt die meisten Treffer durch das Tor auf der Mittellinie?
- Welcher Spieler kann die meisten Pässe durch das Tor auf der Mittellinie erzielen und die ankommenden Pässe korrekt annehmen?

Abb. 9.13

Wenn diese technomotorischen Fertigkeiten qualitativ weiterentwickelt sind, lässt sich die Spielsituation wiederholen und der Schwerpunkt auf die Wahrnehmung des Spielwinkels (in die Torecken rollen, schießen, schlagen) richten. Durch die Veränderung der Torgröße und die taktische Anweisung *(„Spiele dorthin, wo der Torhüter nicht steht.")* muss der abwehrende Spieler den Fokus auf die Ballgeschwindigkeit und -richtung ausrichten. Demnach rollt oder fliegt der Ball nicht mehr auf den Torhüter zu, sondern an ihm über die Torlinie vorbei, wenn er sich nicht rechtzeitig zum Ball bewegt. Deshalb muss er nun lernen, Ballweg, Ballgeschwindigkeit und eigenes Bewegungstempo zu koordinieren.

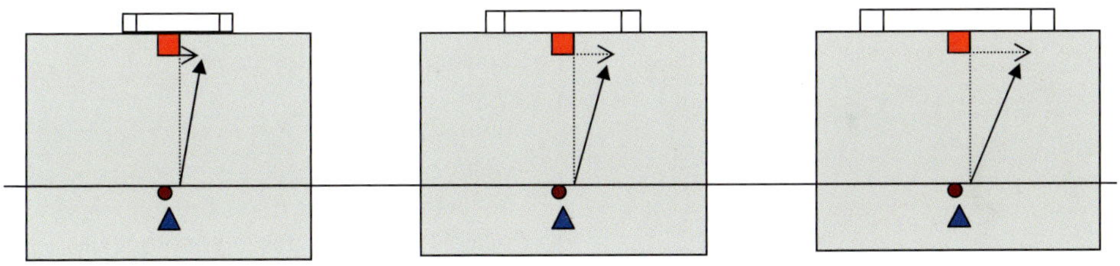

Abb. 9.14: Winkel steuern und Antizipationsvermögen entwickeln lernen

9.2.2 Torschusssituation 2:2 auf zwei Tore

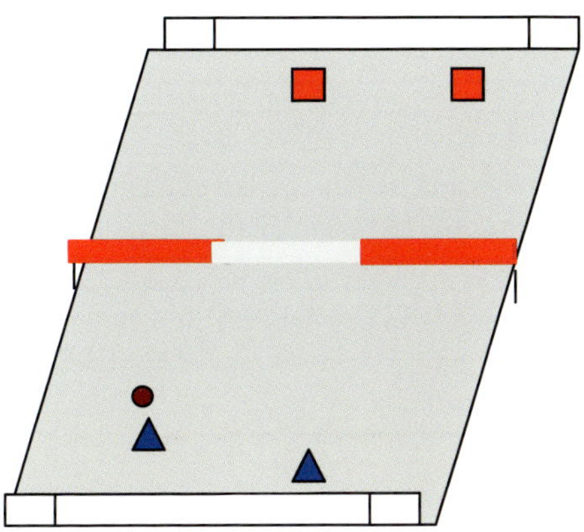

Spielbeschreibung:
Zwei Mannschaften stehen sich auf einem Spielfeld von 5 x 10 m gegenüber und versuchen, einen Ball unter der Höhenmarkierung hindurch ins Tor des Gegners zu rollen.

Regeln:
- Der Ball darf nur mit den Händen gespielt werden.
- Mit dem Ball in der Hand darf nur 1 Angehschritt zum Rollen ausgeführt werden.
- Tore können nur erzielt werden, wenn der Ball unter der Höhenmarkierung hindurch rollt.

Abb. 9.15

Didaktische Intention	– Kooperation bei Abwehrmaßnahmen: Der besser postierte Mitspieler muss sich blitzschnell für die Abwehraktion entscheiden.
Fähigkeitsausbildung	– Wie in 9.2.1 – Entscheidungsfähigkeit: Wer wehrt ab? – Koordination unter Zeitdruck
Technik – Taktik	Durch das Zusammenspiel von mindestens zwei Spielern gewinnt die Ausbildung einfacher taktischer Grundregeln zunehmend an Bedeutung. Dabei sollen die Kinder Erfahrungen sammeln, wer in der jeweiligen Situation am Erfolg versprechendsten den Ball auf das gegnerische Tor rollt und wie sie am besten ihr Tor verteidigen können. Dabei ist es wichtig, dass die Kinder lernen, sich rasch zu entschließen und zu agieren, wodurch sie ihre Gegner unter Druck setzen und zu Fehlern zwingen können.

9.2.3 Torschusssituation 3:3 auf zwei Tore

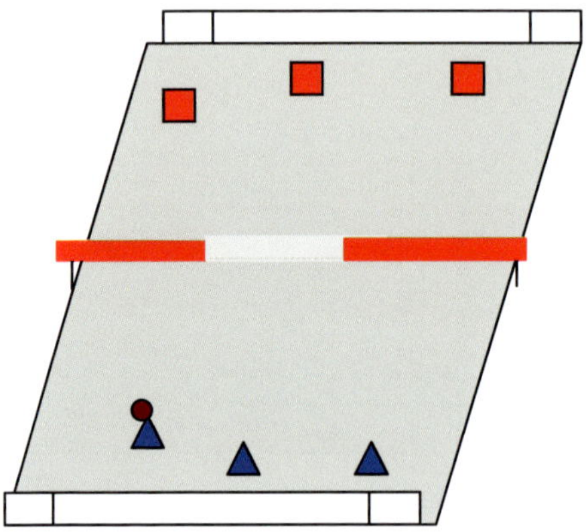

Abb. 9.16

Spielbeschreibung:
Zwei Mannschaften stehen sich auf einem Spielfeld von 6,5 x 10 m gegenüber und versuchen, einen Ball unter der Höhenmarkierung hindurch ins Tor des Gegners zu rollen (4 Spielfelder pro Hallendrittel).

Regeln:
- Der Ball darf nur mit den Händen gespielt werden.
- Mit dem Ball in der Hand darf nur 1 Angehschritt zum Rollen ausgeführt werden.
- Tore können nur erzielt werden, wenn der Ball unter der Höhenmarkierung hindurch rollt.

Didaktische Intention	– Agieren in der Dreiergruppe: im Tor versetzt stehen, Raumaufteilung – „Mannschaftscharakter“: Jeder führt den „Zielschuss“ aus.
Fähigkeitsausbildung	– Wie oben – Wahrnehmung: Lücken erkennen und Handlungsplan entwerfen – Interaktion und Kooperation in der Dreiermannschaft
Technik – Taktik	Verbesserung der Rollbewegung und Schulung der Präzision: Rollen in die Lücken, Steuerung des Winkels und Differenzierung des Krafteinsatzes, um den Ball ins Ziel bringen zu können.

Durch die Variation des Torrollballspiels zu neuen Spielformen

Neue Spielformen aus dem Torrollballspiel lassen sich erfinden, wenn wir die Steuerungsvariablen des Spiels verändern.
Steuerungsvariable „Spielregel“: Torschussspiele 1:1, 2:2, 3:3

Die Vorgabe, den anrollenden Ball nicht mehr mit den Händen zu fangen, sondern mit dem Fuß anzuhalten, kann bis zur Ballannahme mit dem Fuß führen. Genauso können dabei einzelne Arten des Passens oder Schießens mit dem Fuß induktiv eingeführt und entwickelt werden, wenn wir den „Zielschuss“ mit dem Fuß oder einem Schläger ausführen lassen. Somit lassen sich zahlreiche Bewegungsfertigkeiten geschickt miteinander kombinieren, wodurch die motorische Kombinationsfähigkeit gefördert wird.

Neben den koordinativen Erfahrungen in Bezug auf Flugbahn, Geschwindigkeit, Härte und Wucht des Balles können somit die technomotorischen Fertigkeiten Rollen, Schlagen, Passen, Fangen, Stoppen des Balles mit den Händen, Füßen, Schlägern in überschaubaren Spielsituationen vielseitig ausgebildet werden.

Variationsmöglichkeiten für das Spielen des Balles:

» Den Ball mit der Hand rollen, mit dem Fuß anhalten.
» Den Ball mit dem Fuß schießen, mit der Hand anhalten.
» Den Ball mit dem Fuß schießen und mit dem Fuß anhalten.
» Den Ball mit zwei Bierdeckeln in der Hand spielen und anhalten.
» Einen Vollgummiring mit einem Gymnastikstab schieben und mit dem Stab anhalten.
» Einen Ball mit einem Plastikhockeyschläger schieben und mit dem Schläger oder Fuß anhalten.

Spielimmanente Ausbildung ausgewählter koordinativer Fähigkeiten

Variation der Spielbedingungen

Durch die Veränderung der Trennlinie zwischen den beiden Spielfeldhälften lassen sich vollkommen andere Schwerpunkte setzen. Ein Sichtschutz, der so angebracht wird, dass der Ball noch darunter durchgerollt werden kann, aber den Blick auf das gegnerische Spielfeld vollkommen verdeckt, erfordert von den Lernenden ein schnelleres Reagieren, da sie den Ball erst ab der Mittellinie sehen. Um also die Reaktionsfähigkeit in Bezug auf den anrollenden Ball zu schulen, kann das Spielfeld durch eine überhängende, nicht-transparente Folie wie in Abbildung 9.17 unterteilt werden.

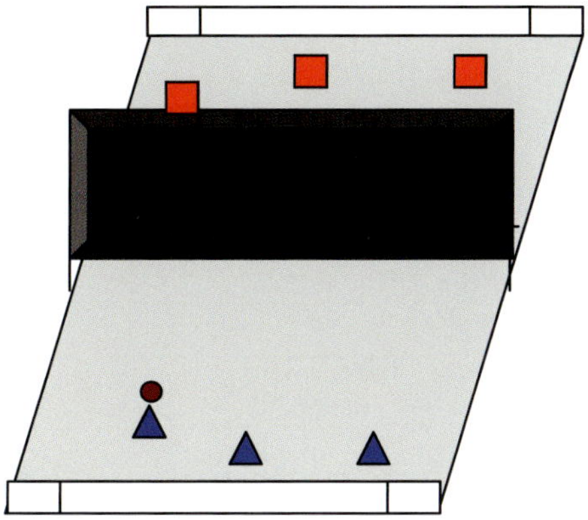

Abb. 9.17: Spielfeldabtrennung mit schwarzer Folie als Sichtschutz

9.2.4 Torschusssituationen 1:1/2:2/3:3 auf zwei Tore nach Balltransport

Torrollball nach Balltransport

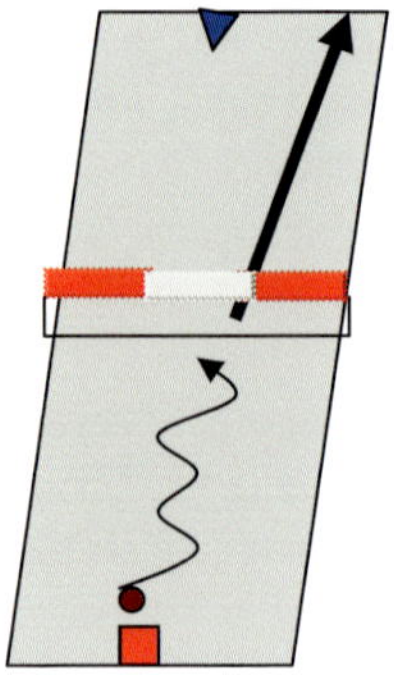

Abb. 9.18: 1:1

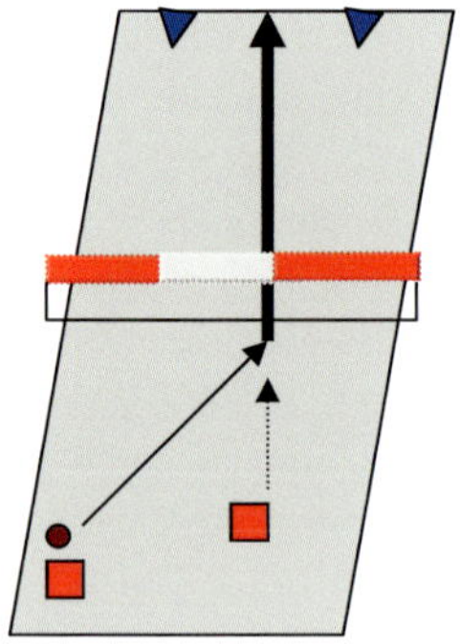

Abb. 9.19: 2:2

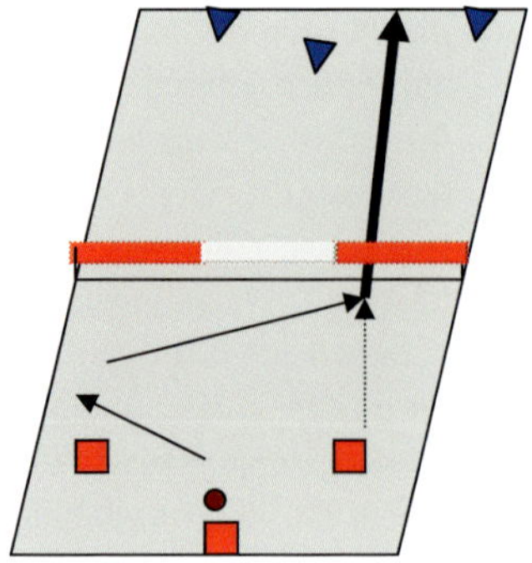

Abb. 9.20: 3:3

Steuerungsvariable „Spielfeld":

Wenn durch die Verlängerung der Spielfelder die Entfernung zum gegnerischen Tor zu groß wird, machen wir ein erfolgreiches Schießen, Schieben, Rollen bzw. Werfen von der eigenen Grundlinie aus unmöglich. Nach dem Abwehren des Balles muss der Ball deshalb bis zur Mittellinie transportiert werden, damit er Erfolg versprechend auf das gegenüberliegende Tor gerollt oder geschossen werden kann, wodurch dem Spielaufbau bzw. dem Balltransport eine besondere Bedeutung beikommt. Durch die strikte Trennung der beiden Spielparteien auf zwei Spielfeldhälften kann dieser Spielaufbau noch ohne direkte gegnerische Störspieler ablaufen. Die Lernenden sollen Zeit und Gelegenheit finden, einen schnellen und ökonomischen Balltransport zu entwickeln. In der Spielsituation 1:1 heißt das, mit dem Ball zur Mittellinie zu dribbeln und von dort aus auf das gegnerische Tor zu schießen. In den Spielsituationen 2:2 und 3:3 kann der Ball über ein flüssiges Passspiel zur Mittellinie transportiert werden. Um schnell spielen zu können, läuft der Spieler, der den Ball nicht abwehren bzw. halten muss, schnell zur Mittellinie und bekommt einen Pass des Torwarts in seinen Laufweg gepasst. Daraus resultiert bereits ein Winkelspiel in Form von schrägen Pässen in häufig wiederkehrenden identischen Spielsituationen:

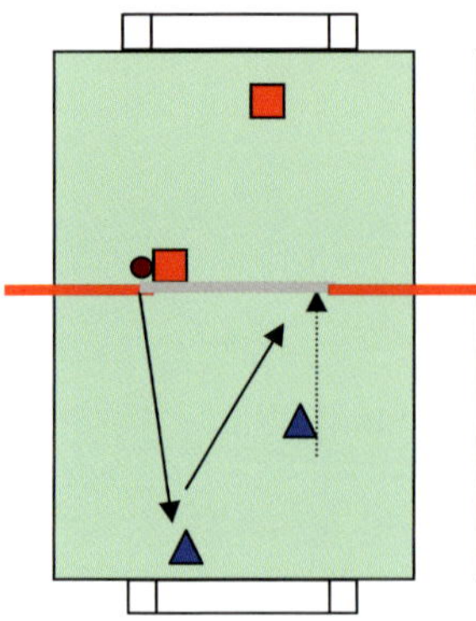

Abb. 9.21

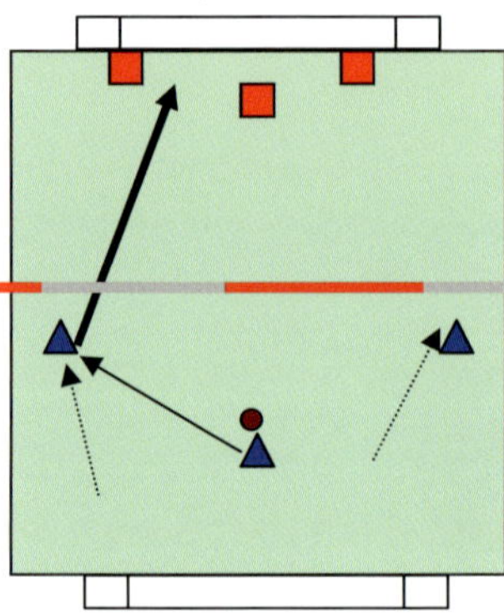

Abb. 9.22

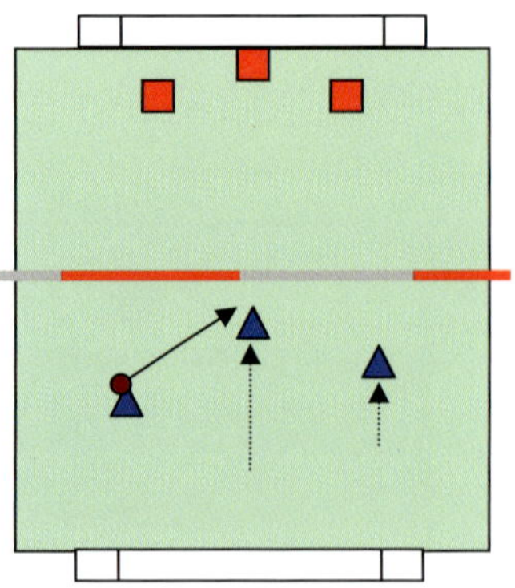

Abb. 9.23

Hinführung zur Dreiecksaufstellung

Über die Spielformen 2:2 und 3:3 wird das Spiel in der Dreiermannschaft schrittweise entwickelt und zur Dreiecksaufstellung hingeführt. Durch die Frage, wie wir möglichst schnell zum Angriffsabschluss kommen können, damit sich der Gegner noch nicht zur Abwehr formieren kann, geben wir einen Impuls für das Herausfinden des Winkelspiels. Die Kinder kommen mit der Zeit darauf, dass sie sofort zur Angriffslinie laufen können, wenn ein Mitspieler den zugerollten Ball aus dem gegnerischen Feld abwehrt bzw. fängt. Mit dem zweiten Impuls (Wer läuft nach vorne, wenn der mittlere Spieler den Ball fängt?) können wir zur Dreiecksbildung hinführen. Erst wenn sich diese Aufstellungsform gefestigt hat, lässt sich durch indirekte Gegenspieler an der Mittellinie die Spielaufgabe erschweren. Hierbei sollen die Spieler dann lernen, Lücken wahrzunehmen und durch Zusammenspiel den störenden Gegenspieler so auszuspielen, dass sie ohne gegnerische Bedrängnis den „Zielschuss" ausführen können.

In weiteren Schritten lassen sich diese Bewegungserfahrungen erweitern, indem sämtliche Spielformen zunächst auf den aufsetzenden Ball übertragen werden. Durch indirekte Würfe und das Prellen des Balles beim Transport lernen die Spieler, mit dem Ball im dreidimensionalen Raum umzugehen.

Torwurfspielformen mit dem horizontal anfliegenden Ball (durch Kernwurfzuspiele) stellen die höchsten Antizipationsanforderungen an die Kinder. Deshalb sollte dieser Schritt erst angegangen werden, wenn sie in den Aufsetzerspielformen eine gewisse Ballsicherheit an den Tag legen.

9.2.5 Unterstützende Spielformen zur Fähigkeits- und Fertigkeitsentwicklung – Laufspiele mit Ball

Hinweis: Bei fast allen Laufspielen mit dem Ball führen folgende Variationsmöglichkeiten zu einer Vermittlung vielseitiger Bewegungserfahrungen und einer umfassenden koordinativen Ausbildung:

- Mit verschiedenartigen Bällen spielen.
- Mit der Hand, dem Fuß, mit Schlägern den Ball spielen.
- Den Ball am Boden oder aufspringend (= prellend) fortbewegen.
- Verschiedene Bewegungskombinationen einsetzen.

Didaktische Intention	Die Laufspiele mit Ball sollen die koordinative Fähigkeits- und Fertigkeitsentwicklung unterstützen, insbesondere die Wahrnehmung von Ballweg, -geschwindigkeit, Laufgeschwindigkeit. Unterrichts-/Trainingsstunden mit den konditionell weniger belastenden Torschussspielformen erhalten mit dem Einbau dieser Laufspiele eine höhere Belastungs- und Bewegungsintensität mit sehr vielen Ballkontakten. Daraus resultiert auch ein zunehmendes Vertraut-Werden mit dem Ball und eine Fertigkeitsentwicklung in Bezug auf das Prellen, Dribbeln und Ballführen.

– Ball gegen Spieler – wer ist schneller?

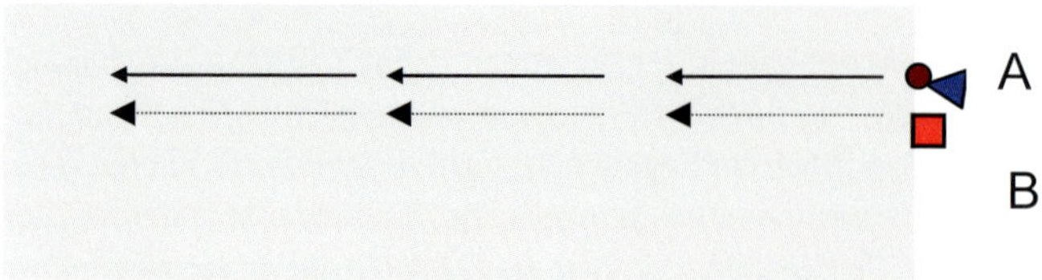

Abb. 9.24

Spielbeschreibung: A und B stehen an der Grundlinie eines **Rasen**spielfeldes nebeneinander. A mit Ball, den er in Längsrichtung des Spielfeldes rollt. Wenn der Ball die Hand verlässt, startet B dem Ball nach, hält ihn mit der Hand an und lässt ihn an dieser Stelle auf dem Boden liegen. A kommt nach und rollt den Ball erneut nach vorne, bis die gegenüberliegende Grundlinie erreicht ist. Dort wechselt die Spielaufgabe. Wie viele Pässe sind zum Erreichen der gegenüberliegenden Grundlinie nötig? Sieger ist, wer den Ball bis zur Ziellinie weniger oft rollen muss.

Fähigkeits-/ Fertigkeits-ausbildung	– Orientierungs-, Differenzierungsfähigkeit – Reaktionsfähigkeit auf optischen Reiz – durch Variation der Startstellung (Bauchlage, Hocke) vielseitige Schulung der Antrittsgeschwindigkeit

– Linienlauf

Abb. 9.25

Spielbeschreibung: Alle Spieler an der Grundlinie besitzen einen Ball. Auf ein Signal starten sie gemeinsam. Sie rollen den Ball an der Hand, führen den Ball mit dem Fuß oder prellen ihn zur ersten Linie, wenden dort (ggf. um einen Markierungskegel), kehren zur Ausgangslinie zurück, laufen zur zweiten Linie, zur Ausgangslinie zurück, zur dritten Linie und zur Startlinie zurück.
Sieger ist, wer nach einigen Läufen die meisten Siege (oder wenigstens Punkte nach Reihenfolge-Wertung) aufweist. Die Spieler dürfen nur geradlinig laufen, keine Behinderung – Fairplay!

Fähigkeits-/ Fertigkeits-ausbildung	– Orientierungsfähigkeit (Wendemarken) – kinästhetische Differenzierungsfähigkeit – Ballführen, Ballkontrolle unter Zeitdruck

– Verfolgungsrennen

Abb. 9.26

Spielbeschreibung: Die Paare stehen am Rand des Spielfeldes hintereinander, A mit Ball vorne, B dahinter. Der Abstand richtet sich nach der Länge der Laufstrecke und der Ballfertigkeit der Kinder. Der vordere Spieler A besitzt einen Ball, den er mit dem Fuß, einem Schläger oder mit der Hand prellend über die Ziellinie führen soll. Auf ein Startsignal versucht B, den vor ihm laufenden A einzuholen und vor der Ziellinie abzuschlagen. Für das Erreichen der Ziellinie erhält A einen Punkt, für das Abschlagen B einen Punkt.
Es sollten mehrere Durchgänge im Wechsel durchgeführt werden. Sieger ist, wer insgesamt mehr Punkte erreicht.

Fähigkeits-/ Fertigkeits-ausbildung	– Reaktionsfähigkeit – Differenzierungsfähigkeit (Ballkontrolle bei hoher Laufgeschwindigkeit) – Wahrnehmung der Eigen-/Fremdgeschwindigkeit

– Platzwechsel

Abb. 9.27

Spielbeschreibung: Zwei Parteien, von denen jeder Spieler einen Ball hat, stehen sich auf den Schmalseiten eines Spielfeldes gegenüber. Auf Signal sprinten die Spieler mit dem Ball am Fuß oder mit einem Schläger führend bzw. mit der Hand prellend zur gegenüberliegenden Grundlinie.
Welche Partei sitzt zuerst geschlossen hinter der Grundlinie?

Fähigkeits-/ Fertigkeits-ausbildung	– Reaktions- und Orientierungsfähigkeit (v. a. an der Mittellinie) – kinästhetische Differenzierungsfähigkeit – durch Variation der Startstellung (Bauchlage, Hocke) vielseitige Schulung der Antrittsgeschwindigkeit

– Einholball

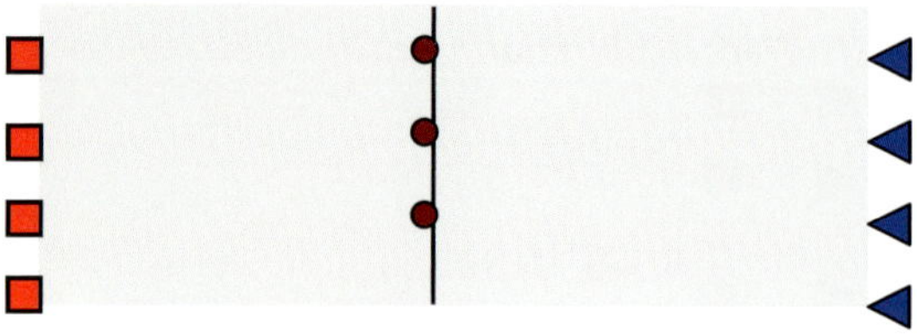

Abb. 9.28

Spielbeschreibung: Zwei Parteien stehen sich hinter den Grundlinien eines Spielfeldes mit Blick zur Mittellinie gegenüber, auf der mehrere verschiedenartige Bälle liegen. Auf ein Signal sprinten beide Mannschaften zur Mitte, um möglichst viele Bälle mit dem Fuß, einem Schläger oder prellend hinter die eigene Grundlinie zu führen. Dabei darf die Mittellinie nicht überschritten werden.
Sieger ist, wer die meisten Bälle „eingeholt" hat.

Fähigkeits-/ Fertigkeitsausbildung	– Orientierungs- und Reaktionsfähigkeit beim Start und an der Mittellinie – Laufschnelligkeit, auch aus verschiedenen Startpositionen.

Variation: Startball

Spielbeschreibung: Startball wird wie Einholball gespielt, jedoch muss der Ball hinter die gegnerische Grundlinie geführt oder geprellt werden. Um zu verhindern, dass dabei ein komplexes Parteiballspiel entsteht, kann man das Zurücklaufen im eigenen Spielfeld untersagen.

– Jägerball mit schützenden Freimalen

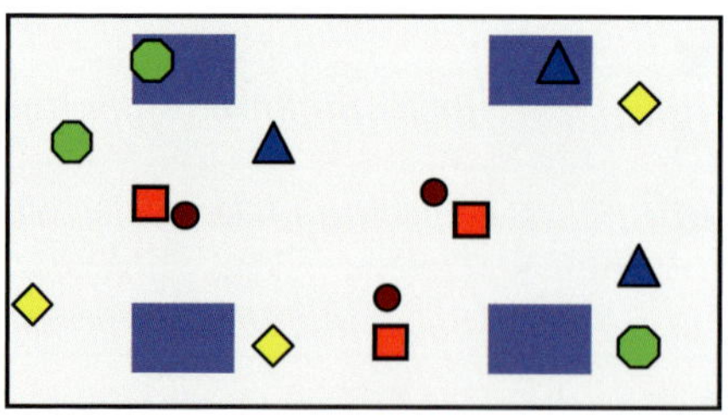

Abb. 9.29

Spielbeschreibung: Vier Vierecke (2 x 2 m) mit Markierungshütchen auf einem Spielfeld (27 x 15 m) oder mit 4 Turnmatten bilden. 3 Jäger mit je einem Softball versuchen, die Hasen (3 andere Mannschaften à 3 Spieler) abzuschießen. Diese führen alle einen Ball am Fuß (Variation: mit einem Schläger oder prellen mit der Hand) und können in einem der vier Vierecke Schutz vor dem Abschießen finden, müssen es jedoch nach 10x ununterbrochenem Prellen wieder verlassen. Jeder Jäger zählt seine Treffer, die zum Mannschaftsergebnis zusammengezählt werden (pro Durchgang 2 min Spieldauer). Ein abgeschossener Hase bleibt im Spiel und läuft wieder schnell weg. Auswertung: Welche Mannschaft erzielt die meisten Treffer?

Fähigkeits-/ Fertigkeitsausbildung	– Orientierungs- und Reaktionsfähigkeit der Hasen, Ballkontrolle – Laufwege und –tempo der Hasen einschätzen, Abschussrichtung/-entfernung vorwegnehmen, Winkel und Krafteinsatz steuern.

Variation: Hasenball

Spielbeschreibung: Einige Jäger (mit Mütze/Parteiband kennzeichnen) verfolgen mit einem weichen Ball am Fuß (Variation: mit einem Schläger oder prellen mit der Hand) die Hasen (ohne oder mit Ball).
Auf Signal müssen alle stehen bleiben und „einfrieren". Der Jäger versucht, mit seinem Ball einen Hasen abzuschießen. Wer einen Hasen trifft, darf weiter jagen, wer vorbeischießt, wird Hase. Der Nichtgetroffene übernimmt die Rolle des Jägers.
Auswertung Wer schießt die meisten Hasen ab?

– Kreuzfangen mit Ball

Spielbeschreibung: Der Fänger trägt als Handicap einen Ball in beiden Händen, alle anderen Spieler führen den Ball am Fuß/mit einem Schläger oder mit der Hand prellend. Ein verfolgter Spieler kann erlöst und vor dem Abschlagen bewahrt werden, wenn ein anderer zwischen ihm und dem Fänger durchläuft und damit den Weg abschneidet. Der Fänger muss dann dem kreuzenden Spieler folgen. Ein Rollentausch erfolgt bei Abschlagen.

Fähigkeits-/ Fertigkeits-ausbildung	– Orientierungs-, Reaktions-, Umstellungsfähigkeit – Kooperation der Hasen, Entscheidungsfähigkeit: Kann ich einem Hasen helfen? – Ballkontrolle

– Schmuggler und Grenzwächter

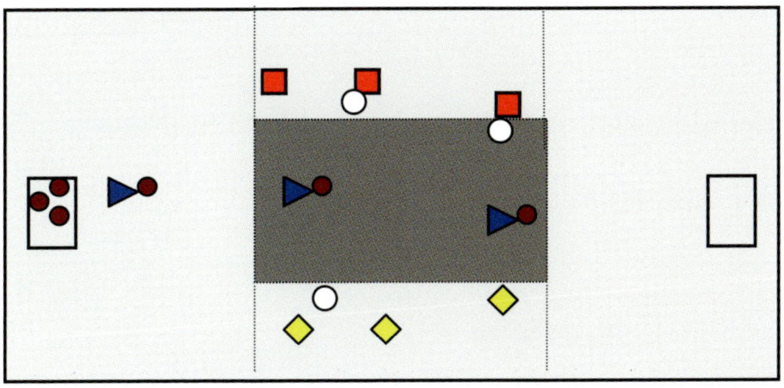

Abb. 9.30

Spielbeschreibung: Die Schmuggler transportieren Bälle mit dem Fuß/Schläger oder mit der Hand prellend aus einem Balldepot (Kastenteil) in das gegenüberliegende. Die Grenzwächter (rote und gelbe Spieler) halten sich nur in dem Grenzraum auf und versuchen von dort, die Schmuggler mit weichen Bällen (Softbällen!) durch Rollen oder Aufsetzer abzuschießen.
Getroffene Schmuggler müssen zurück zur Grundlinie und können dann den nächsten Versuch starten.
Wer über die Grenze mit seinem Ball kommt, legt den Ball im Depot ab und läuft hinter den Grenzwächtern zurück, um den nächsten Ball zu holen.
Wie lange brauchen die Schmuggler, bis alle Bälle von einem in das andere Balldepot transportiert sind? Anschließend erfolgt ein Rollentausch.
Sieger ist die Mannschaft, die weniger Zeit für den Balltransport benötigt

Variationsmöglichkeiten:

» Grenzwächter rollen den Ball mit der Hand, schießen den Ball mit dem Fuß.
» Schmuggler prellen den Ball, Grenzwächter schießen den Ball mit dem Fuß.

Fähigkeits-/ Fertigkeits-ausbildung	– Wahrnehmung von Ball und Gegner, Differenzierungsfähigkeit – Ball ins Ziel bringen – Laufwege beobachten, Lauftempo einschätzen – Winkel und Krafteinsatz steuern

– Durch die Schlangengrube

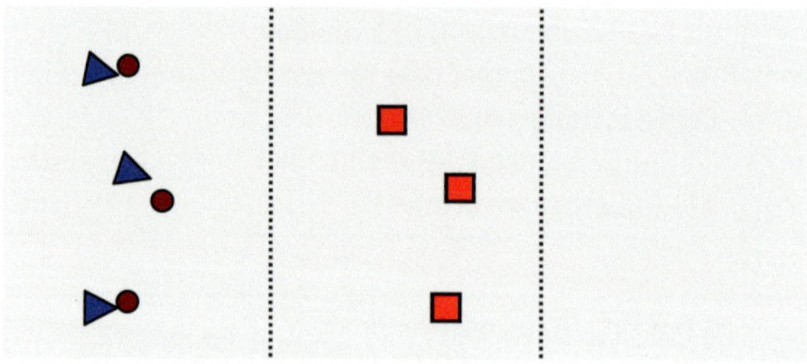

Abb. 9.31

Spielbeschreibung: Ein Spielfeld wird in drei Zonen aufgeteilt. Die mittlere Zone ist die Schlangengrube, dort befinden sich am Boden sitzend die Schlangen, die versuchen, die ballführenden Spieler (Ball rollen/am Fuß), die gemeinsam die Mittelzone überwinden wollen, abzuschlagen.
Sieger ist, wer bei mehreren Läufen die meisten Spieler abgeschlagen hat, oder wer am wenigsten abgeschlagen wurde.

Variationsmöglichkeiten:

» Ein abgeschlagener Spieler wird sofort zur Schlange und tauscht mit der bisherigen die Rolle.
» „Schlangengrubengänger" prellen den Ball.

Fähigkeits-/ Fertigkeits-ausbildung	– Lücken erkennen – Laufwege beobachten – Gegnerbehinderung umgehen – Ballkontrolle

– Der Wolfsring

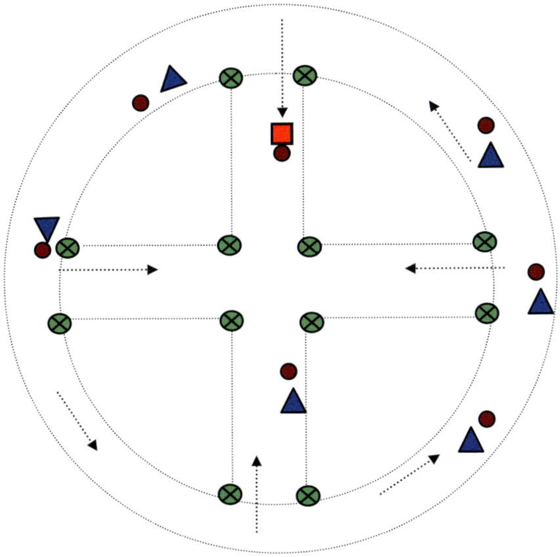

Abb. 9.32

Spielbeschreibung: Der Wolf sowie alle Spieler sind im Besitz eines Balles und verteilen sich zu Beginn des Fangspiels außerhalb und innerhalb auf den Wegen des Wolfsrings. Die Spieler (= Schafe) entfernen sich dabei von dem Fänger (= Wolf). Die Laufrichtung wird vor Spielbeginn festgelegt (hier: Gegenuhrzeigersinn – dann darf auf den Wegen in den Wolfsring hinein nur nach links abgebogen werden). Der Lehrer eröffnet das Fangspiel mit den Worten: „Der Wolf ist los!" Nun muss dieser versuchen, ein Schaf zu fangen. Alle bewegen sich mit dem Ball am Fuß, einem Schläger oder prellend. Gelingt es dem Wolf, ein Schaf zu „reißen", wechselt die Spielerrolle.
Zur Einführung sollte der Lehrer zunächst als „Vorläufer" die Laufrichtung seinen ihm folgenden Schülern demonstrieren und am Anfang auch die Rolle des Wolfs ausüben. Der Wolf sollte für alle kenntlich gemacht werden.

Fähigkeits-/ Fertigkeits-ausbildung	– Laufwege vorwegnehmen – Orientierungsfähigkeit durch Gegnerbehinderung umgehen – Differenzierungsfähigkeit

9.3 Baustein 3: Kleine Spiele

Kleine Spiele besitzen neben ihrem Eigenwert ebenso die Möglichkeit zur besonderen pädagogischen Nutzung. Durch den Wettkampfcharakter sind ein Spannungsgehalt und damit eine hohe Motivation für Schüler gegeben. Der Spielgedanke ermöglicht die Entwicklung umfassender psychischer und physischer Fähigkeiten. Die Anforderungen an die Bewegungsfertigkeiten zur Lösung der Spielhandlungen sollten jedoch gering sein. Dasselbe gilt auch für die Spielregeln, sodass ein selbstständiges Spielen in kleinen Mannschaften schon früh möglich ist. Da die Kleinen Spiele im Gegensatz zu den Großen Spielen keine amtlichen Wettkampfbestimmungen haben, lassen sich durch den zielgerichteten Einsatz der Steuerungsvariablen (Spielregeln, Spielerzahl, Spielfeld, Ballmaterial, Ziel) ständig neue Spiele entwickeln, auch durch die Eigeninitiative der Schüler. Wichtig für die Anfängerausbildung ist, dass Kleine Spiele allen Schülern Spielerlebnisse ermöglichen. Dazu gehört vor allem, dass auch die schwächeren

Schüler Ballkontakte verzeichnen können und das Gefühl erhalten, Mitglied einer Mannschaft zu sein. Deshalb sollten die Kleinen Spiele mit geringer Spielerzahl in kleineren Mannschaften durchgeführt werden.

Wichtige Kriterien für Kleine Spiele sind deshalb:

- » einfaches Regelwerk
- » geringer Organisationsaufwand
- » einfache motorische Bewegungsfertigkeiten
- » ansprechende Bewegungsintensität
- » Erfolgserlebnisse für alle Schüler
- » Mannschaftsgröße: 3:3/4:4

Wichtige Hinweise:

- **Alle Kleinen Spiele können in der Reihenfolge „rollender", „aufspringender" und „horizontal anfliegender" Ball durchgeführt werden.**
- **Durch den gezielten Einsatz der Steuerungsvariablen lassen sich die Spiele stets variieren und differenzieren:**
  - **mit verschiedenartigen Bällen spielen**
  - **verschiedene Bewegungsausführungen kombinieren (mit Fuß, Hand, Schläger)**
  - **Spielfeld-, Torgröße variieren**
- **Durch die Variation der Kleinen Spiele lassen sich bestimmte koordinative Fähigkeiten schwerpunktmäßig ausbilden.**

Zur Struktur der ausgewählten Kleinen Spiele:

Zunächst stehen sich die beiden Mannschaften noch auf zwei getrennten Spielfeldhälften gegenüber. Dabei kann oder darf die verteidigende Mannschaft einen oder auch mehrere indirekte Gegenspieler in der Nähe der Mittellinie agieren lassen, um den Weg für den Zielschuss zu versperren (entdecken-lassendes taktisches Lernen!).

Im weiteren Verlauf, bei zunehmender Ballsicherheit und Spielerfahrung, kommt ein direkter Gegenspieler („Tiger") hinzu, der den Balltransport zu stören versucht. Dadurch werden die Spielsituationen offener und die Kinder müssen lernen, aus dem Deckungsschatten herauszulaufen. Die Spielformen mit dem rollenden Ball und mit Aufsetzerpässen fordern dieses Verhalten zwangsläufig ein und ermöglichen somit ein induktives Lernen.

9.3.1 Kleine Spiele mit indirektem Störspieler

– Torrollballspiel oder Wurfaufsetzerspiel mit indirektem Störspieler

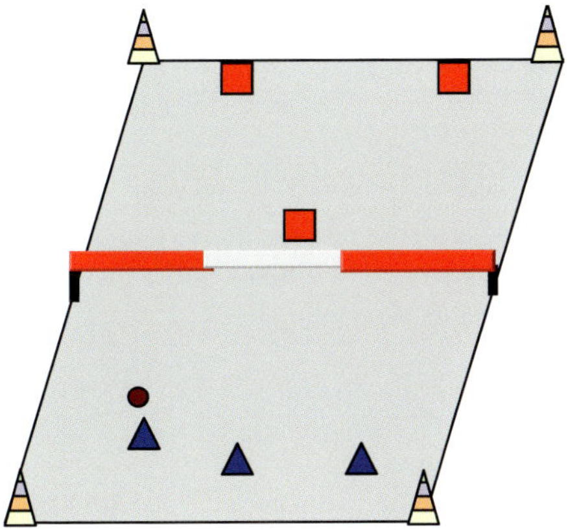

Abb. 9.33

Spielbeschreibung:
Zwei Mannschaften stehen sich auf einem Spielfeld von 6–7 m Breite und 10 m Länge gegenüber und versuchen, einen Ball unter der Höhenmarkierung hindurch ins Tor des Gegners zu rollen.

Regeln:
- Der Ball darf nur mit den Händen gespielt werden.
- Mit dem Ball in der Hand darf nur 1 Angehschritt zum Rollen ausgeführt werden.
- Treffer können nur erzielt werden, wenn der Ball unter der Höhenmarkierung hindurch rollt.

Diese Spielform unterscheidet sich vom eigentlichen Torrollballspiel nur dadurch, dass sich in der Spielfeldhälfte der abwehrenden Mannschaft ein Spieler oder sogar mehrere an der Mittellinie aufhalten und den Schussweg blockieren können.

Fähigkeits-/ Fertigkeits-ausbildung	– Zuspielrichtung der Angreifer vorwegnehmen und Abwehrposition einnehmen – Deckungsschatten aufbauen – Angriffsdreieck aufbauen, Spiel öffnen – Zuspielrichtung und -weite vorwegnehmen

– Drei-Felder-Ball

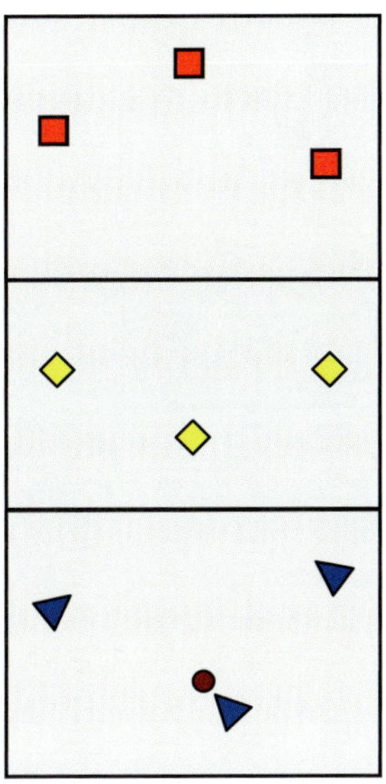

Spielbeschreibung:
Das Spielfeld wird in drei Felder eingeteilt, denen drei Mannschaften zugeordnet werden. Die mittlere Mannschaft versucht, die Zuspiele durch Rollen bzw. indirektes Werfen des Balls zwischen den beiden äußeren Parteien abzufangen. Es wird gezählt, wie oft es ihr gelingt, in einer bestimmten Zeit den Ball abzufangen. In den beiden nächsten Spieldurchgängen wechseln die anderen Mannschaften in die Mitte. Sieger ist, wer am häufigsten die Bälle abfängt.

Regeln:
- Der Ball darf nur mit den Händen gespielt werden.
- Mit dem Ball in der Hand darf nur 1 Angehschritt zum Rollen ausgeführt werden.
- Treffer können nur erzielt werden, wenn der Ball unter der Höhenmarkierung hindurchrollt.

Abb. 9.34

Fähigkeits-/ Fertigkeits-ausbildung	**Abwehr:** – Orientierungs- und Reaktionsfähigkeit durch schnellen Wechsel der Spielrichtung **Angreifer:** – Angriffsdreieck aufbauen, Spiel öffnen – Zuspielrichtung und -weite vorwegnehmen – Lücken erkennen – Differenzierungsfähigkeit beim Zielschuss

Taktische Grundregeln:
Das Zusammenspiel in einer Mannschaft mit drei Spielern erfordert die Einführung der Dreiecksaufstellung sowohl für den Angriff als auch für die Verteidigung. In diesem Zusammenhang ist es wichtig, dass Kinder den **variierenden Deckungsraum** kennenlernen.

Angriff: Dreiecksaufstellungen

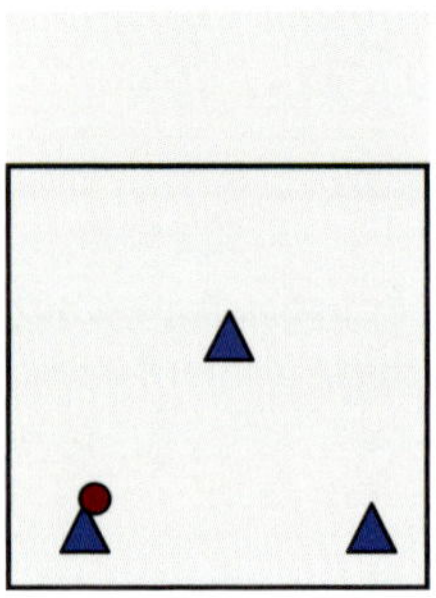

Abb. 9.35

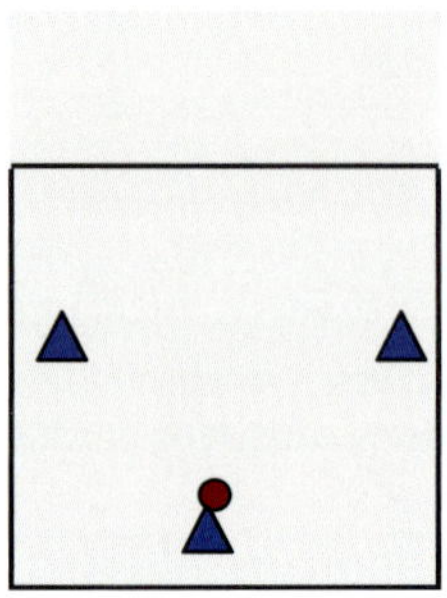

Abb. 9.36

» Spielt entweder mit 2 Aufbauspielern und 1 Sturmspitze oder mit 1 Aufbauspieler (= Spielmacher) und 2 Flügelspielern. Findet Vor- und Nachteile der beiden Formationen im Spiel heraus.

Abwehr: Dreiecksaufstellungen:

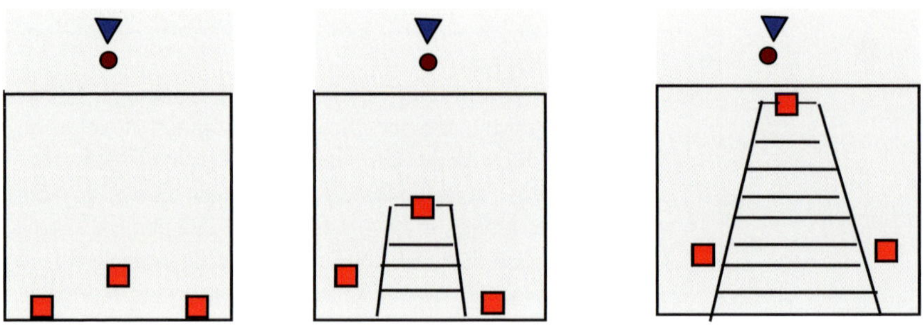

Abb. 9.37a/b/c

» Der Deckungsraum vergrößert sich, je näher du an den ballbesitzenden Spieler an der Mittellinie herankommst. Die Reaktionszeit wird für dich jedoch wesentlicher kürzer, wenn du einen rollenden Ball abfangen willst.
» Wenn ihr euch weit zurückfallen lasst, habt ihr mehr Zeit, um auf den Ball zu reagieren. Die Angreifer können aber ungestört gezielt rollen.

– Kegel-Schießen

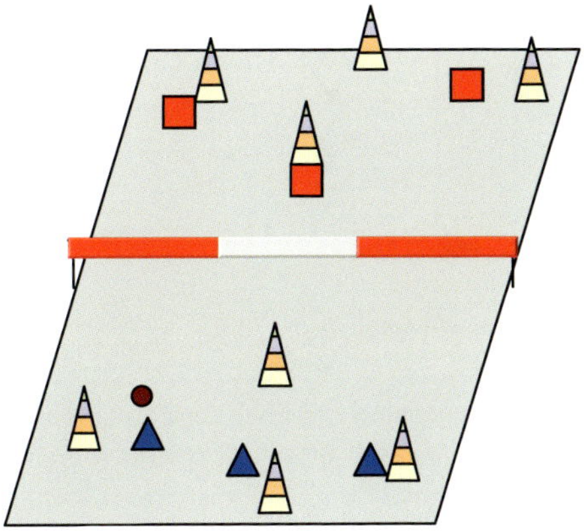

Abb. 9.38

Spielbeschreibung:
Zwei Mannschaften stehen sich auf einem Spielfeld von 9 x 10 m gegenüber und versuchen, einen Ball unter der Höhenmarkierung hindurch ins Feld des Gegners zu rollen und dabei einen Kegel zu treffen (= Tor).

Regeln:
- Der Ball darf nur mit den Händen gespielt werden.
- Mit dem Ball in der Hand darf nur 1 Angehschritt zum Rollen ausgeführt werden.
- Treffer können nur erzielt werden, wenn der Ball unter der Höhenmarkierung hindurchrollt.

Organisation: Mindestens 1 Kegel mehr als Spieler pro Spielfeldhälfte aufstellen.

Fähigkeits-/ Fertigkeits-ausbildung	– Wahrnehmung der Gegenspieler und Kegel – Lücken erkennen – Differenzierungsfähigkeit beim Zielschuss – Winkel steuern beim Balltransport – Laufwege und -tempo vorwegnehmen

Taktische Grundregeln

Tab. 9.1

Abwehr	Angriff
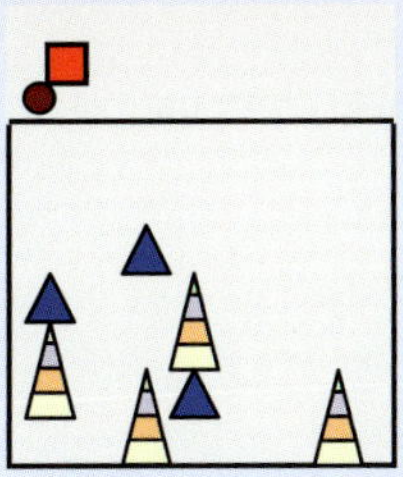 – Stehe vor dem ballnahen Kegel. – Decke den vorderen Kegel ab.	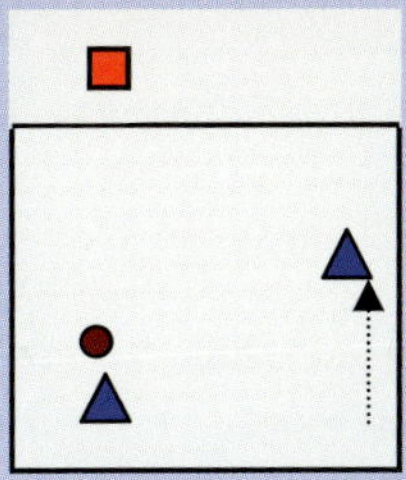 – Wenn dein Mitspieler den Ball abfängt, laufe schnell nach vorne und bringe dich in eine günstige Schussposition.
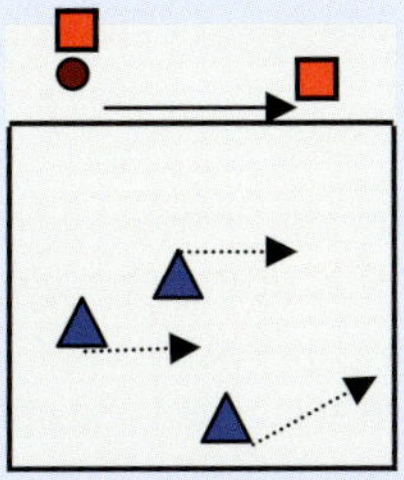 – Verschiebt euch mit dem Ball seitwärts, wenn der Gegner vorne den Ball zur Seite abspielt.	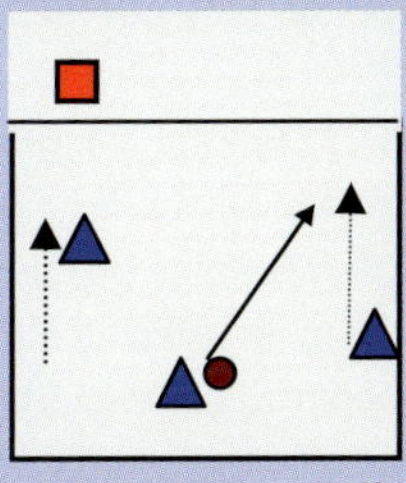 – Wenn du den Ball abfängst, passe ihn schnell zur Mittellinie in den Lauf des Mitspielers.

– Partei-Endlinienball über ein gegnerisches Feld

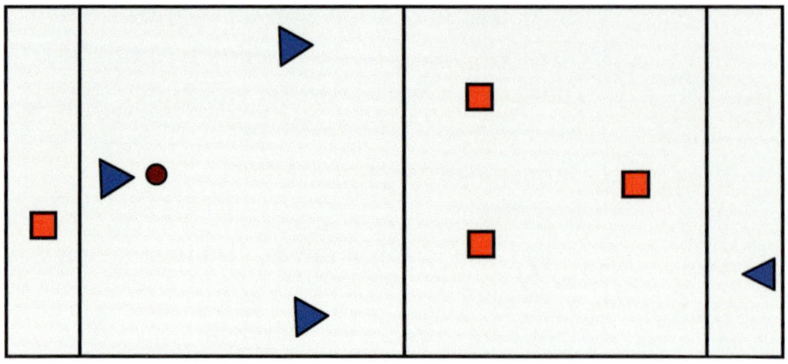

Abb. 9.39

Spielbeschreibung: Spielfeld und Mannschaftsaufstellung sind der Abbildung zu entnehmen. Die Spieler der zwei Mannschaften versuchen, den Ball ihrem Mitspieler in dem gegenüberliegenden Endfeld zuzurollen bzw. indirekt zuzuwerfen. Ein Tor ist erzielt, wenn der „Endlinienspieler" einen Pass in seinem Spielfeld sicher annimmt.
- Der Ball darf nur mit den Händen gespielt werden.
- Mit dem Ball in der Hand darf nur 1 Angehschritt zum Rollen ausgeführt werden.

Fähigkeits-/ Fertigkeits-ausbildung	**Für Endlinienspieler:** – Wahrnehmung des Deckungsschattens, der Lücken – Zuspielrichtung vorwegnehmen und in Lücke starten **Für Mitspieler:** – Wahrnehmung der Gegenspieler und des Endlinienspielers – Lücken erkennen – Differenzierungsfähigkeit beim Zielschuss – Winkel steuern beim Balltransport – Laufwege und -tempo vorwegnehmen

Taktische Grundregeln:
» Verschiebt euch zum Abfangen des Balls gemeinsam nach rechts oder links und verengt somit den Raum.
» Versuche, den Endlinienspieler hinter dir im Auge zu behalten.
» Laufe als Endlinienspieler schnell aus dem Deckungsschatten des Gegenspielers heraus, sonst bist du nicht anspielbar. Suche Lücken zwischen den Abwehrspielern auf, in die der Ball gepasst werden kann.

Variation: Der Ball darf nur mit der Hand gerollt, aber nur mit dem Fuß angehalten werden.

9.3.2 Kleine Spiele mit direktem Störspieler

– Freilaufen: Schlüsselspiel „Tigerball (3:1)"

In der Fachliteratur finden wir kaum generalisierbare Hinweise zum Freilaufen in den Ballspielen. Wir stoßen lediglich auf eine Unzahl von Beispielen, wie sich ein Spieler in einer konkreten Situation freilaufen kann. Leider sind Kinder mit wenig Ballspielerfahrung nicht in der Lage, aus solchen Einzelbeispielen allgemeingültige Grundsätze für das Freilaufen abzuleiten und einen Transfer auf neue Situationen zu schaffen. Bis Lernende die wesentlichen Informationen aus einer neuen Situation wahrnehmen, diese verarbeiten und zu einem Entscheidungshandeln („Wohin soll ich laufen?") fähig sind, hat sich die Situation durch das korrespondierende Gegnerverhalten schon wieder so verändert, dass der entworfene Handlungsplan hinfällig ist.

Deshalb brauchen wir eine Spielmethodik, die Lernende permanent mit denselben Spielsituationen konfrontiert, allerdings unter leicht variierenden Bedingungen. Dabei sollten die technischen Anforderungen so einfach sein, dass die Konzentration kaum auf den Ball gerichtet werden muss und somit Kapazitäten frei werden für einen Blick auf die Mitspieler – die Gegenspieler – das Ziel (Tor, Korb ...) – den Raum.

Mit der zusätzlichen kurzzeitigen Beobachtung des Balles ergibt sich somit insgesamt der **Fünfer-Würfel-Blick.**

Um Lernende an diesen Blick heranführen zu können, sind zunächst überschaubare, reduzierte Spielsituationen nötig. Dabei muss das Spielfeld so groß sein, dass sich Drucksituationen für die Spieler so minimieren lassen, dass sie genügend Zeit zur Informationsaufnahme und -verarbeitung, zum Entwerfen eines Handlungsplans und zu dessen Ausführung haben, sodass sie sich einen Ball gezielt zupassen und annehmen können und dabei noch Mit-, Gegenspieler und Raum erfassen können.

Vorbereitung des Freilaufens durch Tigerball

Organisation: Vierecke mit Marker (6 x 6 m), 4 Spieler pro Viereck, 1 Ball, Tiger kennzeichnen (Mütze/Parteiband).

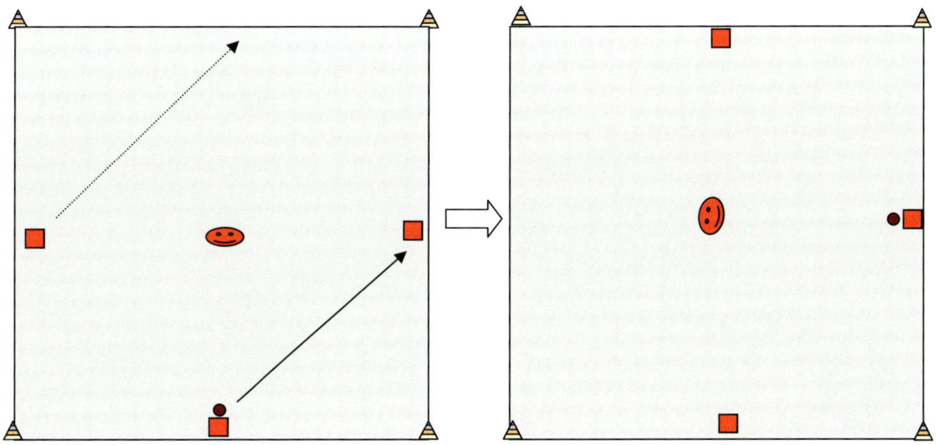

Abb. 9.40a

Spielbeschreibung: Die 3 Außenspieler (auf Linien des Vierecks) sollen sich den Ball so oft wie möglich mit der Hand zurollen. Der Tiger in der Mitte versucht dies zu verhindern und so schnell wie möglich in Ballbesitz zu kommen. Die 3 Außenspieler dürfen sich zum Anbieten auf der unbesetzten Linie schräg durch das Spielfeld bewegen. Bei Fehlpass oder Ballverlust geht der verursachende Spieler als Tiger in die Mitte. Zählt jeden Pass. Bei welchem Tiger könnt ihr die meisten Pässe spielen?

Regeln:

– Laufen mit dem Ball in der Hand ist verboten.
– Der Tiger darf den Ball auch nur mit der Hand spielen.

Didaktische Intention	Erarbeitung generalisierbarer taktischer Grundsätze für das Freilaufen durch Erkennen und Verstehen des Deckungsschattens.
Fähigkeitsausbildung	– Einfache Ballfertigkeiten: Rollen, Aufsetzerpässe, Fangen – Wahrnehmung von Ball, Tiger, Mitspieler, Raum und Zielpunkt für das Anspiel.

Das Ziel des Tigerballspiels besteht im Erkennen des Deckungsschattens, der durch den direkten Störspieler aufgebaut wird, und in der Einsicht, durch die Dreiecksaufstellung dem Ballbesitzer mindestens eine sichere Abspielmöglichkeit zu bieten.

- Erkennen des Deckungsschattens: Nie hinter dem Tiger stehen, immer seitlich! „Siehst du vom Tiger den Rücken, musst du aufs Gaspedal drücken!" = schnell aus dem Deckungsschatten laufen. Oder: „Siehst du den Tiger von hinten, musst du aus dem Deckungsschatten sprinten!"
- Anschaulichkeit unterstützt den Lernprozess. Der Deckungsschatten lässt sich mit einem Baustellenband aufzeigen!
- Den Deckungsschatten als variierende Größe verstehen: Wenn der Tiger nahe auf den Ballbesitzer zukommt, wird der Deckungsschatten größer.

kleiner Deckungsschatten

großer Deckungsschatten

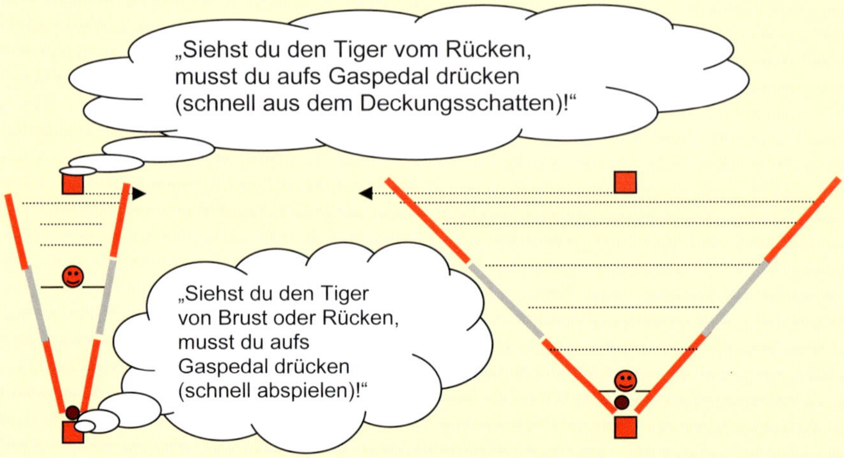

Abb. 9.41

- Rechts und links vom Ballbesitzer eine Anspielmöglichkeit bieten = Dreiecksaufstellung!
- In der Mitte einer Linie stehen, nicht in einer Ecke! „Dadurch kannst du noch nach rechts oder links abspielen, wenn der Tiger mal dicht vor dir steht."
- Freilaufen des Spielers, der nicht an der Passaktion beteiligt ist: Parallel zum Passweg (für Kinder: zur Mitte der freien Linie)!

Methodische Hinweise:

Die Erarbeitung taktischer Grundverhaltensweisen stellt Ansprüche an die kognitiven Lernvoraussetzungen, denn Kinder müssen schlichtweg die Zusammenhänge verstehen. Voraussetzung bildet das Verstehen des Spielgedankens und das Erkennen der Spielsituation. Deshalb sollten Kinder ganz langsam damit konfrontiert werden. Ob sie dabei gänzlich entdeckend lernen sollen oder ob der Lehrer den Lernprozess mit gezielten Impulsen bzw. Fragestellungen lenkt, sei ihm selbst überlassen. Beide Vorgehensweisen erfordern Geduld und viele Wiederholungen. Deshalb: Tigerball muss immer wieder gespielt werden. Nur dann können sich die Erkenntnisse, Wahrnehmungsvorgänge und die notwendigen motorischen Fertigkeiten und Fähigkeiten verfeinern und stabilisieren. Die motorischen Fertigkeiten müssen zunächst einfach gehalten werden. Diese Forderung erfüllen wir, wenn Tigerball zunächst mit dem rollenden Ball am Boden gespielt wird. Dadurch sind „Bogenlampen" über den Tiger hinweg bereits ausgeschlossen, sodass ein Freilaufen zwangsläufig nötig wird, wenn ein Spieler an den Ball kommen will. Dies wird auch durch die zweite Zuspielform noch gewährleistet: Tigerball mit Aufsetzerpässen spielen (Abb. 9.40b). Beim freien Zupassen sollten Pässe über die nach oben gestreckten Arme des Tigers verboten werden.

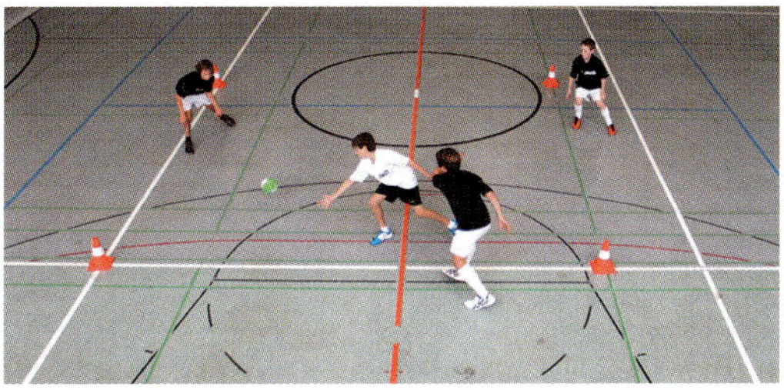

Abb.: 9.40b

Da Tigerball im ersten Schritt auf Linien in einem begrenzten Feld gespielt wird, gilt es, die erworbenen Fertigkeiten und Fähigkeiten auf das Spielen in einem freien Feld zu übertragen. Dabei sollten das Freilaufen aus dem Deckungsschatten und das Einnehmen der Dreiecksaufstellung zur Anwendung kommen. Als Spielformen bieten sich alle Varianten des Kombinationsballs von einer Überzahl bis zur Gleichzahl im Spiel 3:3 an.

– Kombinationsball 3:1/3:2/3:3 im freien Raum

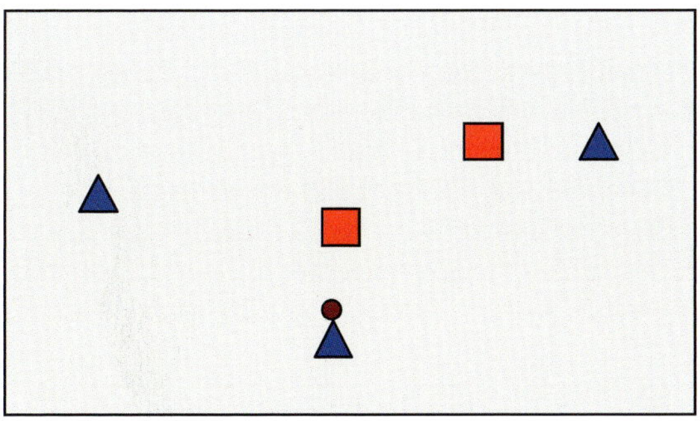

Abb. 9.42: Kombinationsball 3:2 im freien Raum

Spielbeschreibung: In einem Spielfeld von ca. 9 x 7,5 m (6 Spielfelder in einem Hallendrittel) spielen 3 Angreifer gegen einen/zwei/drei Verteidiger Kombinationsball. Sie rollen sich den Ball am Boden zu. Jeder Pass zu einem Mitspieler wird vom Spielführer laut gezählt. Je nach Könnensstand führen 4, 6, 8 oder 10 Pässe in Folge, ohne dass die Gegenspieler an den Ball kommen, zu einem Treffer (Spielfeldgröße mit ansteigender Gegenspielerzahl vergrößern).

Regeln:

- Der Ball darf nur mit den Händen gespielt werden.
- Mit dem Ball in der Hand darf nur 1 Angehschritt zum Rollen ausgeführt werden.

Fähigkeits-/ Fertigkeits-ausbildung	– Wahrnehmung der beiden Gegenspieler, aus dem Deckungsschatten herauslaufen – ständige Dreiecksaufstellung aufsuchen für 2 Abspielmöglichkeiten

Variation des Regelwerks:

» Um alle Angreifer gleichermaßen in das Spiel einzubinden, kann der Rückpass zum Mitspieler zwar erlaubt werden, er wird jedoch nicht mit einem Punkt gewertet. So muss sich auch der dritte Angreifer ständig ins Kombinationsspiel einbringen.

» Dem Ballbesitzer kann nun auch gestattet werden, mit dem Ball zu dribbeln. Beim Rollball darf er dabei den Ball nur mit einer Hand am Boden führen und nur zum Abspiel wieder mit beiden Händen aufnehmen.

– Ballquartett

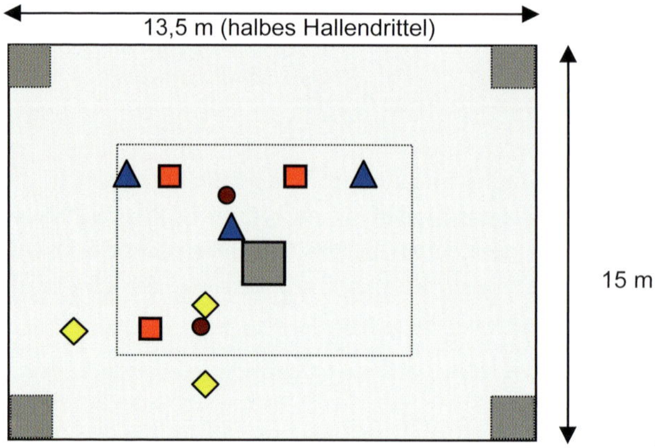

Abb. 9.43

Spielbeschreibung: In der Mitte eines Spielfeldes liegen je vier Tennis-, Soft-, Plastik- und Fußbälle in einem kleinen Balldepot. Um dieses Viereck befindet sich ein größeres, in dem sich drei „Störspieler" der Mannschaft rot aufhalten. Diese haben die zwei gegnerischen Mannschaften daran zu hindern, die Bälle in den vier Ecken des großen Spielfeldes abzulegen. Die Störspieler dürfen ihr Viereck nicht verlassen und das Balldepot nicht beschützen. Ein abgefangener Ball wird von dem Störspieler in das Balldepot zurückgebracht. Die Bälle müssen so auf die vier Ecken verteilt werden, dass immer vier gleiche Bälle in einem Eck liegen (Quartett).
Wie lange brauchen die zwei Mannschaften, um die Bälle richtig abzulegen? Danach begibt sich eine andere Mannschaft in die Verteidigung.

Regeln:

– Der Ball darf nur am Boden gerollt werden.
– Nur 1 Angehschritt mit dem Ball in der Hand zum Abspielen.

Fähigkeits-/ Fertigkeitsausbildung	– wie oben – Hinführung zum Spielen in eine Spielrichtung (Ziel = Balldepot) wahrnehmen

– Agentenball 3:1 mit 1:3

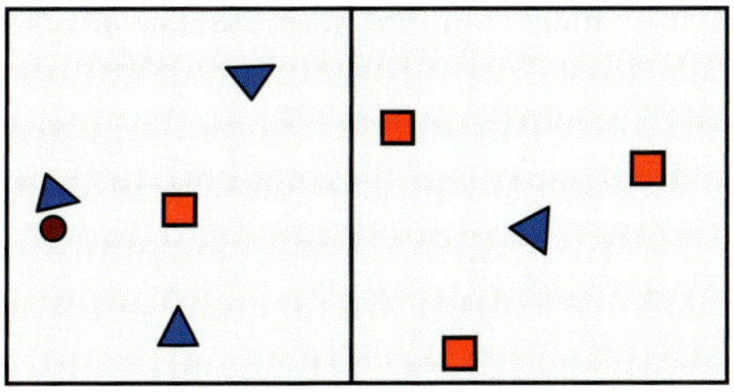

Abb. 9.44

Spielbeschreibung: In jeder Spielfeldhälfte befinden sich drei Spieler und ein Agent des Gegners. Für jeden Pass zu einem Mitspieler erhält die Mannschaft einen Punkt, für einen Pass zum eigenen Agenten im gegnerischen Feld drei Punkte. Der Agent kann nach einer erfolgreichen Ballannahme sofort zu seiner Mannschaft zurückpassen und sich für das nächste Anspiel freilaufen.
Sieger ist die Mannschaft mit den meisten Punkten (Abspiele fortlaufend über die gesamte Spieldauer zählen).
Regeln:
- Den Ball nur mit der Hand rollen und fangen.
- Nur 1 Angehschritt mit dem Ball in der Hand zum Passen (Ausnahme: Agent, der zum Rückpass mit dem Ball in der Hand ca. 3 Schritte ausführen darf).
- Kein Berühren des Gegenspielers erlaubt.

Organisation: klare Mannschaftskennzeichnung, Agent mit Mütze.

Fähigkeits-/ Fertigkeits-ausbildung	– Agent: Lücken erkennen, sich verfügbar machen – Wahrnehmung des Agenten heißt, in Spielrichtung zu denken und Ziel vorwegzunehmen – Differenzierungsfähigkeit bei Pässen in den Lauf des Agenten – Wahrnehmung der Gegenspieler

9.3.3 Der horizontal anfliegende Ball – Werfen und Fangen

Bis zum Ende des frühen Schulkindalters entwickelt sich die Wurfbewegung nur geringfügig, wenn sie nicht intensiv geschult wird. Das Fangen eines Balles ist in den ersten Schuljahren ebenfalls recht unterschiedlich ausgeprägt, da es besonders übungsabhängig ist. Schulanfänger sind im Allgemeinen in der Lage, brusthoch zugespielte Bälle erfolgreich zu fangen, sofern das Zuspiel nicht zu hart erfolgt. Voraussetzung dafür ist jedoch, dass der Ball direkt mit dem Ziel des Fangens zugespielt wird. Auf andere Situationen des Spiels lassen sich diese Resultate nicht übertragen. Selbst bei spielunerfahrenen Schülern kann heute in einer fünften Klasse noch beobachtet werden, dass sie sich von dem anfliegenden Ball wegdrehen, ihre Arme schützend vor den Kopf hochreißen und in „Deckung gehen". Wird für das erfolgreiche Fangen eine schnelle Positionsveränderung oder eine unerwartete Teilbewegung des Körpers (Beugen, Strecken) notwendig, stellen sich bei Kindern der ersten Schuljahre wenige Erfolgserlebnisse ein.

Die Bewegungsparameter für eine flache Flugbahn eines geworfenen oder geschossenen Balles sind in erster Linie ein geringer Abflugwinkel und eine hohe Abfluggeschwindigkeit. Für die Ausbildung der Antizipationsfähigkeit spielen demnach das Einschätzen der Abflughöhe, der Steigzeit und -höhe sowie nach dem Umkehrpunkt der Fallweite und Fallzeit eine wesentliche Rolle. Diese sind bei einem horizontal anfliegenden Ball oft sehr kurz. Dadurch wird die Reaktionszeit zum Fangen oder Annehmen eines Balles wesentlich kürzer, die seitliche Abweichung eines Passes zum Fänger kann selbst durch eine hohe Reaktions- und Aktionsschnelligkeit nicht kompensiert werden. Deshalb ist der horizontal anfliegende Ball am schwierigsten zu fangen. Und da oft die Ballannahme das zentrale Problem der Handlungsfähigkeit in Ballspielen darstellt, müssen wir zwar die dazu erforderlichen Fähigkeiten gezielt und vielseitig ausbilden, aber auch eine notwendige technische Ausbildung vornehmen, um ein genaues und kontrolliertes Werfen und sicheres Fangen zu entwickeln. Dies kann auf der Nebenstraße durch zusätzliche Übungsformen unterstützt werden. Gelingt es, diese rasch in ein „spielerisches Üben" zu überführen, bringen Kinder auch hier über eine längere Phase Konzentration und Motivation auf.

Unterstützende Übungsformen zum Werfen und Fangen:

Für eine effektive Ausbildung des Werfens und Fangens sollten einfache organisatorische Übungsformen ausgewählt werden, die eine hohe Übungsintensität mit vielen Wiederholungen erlauben. Dazu eignen sich Übungsformen

» zum Werfen und Fangen in der Gassenaufstellung, in der Dreiecksaufstellung;
» in Partnerform oder der Dreiergruppe beim Balltransport;
» das Werfen gegen die Wand mit dem Fangen des zurückprallenden Balls.

Beispiel: „Zehnerle" als spielerisches Üben

Beim „Zehnerle" steht das Kind mit einem Ball vor der Wand und bekommt zunächst eine Aufgabe, die es zehnmal hintereinander erfolgreich ausführen muss. Gelingt das nicht, muss es wieder von vorne zu zählen beginnen, bis es zehn korrekte Wiederholungen geschafft hat. Bei der nächsten Aufgabe sind nur neun erfolgreiche Wiederholungen nötig. Die Schwierigkeit der Bewegungsaufgabe steigert sich nach jedem Durchgang. Für eine Differenzierung bieten sich folgende Maßnahmen an:

» Den Abstand zur Wand für leistungsstärkere Kinder vergrößern;
» kleinere Bälle für leistungsstärkere Kinder;
» leistungsstärkere Kinder dürfen nur mit der „schwachen" Hand werfen.

Zehnerle
10x werfen und fangen
9x werfen und fangen, vor dem Fangen 2x in die Hände klatschen
8x werfen und fangen, vor dem Fangen mit beiden Händen den Boden berühren
7x werfen und fangen, vor dem Fangen einen Hocksprung durchführen
6x werfen und fangen, vor dem Fangen eine ganze Umdrehung um die Körperlängsachse durchführen
5x werfen und fangen, dabei nur auf einem Bein stehen (diagonal zur Wurfhand)
4x werfen und fangen, vor dem Fangen zwei Zwischensprünge durchführen
3x unter dem rechten Bein durchwerfen und fangen
2x rückwärts über den Kopf werfen, halbe Drehung und fangen
1x rückwärts über den Kopf werfen, halbe Drehung, Strecksprung, fangen

9.3.4 Zielwurfspiele zur Schulung der Treffsicherheit, des Passens und Fangens

– Schießbude

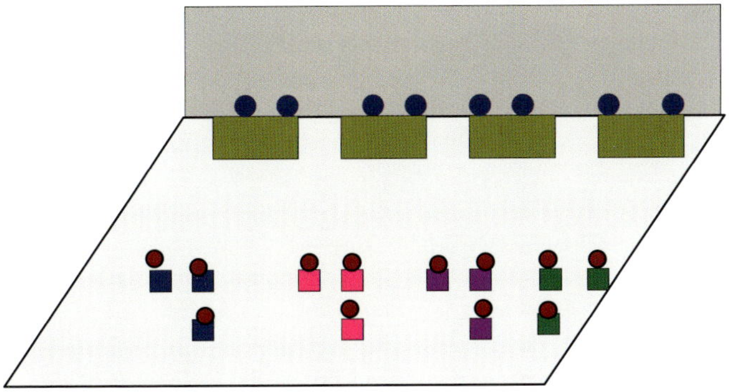

Abb. 9.45

Beschreibung:
Mehrere Mannschaften stehen in angemessener Entfernung zur Wurfkraft der Kinder jeweils vor einem Kasten, der etwa einen halben Meter vor eine feste Wand gestellt wird und auf dem mehrere Medizinbälle liegen. Auf ein Signal werfen die Kinder auf die Medizinbälle und versuchen, sie vom Kasten zu schießen.
Welche Mannschaft schießt zuerst alle Medizinbälle herunter?

– Handball-Squash

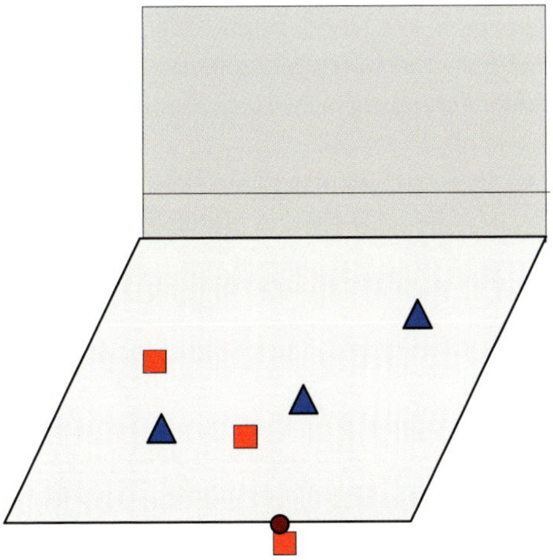

Abb. 9.46

Beschreibung: Zwei Dreiermannschaften stehen auf einem Spielfeld vor einer Wand. Ein Spieler von Mannschaft A bringt den Ball durch einen Schlagwurf gegen die Wand von der rechten Rückseite des Feldes ins Spiel. B muss versuchen, den Ball aufzufangen, bevor er zweimal aufgesprungen ist. Eine Mannschaft besitzt solange das Recht zur Spieleröffnung (= Anwurf), bis der Gegner einen Punkt gewinnt. Dann wechselt der Anwurf zur gegnerischen Mannschaft über. Sieger ist, wer eine vorher bestimmte Punktezahl zuerst oder in einer vorher festgelegten Spielzeit mehr Punkte erreicht.
Organisation:
Um die Chancen des erfolgreichen Fangens zu erhöhen, sollte eine Höhenmarkierung an der Wand angebracht werden, über die der Ball an die Wand gespielt werden muss.

– Jägerball mit Schaumstoffwürfel

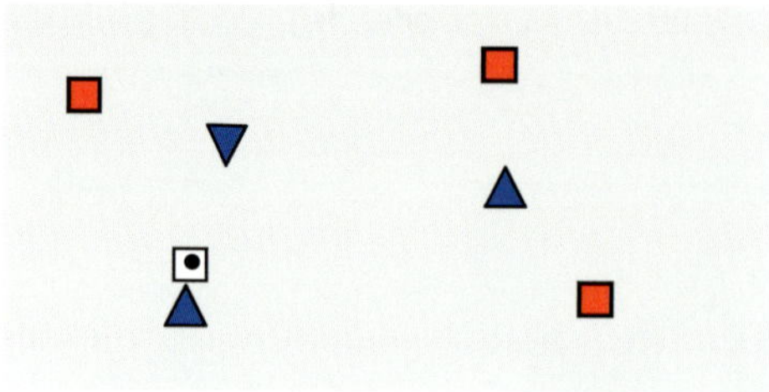

Abb. 9.47

Spielbeschreibung:
Die 3 Jäger versuchen, mit einem Schaumstoffwürfel in einer bestimmten Spielzeit durch Zusammenspielen in die Nähe eines Hasen zu kommen und diesen abzuschießen. Der getroffene Hase bleibt im Spiel. Der Würfel zeigt nach einem Abwurf eine Zahl an. Entsprechend dieser Zahl muss der Hase bestimmte Zusatzaufgaben erledigen (5 Strecksprünge, 3x auf den Boden liegen, aufstehen und hochspringen). Danach kann der Hase weiterlaufen, die Jäger zählen jedoch die Punkte auf dem Würfel nach jedem Abwurf zusammen. Nach einer bestimmten Zeit werden die Rollen gewechselt.
Welche Jägerpartei erzielt mehr Punkte? Dabei entscheidet mitunter das Glück über Sieg und Niederlage.
Regeln: Es ist verboten, mit dem Ball in der Hand mehr als 3 Schritte zu machen oder zu dribbeln.

9.3.5 Exkurs: Der hoch einfliegende Ball

Der hoch einfliegende Ball mit einer engen Flugparabel spielt bei den Rückschlagspielen eine gewichtigere Rolle als in den Zielschussspielen. Für ein sportspielübergreifendes Erlernen der Antizipationsfähigkeit bietet sich auch die Auseinandersetzung mit dieser Form von Zuspielen an, denn

- » durch hoch einfliegende Bälle in relativ kleinen Spielfeldern können die Laufwege bzw. Positionsveränderungen kurz gehalten werden, sodass dadurch ein erfolgreiches Fangen möglich ist;
- » durch leichte Bälle (Luftballons, Wasserbälle, Softbälle) kann die Fluggeschwindigkeit reduziert werden, wodurch das Fangen erleichtert wird.

Organisationsrahmen:

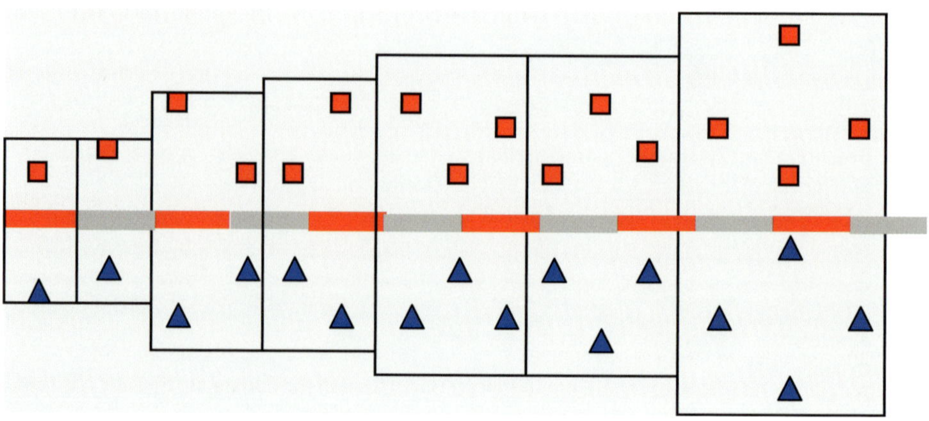

Abb. 9.48

Mit dieser Organisationsform lassen sich in einer standardisierten Drittelhalle bis zu 30 Kinder unterrichten. Das Ballmaterial, die Höhe des Baustellenbandes oder des Netzes sowie die Spielfeldgröße bestimmen die Anforderungen der folgenden Spiele entscheidend und lassen verschiedene Formen der Aufgabendifferenzierung zu.

– Fangball mit Aufspringen

Spielbeschreibung: Fange den Ball auf, nachdem er einmal in deinem Feld aufgesprungen ist. Die Fangstelle ist gleich Abwurfstelle. Beim Spiel in 2er-Mannschaften ist ein Abspiel, in 3er-Mannschaften sind zwei Abspiele erlaubt.
Wer zuerst eine im Voraus festgelegte Punktzahl erreicht oder in einer bestimmten Spielzeit mehr Punkte erzielt, ist Sieger.

Fähigkeitsausbildung:
Durch den hoch einfliegenden Ball, der auf dem Boden aufspringen darf, sollen die Kinder die Flugbahn des Balles vor und nach dem Aufspringen einschätzen lernen. Wichtig ist dabei, dass die Kinder den aufgesprungenen Ball nicht unterlaufen.

– Fangball mit Gymnastikreifen

Spielbeschreibung: Zwei Mannschaften mit je drei Spielern stehen sich gegenüber. Von jeder Mannschaft halten zwei Spieler je einen Gymnastikreifen in Bauchhöhe waagerecht vor dem Körper. Der dritte Spieler jeder Mannschaft ist der Werfer und Fänger. Einer dieser beiden Spieler eröffnet das Spiel, indem er den Ball über das Netz in die gegnerische Spielfeldhälfte wirft. Dort müssen die beiden Spieler mit Gymnastikreifen versuchen, den Ball durch den Reifen fliegen zu lassen. Gelingt ihnen das, erhalten sie einen Punkt. Einen weiteren Punkt können sie erzielen, wenn es dem dritten Spieler gelingt, den aufgesprungenen Ball aufzufangen.
Sieger ist die Mannschaft, die in einer bestimmten Zeiteinheit mehr Punkte sammelt oder schneller eine bestimmte Punktezahl erreicht.

Fähigkeitsausbildung:
Die koordinative Anforderung wird erhöht, indem die Kinder die absteigende Bahn des hoch einfliegenden Balles einschätzen lernen und sich dorthin bewegen müssen, wo der Ball in etwa aufkommt. Für den dritten Spieler bleibt die Aufgabenschwierigkeit identisch zu der vorgehenden Spielform.

– Aufprellball im Gymnastikreifen

Spielbeschreibung: Zwei Mannschaften mit je drei Spielern stehen sich gegenüber. Je zwei Spieler halten einen Gymnastikreifen hüfthoch und waagerecht vor dem Körper. Der Spieler einer Mannschaft ohne Reifen eröffnet mit einem Wurf ins gegnerische Feld das Spiel. Die „annehmende" Mannschaft versucht den Ball „einzufangen", indem ein Spieler seinen Gymnastikreifen dort auf den Boden legt, wo er den Aufprallpunkt des Balles vermutet. Springt der Ball in dem Gymnastikreifen auf, erhält seine Mannschaft einen Punkt. Ein weiterer Punkt kann erzielt werden, wenn es dem dritten Spieler ohne Reifen gelingt, den aufgesprungenen Ball aufzufangen, bevor dieser erneut den Ball berührt. Anschließend wirft dieser Spieler den Ball zurück ins gegnerische Feld, wo die andere Mannschaft versuchen muss, den Ball „einzufangen".
Sieger ist die Mannschaft, die in einer bestimmten Zeit mehr Punkte erzielt oder eine bestimmte Punktezahl zuerst erreicht.

Fähigkeitsausbildung:
Bei dieser Spielform werden höhere Anforderungen an die Antizipation, die Reaktionsfähigkeit und die Bewegungskombination unter Zeitdruck gestellt. Der Spieler muss den Aufprallpunkt im Voraus exakt festlegen, seinen Reifen dort ablegen und eine Position einnehmen, die es ihm ermöglicht, den Ball zu fangen.

Variationsmöglichkeiten:
» Den Ball auf einer Teppichbodenfliese (40 x 40 cm) oder einem Bierdeckel aufspringen lassen.

– Ball über die Schnur

Spielbeschreibung: Zwei Mannschaften mit je drei Spielern stehen sich gegenüber. Die ballbesitzende Mannschaft versucht, den Ball auf den Boden des gegnerischen Spielfeldes zu werfen. Die annehmende Mannschaft muss den Ball vor der Bodenberührung fangen, ansonsten erhält die angreifende Mannschaft einen Punkt. Um ein direktes Zurückspielen über das Netz zu verhindern, muss die ballbesitzende Mannschaft ein- oder zweimal abspielen. Jeder Ball, der im Spielfeld auf den Boden fällt, ergibt einen Punkt für die gegnerische Mannschaft. Punktgewinn bedeutet Aufgaberecht, mit jedem Pass über das Netz kann ein Punkt erzielt werden.
Sieger ist, wer zuerst eine bestimmte Punktezahl oder in einer vorher festgelegten Zeit mehr Punkte erreicht.

Fähigkeitsausbildung:
Die Spieler müssen den hoch einfliegenden Ball in seiner absteigenden Flugbahn vor dem Bodenkontakt fangen. Dadurch wird die Schwierigkeit, die Flugbahn zu antizipieren, nochmals erhöht. Der Spieler muss versuchen, dort zu stehen, wo der Ball hinkommen wird.

Variationsmöglichkeiten:
» Der Ball muss über der Stirn beidhändig gefangen werden und von dort aus beidhändig weitergespielt werden.
» Die Spieler der annehmenden Mannschaft können den über das Netz fliegenden Ball einmal aufspringen lassen, müssen ihn dann aber „volley" mit irgendeinem Körperteil (Kopf, Hände, Arme, Oberschenkel, Spann) einem Mitspieler zuspielen.

Anmerkungen:
Diese Anordnung der Spielformen ist mit ihrer progressiven Komplexität und dem sukzessiv ansteigenden Schwierigkeitsgrad in erster Linie abhängig von Spielfeldgröße, Netz- oder Bandhöhe und Ballmaterial. Deshalb sollten diese drei Faktoren immer wieder variiert werden, damit von den Kindern Differenzierungsleistungen vollbracht werden müssen. Außerdem sollte primär auf die Fähigkeiten, die diese Spielformen verlangen, eingegangen werden, d. h., dass die taktische Ausbildung auf die Beobachtungs- und Wahrnehmungsfähigkeiten ausgerichtet werden, um „Innensicht-Lernarrangements" zu produzieren. In diesem Sinne bietet es sich auch an, diese Spiele mit anderen Trainingsmitteln zu bestreiten. So kann „Ball über die Schnur" mit Tischtennis-, Speckbrett-, Softball-, Tennisschlägern und Tischtennis-, Soft-, Tennis-, Wasser-, Plastikbällen gespielt werden, um der Forderung nach Vielseitigkeit gerecht zu werden.

Eine weitere Variationsmöglichkeit besteht in der Veränderung der Informationsaufnahme. Durch eine nicht-transparente Folie, die über das Netz gehängt wird, lässt sich ein Blickschutz ins gegenüberliegende Feld einrichten. Dadurch können die Kinder nicht sehen, welcher Spieler den Ball ins Feld wirft, sodass höhere Anforderungen an die Reaktionsfähigkeit gestellt werden.

Außerdem können diese Spielformen als „Rundlauf" wie im Tischtennis mit mehreren Mannschaften auf einem Spielfeld durchgeführt werden. Nach dem Pass ins gegnerische Feld verlassen die drei Spieler auf der rechten Seite ihre Spielfeldhälfte, laufen außen bis zur Grundlinie und betreten die Spielfeldhälfte erst, wenn das Team vor ihnen den Ball über das Netz gespielt hat. Markierungsteller an den Außenseiten auf Höhe der Mittellinie und an den Ecken sorgen für eine klare Festlegung der Laufwege und gewährleisten die Sicherheit in einem organisatorisch klar überschaubaren Rahmen.

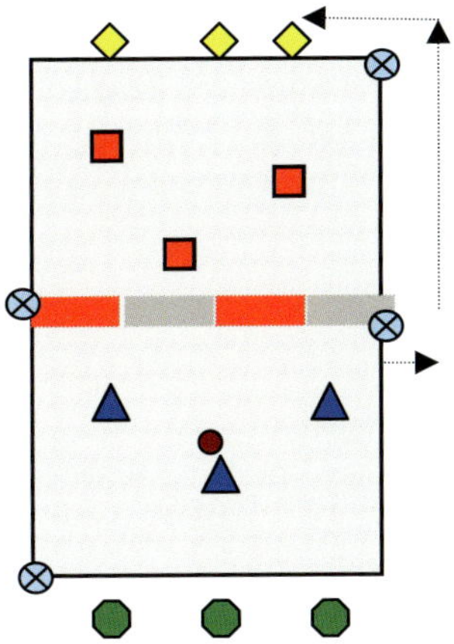

Abb. 9.49

Taktische Grundregeln:

» Wer sich zuerst bewegt, muss den Ball auch annehmen. Lauf dann schnell zum Ball und ruf „Ich!".

» Versuche, den Ball in Brusthöhe wie ein Torwart mit beiden Armen sicher zu fangen.

» Versuche, aus dem Bewegungsverhalten des Werfers die Flugbahn zu erahnen.

» Steil nach oben geworfene Bälle sind in ihrer Flugbahn leicht auszurechnen und führen nur selten zu einem Punktgewinn.

» Stellt euch im Angriff und in der Abwehr im Dreieck auf.

9.4 Baustein 4: Vehikelspiele

In den Bausteinen 2 und 3 geht es primär um die Einführung der Dreiecksaufstellung. In diesem Baustein finden sich nun zahlreiche Gelegenheiten zu deren Anwendung und Festigung in Gleichzahlsituationen. Da Gleichzahl vorwiegend zu 1:1-Situationen führt, bedeutet das für viele Kinder „Stresssituation", weil sie sich permanent einem Gegnerdruck ausgesetzt sehen. Dem Mitspieler in dieser Drucksituation **helfen** zu können, muss nun das Ziel der weiteren Spielausbildung sein. Durch die Grundordnung des Angriffsdreiecks und durch das ständige Aufsuchen und Einnehmen dieser Formation werden Kinder erfahren, dass sie dadurch normalerweise zwei Abspielmöglichkeiten erhalten. Dies ist jedoch nur der Fall, wenn sich die beiden Flügelspieler in einem gewissen Abstand zu ihren direkten Gegenspielern befinden. Deshalb muss die Wahrnehmung der Lernenden jetzt besonders auf die Gegenspieler gerichtet werden. Dies gelingt nur, wenn in den Spielen mit relativ einfachen Bewegungstechniken agiert werden kann, sodass „Wahrnehmungskapazitäten" freigesetzt werden können. Folglich dürfen Vehikelspiele keine zu hohen Anforderungen an die Balltechniken stellen, damit sich die Spieler auf die Lauf- und Passwege sowie auf das Zusammenspiel konzentrieren können.

Zu bestimmenden Größen werden damit das Freilaufen aus dem Deckungsschatten heraus, das Lösen vom Gegnerdruck und die Effektivität des Balltransports zum Ziel hin. Außerdem lernen die Spieler nun, die in den vorangegangenen Bausteinen gesammelten Erfahrungen zum Zielschuss in komplexerer Situation anzuwenden und zu festigen. Bei direkten Gegenspielern gewinnen in den folgenden Spielformen die Grundsituationen II und III an Bedeutung. Somit entstehen komplexe Spielsituationen in reduzierter Mannschaftsstärke (1)+3:3+(1), die der Struktur der Großen Sportspiele entsprechen und diese allmählich ansteuern. Wenn es den Kindern in diesem Baustein gelingt, die Spielerfahrung von einem Spiel zum nächsten zu transportieren, erfährt der Terminus „Vehikel“ seine Berechtigung und erklärt sich von selbst. Die Vehikelspiele eignen sich aufgrund ihres einfachen Spielgedankens, konfrontativ dargeboten zu werden. Damit Kinder am Ende der Spielstufe 1 wirklich auf einem höheren Spielniveau ankommen, können und sollten Lehrer und Trainer den Lernprozess nicht nur beratend begleiten, sondern konsequent die folgenden Aspekte einfordern:

» das Einnehmen der Grundordnung,
» das Freilaufen aus dem Deckungsschatten,
» das Ausnutzen des Spielfeldes in seiner ganzen Breite (Spiel öffnen),
» das gemeinsame Aufrücken und Zurückziehen des Mannschaftsgefüges beim schnellen Umschalten von Angriff auf Abwehr und umgekehrt,
» das „Weglaufen“ vom direkten Gegenspieler, vor allem auf dem Flügel,
» das Abwehrverhalten in der 1:1-Situation.

Impulse durch den Lehrer sollten sich nicht nur auf verbale Maßnahmen beschränken. Häufig kann man beobachten, dass Lehrer Spiele laufen lassen und erst am Ende Kritik üben und pauschale Verbesserungsvorschläge („Das Freilaufen muss noch besser werden!“) einbringen. Qualitative Inputs durch geeignete methodische Maßnahmen während des Spiels oder auch durch unterstützende Übungsformen geben Kindern die Gelegenheit, die dazu notwendigen Fertigkeiten, Fähigkeiten und Einstellungen im eigenen Tun zu erwerben und sie praktisch anzuwenden. Dazu gehören vor allem Stop-and-Go-Spiele mit dem Einfrieren von Spielsituationen, der Einsatz von räumlichen Orientierungshilfen, von Tabuzonen oder von steuernden Spielregeln.

Wichtige Hinweise:

- **Die Vehikelspiele sollten in der Reihenfolge „rollender“, „aufspringender“ und „horizontal anfliegender“ Ball durchgeführt werden.**
- **Durch den gezielten Einsatz der Steuerungsvariablen lassen sich die Spiele variieren und differenzieren, indem wir**
  - **mit verschiedenartigen Bällen spielen,**
  - **Handgeräte wechseln,**
  - **Spielfeld-, Torgröße variieren und somit**
- **bestimmte koordinative Fähigkeiten schwerpunktmäßig ausbilden.**

9.4.1 Vehikelspiele mit dem rollenden Ball

– Rollball 1+3:3+1 (1TW + 3 Feldspieler: 3 Feldspieler + 1 TW)

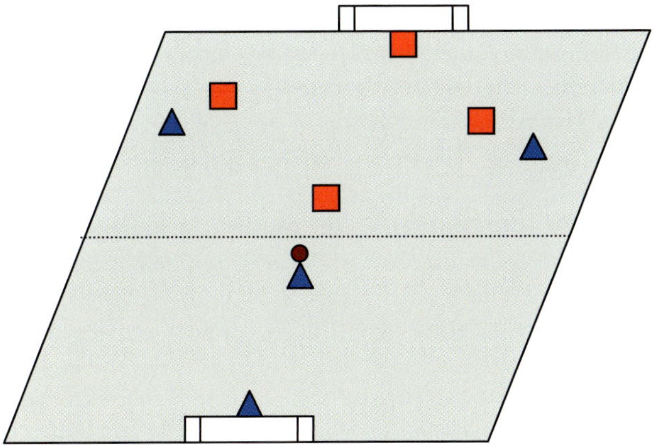

Abb. 9.50

Spielbeschreibung: Zwei Mannschaften mit je einem Torhüter und drei Feldspielern stehen sich gegenüber. Sie versuchen, einen Tennisball am Boden in das gegnerische Tor zu rollen und das eigene Tor so abzuschirmen, dass dies dem Gegner nicht gelingt.
Regeln:
- Der Tennisball darf nicht vom Boden weggenommen werden.
- Dribbeln mit dem Ball in der Hand ist verboten.
- Absichtliches Spielen des Balles mit dem Fuß gibt Freistoß für den Gegner.

Variationsmöglichkeiten durch Einsatz der Steuerungsvariablen:

» Spielball und Spielregeln verändern:
- Mit einem kleinen Handball spielen. Zum Passen und Zielwurf darf der Ball wie beim Kegeln vom Boden aufgenommen und gerollt werden, wodurch das Spiel dynamischer wird, weil längere und härtere Pässe gespielt werden können. Auch das Dribbeln kann jetzt erlaubt werden, indem der Ball mit der Hand am Boden geführt wird.

» Tore verändern:
- Statt einem Dreimetertor drei Metertore ohne Torwart auf den beiden Flügeln und in der Mitte aufstellen, sodass das Flügelspiel forciert wird.
- Bei lediglich zwei Toren auf dem rechten und linken Flügel ist die Spielverlagerung als Angriffsmittel einzusetzen.
- Die ganze Spielfeldbreite als Tor. Dadurch wird der Angriffsabschluss wesentlich leichter, bei schwächeren Spielern fallen dadurch mehr Tore. Außerdem sollten die Angreifer früh gestört werden, damit sie nicht ohne Druck durch Lücken auf das große „Tor" rollen können.
- 3–5 Kegel auf der Grundlinie als „Tore" aufstellen. Dadurch werden höhere Anforderungen an die Bewegungspräzision beim „Torschuss" gestellt.

» Spielfeld verändern:
- Spielrichtung auf bisherigem Spielfeld um 90° drehen mit Dreimetertoren in der Mitte. Abwehr muss früh stören und kompakt bleiben, damit keine Lücken entstehen, die es erlauben, einen „Torschuss" von der eigenen Grundlinie durchzuführen.

» Spielregeln verändern:
  - Tore können nur erzielt werden, wenn alle Feldspieler der angreifenden Mannschaft über der Mittellinie sind. Alle Feldspieler müssen mit nach vorne.
  - Ein Gegentor zählt doppelt, wenn sich ein Spieler der abwehrenden Mannschaft noch in der Spielfeldhälfte des Gegners befindet (also nicht zurückläuft).
  - Ein Torerfolg zählt doppelt, wenn er nach fünf Abspielen in Folge innerhalb einer Mannschaft (ohne dass der Gegner an den Ball kommt) erzielt wird. Im Spiel mit Kombinationspunkten muss die gegnerische Mannschaft früh stören.

» Tore und Spielregeln verändern:
  - Die ganze Spielfeldbreite bzw. die Wand dahinter bildet das Tor. Ein Treffer kann nur erzielt werden, wenn der Ball flach gegen die Wand gerollt wird und ein Mitspieler des Torschützen den von der Wand abprallenden Ball fängt. Sollte ihn ein Abwehrspieler bekommen, läuft das Spiel ohne Torerfolg in die andere Richtung weiter.

Durch den gezielten Einsatz der Steuerungsvariablen lassen sich einerseits zahlreiche Variationen kreieren, die für Kinder wie „neue" Spiele sind, andererseits können wir mithilfe der Steuerungsvariablen auch immer bestimmte Verhaltensweisen provozieren. Damit wird taktisches Lernen inszeniert und gefördert. Die Spieler müssen sich untereinander absprechen, ihr Handeln und Verhalten aufeinander abstimmen, Handlungspläne entwerfen, ihre Ausführung auswerten, ggf. verwerfen und neu gestalten. Sie treten so in Interaktion und entwickeln selbst kognitive und affektiv-emotionale Fähigkeiten durch das Spiel.

Die Kombination aus dem kompetenten Einsatz der Steuerungsvariablen in Verbindung mit einer kreativen Wahl von anderen Spielgeräten lässt vollkommen neue, aber strukturgleiche Spiele entstehen.

– Bierdeckelhockey

Bierdeckelhockey wird mit je einem Bierdeckel in den Händen und einem kleinen Softball auf zwei Tore (3 m mit TW) gespielt. Der Ball darf nur mit den Bierdeckeln gespielt werden, jedoch nicht mit beiden Bierdeckeln eingeklemmt und transportiert werden. Das Dribbling mit dem Ball am Boden ist zulässig und erwünscht. Auch hohe Pässe sind möglich, erschweren jedoch die Ballkontrolle und das Zusammenspiel deutlich.
Das Spiel fördert die Hand-Auge-Koordination und besonders die Bilateralität. Aus Sicherheitsgründen sollte auf den Blick weg vom Boden zur Erfassung der Spielumgebung hingewiesen werden (Kniestand verbieten, Kopf hoch!)

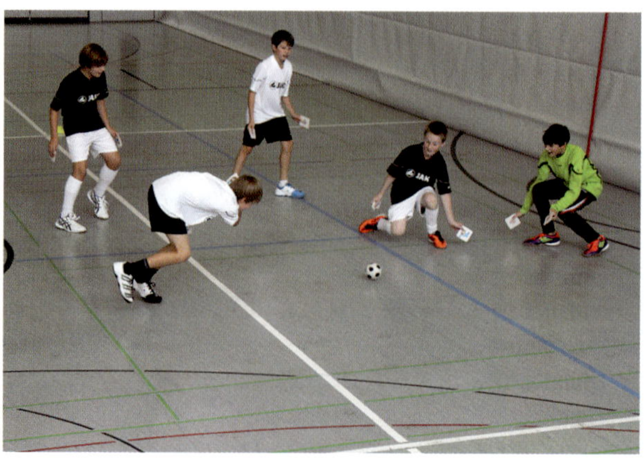

Abb. 9.51

– Ringhockey

Ringhockey wird mit einem Vollgummiring am Boden und einem Gymnastikstab als Stabhockey auf zwei Tore gespielt. Dabei sollten einige Regeln besondere Berücksichtigung und konsequente Umsetzung erfahren:

» Den Ring darf nur der Spieler spielen, dessen Gymnastikstab sich zuerst darin befindet.

» Mit dem Ring darf nicht gelaufen, nur gepasst werden.

» Der Gymnastikstab darf beim Passen nicht über Kniehöhe ausschwingen (Verletzungsgefahr!).

Sollten die Kinder nur mit Distanzschüssen versuchen, Tore zu erzielen, können die Steuerungsvariablen Abhilfe schaffen (alle Angreifer über Mittellinie; nur 2-Linienpässe erlauben).

Als Variation des Spielgeräts bieten sich auch Plastikhockeyschläger und ein kleiner Ball (Tennisball, Plastikhockeyball) oder ein Speckbrett mit einem Tennisball an.

– Würfelfußball 3:3

Zwei Mannschaften spielen gegeneinander im 3:3 mit einem Schaumstoffwürfel Fußball. Die beiden Grundlinien des Spielfeldes sind die Tore. Wird der Schaumstoffwürfel über die Grundlinie geschossen, muss der Würfel ausrollen. Die angezeigte Augenzahl ergibt entsprechend Punkte für das Tor. Welche Mannschaft erzielt mehr Punkte?

Spielregeln:

» Der Ball darf nur mit dem Fuß gespielt werden.

» Er wird nach einem Tor von der Grundlinie oder nach einem Seitenausball von der Seitenlinie mit dem Fuß ins Spiel gebracht.

– Wasserballfußball 3:3 auf 6 Tore

Zwei Mannschaften spielen im 3:3 mit einem Wasserball auf je drei Tore (3 m) auf jeder Grundlinie. Es gibt keinen Torwart, Handspiel ist nicht erlaubt.

Spielregeln: wie oben

Variation für leistungsstärkere Spieler durch einen Tennisball als Spielgerät.

Fähigkeitsausbildung:

Da bei fast allen Spielformen der Ball nur am Boden gespielt werden darf, werden die Anforderungen an die Ballantizipation relativ einfach gehalten. Dadurch können sich die Kinder stärker auf die Wahrnehmung der Mit- und Gegenspieler konzentrieren.

9.4.2 Vehikelspiele mit dem aufsetzenden Ball

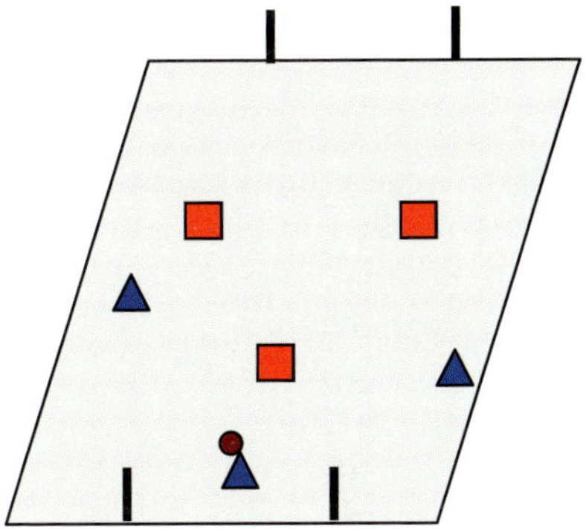

Abb. 9.52

Bei den Aufsetzerspielen mit der Hand darf der Ball nur über indirekte Pässe (als Bodenpässe) abgespielt und als Aufsetzer (vor der Torlinie!) ins Tor geworfen werden. Dadurch wird die Ballgeschwindigkeit verringert, was zu Erleichterungen bei der Ballantizipation führt. Außerdem werden dadurch „Bogenlampen" ausgeschaltet, wodurch ein ständiges Freilaufen aus dem Deckungsschatten heraus nötig wird. Durch die Mannschaftsstärke (3:3) soll die Dreiecksaufstellung ständig aufgesucht werden. Dabei ist zu beachten, dass die Spieler die einzelnen Spielpositionen durchwechseln. Wird das Dribbling mit dem Ball noch untersagt, fördern wir das Zusammenspiel in der Mannschaft (Regel: nur 3 Schritte mit dem Ball in der Hand sind erlaubt). Zu einem guten Angreifer gehört aber auch, dass er eine 1:1-Situation für sich entscheiden kann. Deshalb sollte im Verlauf der Aufsetzerspiele auch das Dribbling erlaubt werden.

– Wand-Aufsetzerball 3:3

Ein Tor ist erzielt, wenn der Ball die Wand durch einen Aufsetzerwurf berührt und der Abpraller nicht von einem Verteidiger gefangen werden kann, sondern auf das Spielfeld fällt.
Variationen:

» Die beiden Wände als Tore werden durch Stangentore direkt vor den Wänden ersetzt und zunehmend verkleinert (Tor-Aufsetzerball). Bei kleineren Toren wird die Anwendung der Kombinationsballregel notwendig (6 Pässe = 1 Punkt), um Tore erzielen zu können.
» Bälle immer wieder austauschen.
» Ein Tor kann nur erzielt werden, wenn der von der Wand abprallende Ball von einem Mitspieler gefangen wird.

– Fliesen-Aufprellball 3:3

Es werden in jeder Spielfeldhälfte vier Fliesen (spiegelbildlich zur Mittellinie) ausgelegt, also eine mehr als Spieler pro Mannschaft. Ein Treffer ist erzielt, wenn es den Angreifern gelingt, den Ball auf einer Fliese aufzusetzen. Die Verteidiger können dies verhindern, indem sie zuvor einen Fuß auf die Fliese setzen.

– Mattenball 3:3

Eine Matte wird jeweils ca. 3 m vor der Grundlinie als Tor ausgelegt. Ziel ist es, den Ball auf der gegnerischen Matte abzulegen. Wird nur eine normale Bodenturnmatte verwendet, ist aufgrund deren Größe die Anwendung der Kombinationspunkte unerlässlich, um erfolgreiche Angriffe abschließen zu können.
Variation:

» Zwei Weichbodenmatten auslegen. Ein Tor kann erzielt werden, wenn ein Angreifer auf die Matte hechtet und dabei den Ball ablegt. Dadurch gewinnt das Spiel immens an Attraktivität, aber auch an Gefährlichkeit. Deshalb ist eine Regel für die Abwehrspieler unabdingbar: Die Verteidigungsspieler dürfen die Matte nicht berühren. Im Eifer des „Gefechts" wird diese Regel im Spielverlauf immer wieder vergessen. Eine Sanktionierung mit 10 Liegestützen oder Känguru-Jumps für den Verteidiger, der die Matte berührt, wirkt Wunder!

– Partnertorball 3:3 auf je 3 Offentore (1 m)

Es werden in jeder Spielfeldhälfte drei Offentore mit Pylonen aufgestellt. Ein Tor kann nur erzielt werden, wenn ein Angreifer den Ball als Aufsetzer durch das Tor spielt und ein Mitspieler den Ball hinter dem Tor fängt. Damit sich die drei Verteidiger nicht nur in die drei Tore stellen, kann über die Kombinationspunkteregel ein offenes Spiel initiiert werden.

9.4.3 Spielformen 3:3 mit dem horizontal anfliegenden oder hoch einfliegenden Ball

Dem aufmerksamen Leser werden sofort zahlreiche attraktive Spielformen einfallen, in denen der Ball durch Kernwürfe direkt dem Mitspieler zugepasst werden kann. Wand-Aufsetzerball, Fliesen-Aufsetzerball, Mattenball, Partnertorball können und sollen auch bis auf die Abschlussaktion mit direkten Pässen gespielt werden, vor allem wenn sich eine gewisse Antizipationsfähigkeit sowie Pass- und Fangsicherheit eingestellt haben. Um Passen und Fangen konsequent zu schulen und zu verbessern, sind begleitende Übungsformen auf der Nebenstraße nötig. Dabei ist zu beachten, dass eine hohe Wiederholungszahl der Techniken unter variierenden Bedingungen gegeben ist. Als Vehikelspiele lassen sich jetzt besonders Spielformen einsetzen, die in ihrer Struktur die wesentlichen Elemente des Basket- und Handballspiels enthalten. Dabei sollte der Schwerpunkt nach wie vor auf das Zusammenspiel und die dafür bekannten Fertigkeiten und Fähigkeiten ausgerichtet werden. Durch den direkten Kernwurf können jetzt auch weitere und vor allem schnellere Pässe gespielt werden. Bessere Spieler neigen gerne zu diesen raumgreifenden Pässen in den Lauf von Mittelspielern, um möglichst schnell und „einfach" vor das gegnerische Ziel zu kommen. In der Praxis zeigt sich aber immer wieder, dass diese Pässe Kinder häufig überfordern und nicht gefangen werden können. Auf diese Problematik, dass das vermeintlich einfache Spiel durch die Kombination „schneller Lauf" und „weiter Pass" eine Überforderung vieler Spieler darstellt, sollte in der taktischen Ausbildung eingegangen werden.

Lange Pässe = schnelles Spiel = Gefahr des Ballverlustes
Kurze Pässe = langsameres Spiel = sichere Ballkontrolle

– Ultimate-Spielformen 3:3

Bei den Ulimate-Spielformen gilt es das Spielgerät in eine Endzone oder in ein Quadrat zu passen, sodass der Ball dort von einem Mitspieler gefangen und mit einer Hand oder beiden Händen auf den Boden abgelegt werden kann.

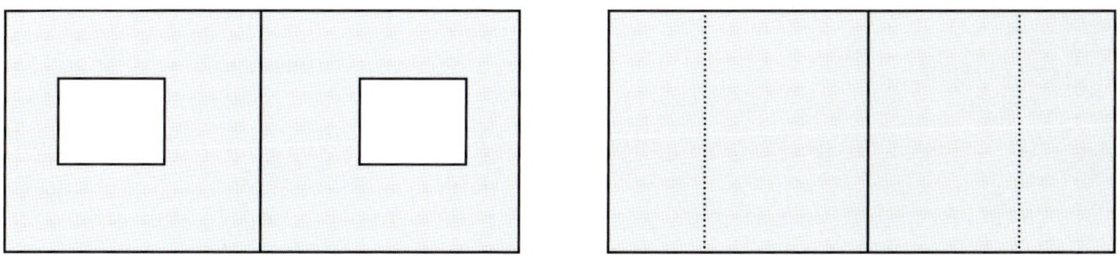

Abb. 9.53: Spielfelder für die Ultimate-Spielformen

Als Spielgerät können verschiedenartige Bälle, insbesondere auch Mini-Football, Rugby oder Frisbee verwendet werden. Beim Spielen mit einem Schaumstoffwürfel darf der Ball im Ziel gewürfelt werden, die Anzahl der Augen ergibt entsprechend Punkte.

Spielregeln:

» Mit dem Ball darf nicht gelaufen werden.
» Bei Pässen ins Aus oder bei Ball auf dem Boden erhält die gegnerische Mannschaft an dieser Stelle Ballbesitz.
» Versucht ein gegnerischer Spieler einen Ball abzufangen und fällt ihm dieser dabei aus der Hand auf den Boden, bekommt die andere Mannschaft wieder Ballbesitz.

– Reboundball 3:3

Im Reboundball spielen zwei Mannschaften auf je ein Basketballbrett gegeneinander. Ein Treffer kann erzielt werden, wenn es der verteidigenden Mannschaft nicht gelingt, den von ihrem Brett abprallenden Ball zu fangen.

Variationen:

» Wandreboundball: Da in vielen Sporthallen nur zwei Basketballkörbe pro Hallendrittel zu finden sind und aufgrund der Klassenstärke im Querbetrieb gespielt werden muss, können die Basketballkörbe durch die Wand (gesamte Spielfeldbreite) ersetzt werden. Eine Linierung an dieser Wand, über die geworfen werden muss, sorgt dafür, dass das Spiel in und über Kopfhöhe abläuft.

» Mit verschiedenen Bällen spielen – ein Rugby-Ei macht ein Dribbling unmöglich, ein gut springender Ball fordert es geradezu heraus. Ein genaues Abwägen, ob ein Dribbling zugelassen oder eine Schrittregel angewandt wird, ist sinnvoll.

– Turmball 1+3:3+1

Zwei Mannschaften mit je drei Feldspielern spielen auf einem Feld gegeneinander. Im hinteren Teil jeder Spielfeldhälfte steht ein Kleinkasten, auf dem sich ein Mitspieler der angreifenden Mannschaft befindet. Ein Treffer ist erzielt, wenn es den Angreifern gelingt, dem Turmwächter den Ball so zuzuspielen, dass dieser ihn sicher fangen kann.

Variationen:

» Spiel mit unterschiedlich großen und kleinen Bällen;

» Der Turmwächter erhält eine Pylone, mit der er den zugeworfenen Tennisball auffangen muss.

– Hand-Kopfball 3:3

Zwei Mannschaften mit je drei Spielern stehen sich auf einem Spielfeld gegenüber. Ein Treffer ist erzielt, wenn es einem Angreifer gelingt, einen Pass direkt an die gegnerische Wand oder über die generische Grundlinie zu köpfen (weiche Bälle!). Der Ball darf zum Köpfen nicht eigenhändig hochgeworfen werden.

Variationen:

» Die Tore schrittweise verkleinern.

» Bei kleinen Toren mit Kombinationspunkteregel verbinden.

– Spiel 3:3 auf 2 bewegliche Tore

Zwei Mannschaften spielen mit drei Spielern gegeneinander. Je ein weiterer Spieler bildet mit einem Reifen in den Händen das Tor in der gegnerischen Spielfeldhälfte. Ein Treffer ist erzielt, wenn es den Angreifern gelingt, den Ball durch den Reifen ihres Mitspielers zu werfen. Sollten die drei Abwehrspieler nur dicht um das bewegliche Tor herumstehen, schaffen Kombinationspunkte Abhilfe und sorgen für ein offenes Spiel.

Variation:

» Je zwei Spieler halten einen Gymnastikstab waagerecht in Hüfthöhe. Sie bilden so ein Offentor, durch das mit einem Softball geworfen werden muss.

10 Stufe 2 – Über Torschuss-/Torwurf-/Korbwurfspiele zu Überzahl- und Gleichzahlspielen

Bausteine:

- **Ballkoordination und Koordination motorischer Grundtätigkeiten**
- **Torschuss-/Torwurf-/Korbwurfspiele**
- **Überzahlspiele**
- **Gleichzahlspiele**

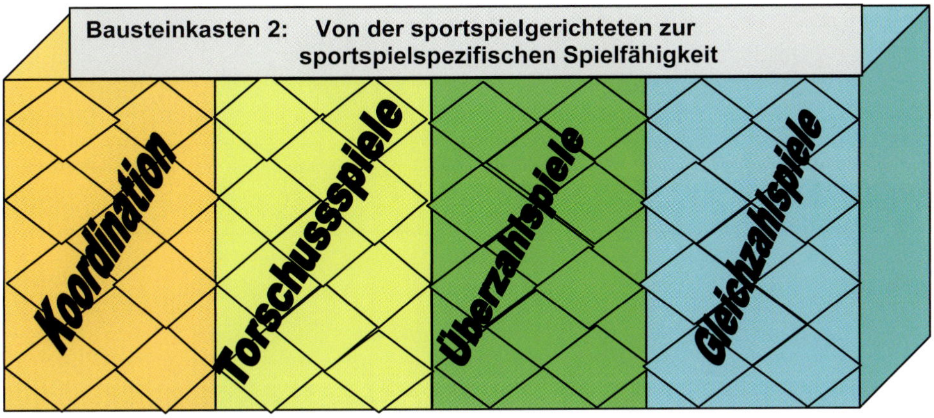

Abb. 10.1: Bausteinkasten 2

Die Ausbildung der Koordination in Verbindung mit den motorischen Grundtätigkeiten wird nun auf einem höheren Niveau durchgeführt. Die Bewegungsaufgaben werden erhöhten Druckanforderungen ausgesetzt.

Im Mittelpunkt dieser Ausbildungsstufe steht das **Weingärtner Übertragungsmodell** mit seinen neun Spielsituationen. In den Torschuss-/Torwurf-/Korbwurfspielen werden erneut der Balltransport und die erfolgreiche Ausführung der Abschlusshandlung aufgegriffen und gefestigt. Diese sind gegeben, wenn Kinder unter Berücksichtigung der elementaren Regeln eines Sportspiels den Ball in das Ziel befördern können. Erst im weiteren Verlauf findet auf dieser Stufe der Übergang zu den sportspielspezifischen Bewegungsfertigkeiten statt: Die „technischen und taktischen Basics" sollen sich zunächst spielerisch-implizit herausbilden, bedürfen aber im weiteren Verlauf einer ständigen Schulung und Verbesserung in begleitenden Übungsformen. Wichtig ist dabei, dass die erarbeiteten Techniken und Taktiken umgehend in die Spielsituationen integriert werden.

Während sich zu Beginn die Überzahlspiele als „echtes" Abschlussspiel noch eignen, sollte bei fortschreitendem Leistungsniveau das Gleichzahlspiel unter vereinfachten Bedingungen (unter Verwendung der Steuerungsvariablen) angeboten werden. Gegen Ende dieser Ausbildungsphase sollten dann die Spielsituationen (1)+3:3+(1) bzw. (1)+4:4+(1) im Mittelpunkt der Stunden stehen. So lassen sich auch auf dieser Stufe die einzelnen Unterrichts- oder Trainingsstunden aus den Inhalten der verschiedenen Bausteine zusammensetzen.

Das methodische Vorgehen auf horizontalem oder diagonalem Lernweg ist am Anfang noch möglich, sollte aber bei fortschreitendem Leistungsniveau und zunehmender spielspezifischer Ausrichtung zu Gunsten des vertikalen Weges, das heißt des Durchspielens der einzelnen Spielsituationen in einem Sportspiel, aufgegeben werden.

Zum möglichen Aufbau einer Sportspielstunde:

RAHMEN

RITUALE	Aufwärmen/ Einstimmen/ Grundlagen schaffen/ Koordination oder Aufwärm-spiel	Spiel- oder Übungsphase mit situationsorientierter Koordinationsschulung	Technik/ Individual- oder Gruppen-taktik in Übungs-formen	Spielphase	individual-/ gruppentaktische Anwendung in Torschussspielen Überzahlspielen, vereinfachten Spielsituationen,	**Spielphase** Anwendung gruppentakt., mannschaftstakt. Agieren in Spielsituationen (1)+3:3+(1) oder (1)+4:4+(1)	AUSWERTUNG

RAHMEN

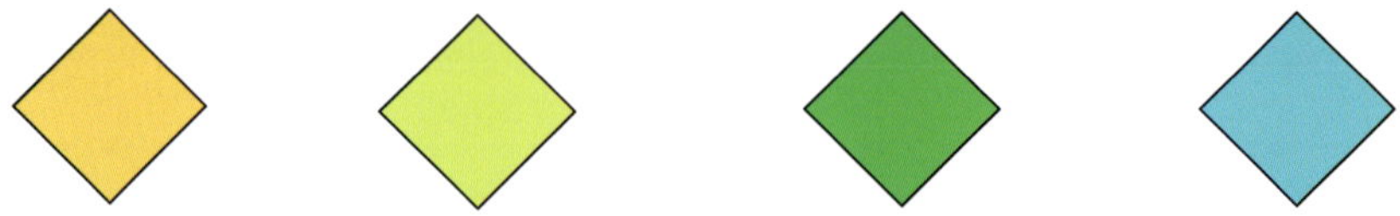

Aufwärmen + Koordination - Torschussspiele - Übungsphase (mit situationsorientierter Koordinationsschulung) Überzahlpiele - Gleichzahlspiele

Abb. 10.2

10.1 Baustein 1: Ballkoordination/motorische Grundtätigkeiten

Die Ballsicherheit muss durch anspruchsvolle koordinative Übungsformen im Ausbildungsprozess weiterentwickelt werden, am besten in Zusammenhang mit den motorischen Grundtätigkeiten.

Für das Koordinationstraining können Vielseitigkeit, Variation und Kreativität als methodische Prinzipien herangezogen werden. Ihre Umsetzung kann am Beispiel des Prellens aufgezeigt werden:

1. Variation der räumlich-zeitlichen Bewegungsausführungen durch
   - Veränderungen der Ausgangs- und Endpositionen:
     von der rechten in die linke Hand, tiefes/hohes Dribbling im Sitzen, im Kniestand, im Stehen, im Laufen;
   - Veränderung der Tempi, Akzente und Rhythmen:
     den Ball in 15 sec so oft/so wenig (so schnell/so langsam) wie möglich prellen; auf jeden 5./1. oder 4./2. Schritt prellen;
   - Veränderung der Bewegungsumfänge und -richtungen:
     den Ball vor dem Körper in einem „V" prellen, um den Körper prellen, im Rückwärtslaufen prellen; Prellen während Eigendrehungen um 360°;
   - Veränderung des energetisch-dynamischen Krafteinsatzes:
     unterschiedliche Bälle (Gymnastikball, Handball, Basketball), die weich und hart aufgepumpt sind, prellen;

2. Variation der Umgebungsbedingungen durch
   - Partner-, Geräte-, Geländewahl:
     zu zweit im Rhythmus prellen; über eine Langbank balancieren und Ball auf dem Boden aufprellen; auf dem Hallenboden, auf Matten prellen;
   - Hindernisse und Zusatzaufgaben:
     im Slalom um Stangen mit der rechten und linken Hand prellen;
   - erschwerende Bedingungen in räumlicher, zeitlicher und energetischer Hinsicht:
     Wer kann in 30 sec am häufigsten durch/um alle ausgelegten Offentore in einer Acht prellen?
   - zu zweit mit Handreichung durch die Halle prellen (jeder mit einem Ball in der Außenhand);

3. Variation und Kombination technischer Fertigkeiten durch
   - neue Aufgaben, Zusatzaufgaben und neuen Zielsetzungen:
     auf einem Bein hüpfend prellen, im Seitgalopp/Hopserlauf prellen, beim Laufen Eigendrehungen um 360° ausführen und mit dem Ball prellen;
   - Umordnen der Reihenfolge einzelner Elemente:
     im langsamen Lauftempo Ball vor dem Körper rechts/links prellen, dann im Sprinttempo mit rechts prellen – Umkehrung: im Sprinttempo vor dem Körper rechts/links prellen, dann im langsamen Tempo mit der rechten Hand prellen;

4. Variation der Informationsaufnahme durch
   - das Ansprechen verschiedener sensorischer Analysatoren:
     unterschiedlich aufgepumpte Bälle auf Rasen, Tartan, Sand, Asphalt prellen und die Dauer des Prellvorgangs mitzählen (ein-und-zwanzig, zwei-und-...)
   - auf verschiedene Signale (Handzeichen, Farben, Automarken) hohes oder tiefes Prellen;
   - das Einschränken der sensorischen Wahrnehmungskanäle:
     mit geschlossenen Augen prellen;

5. Variation der Belastung durch
   - Präzisionsaufgaben nach konditioneller Belastung:
     Mehrere Durchgänge in den beiden Handballkreisen: Auf Signal prellend die Seite wechseln und sich gegen mehrere Tiger (ohne Ball) im Kreis und an der Mittellinie prellend am Ball behaupten;
   - Mehrfachaufgaben: mit zwei Bällen gleichzeitig prellen; abwechselnd rechts/links prellen.

10.1.1 Beispiele zur Ausbildung ausgewählter koordinativer Fähigkeiten

Im Folgenden sollen einige Programme als Beispiele vorgestellt werden, wie die koordinative Ausbildung in Verbindung mit ausgewählten motorischen Grundtätigkeiten in ein sportspielgerichtetes Aufwärmen zu Beginn des Trainings oder Unterrichts integriert werden kann.

Beispiel 1: ***Schwerpunktmäßige Ausbildung der Rhythmisierungs-, Orientierungs- und Differenzierungsfähigkeit mit dem aufspringenden Ball***

Organisation: Hallendrittel, die Linien des Volleyballfeldes ins Aufwärmprogramm einbeziehen, pro Spieler 1 Ball, unterschiedliche Bälle: Tennis-, Gummi-, Gymnastik-, Volley-, Hand-, Fußbälle.

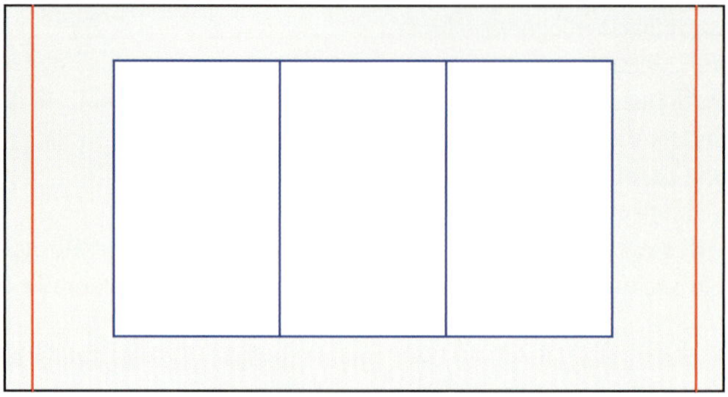

Abb. 10.3

Bewegungsaufgaben: Rhythmisierungs-, Orientierungs-, Differenzierungsfähigkeit

- » freies Prellen im Volleyballspielfeld in unterschiedlichen Fortbewegungsarten;
- » Prellen von der rechten in die linke Hand mit Anfersen der Füße, Skippings ...; auf Signal Ball ablegen und mit einem anderen Ball weiterprellen;
- » nur tiefes Prellen beim Durchqueren des mittleren Drittels;
- » Ball stark aufprellen, mit beiden Händen den Boden berühren, mit dem herunterfallenden Ball weiterprellen;
- » auf jeden 3. Schritt prellen, zuerst mit der rechten Hand, dann links, dann wieder rechts;
- » dito, auf jeden 2., schließlich auf jeden Schritt; auf Signal Ball ablegen und mit einem anderen Ball weiterprellen;
- » von der ersten zur vierten blauen Linie in **gleichmäßigem Tempo laufen** und dabei 10x, 3x oder 8x, 4x prellen; nach jedem Durchgang Ball mit einem anderen Spieler tauschen;
- » dito, im Wechsel mit der rechten und linken Hand prellen;
- » von der ersten zur zweiten blauen Linie 4x prellen, von der zweiten zur dritten 2x prellen, von der 3. zur 4. 4x prellen, dann außerhalb des Volleyballfeldes zurücklaufen und auf jeden 2. Schritt prellen; Bälle tauschen;
- » von der 1. bis zur 2. Linie vorwärts laufen und prellen, von der 2. zur 3. rückwärts laufen und prellen, von der 3. zur 4. vorwärts laufen und prellen, dann außerhalb des Volleyballspielfeldes in Nachstellschritten immer auf Höhe des vorderen Fußes tief prellen;
- » dito, jedoch im ersten Drittel 2x prellen, im mittleren 4x, im dritten 2x prellen;
- » auf die Wand zugehen und prellen, Aufsetzerpass gegen die Wand, Abpraller einschätzen, beide Hände auf den Boden legen und Abpraller, wenn möglich, darauf aufkommen lassen;
- » Ball auf den Boden werfen und den aufsteigenden Ball fangen; auf Signal Ball tauschen;
- » Ball kräftig aufprellen, absitzen, aufstehen und weiterprellen;
- » 3 Angehschritte auf die Wand zu (Rechtshänder li – re – li), Aufsetzerwurf gegen Wand und zurückspringenden Ball im Sprung fangen;
- » über blaue Linien im Dibbel-V prellen, Sprung über die Linie, bis zur nächsten Linie weiterprellen.

Beispiel 2: ***Schwerpunktmäßige Ausbildung der Differenzierungs-, Orientierungs- und Reaktionsfähigkeit in Partnerform***

Organisation: Partnerform, jeder Spieler mit einem Ball (unterschiedliche Bälle!) in Drittelhalle oder Viereck (20 x 20 m).

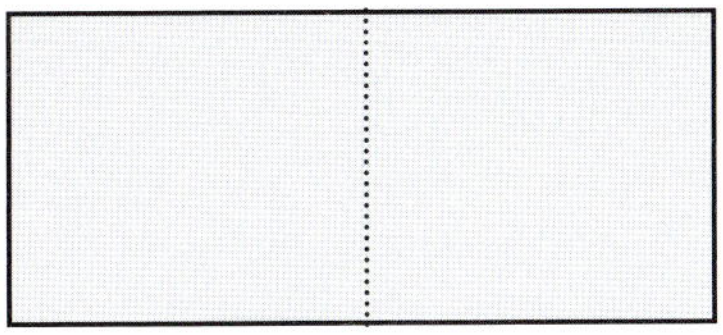

Mittellinie (ML) = Spiegelachse

Abb. 10.4

- » Schattendribbling: A dribbelt mit dem Ball am Fuß kreuz und quer durch die Halle, B folgt ihm im Abstand von 1–2 m und macht alles nach: Richtungsänderungen, Finten ...; anschließend Rollenwechsel;
- » dito, jedoch mit Prellen des Balles;
- » A und B halten sich an der Hand und prellen gemeinsam kreuz und quer durch die Halle mit der Außenhand, anschließend Handwechsel, dann Ball mit dem Fuß führen; A schließt die Augen, B führt;
- » A und B laufen prellend wie beim Schattendribbling hintereinander her, bei Aufruf durch den Lehrer versucht der aufgerufene Spieler (A oder B) seinen Partner zu fangen, dabei aber immer zu prellen.

A und B stehen sich an der Mittellinie frontal gegenüber, und zwar im gleichen Abstand zur ML, die eine Spiegelachse darstellt. A gibt Laufwege und Bewegungsaufgaben vor, die B spiegelbildlich auszuführen hat. Wichtig ist, dass die Blickrichtung immer zueinander zeigt und die Aufgaben am Anfang noch einfach gehalten werden. Nach einer kurzen Übungsphase wechseln stets die Rollen.

- » A prellt im Stand mit der rechten Hand, B mit der linken. A streckt dabei den linken Arm nach oben, B den rechten;
- » A geht einige Schritte mit der linken Hand prellend zurück, B ebenso, jedoch mit der rechten Hand prellend;
- » A prellt mit der rechten Hand und führt dabei Seitstellschritte nach links aus, B prellt mit der linken Hand und führt Seitstellschritte nach rechts aus.

Gassenaufstellung: A und B stehen sich in Gassenaufstellung mit je einem Ball gegenüber:

- » A passt den Ball mit einem Innenseitstoß zu B, dieser führt gleichzeitig einen Kernwurf zu A in Brusthöhe aus (Kommando „und“ – „hopp“!); A fängt den Ball, legt ihn auf den Boden, während B den Ball mit dem Fuß annimmt und aufhebt. Wechsel auf Kommando des Lehrers.
- » Dito, jedoch wird Ball von A immer am Boden mit dem Fuß gepasst, Ball von B wird immer im Kernwurf zugepasst.
- » A passt den Ball am Boden mit der Innenseite zu B, der seinen Ball hochwirft und A den Ball am Boden mit der Innenseite zurückpasst, dann seinen eigenen Ball auffängt (Differenzierung: ungeübtere Spieler dürfen den Ball zunächst 1x aufspringen lassen).
- » Dito, jedoch wirft A mit Kernwurf brusthoch zu.
- » Dito, jedoch köpft A den hoch zugeworfenen Ball zurück.
- » A steht mit dem Rücken zu B und wirft den Ball im Schockwurf rückwärts über den Kopf zu B, der seinen Ball gleichzeitig als Aufsetzer zu A wirft. A dreht sich und beide fangen den Ball des Partners (Kommandos geben!).

Beispiel 3: ***Schwerpunktmäßige Ausbildung der Differenzierungs-, Orientierungs- und Kopplungsfähigkeit mit zwei Bällen pro Spieler***

Organisation: Jeder Spieler mit einem Tennisball in der Hand und einem Fußball, Spielfeld (20 x 25 m) oder Hallendrittel, ca. 10 Hütchen auf dem Spielfeld verteilt.

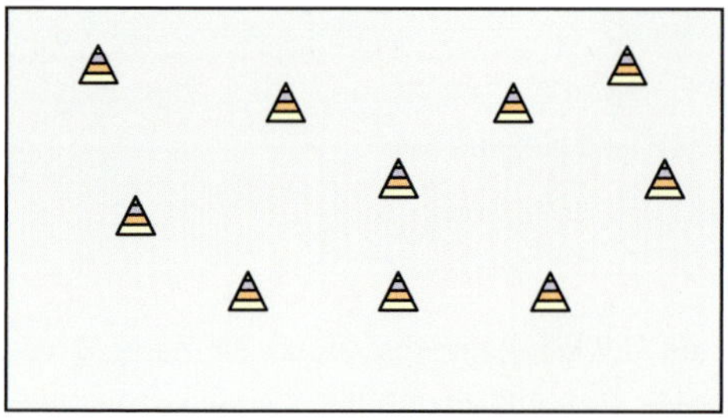

Abb. 10.5

Bewegungsaufgaben: Differenzierungs-; Orientierungs-, Kopplungsfähigkeit

- freies Dribbling mit Ball am Fuß, Hütchen und Mitspielern ausweichen, Tennisball (Tb) mit einer Hand aufprellen und fangen/hochwerfen und auffangen;
- Dribbling im Uhrzeigersinn um Hütchen, dabei Tb hochwerfen und mit beiden Händen fangen;
- Dito, im Gegenuhrzeigersinn;
- freies Dribbling mit Tb am Fuß, dabei Fußball mit den Händen um den Körper kreisen lassen;
- Wechselhüpfen, mit jeder Fußsohle den Fußball 4x berühren, dabei Tb von einer Hand in die andere werfen;
- Fußball mit der Sohle um 3 Hütchen führen („streicheln"), dabei Tb mit den Händen um den Körper kreisen lassen;
- Tb mit der Sohle führen, dabei Fußball vor dem Körper hochwerfen und auffangen;
- Wechselkicken des Fußballs, dabei Tb von einer Hand in die andere werfen;
- Wechselhüpfen in der Rückwärtsbewegung, dabei den Tb mit jeder Berührung leicht zurückziehen und den Fußball mit beiden Händen hochwerfen und auffangen;
- mit Tb um den Fußball und das nächst gelegene Hütchen in einer Acht dribbeln, dann den Tb abstoppen und dasselbe mit dem Fußball ausführen;

Koordinative Übungen mit dem Fußball:

- Grätschstellung, Ball zwischen den Beinen mit linker Hand vor und rechter Hand hinter den Beinen halten, Ball leicht anwerfen, Hände drehen 180° um Körperlängsachse, sodass der Ball mit der rechten Hand vor und der linken Hand hinter den Beinen wieder gefangen werden kann, bevor er auf den Boden fällt;
- dito, jedoch unter Zeitdruck: Wer schafft die meisten Wiederholungen in 15 sec?
- Grätschstellung, beide Hände halten den Ball knapp über dem Boden vor den Beinen, Ball leicht nach hinten werfen und dort den Ball mit beiden Händen hinter den Beinen fangen (Abb. 10.6);

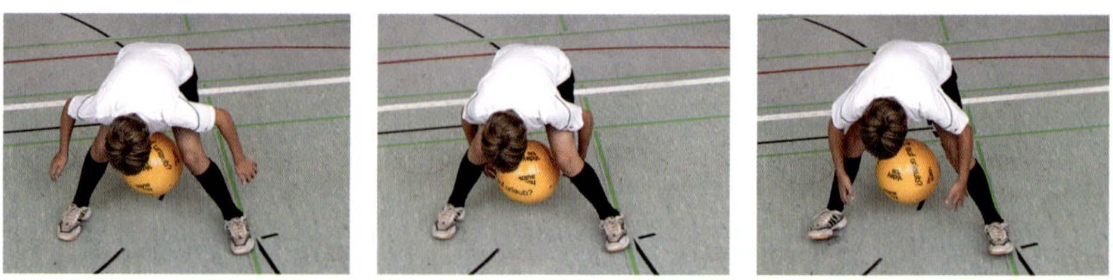

Abb. 10.6 (mit Wasserball)

- Grätschstellung, Ball dicht vor dem Körper hochwerfen, den herunterfallenden Ball mit der rechten Hand hinter den Beinen und der linken Hand vor den Beinen knapp über dem Boden auffangen; danach gegengleich.

» Grätschstellung, Ball mit beiden Händen zwischen den Beinen von hinten über den Körper hochwerfen und auffangen (Abb.10.7).

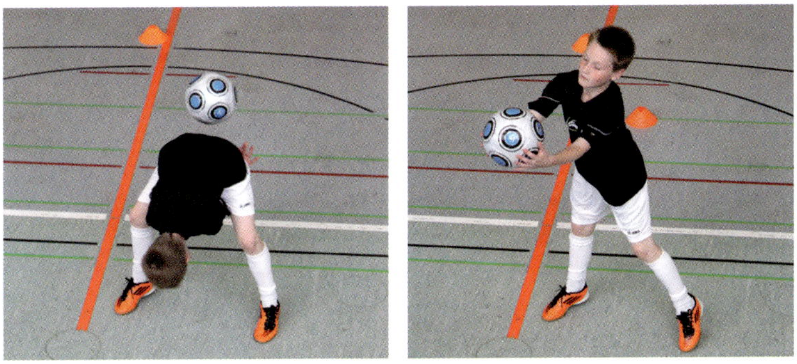

Abb. 10.7

» Dito, den Ball jedoch vor dem Auffangen mit einem Körperteil (Oberschenkel, Fuß, Kopf) 1x hochspielen und dann auffangen.

Beispiel 4: **Schwerpunktmäßige Ausbildung der Gleichgewichts- und Differenzierungsfähigkeit mit dem horizontal anfliegenden Ball**

Organisation: Drei Spieler mit zwei Bällen, Langbänke auf der Mittellinie einer Drittelhalle in Längsrichtung aufstellen. Zur Differenzierung können auch Langbänke umgedreht werden, sodass der schmale Holm nach oben zeigt.

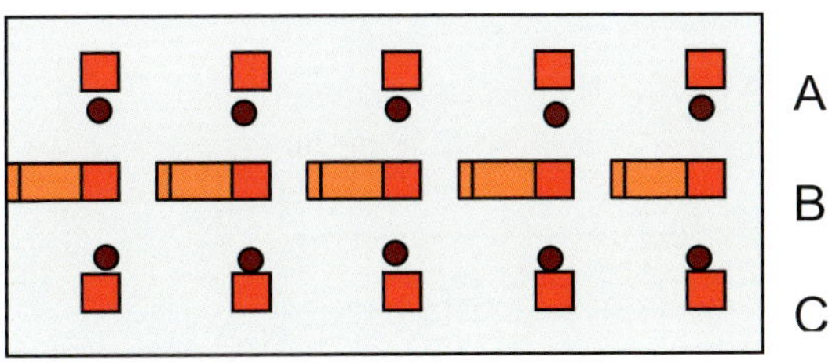

Abb. 10.8

Bewegungsaufgaben: Gleichgewichts-, Differenzierungsfähigkeit

» A und B prellen mit ihrem Ball frei in der Drittelhalle umher, C balanciert über die Langbänke. Danach bietet sich C einem Ballbesitzer an, bekommt den Ball zugepasst und prellt frei umher, während der bisherige Ballbesitzer balanciert. Als Bewegungsaufgaben eignen sich: über Langbänke hüpfen, Stützsprünge, im Vierfüßlergang über Langbänke.
» B steht auf der Langbank, bekommt den Ball von A als Aufsetzer zugepasst, B fängt den Ball und wirft ihn ebenfalls mit einem Aufsetzer zu A zurück, dreht sich um und erhält den Ball von C als Aufsetzer zugepasst.
» Dito, jedoch spielt nun C immer Brustpässe und B ebenso zurück.
» A und C wechseln sich mit Aufsetzer- und Brustpässen ab, B spielt den Ball immer so zurück, wie er angespielt wurde.
» Dito, jedoch spielt B den Ball in der anderen Passart zurück, als er angespielt wurde.
» A und C drehen sich jeweils nach dem Rückpass von B und prellen zur Wand, drehen um, prellen auf B zu und passen ihm den Ball mit einem Brustpass zu. B springt nach einem Pass von der Langbank, dreht sich und springt beidbeinig wieder hoch.
» A wirft seinen Ball B mit einem Brustpass zu, der spielt ihn ebenso zurück. A legt seinen Ball ab und tauscht schnell seinen Platz mit B, der den Ball aufnimmt. A erhält auf der Langbank

den Ball von C in Brusthöhe zugepasst, spielt ihn so zu C zurück und wechselt mit diesem den Platz.

» B steht ca. 2 m vor der Langbank mit Blick zu A, der ihn mit einem Brustpass anspielt. B fängt den Ball, läuft an, setzt das Absprungbein auf die Langbank, springt ab und wirft mit einem Aufsetzer zu A zurück, dreht sich um, erhält den Ball von C.
» B steht zwei Meter vor der Langbank, A und C wie bisher. B läuft auf A zu, indem er über die Langbank springt. Im Sprung soll er den Ball von A fangen und auf dessen Position prellen. A läuft in Richtung C, springt über die Bank und erhält den Ball von C zugepasst.
» Dito, jedoch kriechen sie zwischen Holm und Sitzbrett durch, stehen auf und bekommen dann den Ball zugepasst.

Hinweis: Bälle nach zwei bis drei Bewegungsaufgaben durchwechseln. Bei jeder Bewegungsaufgabe alle drei Spieler so rotieren lassen, dass jeder auf der Langbank stand.

Beispiel 5: **Schwerpunktmäßige Ausbildung der Reaktions- und Differenzierungsfähigkeit mit dem hoch einfliegenden Ball**

Organisation: Drei Spieler mit zwei Bällen, ein Netz oder Band in Längsrichtung einer Drittelhalle spannen (Höhe ca. 2,40 m). Aufstellung siehe Abbildung.

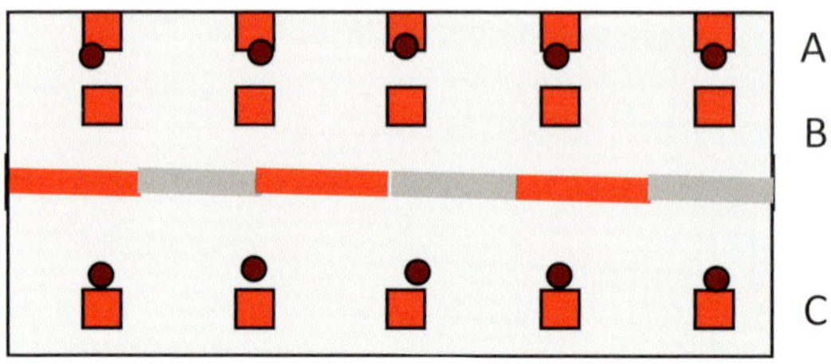

Abb. 10.9

Bewegungsaufgaben: Reaktions-, Differenzierungsfähigkeit

» B steht mit Blickrichtung zu C hinter dem Netz im gegenüberliegenden Feld. C spielt den Ball aus 3–4 m Entfernung vom Netz mit beiden Händen von unten hoch ins gegnerische Feld. B fängt den Ball und spielt ihn zu C zurück, geht unter dem Netz hindurch und wird von A hoch angespielt.
» Dito, jedoch sitzt B auf dem Boden, steht auf und fängt den Ball von C.
» Dito, jedoch liegt B in Bauchlage auf dem Boden, steht auf und fängt den Ball von C. Welches Paar schafft die meisten korrekten Pässe in 30 sec?
» Wie oben, jedoch darf B den Ball nur noch mit beiden Händen über Stirnhöhe fangen.
» A und B jeweils mit Ball stehen auf einer Seite hintereinander, C auf der anderen Seite des Netzes. A beginnt und spielt hohen Pass knapp hinter das Netz, B folgt und spielt einen hohen und weiten Pass. C bewegt sich ständig zum Ball, fängt ihn über Stirnhöhe und wirft in von dort aus zum Passgeber zurück.
» Dito, jedoch stehen A und B in ca. 2–3 m Entfernung nebeneinander, C gegenüber mit dem Rücken zu ihnen. A wirft seinen Ball geradlinig nach vorne übers Netz, gibt dabei ein lautes Startkommando für B, der sich umdreht, den Ball in Stirnhöhe fängt und von dort aus zu A zurückspielt; danach spielt B einen Aufsetzerpass unter dem Netz hindurch, den C so zurückpasst.
» Dito, jedoch ohne feste Abfolge der Pässe von A und B, C wechselt ständig seine Ausgangsposition (Bauchlage, Schneidersitz, Hocke ...) und reagiert auf das Kommando des Werfers;

» Dito, jedoch spielen A und B hohe Flugbälle, C fängt den Ball beidhändig über der Stirn und spielt sie von dort zurück.
» Dito, jedoch streckt sich C schnellkräftig zu einem beidbeinigen Absprung nach oben und wirft den Ball im Sprung zurück.
» A und C mit Ball, B steht ohne Ball vor A, C im Spielfeld gegenüber. Auf Kommando werfen A und C gleichzeitig (C einen hohen Flugball knapp hinter das Netz, den B fängt – A wirft einen hohen weiten Flugball auf C). Danach spielt B seinen Ball wieder weit auf C zurück, der seinen Ball gleichzeitig zu A zurückpasst.
» Dito, jedoch spielen sich C und B den Ball mit dem Fuß zu, A und C werfen sich hohe Flugbälle zu.
» Dito, jedoch variieren C und B ihr Zuspiel nach Kommando durch gerollte, aufgesetzte oder hohe Pässe, A und C spielen sich fortwährend hohe und weite Pässe zu.

Beispiel 6: Schwerpunktmäßige Ausbildung der Orientierungs- und Differenzierungsfähigkeit in der Dreiergruppe

Organisation: 3 Spieler pro Team mit 1 Ball, Mannschaftskennzeichnung. Die drei Spieler mit 1, 2, 3 durchnummerieren. Vier verschiedenfarbige Markierungsteller in der Drittelhalle und dieselben vier Farben direkt vor dem Lehrer am Spielfeldrand auslegen.

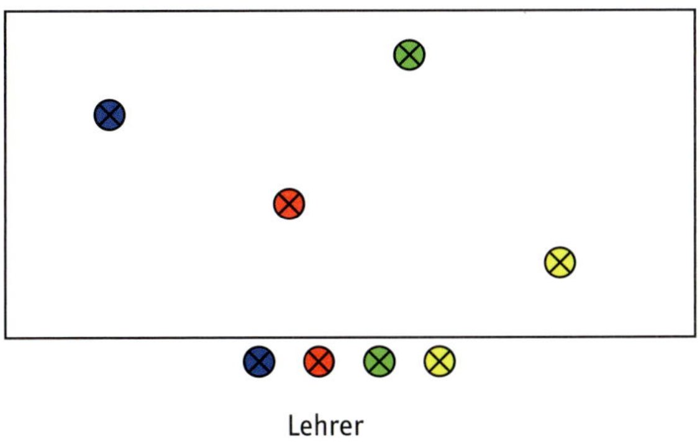

Abb. 10.10

Bewegungsaufgaben: Orientierungs-, Differenzierungsfähigkeit

» Nummernpassen in der Bewegung: 1 passt zu 2, 2 zu 3, 3 zu 1 (freies Passen mit dem Fuß/ mit der Hand/mit der Innenseite des Fußes/mit Aufsetzerpässen/mit brusthohen Kernwürfen/ mit Druckpässen/mit einem Schläger ...).
» Dito, jedoch läuft der Passgeber seinem Pass nach, bis er an einer Hallenwand anschlagen oder auf eine Spielfeldbegrenzung treten kann, kehrt ins Spielfeld zurück und bietet sich zum Anspiel an.
» Dito, jedoch schaut der Passgeber direkt zu seinem Lehrer, der hinter einem der vier Markierungsteller steht. Die Farbe, die dieser Markierungsteller hat, muss von dem Spieler auf dem Feld umlaufen werden.
» Koordination unter Zeitdruck: Welche Mannschaft schafft in zwei Minuten die meisten Pässe? (Jeden Pass laut zählen!);
» Der Spieler, der den Pass erhält, dribbelt um den Markierungsteller auf dem Spielfeld, dessen Farbe der Lehrer anzeigt, die beiden anderen Spieler bieten sich im Dreieck an. Der Spieler mit der nächsten Nummer erhält den Pass, dribbelt ....

10.2 Baustein 2: Torschuss-/Torwurf-/Korbwurfspiele

Organisatorische Überlegungen:

Das Hauptproblem in der Sportspielausbildung in der Schule wie auch evtl. im Verein besteht in der Klassen- bzw. Gruppenstärke und in der zur Verfügung stehenden Hallenkapazität.

Zur Ausbildung im Fußball wird vorweg angemerkt, dass Fußball als Freiluftsportart angesehen werden muss und unter den Rahmenbedingungen der Schule nur im Freien effektiv unterrichtet werden kann.

In der Schule kommt hinzu, dass der Zeitumfang für eine Unterrichtseinheit in einem Sportspiel mit ca.15 Stunden begrenzt ist. Häufig findet der Sportunterricht mit über 30 Schülern in einem Hallendrittel (15 x 27 m) mit zwei an den Stirnseiten angebrachten Basketballkörben oder aufzustellenden Toren statt. Spielen zwei Mannschaften auf diese Körbe oder Tore im 3:3, pausieren mitunter bis zu 24 Schüler und sitzen gelangweilt herum. Dadurch ist keine Unterrichtsintensität gegeben, das Sammeln von Spielerfahrung scheitert an den organisatorischen Rahmenbedingungen. Da wir aber primär eine Spielschulung und keine Technikschulung brauchen, können uns organisatorische Notlösungen helfen, im Querbetrieb einer Drittelhalle im 3:3 auf vier Spielfeldstreifen gleichzeitig zu spielen. Bei Klassen mit über dreißig Schülern bietet sich zusätzlich das „Parksystem" an, bei dem im fortlaufenden Wechsel von drei Mannschaften gespielt wird.

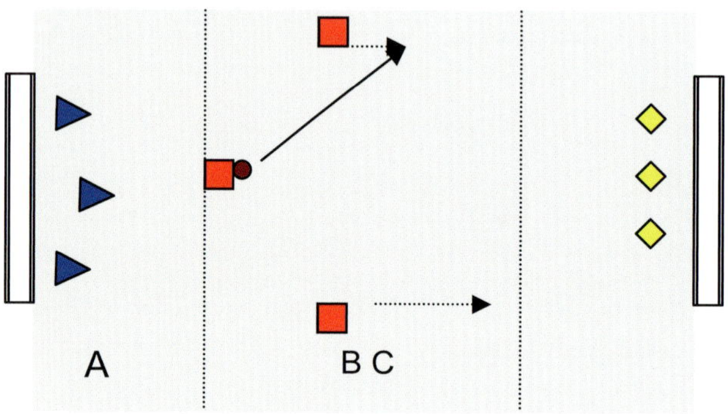

Abb. 10.11

Mannschaft B greift in der obigen Abbildung das Tor von C an, A „parkt" währenddessen im anderen Tor. Nach Angriffsabschluss von B spielt C auf das Tor von A, B „parkt" im gegenüberliegenden Tor.

Das Problem liegt im Basketball in fehlenden Korbanlagen. Eine Lösung bietet „Bandbasketball", bei dem entlang der Längsseiten des Hallendrittels mit einem Baustellenband zwei Bandgassen in Korbhöhe gebildet werden, in die der Ball geworfen werden muss (Abb.10.12).

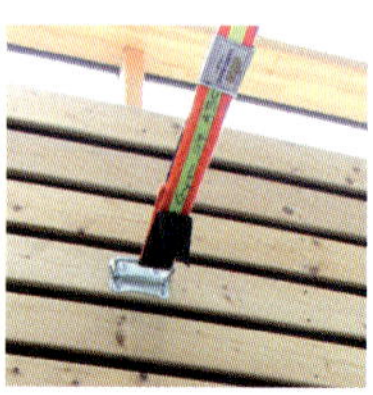

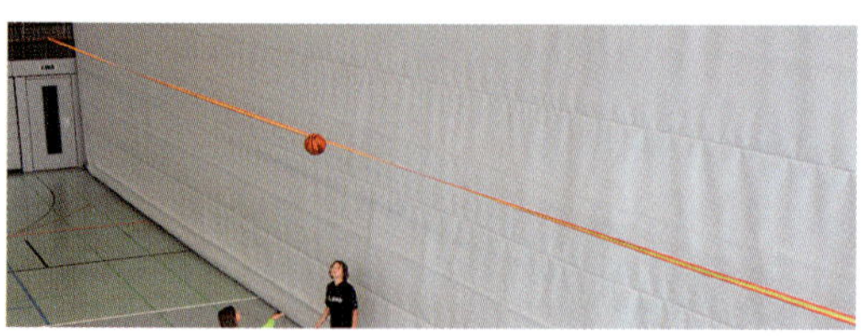

Abb. 10.12

Da in den beiden äußeren Hallendritteln mit Falt- und Betonwand unterschiedliche Bedingungen für den abprallenden Ball herrschen, empfiehlt es sich, nur Treffer anzuerkennen, bei denen der Ball in die Bandgasse fällt und erst unterhalb der Bandhöhe die Wand berührt. Die Größe des Zieles kann zusätzlich durch einen am Boden ausgelegten Gymnastikreifen verkleinert werden.

Ein „Korb" ist erst dann erzielt, wenn der Ball nach einem Wurf durch die Bandgasse in den Reifen fällt. Dadurch ist zwar nach einem Wurf kein Rebound möglich, was als Nachteil angesehen und in Kauf genommen werden muss, jedoch lassen sich die anderen spielrelevanten Handlungselemente durch diese organisatorische „Notlösung" intensiver und umfangreicher ausbilden. Die Besonderheit von Basketball und das wesentliche Unterscheidungskriterium zu den anderen Zielschussspielen liegt im fehlenden Torhüter. In der Spielsituation 1:1:1 führt das zu jeweils einem „parkenden" Spieler unter der Bandgasse, der nicht in das Spiel eingreift, jedoch Schiedsrichterfunktion übernimmt und in Zweifelsfällen entscheidet, ob der Ball korrekt in die Bandgasse geworfen wurde. In den anderen Zielschussspielen hüten diese Spieler das Tor und werden somit zum Gegenspieler des Angreifers. Aus Gründen der Verständlichkeit und Anschaulichkeit werden im weiteren Verlauf die Spielsituationen im Basketball gesondert aufgezeichnet.

Sachanalyse der Torschuss-, Torwurf-, Korbwurfspiele

In den drei Spielsituationen 1:1:1, 2:2:2 und 3:3:3 (Tab.10.1) sollen im Basket-, Fuß-, Handball und Hockey der Balltransport und der Zielwurf bzw. -schuss zunächst spielerisch-implizit angewandt werden. Dabei stehen die taktischen Verhaltensweisen und die Wahrnehmung als Ausgangspunkt für den Handlungsentwurf und dessen Umsetzung im Mittelpunkt. Im weiteren Verlauf lassen sich die Bewegungstechniken gezielt schulen und spielspezifische Regeln einführen, wodurch der Übergang von der sportspielgerichteten zur spezifischen Spielfähigkeit vollzogen werden kann.

Tab. 10.1: Grundsituation: Torschuss – Torabwehr (Torschussspiele)

Spielsituation	Organisationsform	Umsetzungshinweise
I. **1: 1: 1**	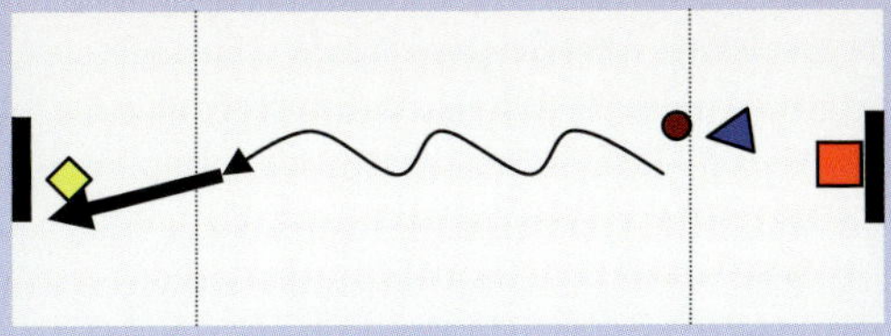	9 Spielstreifen mit je 3 m Breite lassen 27 Schüler zeitgleich (im Parksystem) in einem Hallendrittel (quer) spielen. Spielfeldbreite = Torbreite)
II. **2: 2: 2**	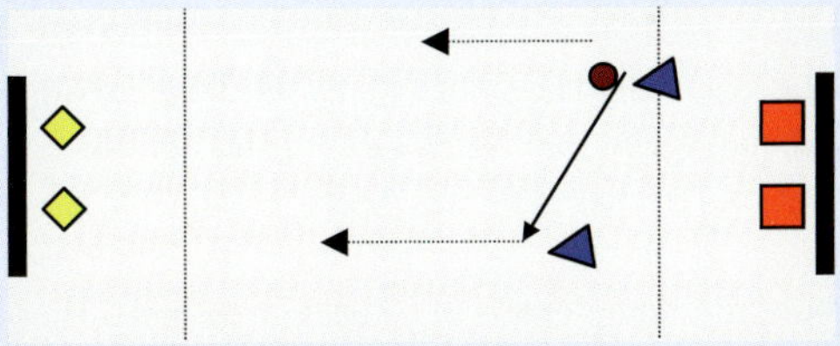	5 Spielstreifen mit je 5 m Breite lassen 30 Schüler zeitgleich (im Parksystem) in einem Hallendrittel (quer) spielen. Spielfeldbreite = Torbreite
III. **3: 3: 3**	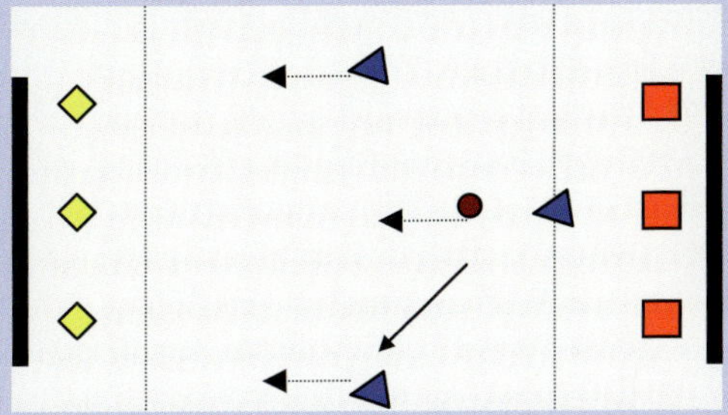	3 Spielfeldstreifen mit je 9 m Breite lassen 27 Schüler zeitgleich (im Parksystem) in einem Hallendrittel (quer) spielen. Torbreite: 6 m Im Fußball sind die Felder im Freien größer (Länge ca. 30 m)!

In der Spielsituation 1:1:1 dribbelt der Spieler zum gegenüberliegenden Ziel, das im Fußball, Handball und Hockey von einem Torwart bewacht wird. In allen drei Spielen ist es sinnvoll, einen Torraum durch eine Schuss- oder Wurfzone festzulegen. Einerseits wird dadurch verhindert, dass die Spieler zu nahe zum Tor und zu dem Torwart „auflaufen" und durch unkontrollierte Würfe oder Schüsse aus kurzer Distanz diesen verletzen, andererseits erhalten die Spieler Gelegenheit, sich ohne einen störenden Gegenspieler auf die Abschlusshandlung konzentrieren zu können. Dafür müssen sie die Schuss- oder Wurflinie wahrnehmen, was für viele Kinder während des Dribblings nicht einfach ist. Nähern sie sich dem Tor an, müssen sie den Blick auf die Torraumlinie richten und den Zielschuss vorbereiten. Das ist für Kinder mit wenig Ballspielerfahrung bereits eine herausfordernde und anspruchsvolle Bewegungshandlung. Aus dem Dribbling im richtigen Abstand vor der Torraumlinie in den Zielschuss flüssig überzugehen, stellt komplexe Anforderungen an die Bewegungskopplung und Wahrnehmung. Dies zeigt sich bei vielen Kindern immer wieder dadurch, dass sie die Torraumlinie überdribbeln, den Ball zu weit vorlegen oder beim Übergang zum Torwurf verlieren. Im Basketball werfen sie häufig entweder aus zu großer Distanz oder dribbeln bis fast unter die Bandgasse. Außerdem „unterlaufen" sie häufig die Wurfbewegung, weil sie es nicht schaffen, aus dem Dribbling in den sicheren Stand zu gelangen, was Voraussetzung für einen kontrollierten Wurf für viele Kinder darstellt.

In der Spielsituation 2:2:2 ist es den Spielern freigestellt, wie sie den Ball zum gegenüberliegenden Ziel transportieren. Als Mittel sind das Dribbling, was einem egoistischen Spielverhalten entspricht, da der Partner ebenfalls zur anderen Spielfeldseite läuft, und natürlich das Passspiel möglich. Bei letzterem verraten die Spieler sehr oft Schwierigkeiten, die Laufgeschwindigkeit des Partners richtig einzuschätzen und passen den Ball in dessen Rücken. Hier werden also ganz gezielte Anforderungen an das zu entwickelnde Antizipationsvermögen gestellt. Außerdem wird die Schwierigkeit sichtbar, den Raum bis zur Torraumlinie für das Passspiel einzuteilen und zu einem flüssigen und schnellen Torabschluss zu kommen. Viele Querpässe an der Torraumlinie, Übertritte und Würfe oder Schüsse aus dem Stand kennzeichnen oft die Angriffshandlungen. Die Ursache liegt mitunter auch in einer mangelnden Entscheidungsfähigkeit und im Selbstvertrauen, den Angriff erfolgreich abzuschließen. Diese müssen gefördert werden, indem die Spieler in Torraumnähe angehalten werden, aus der flüssigen Bewegung den Ball anzunehmen und gegebenenfalls noch kurz zu dribbeln, sodass die Verknüpfung mit der Spielsituation 1:1:1 hergestellt wird. Oft schaffen sie es erst nach zahlreichen Wiederholungen, den Angriffsabschluss von der Torraumlinie nach einem Pass in die Laufbewegung flüssig zu realisieren. Zur Laufbewegung muss angemerkt werden, dass sie nicht im Seitgalopp vollzogen werden soll, weil dadurch die Wahrnehmung, auch im Hinblick auf weitere Spielsituationen, eingeschränkt bleibt. Die Spieler sollen von Anfang an frontal auf das Ziel zulaufen und zu ihrem Mitspieler durch den „Schulterblick" Kontakt halten.

Die Spielsituation 3:3:3 erhöht die Komplexität des Zusammenspiels. Hier ist bereits bei jedem Pass Entscheidungsfähigkeit nötig. Der Ballbesitzer hat zwei Passmöglichkeiten und in Torraumnähe die Option, den Angriff nach einem kurzen Dribbling selbst abzuschließen. Als Orientierungsgrundlage muss der sichere Balltransport gelten. Pässe, die ins Seitenaus gehen, bedeuten Ballverlust und führen zum Angriff der im Tor stehenden Mannschaft. Deshalb müssen die Spieler lernen, Distanzen entsprechend ihrer Wurf- und Schusskraft und ihres Vermögens der sicheren Ballannahme einzunehmen. Außerdem müssen sie erkennen, dass lange Pässe schwierig zu kontrollieren sind, aber ein höheres Spieltempo erlauben als kurze und kontrollierte Pässe. Eine Linienaufstellung bedeutet eine höhere Anzahl von Pässen und mitunter ungünstigere Abspielwinkel als der Balltransport im Angriffsdreieck, den die Spieler schon auf der vorherigen Ausbildungsstufe erlernt haben. Deshalb sollte der Balltransport mit den Kindern in dieser Angriffsformation wieder angestrebt und intensiv erarbeitet werden, auch unter dem Aspekt der Bewegungskopplung Laufen – Fangen – Schritte – Abspielen. Für den Angriffsabschluss bietet der nachstoßende „Spielmacher" im Zentrum die Chance, das Problem des Torschuss- bzw. Torwurfwinkels und damit die Erfolgswahrscheinlichkeit zu thematisieren. Mit den komplexen Anforderungen an die Antizipations- und Entscheidungsfähigkeit findet sich diese Spielsituation häufig auch im Torschuss- oder Torwurftraining von leistungsstarken Mannschaften wieder, was belegt, dass sich die Qualität dieser Angriffshandlungen über einen sehr langen Zeitraum steigern lässt. Bis die Passgenauigkeit, Passschärfe und Annahmesicherheit sowie die erforderliche räumlich-zeitliche Wahrnehmung mit einem entsprechenden Spieltempo verknüpft werden können, bedarf es ständiger Wiederholungen.

Darin liegt jedoch auch ein Potenzial für differenzierende Aufgabenstellungen in allen drei Spielsituationen. Selbst das 1:1:1 kann für leistungsstärkere Spieler zur Herausforderung werden, wenn man von ihnen hohes Tempo, Dynamik und Präzision im Angriffsabschluss fordert. Außerdem lassen diese Spielsituationen bereits Handlungsvariationen wie Sprungwürfe oder Spannschüsse sowie Ausführungen mit der rechten und der linken Körperseite zu, sodass selbst äußerst talentierte Spieler in diesen Situationen angemessen gefordert und gefördert werden können.

10.2.1 Spielsituation I: 1:1:1

– Korbwurfspiel im Basketball (1:0)

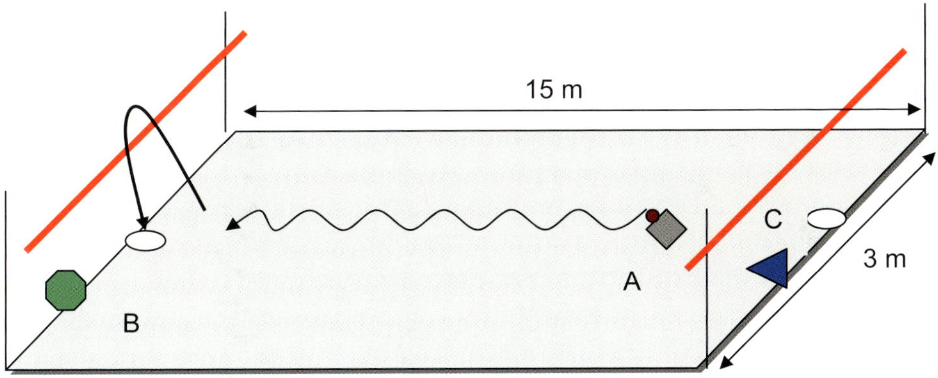

Abb. 10.13

Organisation: 3 Spieler auf einem Spielfeldstreifen mit einem Basketball, Rotationsprinzip, 2 Bandgassen (ggf. mit je 1 Gymnastikreifen), 1 Ball, Mannschaftskennzeichnung! B und C „parken", sind also passiv, während A spielt.

Inszenierung der Spielsituation:
„Dribble zu dem gegenüberliegenden ‚Korb' und führe einen Korbwurf so aus, dass der Ball regelgerecht durch die Bandgasse (und in den Reifen) fällt. Welcher Spieler erzielt bis zum Abpfiff die meisten Körbe?"

Ausbildungsinhalte:

Technik: – hohes Dribbling, Tempodribbling – Standwurf, Sprungwurf, Korbleger – Schrittstopp, Zweierrhythmus	**Taktik:** – Sicherheit und Tempo beim Dribbling – Distanzminimierung beim Zielschuss – Erfolgswahrscheinlichkeit erhöhen: Abstoppen in sicheren Stand vor Stand- oder Sprungwurf
Regeln: – Dribbelregeln (Doppelprellen vermeiden) – Schrittregel (bei Dribbelbeginn, Abstoppen)	**emotional – affektiv:** – Körbe erzielen wollen – Trefferquote – Konzentration bei Abschlussaktion
Koordination und Kondition: – Bewegungskopplung Laufen – Dribbeln – Abstoppen – Stehen – Springen – Werfen – Koordination unter Zeitdruck, unter Vorbelastung – Wahrnehmungs- und Rhythmusfähigkeit beim Dribbling, beim Korbleger – Bewegungspräzision und Differenzierungsfähigkeit beim Dribbling und Werfen – Aktionsschnelligkeit	

– Torschussspiel im Fußball, Handball, Hockey (1:1:1)

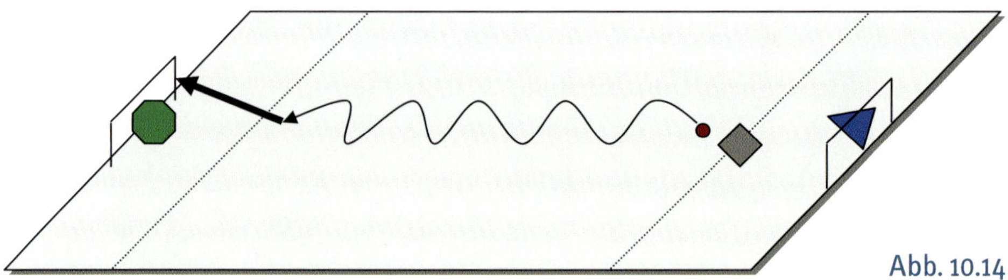

Abb. 10.14

Organisation: 3 Spieler auf einem Spielfeldstreifen mit einem Fußball/Handball/je einem Hockeyschläger und einem Ball; Rotationsprinzip, zwei Tore mit Strafraum oder Wurf- bzw. Schusskreis, Mannschaftskennzeichnung!

Inszenierung der Spielsituation:
„Dribble zu dem gegenüberliegenden Tor und erziele ein Tor. Beachte dabei den Wurf-/ Schusskreis oder die Schusslinie. Wer erzielt bis zum Schlusspfiff die meisten Tore?"

Ausbildungsinhalte:

Technik		
Fußball	**Handball**	**Hockey**
– Dribbling mit dem Spann, Außenrist, (Innenseite) – Torschuss mit der Innenseite, dem Vollspann – Torwartspiel	– Dribbling – Kernwurf, Sprungwurf – Dreierrhythmus – Torwartspiel	– Dribbling (auch indisches) – Schieben, Schlenzen mit Lochball auf große Tore – „Schlagschuss" im Freien – Kleinkasten als Tor in Halle

Taktik		
Fußball	**Handball**	**Hockey**
– Sicherheit und Tempo beim Dribbling, kontrolliertes Ballführen in Tornähe		
– Schuss-/Wurfwinkel aufs Tor beachten		
– gezieltes Vorlegen des Balles auf Schussbein-/Wurfarm-/Schlägerseite		
– Blick weg vom Ball und TW beobachten		

Regeln		
Fußball	**Handball**	**Hockey**
– Abwehrmöglichkeiten des TW mit der Hand und dem Fuß	– 3-Schrittregel – Wurfkreislinie beachten (Übertreten)	– Schusskreis – Stockhöhe beim Torschuss – Spielen nur mit flacher Schlägerseite!

Koordination und Kondition		
Fußball	**Handball**	**Hockey**
– Bewegungskopplung: Ball vorlegen, Laufen, Torschuss – Schusskraft	– Bewegungskopplung: Ball prellen, Laufen, Ballaufnahme, Dreierrhythmus, Werfen – Sprung- und Wurfkraft	– Bewegungskopplung: Ball vorlegen, Laufen, Torschuss – Schusskraft
– Timing des Torschusses – Wahrnehmung des TW und Schuss-/Wurfwinkels		
– Wahrnehmung von Lauf-, Ballgeschwindigkeit und Abstand zum Tor/Wurf-/Schusskreis		
– Koordination unter Zeit- und Präzisionsdruck		
– Aktionsschnelligkeit bei Abschlusshandlung		

Die Ausführungsqualität in dieser Spielsituation ist von der Beherrschung der Bewegungstechniken abhängig. Eine isolierte Schulung von Dribbling und Torschuss in unterstützenden Übungsformen ist ebenso angebracht wie Torwurfspiele nur aus dem Stand oder dem Dreierrhythmus bzw. Torschussspiele aus dem ruhenden Ball. Dazu bieten sich Spielformen wie „Abschrubben", „Sieben-/Neunmeterkönig", „Setz-den-Joker", „Duo-Cup", „Penalty-Schießen" „Team-Torschuss-Cup" an.

– Abschrubben:

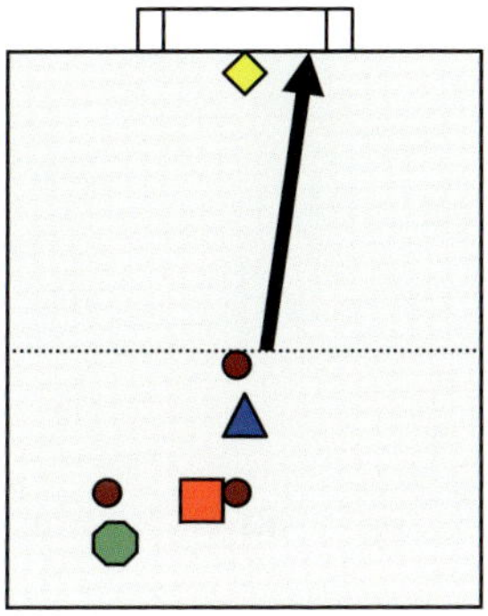

- Jeder Spieler hat als Torwart ein Guthaben von 10 Punkten.
- Der älteste Spieler ist zuerst im Tor.
- Wer ein Tor reinlässt, bekommt einen Punkt abgezogen.
- Wer verschießt, muss ins Tor.
- Es wird immer in derselben Reihenfolge geschossen.
- Wer verteidigt sein Guthaben am besten?

Abb. 10.15

- Sieben-/Neunmeter-/Elfmeterkönig:

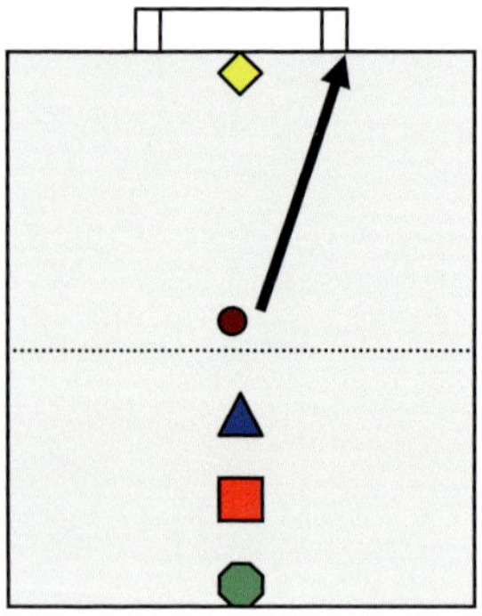

- Je nach Zielschussspiel und Alter wird von 5/7/9/11 m Entfernung geschossen oder geworfen.
- Ein fester TW.
- Zwei bis vier Spieler schießen/werfen in gleicher Reihenfolge aufs Tor.
- Wer nach 5/10 Durchgängen oder nach 5 min Spieldauer die meisten Treffer erzielt hat, ist der „König".

Abb. 10.16

- Setz-den-Joker

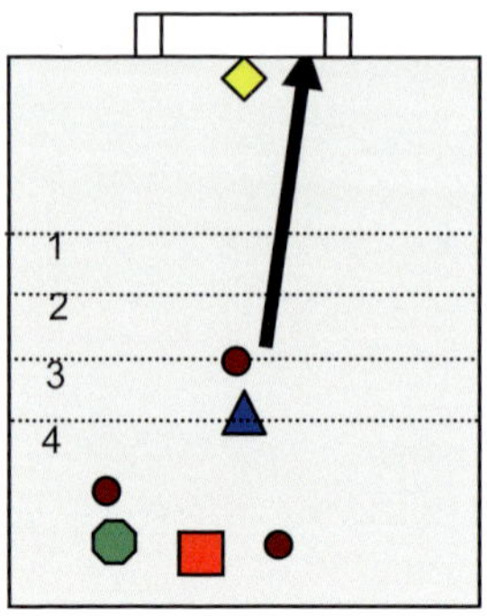

- Ein Tor von der Schusslinie 1 ergibt einen Punkt, von Linie 2 zwei Punkte, von Linie 3 drei Punkte ...
- Ein fester TW.
- Jeder Spieler muss pro Durchgang 1x von jeder Linie schießen.
- Jeder Spieler hat einen Doppel- und einen Dreifachjoker, die er vor einem Schuss einsetzen kann. Trifft er, zählt der Treffer doppelt oder dreifach.
- Welcher Spieler erzielt die meisten Punkte?

Abb. 10.17

- Duo-Cup

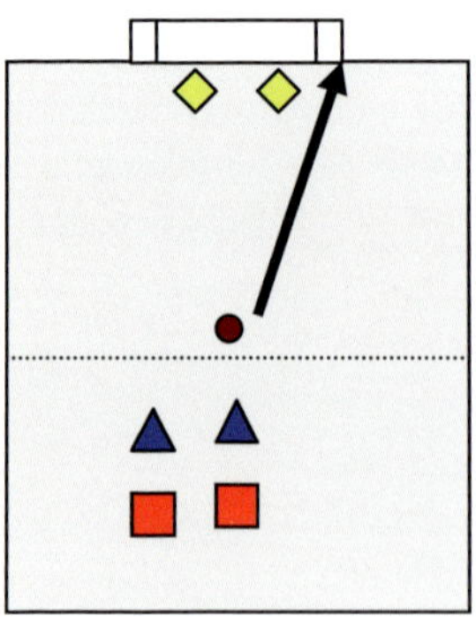

- Drei Zweiermannschaften spielen gegeneinander.
- Wenn ein Spieler verschießt, muss seine Mannschaft ins Tor.
- Verwandelt der erste Schütze, darf der zweite Spieler ebenfalls schießen.
- Verschießt der erste Schütze, muss das Duo sofort ins Tor und die nächste Mannschaft schießt.
- Zählweise wie beim Abschrubben.

Abb. 10.18

– Penalty-Schießen:

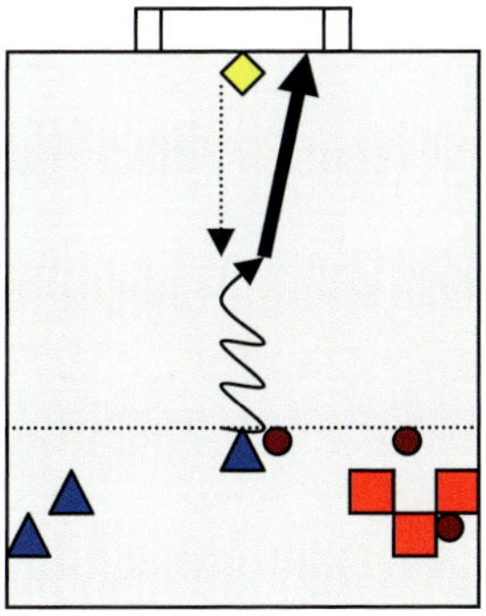

- Ein neutraler Torhüter, der herauslaufen darf.
- Zwei Mannschaften à 3 Spieler.
- Spieler 1 von Mannschaft A beginnt, dann kommt Spieler 1 von Mannschaft B, ...
- Der Spieler dribbelt auf das Tor und schließt den Angriff ab. In der 1:1-Situation darf sich der Ball nie vom Tor weg bewegen.
- Die Mannschaft, die in einem Durchgang mehr Treffer erzielt, erhält dafür einen Punkt.

Abb. 10.19

– Team-Torschuss-Cup:

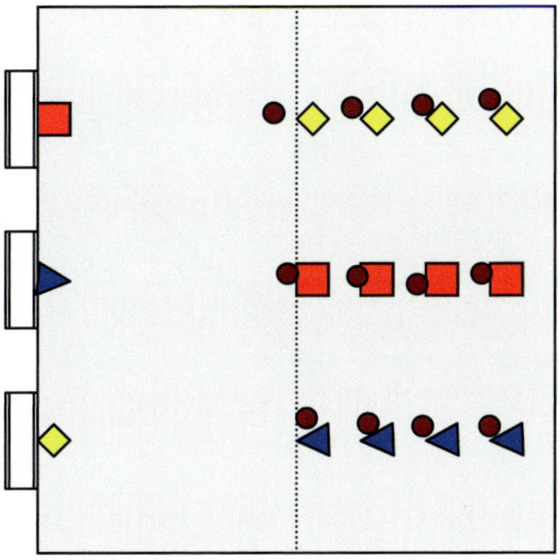

- 3 Teams schießen von einer Zone aufs Tor, in dem sich ein TW einer gegnerischen Mannschaft befindet.
- Die Torhüter zählen, wie viele Tore sie in einer bestimmten Zeitdauer erhalten haben.
- Sieger ist das Team, das die meisten Tore erzielt hat.
- Mehrere Durchgänge bzw. Spielphasen mit Torschüssen aus dem ruhenden, vorgelegten, zugespielten Ball durchführen lassen.

Abb. 10.20

– Variation: Team-Kastenwurf-Cup: Abräumen!

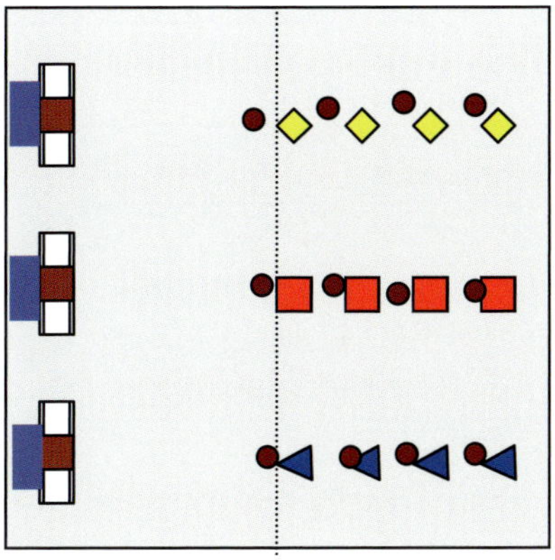

- 3 Teams werfen von einer Zone auf einen Kleinkasten (KK), der auf einem großen Kasten liegt (Leder auf Leder!), 1 m vor der Wand, dazwischen 1 Turnmatte zum Schutz des herunterfallenden KK.
- Die 3 Teams versuchen den Kleinkasten so schnell wie möglich herunterzuwerfen.
- Das erste Team erhält drei Punkte, das zweite zwei und das dritte einen Punkt.
- Mehrere Durchgänge durchführen.

Abb. 10.21

Hinweise zu den Torschusswettbewerben:

Berücksichtige differenzierte Aufgabenstellungen, wenn nötig. Dafür eignen sich:

» unterschiedliche Entfernungen zum Tor,
» unterschiedliche Torgrößen,
» verschiedenartige Bälle,
» Zusatzaufgaben wie Slalomdribbling vor dem Torschuss oder Torwurf
» Bewegungskombinationen aus Ballannahme/Fangen, Anlaufen (mit Finte) und Abschlussaktion.

10.2.2 Spielsituation II: 2:2:2

– Korbwurfspiel im Basketball (2:0)

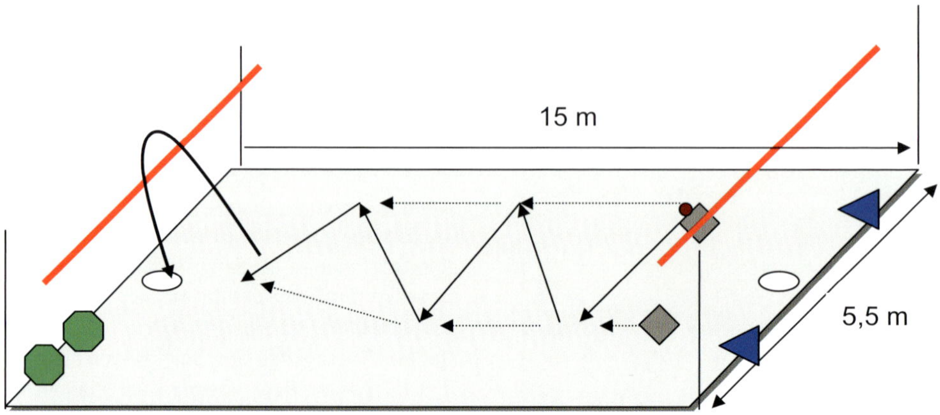

Abb. 10.22

Organisation: 3 Paare auf einem Spielfeldstreifen, Rotationsprinzip, 2 Bandgassen (ggf. mit je 1 Gymnastikreifen), 1 Ball, Mannschaftskennzeichnung!

Inszenierung der Spielsituation:

„Greift zu zweit den gegenüberliegenden ‚Korb' an und führt einen Korbwurf so aus, dass der Ball regelgerecht durch die Bandgasse (und in den Reifen) fällt."

Ausbildungsinhalte:

Technik: – Druck-, Bodenpässe – Schrittstopp nach Ballannahme, Stand-, Korbwurf – Korbleger nach Zuspiel, Zweierrhythmus – Laufbewegung: kein Seitgalopp! Wahrnehmung des gesamten Bewegungsraums durch frontale Laufbewegung!	**Taktik:** – sicheres Passspiel in der Vorwärtsbewegung – effektives Anwenden von Druck- und Bodenpässen, Gefahr von Fehlpässen – flüssiger Angriffsabschluss: Korbwurf aus optimaler Position
Regeln: – Schrittregel bei der Annahme von zugepassten Bällen – Ball im Seitenaus	**affektiv-emotional:** – gemeinsame Verantwortung für Passspiel – Körbe als Team erzielen wollen – Konzentration bei Pässen und Korbwurf

Koordination und Kondition:
- Anpassen der Passrichtung, Passhärte und Laufgeschwindigkeit
- Wahrnehmung der räumlichen Ausmaße und Entfernung zum Korb während des Passspiels
- Bewegungskopplung Passen – Laufen – Fangen – Korbwurf
- Bewegungspräzision und Differenzierungsfähigkeit beim Passen und Korbwurf
- Koordination unter Zeitdruck
- Aktionsschnelligkeit beim Passen, Fangen, Werfen

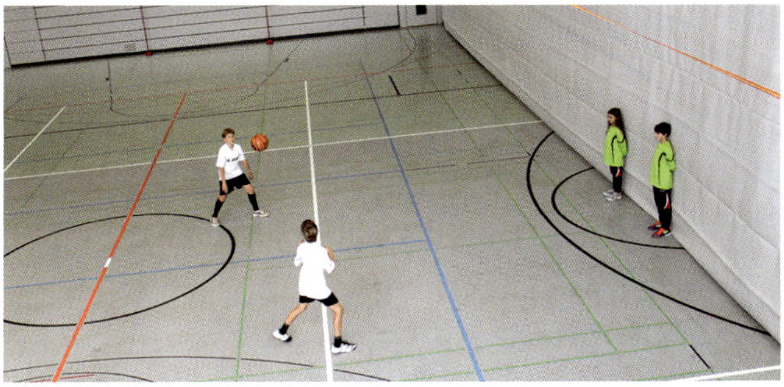

Abb. 10.23

- Torschussspiel im Fußball, Handball, Hockey (2:2:2)

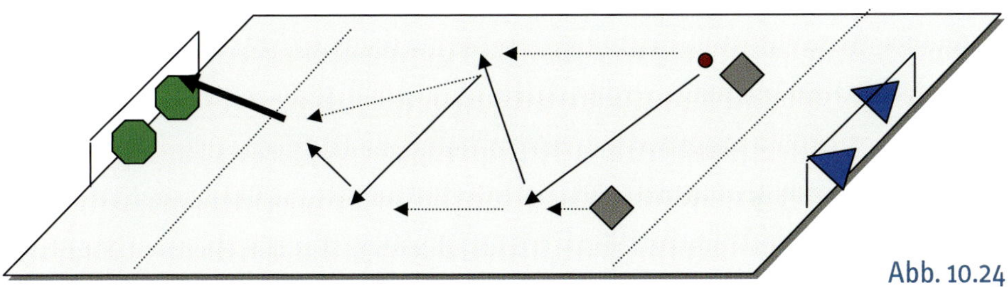

Abb. 10.24

Organisation: 3 Paare mit einem Ball, 2 Stangentore in doppelter Größe für zwei TW, Rotationsprinzip, Mannschaftskennzeichnung!

Inszenierung der Spielsituation:
„Greift zu zweit das gegenüberliegende Tor an und versucht einen Treffer zu erzielen. Beachtet dabei den Wurf-/Schusskreis oder die Schusslinie. Wer erzielt bis zum Schlusspfiff die meisten Tore?"

Technik		
Fußball	**Handball**	**Hockey**
– Passen mit der Innenseite/Außenseite, Direktspiel – Ballannahme in der Laufbewegung – Ballmitnahme – Torschuss mit dem Vollspann, der Innenseite	– Passen in die Laufbewegung – Fangen in der Laufbewegung – Dreierrhythmus und Torwurf – Schlag-/Sprungwurf	– Querpass von rechts nach links, um Ball in Seitstellung mit der Vorhand neben dem rechten Standbein stoppen und passen zu können!
– TW-Spiel		

Taktik		
Fußball	**Handball**	**Hockey**
– frontale Laufbewegung zum Tor wegen peripheren Sehens, keine Seitstellschritte		
– Abstand zwischen den beiden Spielern beim Balltransport		
– Sicherheit und Tempo beim Balltransport – Kurz-/Steilpässe: sicheres – schnelles Spiel		
– flüssiger Torabschluss aus dem Passspiel oder Dribbling		

Regeln		
Fußball	**Handball**	**Hockey**
– Handspiel des TW im Strafraum	– Schrittregel beim Passen und Torwurf, Nullkontakt – Übertreten der Kreislinie beim Torwurf	– Spielen des Balles mit der flachen Seite – Überschreiten der Kreislinie für gültigen Torschuss
– Ball im Seiten- oder Toraus, Ball im Tor		

Koordination und Kondition		
Fußball	**Handball**	**Hockey**
– Präzision des Passspiels durch Antizipation von Laufgeschwindigkeit, Passschärfe, Passrichtung durch Winkel steuern		
– Wahrnehmung der Distanz zum Tor, Einteilung des Raumes für Passspiel und Torschuss/-wurf		
– Koordination unter Zeitdruck, v. a. beim Angriffsabschluss		
– Aktionsschnelligkeit bei der Abschlusshandlung		
– Bewegungskopplung Laufen und Ballmitnahme bzw. Direktspiel	– Bewegungskopplung Laufen, Passen, Fangen	– Bewegungskopplung Laufen, Passen, Ballannahme mit Schläger

10.2.3 Spielsituation III: 3:3:3

– Korbwurfspiel im Basketball (3:0)

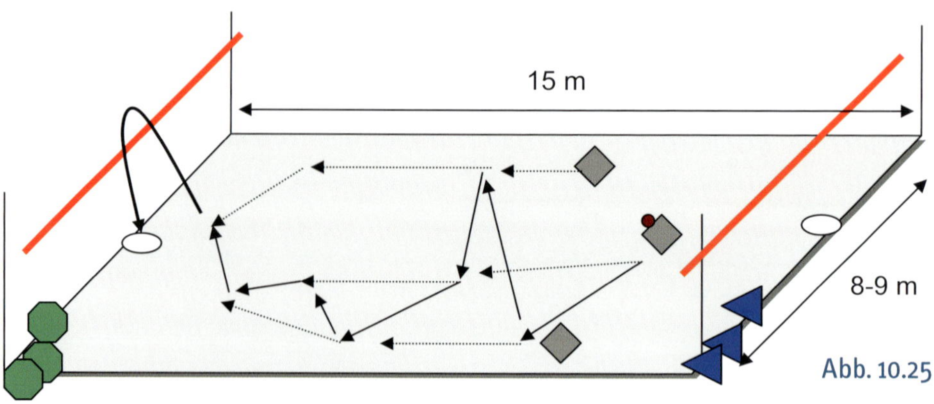

Abb. 10.25

Organisation: 3 Mannschaften à 3 Spieler mit 1 Ball, Rotationsprinzip, 2 Bandgassen (ggf. mit je 1 Reifen), Mannschaftskennzeichnung.

Inszenierung der Spielaufgabe:
„Greift zu dritt den gegenüberliegenden ‚Korb' an und führt einen Korbwurf so aus, dass der Ball regelgerecht durch die Bandgasse (und in den Reifen) fällt. Welche Mannschaft erzielt bis zum Schlusspfiff die meisten Treffer?"

Ausbildungsinhalte:

Technik: – Brust- und Bodenpässe als Kurz- bzw. Langpässe – Stand-, Sprungwurf nach Schrittstopp, Korbleger aus dem Zweierrhythmus	**Taktik:** – Dreiecksaufstellung für den schnellen Balltransport – Sicherheit und Tempo des Balltransports (Kurzpässe = langsam, aber sicher; Langpässe = schnell, aber Gefahr von Fehlpässen) – Dreieck öffnen, Spiel auf die Flügel
Regeln: – Ball im Seitenaus – Schrittfehler	**affektiv-emotional:** – Risiko beim Balltransport kalkulieren – Positionen einhalten, Auslösezeichen geben – Entscheidungsfähigkeit beim Abspiel
Koordination und Kondition: – Wahrnehmung des Angriffsdreiecks – Spielantizipation in der Dreiergruppe: Pass-, Laufwege; Timing der Pässe	

– Torschussspiel im Fußball, Handball, Hockey (3:3:3)

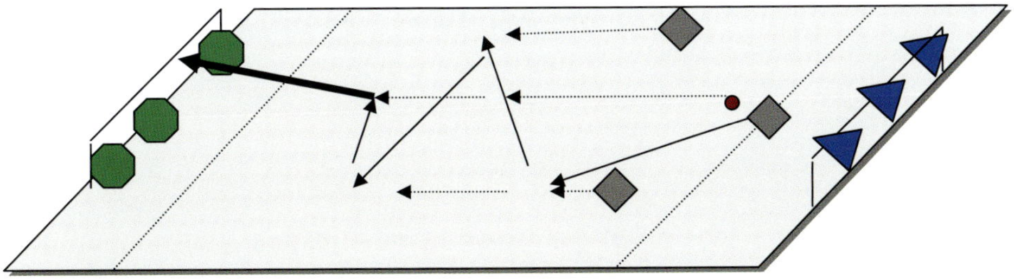

Abb. 10.26

Organisation: 3 Mannschaften à 3 Spieler mit einem Ball, 2 Stangentore in der Größe für drei TW, Schusslinie, Rotationsprinzip, Mannschaftskennzeichnung!

Inszenierung der Spielsituation:
„Greift zu dritt das gegenüberliegende Tor an und versucht einen Treffer zu erzielen. Welche Mannschaft erzielt bis zum Schlusspfiff die meisten Tore?"

Technik		
Fußball	**Handball**	**Hockey**
– Passen mit der Innenseite/Außenseite, Direktspiel in die Laufbewegung – Ballannahme in der Laufbewegung – Ballmitnahme – Torschuss mit dem Vollspann, der Innenseite	– Passen in die Laufbewegung – Fangen in der Laufbewegung – Dreierrhythmus und Torwurf – Kern-/Sprungwurf	– Bei Balltransport in Dreiecksaufstellung Pässe von rechts mit Rückhand stoppen (mit langem Stock) und passen – Schiebepässe mit der Vor- und Rückhand in der Bewegung – Tore schieben aus der Bewegung

Taktik		
Fußball	**Handball**	**Hockey**
– Sicherheit und Tempo beim Balltransport in der Dreiecksaufstellung		
– Abstand zwischen Spielmacher und den beiden Flügelspielern		
– flüssiger Torabschluss aus dem Passspiel oder Dribbling		
– frontale Laufschritte zum Tor wegen peripheren Sehens, keine Seitstellschritte		
– TW beobachten		

Regeln		
Fußball	**Handball**	**Hockey**
– Ball im Seitenaus	– Schrittregel beim Passen und Torwurf, Nullkontakt – Torraum betreten beim Torwurf	– Ball nur mit flacher Schlägerseite spielen – hoher Stock bei weiten Pässen – Anspiel nach „aus“

Koordination und Kondition		
Fußball	**Handball**	**Hockey**
– Bewegungspräzision des Passspiels durch Antizipation von Laufgeschwindigkeit, Passschärfe und Abspielrichtung		
– Wahrnehmung der Distanz zum Tor und Einteilung des Raumes für Passspiel und Torschuss		
– Koordination unter Zeitdruck, v. a. beim Angriffsabschluss		
– Aktionsschnelligkeit beim Angriffsabschluss		
– Bewegungskopplung Laufen und Ballmitnahme bzw. Direktspiel	– Bewegungskopplung Laufen, Passen, Fangen	– Bewegungskopplung Laufen, Passen, Stoppen mit Schläger

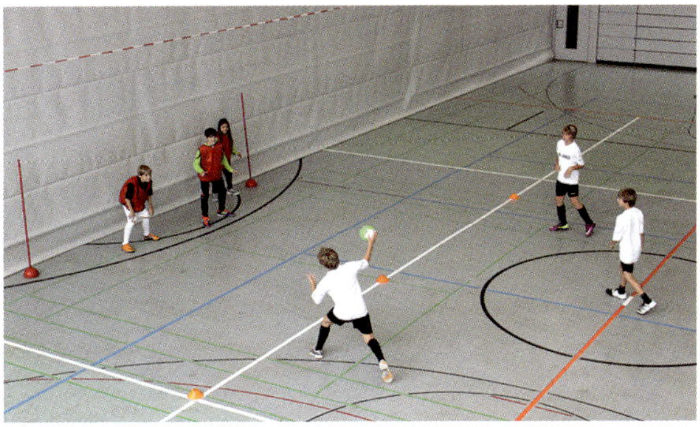

Abb. 10.27

10.2.4 Spielsituationsorientierte Koordinationsschulung

Unter spielsituationsorientierter Koordinationsschulung wird die Schulung der wesentlichen koordinativen Fähigkeiten verstanden, die als Voraussetzung für ein erfolgreiches Lösen der Spielaufgabe bzw. der Spielsituation anzusehen sind. Dabei sollte beachtet werden, dass die koordinativen Aufgabenstellungen nicht in ein reines Üben von Bewegungsfertigkeiten ausarten, sondern durch kontrastierende Bewegungsaufgaben unter variierenden Bedingungen eine rasche Anpassung bzw. Umstellung auf neue Situationen fordern. Deshalb nur wenige Wiederholungen mit rasch wechselnden Bewegungsaufgaben oder Übungsbedingungen vorsehen.

In allen drei Spielsituationen geht es um den genauen Balltransport bis zu einer Schuss- oder Wurflinie und um dessen Kombination mit der Abschlusshandlung. Dazu sind (antizipative) Wahrnehmungsleistungen erforderlich, die sich auf die räumliche Distanz, Laufgeschwindigkeit des Ballbesitzers, die Fluggeschwindigkeit des Balles, ggf. die Laufgeschwindigkeit des Mitspielers, die Zeitspanne für die Ballkontrolle in der Laufbewegung beziehen und somit im Wesentlichen von der Differenzierungs- und Orientierungsfähigkeit abhängig sind. Auf den Zusammenhang von Fähigkeiten und Fertigkeiten weist BERNDT hin:

„Allgemeine Fähigkeiten werden als Grundlage für das Erlernen spezieller Fähigkeiten (Fertigkeiten) betrachtet, erfahren jedoch auch beim Erlernen und weiteren intensiven Anwendungen der Fertigkeiten eine Verbesserung“ (Berndt, 1984, S. 29, zit. bei Hotz, 1987, S. 11).

Spielsituation 1:

Hier geht es um den Balltransport durch ein Dribbling bis zu einer Linie, an der dieses mit der Abschlusshandlung gekoppelt werden muss.

Anfänger dribbeln mit dem Ball am Fuß auf diesen Punkt oder die gedachte Linie zu, halten ihn dort erst an, gehen einige Schritte zum Anlauf zurück und schießen dann aufs Tor. Beim Dribbling mit der Hand übertreten sie häufig, weil sie dem nach vorne geprellten Ball noch nachgehen müssen, damit sie ihn zum Wurf aufnehmen können.

Solche Koordinationsleistungen lassen sich durch Bewegungsaufgaben wie folgt ausbilden:

- Prelle den Ball 15x bis zur Wurflinie, stoppe davor ab und gehe in die Wurfausgangsposition.
- Dito mit 3x prellen (differenzielles Lernen: Kontrast erfahren 15:3 oder 12:4 oder 8:2).
- Benutze nach jedem Durchgang einen anderen Ball (Hand-, Basket-, Volley-, Gymnastikball).
- Führe diese Bewegungsaufgaben mit der schwächeren Hand aus.

Dasselbe lässt sich mit dem Ball am Fuß oder mit einem Schläger ausführen. Entscheidend dabei ist, dass sich der Krafteinsatz auf den Ball ständig verändert, an die Laufgeschwindigkeit angepasst wird und der Raum fortwährend wahrgenommen werden muss.

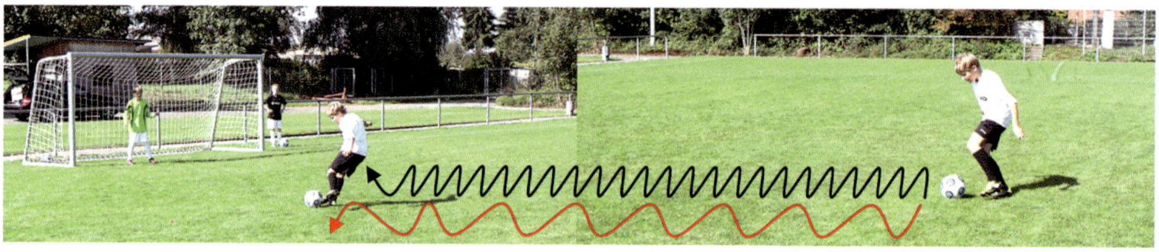

Abb. 10.28: Veränderung der Anzahl der Ballkontakte beim Ballführen durch Variation des Krafteinsatzes beim Spielen des Balles auf einer bestimmten Streckenlänge

Spielsituation 2 und 3:

Hier geht es um den Balltransport durch Passen oder Dribbeln bis zu einer Linie, an der die Kombination von Ballannahme und Abschlusshandlung umgesetzt werden muss. Hinzu kommt die Entscheidungsfähigkeit, ob ein weiterer Pass oder ein kurzes Dribbling nötig ist, um die ideale Ausgangsposition für die Abschlusshandlung einnehmen zu können.

Diese Koordinationsleistungen lassen sich durch Bewegungsaufgaben wie folgt ausbilden:

» Passt euch den Ball in flüssigem Bewegungstempo 12x bis zur Wurflinie zu, der den Angriff abschließende Spieler stoppt davor ab und geht in die Wurfausgangsposition.

» Dito mit 8x passen; mit 6x, 4x passen.

» Benutze nach jedem Durchgang einen anderen Ball (Hand-, Basket-, Volley-, Gymnastikball).

» Führe diese Bewegungsaufgaben mit der schwächeren Hand aus.

» Dasselbe lässt sich mit dem Ball am Fuß oder mit einem Schläger ausführen. Entscheidend dabei ist, dass sich der Krafteinsatz auf den Ball und der Winkel des Abspiels ständig verändern und an die Laufgeschwindigkeit anpassen sowie der Raum fortwährend wahrgenommen wird.

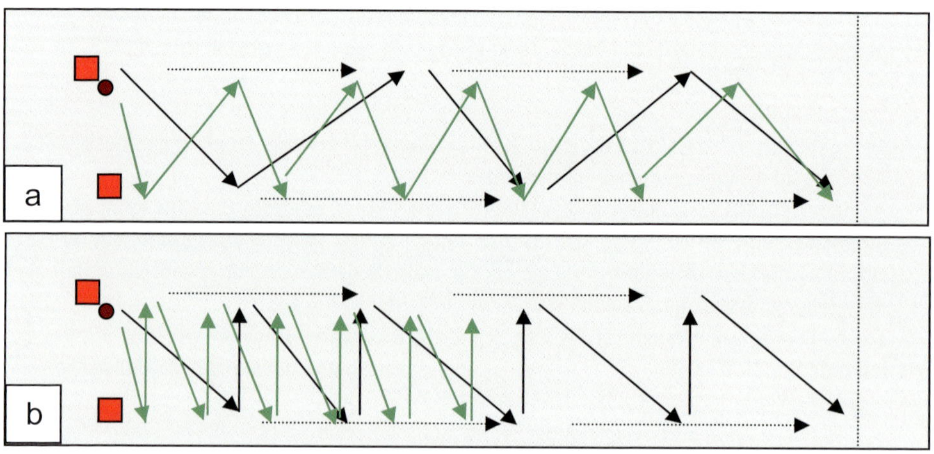

Abb. 10.29a/b: Veränderung der Passfrequenz beim Balltransport durch unterschiedliche Abspielwinkel, im Hockey (b) Querpässe nach links auf Vorhandseite

10.3 Baustein 3: Überzahlspiele

Grundsituation: **Herausspielen von Torgelegenheiten – Abschirmen des Tores**
+ Torschuss – Torabwehr
= Überzahlspiele

Tab. 10.2: Überzahlspiele

Spielsituation	Organisationsform	Umsetzungshinweise
IV. **2+1: 3 : 1+2**	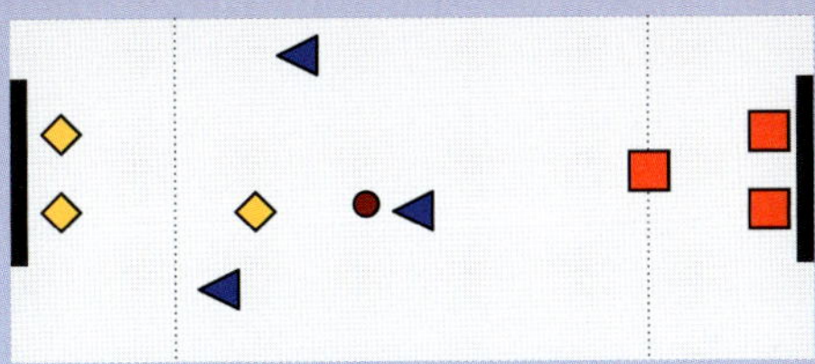	3 Spielfelder in Querrichtung mit je 9 m Breite in einem Hallendrittel lassen 27 Kinder zeitgleich (mit Parksystem!) spielen!
V. **2+2: 4 : 2+2**	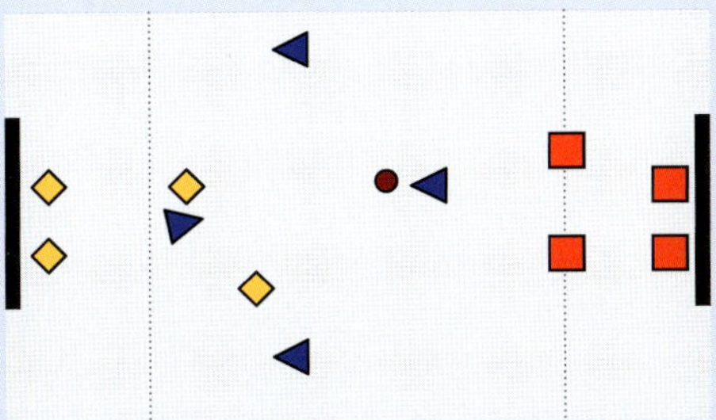	2 Spielfelder in Querrichtung mit je 12 m Breite in einem Hallendrittel lassen 24 Kinder zeitgleich spielen! Das Spiel in die Tiefe kann dadurch nur eingeschränkt umgesetzt werden. Deshalb bieten sich auch 2 Spielfelder in Längs-richtung mit 7,5 m Breite an.
VI. **1+2: 3 : 2+1**	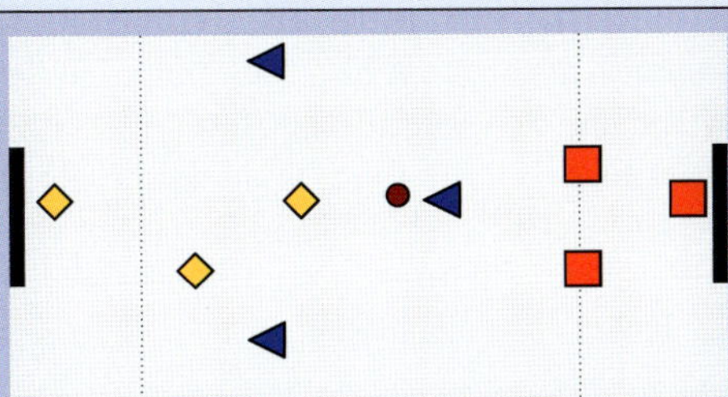	siehe Spielsituation IV Für Fußball im Freien sollte das Spielfeld 30 x 20 m betragen.
VII. **1+3: 4 : 3+1**	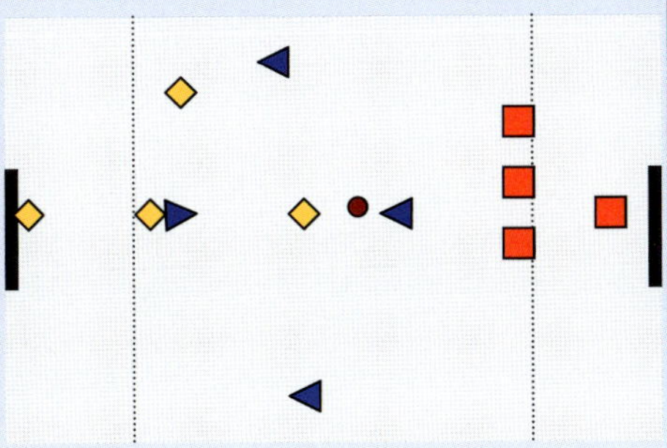	siehe Spielsituation V Für Fußball im Freien sollte das Spielfeld 35 x 25 m betragen.

Sachanalyse der Überzahlspiele

Überzahlspiele reduzieren die Drucksituationen auf die Angreifer, denn diese bekommen Zeit und Raum sich auf den Ball, die technischen Bewegungsausführungen des Passens und der Annahme zu konzentrieren. Zusätzlich sollte dadurch auch ein Blick für die Mit- und Gegenspieler frei werden. Bei Kindern dauert es wesentlich länger als bei Erwachsenen, bis sie Informationen aufgenommen, verarbeitet, eine Entscheidung für einen Handlungsplan getroffen und ihn ausgeführt haben. Die Überzahlspiele können eine Erleichterung darstellen, sofern wesentliche Kriterien berücksichtigt werden. Stehen die Angreifer zu dicht gedrängt aufeinander („Telefonzelle"), reicht oft ein Abwehrspieler aus, um den Angriff abzufangen, sind sie zu weit auseinander, wird das Passspiel oft zu ungenau. Deshalb sollte in den Überzahlspielen jetzt auch ein Schwerpunkt auf die Distanzen zwischen Mit- und Gegenspielern gelegt werden. Führen wir die Überzahlspiele im Wechsel von drei Mannschaften durch, kommt dem Stören in der Grundsituation „Aufbauen – Stören" noch relativ wenig Bedeutung zu. Wir geben der angreifenden Mannschaft zunächst Zeit für das Einnehmen der Spielpositionen und für ein geordnetes Vortragen des Angriffs durch einen sicheren Balltransport. Die gegenüberstehende Mannschaft kann sich währenddessen in der Abwehr formieren. Dadurch werden die möglichen Spielhandlungen einplanbar, was zur Umsetzung von taktischen Grundverhaltensweisen sowohl im Angriff als auch in der Verteidigung führt. Erst bei Ballverlust der Angreifer wechselt die Spielaufgabe. Dabei gilt ein Angriff als abgefangen, wenn ein verteidigender Spieler (einschl. TW) in Ballbesitz kommt oder der Ball von den Angreifern ins Aus gespielt wird.

Eine erhöhte Schwierigkeit für die Abwehrspieler bildet die Regel, dass der Angriff erst beendet ist, wenn es den verteidigenden Spielern gelingt, sich den gewonnenen Ball zwei- oder dreimal zuzupassen.

Für die Mannschaft, die in der Abwehr agiert, kann jedoch bei Ballgewinn auch ein schnelles Umschalten von Abwehr auf Angriff unter Gegnereinwirkung verlangt werden, wenn festgelegt wird, dass ein Angriff erst als abgefangen gilt, wenn der Ball über die Mittellinie transportiert worden ist. Wir erhöhen so die Offenheit des Spiels und werden einem Aspekt des modernen Spiels gerecht, nämlich der schnellen Balleroberung. Somit bietet das Spiel mit seiner Dynamik, Variabilität und seinen Möglichkeiten zur Neukombination von Bewegungshandlungen eine Offenheit, die allmählich höhere Anforderungen an die Spielfähigkeit erhebt. Ein qualitatives Zusammenspielen erfordert deshalb einerseits taktische Grundverhaltensweisen (Wenn-dann-Beziehungen), die zunächst in einplanbaren Situationen zu stets abrufbaren Bewegungsstereotypen ausgebildet werden können, andererseits aber auch taktische Verhaltensweisen in offenen Spielsituationen gewähren, die dem Spieler Freiheiten für Kreativität, Spontaneität und Intuition lassen. Dazu müssen auch Finten und das Dribbling intensiv in den Lernprozess integriert werden. Denn auf dieser Spielstufe werden die Fähigkeiten und Fertigkeiten der Spieler in der 1:1-Situatuation zur „Keimzelle" des Spiels. Um die Handlungsabsichten der Mitspieler verstehen zu können, bedarf es nach und nach auch einer verbesserten Kommunikationsfähigkeit. Einfache Signale (=Auslöser) können Kindern helfen, sich in Grundsituationen richtig zu verhalten und dadurch die Kooperationsfähigkeit zu verbessern.

Als besonderes Problem muss bei den Überzahlspielen das Abwehrverhalten in Unterzahl angesehen werden. Da Kinder durch ihren Bewegungsantrieb von Natur aus „ballorientiert" spielen, müssen sie nun lernen, dieses ballorientierte Spielverhalten erst zu praktizieren, wenn der Gegner in die Nahdistanz zum Tor vordringt. Im offenen Spielfeld sind sie häufig sehr leicht auszuspielen. Deshalb können sie hier Erfahrungen sammeln, in welcher Distanz zum Tor, zum Wurfkreis oder Korb sie den Ballbesitzer stellen sollten. Als Grundverhaltensweise gilt das Einnehmen der „inneren Linie" gegenüber dem jeweiligen Ballbesitzer. Somit kann das Abwehrverhalten auf die Frage reduziert werden, wie es der Verteidiger schaffen kann, auch gegen mehrere Angreifer stets auf der Tor-Ball-Linie zu bleiben. Bei zwei in Unterzahl agierenden Spielern kommt das Decken des ballnächsten Angreifers auf dieser Linie hinzu und ggf. ein Übernehmen und Übergeben bei einem Pass zum ballfernen Angreifer.

Überzahlspiel 3:1:

Wenn drei Angreifer gegen einen Verteidiger spielen, wird der Druck auf die Angreifer reduziert, sofern sich diese taktisch geschickt verhalten und mit den notwendigen Abständen zueinander agieren. Nur dann finden die Spieler mehr Zeit für die Umsetzung der Grundtechniken des Passens und Fangens, Dribbelns und des „Zielwurfs/-schusses". Außerdem werden die hohen Anforderungen an die Wahrnehmung reduziert, da nur ein störender Gegenspieler wahrgenommen und ausgespielt werden muss, um in die Nähe des Ziels zu kommen. Lässt man die Schüler im Spiel 3:1 aus einer Grundordnung heraus agieren, wissen sie, wo sich ihre Mitspieler befinden, sodass das Angriffsspiel planmäßig initiiert werden kann. Den sinnvollen Ausgangspunkt für den Angriffsaufbau stellt das Angriffsdreieck dar, sodass der ballbesitzende Spieler ständig zwei, mindestens jedoch eine sichere Abspielmöglichkeit vorfindet. Aus diesem Positionsspiel mit einem zurückhängenden Spielmacher und je einem Flügelspieler rechts und links sollen die Spieler lernen, den Ball zum „Ziel" zu transportieren, eine Wurf- oder Schussmöglichkeit herauszuspielen und im optimalen Fall auch einen Treffer zu erzielen. Wird der Flügelspieler nach einem Pass des Spielmachers von dem Verteidiger gestellt, sind weitere Freilaufbewegungen der Mitspieler nötig, um in „Zielnähe" gelangen zu können. Die einfachste besteht sicherlich in der Freilaufbewegung des ballfernen Flügelspielers, der „lediglich" parallel zum Passweg laufen muss und dadurch ein neues Angriffsdreieck aufbaut. Freilaufen heißt demnach, aus dem Deckungsschatten herauszulaufen, um dem Ballbesitzer eine Abspielgelegenheit zu bieten. Damit nicht alle Spieler intuitiv losrennen, sollte dabei das Freilaufen aufeinander abgestimmt werden, was bei Kindern schon schwierig genug ist, denn die meisten Spieler müssen zuerst an ein taktisches Denken herangeführt werden, denn „miteinander spielen fängt im Kopf an".

Überzahlspiel 4:2:

In dieser Spielsituation bleibt die Überzahl mit zwei Angreifern erhalten, jedoch erhöht sich die Komplexität durch die zwei neu hinzukommenden Spieler. Die Aufstellungsform muss nicht umstrukturiert, sondern kann jetzt konsequent fortgesetzt werden, wenn der vierte Angreifer in die Angriffsspitze geht und dadurch das Dreieck zur Raute erweitert. Dieser Spieler ist durch seine Position eine stete Gefahr, da er sich im Zentrum in der Nähe des Zieles bewegt. Folglich muss er eng gedeckt werden, wodurch er einen Abwehrspieler bindet und so für die anderen Spieler wieder die bekannte 3:1-Situation auftritt. Besondere Bedeutung erfährt diese Position, wenn die Abwehrspieler ballorientiert verteidigen, also möglichst früh versuchen, in Ballbesitz zu gelangen und deshalb schnell nach vorne zum Ball laufen. Mit dem vierten Spieler in der Angriffsspitze ist ein schnelles Spiel in die Tiefe möglich. Dann sollten die Angreifer versuchen, durch Lücken auf die Angriffsspitze zu passen und diesen somit in eine 1:0-Situation für den Angriffsabschluss zu bringen.

Häufig begeben sich die leistungsstarken Spieler auf diese Position, denn sie wollen die Treffer erzielen. Bekommen sie nicht umgehend den Ball zugespielt, laufen sie ihm entgegen oder holen sich ihn. Dadurch machen sie es den Abwehrspielern wesentlich leichter, denn der Raum für das Herausspielen von Torchancen „verdichtet" sich dann meist zu Spielertrauben, sodass die Verteidiger auf engem Raum oft in Ballbesitz gelangen können. Anhand solcher Spielsituationen sollte die Funktion des vierten Angreifers mit den Spielern gemeinsam erarbeitet werden und allmählich die konsequente Einhaltung dieser Spielposition umgesetzt werden.

Überzahlspiel 3:2:

Das Überzahlspiel 3:2 stellt keinen methodischen Rückschritt dar, denn die Überzahl wird jetzt um einen Angreifer reduziert, sodass drei Angreifer gegen zwei Verteidiger agieren. Das Spielgeschehen wird zwar in seiner Komplexität etwas vereinfacht, jedoch erhalten die Abwehrspieler bessere Chancen, in Ballbesitz zu gelangen. Das Angriffsspiel hängt nun erheblich vom Verhalten der Abwehrspieler ab. Verteidigen diese im Raum (=Zone) unmittelbar in „Zielnähe", werden andere Angriffshandlungen nötig als bei einem ballorientierten Abwehrverhalten, das Kinder dieser Altersstufe noch häufig zeigen. Losgelöst von Raum und Zeit jagen sie dem Ball nach und versuchen ihn schnellstmöglich zu erobern. Diese offensive Verhaltensweise führt zu mehr Raum in „Zielnähe", sodass die Angreifer versuchen müssen, die zwei Abwehrspieler auszuspielen und in die daraus resultierenden Lücken zu schneiden. Da das Abwehrverhalten der beiden Spieler häufig nicht aufeinander abgestimmt ist, ergeben sich sehr oft 2:1-Situationen, in denen der Nicht-Ballbesitzer darauf achten sollte, dass er sich außerhalb des Deckungsschattens bewegt, sodass der Ballbesitzer eine sichere Abspielmöglichkeit besitzt, wenn er von einem Verteidiger angegriffen wird. Dabei wenden Kinder bereits intuitiv den Doppelpass/das Give and Go an, um den einen Gegner auszuspielen. Für das Ausnutzen der Lücken sollten die Spieler auch angehalten werden, im Dribbling mit dem Ball zum „Ziel" zu ziehen und den Angriffsabschluss zu suchen.

Überzahlspiel 4:3:
Die Überzahl mit einem Angriffsspieler wird beibehalten, das Spiel insgesamt wird komplexer. Dementsprechend machen sich Überzahl- bzw. Unterzahlsituation weniger bemerkbar als in der vorangehenden Spielsituation, vor allem wenn die Angreifer nicht in der Lage sind, das Spiel zu öffnen und den Raum für das Herausspielen einer 2:1- oder 1:0-Situation zu nutzen. Durch das Agieren in der Rautenaufstellung zwingen die Angreifer die verteidigende Mannschaft, einen Abwehrspieler für die Bewachung der zentralen Angriffsspitze abzustellen, sodass sich für den Angriffsaufbau und den Übergang zum Herausspielen von Torchancen eine 3:2-Situation ergibt. Damit können die Angreifer an die obige Spielsituation anknüpfen. Weiterhin gewinnt das Durchsetzungsvermögen in der 1:1-Situation stärkeres Gewicht. Gewonnene Offensivzweikämpfe zwingen im Abwehrverhalten zum Aushelfen oder Sichern, sodass sich für andere Angreifer mehr Raum und Lücken ergeben. Diese zu erkennen und erfolgreich auszunutzen, hängt von dem Spielverständnis, aber auch von den Wahrnehmungsfähigkeiten ab. Außerdem verlangen sie eine gewisse Ballsicherheit, die von den technischen Fertigkeiten abhängig ist. Diese gezielt zu fördern, muss jetzt ein weiteres Anliegen des Unterrichts oder Trainings sein.

10.3.1 Spielsituation IV: 2+1:3:1+2

– Überzahlspiel im Basketball (1:3:1)

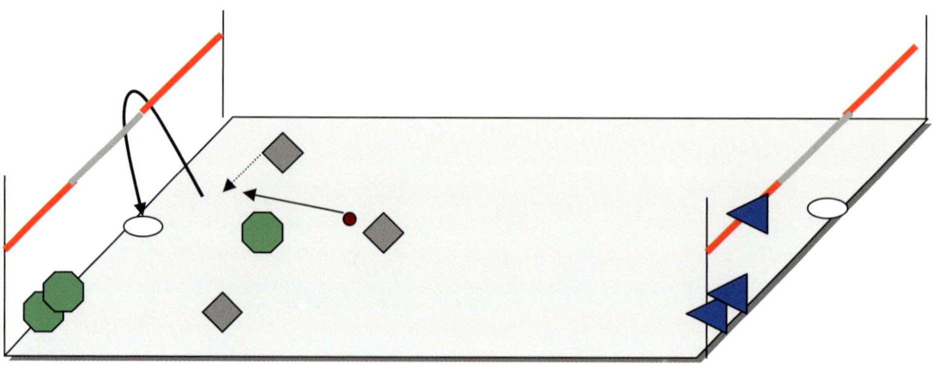

Abb. 10.30

Organisation: 3 Mannschaften à 3 Spieler mit 1 Ball, Rotationsprinzip, 2 Bandgassen (ggf. mit je 1 Reifen), Mannschaftskennzeichnung!

Inszenierung der Spielaufgabe:
„Greift zu dritt den gegenüberliegenden ‚Korb' an, versucht den Verteidiger auszuspielen und einen Korbwurf so auszuführen, dass der Ball regelgerecht durch die Bandgasse (Zusatz für leistungsstärkere Kinder: und in den Reifen) fällt."

Ausbildungsinhalte:

Technik: Angriff – Brust- und Bodenpässe als Kurz- bzw. Langpässe – Stand-, Sprungwurf nach Schrittstopp, Korbleger aus dem Zweierrhythmus – Dribbling vor dem Zielwurf gegen den Verteidiger **Technik: Abwehr** – Stellen des Gegenspielers – Körperposition	Taktik: Angriff – Dreiecksaufstellung für den schnellen Balltransport – Sicherheit und Tempo des Balltransports (Kurzpässe = langsam, aber sicher; Langpässe = schnell, aber Gefahr von Fehlpässen) – Dreieck öffnen, Spiel auf die Flügel **Taktik: Abwehr** – Einnehmen der inneren Linie zwischen Ballbesitzer und Ziel
Regeln: – Ball im Seitenaus – Schrittfehler – Verteidigungsverhalten – Foulregeln	**affektiv-emotional:** – Risiko beim Balltransport kalkulieren – Positionen diszipliniert halten – Entscheidungsfähigkeit beim Abspiel/Wurf
Koordination und Kondition: – Wahrnehmung des Angriffsdreiecks – Spielantizipation in der Dreiergruppe – Lücke erkennen	**Interaktion:** – Auslösezeichen für Spielverständnis geben durch Gestik (Anspielhand zeigen)

– Überzahlspiel im Fuß-, Handball, Hockey (2+1:3:1+2)

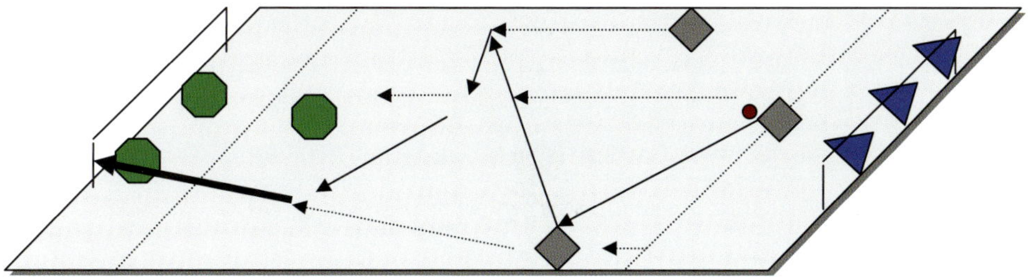

Abb. 10.31

Organisation: 3 Mannschaften à 3 Spieler mit einem Ball, 2 Stangentore mit Größe für zwei TW, Schusslinie, Rotationsprinzip, Mannschaftskennzeichnung!

Inszenierung der Spielsituation:
„Greift zu dritt das gegenüberliegende Tor an, versucht den Verteidiger auszuspielen und einen Treffer zu erzielen. Welche Mannschaft erzielt bis zum Schlusspfiff die meisten Tore?“

Technik		
Fußball	**Handball**	**Hockey**
Angriff: Winkel steuern beim Passspiel und Zielschuss/-wurf		
– Passen mit der Innenseite/ Außenseite, Direktspiel – Ballannahme in der Laufbewegung – Ballmitnahme – Torschuss mit dem Vollspann, der Innenseite – Fintieren: Pässe antäuschen	– Passen durch Kernwurf, Bodenpässe, Unterhandwurf – Fangen in der Vorwärtsbewegung – Dreierrhythmus und Torwurf – Kern-/Sprungwurf – Pass- und Wurffinten	– Schiebepässe – Ballannahme mit der Vorhand, Rückhand – Pässe von links nach rechts auch mit der Rückhand – Fintieren: Pässe mit dem Schläger antäuschen – Schiebetore
– Dribbling vor dem Zielschuss/-wurf gegen den Verteidiger		
Abwehr: – Stellen des Angreifers und richtige Körperposition einnehmen – Ball „abfangen“ (im Hockey mit tiefem Schläger)		
– Ballabnahme: Tackling	– Ball herausspielen	– Bälle abfangen mit der Vorhand und Rückhand
– Zielwurf/-schuss blockieren		

Taktik		
Fußball	**Handball**	**Hockey**
Angriff: – Sicherheit und Tempo beim Balltransport in der Dreiecksaufstellung		
– Abstand zwischen Spielmacher und den beiden Flügelspielern (öffnen!)		
– flüssiger Torabschluss aus dem Passspiel oder Dribbling		
– frontale Laufschritte zum Tor wegen peripheren Sehens, keine Seitstellschritte		
– Gegenspieler und TW beobachten		
– in Lücken stoßen		
Abwehr: – innere Linie zwischen Ballbesitzer und Tor einnehmen		
– Abstand für das Verteidigungsspiel zum Tor		
– Deckungsschatten aufbauen		

Regeln		
Fußball	**Handball**	**Hockey**
– Ball im Seitenaus – Foulspiel	– Schrittregel beim Passen und Torwurf, Nullkontakt – Betreten des Kreises beim Torwurf – Foulspiel	– kein Schlagen – Stockfehler – Torschüsse im Schusskreis – Schiebeball – ggf. Sperre

Koordination und Kondition		
Fußball	**Handball**	**Hockey**
Angriff: – Wahrnehmung der Spielsituation: Dreiecksaufstellung, Gegenspieler, Ziel, Ball		
– Bewegungspräzision des Passspiels durch Antizipation von Laufgeschwindigkeit, Passschärfe und Abspielrichtung		
– Lücken erkennen		
– Koordination unter Zeitdruck, v. a. bei Abschlusshandlung – Aktionsschnelligkeit		
– Bewegungskopplung Laufen und Ballmitnahme bzw. Direktspiel und Torschuss	– Bewegungskopplung Laufen, Passen, Fangen und Torwurf	– Bewegungskopplung Laufen, Passen, Annahme mit dem Schläger
Abwehr: – Zuspiele vorwegnehmen und Drucksituationen für Ballbesitzer aufbauen		
– Raum- und Zeitgefühl für das Abwehrspiel in Unterzahl entwickeln		

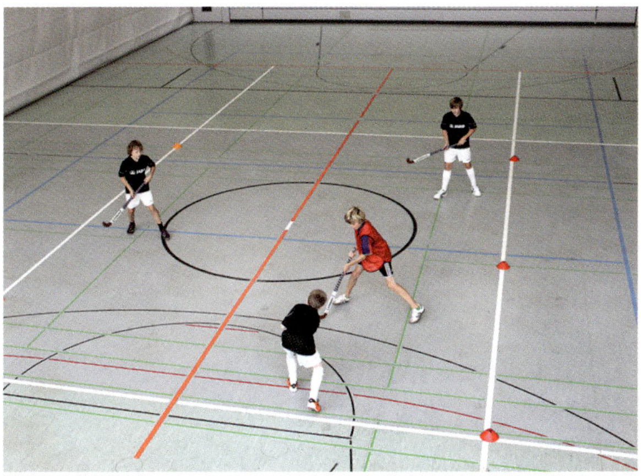

Abb. 10.32

Unterstützende Übungsformen

Sowohl die Spielsituation 2+1:3:1+2 als auch die nachfolgenden Übungsformen können durch die vorausgehende allgemeine und situationsorientierte Koordinationsschulung vorbereitet und in ihrem Gelingen unterstützt werden.

Allgemeine Koordinationsschulung:
Organisation: Dreiergruppe mit 2 Bällen
Bewegungsaufgaben:

- Unterschiedliche Passarten in der Dreiergruppe

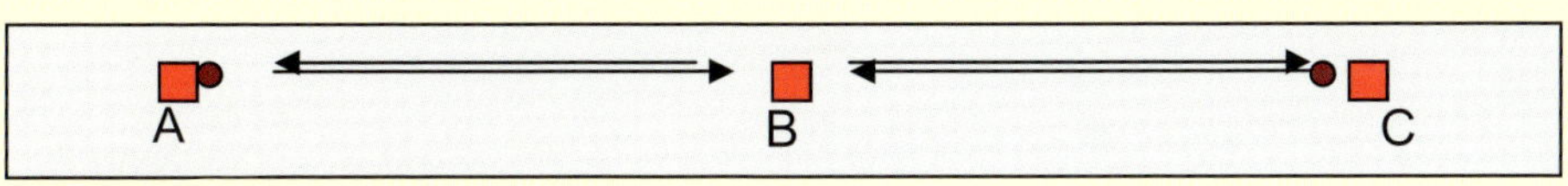

Abb. 10.33

Hinweis: B läuft bei allen Übungen dem Ball entgegen!

- A rollt; B rollt zurück, dreht sich um; C rollt; B rollt zurück, dreht sich um.
- A rollt; B rollt zurück, dreht sich um; C spielt Aufsetzerpass; B spielt Aufsetzerpass zurück.
- A rollt; B spielt Aufsetzerpass zurück, dreht sich um; C spielt Aufsetzerpass; B rollt zurück, dreht sich um.
- A spielt Aufsetzerpass; B spielt Aufsetzerpass zurück, dreht sich um; C spielt Brustpass; B spielt Brustpass zurück, dreht sich um.
- A spielt Aufsetzerpass, B spielt Brustpass zurück, dreht sich um; C spielt Brustpass; B spielt Aufsetzerpass zurück, dreht sich um.
- A rollt; B spielt Brustpass zurück, dreht sich um; C spielt Brustpass; B rollt zurück, dreht sich um. ...
- A rollt; B spielt Brustpass oder Bodenpass zurück, dreht sich um; C muss mit der dritten Passart zuspielen; B rollt zurück, dreht sich um.

– Unterschiedliche Passarten in der Dreiergruppe in den Lauf der Außenspieler – Winkel steuern und Lauftempo vorwegnehmen

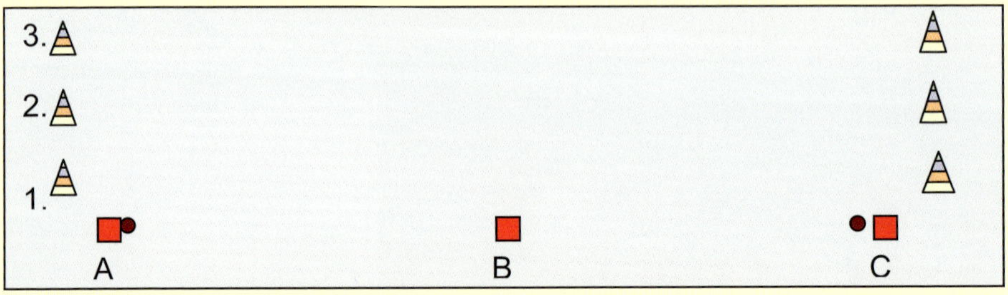

Abb. 10.34

- A rollt zu B und wartet bis dieser den Ball angenommen hat, läuft dann zum ersten Hütchen; B rollt den Ball dorthin, dreht sich um – A dribbelt mit dem Ball zurück zum Ausgangspunkt; C rollt zu B und läuft zum dritten Hütchen, B rollt den Ball dorthin, dreht sich um – C dribbelt mit dem Ball zurück zum Ausgangspunkt;
  (A und C laufen die Hütchen in umgekehrter Reihenfolge an: A 1-2-3; B 3-2-1)
- dito, jedoch mit dem Fuß passen;
- dito, jedoch mit Aufsetzerpässen;
- dito, jedoch mit Brustpässen;
- dito, jedoch im ständigen Wechsel der Passarten.

– Dreiecke bilden und Passarten variieren – räumliche Wahrnehmung und Pass- und Laufwege koordinieren;

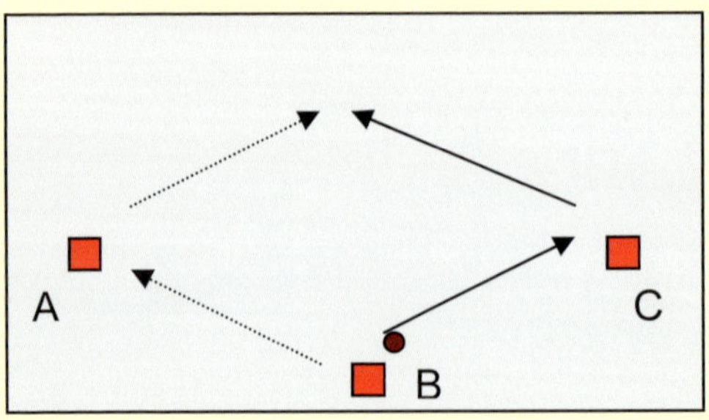

- B rollt zu C, A läuft in Dreiecksposition (parallel zum Passweg!)
- C spielt Aufsetzerpass zu A, B läuft in Dreiecksposition
- A spielt Brustpass zu B, C läuft in Dreiecksposition
- B rollt zu C, ...

Abb. 10.35

Variationen:

- auf Kommando wechselt jeder Spieler die Passart, es sollen jedoch nach wie vor alle 3 Passarten vorkommen;
- als 4. Passart Innenseitstöße mit dem Fuß hinzufügen;
- der freilaufende Spieler gibt Zeichen, wie er angespielt werden will (Hände zum Boden = Rollpass, Hände nach vorne = Aufsetzerpass, Hände vor der Brust = Brustpass);
- durch Rückpässe Richtungswechsel einleiten (jeder Spieler signalisiert Anspielbereitschaft, indem er die Passart anzeigt).

– Passspiel zu dritt in der Raute

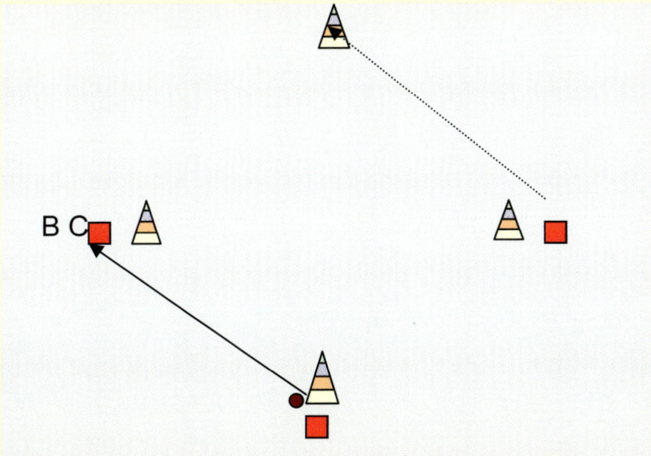

Abb. 10.36

Beschreibung: A passt den Ball zu B, währenddessen läuft C zum freien Hütchen, B passt zu C, währenddessen läuft A zum freien Hütchen.

Hinweis: „Der nicht an der Passaktion beteiligte Spieler läuft immer parallel zum Passweg."

Variation:

- entgegen des Uhrzeigersinns passen;
- auf Kommando Passrichtung wechseln (Uhrzeiger-/Gegenuhrzeigersinn);
- in der 3er-Gruppe gegen einen Läufer: Wer ist schneller – Ball oder Läufer?

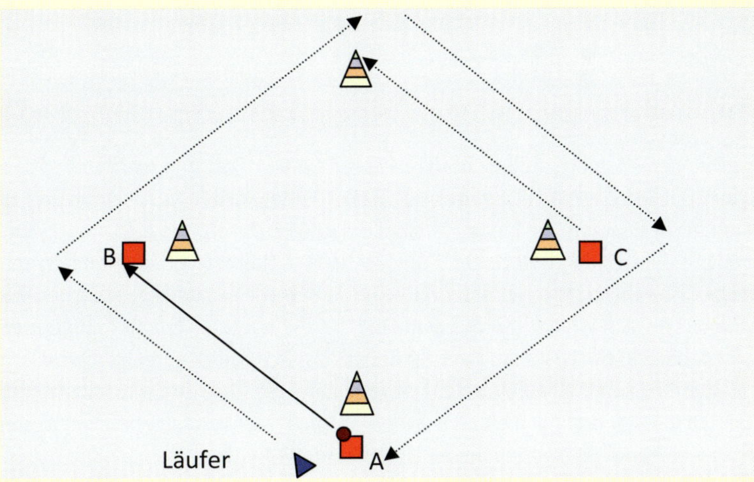

Abb. 10.37

Ein Läufer (mit oder ohne Ball) steht beim Ballbesitzer A (Abb. 10.37). Auf ein Signal passt A zu B und der Läufer startet um die Passspieler herum zum Wettlauf gegen das Passspiel. Währenddessen läuft C zum freien Hütchen, bekommt den Ball von B zugepasst. A läuft auf die bisherige Position von C, erhält den Ball und passt auf seinen Platz zurück, den mittlerweile B eingenommen hat. Wer ist zuerst im Ziel: der Ball oder der gegnerische Läufer?

– **Immer wieder: Tigerball (in der Raute)**

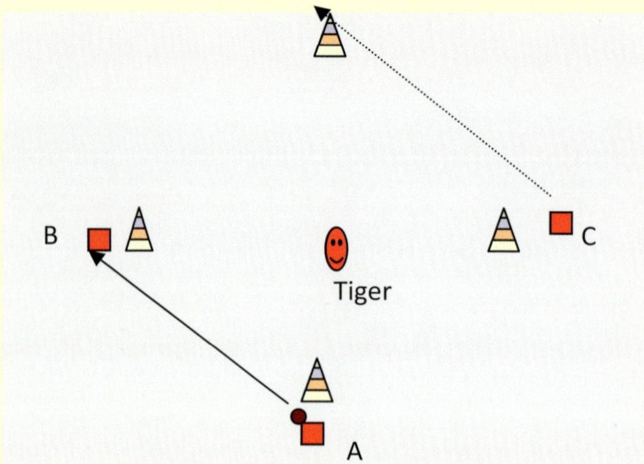

Abb. 10.38

Variation: Tigerball im freien Raum mit Anspielern

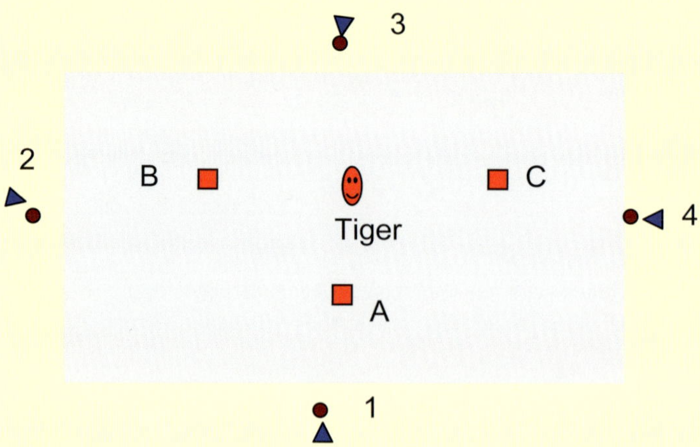

Abb. 10.39

Beschreibung: Die vier Anspieler außen besitzen jeweils einen Ball und werden von 1–4 durchnummeriert. Der Tiger ruft eine Nummer auf. Dieser Außenspieler muss seinen Ball zu einem der drei Angreifer passen. Die beiden Mitspieler laufen sich sofort in die Dreiecksaufstellung frei und passen sich den Ball zu. Der Tiger versucht in Ballbesitz zu kommen. Wenn jeder Angreifer 1x in Ballbesitz war, wird der Ball zum Außenspieler zurückgepasst und die drei Angreifer bewegen sich wieder frei auf dem Feld, bis die nächste Nummer aufgerufen wird. Wichtig ist dabei, dass nach jedem Pass ein neues Angriffsdreieck aufgebaut wird.

- Die drei Angreifer passen sich den Ball so lange zu, bis der Tiger in Ballbesitz kommt und zählen die gelungenen Abspiele. Wer einen Abspielfehler begeht, wird zum neuen Tiger. Gegen welchen Tiger werden die meisten Pässe gespielt?

Anmerkung:
Die Übungs- und Spielformen sind methodisch aufeinander aufbauend angeordnet und in ihren Anforderungen an die räumliche Wahrnehmung progressiv gesteigert. Deshalb ist es unbedingt erforderlich, dass der Grundsatz „Der nicht an der Passaktion beteiligte Spieler läuft sich parallel zum Passweg frei!" von allen Spielern verstanden und verinnerlicht worden ist, sodass die Fokussierung auf die räumlich-zeitliche Wahrnehmung erfolgen kann. Erst dann wird jeder Spieler in der Lage sein, im richtigen Augenblick aus dem Deckungsschatten herauszutreten.

10.3.2 Spielsituation V: 2+2: 4: 2+2

– Überzahlspiel im Basketball (2:4:2)

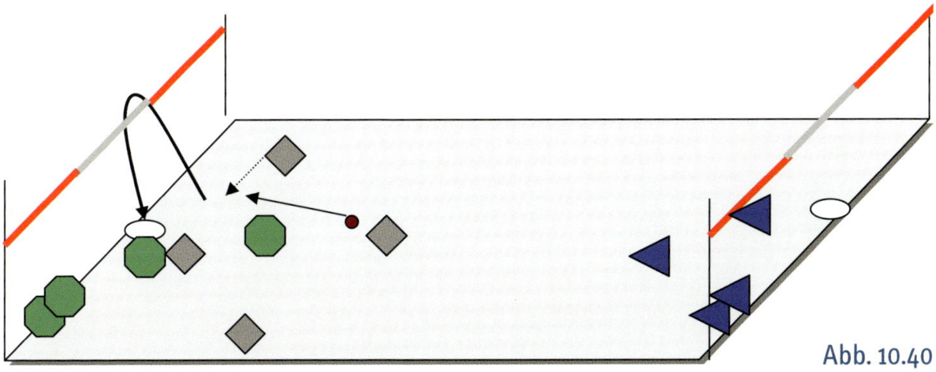

Abb. 10.40

Organisation: 3 Mannschaften à 4 Spieler mit 1 Ball, Rotationsprinzip, 2 Bandgassen (ggf. mit je 1 Reifen), Mannschaftskennzeichnung

Inszenierung der Spielaufgabe:
„Greift zu viert den gegenüberliegenden ‚Korb' an, versucht die beiden Verteidiger auszuspielen und einen Korbwurf so auszuführen, dass der Ball regelgerecht durch die Bandgasse (Zusatz für leistungsstärkere Kinder: und in den Reifen) fällt."

Ausbildungsinhalte: ***Neu: Der vierte Angriffsspieler–- der zweite Verteidigungsspieler!***

Zur Erinnerung:

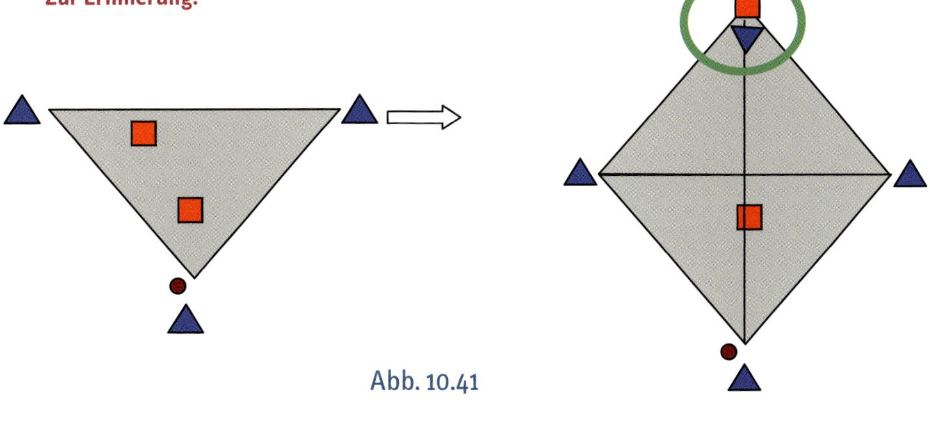

Abb. 10.41

Dreiecksaufstellung ⇨ Vogel-/Drachen-/Rautenaufstellung
Die Einführung der neuen Spielpositionen steht im Mittelpunkt dieser Spielsituation.

Technik Angriff: – Brust- und Bodenpässe als Kurz- bzw. Langpässe – Stand-, Sprungwurf nach Schrittstopp, Korbleger aus dem Zweierrhythmus – Dribbling vor dem Zielwurf gegen den Verteidiger **Technik Abwehr:** – Stellen des Gegenspielers – Körperposition – Würfe blocken	**Taktik Angriff:** – Vogelaufstellung für den schnellen Balltransport – Einführung der Spielposition: individualtaktisches Verhalten – Position mit Rücken zum Korb, Laufwege, Binden eines Abwehrspielers – Sicherheit und Tempo des Balltransports (Kurzpässe = langsam, aber sicher; Langpässe = schnell, aber Gefahr von Fehlpässen) – Dreieck öffnen, Spiel auf die Flügel **Taktik Abwehr:** – Einnehmen der inneren Linie zwischen Ballbesitzer und Ziel – Wechsel zwischen Raum-/Manndeckung – Heraustreten – Sinken
Regeln: – Ball im Seitenaus – Schrittfehler – Verteidigungsverhalten – Foulregeln	**affektiv-emotional:** – Risiko beim Balltransport kalkulieren – Positionen diszipliniert halten – Entscheidungsfähigkeit beim Abspiel/Wurf
Koordination und Kondition: – Wahrnehmung des Angriffsdreiecks – Spielantizipation in der Dreiergruppe – Lücke erkennen	**Interaktion:** – Auslösezeichen für Spielverständnis geben durch Gestik (Anspielhand anzeigen) – Zusammenspiel in der Abwehr entwickeln

– Überzahlspiel im Fuß-, Handball, Hockey (2+2:4:2+2)

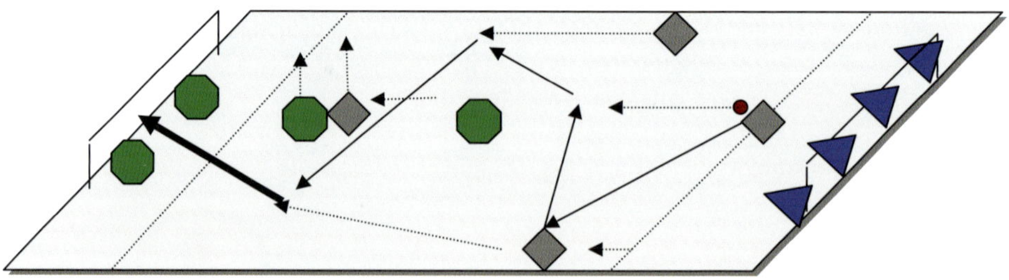

Abb. 10.42

Organisation: 3 Mannschaften à 4 Spieler mit einem Ball, 2 Stangentore mit Größe für zwei TW, Schusslinie, Rotationsprinzip, Mannschaftskennzeichnung.

Inszenierung der Spielsituation:

„Greift zu viert das gegenüberliegende Tor an, versucht die beiden Verteidiger auszuspielen und einen Treffer zu erzielen. Welche Mannschaft erzielt bis zum Schlusspfiff die meisten Tore? “

<table>
<tr><th colspan="3">Technik</th></tr>
<tr><th>Fußball</th><th>Handball</th><th>Hockey</th></tr>
<tr><td colspan="3">Angriff: Winkel steuern beim Passspiel und Zielschuss/-wurf</td></tr>
<tr><td>– Passen mit der Innenseite/ Außenseite, Direktspiel
– Ballannahme in der Laufbewegung
– Ballmitnahme
– Torschuss mit dem Vollspann, der Innenseite</td><td>– Passen durch Kernwurf, Bodenpässe, Unterhandwurf
– Fangen in der Vorwärtsbewegung
– Dreierrhythmus und Torwurf
– Kern-/Sprungwurf</td><td>– Ausbildung der individuellen Stocktechnik: Dribbeln, Schieben, Fintieren
– Ballannahme beim Spiel vor dem Ball in seitlicher Position</td></tr>
<tr><td colspan="3">– Dribbling vor dem Zielschuss/-wurf gegen den Verteidiger</td></tr>
<tr><td colspan="3">Abwehr:
– Stellen des Angreifers und richtige Körperposition einnehmen
– Ball „abfangen“</td></tr>
<tr><td>– Ballabnahme: Tackling</td><td>– Ball herausspielen</td><td>– Ball mit dem Schläger abfangen</td></tr>
<tr><td colspan="3">– Zielwurf/-schuss blockieren</td></tr>
</table>

<table>
<tr><th colspan="3">Taktik</th></tr>
<tr><th>Fußball</th><th>Handball</th><th>Hockey</th></tr>
<tr><td colspan="3">Angriff: – Sicherheit und Tempo beim Balltransport in der Vogelaufstellung</td></tr>
<tr><td colspan="3">– Abstand zwischen Spielmacher, den beiden Flügelspielern und „Kopf“ (öffnen!)</td></tr>
<tr><td colspan="3">– Positionsspiel des „Kopfes“, Freilaufen und Binden eines Gegenspielers, Spiel vor dem Ball mit Rücken zum Tor</td></tr>
<tr><td colspan="3">– flüssiger Torabschluss aus dem Passspiel oder Dribbling</td></tr>
<tr><td colspan="3">– frontale Laufschritte zum Tor wegen peripheren Sehens, keine Seitstellschritte</td></tr>
<tr><td colspan="3">– Gegenspieler und TW beobachten</td></tr>
<tr><td colspan="3">– in Lücken stoßen</td></tr>
<tr><td colspan="3">Abwehr: – innere Linie zwischen Ballbesitzer und Tor einnehmen</td></tr>
<tr><td colspan="3">– Abstand für das Verteidigungsspiel zum Tor</td></tr>
<tr><td colspan="3">– Deckungsschatten aufbauen</td></tr>
<tr><td colspan="3">– Zusammenspiel in der Abwehr in Mann-/Raumdeckung entwickeln</td></tr>
</table>

<table>
<tr><th colspan="3">Regeln</th></tr>
<tr><th>Fußball</th><th>Handball</th><th>Hockey</th></tr>
<tr><td>– Ball im Seitenaus
– Foulspiel</td><td>– Schrittregel beim Passen und Torwurf, Nullkontakt
– Betreten des Kreises beim Torwurf
– Foulspiel</td><td>– Sperren (v. a. durch den „Kopf“ = vierter Spieler)
– Gefährliches Spiel
– Freischlag und Einschieben bei Ball im Aus</td></tr>
</table>

Koordination und Kondition		
Fußball	**Handball**	**Hockey**
Angriff: – Wahrnehmung der Spielsituation: Vogelaufstellung, Gegenspieler, Ziel, Ball		
– Bewegungspräzision des Passspiels durch Antizipation von Laufgeschwindigkeit, Passschärfe und Abspielrichtung		
– Lücken erkennen		
– Koordination unter Zeitdruck, v. a. bei Abschlusshandlung – Aktionsschnelligkeit		
– Bewegungskopplung Laufen und Ballmitnahme bzw. Direktspiel und Torschuss	– Bewegungskopplung Laufen, Passen, Fangen und Torwurf	
Abwehr: – Zuspiele vorwegnehmen und Drucksituationen für Ballbesitzer aufbauen		
– Raum- und Zeitgefühl für das Abwehrspiel in Unterzahl entwickeln		
– Wahrnehmung und Abstimmung mit dem zweiten Verteidiger		

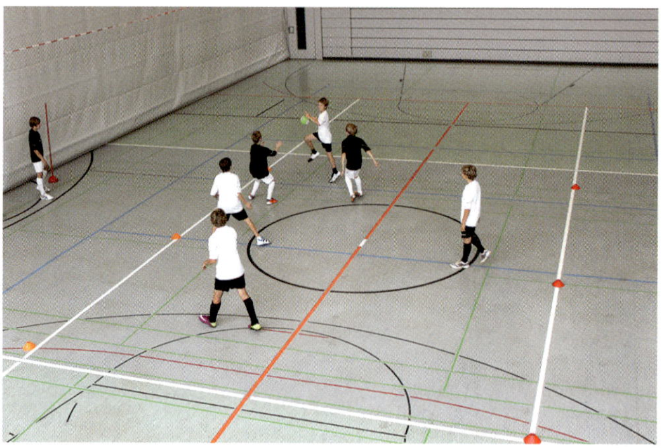

Abb. 10.43

Anmerkungen zum Deckungsverhalten der Abwehrspieler:
Die Umsetzung von Handlungsplänen im Angriff kann nur bei einem einigermaßen korrekten Abwehrverhalten realisiert werden. Die Überzahlspiele stellen diesbezüglich sehr große Anforderungen an die Abwehrspieler, die schnell zu einer Überforderung aller Beteiligten (Angreifer und Verteidiger) führen können. Deshalb ist das Eingehen auf das Abwehrverhalten an dieser Stelle Voraussetzung für ein qualitatives Lernen in der Spielsituation 4:2. Durch die Unterzahl können die beiden Abwehrspieler nur in einer kombinierten Mann-Raum-Verteidigung agieren. Da die Spieler weder in dem einen noch in dem anderen Verteidigungssystem ausreichende Vorkenntnisse besitzen, müssen grundlegende Verhaltensweisen ausgebildet werden. Für das korrekte individuelle Abwehrverhalten in der Mann-Mann-Verteidigung sind die **G-3-Abwehrmaßnahmen** von grundsätzlicher Bedeutung:

- » Grundposition: Einnehmen der Position des Verteidigers zum Angreifer, Abstand zum Angreifer;
- » Grundhaltung: Körperposition und Fußstellung des Verteidigers;
- » Grundbewegung: schnelle Schritte mit ständigem Bodenkontakt

Beim Abwehrverhalten in der Raum- oder Zonenverteidigung kommen zusätzlich die feste Zuteilung der Verteidigungszone und das Übergeben und Übernehmen von Angreifern hinzu. Die Schwierigkeit des Deckungsverhaltens zeigt sich für weniger ballspielerfahrene Schüler ferner in der Tatsache, dass diese Kriterien je nach Spielsituation differenziert umzusetzen sind. Entscheidend ist dabei, ob ein Spieler gegen einen Angreifer mit Ball oder ohne Ball verteidigt. Außerdem ist beim Verteidigen gegen einen Angreifer mit Ball im Basket- oder Handball zu beachten, ob dieser bereits den Ball gedribbelt und wieder aufgenommen hat oder ob er aufgrund der Regeln ein Dribbling noch anwenden kann. Damit nimmt das Verteidigungsspiel eine Komplexität an, die eine didaktische Reduktion erfahren muss und auf elementare Grundverhaltensweisen zunächst zu beschränken ist. Der in der Literatur häufig vertretenen Ansicht, dass sich das richtige Abwehrverhalten im Laufe der Zeit spielerisch-implizit einstellt, kann nach Beobachtungen im Schulsport nicht uneingeschränkt zugestimmt werden. Selbst im Oberstufensport fallen immer wieder Spieler auf, die im Spiel leicht ausgespielt und wie „Slalomstangen“ stehen gelassen werden. Nach jahrelangem Sportunterricht mit einem hohen Anteil der Sportspiele zeigen Schüler nicht ansatzweise ein brauchbares Verteidigungsverhalten. Unabhängig von der Spielsituation agieren sie gegen den Angreifer mit Ball, indem sie einen oder mehrere Schritte ganz dicht auf ihn zumachen, und gegen einen Angreifer ohne Ball, indem sie in einer Grundstellung (gestreckte Knie) viel zu nah vor ihm stehen und mit einem kurzen Antritt überlaufen werden können. Deshalb bedürfen die individualtaktischen Abwehrmaßnahmen einer intensiven Schulung und der Entwicklung der dafür notwendigen Lernvoraussetzungen, die sich vor allem auf das „Lesen“ der Spielsituation konzentrieren. Die Absicht des Angreifers früh zu erkennen, bedarf sicherlich der Spielerfahrung und insbesondere der räumlich-zeitlichen Wahrnehmungsfähigkeiten, die in erster Linie in Spielsituationen ausgebildet werden können. Übungsphasen mit der Fokussierung auf einzelne Kriterien des individualtaktischen Abwehrverhaltens sollten den Lernprozess unterstützen, denn hier kann konkret und explizit auf die wesentlichen Aktionen eingegangen werden.

Übungsformen zur Entwicklung der Leistungsvoraussetzungen des Abwehrverhaltens

Erlernen der richtigen Grundhaltung – Körperposition und Fußstellung:

„Aus welcher Position kannst du am schnellsten beschleunigen?“

- Starts aus verschiedenen Ausgangspositionen: aus dem aufrechten Stand, aus der Hocke, aus der Schrittstellung, aus der Schrittstellung mit gebeugter Haltung.

Erlernen der Grundposition – des Abstands und der Fußstellung zum Gegner:

- Reaktionsspiele mit einem Partner:

A steht B frontal gegenüber im Abstand von 1/2/3 m, jedoch seitlich um 1 m versetzt. B tritt plötzlich an, A muss sich zuerst drehen, damit er lossprinten kann.

Veränderung der Ausgangsposition von A:

A steht vor B, beide in Schrittstellung, seitlich um einen Meter versetzt. A schaut über die Schulter zurück auf B, der plötzlich lossprintet. A muss darauf reagieren.
(„Wie groß muss der Abstand sein, damit B nicht mehr an A vorbeikommt?“)

A steht in schräger Fußstellung zur Laufrichtung, B steht wie oben in unterschiedlichen Abständen gegenüber und tritt plötzlich an.

- Fangspiel : Wer erreicht zuerst die Endlinie (EL)?

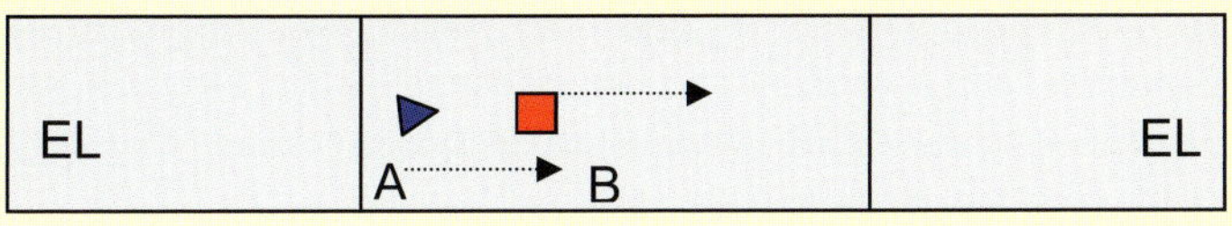

Abb. 10.44

A und B traben in der mittleren Zone im festgelegten Abstand (3/2/1 m) hintereinander her. Beim Ausruf „B" des Lehrers, hat dieser A zu verfolgen und vor diesem die Endlinie (EL) zu erreichen. Kommen A und B vor dem Ausruf des Lehrers an den Linien der mittleren Zonen an, drehen sie sich einfach um und laufen wieder in die andere Richtung (Abb. 10.44).

Einnehmen der inneren Linie

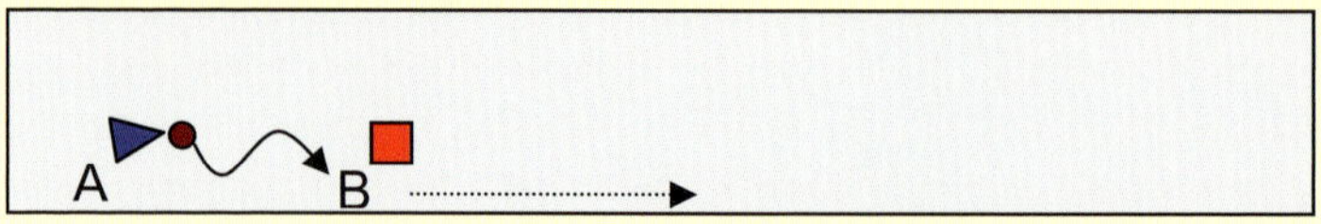

Abb. 10.45

- A dribbelt gegen B und versucht, die gegnerische Grundlinie vor B zu erreichen. B hält Abstand zu A durch Beistellschritte und versucht, diesen zur Seite abzudrängen und nicht überlaufen zu werden (Abb. 10.45).

Variationen:

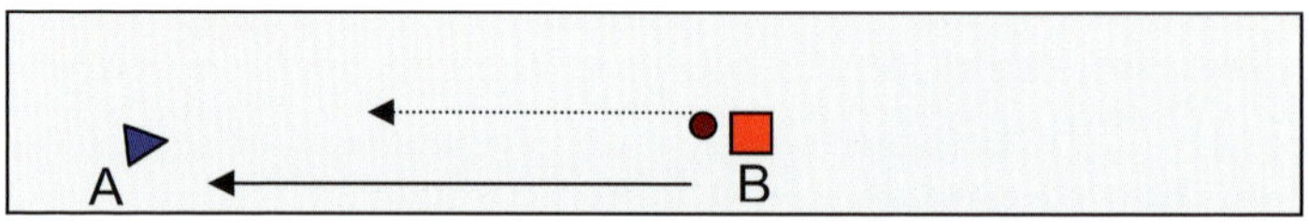

Abb. 10.46

- B passt zu A und läuft diesem entgegen, stellt sich in schräge und gebeugte Ausgangsposition, nimmt rechtzeitig Geschwindigkeit auf, so dass er nicht überlaufen wird und begleitet A im Basketballabstand (Absinken). Kurz vor Erreichen der Grundlinie versucht B den Ball herauszuspielen und einen Durchbruch zur Grundlinie zu verhindern (Abb. 10.46).

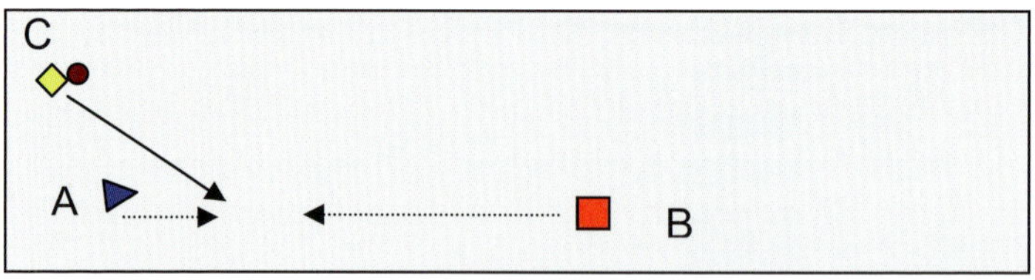

Abb. 10.47

- C passt nach Passfinte (zur linken Seite) zu A, der den Ball fängt und wie oben gegen B ins Dribbling geht. B soll A entgegen gehen, korrekt stellen und absinken (Abb. 10.47).

– Spielform 1:1 auf einen Korb/ein Tor mit TW

A spielt gegen B auf einen Korb/ein Tor. B versucht ständig die innere Linie einzuhalten. Nach einem Korbwurf erfolgt Rebound. Wer den Ball gewinnt, dribbelt über eine Linie im Abstand von ca. 5 m zum Korb und startet den nächsten Angriff. Im Fuß- und Handball erfolgt nach einem Torschuss/Torwurf ein Rollenwechsel im Rotationssystem: Der Abwehrspieler geht ins Tor, der Angreifer wird zum Verteidiger.

Nach der Ausbildung dieser Lern-/Leistungsvoraussetzungen kann das Abwehrverhalten in der Unterzahl festgelegt werden und in den Spielphasen zur Anwendung kommen. Dabei sollte ein Spieler in der Mann-Mann-Verteidigung gegen den „Kopf" in der Vogelaufstellung (Sturmspitze) auf der inneren Linie agieren, der zweite Spieler sollte als „Tiger" im Raum spielen. Bei Lernfortschritten kann in deutlich überschaubaren Spielsituationen ein Wechsel dieser Aufgabenverteilung vorgenommen werden.

Von größerer Bedeutung ist jedoch die Wahrnehmung des Aktionsraumes der Verteidiger. Die beiden Spieler sollten lernen, dass die Gefahr eines Gegentreffers am größten ist, wenn ein Angreifer mit Ball allein auf das Tor/den Korb zulaufen kann. Diese Situation zu verhindern, sollte oberstes Ziel in der Verteidigungsarbeit darstellen.

10.3.3 Spielsituation VI: 1+2:3:2+1

– Überzahlspiel im Basketball (2:3:2)

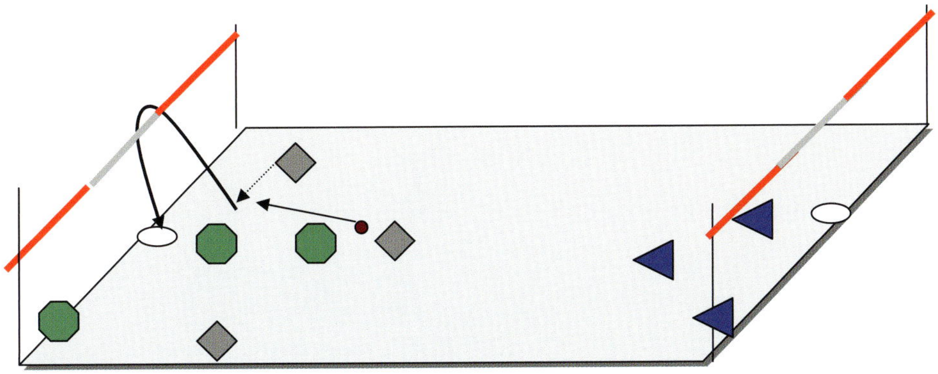

Abb. 10.48

Organisation: 3 Mannschaften à 3 Spieler mit 1 Ball, Rotationsprinzip, 2 Bandgassen (ggf. mit je 1 Reifen), Mannschaftskennzeichnung!

Inszenierung der Spielsituation:
„Greift zu dritt den gegenüberliegenden ‚Korb' an, versucht die beiden Verteidiger auszuspielen und einen Korbwurf so auszuführen, dass der Ball regelgerecht durch die Bandgasse (Zusatz für leistungsstärkere Kinder: und in den Reifen) fällt."

Ausbildungsinhalte:

Technik: Angriff	Taktik: Angriff
– Brust- und Bodenpässe als Kurz- bzw. Langpässe – Stand-, Sprungwurf nach Schrittstopp, Korbleger aus dem Zweierrhythmus – Dribbling vor dem Zielwurf gegen den Verteidiger **Abwehr:** – Stellen des Gegenspielers – Körperposition – Würfe blocken	– Dreiecksaufstellung für den schnellen Balltransport – Sicherheit und Tempo des Balltransports (Kurzpässe = langsam, aber sicher; Langpässe = schnell, aber Gefahr von Fehlpässen) – Dreieck öffnen, Spiel auf die Flügel **Taktik Abwehr:** – Einnehmen der inneren Linie zwischen Ballbesitzer und Ziel – Zusammenspiel in Mann- und Raumdeckung, Übergeben – Übernehmen von Angriffsspielern; Heraustreten – Sinken
Regeln: – Ball im Seitenaus – Schrittfehler – Verteidigungsverhalten – Foulregeln	**affektiv-emotional:** – Risiko beim Balltransport kalkulieren – Positionen diszipliniert halten – Entscheidungsfähigkeit beim Abspiel/Wurf

Koordination und Kondition:	**Interaktion:**
– Wahrnehmung des Angriffsdreiecks – Spielantizipation in der Dreiergruppe – Lücke erkennen – Wahrnehmung des zweiten Verteidigers	– Auslösezeichen für Spielverständnis geben durch Gestik (Anspielhand zeigen)

– Überzahlspiel im Fuß-, Handball, Hockey (1+2:3:2+1)

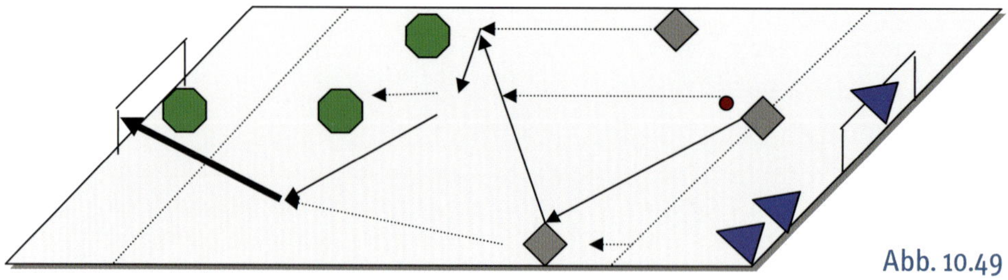

Abb. 10.49

Organisation: 3 Mannschaften à 3 Spieler mit einem Ball, 2 Stangentore mit Größe für einen TW, Schusslinie, Rotationsprinzip, Mannschaftskennzeichnung.

Inszenierung der Spielsituation:
„Greift zu dritt das gegenüberliegende Tor an, versucht die beiden Verteidiger auszuspielen und einen Treffer zu erzielen. Welche Mannschaft erzielt bis zum Schlusspfiff die meisten Tore?"

Ausbildungsinhalte:

Technik		
Fußball	**Handball**	**Hockey**
Angriff: Winkel steuern beim Passspiel und Zielschuss/-wurf		
– Passen mit der Innenseite/ Außenseite, Direktspiel – Ballannahme in der Laufbewegung – Ballmitnahme – Torschuss mit dem Vollspann, der Innenseite	– Passen durch Kernwurf, Bodenpässe, Unterhandwurf – Fangen in der Vorwärtsbewegung – Dreierrhythmus und Torwurf – Kern-/Sprungwurf	– Passen mit der Vorhand und Rückhand – Ballannahme in der Laufbewegung mit der Vorhand – Tore durch Schieben
– Dribbling vor dem Zielschuss/-wurf gegen den Verteidiger – Finten		
Abwehr: – Stellen des Angreifers und richtige Körperposition einnehmen – Ball „abfangen"		
– Ballabnahme: Tackling	– Ball herausspielen	– Ball abfangen, herausspielen
– Zielwurf/-schuss blockieren		

Taktik		
Fußball	**Handball**	**Hockey**
Angriff: – Sicherheit und Tempo beim Balltransport in der Dreiecksaufstellung		
– Abstand zwischen Spielmacher und den beiden Flügelspielern (öffnen!)		
– flüssiger Torabschluss aus dem Passspiel oder Dribbling		
– frontale Laufschritte zum Tor wegen peripheren Sehens, keine Seitstellschritte		
– Gegenspieler und TW beobachten		
– in Lücken stoßen		
Abwehr: – innere Linie zwischen Ballbesitzer und Tor einnehmen		
– Abstand für das Verteidigungsspiel zum Tor		
– Deckungsschatten aufbauen		
– Zusammenspiel in Mann- und Raumdeckung		

Regeln		
Fußball	**Handball**	**Hockey**
– Ball im Seitenaus – Foulspiel	– Schrittregel beim Passen und Torwurf, Nullkontakt – Betreten des Kreises beim Torwurf – Foulspiel	– Langbank als Tor – Fußfehler – Strafecke – Siebenmeter

Koordination und Kondition		
Fußball	**Handball**	**Hockey**
Angriff: – Wahrnehmung der Spielsituation: Dreiecksaufstellung, Gegenspieler, Ziel, Ball		
– Bewegungspräzision des Passspiels durch Antizipation von Laufgeschwindigkeit, Passschärfe und Abspielrichtung		
– Lücken erkennen		
– Koordination unter Zeitdruck, v. a. bei Abschlusshandlung – Aktionsschnelligkeit		
– Bewegungskopplung Laufen und Ballmitnahme bzw. Direktspiel und Torschuss	– Bewegungskopplung Laufen, Passen, Fangen und Torwurf	
Abwehr: – Zuspiele vorwegnehmen und Drucksituationen für Ballbesitzer aufbauen		
– Raum- und Zeitgefühl für das Abwehrspiel in Unterzahl entwickeln		

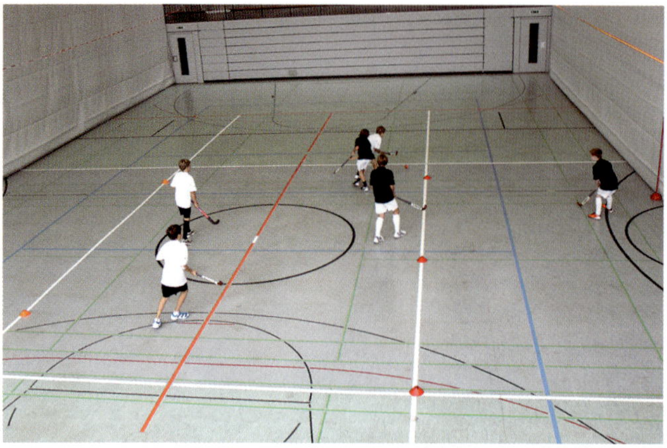

Abb. 10.50

10.3.4 Spielsituation VII: 1+3:4:3+1

– Überzahlspiel im Basketball (3:4:3)

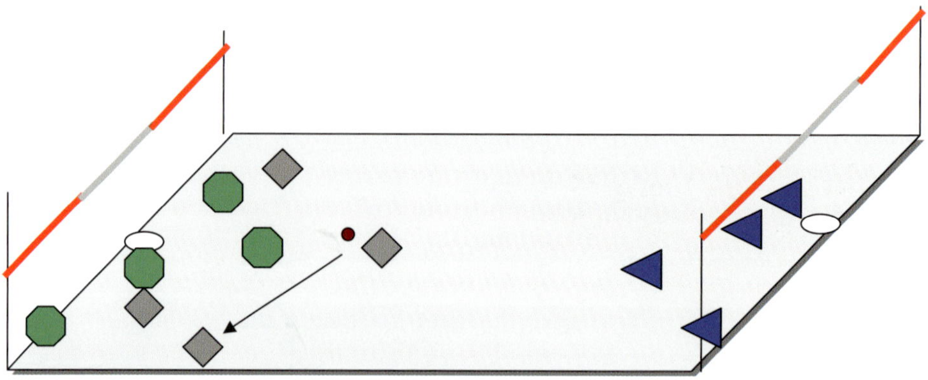

Abb. 10.51

Organisation: 3 Mannschaften à 4 Spieler mit 1 Ball, Rotationsprinzip, 2 Bandgassen (ggf. mit je 1 Reifen), Mannschaftskennzeichnung.

Inszenierung der Spielaufgabe:
„Greift zu viert den gegenüberliegenden ‚Korb' an, versucht die drei Verteidiger auszuspielen und einen Korbwurf so auszuführen, dass der Ball regelgerecht durch die Bandgasse (Zusatz für leistungsstärkere Kinder: und in den Reifen) fällt."

Ausbildungsinhalte:

Neu: Der dritte Verteidigungsspieler!

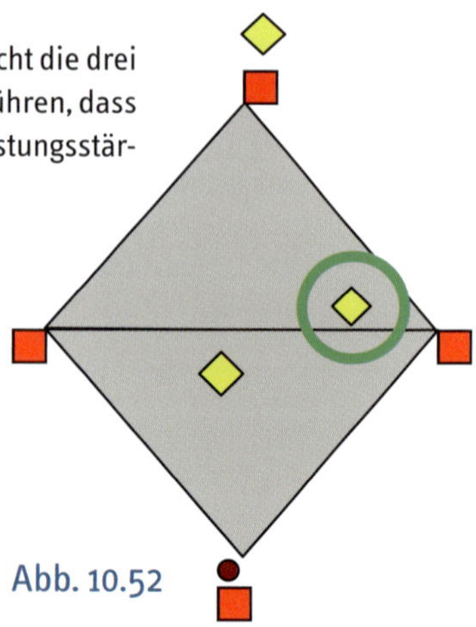

Abb. 10.52

Technik: Angriff	Taktik: Angriff
– Brust- und Bodenpässe als Kurz- bzw. Langpässe – Stand-, Sprungwurf nach Schrittstopp, Korbleger aus dem Zweierrhythmus – Dribbling vor dem Zielwurf gegen den Verteidiger – Finten **Technik: Abwehr** – Stellen des Gegenspielers – Körperposition – Würfe blocken	– Vogelaufstellung für den schnellen Balltransport – „Basics" des individualtaktischen Verhaltens auf den einzelnen Positionen, Laufwege, Binden eines Abwehrspielers – Sicherheit und Tempo des Balltransports (Kurzpässe = langsam, aber sicher; Langpässe = schnell, aber Gefahr von Fehlpässen) – Dreieck öffnen, Platz schaffen, Spiel auf die Flügel – Schneiden zum Korb **Taktik: Abwehr** – Einnehmen der inneren Linie zwischen Ballbesitzer und Ziel – Wechsel zwischen Raum-/Manndeckung
Regeln: – Ball im Seitenaus – Schrittfehler – Verteidigungsverhalten – Foulregeln	**affektiv-emotional:** – Risiko beim Balltransport kalkulieren – Positionen diszipliniert halten – Entscheidungsfähigkeit beim Abspiel/Wurf
Koordination und Kondition: – Wahrnehmung des Angriffsdreiecks – Spielantizipation in der Dreiergruppe – Lücke erkennen	**Interaktion:** – Auslösezeichen für Spielverständnis geben durch Gestik (Anspielhand zeigen) – Zusammenspiel in der Abwehr entwickeln

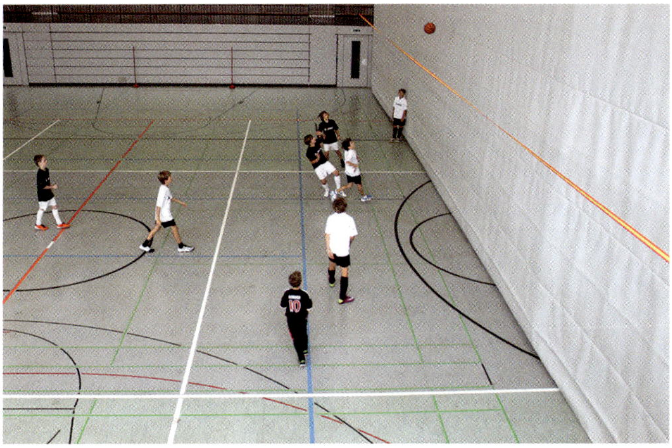

Abb. 10.53

– Überzahlspiel im Fuß-, Handball, Hockey (1+3:4:3+1)

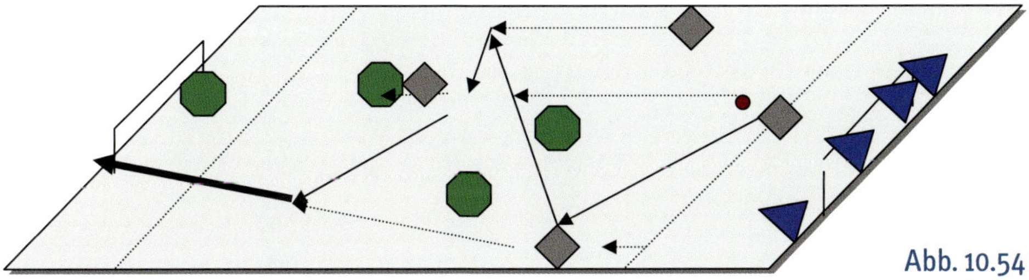

Abb. 10.54

Organisation: 3 Mannschaften à 4 Spieler mit einem Ball, 2 Stangentore mit Größe für einen TW, Schusslinie, Rotationsprinzip, Mannschaftskennzeichnung.

Inszenierung der Spielsituation:
„Greift zu viert das gegenüberliegende Tor an, versucht die drei Verteidiger auszuspielen und einen Treffer zu erzielen. Welche Mannschaft erzielt bis zum Schlusspfiff die meisten Tore? “

<table>
<tr><th colspan="3">Technik</th></tr>
<tr><th>Fußball</th><th>Handball</th><th>Hockey</th></tr>
<tr><td colspan="3">Angriff: Winkel steuern beim Passspiel und Zielschuss/-wurf</td></tr>
<tr><td>– Passen mit der Innenseite/ Außenseite, Direktspiel
– Ballannahme in der Laufbewegung
– Ballmitnahme
– Torschuss mit dem Vollspann, der Innenseite
– Finten (Schuss-, Körpertäuschung)</td><td>– Passen durch Kernwurf, Bodenpässe, Unterhandwurf
– Fangen in der Vorwärtsbewegung
– Dreierrhythmus und Torwurf
– Kern-/Sprungwurf
– Finten (Wurf-, Körpertäuschung)</td><td>– Passen mit der Vorhand und Rückhand
– Passfinten und Dribbling
– Ballannahme in der Laufbewegung
– Schiebetore
– Stockfinte, Körpertäuschung</td></tr>
<tr><td colspan="3">– Dribbling vor dem Zielschuss/-wurf gegen den Verteidiger</td></tr>
<tr><td colspan="3">Abwehr:
– Stellen des Angreifers und richtige Körperposition einnehmen
– Ball „abfangen“</td></tr>
<tr><td>– Ballabnahme: Tackling</td><td>– Ball herausspielen</td><td>– Ball abfangen, herausspielen</td></tr>
<tr><td colspan="3">– Zielwurf/-schuss blockieren</td></tr>
</table>

<table>
<tr><th colspan="3">Taktik</th></tr>
<tr><th>Fußball</th><th>Handball</th><th>Hockey</th></tr>
<tr><td colspan="3">Angriff: – Sicherheit und Tempo beim Balltransport in der Vogelaufstellung</td></tr>
<tr><td colspan="3">– Abstand zwischen Spielmacher, den beiden Flügelspielern und „Kopf“ (öffnen!)</td></tr>
<tr><td colspan="3">– Positionsspiel des „Kopfes“, Freilaufen und Binden eines Gegenspielers, Spiel vor dem Ball mit Rücken zum Tor</td></tr>
<tr><td colspan="3">– flüssiger Torabschluss aus dem Passspiel oder Dribbling</td></tr>
<tr><td colspan="3">– frontale Laufschritte zum Tor wegen peripheren Sehens, keine Seitstellschritte</td></tr>
<tr><td colspan="3">– Gegenspieler und TW beobachten</td></tr>
<tr><td colspan="3">– In Lücken stoßen, Platz schaffen</td></tr>
<tr><td colspan="3">Abwehr: – innere Linie zwischen Ballbesitzer und Tor einnehmen</td></tr>
<tr><td colspan="3">– Abstand für das Verteidigungsspiel zum Tor</td></tr>
<tr><td colspan="3">– Deckungsschatten aufbauen</td></tr>
<tr><td colspan="3">– Zusammenspiel in der Abwehr in Mann-/Raumdeckung entwickeln:
– Übergeben – Übernehmen
– Zur Ballseite verschieben</td></tr>
</table>

Regeln		
Fußball	**Handball**	**Hockey**
– Ball im Seitenaus – Foulspiel	– Schrittregel beim Passen und Torwurf, Nullkontakt – Betreten des Kreises beim Torwurf – Foulspiel	– Gefährliches Spiel – Strafecke – Siebenmeter

Koordination und Kondition		
Fußball	**Handball**	**Hockey**
Angriff: – Wahrnehmung der Spielsituation: Vogelaufstellung, Gegenspieler, Ziel, Ball		
– Bewegungspräzision des Passspiels durch Antizipation von Laufgeschwindigkeit, Passschärfe und Abspielrichtung		
– Lücken erkennen		
– Koordination unter Zeitdruck, v. a. bei Abschlusshandlung – Aktionsschnelligkeit		
– Bewegungskopplung Laufen und Ballmitnahme bzw. Direktspiel und Torschuss	– Bewegungskopplung Laufen, Passen, Fangen und Torwurf	– Bewegungskopplung Laufen, Passen, Stoppen, Tore schieben
Abwehr: – Zuspiele vorwegnehmen und Drucksituationen für Ballbesitzer aufbauen		
– Raum- und Zeitgefühl für das Abwehrspiel in Unterzahl entwickeln		
– Wahrnehmung und Abstimmung der Verteidiger		

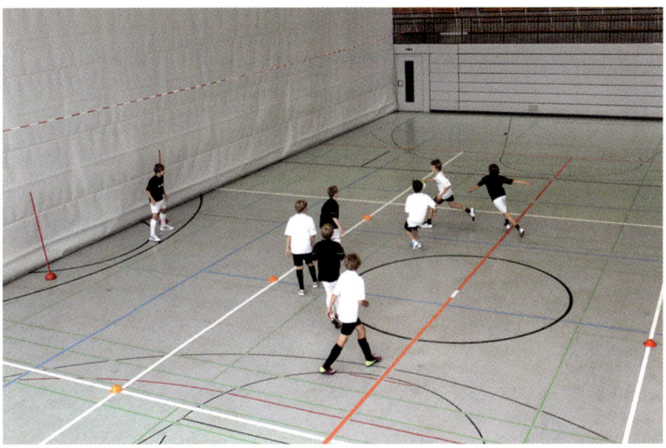

Abb. 10.55

10.4 Baustein 4: Gleichzahlspiele

Grundsituation: **Aufbauen – Stören**
+ Herausspielen von Torgelegenheiten –
Abschirmen des Tores
+ Torschuss – Torabwehr
= Gleichzahlspiele

Tab. 10.3: Gleichzahlspiele

Spielsituation	Organisationsform	Umsetzungshinweise
VIII. **1+ 3: 3+1**	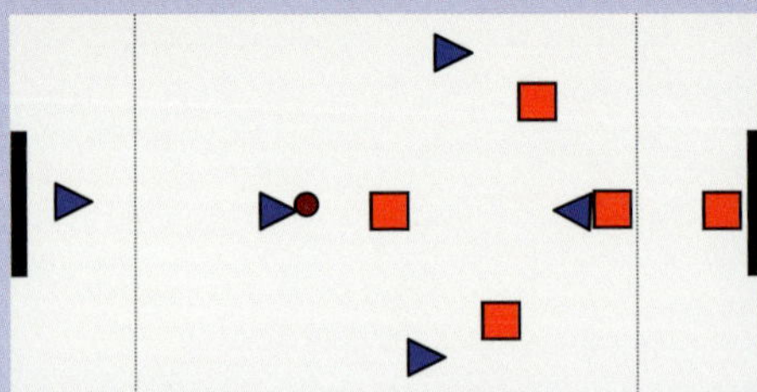	3 Spielfelder in Querrichtung mit je 9 m Breite in einem Hallendrittel lassen 24 Kinder zeitgleich spielen! Im BB fungiert der vierte Spieler abwechselnd als Schiedsrichter.
IX. **1+ 4 : 4+1**	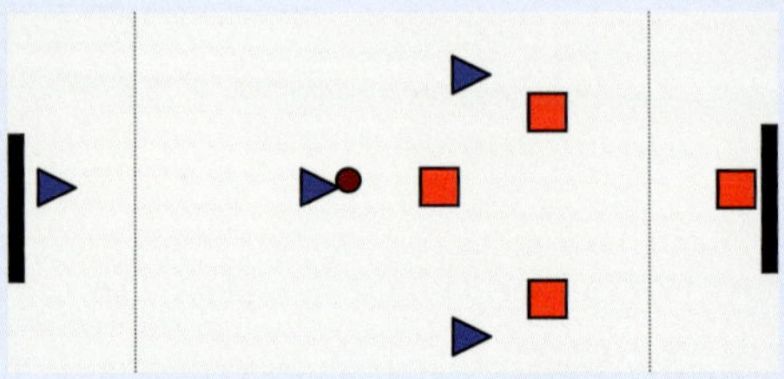	Im HB lassen sich zwei Spielfelder in Längsrichtung eines Hallensdrittels mit 7,5 m Breite bilden, im BB kann auf drei Spielfeldern mit einer Breite von je 9 m in Querrichtung auf zwei Bandgassen gespielt werden. Im HO 2 Spielfelder quer mit je 12 m Breite.

Sachanalyse der Gleichzahlspiele

In den Gleichzahlspielen kommt es nun zu permanenten 1:1-Situationen, d. h., jedem Angreifer kann in einer Mann-Mann-Verteidigung ein direkter Gegenspieler zugeordnet werden. Dadurch erhöhen sich die Drucksituationen, und die Angreifer sehen sich erhöhten Anforderungen gegenübergestellt. Diesen können sie nur mit einer entsprechenden Ballsicherheit gerecht werden. Damit kommt den Balltechniken, u. a. auch dem Dribbling und Fintieren, eine größere Bedeutung zu. Dieser Aspekt sollte durch unterstützende Übungsformen auf den „Nebenstraßen" berücksichtigt werden.

Ein zweites Element, das jetzt an Bedeutung gewinnt, ist das schnelle Umschalten von Abwehr auf Angriff und umgekehrt. Ein Ballverlust des „Spielmachers" gegen seinen direkten Gegenspieler kann bereits eine 1:0 (+1 TW)-Situation herbeiführen. Kinder sollten nicht nur lernen, defensiv oder offensiv zu denken, sondern den Spielgedanken ganzheitlich zu erfassen. Das schnelle Umschalten von Angriff auf Abwehr verlangt von allen Spielern, rasch hinter den Ball zu kommen und die Grundordnung für die Defensive einzunehmen („Alle verteidigen!"). Das Umschalten von Abwehr auf Angriff erfordert ein schnelles Einnehmen der Dreiecksaufstellung vom Ballbesitzer aus gesehen und ein gemeinsames Aufrücken („Alle greifen an!"). Bis sich diese Grundverhaltensweisen eingeschliffen haben, braucht es sehr lange. Deshalb ist der Transfer von einem Zielschussspiel zum anderen besonders für die Ausbildung in der

Schule sehr wichtig. Wird jedes Sportspiel ohne Bezug zu den anderen unterrichtet, ist aufgrund des Umfangs der einzelnen Sportspieleinheiten kaum mit der Ausbildung einer umfassenden Spielkompetenz zu rechnen.

10.4.1 Spielsituation VIII: 1+3:3+1

– Gleichzahlspiel im Basketball (3:3)

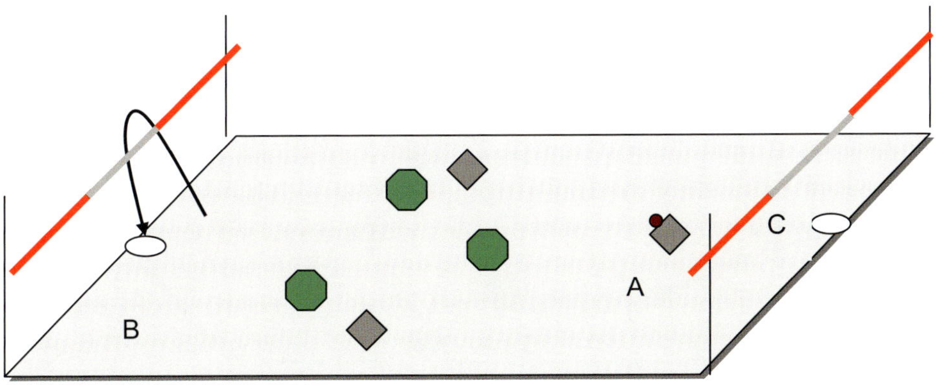

Abb. 10.56

Organisation: 2 Mannschaften à 3 Spieler mit 1 Ball, 2 Bandgassen (ggf. je 1 Reifen), Mannschaftskennzeichnung.

Inszenierung der Spielaufgabe:
„Greift zu dritt den gegenüberliegenden ‚Korb' an, versucht die drei Verteidiger auszuspielen und einen Korbwurf so auszuführen, dass der Ball regelgerecht durch die Bandgasse (Zusatz für leistungsstärkere Kinder: und in den Reifen) fällt. Versucht bei einem Ballverlust schnell hinter den Ball zu kommen und näher zu eurem Tor als der Gegenspieler zu stehen."

Ausbildungsinhalte: ***Neu: Die Gleichzahlsituation bei 3 Feldspielern***

Technik: Angriff	**Taktik: Angriff**
– Brust- und Bodenpässe als Kurz- bzw. Langpässe – Stand-, Sprungwurf nach Schrittstopp, Korbleger aus dem Zweierrhythmus – Dribbling vor dem Zielwurf gegen den Verteidiger **Technik: Abwehr** – Stellen des Gegenspielers – Körperposition – Würfe blocken	– Dreiecksaufstellung für den schnellen Balltransport – Freilaufen der Flügelspieler (Kurzpässe = langsam, ohne Raumgewinn; Langpässe = schnell, aber Gefahr von Fehlpässen) – Dreieck öffnen, Spiel auf die Flügel **Taktik: Abwehr** – Einnehmen der inneren Linie zwischen Angreifer und Ziel, Aufbau des Abwehrdreiecks – Mann- Mann-Verteidigung, Übergeben – Übernehmen von Angriffsspielern; Heraustreten – Sinken

Regeln: – Ball im Seitenaus – Schrittfehler – Verteidigungsverhalten – Foulregeln	affektiv-emotional: – Risiko beim Balltransport kalkulieren – Positionen diszipliniert halten – Entscheidungsfähigkeit beim Abspiel/Wurf
Koordination und Kondition: – Wahrnehmung des Angriffs- und Abwehrdreiecks – Spielantizipation in der Dreiergruppe – Lücke erkennen – Wahrnehmung der drei Verteidiger	**Interaktion:** – Auslösezeichen für Spielverständnis geben durch Gesten (Anspielhand zeigen, Arme für Anspielbereitschaft nach vorne ausstrecken)

– Gleichzahlspiel im Fuß-, Handball, Hockey (1+3:3+1)

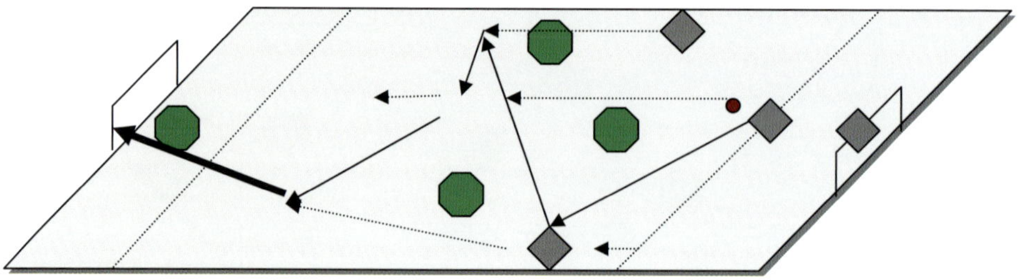

Abb. 10.57

Organisation: 2 Mannschaften à 3 Spieler mit einem Ball, 2 Stangentore mit Größe für einen TW, ggf. Schusskreis, Mannschaftskennzeichnung!

Inszenierung der Spielsituation:
„Greift zu dritt das gegenüberliegende Tor an, versucht die drei Verteidiger auszuspielen und einen Treffer zu erzielen. Welche Mannschaft erzielt bis zum Schlusspfiff die meisten Tore? Versucht bei einem Ballverlust schnell hinter den Ball zu kommen und näher zu eurem Tor zu stehen als der Gegenspieler."

Ausbildungsinhalte:

Technik		
Fußball	**Handball**	**Hockey**
Angriff: Winkel steuern beim Passspiel und Zielschuss/-wurf		
– Passen mit der Innenseite/ Außenseite, Direktspiel – Ballannahme in der Laufbewegung – Ballmitnahme – Torschuss mit dem Vollspann, der Innenseite	– Passen durch Kernwurf, Bodenpässe, Unterhandwurf – Fangen in der Vorwärtsbewegung – Dreierrhythmus und Torwurf – Kern-/Sprungwurf	– Passen mit der Vorhand und Rückhand – Ballannahme mit Vorhand und Rückhand – Passen und Annehmen auch in der Laufbewegung – Torschuss durch Schieben
– Dribbling vor dem Zielschuss/-wurf gegen den Verteidiger – Finten		

Abwehr: – Stellen des Angreifers und richtige Körperposition einnehmen im Abwehrdreieck – Ball „abfangen“		
– Ballabnahme: Tackling	Ball herausspielen	– Ball abfangen/herausspielen
– Zielwurf/-schuss blockieren		

Taktik		
Fußball	**Handball**	**Hockey**
Angriff: – Sicherheit und Tempo beim Balltransport in der Dreiecksaufstellung		
– Abstand zwischen Spielmacher und den beiden Flügelspielern (öffnen!)		
– flüssiger Torabschluss aus dem Passspiel oder Dribbling		
– frontale Laufschritte zum Tor wegen peripheren Sehens, keine Seitstellschritte		
– Gegenspieler und TW beobachten		
– In Lücken stoßen, Freilaufen auf dem Flügel, Anspielbereitschaft herstellen		
Abwehr: – innere Linie zwischen Ballbesitzer und Tor einnehmen		
– Abstand für das Verteidigungsspiel zum Tor		
– Abwehrdreieck und Deckungsschatten aufbauen		
– Zusammenspiel in Mann- und Raumdeckung		

Regeln		
Fußball	**Handball**	**Hockey**
– Ball im Seitenaus – Foulspiel	– Schrittregel beim Passen und Torwurf, Nullkontakt – Betreten des Kreises beim Torwurf – Foulspiel	– hoher Stock bei Schlenzbällen – gefährliches Spiel – TW-Ausrüstung oder entsprechendes Ballmaterial!

Koordination und Kondition		
Fußball	**Handball**	**Hockey**
Angriff: – Wahrnehmung der Spielsituation: Dreiecksaufstellung, Gegenspieler, Ziel, Ball		
– Bewegungspräzision des Passspiels durch Antizipation von Laufgeschwindigkeit, Passschärfe und Abspielrichtung		
– Lücken erkennen		
– Koordination unter Zeitdruck, v. a. bei Abschlusshandlung – Aktionsschnelligkeit		
– Bewegungskopplung Laufen und Ballmitnahme bzw. Direktspiel und Torschuss	– Bewegungskopplung Laufen, Passen, Fangen und Torwurf	– Bewegungskopplung Dribbling, Fintieren, Passen und Ballannahme
Abwehr: – Zuspiele vorwegnehmen und Drucksituationen für Ballbesitzer aufbauen		
– Raum- und Zeitgefühl für das Abwehrspiel in Gleichzahl entwickeln		

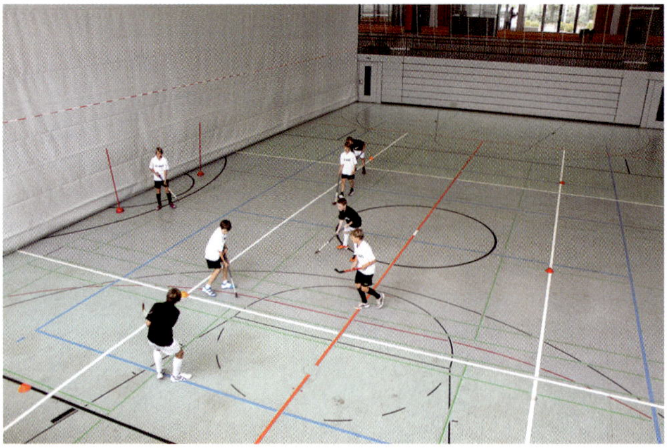

Abb. 10.58

10.4.2 Spielsituation IX: 1+4:4+1

– Gleichzahlspiel im Basketball (4:4)

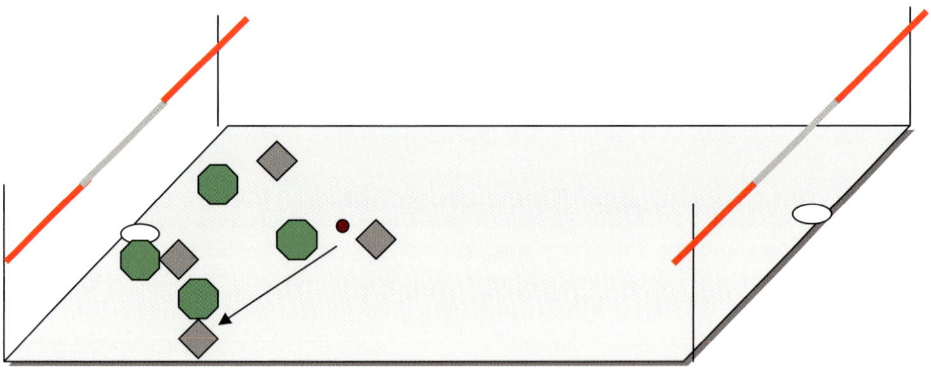

Abb. 10.59

Organisation: 2 Mannschaften à 4 Spieler mit 1 Ball, 2 Bandgassen (ggf. mit je 1 Reifen), Mannschaftskennzeichnung.

Inszenierung der Spielsituation:
„Greift zu viert den gegenüberliegenden ´Korb` an, versucht die vier Verteidiger auszuspielen und einen Korbwurf so auszuführen, dass der Ball regelgerecht durch die Bandgasse (Zusatz für leistungsstärkere Kinder: und in den Reifen) fällt. Versucht bei einem Ballverlust schnell hinter den Ball zu kommen und näher zu eurem Tor zu stehen als der Gegenspieler."

Ausbildungsinhalte: ***Neu: Die Gleichzahlsituation bei 4 Feldspielern***

<table>
<tr><td>Technik Angriff:
– Brust- und Bodenpässe als Kurz- bzw. Langpässe
– Stand-, Sprungwurf nach Schrittstopp, Korbleger aus dem Zweierrhythmus
– Dribbling vor dem Zielwurf gegen den Verteidiger
– Finten
Technik Abwehr:
– Stellen des Gegenspielers
– Körperposition
– Würfe blocken</td><td>Taktik Angriff:
– Vogelaufstellung für den schnellen Balltransport
– „Basics“ des individualtaktischen Verhaltens auf den einzelnen Spielpositionen: Binden eines Abwehrspielers, Freilaufen, Platz schaffen
– Sicherheit und Tempo des Balltransports (Kurzpässe = langsam, aber sicher; Langpässe = schnell, aber Gefahr von Fehlpässen)
– Dreieck öffnen, Spiel auf die Flügel
– Schneiden zum Korb
Taktik Abwehr:
– Einnehmen der inneren Linie zwischen Ballbesitzer und Ziel
– Wechsel zwischen Raum-/Manndeckung</td></tr>
<tr><td>Regeln:
– Ball im Seitenaus
– Schrittfehler
– Verteidigungsverhalten – Foulregeln</td><td>affektiv-emotional:
– Risiko beim Balltransport kalkulieren
– Positionen diszipliniert halten
– Entscheidungsfähigkeit beim Abspiel/Wurf</td></tr>
<tr><td>Koordination und Kondition:
Interaktion:
– Wahrnehmung der Dreiecks- und Rautenaufstellung in Angriff und Abwehr
– Auslösezeichen für Spielverständnis geben</td><td>– Spielantizipation in der Dreiergruppe durch Gestik (Anspielhand zeigen)
– Lücke erkennen
– Zusammenspiel in der Abwehr entwickeln</td></tr>
</table>

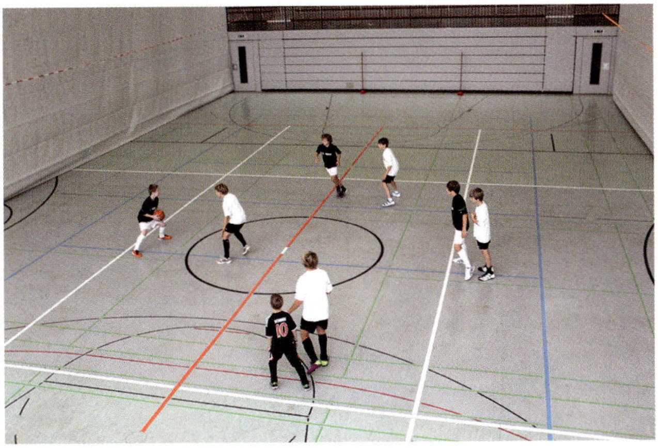

Abb. 10.60

– Gleichzahlspiel im Fuß-, Handball, Hockey (1+4:4+1)

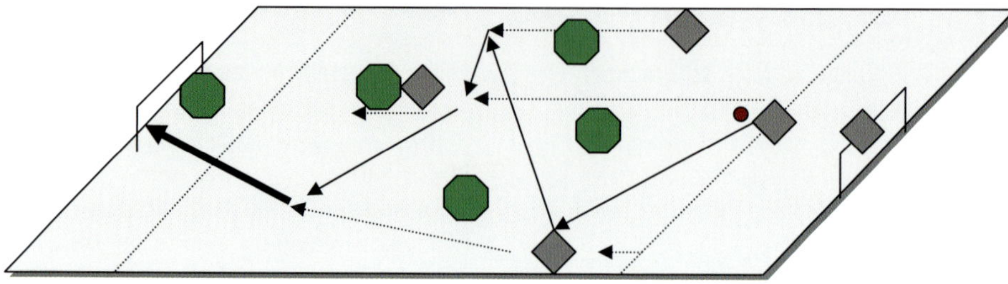

Abb. 10.61

Organisation: 2 Mannschaften à 4 Spieler mit einem Ball, 2 Stangentore mit Größe für einen TW, Schusslinie, Mannschaftskennzeichnung!

Inszenierung der Spielsituation:
„Greift zu viert das gegenüberliegende Tor an, versucht die vier Verteidiger auszuspielen und einen Treffer zu erzielen. Versucht bei einem Ballverlust schnell hinter den Ball zu kommen und näher zu eurem Tor zu stehen als der Gegenspieler. Welche Mannschaft erzielt bis zum Schlusspfiff die meisten Tore?“

Ausbildungsinhalte:

Technik		
Fußball	**Handball**	**Hockey**
Angriff: Winkel steuern beim Passspiel und Zielschuss/-wurf		
– Passen mit der Innenseite/ Außenseite, Direktspiel – Ballannahme in der Laufbewegung – Ballmitnahme – Torschuss mit dem Vollspann, der Innenseite	– Passen durch Kernwurf, Bodenpässe, Unterhandwurf – Fangen in der Vorwärtsbewegung – Dreierrhythmus und Torwurf – Kern-/Sprungwurf	– Passen mit Vorhand und Rückhand – Ballan-/-mitnahme in der Laufbewegung – Torschüsse durch Schieben und Schlenzen (Achtung: TW-Ausrüstung, Ballmaterial!
– Dribbling vor dem Zielschuss/-wurf gegen den Verteidiger		
Abwehr: – Stellen des Angreifers und richtige Körperposition einnehmen – Ball „abfangen“		
– Ballabnahme: Tackling	– Ball herausspielen	– Ball abfangen/ herausspielen
– Zielwurf/-schuss blockieren		

Taktik		
Fußball	**Handball**	**Hockey**
Angriff: – Sicherheit und Tempo beim Balltransport in der Vogelaufstellung		
– Abstand zwischen Spielmacher, den beiden Flügelspielern und „Kopf“ (öffnen!)		
– Positionsspiel des „Kopfes“, Freilaufen und Binden eines Gegenspielers, Spiel vor dem Ball mit Rücken zum Tor		
– flüssiger Torabschluss aus dem Passspiel oder Dribbling		
– frontale Laufschritte zum Tor wegen peripheren Sehens, keine Seitstellschritte		
– Gegenspieler und TW beobachten		
– In Lücken stoßen, Freilaufen auf dem Flügel, Platz schaffen		
Abwehr: – innere Linie zwischen Ballbesitzer und Tor einnehmen		
– Abstand für das Verteidigungsspiel zum Tor		
– Abwehrraute und Deckungsschatten aufbauen		
Zusammenspiel in der Abwehr in Mann-/Raumdeckung entwickeln: – Übergeben – Übernehmen – Zur Ballseite verschieben		

Regeln		
Fußball	**Handball**	**Hockey**
– Ball im Seitenaus – Foulspiel	– Schrittregel beim Passen und Torwurf, Nullkontakt – Betreten des Kreises beim Torwurf – Foulspiel	– Strafecke, Siebenmeter – Vorteilsregel bei Fußfehler – Sperren bei 1:1-Situationen

Koordination und Kondition		
Fußball	**Handball**	**Hockey**
Angriff: – Wahrnehmung der Spielsituation: Vogelaufstellung, Gegenspieler, Ziel, Ball		
– Bewegungspräzision des Passspiels durch Antizipation von Laufgeschwindigkeit, Passschärfe und Abspielrichtung		
– Lücken erkennen		
– Koordination unter Zeitdruck, v. a. bei Abschlusshandlung – Aktionsschnelligkeit		
– Bewegungskopplung Laufen und Ballmitnahme bzw. Direktspiel und Torschuss	– Bewegungskopplung Laufen, Passen, Fangen und Torwurf	– Bewegungskopplung von kurzen Antritten in Lücken mit Stocktechniken
Abwehr: – Zuspiele vorwegnehmen und Drucksituationen für Ballbesitzer durch die Abwehrraute aufbauen		
– Raum- und Zeitgefühl für das Abwehrspiel in Gleichzahl entwickeln		
– Wahrnehmung und Abstimmung der Verteidiger		

10.4.3 Aufgabenbeispiele zur Veranschaulichung von Wissen in den Ballspielen

Arbeitsblätter für die taktische Ausbildung in Reflexions- und Arbeitsphasen

I. Tigerball: 3:1

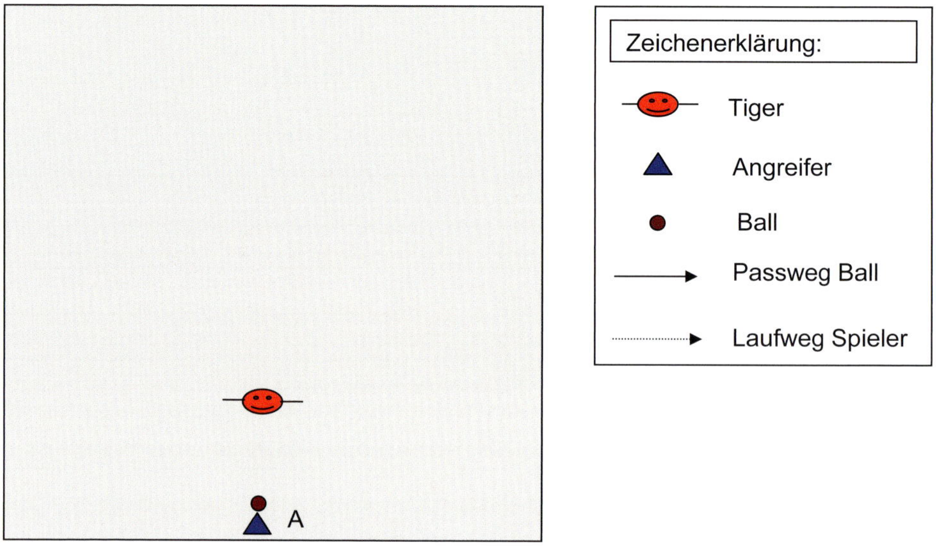

1. Zeichne den Deckungsschatten ein.

2. Wo sollten die beiden Mitspieler B und C stehen, damit A zwei Abspielmöglichkeiten besitzt? Trage ihre genaue Position ein und bezeichne die beiden Spieler mit B und C.

3. Was sollte der dritte Mitspieler (C) tun, wenn A zu B passt?

....

....

....

....

....

....

....

....

....

....

II. Tigerball: 3:1

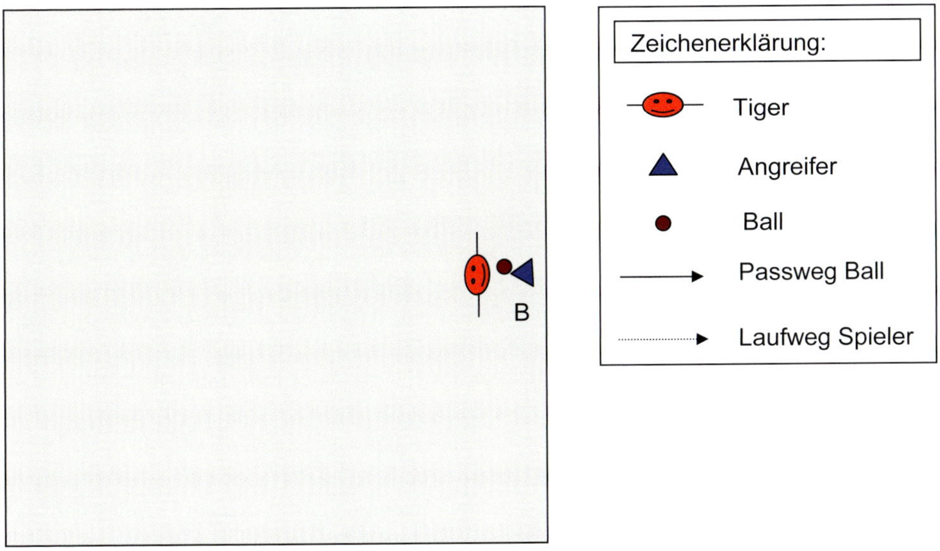

1. Zeichne den Deckungsschatten ein.

2. Wo sollten die beiden Mitspieler A und C stehen, damit B zwei Abspielmöglichkeiten besitzt? Trage ihre genaue Position ein und bezeichne die beiden Spieler mit A und C.

3. Wodurch verändert sich der Deckungsschatten?

....

....

....

4. Welchen Rat gibst du deshalb dem Ballbesitzer B?

....

....

....

Weitere Beispiele finden Sie zum Download im Internet unter www.verlagsgemeinschaft.com im Bereich Service.

10.4.4 Stundenbilder als Beispiele

Die Haltung des Autors zu fertigen Stundenbildern wurde bereits in den Zielsetzungen dieses Fachbuchs zum Ausdruck gebracht. Ein nachhaltiger Lernerfolg kann sich nur einstellen, wenn die Inhalte der Stunde in den darauf folgenden Stunden immer wieder zur Anwendung kommen. Deshalb gebührt der langfristigen Planung von Unterricht zentrale Aufmerksamkeit. Aufgabenschwierigkeit und Lern-/Leistungsvoraussetzungen der Schüler lassen sich außerdem in einem vorgefertigten Stundenbild nicht präzise anpassen, vor allem wenn es nicht auf eine konkrete Klasse oder Mannschaft bezogen werden kann.

Fertige Stundenbilder erwecken den Anschein, als könnten sie überall problemlos umgesetzt werden. Oft sind es nur Kleinigkeiten wie zum Beispiel die Mannschaftskennzeichnung, die eine enorme Wirkung auf das Gelingen einer Spielstunde haben können. Lehrer verzichten darauf oft im Spiel kleinerer Mannschaften mit der Begründung, dass die Spieler schon wissen, mit wem sie zusammenspielen. Dann können sie das Spielgeschehen aber unmöglich überblicken, wenn auf vier oder fünf Spielfeldern gleichzeitig gespielt wird. Folglich sind sie auch nicht in der Lage, Impulse für die Lösung bestimmter Spielsituationen zu geben und ihren Unterricht zu steuern. Organisatorische Maßnahmen lassen sich auch wesentlich leichter und anschaulicher erklären und umsetzen, wenn die verschiedenen Mannschaften klar benannt (Mannschaft blau spielt gegen Mannschaft rot auf Spielfeld 1!) werden können.

Ständige Veränderungen in der Mannschaftsstruktur und Organisation kosten viel Zeit, stören zusätzlich die Konzentration auf die Inhalte und senken die Bewegungsintensität deutlich. Deshalb sollte auf eine weitgehend durchgängige Organisationsstruktur im Sportspielunterricht geachtet werden.

Wenn jetzt trotzdem einige Stundenbilder vorgestellt werden, dienen diese lediglich als Beispiele für eine mögliche Umsetzung des Baukastenmodells auf den beiden Spielstufen. In der Hoffnung, dass sich der Leser mit diesem Fachbuch grundlegendes fachliches und didaktisch-methodisches Wissen angeeignet hat, sollte er in der Lage sein, die vorgegebenen koordinativen Inhalte, Spielformen und Spielsituationen so auszuwählen, gegebenenfalls so zu variieren und zusammenzustellen, dass daraus attraktive und motivierende Sportspielstunden resultieren.

Auf die verschiedenen Differenzierungsmöglichkeiten wird deshalb an dieser Stelle nochmals hingewiesen:

- Koordinative Übungen, Spielformen und Spielsituationen lassen sich mit rollendem, aufspringendem und horizontal anfliegendem Ball in ihrem Schwierigkeitsgrad steuern.
- Das Ballmaterial trägt entscheidend zur Ballsicherheit und zur Umsetzung der Balltechniken bei.
- Spielfeld- und Zielgröße sowie die Spielregeln als weitere Steuerungsvariablen haben einen wichtigen Einfluss auf den Spielverlauf.
- Die Mannschaftszusammensetzung ist ein sehr wichtiger Faktor für das Gelingen eines Spiels.
- Zu große oder zu kleine Abstände zwischen den Spielern in Spielsituationen oder bei koordinativen Übungen können die Aufgabenschwierigkeit erheblich verändern.
- Zu kleine oder zu große Distanzen zum Tor oder „Ziel" können bei Torschusssituationen oder Torschussspielformen die Aufgaben für den Torschützen oder Torhüter unlösbar machen.

Im Folgenden werden ein Beispiel eines Stundenbildes auf der Spielstufe 1 und vier Beispiele zur Umsetzung des Weingärtner Übertragungsmodells auf der Spielstufe 2 in Einzel- oder Doppelstunden vorgestellt. Die wesentlichen Lern- und Ausbildungsziele können aus den Sachstrukturanalysen und Hinweisen in den begleitenden Texten entnommen werden, sodass sie hier nicht erneut angegeben werden müssen. Auf eine Zeitleiste in den Verlaufsplänen wird bewusst verzichtet, da Lehrer in der konkreten Unterrichtssituation den Zeitfaktor in Bezug auf Lernfortschritt, Belastung, Differenzierung selbst steuern sollten.

<table>
<tr><th colspan="2">Stundenbeispiel 1: Spielstufe 1</th></tr>
<tr><td colspan="2">Stundenthema: Torwurfsituation 1:1 – Schulung grundlegender Fähigkeiten und Fertigkeiten
Einzelstunde: 35 min — Klasse: 2
Organisationsbild: Aufwärmen: 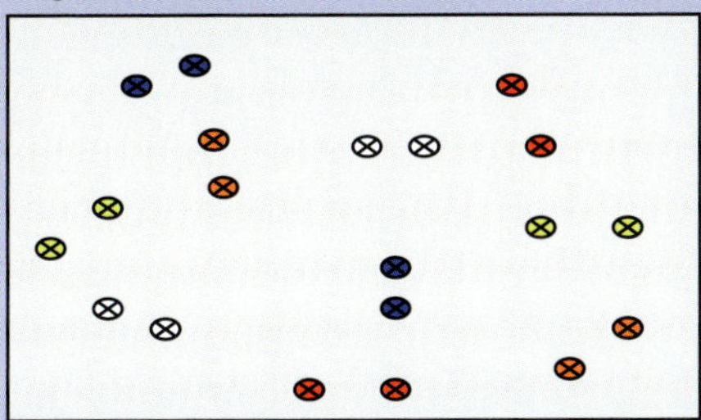 Hauptteil: 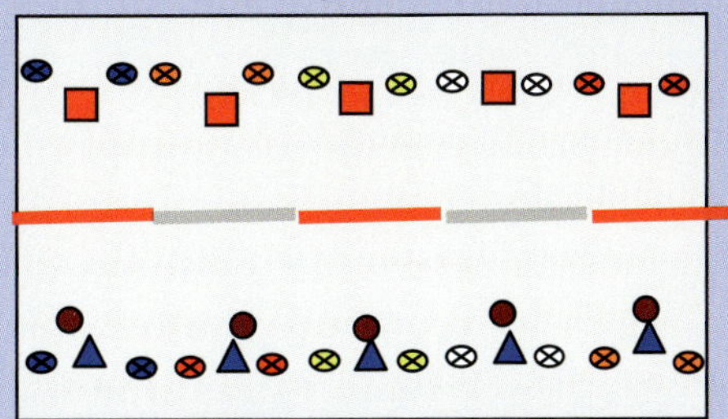
Jeder Schüler 1 Minihandball/Softball, zwei Gruppen einteilen und mit Parteihemden/-bändern kennzeichnen</td></tr>
<tr><td>Unterrichtsinhalte</td><td>Didaktisch-methodische Hinweise</td></tr>
<tr><td>Aufwärmen/Einstimmen:
– Den Ball im Lauf am Boden mit einer Hand führen, dabei Mitspielern ausweichen, Handwechsel bei Richtungsänderungen;
– wer kann in 30 sec so durch die meisten Tore laufen?
– Freies Dribbling mit dem Ball am Fuß auf dem Spielfeld; auf Signal Ball mit der Sohle anhalten und mit dem Ball eines anderen Spielers weiterdribbeln;
– wer kann in 30 sec die meisten Offentore im Gegenuhrzeigersinn umdribbeln?
– lauft/hüpft zu fünf unterschiedlichen Bällen und berührt diese mit der Stirn;
– dribbelt mit dem 5. Ball weiter, indem ihr ihn durch vier verschiedene Tore in einer Acht um und durch die Offentore mit der rechten oder linken Hand prellt;
– lauft schnell zu 5 unterschiedlichen Bällen und berührt diese mit dem Gesäß;
– prellt mit dem Ball zu 8 Toren, passt den Ball durch, lauft am Tor vorbei und prellt dann mit dem Ball weiter.</td><td>– Aktivierung Herz-Kreislauf-System
– Ausbildung grundlegender koordinativer Fähigkeiten (Orientierungs-, Differenzierungsfähigkeit) und motorischer Tätigkeiten (Laufen, Hüpfen)
– Gymnastische Übungen in dynamischer Form
– Schulung des Ballrollens, -führens und Prellens
– Steigerung der Belastung durch kleine Wettbewerbe</td></tr>
<tr><td>Umorganisation: Die Spieler bauen aus den Hütchen der Offentore 2 m-Tore in ca. 2 m Entfernung zu den Längsseiten des Hallendrittels, die Spieler von Mannschaft rot legen ihren Bälle ins Balldepot , der Lehrer kann ein Baustellenband als Höhenmarkierung und Mittellinie spannen. Zu zweit einen Ball. Aufstellung wie oben.</td><td>11–12 Tore pro Längsseite für 22–24 Schüler</td></tr>
</table>

Hauptteil: – „Abschrubben“ als „Zielschussspielform“ (s. S. 209) : Vier Spieler zweier nebeneinander liegender Spielfelder werden zusammengefasst und führen die Spielform auf 1 Tor selbstständig durch.	Rollen des Balles aus dem Stand oder nach einem Angehschritt, Demonstration auf einem Spielfeld
– 1:1 als Rollball nach Balltransport Inszenierung der Spielsituation: „Führe deinen Ball rollend am Boden bis zur Mittellinie (Baustellenband), nimm ihn auf und versuche, ihn mit einer Hand ins gegnerische Tor zu rollen. Lauf schnell mit Blick zum Ball in dein Tor zurück.“ Wer erzielt auf den jeweiligen Spielfeldern die meisten Tore?	Erfassen des Spielgedankens: Tore erzielen – Tore verhindern in elementarer Grundsituation; Konfrontation mit der Zielschusstechnik „Rollen“ Differenzierung: gute Schüler spielen gegeneinander mit Aufsetzerwürfen
Abschluss: – Laufspiel mit Ball: Linienlauf A und B stehen hinter ihren Toren an der Längsseite des Hallendrittels. A prellt mit seinem Ball bis zur Mittellinie, dreht um, prellt bis zu seinem Tor zurück und rollt gezielt auf B, der dasselbe in seiner Spielfeldhälfte ausführt. A läuft währenddessen zur Wand zurück. Welches Paar hat am schnellsten in jeder Spielfeldhälfte vier Läufe durchgeführt?	Gemeinsames Agieren: unter Zeitdruck Prellen, genaue Pässe spielen und fangen.

Stundenbeispiel 2a: Spielstufe 2

Stundenthema: Spielsituation 2:2:2 im Handball – Schulung des Balltransports und des Angriffsabschlusses

Einzelstunde: 35 min Klasse: 4

Organisationsbild: Aufwärmen Hauptteil

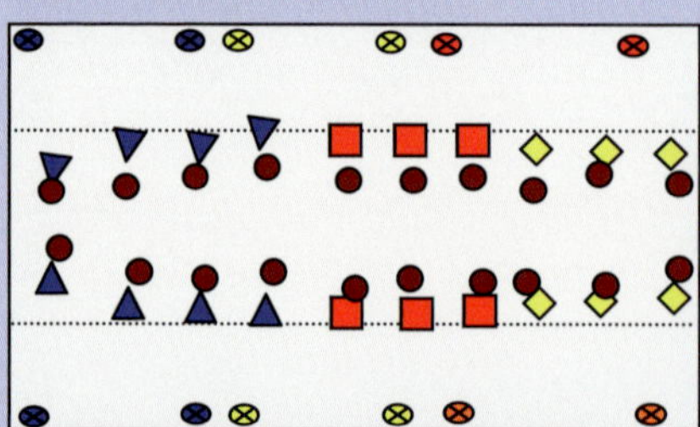

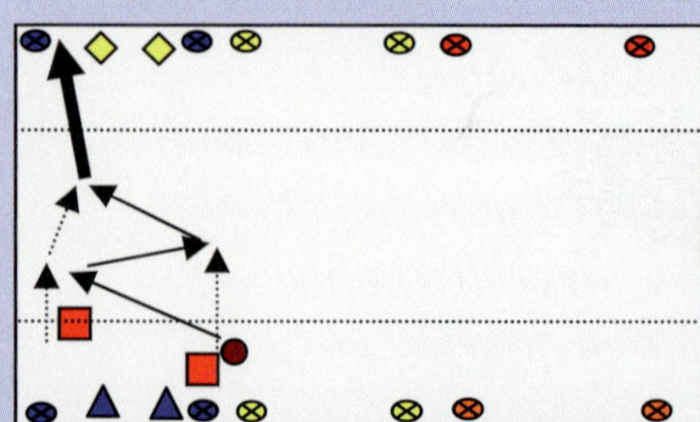

Die Klasse in drei Gruppen einteilen und mit blauen, roten, gelben Parteibändern/-hemden kennzeichnen. Aus jeder Gruppe gehen 2 Schüler partnerweise mit je 1 Ball zusammen. 6 Tore à 4 m können bereits an den Längsseiten des Hallendrittels vor dem Unterricht aufgebaut werden. Die Schüler legen nach dem Aufwärmen ihren Ball in das Balldepot. 1 Minihandball für den Hauptteil pro Spielfeld.

Unterrichtsinhalte	Didaktisch-methodische Hinweise
Aufwärmen/Einstimmen: – Schattendribbling zu zweit – Koordinationsübungen zu zweit mit 2 Bällen – A und B rollen sich ihren Ball gleichzeitig zu. Das Kommando „und" heißt ausholen, das Kommando „hopp" heißt rollen. A fängt den Ball von B und umgekehrt. – A rollt immer den Ball, B wirft den Ball mit beiden Händen als Bodenpass zu. Auf Kommando des Lehrers Rollenwechsel. – A und B werfen sich ihren Ball gleichzeitig als Aufsetzerpässe geradlinig nach vorne zu. – „Ziehharmonika": A und B stehen sich an der Mittellinie des Feldes im Abstand von 1m gegenüber und 1m seitlich versetzt. Sie rollen den Ball gleichzeitig geradlinig nach vorne. Jeder Spieler läuft etwa 1 m schräg zurück und rollt den Ball wieder nach vorne. Wenn die zwei Spieler etwa 6-8 m auseinander sind, wechselt die Bewegungsrichtung und die zwei Spieler kommen wieder aufeinander zu. – dito, jedoch mit Aufsetzerpässen oder Brustpässen.	– Aktivierung HKS, – Schwerpunktmäßige Ausbildung der Differenzierungs-, Rhythmus-, Orientierungsfähigkeit – Gemeinsames Agieren in der Partnerform – Kommunikation durch Lautieren und konzentriertes Arbeiten durch „Wer kann-Aufgaben" stellen!
Hauptteil: – Konfrontation Spielsituation 2:2:2: Inszenierung: „Greift zu zweit das gegnerische Tor an und versucht vor der Torwurflinie ein Tor mit einem Aufsetzerwurf zu erzielen. Der Ball muss dabei vor der Torlinie aufsetzen. Danach greifen die beiden Torhüter auf das gegenüberliegende Tor an. Nach dem Torwurf geht ihr ins gegnerische Tor und wartet auf den Angriff der gegenüberstehenden Mannschaft." – Duo-Cup als Torwurfspiel **(s. S. 210)**: Tore können nur mit Aufsetzer (Ball muss vor der Torlinie aufsetzen) erzielt werden. – Abschlussturnier: Spielphase 2:2:2 Nach jeder Spielrunde bekommt der Sieger 2 Punkte, der Zweite 1 Punkt. Die Sieger wechseln immer ein Spielfeld hoch, die Verlierer eins runter. Wer hat am Schluss die meisten Punkte?	– Umsetzung des Spielgedankens (Treffer erzielen – Treffer verhindern) durch Balltransport zum Ziel und Abschlussaktion – Eigene Lösungen finden lassen – Differenzierungsmöglichkeiten bei Pass- und Fangschwierigkeiten anbieten, Impulse für richtiges taktisches Verhalten – Werfen aus dem Stand, nach 3- Schritt-Anlauf, Kreuzkoordination beachten, – Wetteifer durch Auswertung jeder Spielrunde fördern

Stundenbeispiel 2b: Spielstufe 2

Stundenthema: Spielsituation 2:2:2 im Hockey – Schulung des Balltransports und des Angriffsabschlusses

Einzelstunde: 35 min — Klasse: 4

Organisationsbild: Aufwärmen — Hauptteil

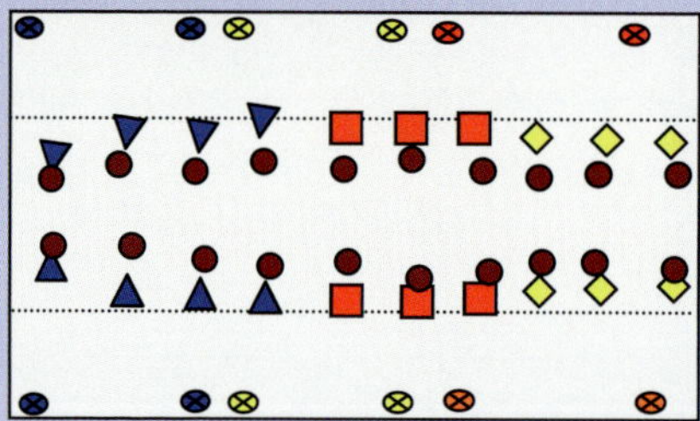

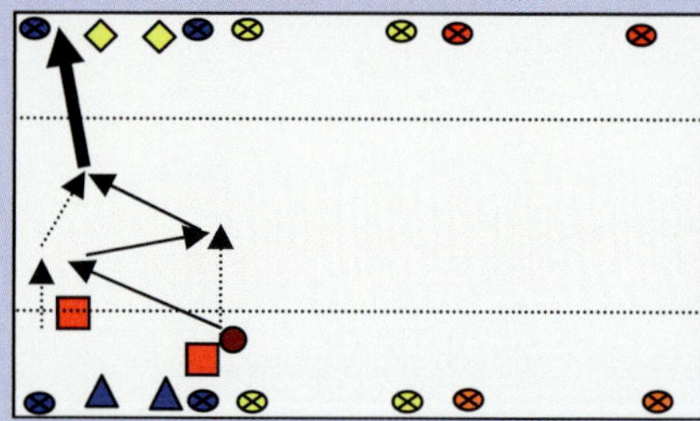

Die Klasse in drei Gruppen einteilen und mit blauen, roten, gelben Parteibändern/-hemden kennzeichnen. Aus jeder Gruppe gehen 2 Schüler partnerweise mit je 1 Hockeyschläger und Ball zusammen. 6 Tore à 4 m können bereits an den Längsseiten des Hallendrittels vor dem Unterricht aufgebaut werden. Die Schüler legen nach dem Aufwärmen ihren Ball in das Balldepot. 1 Ball pro Spielfeld für den Hauptteil.

Unterrichtsinhalte	Didaktisch-methodische Hinweise
Aufwärmen/Einstimmen: – Schattendribbling zu zweit – Koordinationsübungen zu zweit mit 2 Bällen – A und B passen sich ihren Ball gleichzeitig zu. Das Kommando „und“ heißt ausholen, das Kommando „hopp“ heißt schieben. A stoppt den Ball von B und umgekehrt. – A und B spielen sich den Ball vor den Füßen nach links, drehen den Schläger ein und spielen ihn mit der flachen Seite nach rechts und passen sich dann jeweils ihren Ball zu... – A und B laufen dribbelnd aufeinander zu; in der Mitte übernehmen sie den Ball des Partners und dribbeln mit diesem zum vorherigen Platz des Partners, drehen dort mit dem Ball um. – „Ziehharmonika“: A und B stehen sich an der Mittellinie des Feldes im Abstand von 1m gegenüber und 1m seitlich versetzt. Sie passen den Ball gleichzeitig geradlinig nach vorne. Jeder Spieler läuft etwa 1 m schräg zurück, stoppen den Ball mit dem Schläger und passen den Ball wieder nach vorne. Wenn die zwei Spieler etwa 6-8 m auseinander sind, wechselt die Bewegungsrichtung und die zwei Spieler kommen wieder aufeinander zu.	– Aktivierung HKS, – Schwerpunktmäßige Ausbildung der Differenzierungs-, Rhythmus-, Orientierungsfähigkeit – Gemeinsames Agieren in der Partnerform – Kommunikation durch Lautieren und konzentriertes Arbeiten durch „Wer kann-Aufgaben“ stellen!

Hauptteil: – Konfrontation Spielsituation 2:2:2: Inszenierung: „Greift zu zweit das gegnerische Tor an und versucht, vor der Torschusslinie ein Tor durch Schieben zu erzielen. Danach greifen die beiden Torhüter auf das gegenüberliegende Tor an. Nach dem Torschuss geht ihr ins gegnerische Tor und wartet auf den Angriff der gegenüberstehenden Mannschaft.“	– Umsetzung des Spielgedankens (Treffer erzielen – Treffer verhindern) durch Balltransport zum Ziel und Abschlussaktion – Eigene Lösungen finden lassen – Impulse für richtiges taktisches Verhalten bei Pässen nach links: nur mit der flachen Seite des Schlägers spielen lassen!
– Duo-Cup als Torschussspiel (s. S. 210): Tore können nur durch Schieben erzielt werden.	– Schieben aus dem Stand, nach 1 Angehschritt, Kreuzkoordination beachten,
– Abschlussturnier: Spielphase 2:2:2 Nach jeder Spielrunde bekommt der Sieger 2 Punkte, der Zweite 1 Punkt. Die Sieger wechseln immer ein Spielfeld hoch, die Verlierer eins runter. Wer hat am Schluss die meisten Punkte?	– Wetteifer durch Auswertung jeder Spielrunde fördern

Stundenbeispiel 3: Spielstufe 2

Stundenthema: Schulung des Zusammenspiels im Bandbasketball in der Spielsituation 2+1:3:1+2

Doppelstunde: 80 min

Klasse: 5

Organisationsbild: Aufwärmen

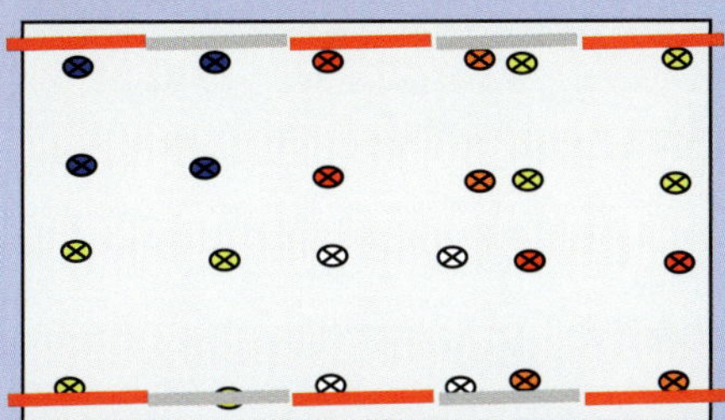

Hauptteil

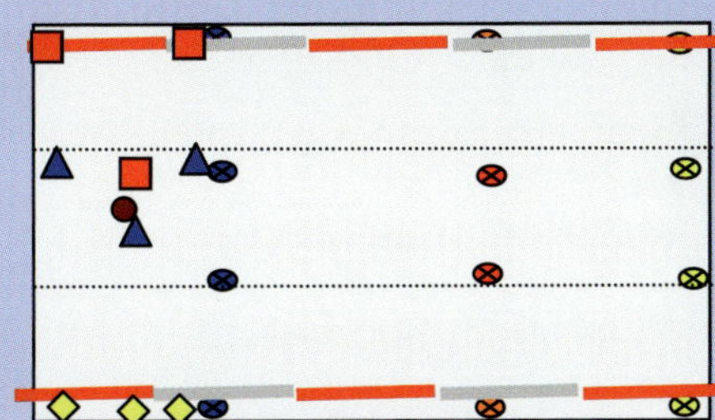

Einteilung der Klasse in 3er-Teams und Kennzeichnung mit Parteibändern/-hemden. Zwei 3er-Teams werden aufgelöst und als Tiger auf die einzelnen Vierecke verteilt. Die restlichen 3er-Teams werden den einzelnen Vierecken zugeteilt. Für 4 Schüler ein Viereck mit Markierungshütchen erstellen oder Hallenlinierung benutzen. Pro Viereck 1 Ball.

Unterrichtsinhalte	Didaktisch-methodische Hinweise
Aufwärmen/Einstimmung: – Tigerball: „Spielt zu dritt gegen den Tiger und versucht euch den Ball durch Aufsetzerpässe so zuzuspielen, dass der Tiger nicht an den Ball kommt. Zählt die Pässe, die euch hintereinander gelingen." **(s. S. 176)**	– Außenspieler bleiben im Rücken des Tigers stehen und können nicht angespielt werden, Aufzeigen des Deckungsschattens mit Baustellenband: „Raus aus dem Deckungsschatten!" „Laufrichtung parallel zum Passweg!" – Arbeitsblatt I, II und III **(S. 250 f.)**
– Inszenierung der Spielsituation: 2+1:3:1+2 „Greift zu dritt den gegenüberliegenden ´Korb` an, versucht den Verteidiger auszuspielen und einen Korbwurf so auszuführen, dass der Ball durch die Bandgasse (Zusatz für leistungsstärkere Kinder: und in den Reifen) fällt."	– Übertragen des Freilaufens auf Spielrichtung: Anwendung vor Bandgasse.
– Reflexionsphase: Wo zeigen sich noch Schwierigkeiten?	– Technische Mängel im Passspiel
– Schulung des Passens und Fangens: Boden- und Brustpässe spielen in der Dreiecksaufstellung ohne Gegenspieler, – Schulung der Dreiecksaufstellung: wie oben, jedoch Dreiecke variieren: stumpf, rechtwinklig, spitz. Der nicht an der Passaktion beteiligte Spieler läuft parallel zum Passweg. Der angespielte Flügelspieler passt zum Spielmacher stets zurück. – Spielsituation 2+1:3:1+2 – Reflexionsphase: Wie viele ´Körbe` habt ihr bisher erzielt? Wie steht es mit der Treffsicherheit, wenn ihr den Tiger ausgespielt habt? – Schulung des Standwurfs auf die Bandgasse, nach dem Dribbling mit Schrittstopp	– Finger-/Armhaltung beim Fangen, – Druckpass schulen – Die beiden Flügelspieler variieren den Abstand zum Spielmacher, indem sie sich an der Außenlinie von ihm weg bewegen oder ihm näher kommen. – Spielbeobachtung der parkenden Mannschaft: Wie schaffen es die Angreifer, den Tiger auszuspielen?
– Korbwurfspiel in Bandgasse: Setz den Joker **(s. S. 210)**	– Übertragen des Torschussspiels auf Bandbasketball
– Abschlussspiel: Die bisherigen Sieger kommen auf dem ersten Spielfeld zusammen und spielen den Turniersieger aus, die Zweiten auf dem mittleren Feld.	– Wettbewerbsfreude durch Ausgeglichenheit der Mannschaften steigern

Testaufgabe: Übertragen Sie dieses Stundenbild auf Handball und Hockey.

Stundenbeispiel 4: Spielstufe 2

Stundenthema: Einführung der Angriffsspitze in der Spielsituation 2+2:4:2+2 im Fußball
2. Teil einer Doppelstunde im Anschluss an eine Leichtathletikstunde:
40 min — Klasse: 5

Organisationsbild: Einstimmung

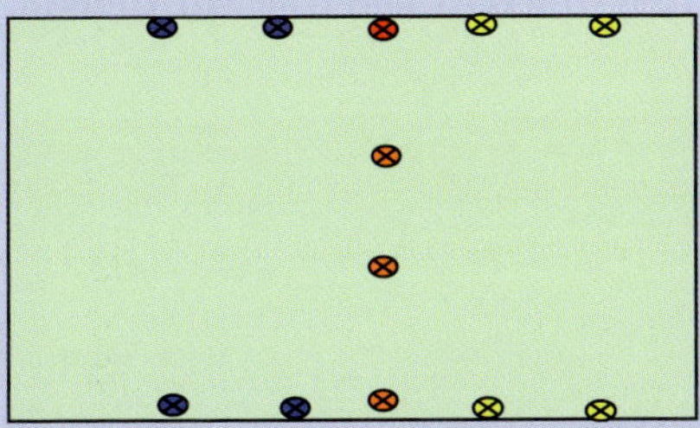

Hauptteil

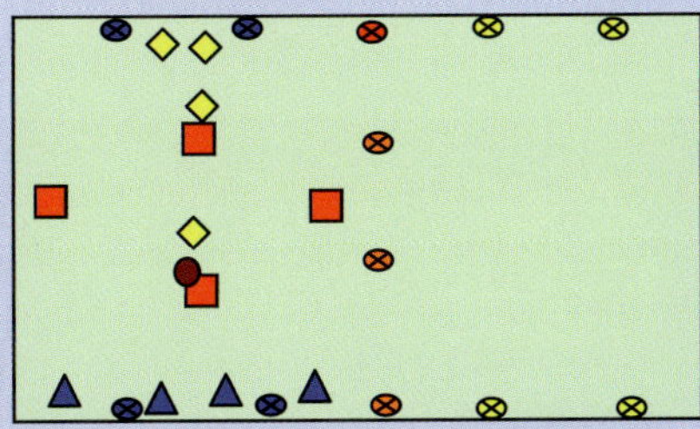

Einteilung in 4er-Teams, 2 Spielfelder (35 x 25 m), jeweils 2 Tore mit 5m Breite pro Spielfeld, Mannschaftskennzeichnung, 3 Teams pro Spielfeld mit je 1 Ball.

Unterrichtsinhalte	Didaktisch-methodische Hinweise
Einstimmung/Ballgewöhnung: – Nummernpassen: 1 passt zu 2, 2 zu 3, 3 zu 4, 4 zu 1 – „Vogelaufstellung“ in Spielfeldrichtung: Passt euch den Ball mit der Innenseite gezielt zu und nehmt ihn so an, dass ihr den Ball kontrolliert in der Aufstellungsformation weiterspielen könnt.	Für die Umstellung von einer anderen Sportart auf ein Ballspiel sollte eine kurze Ballgewöhnungsphase durchgeführt werden. Wiederholung grundlegender Techniken und der Aufstellungsform
– Inszenierung der Spielsituation 2+2:4:2+2: „Greift zu viert das gegenüberliegende Tor an, versucht die beiden Verteidiger auszuspielen und einen Treffer zu erzielen. Welche Mannschaft erzielt bis zum Schlusspfiff die meisten Tore? “ Reflexionsphase: Welche Position muss der vierte Spieler einnehmen? Wie steht er meistens zum Tor? Wie kann er in Ballbesitz kommen, wohin muss er sich freilaufen?	– Einführung der Angriffsspitze – Mannschaften sammeln erste Erfahrungen im Spiel mit 4 Angreifern – Taktikschulung, durch Demonstration der Problemsituation auf Spielfeld 1: Die Angriffsspitze steht fast ununterbrochen im Deckungsschatten. Funktion: Spiel ohne Ball – Gegenspieler binden (=3:1 Situation), Spiel öffnen durch Flügelspieler führt zu Lücken, seitliches Freilaufen der Angriffsspitze
– Spielphase II: 2+2:4:2+2	Umsetzungsschwerpunkte: Spiel öffnen, Anspielen der Sturmspitze
– Abschluss: Platzierungsspiele – die beiden Sieger und der bessere Zweite der beiden Spielfelder spielen die Plätze 1 – 3, die 3 anderen Mannschaften die Plätze 4 – 6 aus.	Wetteifer, Fairness und Eigenständigkeit der Schüler fördern

Verweis auf Differenzierungsmöglichkeiten: – Homogenisierung der Mannschaften: Leistungsstärkere Schüler können in der Spielphase II ggf. schon 4:3+1 oder sogar 4:4 (ohne TW auf kleinere Tore) in der Vogelaufstellung spielen.	

Stundenbeispiel 5: Spielstufe 2

Stundenthema: Schulung des Angriffs- und Abwehrverhaltens in der Spielsituation 1+3:3+1 im Handball

Doppelstunde: 80 min — Klasse: 6

Organisationsbild:

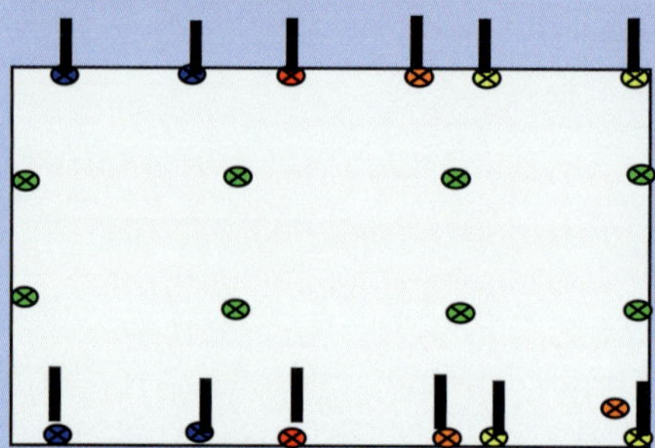

3 Spielfelder für 24 Schüler mit Toren wie auf Organisationsbild, Wurflinien mit Markierungsteller und Seitenlinien zur Abgrenzung auslegen, 3 Bälle, Mannschaftskennzeichnung

Unterrichtsinhalte	Didaktisch-methodische Hinweise
Aufwärmen/Einstimmen: – Parteiball 4:4 mit Kombinationspunkten auf einem Spielfeld wie oben abgebildet: – Kräftigungsgymnastik	Aktivierung HKS, Vorentlastung des Hauptteils: Passen, Fangen, Freilaufen ...; Spielfreude wecken Stabilisierung Rumpf, Armkraft
– Inszenierung der Spielsituation 1+3:3+1: „Greift zu dritt das gegenüberliegende Tor an, versucht die drei Verteidiger auszuspielen und einen Treffer zu erzielen. Welche Mannschaft erzielt bis zum Schlusspfiff die meisten Tore? Versucht bei einem Ballverlust schnell hinter den Ball zu kommen und näher zu eurem Tor zu stehen als der Gegenspieler."	Konfrontation mit dem Spiel Aufstellungsform festlegen, Spiel selbstständig durchführen; Beobachtungsschwerpunkt: Wie bekommt ihr Gegentore?
– Reflexionsphase: Wie erhaltet ihr Gegentore? Worin liegt die Ursache?	Angreifer kommt näher zur Torwurflinie als Abwehrspieler

Einführung der inneren Linie und G-3-Position: – Ausgewählte Übungsformen (1-2 Formen auswählen!) zur Wahrnehmung und Bewegungstechnik im Abwehrspiel (s. S. 232 f.) – Spielsituation 1+3:3+1 Umsetzung des Einnehmens der inneren Linie in der Mann-Mann-Verteidigung des Gleichzahlspiels	Demonstration mit Baustellenband 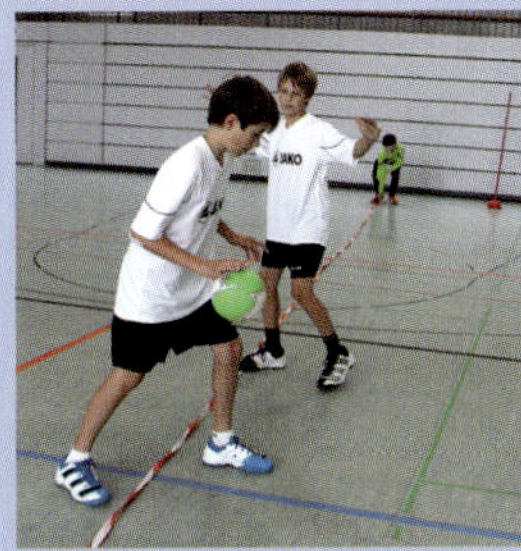
– Reflexionsphase: Angriffsverhalten der Flügelspieler „Was müssen die beiden Flügelspieler tun, damit sie anspielbar sind?“ – Übungsformen zum Freilaufen auf dem Flügel: Schulung der Rein-raus-Bewegung in der Dreiergruppe (s. nebenstehende Abb.)	Lösungen der Schüler ausprobieren 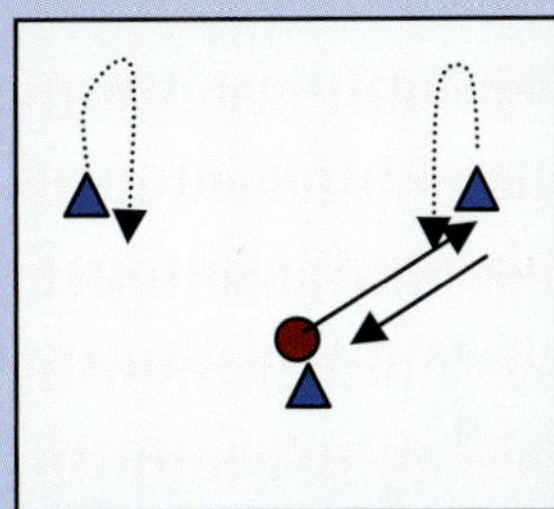
– Spielsituation 1+3:3+1 – Kaiserspiel: 3 Spielrunden à 5 min; die Sieger steigen ein Spielfeld auf, die Verlierer ab. Der Sieger auf dem ersten Spielfeld nach 3 Runden ist der „Kaiser“.	

11 Die praktische Umsetzung der Kinder-Ballspielschule

Wie lässt sich nun die Konzeption einer Kinder-Ballspielschule im Sportunterricht der Primar- und Orientierungsstufe oder im Verein langfristig umsetzen?

Die Ausbildungskonzeption ist als Spiralcurriculum angelegt. Somit lassen sich immer wiederkehrende Inhalte auf zunehmend komplexer werdende Lernsituationen übertragen, wiederholen und zu zusammenhängenden Strukturen ausbilden. Sowohl aus neurobiologischer als auch aus lerntheoretischer Sicht werden damit die Bedingungen für ein nachhaltiges Lernen erfüllt. Die Umsetzung in der Schule hat sich primär an den Vorgaben der Bildungspläne zu orientieren. Wenn diese erfüllt sind, muss es im pädagogischen Entscheidungsfreiraum der Lehrkraft oder der Lehrkräfte liegen, sie unter den Rahmenbedingungen der jeweiligen Schule zu gestalten.

Die Umsetzung im Verein lässt sicherlich auch mehrere Varianten zu, die hier kurz vorgestellt werden können.

11.1 Kinder-Ballspielschule im Sportunterricht

Die Inhalte des Ballspielunterrichts in der Schule wurden über Jahrzehnte hinweg durch die Lehr- bzw. Bildungspläne festgelegt. Diese lassen heute durch die Outputorientierung eine breite inhaltliche Varianz zu, da sie in erster Linie in Form von Kompetenzen zum Ausdruck bringen, was Kinder am Ende eines Bildungsabschnitts „können“ müssen.

Der Vergleich der vorgegebenen Kompetenzen (Kap. 4) mit der Möglichkeit der Umsetzung in der vorliegenden Ausbildungskonzeption belegt eine weitgehende Kongruenz. Geringfügige Abweichungen in der Zielsetzung lassen sich vor allem durch methodische Akzentuierungen rasch beheben und resultieren vornehmlich aus der Verschiedenartigkeit der Sportkonzepte bzw. der pädagogischen Anspruchshaltung (Selbstorganisation). Die Festlegung solcher Standards, die am Ende eines Bildungsabschnitts erreicht werden müssen, gewährleistet den Schulen eine gewisse Autonomie und Freiheit in Bezug auf die Inhalte, mit denen diese Kompetenzen erreicht werden können. In diesem pädagogischen Freiraum liegen aber Chancen und Gefahren eng beieinander, vor allem wenn sich die Kollegen einer Fachschaft nicht an die curricularen Vorgaben halten. Weitere Ursachen sind sicherlich in dem nicht klar definierten Kompetenzbegriff und der unterschiedlichen Vorstellung von „Können“ zu finden. Da Kinder erst grundlegende Fähigkeiten als Lern- und Leistungsvoraussetzungen erwerben und stabilisieren müssen, muss die Frage erlaubt sein, ob es nicht angebracht wäre, in dieser Alters- und Entwicklungsstufe von einer Fähigkeitsorientierung zu reden. Orientierungshilfe in Bezug auf die Ausprägung der Kompetenzen sollten die „Niveaukonkretisierungen“ in drei Stufen leisten, die aber über wenig überzeugende Ansätze vor allem in den Ballspielen nicht hinausgekommen sind und nach fast sieben Jahren seit Inkrafttreten der Bildungspläne in Baden-Württemberg noch immer auf eine Fertigstellung warten. Bezeichnenderweise beziehen sich alle bisher veröffentlichten Niveaukonkretisierungen in den Ballspielen lediglich auf die Ausprägung technischer Fertigkeiten. Erfolgskontrolle und Zielsetzung des Ballspielunterrichts weichen hier weit voneinander ab, denn „spielen können“ verlangt mehr, als nur einen Ball gezielt passen und fangen zu können. Wer sich nicht freilaufen kann und ständig im Deckungsschatten seines Gegenspielers steht, braucht nicht fangen zu können, denn er wird wohl nie angespielt werden. Auf Niveaubeschreibungen des Spielverhaltens in den Zielschussspielen wurde bisher gänzlich verzichtet, vielleicht weil die Komplexität und Offenheit bereits einfacher Spielsituationen das

Vermögen überschreitet, mit beschreibenden Worten eine Erwartungshaltung an die konkrete Ausprägung des Spielniveaus zum Ausdruck zu bringen.

In dem vorliegenden Fachbuch wird aufgezeigt, welche Fähigkeiten, Fertigkeiten und Einstellungen für ein Mit- und Gegeneinander-Spielen in strukturgleichen Spielen notwendig sind, sodass sich die hier vorgestellten Inhalte für eine „fähigkeitsorientierte" Ausbildung eignen.

Für die Praxis ist zunächst entscheidend, dass Kinder befähigt werden, an Ballspielen überhaupt teilnehmen zu können, und Lehrer hier einen Weg vorfinden, der mit Kindern dieser Entwicklungsphase in den verschiedensten Kontexten vielfach erprobt und durchgeführt worden ist. Dabei ist entscheidend, dass Stunden nicht im Sinne von „Kochrezepten" vorgegeben werden, sondern Kinder aufgrund ihrer Lernvoraussetzungen gezielt und methodisch vielseitig gefördert werden. Wie Lehrer den hier vorgestellten Ausbildungsweg unter den Rahmenbedingungen ihrer Schule bzw. ihres Schulsports einteilen, sollte ihnen selbst überlassen werden, zumal der Sportunterricht auch noch die Umsetzung anderer Inhalte als nur der Ballspiele und die speziellen Rahmenbedingungen vorsehen muss. Mit einzelnen Schwerpunktsetzungen durch zusammenhängende Unterrichtseinheiten lassen sich jedoch die einzelnen Ausbildungsstufen in einem Spielcurriculum im Sinne eines strukturierten und nachhaltigen Lernens umsetzen.

11.2 Ballspielschule im außerschulischen Sport – realisierbare Vision oder Utopie?

Das Idealbild einer Ballspielschule entspricht dem Konzept der Kindersportschule (KISS). In den neunziger Jahren des vergangenen Jahrhunderts wurden in zahlreichen Städten Kindersportschulen in Zusammenarbeit mit größeren Vereinen eingerichtet. Die Intention, Kinder vielseitig und abwechslungsreich in verschiedenen Sportarten auszubilden, wird vor allem in den Individualsportarten Gerätturnen, Schwimmen, Leichtathletik umgesetzt. In einem zweimaligen Training pro Woche werden Kinder an die verschiedenen Sportarten herangeführt. Im Alter von etwa zehn Jahren können diese Kinder entscheiden, welche Sportart(en) sie in Zukunft ausüben wollen. Der Vereinssport mit seinem Wettbewerbscharakter steht also zunächst im Hintergrund, das zentrale Anliegen besteht in der sportartübergreifenden Ausbildung von Kindern mit einer starken Betonung der vielseitigen Grundlagenausbildung.

Nicht verkannt werden darf, dass mit diesen Kindersportschulen eine Konkurrenzsituation vor allem zu den Individualsportarten-Vereinen entstand. Mit der Einrichtung von Kinder-Ballspielschulen nach dem Konzept der KISS könnte sich dieses Konkurrieren noch verschärfen, wodurch letztlich keiner Seite mehr gedient wäre, denn die Devise müsste doch sinnvoller Weise lauten:

„Kein Konkurrieren um die Kinder, sondern Kooperieren für die Kinder"

Eine Bündelung des gemeinsamen Potenzials der verschiedenen Sportvereine, der KISS und KI-BASS könnte viele der oben dargestellten Missstände in unserem Kindersport vermeiden helfen. Dazu müssten aber vorhandene Strukturen und Denkmuster aufgebrochen und aufgegeben werden. Funktionäre müssten lernen, nicht mehr in quantitativen, sondern in qualitativen Kategorien zu denken. Nicht die Mitgliederzahlen dürfen das Denken beherrschen, die qualitative Ausbildung der Kinder muss im Vordergrund stehen. Nicht die kurzfristige Anzahl der Jugend- oder Kindermannschaften eines Vereins sagt etwas über die erfolgreiche Führung aus, die Qualität der Spieler und ihre langjährige Bindung an diesen Verein sind ein wesentlich wertvolleres Feedback für das Engagement der Beteiligten. Eltern müssten lernen, dass nicht der kurzfristige Erfolg in einer Sportart entscheidend ist, sondern die langfristige Ausübung auf der Grundlage eines umfangreichen Bewegungsschatzes. Und letztendlich müssten Kinder lernen, dass 40 Tore pro Saison bei den Bambini oder F-Junioren noch keinen Profivertrag garantieren.

Die praktische Umsetzung einer Ballspielschule lässt sich in mehreren Modellen realisieren.

Modell 1:
Für sechs- bis siebenjährige Kinder gibt es die Möglichkeit, in eine „Ballspielschule" einzutreten. Da für kleinere Kinder die Bezugsperson von enormer Bedeutung ist, gibt es im Idealfall nur einen „Trainer", der alle zu vermittelnde Inhalte beherrscht und kindgerecht weitergeben kann. Diese hohe Anforderung an die Sach-, Methoden- und Sozialkompetenz bedarf einer qualifizierten Lehrperson mit einer fundierten Ausbildung. Es ist anzunehmen, dass diese Person zu finden, das größte Problem darstellt, denn nur wenige ehemalige Sportspieler verfügen über eine Ausbildung in dieser Breite. Nach einer motorisch vielseitigen und ballspielübergreifenden Grundlagenausbildung könnten die Kinder im Alter von etwa sieben Jahren sportspielgerichtet ausgebildet werden.

Damit tritt die KI-BASS aber in Konkurrenz zur KISS und zu den Ballspielvereinen.

Modell 2:
Die KI-BASS wird als zweite Säule in die KISS integriert. Nach einer Phase der sportmotorischen Grundausbildung entscheiden sich die Kinder, ob sie im Alter von ca. sieben Jahren schwerpunktmäßig in den Individualsportarten oder in den Ballsportarten ausgebildet werden wollen.

Das Problem dürfte in der Mitgliederzahl der KISS liegen. Bei einer hohen Nachfrage ließe sich diese Differenzierung sehr wohl vornehmen, bei kleineren Sportschulen dürfte die Zweiteilung erhebliche Probleme in der Zusammenstellung von Trainingsgruppen ergeben. Die Konkurrenzsituationen zu den Ballspielvereinen bliebe bestehen. Schwierigkeiten könnten sich auch in den älteren Jahrgangsstufen mit Wettbewerbsveranstaltungen ergeben, die im Laufe der Zeit von den Kindern gewünscht und in vielseitiger Form als durchaus angebracht scheinen.

Modell 3:
3a: Sechs- bis siebenjährige Kinder treten wie bisher in einen Ballspielverein ein, der jedoch sein Ausbildungsprogramm verändert und erweitert. Der sportmotorischen Grundausbildung wird tatsächlich ein höherer Stellenwert eingeräumt, Vielseitigkeit nicht nur propagiert, sondern auch praktiziert. Wettbewerbsrunden treten in Hintergrund und werden nur als „freundschaftliche Vergleichsbegegnungen" in mehreren Ballspielen durchgeführt. Je nach Alter der Spieler können diese den einzelnen Ausbildungsstufen dieses Fachbuchs entnommen werden.

Dieses Modell verlangt sicherlich die wenigsten strukturellen Änderungen, bereitet doch aber einige Probleme in Bezug auf die kindgerechte Ausstattung mit Trainingsmaterialien und Trainingsstätten. Auch sind die Anforderungen an den Trainer ungleich höher, sollte er doch auf Erfahrungen in verschiedenen Ballspielen zurückgreifen können und Kenntnisse von einer kindgerechten Ausbildung besitzen. Außerdem ist dieses Modell nur umsetzbar bei einer entsprechenden Anzahl von Kindern.

3b: Die Nachteile des Modells 3a können durch die Kooperation mehrerer Sportvereine vor Ort umgangen werden. Das kindgerechte Equipment, Trainingsstätten, ggf. fachspezifische Kenntnisse sind bereits vorhanden, wenn sich die Übungsleiter oder Trainer der kooperierenden Vereine in den verschiedenen Ausbildungsetappen abwechseln. Dabei können die Kinder über einige Wochen oder Monate hinweg in den motorischen Grundlagen wie auch in einem speziellen Ballspiel unterrichtet werden. Das größte Problem dürfte hierbei in der Planung und Organisation der Trainingstermine liegen. Sicherlich wäre es auch sinnvoll, für jede Trainingsgruppe einen festen Betreuer und Leiter zu installieren, der als Bezugsperson für die Kinder und Ansprechpartner für die Eltern fungiert.

Wie in der sportmotorischen Ausbildung gibt es bei der praktischen Umsetzung der KI-BASS keinen „Königsweg". Bestimmend sind in erster Linie die Bedingungsfelder vor Ort, die im Wesentlichen von der Infrastruktur der Sportstätten, der Anzahl der Sportvereine und der interessierten Kinder und besonders von kompetenten Trainern abhängig sind. Unabhängig von gesellschaftlichen Strömungen zeigt es sich im Sport immer wieder, dass auch dort ein reger Zulauf verzeichnet werden kann, wo einfach Qualität anzutreffen ist. So darf der Autor hoffen, mit diesem Fachbuch einen Beitrag zu leisten, dass sich die Vereine in der Kinder-Ballspielausbildung zu neuen Wegen aufmachen, um unsere Kinder fachlich und in ihrer Persönlichkeit so fördern zu können, dass nicht die Mehrzahl im Alter von 15 Jahren zu den ehemaligen Vereinsspielern gehört.

Praxisteil: Jugend-Ballspielschule

Die Jugend-Ballspielschule sollte zunächst dem Grundsatz folgen: „Kinder dort abholen, wo sie angekommen sind!" In der Kinder-Ballspielschule endet die spielspezische Ausbildung im Basket-, Fußball-, Handball- und Hockeyspiel mit der Spielsituation (1)+4:4+(1). Somit sind den Schülern alle Spielpositionen bekannt und sie sind in der Lage, in der Grundordnung der Raute ihre Spiele zu bestreiten. Durch die Vorgabe der Mann-Mann-Verteidigung in dieser Altersgruppe wirkt das Spiel noch sehr statisch und es „lebt" von den Einzelaktionen der Spieler. Mit der zunehmenden kognitiven Reife setzt allmählich die Fähigkeit ein, taktisch denken zu lernen, wodurch sich das Zusammenspiel auf höhere Qualitätsstufen führen lässt. Dazu sind nun die Ausdifferenzierungen des individualtaktischen Verhaltens auf den einzelnen Spielpositionen nötig. Eine Sonderstellung erfährt in diesem Zusammenhang das Freilaufen, durch das die Spieleröffnung bzw. Angriffsauslösung erst möglich wird. Die grundlegenden „Basics" dafür wurden bereits in der Kinder-Ballspielschule angelegt, jetzt gilt es, diese in komplexeren Drucksituationen in Verbindung mit den entsprechenden spezifischen Balltechniken anzuwenden. Um in der Spielfortsetzung ein wildes „run and gun" oder „kick and rush" zu vermeiden, wird über die Einführung gruppentaktischer Maßnahmen das Spielverständnis schrittweise weiter entwickelt und in die komplexen Mannschaftsspiele integriert.

12 Stufe 3 – Von der individual- und gruppentaktischen Ausbildung zu den Mini-Sportspielen (1)+4:4+(1)

Bausteine:
- **Ballkoordination, motorische Grundtätigkeiten**
- **Technische und individualtaktische Basiselemente**
- **Gruppentaktik**
- **Taktik der Mini-Sportspiele**

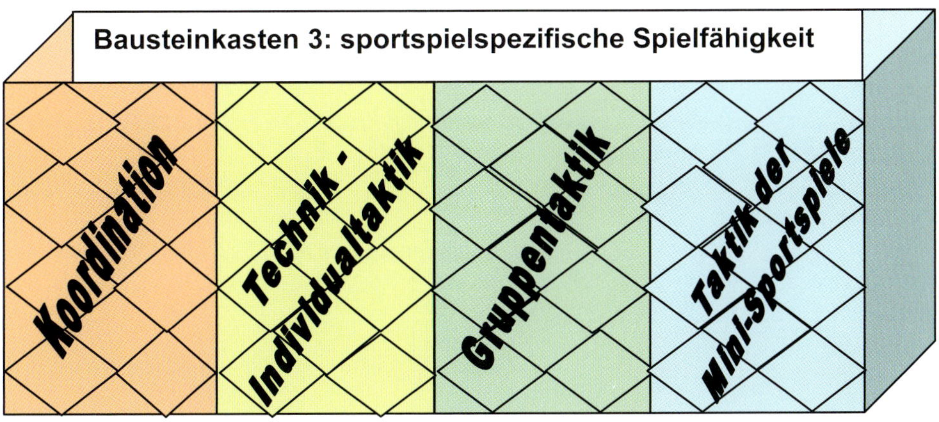

Abb. 12.1: Bausteinkasten 3

12.1 Baustein 1: Koordination/motorische Grundtätigkeiten

Der Bausteinkasten 3 enthält neben diesem Baustein drei weitere Module, in denen jeweils das taktische Lernen im Mittelpunkt steht. Taktisches Lernen in den Zielschussspielen verlangt eine gemeinsame kommunikative Basis in Form einer klar verständlichen Fachsprache, die es mit den Spielern zu entwickeln gilt. Außerdem sind Konzentration und die Bereitschaft zum Mitdenken nötig, die sich bereits durch das Koordinationstraining fördern lassen.

Die Spielphilosophie, technisch einfach zu spielen, d.h. in allen drei Zielschussspielen mit kurzen Pässen zu agieren, die genau zugespielt und sicher angenommen werden können, lässt sich nur realisieren, wenn die Spieler in der Lage sind, Spielsituationen richtig wahrzunehmen und in der Angriffsauslösung durch abgestimmte Verhaltensweisen und Laufwege den Gegner zu verwirren, wodurch sich Lücken im gegnerischen Abwehrverbund ergeben. Die Wahrnehmung und Umsetzung vorgegebener Bewegungsabfolgen kann im Koordinationstraining bereits vorweggenommen werden. Koordinative Übungen lassen sich mitunter auch in Aufstellungsformen durchführen, wie sie im Spiel auftreten, jedoch noch ohne Gegenspieler und somit in erleichterter Form. Für die Abstimmung der gemeinsamen Spielhandlungen sind Auslösezeichen nötig, die in die koordinative Schulung ebenfalls aufgenommen werden können. In Verbindung mit der Koordination von Lauf- und Passwegen fördern die Spieler ihr Arbeitsgedächtnis und entwickeln ein entsprechendes Zeit- und Raumgefühl. Durch eine Schulung der dafür relevanten koordinativen Fähigkeiten lassen sich nicht nur die spätere motorische Umsetzung vorbereiten und taktische Lernprozesse bereits „vorentlasten", sondern auch die notwendigen inneren Voraussetzungen gezielt anlegen und entwickeln. Ebenso werden durch komplexere koordinative Übungen hohe Anforderungen an die Lern- und Anstrengungsbereitschaft des Einzelnen gestellt, denn die Aufgaben lassen sich nur im Zusammenwirken aller beteiligten Spieler richtig ausführen. Auch im Spiel können gruppen- und mannschaftstaktische Elemente nur umgesetzt werden, wenn alle Spieler bereit sind, mit den Mitspielern zu kooperieren und Verantwortung für die ihnen zufallenden Aufgaben auf den verschiedenen Spielpositionen zu übernehmen.

Wie dieses koordinative Training aussehen kann, soll an fünf Beispielen exemplarisch aufgezeigt werden. Dabei kann sowohl sportspielübergreifend als auch sportspielspezifisch vorgegangen werden.

12.1.1 Sportartübergreifende Koordinationsschulung von Passarten/-wegen mit verschiedenen Laufarten

Beispiel 1: ***Kombination von Auftaktbewegung, Passart/-weg mit der Laufbewegung in Partnerform***

Organisation:
Die beiden Partner stehen sich in 5–6 m Abstand gegenüber, A mit Ball; in der Mitte zwischen den beiden Spielern befinden sich zwei Hütchen im Abstand von ca. 3 m.

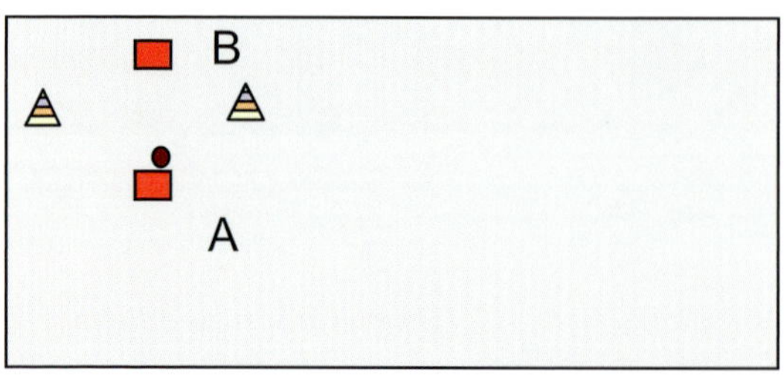

Abb. 12.2

Der Ballbesitzer soll bei allen Bewegungsaufgaben eine Auftaktbewegung vor seinem Pass anwenden. Die Auftaktbewegung gibt den **Laufweg** des Partners nach seinem Rückpass vor. Dazu werden unterschieden:

» 1x prellen = Lauf zum rechten Hütchen und rückwärts zurücklaufen zur Ausgangsposition;
» Passfinte = Lauf geradlinig nach vorne bis zur Linie zwischen den beiden Hütchen und rückwärts zurücklaufen zur Ausgangsposition;
» Schrittfinte = Lauf zum linken Hütchen und rückwärts zurücklaufen zur Ausgangsposition.

Mit den Passarten gibt der passende Spieler dem Partner die **Laufart** vor:

» gerollter Ball mit der Hand = mittleres Lauftempo zur festgelegten Markierung, die mit beiden Händen berührt wird
» Aufsetzerpass = schnelle Seitstellschritte
» Brustpass = Skippings

Um die Spieler nicht zu überfordern, werden die Bewegungsaufgaben schrittweise eingeführt und bis zur Kombination aller Möglichkeiten entwickelt. Nach 6–8 Wiederholungen erfolgt stets Rollenwechsel.

Bewegungsaufgaben:

» A prellt den Ball 1x und rollt den Ball mit der Hand zu B, B rollt den Ball zurück und läuft im mittleren Tempo zum rechten Hütchen und rückwärts zurück zur Ausgangsposition;
» A führt eine Passfinte aus, rollt den Ball mit der Hand zu B, B rollt den Ball zurück und läuft im mittleren Tempo bis zur gedachten Mittellinie zwischen den beiden Hütchen nach vorne und rückwärts zurück zur Ausgangsposition;
» A führt eine Schrittfinte aus und rollt den Ball mit der Hand zu B, B rollt den Ball zurück und läuft im mittleren Tempo zum linken Hütchen und rückwärts zur Ausgangsposition zurück;
» wie oben, jedoch passt A den Ball indirekt als Aufsetzerpass zu. Im ersten Durchgang führt er als Auftakt das Prellen durch, im zweiten die Passfinte und im dritten die Schrittfinte;
» wie oben, jedoch spielt A jetzt Brustpässe zu B. Im ersten Durchgang führt er als Auftakt das Prellen durch, im zweiten die Passfinte und im dritten die Schrittfinte;
» A rollt den Ball mit der Hand und führt zunächst 3x als Auftaktbewegung das Prellen, dann 3x die Passfinte und 3x die Schrittfinte aus. B passt gleich zurück und führt die entsprechenden Fortbewegungsarten aus;
» A entscheidet frei über die Auftaktbewegung und die Passart zu B, der den Ball immer gleich zurückpasst und die Bewegungsaufgaben wie oben festgelegt ausführt.

Beispiel 2: ***Kombination von Pass-/Laufwegen mit verschiedenen Pass-/Laufarten in der Dreiergruppe***

Organisation:

A und C mit jeweils 1 Ball in Gassenaufstellung mit einem Abstand von 10–12 m, B steht in der Mitte zwischen den beiden Spielern mir Blick zu A in einem 1–2 m breiten Offentor. Nach 6–8 Übungsausführungen wechseln die drei Spieler ihre Positionen.

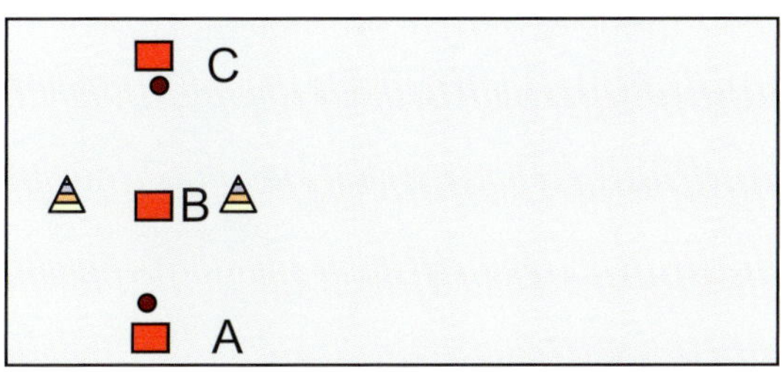

Abb. 12.3

Bewegungsaufgaben:

» A passt zu B mit einem Aufsetzerpass. B spielt den Ball so zurück, läuft in Seitstellschritten um das rechte Hütchen (dreht sich also um 180° und hat somit Blickkontakt zu C) bis zur Ausgangsposition zurück. Dann passt C zu B, der wiederum nach seinem Rückpass nach rechts in Seitstellschritten läuft;

» A passt zu B mit einem Brustpass. B spielt den Ball so zurück, läuft in Seitstellschritten um das linke Hütchen (dreht sich somit um 180° und hat somit Blick zu C) bis zur Ausgangsposition zurück. Dann passt C zu B, der wiederum nach seinem Rückpass nach links in Seitstellschritten läuft;

» A passt zu B entweder mit einem Brustpass oder Aufsetzerpass. B spielt den Ball in derselben Passart zurück. Bei einem Aufsetzerpass läuft er in Seitstellschritten um das rechte Hütchen, bei einem Brustpass um das linke Hütchen;

» A rollt den Ball mit der Hand zu B, der den Ball ebenfalls zurückrollt, Seitstellschritte zum rechten Hütchen ausführt, über das Hütchen springt, sich um 180° dreht, erneut über das Hütchen zurückspringt und in die Mitte des Offentores zurückkehrt. Dann rollt C seinen Ball zu A;

» A passt den Ball mit dem Fuß zu B, der den Ball ebenso zurückpasst, Seitstellschritte zum linken Hütchen ausführt, über das Hütchen springt;

» wie oben, jedoch rollen A oder C den Ball B mit der Hand oder dem Fuß zu, B führt die oben festgelegten Bewegungsaufgaben aus;

» Kombination der vier Passarten, die A und C beliebig auswählen, B führt die entsprechenden Bewegungsaufgaben aus (Aufsetzerpass = Seitstellschritte um rechtes Hütchen, Brustpass = Seitstellschritte um linkes Hütchen, mit Hand gerollter Pass = Seitstellschritte + Sprung über das rechte Hütchen, mit Fuß zugespielter Flachpass = Seitstellschritte + Sprung über das linke Hütchen).

Variation:
B steht in einem Quadrat (2,5 m x 2,5 m) von vier Hütchen. Die vier Passarten bleiben dieselben, die Bewegungsaufgaben von B verändern sich wie folgt:

» Aufsetzerpass = Sprint um das vordere rechte Hütchen

» Brustpass = Sprint um das vordere linke Hütchen

» mit Hand gerollter Pass = Sprint um das hintere rechte Hütchen

» mit Fuß zugespielter Flachpass = Sprint um das hintere linke Hütchen

Anmerkung:

» Die Umsetzung sollte wie oben schrittweise eingeführt werden.

» Bei allen Übungen sollte auf eine flüssige Bewegungsausführung geachtet werden, d. h., das Timing von Passen und Laufen sollte mitgeschult werden.

» Zur Schulung der Koordination unter Zeitdruck lassen sich kleine Wettbewerbsformen durchführen. Dazu müssen aber A und C den Abstand zu B immer gleich halten, damit keine Wettbewerbsverzerrung eintritt. Welche Dreiergruppe kann in einer bestimmten Zeiteinheit die meisten Pässe spielen? Es darf dieselbe Passart nicht zweimal hintereinander eingesetzt werden!

12.1.2 Sportartspezifische Koordinationsschulung von Passarten/-wegen mit verschiedenen Pass- und Laufarten

Beispiel 1: ***Schulung der Koordination von Pass- und Laufwegen in der Dreiergruppe im Basketball***

Organisation:
Dreiergruppe (A, B, C) mit 1 Basketball, Dreiecksaufstellung, Abstand der Spieler ca. 6–7 m, 1 Hütchen pro Dreiergruppe für Laufwegmarkierung.

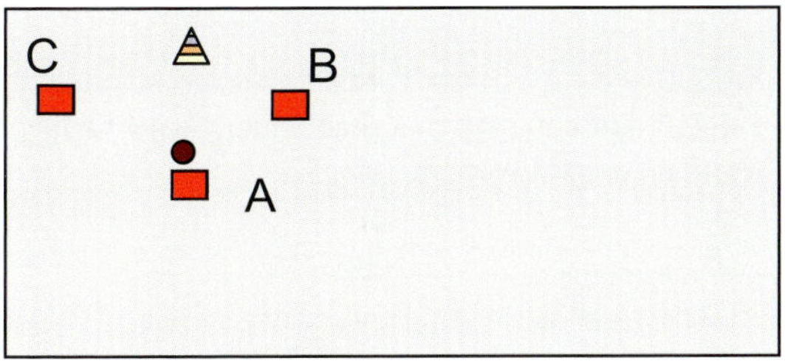

Abb. 12.4

Bewegungsaufgaben:

» A rollt den Ball mit der Hand nach rechts zu B und läuft auf der rechten Seite um das Hütchen auf die Position von C, der A auf der Spielmacherposition ersetzt. B rollt den Ball zurück auf C, der nach rechts zu B rollt (s. Abb. 12.5).

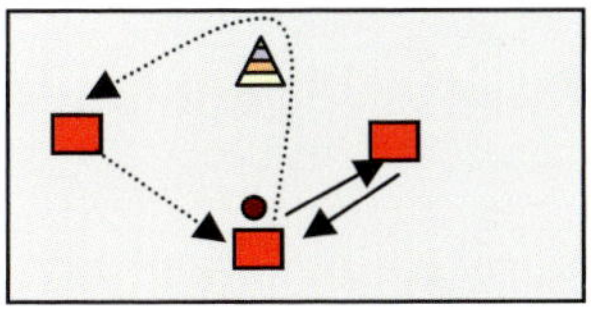

Abb. 12.5

» A rollt den Ball mit der Hand nach links zu C und läuft auf der linken Seite um das Hütchen auf die Position von B, der A auf der Spielmacherposition ersetzt. C rollt den Ball zurück zu B, der nach links zu C rollt.

» Der jeweilige Passgeber auf der Spielmacherposition rollt im freien Wechsel den Ball nach rechts oder links, läuft um das Hütchen auf die ballferne Seite und nimmt die Position des Flügelspielers ein, der ihn mittlerweile auf der Spielmacherposition ersetzt hat. Dadurch entsteht ein sogenanntes Kontinuum, das die drei Spieler immer wieder in dieselbe Dreiecksaufstellung führt. Merke: „Pass nach rechts, lauf rechts am Hütchen vorbei und nach links!“ – „Pass nach links, lauf links am Hütchen und nach rechts!“

Variation: Die drei Übungsformen mit Aufsetzer-, dann mit Brustpässen durchspielen.

» Das Kontinuum wie oben durchspielen, jedoch muss der Rückpass in einer anderen Passart erfolgen.

» Dito, jedoch werden die drei Passarten in bestimmter Reihenfolge (gerollter, aufsetzender, brusthoher Pass) ausgeführt.

» Dito, jedoch wird zusätzlich die Laufart des Spielmachers und ersetzenden Flügelspielers variiert: Hopserlauf, Skippings, Anfersen.

» Vor jedem Pass des Spielmachers laufen die beiden Flügelspieler 2–3 m nach vorne weg, stoppen ab und kommen dem Spielmacher entgegen. Erst dann passt dieser zum rechten oder linken Flügelspieler und das Kontinuum beginnt.

» Die beiden Flügelspieler führen vor dem Pass des Spielmachers einen Hocksprung oder eine Drehung um 360° oder eine Liegestütze aus, bevor das Kontinuum beginnt.
» Der Spielmacher führt vor seinem Pass auf den Flügel eine Passfinte zur anderen Seite aus, bevor er den Ball zum Flügelspieler passt.
» Der Flügelspieler dreht sich bei der Ballannahme in die eigentliche Spielrichtung, führt einen Sternschritt aus und passt dann zu dem neuen Spielmacher zurück.

Beispiel 2: ***Koordination der Freilaufbewegungen im Angriffsdreieck unter besonderer Berücksichtigung der Wahrnehmungsfähigkeit im Fußball***

Organisation:
Alle Spieler werden in Dreiergruppen eingeteilt und mit farbigen Parteihemden als Mannschaft gekennzeichnet. Jede Dreiergruppe mit einem Fußball. Auf den Spielfeldern wird für jede Dreiergruppe eine Raute (Durchmesser ca.10 m) mit Markern ausgelegt.

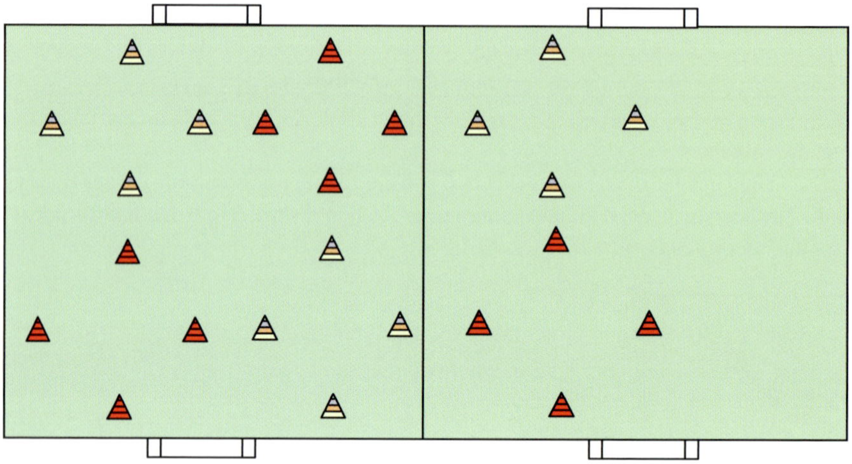

Abb. 12.6

Bewegungsaufgaben:
» Passen an der Raute nach rechts zum Flügelspieler B, der linke Flügelspieler C läuft parallel zum Passweg und baut ein neues Angriffsdreieck auf. B passt zu C, A läuft parallel zum Passweg (s. Abb. 12.7).

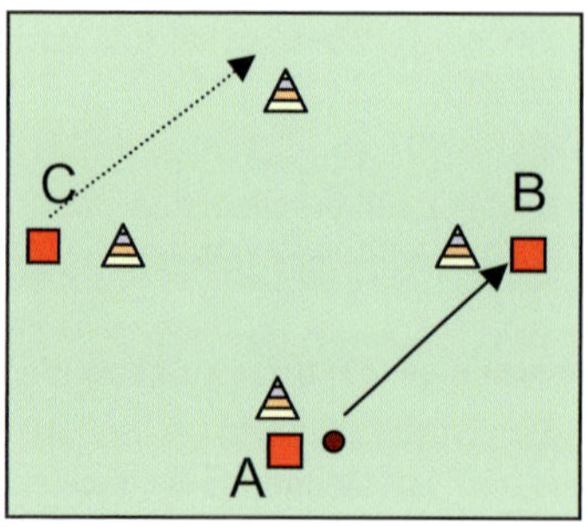

Abb. 12.7

» Passen an der Raute nach links zum Flügelspieler C, der rechte Flügelspieler B läuft parallel zum Passweg und baut ein neues Angriffsdreieck auf. C fängt den Ball mit der Hand und wirft zu B, der den Ball annimmt und mit dem Fuß weiterpasst, A läuft parallel zum Passweg.

» A passt mit dem Fuß nach rechts oder links zum Flügelspieler, der den Ball direkt auf A zurückspielen kann oder auch zum parallel laufenden Flügelspieler ans freie Markierungshütchen passen kann. Dadurch erhöhen sich die möglichen Freilaufbewegungen und die drei Spieler müssen schnell umschalten. Nach 2 Pässen mit dem Fuß wird der Ball zweimal mit der Hand durch Aufsetzerpasse, dann zweimal mit der Hand durch Brustpässe zugespielt.
» A passt nach rechts zum Flügelspieler B, tritt an und zieht zum freien Hütchen an der Rautenspitze. C ersetzt A. Passt B auf A weiter, muss C wieder parallel zum Passweg auf seine vorherige Position zurücklaufen. Passt B auf C zurück, muss A die linke Flügelposition einnehmen. Der erste Pass wird mit dem Fuß, der zweite indirekt als Bodenpass mit der Hand und der dritte Pass als Brustpass gespielt, danach wieder mit dem Fuß.
» A passt mit dem Fuß nach links zum Flügelspieler C, tritt an und zieht zum freien Hütchen an der Rautenspitze. B ersetzt A. Passt C auf A weiter, muss B wieder parallel zum Passweg auf seine vorherige Position zurücklaufen. Passt C auf B zurück, muss A die linke Flügelposition einnehmen.
» A, B und C spielen gemeinsam ein schnelles Kontinuum. Dabei passt A in der Ausgangssituation zu einem Flügelspieler, zieht in der Mitte nach einer Schrittfinte in Richtung gegenüberliegendes Hütchen, biegt aber bei Pass nach rechts zur linken Seite ab, bei Pass nach links zur rechten Seite auf Höhe der mittleren Hütchen ab. Die Flügelspieler passen jeweils auf die Spielmacherposition zurück. Somit entsteht ständig ein neues Angriffsdreieck (s. Abb. 12.8).

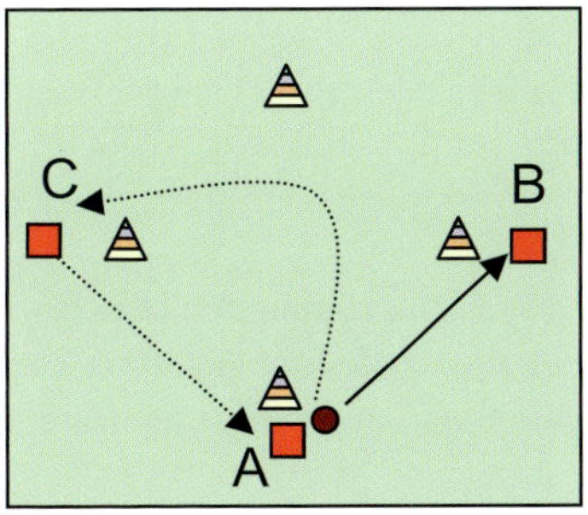

Abb. 12.8

» A dribbelt mit dem Ball vor seinem Hütchen nach rechts und links, B und C umkreisen ihr Hütchen mit ständigem Blick auf A. Wenn dieser in ihre Richtung abspielbereit ist, gehen sie dem Ball kurz entgegen. A passt zu einem Flügelspieler und setzt das Kontinuum wie oben in Gang. Der Flügelspieler passt auf die Spielmacherposition zurück und die Bewegungsaufgaben beginnen wieder von vorne.

Variation: B und C springen fortwährend über das Hütchen oder umkreisen alternierend mit einem Fuß das Hütchen wie beim „Übersteiger“ den Ball.

Beispiel 3: ***Koordination der Stoßbewegungen im Angriffsdreieck unter besonderer Berücksichtigung der Wahrnehmungsfähigkeit im Handball***

Organisation:
Alle Spieler werden in Vierergruppen eingeteilt und mit farbigen Parteihemden als Mannschaft gekennzeichnet. Die vier Spieler stellen sich als Raute auf (Durchmesser 7–8 m). Pro Vierergruppe 1 Ball, der zu Beginn in der Mitte der Raute liegt.

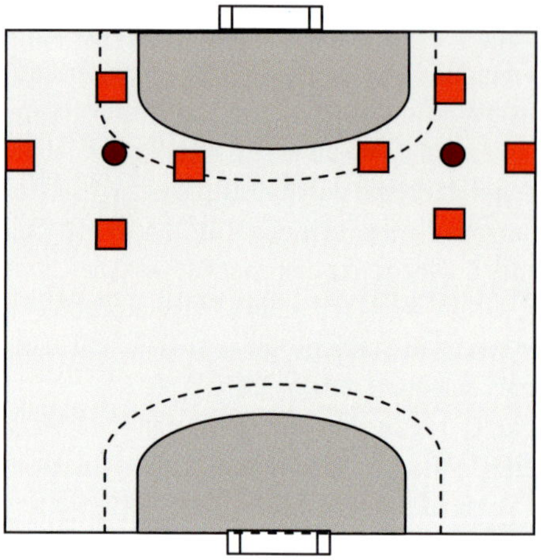

Abb. 12.9

Bewegungsaufgaben:

» Die vier Spieler laufen geradlinig zur Mitte der Raute und berühren den Ball mit der rechten Hand (= 1). Anschließend laufen sie rückwärts auf ihre Ausgangsposition zurück;
» dito, jedoch den Ball mit der linken Hand berühren (= 2);
» dito, jedoch klatschen sich die beiden frontal aufeinander zulaufenden Spieler mit der rechten Hand ab (= 3) und berühren den Ball mit der linken Hand;
» dito, jedoch klatschen sich die beiden frontal aufeinander zulaufenden Spieler mit der linken Hand ab (= 4) und berühren den Ball mit der linken Hand;
» dito, jedoch klatschen sich die beiden frontal aufeinander zulaufenden Spieler mit beiden Händen ab (= 5) und berühren den Ball mit beiden Händen.
» Die vier Spieler verändern in der Vorwärtsbewegung ihre Fortbewegungsart (Anfersen, Skippings, Hüpfen auf einem Bein). Der Mannschaftsführer der vier Spieler gibt in der Vorwärtsbewegung die Art des „Abschlagens und der Ballberührung" in der Mitte vor (Aufruf der Zahlen 1–5).
» A ist in der Raute im Ballbesitz. Er passt nach rechts zu B, startet drei Schritte nach vorne (links – rechts – links) und schnell wieder rückwärts zurück. Währenddessen passt B zu C;
» dito, jedoch im Uhrzeigersinn;
» A ist in der Raute im Ballbesitz (Abb. 12.10). Der rechte Nebenmann des Ballbesitzers (B) stößt zur Mitte und bekommt den Ball am Mittelpunkt zugerollt. Von dort aus rollt er den Ball zum gegenüberstehenden Spieler (D) weiter. Nun stößt A zur Mitte, bekommt den Ball von D zugerollt und rollt zu C weiter. Die vier Spieler laufen nach ihrem Pass von der Mitte schnell zur Ausgangsposition zurück;

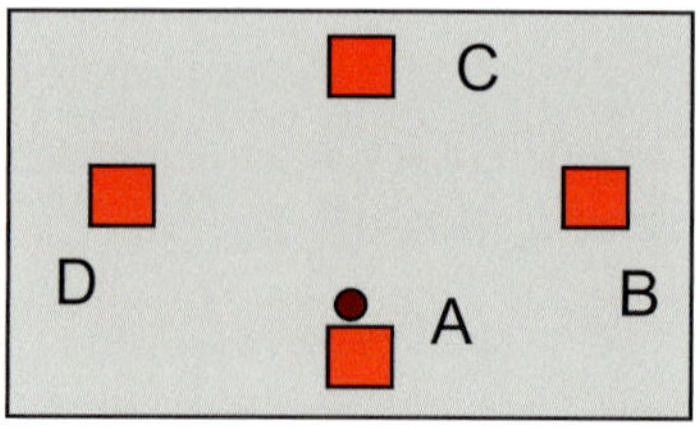

Abb. 12.10

» dito, jedoch wird der Ball als Aufsetzerpass zugespielt;
» dito, jedoch wird der Ball als Brustpass zugespielt;
» A in Ballbesitz, B stößt nach innen zur Mitte der Raute und erhält den Ball in der Vorwärtsbewegung zugepasst, fängt den Ball, läuft bis zum Mittelpunkt und passt dem zur Mitte

stoßenden C zu, der zu dem stoßenden D weiterpasst, alle Spieler laufen schnell rückwärts auf ihre Ausgangsposition;

» dito, jedoch im Uhrzeigersinn (A passt zu D, D zu C, C zu B, B zu A);
» A in Ballbesitz, B stößt nach innen zur Mitte der Raute. Wenn er den Ball wie bisher als Brustpass zugespielt bekommt, passt er weiter auf C. Erhält B aber den Ball als Aufsetzer in der Vorwärtsbewegung zugepasst, spielt er den Ball geradlinig nach vorne zu D. Damit wechselt die Spielrichtung und C stößt in die Mitte.

Anmerkung:
Die Koordinationsschulung im Handball ist in erster Linie auf die Kombination mehrerer Bewegungsaufgaben in Verbindung mit der Stoßbewegung des Spielers und dem damit verbundenen schnellen Zurücklaufen auf die Ausgangsposition ausgerichtet. Viele Schüler verraten große Probleme bei der sofortigen Ausführung der Rückwärtsbewegung. Sie bleiben zunächst stehen und beobachten den Partner bei dessen Ballaktion. Außerdem sollen die Schüler an die zu erarbeitende zeitliche und räumliche Abstimmung von Laufbewegungen bereits in der Koordinationsschulung herangeführt werden.

12.2 Baustein 2: Technische und individualtaktische Basiselemente

Bei einer funktionierenden Mann-Mann-Verteidigung sehen sich die Angreifer in Spielen mit reduzierter Mannschaftsstärke auf kleineren Spielfeldern ständig einem direkten Gegenspieler gegenüber. Durch die daraus resultierende Drucksituation kommt das Spiel nur sehr schwer in Gang, die Spieler haben trotz des Angriffsdreiecks Mühe, sich des ständigen Gegnerdrucks zu entledigen, einen Bewegungsvorsprung zu erzielen und sich somit Zeit und Raum für die notwendige Ballkontrolle, die Informationsverarbeitung und den Entwurf von Handlungsplänen zu verschaffen. Das Grundprinzip des Angriffsspiels „Passen und Laufen" wird bis jetzt nur unzureichend umgesetzt, das Kombinationsspiel gerät noch oft durch Fehlpässe oder Fehler in der Ballannahme ins Stocken, der Raumgewinn ist oft nur gering und wird meist von den herausragenden Spielern durch ein Dribbling realisiert. Unterstützende Maßnahmen wie das Passen und Annehmen in vereinfachten Übungsformen leisten hier ebenso wenig Abhilfe wie häufig zu vernehmende Lehrerimpulse im Spiel: „Freilaufen! Ihr müsst euch bewegen!" Die Schüler würden es wahrscheinlich gerne tun, wenn sie es könnten.

Deshalb rücken zunächst die individualtaktischen Maßnahmen in den Mittelpunkt der Ausbildung. Diese ist so anzulegen, dass Spieler durch ihr individualtaktisches Verhalten in Situationen geraten, die sie mit relativ einfachen technischen Mitteln lösen können. Häufig spielen Kinder und Jugendliche viel zu komplizierte Pässe, die von ihren Mitspielern nicht verarbeitet werden können. Erst wenn Spieler in der Lage sind, individualtaktisch angemessen zu agieren, ist eine weitere Ausdifferenzierung zu gruppentaktischen Angriffsmaßnahmen sinnvoll und verspricht Erfolg. Da diese Fertigkeiten und Fähigkeiten vornehmlich im Spiel erlernt werden, ist es wichtig, dass diese Aspekte so „spielnah" wie möglich umgesetzt werden.

Um sich des direkten Gegnerdrucks entziehen und einen Bewegungsvorsprung in der Angriffsauslösung erzielen zu können, werden die folgenden individualtaktischen Angriffsmittel benötigt:

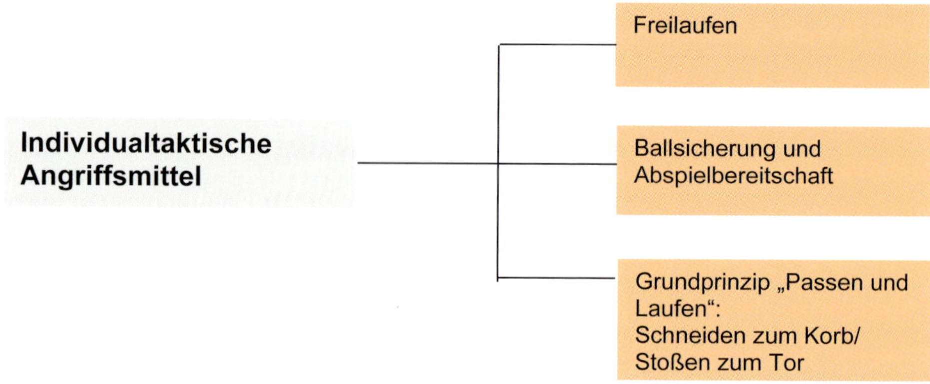

Abb. 12.11: Individualtaktische Angriffsmittel

Für das Abwehrverhalten im Gleichzahlspiel müssen die Abwehrspieler über die folgenden individualtaktischen Abwehrmaßnahmen verfügen:

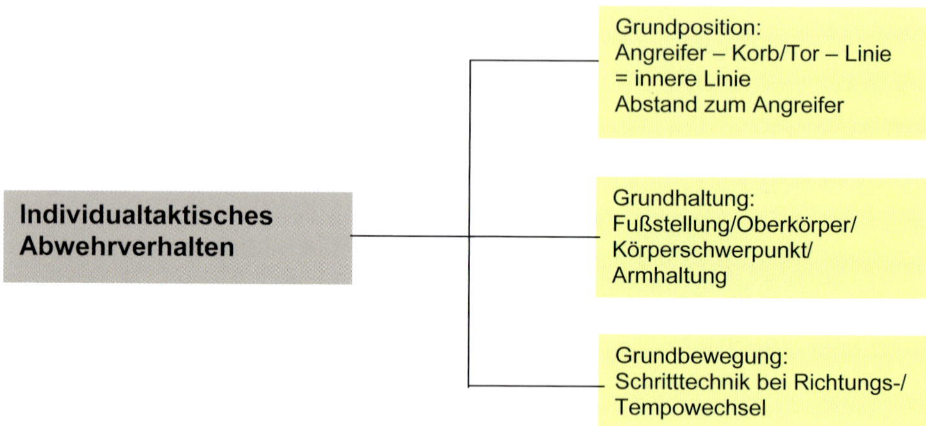

Abb. 12.12: G-3-Abwehrmaßnahmen

In den Lektionen 1 und 2 wird in jedem Zielschussspiel zuerst die individualtaktische Ausbildung der einzelnen Spielpositionen in der Dreiecksaufstellung Schritt für Schritt vorgenommen. Die dazu erforderlichen Techniken sollen vornehmlich in spielnahen Situationen und begleitenden Übungsformen gefestigt werden, allerdings primär unter dem Aspekt der funktionalen Lösung, nicht unter der Zielsetzung einer Perfektionierung isolierter Techniken.

12.3 Baustein 3: Gruppentaktik

Nach HAGEDORN bezeichnen wir mit Gruppentaktik „die planbaren Möglichkeiten (Handlungsprogramme) der Spielenden, Spielsituationen im Sinne ihres Spielziels gemeinsam mit Teilen der Mannschaft zu bewältigen und solche Spielsituationen zu schaffen, die die Erfüllung ihrer gemeinsamen Spiel- und Erfolgserwartungen wahrscheinlich(er) machen.“ (Hagedorn, 1996, S.194)

Der Übergang von der individualtaktischen Ausbildung zu gruppentaktischen Maßnahmen wird durch das Schneiden/Ziehen/Stoßen der Spieler zum Ziel eingeleitet. Die Erfolgserwartung kann jedoch nur wahrscheinlicher werden, wenn die Spieler nicht nur spontan irgendwohin laufen, sondern das Freilaufen vor allem in der Angriffsauslösung aus der Grundordnung des Angriffsdreiecks so aufeinander abzustimmen lernen, dass die drei Angreifer den Handlungsplan ihres Mitspielers erkennen können. Deshalb werden im Sinne des integrativen und qualitativen Lernens in der Folge solche gruppentaktischen Maßnahmen ausgewählt, die im jeweiligen Zielschussspiel und in einem sportspielübergreifenden Ansatz eine bedeutende Rolle einnehmen.

Besonderer Hinweis:
Die Einführung von gruppentaktischen Maßnahmen in der Spieleröffnung darf nicht als „stupides Einpauken" von Spielzügen verstanden werden. Gruppentaktische Maßnahmen gegen eine geordnete gegnerische Verteidigung sollen der abgestimmten Angriffsauslösung dienen. Sobald sich dadurch eine Möglichkeit für den Durchbruch oder für einen einfachen „finalen" Pass ergeben, soll die gruppentaktische Maßnahme mit der konvergenten Lösung aufgehoben werden. Dadurch sollen die Spieler lernen, den Angriffsabschluss mit der einfachsten Lösung vorzunehmen.

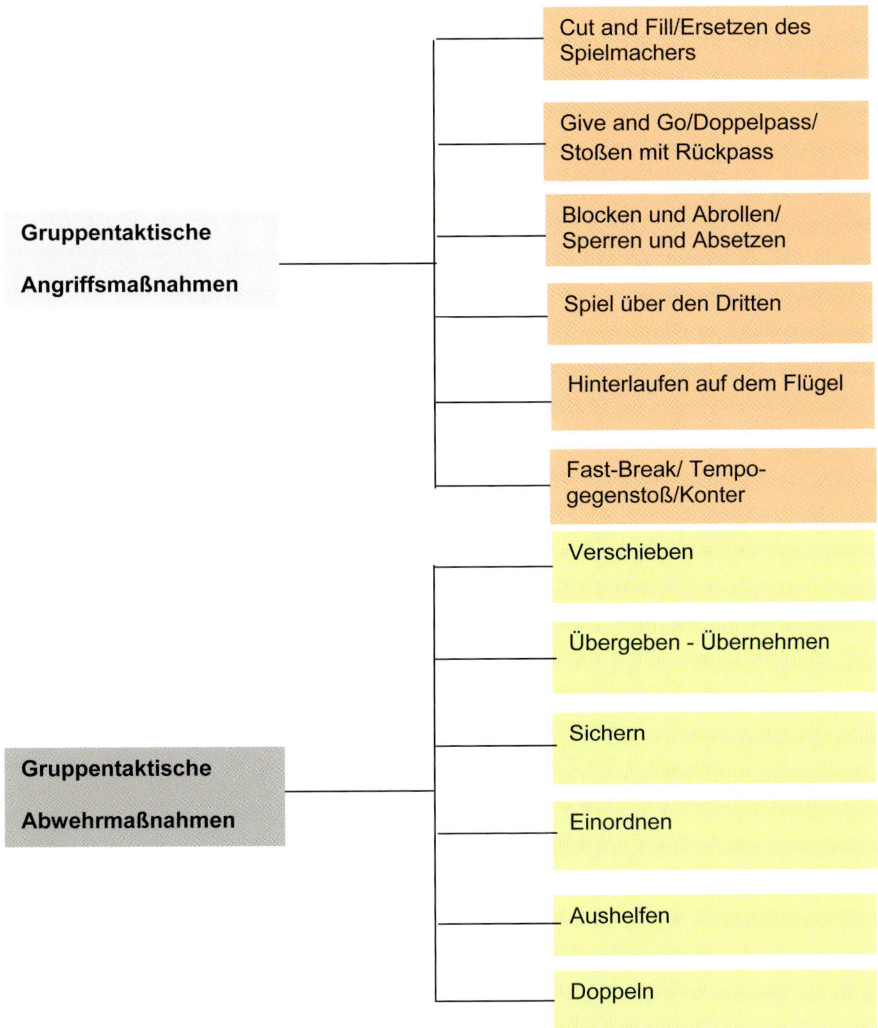

Abb. 12.13: Gruppentaktische Angriffs- und Abwehrmaßnahmen

Die gruppentaktische Ausbildung ist als langjähriger Prozess zu sehen und dauert in der Schule von der Mittel- bis zur Oberstufe an. Im Verein kann eine effektive Ausbildung der einfacheren Elemente bei den D-Junioren begonnen werden. Ihr Gelingen ist von der Bereitschaft der Schüler abhängig, in der Spielvermittlung konzentriert und engagiert mitzuwirken und das Spiel nicht nur als unverbindliches Tun und Chance des „sozialen Faulenzens“ zu sehen.

In der ständigen Kleingruppenarbeit ist es dem einzelnen Schüler nicht möglich, sich herauszunehmen oder sogar unterzutauchen. Deshalb wird die gruppentaktische Ausbildung in der kleinstmöglichen Mannschaftsstärke mit drei Spielern angegangen und darauf ausgerichtet, durch Positionswechsel vielfältige Anforderungen im Angriffs- und Abwehrspiel an den Einzelnen zu stellen und somit eine universelle Ausbildung zu gewährleisten. Jeder Spieler sollte die Chance erhalten, als Spielmacher wie auch als Flügelspieler zu agieren und somit vielseitig gefördert zu werden. Die Überschaubarkeit der Spielsituation (1)+3:3+(1) mit ihrer bekannten Struktur kann ihnen dabei ebenso helfen wie die Reihung der gruppentaktischen Handlungsabläufe im Ausbildungsprozess nach dem methodischen Grundsatz „vom Leichten zum Schweren“. Trotzdem können wir nicht erwarten, dass alle Spieler alles bzw. dasselbe lernen. Leistungsunterschiede werden in Schulklassen wie in Vereinsmannschaften immer anzutreffen sein, da sie letztendlich das Resultat personaler Dispositionen und sozialisationsbedingter Entwicklungsfaktoren sind. Doch gerade in dieser Heterogenität liegt auch der Reiz und die besondere Chance der Sportspiele: die unterschiedlichen Fähigkeiten der Spieler so einzusetzen, dass sich daraus ein gut funktionierendes Team entwickelt. Dazu sind Planungs-, Kommunikations- und Reflexionsphasen nötig, die in der Spielausbildung häufig zu kurz kommen. Diese in die Spielausbildung zu integrieren, bietet sich vor allem bei der Erarbeitung gruppentaktischer Maßnahmen an, da hier verbindliche Aktionen mit überprüfbaren Kriterien vorliegen. So entwickeln sich durch verschiedene Interaktionsprozesse in der Spielausbildung soziale und personale Kompetenzen implizit. Die Sportspiele unterliegen dadurch keiner Funktionalisierung und entsprechen der Erwartungshaltung der Spieler, sobald diese erkennen, dass sie als Team agieren können und in ihrem Spielniveau Fortschritte erzielen.

Da sich Schüler und Jugendspieler mit Recht in jeder Unterrichtstunde ein Abschlussspiel wünschen, ist es durchaus angebracht, die erarbeitete(n) gruppentaktische(n) Maßnahme(n) mit dem Abschlussspiel zu verknüpfen. Dazu eignen sich in erster Linie die Minisportspiele (1)+4:4+(1).

12.4 Baustein 4: Taktik der Mini-Sportspiele (1)+4:4+(1)

Die Spielformen (1)+4:4+(1) im Basket-, Fuß- und Handball werden hier als „Mini-Sportspiele“ bezeichnet, weil sie in der kleinstmöglichen Struktur dem Charakter der institutionalisierten Zielspiele voll entsprechen. Durch die Integration des vierten Feldspielers lässt sich die Aufstellungsform in zwei oder drei Linien umsetzen. Damit entspricht sie in der vertikalen Struktur häufig anzutreffenden Spielsystemen.

Die Erweiterung der Mannschaftsstärke um eine Position ist für die Spieler nicht neu. Schon auf der Stufe 2 haben sie zu viert in Überzahl- und Gleichzahlspielen agiert. Damals wurde der vierte Spieler als „Kopf“ der „Vogel- oder Drachenaufstellung“ eingeführt, wodurch permanente Angriffsdreiecke und somit zwei alternative Abspielmöglichkeiten gegeben waren.

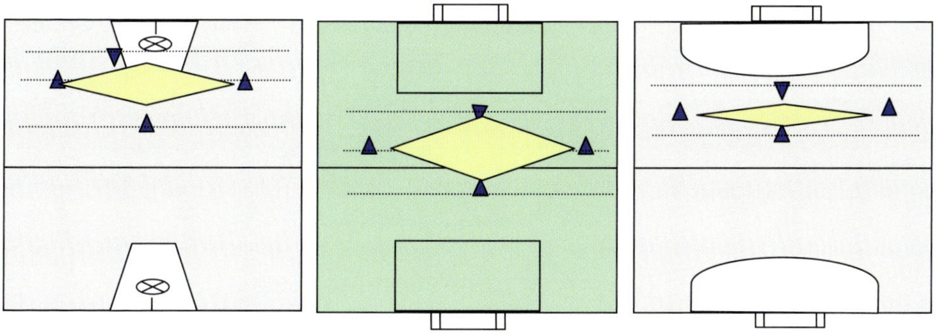

Abb. 12.14: Die Angriffsformation der Raute im BB, FB, HB in ihrer vertikalen Struktur

Auf dieser Spielstufe muss jetzt diese Position spielspezifisch ausdifferenziert und in das Zusammenspiel mit dem Spielmacher und den beiden Flügelspielern eingebunden werden. Da bei gruppentaktischen Spielhandlungen in der Schule und in Juniorenmannschaften kaum mehr als drei Spieler beteiligt sind, kann diese Erweiterung als Übergang zum reduzierten Mannschaftsspiel angesehen werden. Das Spiel wird in seiner vertikalen Struktur nun in zwei oder drei Angriffslinien gegliedert, wodurch sich die divergenten Handlungsmöglichkeiten einer Mannschaft zusätzlich enorm erhöhen. Die Intention sollte jedoch sein, den vierten Spieler unter dem Aspekt der konvergenten Lösung in das Spiel einzubeziehen, da er seinen Wirkungskreis in der Nähe des Korbes oder Tores einnimmt und somit für den Angriffsabschluss prädestiniert ist. Die gruppentaktischen Angriffsmaßnahmen sind folglich auch darauf auszurichten, den „Kopf" einfach und effektiv einzusetzen und ihm die Abschlusshandlung zu ermöglichen. Es muss nicht ein Cut and Fill gespielt oder eine Sperre gesetzt werden oder ein Hinterlaufen stattfinden, wenn es dem „Kopf" gelingt, sich von seinem direkten Gegenspieler abzusetzen und sich in der Nahzone des Zieles anspielen zu lassen. Die einfache Lösung von Spielsituationen verlangt mit dem Blick in die Tiefe eine Erweiterung der Wahrnehmungsleistung, zu der die Spieler allmählich auch in der Lage sein müssten, da sie die Spielstruktur im Angriffsdreieck verinnerlicht haben sollten.

Andererseits kann die Anwendung der gruppentaktischen Maßnahmen nur gelingen, wenn sich die Angriffsspitze taktisch richtig verhält und den Mitspielern nicht im Wege steht oder durch nicht adäquate Freilaufbewegungen deren Umsetzung stört. Deshalb müssen jetzt seine Aktionen mit dem Spielverhalten des bisherigen Angriffsdreiecks abgestimmt und koordiniert werden.

Der vierte Spieler agiert dort, wo es eng ist, wo es „weh tut", weil dort, im Angriffszentrum, die „Ballung" vieler Spieler stattfindet. Folglich sollte er besondere körperliche Fähigkeiten mitbringen: im Basketball vor allem Körpergröße und Sprungkraft, im Handball Kraft und Wendigkeit, im Fußball Schnelligkeit und Durchsetzungsvermögen. Spielsituationen auf engem Raum erfordern ebenso eine hohe Handlungsschnelligkeit, die mit dem Spielverständnis zusammenhängt. Da der „Kopf" sehr oft mit dem Rücken zum Ziel steht oder sich bewegt, braucht er eine gute Orientierungsfähigkeit und Spielantizipation. Außerdem sollte er die Ballannahme mit schnellen Drehungen zum Ziel kombinieren können, wodurch sich eine hohe Aktionsschnelligkeit ergibt. Für den Angriffsabschluss sind variable und präzise Wurf- und Schusstechniken nötig.

Daraus leiten sich die weiteren Ausbildungsinhalte dieses Bausteins ab. Jedoch soll auch hier der Schwerpunkt zunächst stärker auf die taktische Integration als auf die technische Ausbildung gelegt werden.

Tab. 12.1: Sportspielspezifische Bezeichnung/Funktion des vierten Spielers (Center, Sturmspitze, Kreisläufer)

Sportspiel	Basketball	Fußball	Handball
Bezeichnung	Center	Sturmspitze – zentral	Kreisläufer
Funktion/Aufgaben	Vollstrecker (Körbe/Tore erzielen) in Lücken stoßen Abwehrspieler binden Anspielstation mit dem Rücken oder in offener Seitstellung zum Ziel; Lücken, Durchbruchsräume durch seitliches Freilaufen schaffen		
	Block stellen Rebound Brettverteidiger	Wandspiel Aufbauspiel des Gegners stören	Sperre setzen

Zwei weitere wichtige Komponenten der Mannschaftstaktik sind **das Umschalten von Abwehr auf Angriff** und umgekehrt **von Angriff auf Abwehr**, in denen die ganze Komplexität des Spiels, seine Attraktivität und Dramatik zum Ausdruck kommt. Gleichzeitig spiegelt sich in den Momenten „Ballgewinn – Ballverlust" die Schwierigkeit des Sportspielunterrichts wider.

Ballgewinn von Mannschaft A bedeutet Ballverlust von Mannschaft B.

Unter mannschaftstaktischen Gesichtspunkten heißt das, dass vier bzw. fünf Spieler blitzschnell von Angriff auf Abwehr und vier bis fünf Spieler von Abwehr auf Angriff umstellen müssen. Dies erfordert Fähigkeiten und Fertigkeiten aller Spieler in allen leistungsrelevanten Faktoren der Handlungskompetenz, denn das Phänomen „Ballgewinn – Ballverlust" tritt im Spiel ganz verschiedenartig auf:

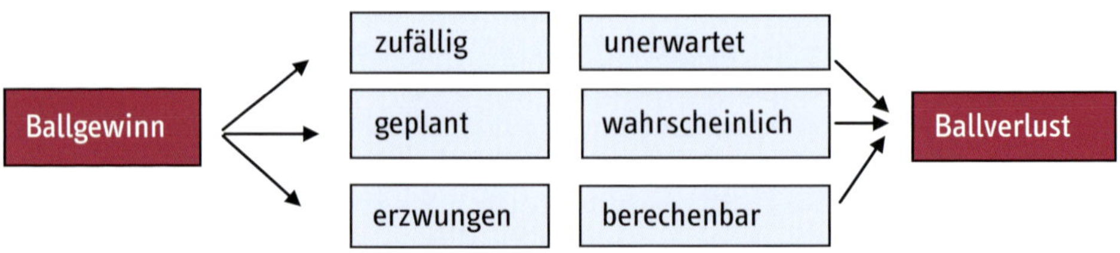

Letztendlich geht es beim Umschalten von Angriff auf Abwehr und umgekehrt nicht nur um Spielverständnis, sondern auch um Reaktionsschnelligkeit, Konzentrationsfähigkeit, Einstellungen und Haltungen, worin sich letztendlich die Qualität und der „Charakter" einer Mannschaft zeigen. Sich in eine Mannschaft zu integrieren, Teamfähigkeit zu beweisen und emotionale Stärke an den Tag zu legen, bilden sich nicht zwangsläufig von alleine aus, sondern verlangen eine gezielte Förderung durch entsprechende Aufgabenstellungen, mit denen sich sowohl die fachlichen als auch die personalen und sozialen Kompetenzen entwickeln lassen. Wer nach einem Angriff ständig stehen bleibt, um zu lamentieren, Mitspieler zu kritisieren oder sich zu erholen, gibt das Mannschaftsgefüge auf.

Eine ganz besondere Rolle kommt bei diesem Thema der Beurteilung von Spielsituationen nach Erfolgs- oder Misserfolgswahrscheinlichkeit zu. Die Grundlage dafür bilden Selbst- und Fremdeinschätzung des Leistungsvermögens der Mit- und Gegenspieler, woraus sich die Mannschaftstaktik und die Spielphilosophie im Spannungsfeld von Sicherheitsdenken oder Risikofreude ergeben.

Taktikunterricht in den Sportspielen muss nicht zuletzt deshalb unter dem Leitsatz „Was passiert, wenn ...“ ablaufen. Mit taktischen Grundsätzen lassen sich erste Vorstellungen vom gemeinsamen Agieren entwickeln.

Das Umschalten von Abwehr auf Angriff und von Angriff auf Abwehr läuft in allen drei Zielschussspielen in derselben Phasenstruktur ab:

Tab. 12.2: Umschalten von Abwehr auf Angriff/von Angriff auf Abwehr

Umschalten von Abwehr auf Angriff	Umschalten von Angriff auf Abwehr
1. Ballgewinn 2. Analyse der Spielsituation (Wahrnehmung – Handlungsplan entwerfen – Entscheidung) 3. Handlungsausführung in der Interaktion mit Mitspielern: – Ballsicherung oder schneller Balltransport – schnelle Ab-/Anspielmöglichkeit durch Aufbauen der Grundordnung des Angriffsspiels schaffen – Anwendung gruppentaktischer Angriffsmaßnahmen zum Herausspielen von Abschlussmöglichkeiten – Abschluss der Angriffshandlung	1. Ballverlust 2. Analyse der Spielsituation: Wahrnehmung – Handlungsplan entwerfen – Entscheidung) 3. Handlungsausführung in der Interaktion mit Mitspielern: – Ball nachjagen oder sich zurückziehen hinter den Ball – Grundordnung einnehmen (innere Linie und Rautenaufstellung) – Anwendung gruppentaktischer Abwehrmaßnahmen zum Abschirmen des Ziels und zum Ballgewinn – Abwehren der Abschlusshandlung

Zu den wesentlichen taktischen Mitteln gehören das Öffnen des Spiels, wodurch freie Räume für individuelle Angriffsaktionen geschaffen werden sollen, das schnelle Spiel in die Tiefe, die Spielverlagerung und die Ballsicherung. Letztere wird gebraucht, um den Ball in den eigenen Reihen halten zu können und die Grundordnung für das Angriffsspiel herzustellen, aus der die gruppentaktischen Angriffsmaßnahmen ausgelöst werden können, vor allem wenn es dem Gegner gelingt, schnell auf das Abwehrspiel umzuschalten und in der Defensive geordnet zu stehen. Als Gegenmaßnahmen sind beim Umschalten von Angriff auf Abwehr das Schließen der Angriffsräume durch kompakte Organisation und Verschieben, das schnelle Zurückziehen hinter den Ball und das rechtzeitige Stellen des Ballbesitzers, das Herausspielen und Abfangen des Balls von besonderer Bedeutung.

Zusammenfassung und didaktisch-methodische Konsequenzen:
Die methodische Umsetzung dieser taktischen Elemente kann vor allem durch die geschickte Abstimmung der Steuerungsvariablen des Spiels vorgenommen werden. Mit einfachen Zusatzregeln können zunächst einzelne mannschaftstaktische Verhaltensweisen spielerisch-implizit ausgebildet werden. Im weiteren Verlauf müssen diese positionsspezifisch ausdifferenziert werden, wodurch eine explizite Vorgehensweise unumgänglich sein wird. Als Methode eignet sich hierzu eine Sonderform des spielgemäßen Vermittlungsansatzes, das **Taktik-Spielkonzept** (Kap. 7.1.7). Hierbei sollen die Spieler zunächst lernen, **was sie zu tun haben.** Durch die Inszenierung von Lernsituationen in sogenannten Konfrontationsspielen finden die Spieler erste Gelegenheit, sich mit dem Thema praktisch auseinander zu setzen. In Reflexionsphasen werden anschließend die notwendigen Inhalte und taktischen Maßnahmen besprochen und in anschließenden Übungsphasen erarbeitet. Dadurch lernen die Spieler, **wie sie es zu tun haben.** Damit das „Wie“ aber im Spiel zur Anwendung kommen kann, ist es unbedingt erforderlich, unverzüglich in die nächste Spielphase einzusteigen. Somit rückt die „Spielstraße“ in den Mittelpunkt des Unterrichts. Spiel- und Übungsphasen wechseln sich in einer Stunde mehrmals ab,

sodass wir auch der Erwartungshaltung der Schüler gerecht werden. Um eine Überforderung der Lernenden zu vermeiden, müssen jedoch drei Bedingungen stets erfüllt werden:

1. Die Themen müssen didaktisch auf den zentralen Kern reduziert sein.
2. Die Themen müssen in irgendeiner Form ständig wiederkehren, sodass die Schüler Gelegenheit zur Anwendung und Festigung vorfinden.
3. Die Spielsituationen müssen noch in geringerer Mannschaftsstärke durchgeführt werden, damit eine Überschaubarkeit (Transparenz) und ein kooperatives Abstimmen noch möglich sind.

Mit der Spielsituation (1)+3:3+(1) können wir diesen Bedingungen in fast optimaler Weise gerecht werden. Sie ermöglicht den Spielern, den Überblick bewahren zu können, und den Lehrern, komplexe Themen wie bspw. das Freilaufen didaktisch „rigoros" reduzieren zu können. Damit sind wesentliche Voraussetzungen für erfolgreiche Lernprozesse und für die Entwicklung der Handlungskompetenz gegeben. Sobald die Spieler über die taktischen Maßnahmen in den reduzierten Spielsituationen verfügen können, lässt sich die Komplexität des Spiels durch die Erhöhung der Spielerzahl schrittweise steigern. Diese muss und kann im Verein durch die Trainingshäufigkeit und die Wettspielformen schneller angestrebt werden als in der Schule.

Dieser Ausbildungsweg der Jugend-Ballspielschule wird auf der Stufe 3 in weitgehend strukturgleichen Lektionen für alle drei Sportspiele angelegt. Die in den einzelnen Lektionen vorgestellten Übungsformen müssen nicht alle durchlaufen werden. Sie können als mögliche Unterstützung und Hilfe bei Lernschwierigkeiten angesehen werden, die mitunter auch nur für einen Teil der Schüler nötig sein werden und damit gezielt zur individuellen Förderung eingesetzt werden können.

12.5 Basketball

Das Spiel 3:3 verläuft bei Jugendlichen oft ziemlich statisch, weil sie häufig noch nicht wissen, wann und wohin sie sich freizulaufen haben. Das In and Out auf dem Flügel erweist sich als eine wichtige Maßnahme der Angreifer, um Bewegung in die Angriffsauslösung zu bringen. Gelingt einem Spieler die Freilaufbewegung auf dem Flügel gegen einen falsch postierten Verteidiger, kann er mitunter mit einem Pass so freigespielt werden, dass er alleine zum Korb ziehen kann. Im Basketball haben Korbwürfe auf dem unteren Leistungsniveau die höchste Erfolgswahrscheinlichkeit, wenn sie aus kürzester Distanz abgegeben werden. Dazu bietet sich der Korbleger an, weshalb seine Anwendung unter taktischen Gesichtspunkten angestrebt werden sollte. Eine gute Gelegenheit dazu liefert eine Spielform, die zum Aufwärmen im Basketball immer wieder in verschiedenen Variationen angeboten werden kann und die allein durch ihren Titel und Inszenierung („Nowitzki-Spiel") motivierend auf junge Spieler wirkt.

– Nowitzki-Spiel

Inszenierung der „Spielsituation":

„Ihr spielt als Dreiermannschaft in der Vorstellung gegen Dirk Nowitzki. Ihr passt euch den Ball zu und zieht von Korb zu Korb. Ihr dürft auf einen Korb immer nur einen Wurf abgeben. Trefft ihr, bekommt das Team zwei Punkte, werft ihr vorbei, erhält Dirk Nowitzki zwei Punkte. Wer hat am Ende eines Spieldurchgangs von drei Minuten mehr Punkte?

1. Durchgang: nur Standwürfe;
2. Durchgang: nur Stand- oder Sprungwürfe;
3. Durchgang: nur Korbleger."

Variation:

Du spielst allein gegen Dirk Nowitzki, indem du von Korb zu Korb dribbelst.

In jeder Schulklasse und selbst in der Referendarsausbildung bestätigt sich seit vielen Jahren, dass ein Großteil der Mannschaften nur im dritten Durchgang gegen den imaginären Dirk Nowitzki gewinnen kann. Daraus lässt sich die Erkenntnis ableiten, dass der Korbleger als der wichtigste Wurf auf dem unteren Leistungsniveau und in der Schule anzusehen ist. Folglich sollte das Angriffsspiel so gestaltet werden, dass der Korbleger als Abschlussaktion eingesetzt werden kann.

Voraussetzung dafür ist, dass es den Angreifern durch ihr Bewegungsverhalten gelingt, die Abwehrspieler so zu täuschen, dass ein Angreifer in der Nähe des Korbs freigespielt und in Ballbesitz gebracht werden kann, damit er den Raum für die Anwendung des Korblegers erkennt und die Zeit findet, ihn motorisch korrekt und in optimalem Abstand zum Brett umzusetzen. Kurzum: Die Spieler müssen lernen, sich aufeinander abgestimmt zu bewegen. Grundlage für dieses gemeinsame Agieren ist das richtige individualtaktische Verhalten auf den einzelnen Spielpositionen in der Dreiecksaufstellung. Deshalb empfiehlt es sich, den individualtaktisch ausgerichteten Lernprozess gemeinsam mit den Spielern zu entwickeln, und zwar unter den Aspekten Wahrnehmung, Informationsverarbeitung und auch emotionales Erleben und Empfinden in Spielsituationen. Dabei sollten sie durch gezielte Aufgabenstellungen, Fragen, Lerngespräche, Reflexionsphasen und Spielanalysen zu einer verstärkten kognitiven Auseinandersetzung angehalten werden. In der Praxis sollten Übungsformen die Spielphasen so unterstützen, dass die Spieler stets wissen, weshalb und wozu sie üben.

Taktikelement: Freilaufen auf dem Flügel (In and Out)

Sachanalyse:
Bei der In-and-Out-Bewegung muss der Flügelspieler seinen direkten Gegenspieler durch sein Bewegungsverhalten zunächst täuschen und vom Ballbesitzer wegführen, damit dieser Zeit und Raum für die nachfolgenden Aktionen findet und er sich selbst einen Bewegungsvorsprung verschafft, um den Ball ohne größere Bedrängnis annehmen und kontrollieren zu können. Dazu bietet sich vor allem das Schneiden zum Korb an (Grundsatz: „Ein Spieler ist dann korbgefährlich, wenn er zum Korb schneidet."). Dies kann als Variation in Form des Schneidens im Rücken des Verteidigers oder vor diesem ausgeführt werden. Schafft es der Verteidiger dadurch nicht, die „innere Linie" einzuhalten, sollte der Spielmacher versuchen, den schneidenden Spieler in Ballbesitz zu bringen. Hält der Verteidiger die innere Linie ein, sollte sich der Angreifer wieder herausbewegen und bei der Ballannahme schnell zum Korb drehen (Facing). Da das Gelingen dieser Spielhandlung vom Timing und von der Qualität der Einzelhandlungen abhängig ist, sollten nach der Konfrontation mit dem Thema im Spiel 3:3 unterstützende Übungsphasen die Spielphasen begleiten.

Didaktisch-methodische Anmerkungen:
In der Schule wie auch im Verein werden die leistungsschwächeren Spieler fast immer auf die Außenpositionen gestellt. Dort stehen sie meist passiv herum und kommen dem Ballbesitzer höchstens ein bis zwei Schritte in zögerlichem Tempo entgegen. Wenn sie der Spielmacher nicht anspielt, weil der Verteidiger den Pass abfangen könnte, laufen sie noch näher auf ihn auf, wodurch sie ihren direkten Gegenspieler „mitbringen" und so den Spielraum verengen („Telefonzelle"). Ein kontrollierter Spielaufbau ist dadurch nicht mehr möglich. Außerdem verteidigen jüngere Spieler gegen die Angreifer noch sehr offensiv, weshalb in den folgenden Abbildungen das Geschehen noch in größerer Distanz zum Korb dargestellt wird.

12.5.1 Lektion 1: Individualtaktik – Freilaufen auf dem Flügel zur Angriffsauslösung – Deckungsverhalten des Abwehrspielers

– Konfrontationsspiel 3:3 auf einen Korb

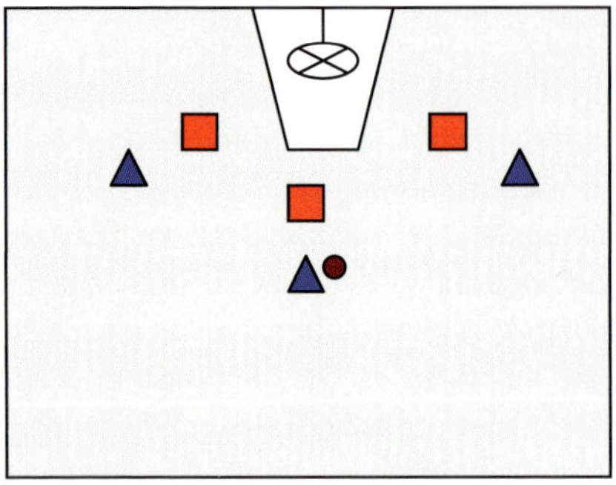

Eine Mannschaft hat 10 Angriffsversuche. Wie viele Punkte erzielt sie? Danach erfolgt ein Rollenwechsel.

Abb. 12.15

Reflexion:
Beschreibe deine Spielwahrnehmung auf dem Flügel, auf der Spielmacherposition:

- Was empfindest du im Moment des Ballbesitzes?
- Wie könnt ihr euch den Drucksituationen entziehen?
- Was passiert, wenn ihr euch durch Entgegenkommen anbietet?
- Was solltet ihr vor dem Entgegenkommen auf dem Flügel machen?
- Was muss der Ballbesitzer während der Freilaufbewegung seiner Mitspieler tun?
- Worauf sollte er achten?
- Woran können deine Mitspieler „ablesen", was du vorhast?

Diese Fragen zur Reflexion sollten in mehreren Etappen nach einzelnen Spielphasen besprochen werden. In der Zusammenfassung sollte klar zum Ausdruck kommen, dass Angriffshandlungen nur in Gang kommen können, wenn die Flügelspieler in der Lage sind, sich freizulaufen und sich dem Gegnerdruck zu entziehen.

Übungsform

– Einführung der In-and-Out-Bewegung der Flügelspieler

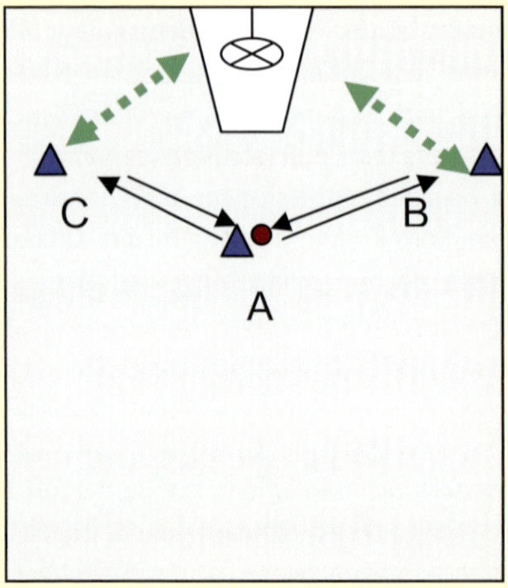

Abb. 12.16

- B und C führen die In-and-Out-Bewegung auf dem Flügel aus (zunächst geradlinig = I-cut/ später als V-cut);
- A passt zu B, der bei der Out-Bewegung mit der linken Hand anzeigt, wohin er den Pass von A haben will; mit der Ballannahme dreht sich B schnell zum Korb (Facing: „Wo bin ich, wo der Korb, wo meine Mitspieler?");
- B spielt den Pass zu A zurück, der abwartet, bis B und C wieder die In-and-Out-Bewegung ausführen;
- A spielt nun C an.

Variation:

- A spielt gelegentlich auch Bodenpass zu B oder C in die In-Bewegung, sodass diese zum Korb ziehen und einen Korbleger ausführen können. Danach Positionswechsel.

Fertigkeitsausbildung	– Schulung des beidhändigen Druckpasses, des Fangens und des Korblegers.
Fähigkeitsausbildung	– Entwicklung des Timings bei der Angriffsauslösung; – Schulung der räumlichen Wahrnehmung in der Dreiecksaufstellung in Korbnähe; – Wahrnehmung des Korbs.

– Spiel 3:3 auf einen Korb mit Anwendung der In-and-Out-Bewegung

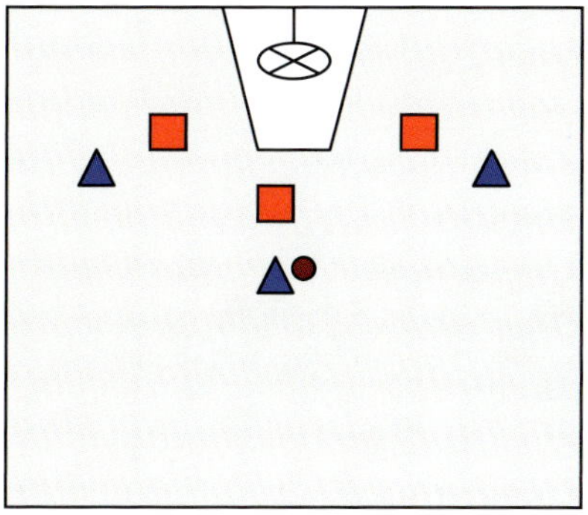

Abb. 12.17

- Mannschaft A hat 10 Angriffsversuche gegen die teilaktive Mannschaft B; danach Rollenwechsel. Welche Mannschaft erzielt mehr Punkte?

Variationen:

- Mannschaft A und B spielen nach Streetball-Regeln (nach Korberfolg bleibt Ballbesitz erhalten – Make it – take it!): nach jedem Rollenwechsel Angriffsinszenierung durch Zuspiel zum vordersten Verteidiger, dessen Rückpass das Spiel eröffnet.
- Aufheben der Teilaktivität der Verteidiger;
- Spiel 3:3 auf zwei Körbe bei entsprechender Korbanzahl in der Halle.

Die erlernte In-and-Out-Bewegung soll umgehend in die Spielsituation 3:3 integriert werden, damit die Wahrnehmung auf die störenden Gegenspieler erweitert werden kann. Um eine Überforderung der Angreifer zu vermeiden, sollen die verteidigenden Spieler nur teilaktiv agieren. Diese Vorgabe erfordert aber eine Erläuterung bzw. eine Klärung des Begriffs „teilaktiv“, mit dem vor allem jüngere Spieler wenig anzufangen wissen. Sie stehen bei dieser Vorgabe meist nur noch teilnahmslos auf dem Spielfeld herum. **„Teilaktiv“** soll heißen, mit den Beinen situativ richtig zu agieren, sämtliche Laufwege korrekt und schnell auszuführen, die innere Linie einzuhalten, jedoch mit den Händen nicht einzugreifen. Diese sollten hinter dem Rücken zusammengehalten werden. Lediglich nach einem Korbwurf dürfen die Verteidiger zum Rebound die Hände benutzen, um so in Korbnähe einen Angriff abfangen zu können. Bleiben die Angreifer dabei im Ballbesitz, sind die Hände wieder hinter den Rücken zu nehmen.

Um Spielsituationen divergent lösen zu können, lässt sich die Freilaufbewegung auf dem Flügel variieren. Bei entsprechenden Lücken kann das Schneiden der Flügelspieler vor dem Verteidiger und in dessen Rücken ausgeführt werden. Durch die Anwendung von Lauf-, Schritt- und Körpertäuschungen lässt sich die wahre Bewegungsabsicht zunächst noch verbergen, sodass der Gegenspieler nur auf das Verhalten der Angreifer reagieren kann. Den dabei erzielten Bewegungsvorsprung müssen die Angreifer nun für die Angriffsauslösung nutzen. Die dazu erforderlichen Fähigkeiten und Fertigkeiten können durch die folgenden Übungs- und Spielformen geschult werden.

Übungs-/Spielformen

– Glucke und Geier: 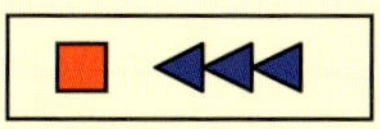 **(Lauf-, Schritt-, Körpertäuschungen anwenden)**

- Die Glucke beschützt ihre Küken vor dem Geier, der versucht, mit Körpertäuschungen an ihr vorbei zu kommen und das hintere Küken mit der Hand auf dem Rücken abzuschlagen. Die Glucke hat die Arme angelegt, die Küken halten sich an den Hüften als Kette.

Steigerung: Geier dribbelt mit Ball.

– Fuchs – Igel – Hase: 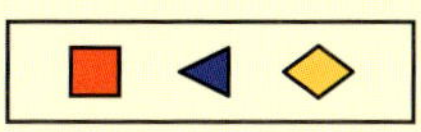

- Der Fuchs versucht den Hasen abzuschlagen. Der Igel stellt sich zwischen die beiden und verhindert durch seine Beinarbeit, dass der Fuchs an ihm vorbeikommt.

Steigerung: Alle dribbeln mit Ball.

– **Fangspiele: Zonenwächter, Ketten fangen**
Steigerung: Fangspiele mit Ball als Dribbelfangen durchführen.

– **Schneiden der Flügelspieler im 3:0 mit Korbleger und Einführung der Passfinte**

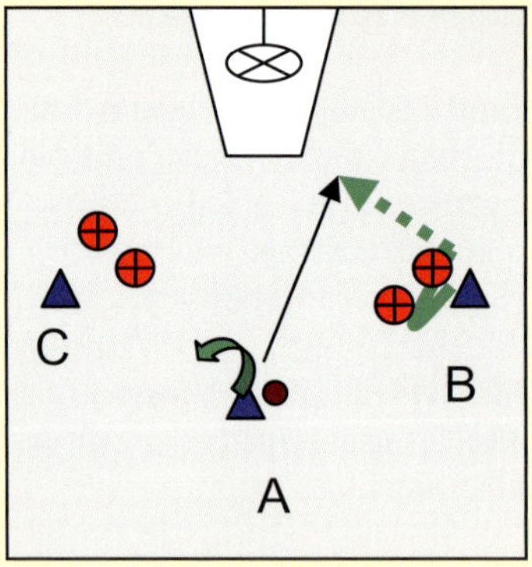

Abb. 12.18: Schneiden hinter Markierungstellern

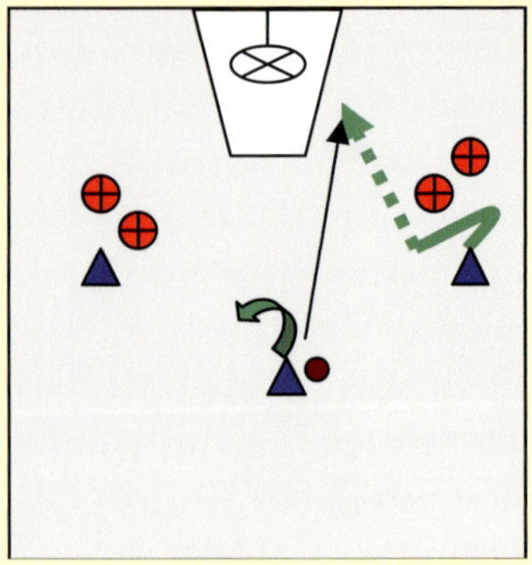

Abb. 12.19: Schneiden vor Markierungstellern

– Während die Flügelspieler ihre Täuschbewegungen vor den Markierungstellern ausführen, sollte der Spielmacher einen Pass auf die Seite antäuschen, auf die er nicht abspielen wird. Nach dem Korbleger sollte B seinen Ball holen, auf die Position von C dribbeln, der mittlerweile A ersetzt hat, der auf die Position von B gewechselt hat.

Fertigkeitsausbildung	– Schulung der Cut-Bewegungen mit dem Auftakt durch Lauf- und Körpertäuschungen, des Druckpasses, Fangens und des Korblegers; – Einführung der Passfinte; – erste Hinführung zum Ersetzen des Spielmachers.
Fähigkeitsausbildung	– Wahrnehmung der räumlichen Abstände in der Dreiecksaufstellung und zum Korb; – Entwicklung des Timings bei der Angriffsauslösung.

– **Spiel 3:3 mit Anwenden der Passfinte und der Schneidebewegung vor dem Verteidiger/in dessen Rücken**

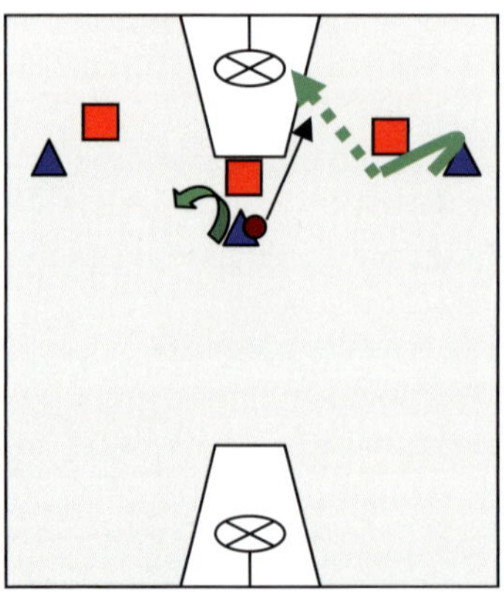

Abb. 12.20: Schneiden zum Korb vor dem Verteidiger (in-door)

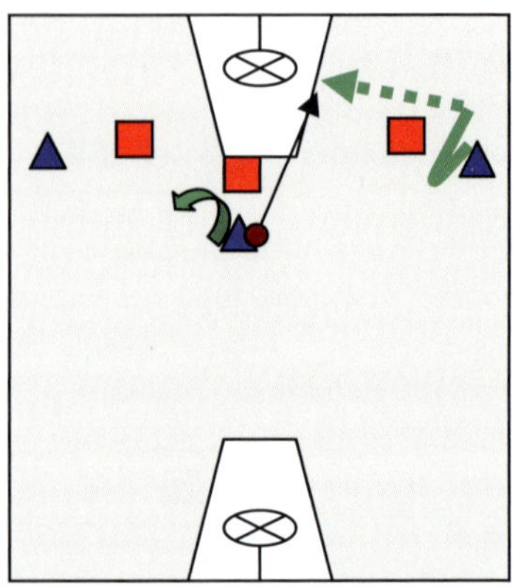

Abb. 12.21: Schneiden im Rücken des Verteidigers (back-door)

Bei Platzmangel kann auch die folgende Spielform im Wechsel von drei Mannschaften auf einen Korb durchgeführt werden. Gegen eine offensivere Verteidigung, wie sie von jüngeren Spielern oft noch gespielt wird, muss das In-and-Out schon in größerer Distanz zum Korb initiiert werden. Dann ist die Chance für einen Durchbruch größer.

– Spiel 3:3:3 mit Schneiden der Flügelspieler und Passfinte zur Angriffsauslösung

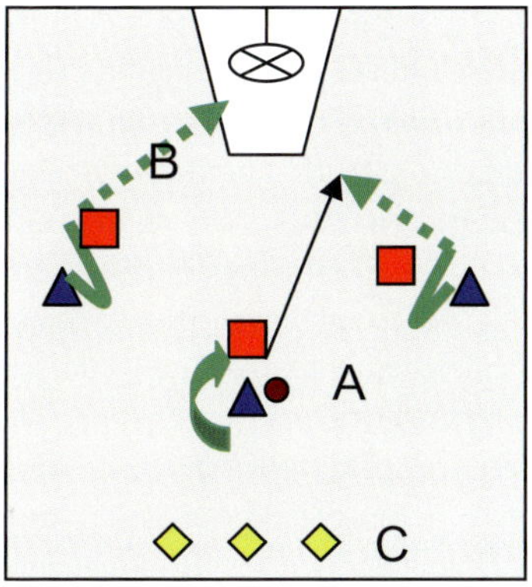

Abb. 12.22

- C parkt; Mannschaft A hat 5 Angriffsversuche gegen die teilaktive Mannschaft B; danach Wechsel im Rotationssystem. Welche Mannschaft erzielt mehr Punkte?

Variation:
- Mannschaft A und B spielen nach Streetball-Regeln gegeneinander. Bei Ballverlust oder nach Angriffsabschluss von A verteidigt A gegen C.
- Nach jedem Rollenwechsel Spieleröffnung durch Zuspiel zum vordersten Verteidiger, dessen Rückpass das Spiel eröffnet.
- Auf die Option des Dribblings durch den Spielmacher hinweisen!

Um den Flügelspielern eine Rückmeldung über den Erfolg ihrer Freilaufbewegung geben zu können, bietet sich die Interaktion mit dem Spielmacher an, der in dieser Situation als Einziger hinter dem Ball spielt und somit einen Überblick über das gesamte Spielgeschehen besitzt. Mit dem Hinweis „drehen" kann er dem zurücklaufenden Flügelspieler (in der Out-Bewegung!) bei seinem Pass signalisieren, dass der Abstand zum Verteidiger so groß ist, dass er über genügend Zeit verfügt, um sich zum Korb zu drehen („Facing"). Mit „Druck" erhält der Flügelspieler die Information, dass der Verteidiger ihm dicht folgt und er den Ball sichern muss, indem er diesen mit seinem Körper abdeckt („Sternschritt") oder sogar wieder zum Spielmacher zurückpassen muss. Davon hängt die Folgehandlung in der Angriffsauslösung entscheidet ab. Mit der Anwendung der Passfinte gibt der Spielmacher seinen Flügelspielern ein „Auslösezeichen", in welche Richtung er die Spielhandlung fortsetzen will (Passfinte nach links – Abspiel nach rechts).

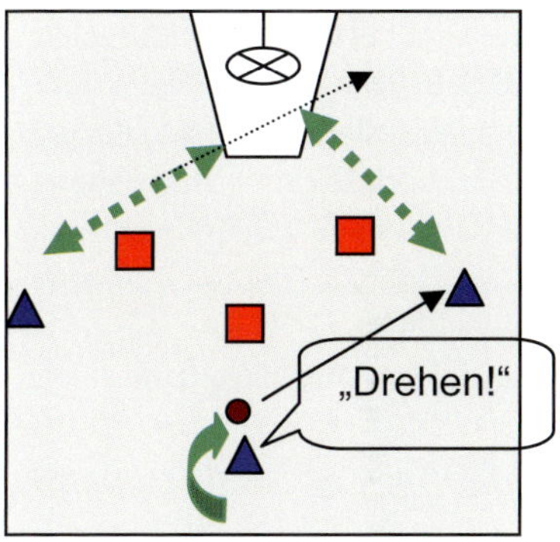

Abb. 12. 23: Code für die Spielfortsetzung durch den Flügelspieler ohne Drucksituation

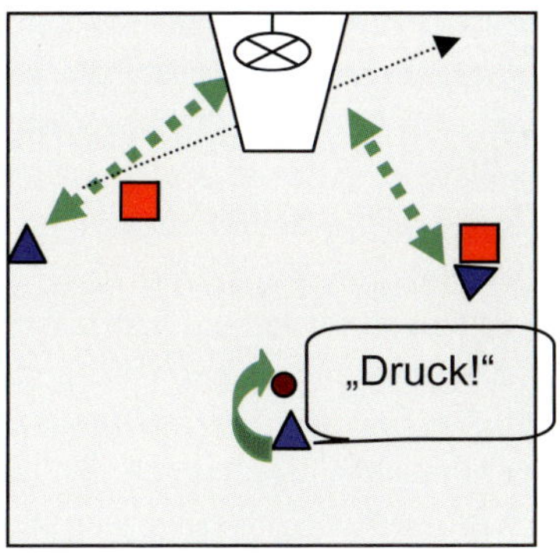

Abb. 12. 24: Code für die Spielfortsetzung durch den Flügelspieler bei Drucksituation

Für die Fortsetzung der Angriffshandlung nach dem Pass auf den Flügel haben die Spieler bereits auf den früheren Spielstufen gelernt, dem neuen Ballbesitzer zu helfen, indem sie ein neues Angriffsdreieck aufbauen. Mit der Umsetzung des Grundsatzes durch den ballfernen Flügelspieler – „Wer nicht an der Passaktion beteiligt ist, läuft parallel zum Passweg!" – findet der neue Ballbesitzer wiederum zwei Möglichkeiten zum Abspiel vor, sodass sich aus der Angriffsauslösung nun die Grundsituationen „Herausspielen von Korbwurfgelegenheiten – Abschirmen des Korbes" und „Korbwurf – Korbwurfabwehr" ergeben. Der Ball ist in die Nähe des Korbes transportiert worden, die Angreifer sind in Bewegung und verwirren damit die Abwehrspieler. Daraus ergeben sich ständig neue Spielsituationen, in denen die Angreifer nach kreativen Lösungen für den Angriffsabschluss suchen können. In längeren Spielphasen sollten sie dafür Gelegenheit finden, ebenso für die qualitative Verbesserung der Angriffsauslösung. Dazu gehört vor allem das ständige Aufbauen des Angriffsdreiecks im Rückraum, wenn es der Abwehr gelungen ist, den Angriffsabschluss zu verhindern, und die Festigung der gemeinsamen Angriffsauslösung. Es soll an dieser Stelle betont werden, dass auf dieser Grundlage ein freies, intuitives und spontanes Spielen gefördert werden soll, indem Impulse für ein taktisch konvergentes Verhalten gegeben werden. Die optimale Lösung zeigt sich oft in ihrer Simplizität, weshalb der erste Fehler des Gegners für den Angriffsabschluss ausgenutzt werden sollte. Eine strengere Einhaltung des Regelwerks sollte allmählich durch die Umsetzung von Schritt- und Dribbelregeln eingefordert werden, was durch begleitende Übungsformen zum Dribbling und Korbleger gewährleistet werden kann.

Taktikelement: Abwehrverhalten gegen freilaufende Flügelspieler

Die G-3-Abwehrmaßnahmen (Grundhaltung, Grundposition, Grundbewegung) können nun in Anlehnung an diese Spielsituation qualitativ entwickelt werden. Grundsätze für das individualtaktische Verteidigungsverhalten sind:

- » Angreifer ohne Ball werden in größerem Abstand gedeckt. (Sie können dich sonst mit einem plötzlichen Antritt überlaufen).
- » Angreifer ohne Ball in Korbnähe enger decken (Abstand etwa eine Armlänge).
- » Die Möglichkeit, den Passweg zu versperren, beinhaltet aber auch die Gefahr, dass der Angreifer sich im Rücken des Abwehrspielers befreien kann.
- » Position des Verteidigers auf der Angreifer-Korb-Linie (innere Linie – der Angreifer sollte nicht näher zum Korb kommen als der Verteidiger) in der parallelen Grundhaltung: mehr als schulterbreite Öffnung der Füße, gebeugte Knie, leichte Beugung im Hüftgelenk, relativ aufrechte Oberkörperhaltung, Gewichtsbelastung auf Fußballen, Körperspannung.
- » Grundhaltung gegen dribbelnden Spieler verändert sich durch leichte Schrittstellung, um Angreifer zur Seite abzudrängen (stärkere Dribbelseite des Angreifers rechtzeitig versperren).
- » Den Dribbler nicht vorbeiziehen lassen.
- » Den Ball beim Dribbling von unten nach oben herauszuspielen versuchen (ballseitiger Arm unten, anderer oben, um Passen zu erschweren).
- » Beim Aufnehmen des Balles durch den Dribbler Fehlpässe oder Fehlwürfe erzwingen durch Scheibenwischer-Bewegung der Arme.
- » Bei Ballbesitz des Angreifers nach einem angenommenen Pass auf Abstand achten, damit der Verteidiger nicht mit dem ersten Schritt vorbeiziehen kann.
- » Bei Korbwürfen sofort nach dem Werfer senkrecht hochspringen und Ball mit Hand zu blockieren versuchen.

– Spiel 3:3 mit dem Schwerpunkt der Abwehrmaßnahmen gegen die Flügelspieler

Inszenierung:
„Spielt 3:3 auf einen Korb. Eine Mannschaft bleibt für eine bestimmte Zeitdauer im Angriff, die andere in der Abwehr. Im Mittelpunkt soll das Abwehrverhalten gegen die Flügelspieler bei der In-and-Out-Bewegung und nach einem Pass zu den Flügelpielern stehen. Achtet darauf, dass die Angreifer nie näher zum Korb stehen als ihr selbst und dass ihr den Raum vor und unter dem Korb nicht allzu weit öffnet."

In der Reflexionsphase sollen die kritischen Situationen erörtert und das richtige individualtaktische Verhalten herausgestellt werden, auch unter dem Aspekt des Zurückweichens (Sinken!) in Korbnähe. In einer anschließenden Übungsphase lassen sich die individualtaktischen Abwehrmaßnahmen in Verbindung mit den elementaren Abwehrtechniken ausbilden.

Übungsformen

– Einnehmen der inneren Linie und Verteidigungsgrundhaltung in enger MMV

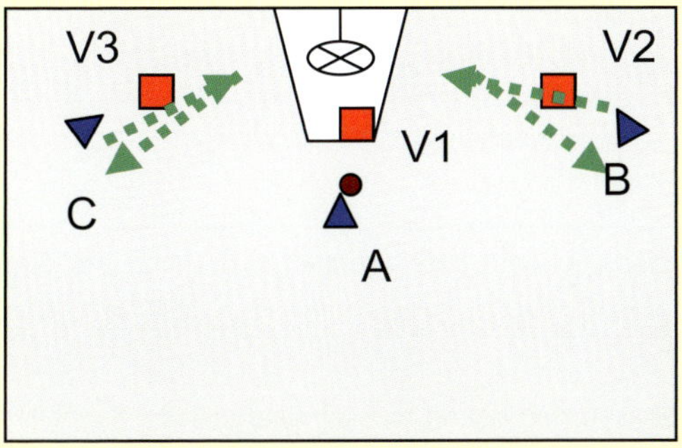

Abb. 12.25

Passübung der drei Angreifer in Verbindung mit der In-and-Out-Bewegung.
- A passt nach der In-and-Out-Bewegung der beiden Flügelspieler den Ball nach rechts oder links auf dem Flügel.
- Mit dem Fangen des Balles durch den Flügelspieler wird die Situation „eingefroren": Alle Spieler verharren in ihrer Position. Die drei Verteidiger können so in Bezug auf die G-3-Kriterien überprüft und ggf. korrigiert werden.
- Der Flügelspieler passt auf A zurück, A passt erneut.
- Die drei Angreifer führen zunächst keinen Durchbruch zum Korb durch.

Variationen:
- B und C können nach einem Anspiel sofort zum Korb ziehen und falsches Abwehrverhalten ausnutzen.
- Mehrere Pässe hintereinander über A spielen und dann plötzlich die Übungssituation „einfrieren" lassen.

– Isolierte Schulung der Grundhaltung, Grundbewegung

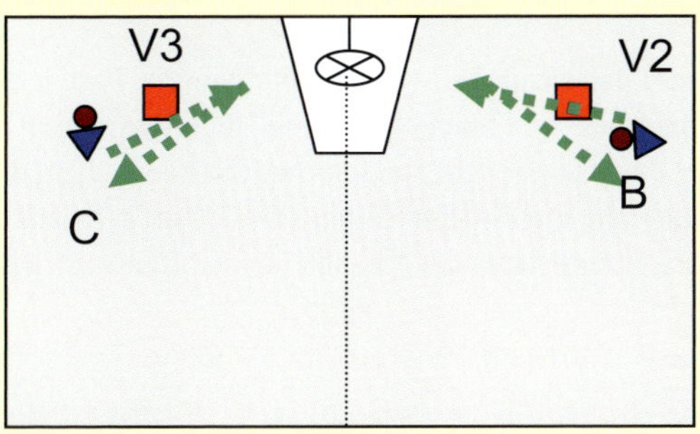

Abb. 12.26

- B dribbelt vom Flügel zum Korb, V2 nimmt Grundhaltung ein und versucht B zur Seite abzudrängen;
- B dribbelt wie oben, V 2 weicht in Grundbewegung zurück, B stoppt ab und führt Korbwurf aus; V2 nimmt dazu Grundhaltung ein;
- 1:1-Spiel vom Flügel aus.
- Auf der linken Seite üben C und V3 parallel dazu.

12.5.2 Lektion 2: Individualtaktik – Schneiden des Spielmachers zum Korb – Deckungsverhalten des Abwehrspielers

Taktikelement: Ballsicherung und Angriffsauslösung durch den Spielmacher

– Konfrontationsspiel 3:3 auf einen Korb

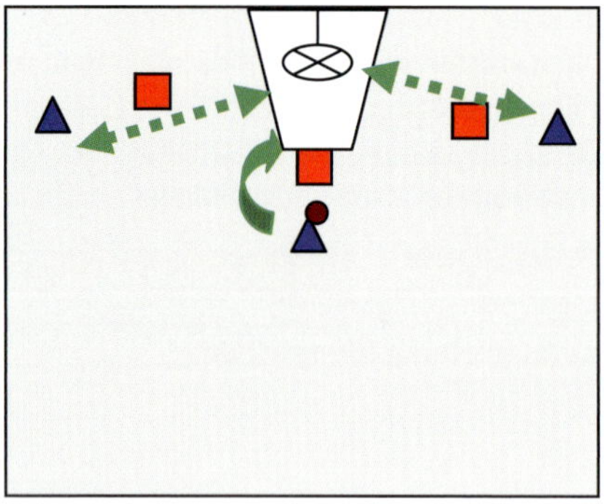

Reflexion:
- Beschreibe deine Spielwahrnehmung auf der Spielmacherposition.
- Was empfindest du im Moment des Ballbesitzes?
- Wie könntest du dich der Drucksituation entziehen?
- Worauf solltest du bei der Angriffsauslösung achten?
- Welchen Flügelspieler spielst du an?

Abb. 12.27

Eine Mannschaft hat 10 Angriffsversuche. Wie viele Punkte erzielt sie? Danach erfolgt Rollenwechsel.

Nachdem in den vorhergehenden Spielphasen das Freilaufen der beiden Flügelspieler im Mittelpunkt stand, soll jetzt das Verhalten des Spielmachers ins Blickfeld rücken. Er hat bislang lediglich die Passfinte zur Täuschung seines Gegenspielers und als „Auslösezeichen" für seine Mitspieler als neue Aktion hinzubekommen. Mit der Anwendung der Täuschbewegung soll unter anderem zunächst der Hauptfehler vieler Spieler umgangen werden, die den Ball sofort nach dem Fangen prellen. Wenn sie dann von ihrem direkten Gegenspieler gestellt werden, nehmen sie den Ball wieder auf und können nur noch abspielen. Durch die Anwendung der Passfinte erhalten sie jedoch eine weitere Handlungsoption: Sollte der direkte Gegenspieler die Passantäuschung durch Gewichtsverlagerung auf die entsprechende Seite „mitgehen", ist ein Dribbling zum Korb eine weitere Handlungsoption, um die Spielsituation zu lösen. Damit stellt sich für den Spielmacher zunächst die „FDP-Frage": Fintieren während der **F**reilaufbewegung der Flügelspieler, **D**ribbling zum Korb oder **P**ass zum Flügelspieler? Für die Handlungsentscheidung ist nicht nur das Verhalten des direkten Gegenspielers ausschlaggebend, sondern auch die Wahrnehmung der beiden anderen 1:1-Situationen auf den beiden Flügeln. Die Anforderungen an die Wahrnehmungsfähigkeit entspricht selbst in der reduzierten Spielsituation (3:3) dem Fünfer-Würfel-Blick. Diese Leistung kann von den Lernenden nur erbracht werden, wenn sie über eine gewisse Ballbeherrschung verfügen und somit Kapazitäten für die Spielbeobachtung frei haben.

Darüber hinaus besteht die Schwierigkeit der Lösung dieser Spielsituation im Timing der einzelnen Handlungsabläufe, in der „Kooperation" von Spielmacher und Flügelspieler bzw. in deren Zusammenspiel. Eine Erleichterung dafür bietet dem Spielmacher die Anwendung des Sternschritts. Darunter versteht man das ein- oder mehrmalige Setzen eines Fußes in beliebige Richtung, während der andere Fuß an seinem Aufsetzpunkt verbleibt, um den Ball zu sichern oder den Gegenspieler zu täuschen.

Übungsform

– Anwendung des Sternschritts

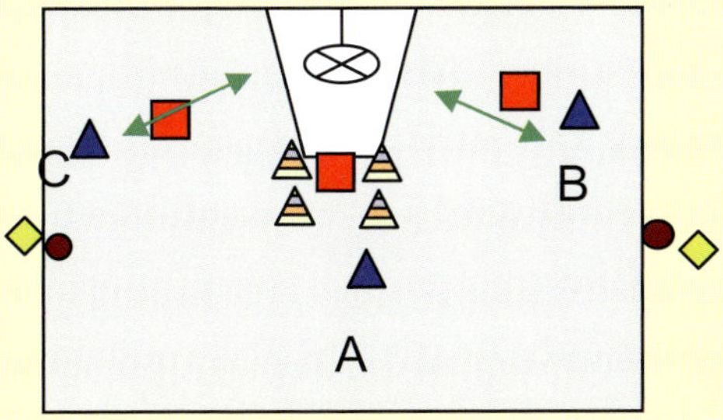

Abb. 12.28: Komplexe Übungsform für die Schulung der Ballsicherung und Angriffsauslösung durch den Spielmacher

– Der Spielmacher A fordert von einem der beiden neutralen Außenspieler den Ball, indem er sich diesem anbietet. A fängt den Ball vor einem Viereck, das der direkte Gegenspieler nicht verlassen darf, und führt dabei in zunehmender Komplexität die FDP-Aufgabe (Fintieren – Dribbeln – Passen?) aus:
  - Passfinte, Sternschritt und Pass zu Flügelspieler in die Vorwärtsbew. mit anschl. Korbwurf;
  - Passfinte, Sternschritt, Dribbling um das Viereck zum Korb, Korbleger;
  - Passfinte, Sternschritt und Pass zu Flügelspieler in die Rückwärtsbew. mit anschließendem Schneiden des Spielmachers zum Korb, Anspiel und Korbleger.

Steigerung der Komplexität:
  - A spielt gegen (teil-)aktiven Verteidiger.

Ziel der Übung ist es, das Timing für die aufeinander abzustimmenden Aktionen zu entwickeln.

– Spiel 3:3 auf einen Korb zur Ballsicherung und Angriffsauslösung durch Spielmacher

Schwerpunkt:
Ein Korb zählt vier Punkte, wenn ihm folgende Aktionen (entweder – oder) vorausgehen
- Pass in die In-Bewegung des Flügelspielers
- Anwendung der Passfinte/des Sternschritts, Dribbling zum Korb
- Anwendung der Passfinte/des Sternschritts, Pass zum Flügelspieler, Dribbling zum Korb

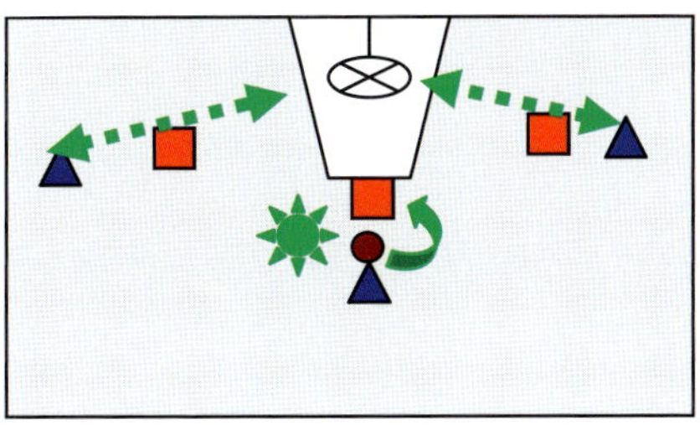

– Eine Mannschaft bleibt eine bestimmte Zeitdauer im Angriff, danach Rollenwechsel. Welches Team erzielt mehr Punkte?

Abb. 12.29

Taktikelement: Deckungsverhalten des Abwehrspielers – Verteidigen gegen den Spielmacher

Dem direkten Gegenspieler des Spielmachers muss klar werden, dass durch die In-and-Out-Bewegung der Flügelspieler kurzzeitig der Raum hinter ihm geöffnet wird, wenn die beiden äußeren Verteidigungsspieler auf der inneren Linie zum Korb sinken. Daraus ergibt sich für den Spielmacher die Option, in diesen Raum überraschend hinein zu dribbeln, v. a. in dem Augenblick, wenn die Aufmerksamkeit der beiden Verteidiger auf ihre Gegenspieler gerichtet ist. Dann ist es den äußeren Verteidigungsspielern kaum möglich, dem mittleren Verteidiger auszuhelfen. Die Schulung des Verteidigungsverhaltens muss deshalb nach wie vor auf alle drei Kriterien ausgerichtet werden.

Übungsform

– **Verteidigungsspiel gegen den Spielmacher**

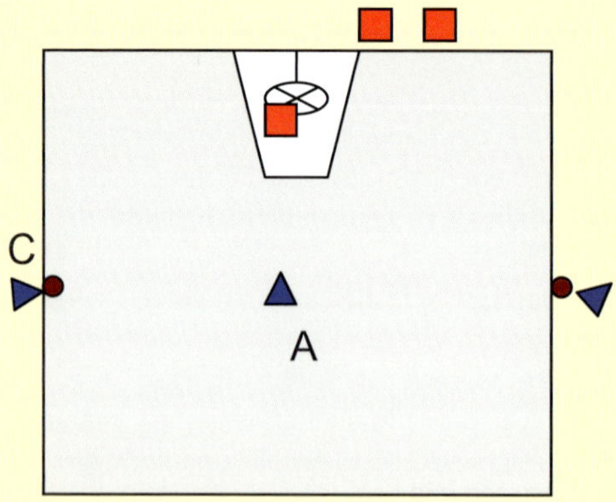

Abb. 12.30: Übungsform zur Schulung des Verteidigungsspiels gegen den Spielmacher

A bietet sich B oder C zum Anspiel an. Der Verteidigungsspieler läuft nach vorne und stellt A, der zum Korb dribbelt. Der Verteidiger versucht, ihn regelgerecht zur Seite abzudrängen. Wenn A nicht durchkommt, dribbelt er auf die Position des Anspielers, der in die Mitte wechselt.

Taktikelement: Passen und Laufen – Schneiden des Spielmachers zum Korb

„Ein Angreifer ist gefährlich, wenn er zum Korb schneidet." Setzt der Spielmacher den Grundsatz „Passen und Laufen" in die Tat um, führt das zu folgenden Konsequenzen in der Spielsituation 3:3:

» Der Spielmacher führt seinen direkten Gegenspieler aus dem Zentrum bzw. sorgt für Verwirrung in der Abwehr.
» Der Spielmacher kommt seinem ballfernen Flügelspieler ins Gehege, wenn dieser versucht, ein neues Angriffsdreieck aufzubauen.
» Es kommt zur Ballung in Korbnähe, vor allem wenn die Verteidiger ihre Gegenspieler begleiten.
» Der Spielmacher öffnet den Rückraum für einen seiner Mitspieler, der ihn auf dieser Position ersetzen könnte.

Mit dem Schneiden des Spielmachers zum Korb klopfen die Spieler nicht nur an die Tür der Gruppentaktik an, sondern müssen ihr bisheriges Bewegungsverhalten um eine wesentliche Aktion erweitern: Während der Spielmacher bislang nach dem Pass zum Flügelspieler den Rückraum absicherte und sich dort lediglich für einen Rückpass anbieten musste, wird von ihm jetzt verlangt, aktiv in die Lücken des gegnerischen Abwehrverbunds zu stoßen und den Sicherheitsaspekt im Aufbauspiel aufzugeben. Die kooperativen Maßnahmen der Angreifer müssen erweitert werden, indem der ballferne Flügelspieler in Interaktion mit dem Spielmacher tritt. Schneidet der Spielmacher zum Korb, heißt das für den ballfernen Flügelspieler zunächst nur, den Rückraum zur Absicherung aufzusuchen und dem Spielmacher den Raum in Korbnähe zu öffnen. Als erkennbares Auslösezeichen für die Schneidebewegung des Spielmachers dient eine Körper- bzw. Lauftäuschung des Spielmachers. Daran sollte der ballferne Flügelspieler seine neue Aufgabe „ablesen".

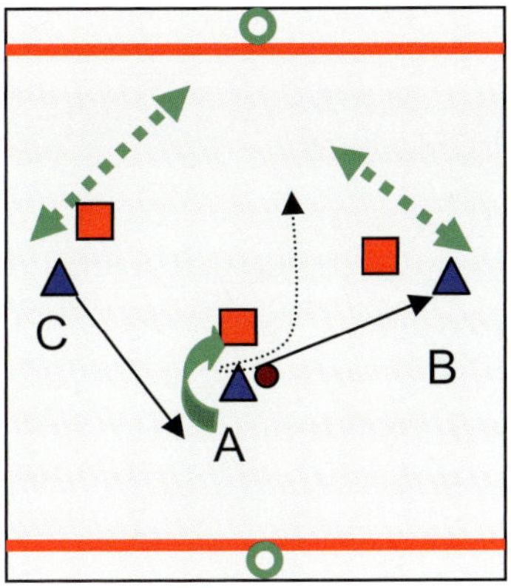

Anmerkung:
Schüler ab der Mittelstufe wollen auf Körbe spielen, was die schulischen Rahmenbedingungen oft nicht zulassen. Steht die taktische Ausbildung im Sinne der Einführung von gruppentaktischen Maßnahmen in einer Stunde im Vordergrund, kann auch in einem Teil der Stunde auf die Bandgasse, in der ein Gymnastikreifen als Ziel liegt, gespielt werden, um die Lernintensität zu erhöhen. Es sollte dann jedoch umgehend die Übertragung auf den Korb im Wechsel von drei Mannschaften erfolgen.

Abb. 12.31: Spiel 3:3 auf Bandgassen

Da dieses Spielverhalten beim Schneiden des Spielmachers nun fortwährend gefordert wird, ist es wichtig, die Spieler zunächst das Prinzip „Passen und Laufen" in erleichterter Spielform lernen zu lassen.

– Tigerball mit dem Grundprinzip „Passen und Laufen"

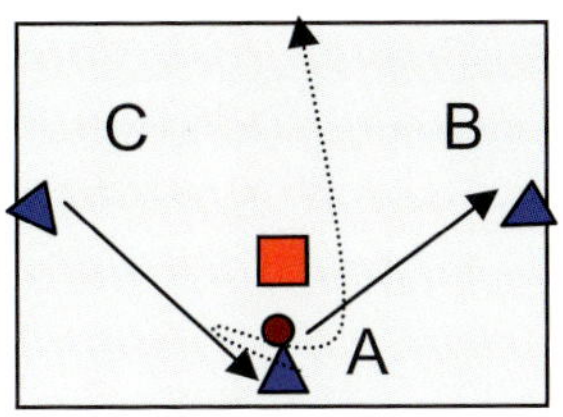

A passt zu B, täuscht eine Laufbewegung nach links an und zieht rechts vom Tiger zur gegenüberliegenden Linie durch. Die Lauftäuschung dient C als Auslösezeichen, dass er nun den Platz von A einnehmen muss, damit die Dreiecksaufstellung wieder gegeben ist.

Abb. 12.32: Tigerball mit Freilaufen des Passgebers

Der Grundsatz für Spieler C lautet nun: „ Wenn du nicht an der Passaktion beteiligt bist, laufe auf den Platz des Passgebers (von A)!" Da er früher einmal gelernt hat: „Wenn du nicht an der Laufaktion beteiligt bist, lauf parallel zum Passweg!", unterliegt mit dem Schneiden des Spielmachers sein weiteres Handeln einer Entscheidungsalternative, die vom Verhalten des Spielmachers abhängig ist. Die Anforderungen an die Wahrnehmung und Interaktion werden nun sehr anspruchsvoll, sodass die Spieler sehr viele Lerngelegenheiten in langen Spielphasen erhalten müssen, um die Aktionen zur Spieleröffnung intensiv anwenden zu können. Dazu bieten sich vor allem Turnierformen an.

Um zu verhindern, dass in leistungsheterogenen Mannschaften die schwächeren Spieler nur auf die Außenpositionen gestellt werden, sollte eine Turnierform gewählt werden, in denen die leistungsstärkeren Spieler ein getrenntes Turnier durchführen und somit auf ähnlich starke Gegenspieler stoßen, was die Einsicht in die Notwendigkeit des Zusammenspiels wachsen lässt. Von den leistungsschwächeren Spielern verlangt diese Maßnahme, dass sie selbst in der tragenden Spielmacherrolle initiativ werden und die Verantwortung für die Angriffsbemühungen übernehmen müssen.

- **Turnierform 3:3 auf zwei Körbe**

Bei zwei Mannschaften pro Spielfeld sollten vier Spielfelder eingerichtet werden (Bandgasse). Alle Mannschaften spielen einmal gegeneinander. So hat jede Mannschaft drei Spiele, in denen jeder Spieler in der Offensive einmal die Position des Spielmachers, des rechten und des linken Flügelspielers und in der Defensive des rechten, zentralen und linken Verteidigers einzunehmen hat.

Tab. 12.1: Spielplan

Spielfeld 1/2			Spielfeld 3/4		
Runde 1:	A–B C–D	: :	Runde 1:	A–B C–D	: :
Runde 2:	A–C C–D	: :	Runde 2:	A–C C–D	: :
Runde 3:	D–A C–B	: :	Runde 3:	D–A C–B	: :

Das Spiel auf zwei Körbe hat bei einem Ballverlust in der Angriffsauslösung verbunden mit dem Schneiden des Spielmachers einen schnellen Gegenstoß (Fast Break) zur Folge. Um den Fokus in der Spielanalyse auf die Schneidebewegung des Spielmachers zu lenken, sollten die einzelnen Mannschaften deshalb ihre Spiele unter dem Aspekt der Trefferentstehung bzw. Trefferursache auswerten.

Mit der Spielauswertung soll allmählich das Bewusstsein geschärft werden, dass Spielen mehr ist als nur ein spontanes individuelles Agieren aus der Dreiecksaufstellung heraus. Die Spielauswertung kann von einem Ergänzungsspieler während des Spiels oder von dem Werfer nach der Aktion vorgenommen werden, indem sich dieser Spieler auswechselt. Die Hinführung zu einer selbstständigen Spielanalyse mittels eines Spielauswertungsbogens kann den anspruchsvollen Übergang zur gruppentaktischen Ausbildung einleiten und Einsicht in die Notwendigkeit gruppentaktischer Maßnahmen fördern.

Spielauswertung: Mannschaft: .... Spielpaarung: ... – ... Spielergebnis: :

Erzielte Körbe durch: ☐ Flügel rechts ☐ Spielmacher ☐ Flügel links

Erhaltene Körbe durch: ☐ Flügel rechts ☐ Spielmacher ☐ Flügel links

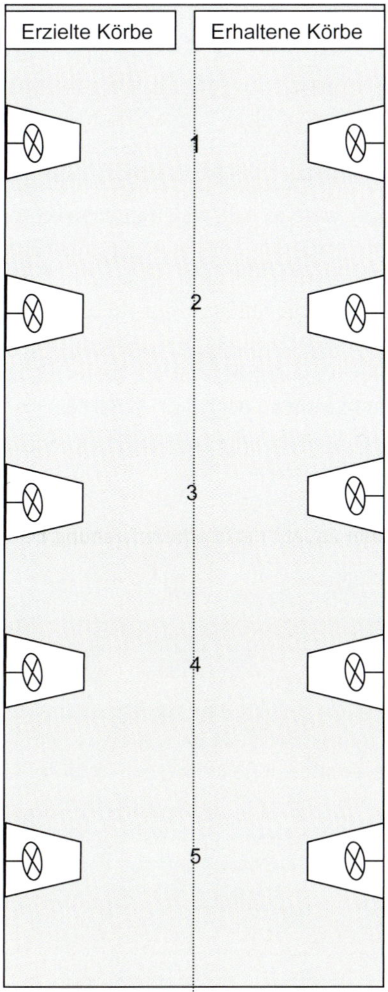

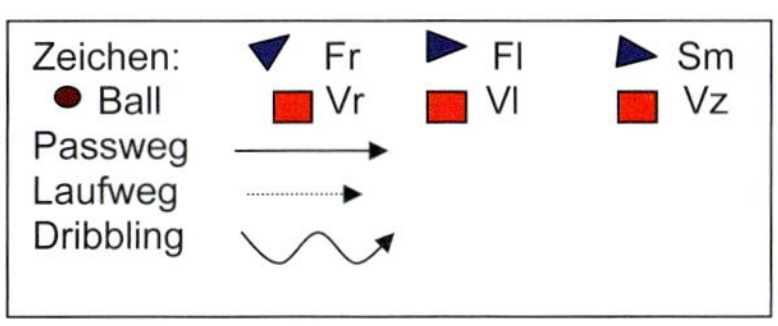

Angriff:

Von welchem Spieler (Flügel re /li / Spielmacher) wurde der Korb 1 / 2 / 3 ... erzielt? Von welcher Position aus?

1. ....
2. ....
3. ....
4. ....
5. ....

Von wem kam der Pass?

1. ....
2. ....
3. ....
4. ....
5. ....

Wie oft hat der Spielmacher auf den Korb geworfen? Wie oft hat er zum Korb geschnitten?

....
....
....
....

Wie haben wir die Körbe erhalten? Von welcher Position? Wie viele durch fast-break (Schnellangriff)?

1. ....
2. ....
3. ....
4. ....
5. ....

Wo lagen die Fehler? Was bereitete uns die größten Schwierigkeiten in der Abwehr?

1. ....
2. ....
3. ....
4. ....
5. ....

Abb. 12.33

Weitere Beispiele finden Sie zum Download im Internet unter www.verlagsgemeinschaft.com im Bereich Service.

12.5.3 Lektion 3: Gruppentaktische Angriffsmaßnahme – Ersetzen oder Cut and Fill

Sowohl im Basketball als auch im Fußball stoßen wir im Baustein 2 bei der Anwendung des Grundprinzips „Passen und Laufen" durch den Spielmacher auf das Problem der fehlenden Angriffsabsicherung. In der Analyse der Turnierspiele wird dieses Problem thematisiert. Durch den Hinweis, dass der ballferne Flügelspieler beim Schneiden des Spielmachers den Rückraum absichern sollte, haben wir zwar einen ersten Lösungshinweis gegeben und in der einen oder anderen Übungsform die Ausführung ermöglicht, wir können jedoch nicht davon ausgehen, dass die Spieler in der Komplexität der Spielsituation darüber verfügen können. Deshalb muss das Ersetzen jetzt langsam und in methodischer Progression eingeführt werden, damit die Spieler darüber in Spielsituationen verfügen können. Dieser Prozess dauert lange, bedarf stetiger Wiederholungen und konzentrierter Spieler. Für den weniger ballspielerfahrenen Lehrer hört sich dieses Thema zunächst so schwierig an, dass in zahlreichen Fortbildungen anfänglich immer wieder zu hören war: „Das kann ich mit meinen Schülern/innen nicht machen." – „Doch, Sie können und sollten!" Wir führen damit aufeinander abgestimmte Laufwege ein, wir lassen zusammenspielen, wir bilden die Grundlage für weitere gruppentaktische Maßnahmen, unsere Spieler gehen den nächsten Schritt in Richtung Handlungskompetenz. Was wir brauchen, ist Geduld und die notwendige Fachkompetenz, um diesen Schritt zu begleiten. Außerdem sind konzentrierte Schüler unerlässlich. Dazu müssen wir sie erziehen, und zwar durch Sport.

Gruppentaktisches Element: Cut and Fill (als Kontinuum)

Wir knüpfen an Bekanntes an, indem wir zur Einstimmung in der Aufwärmphase folgende Übungsform zum Passen und Korbleger durchführen:

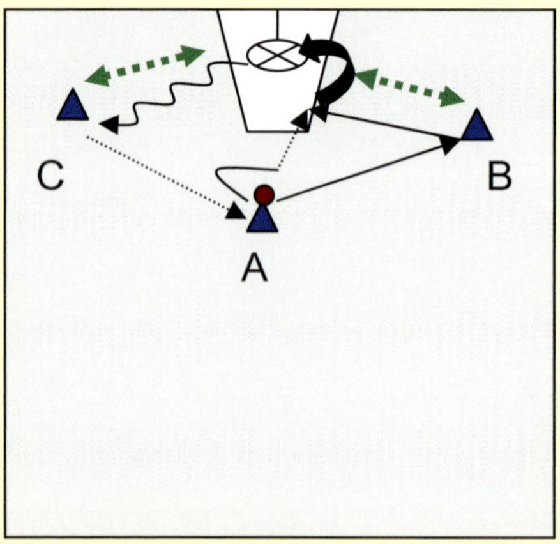

- B und C führen In-and-Out-Bewegung aus;
- A passt zu B, führt eine Lauftäuschung/Schrittfinte nach links aus, schneidet zum Korb, erhält den Ball von B zurück, dribbelt zum Korb und führt einen Korbleger aus. A holt sich den Ball (wenn möglich im Rebound), dribbelt auf die Position von C, der mittlerweile auf die Position von A gelaufen ist, und passt ihm den Ball zu.

Abb. 12.34

Variation der Übungsform:

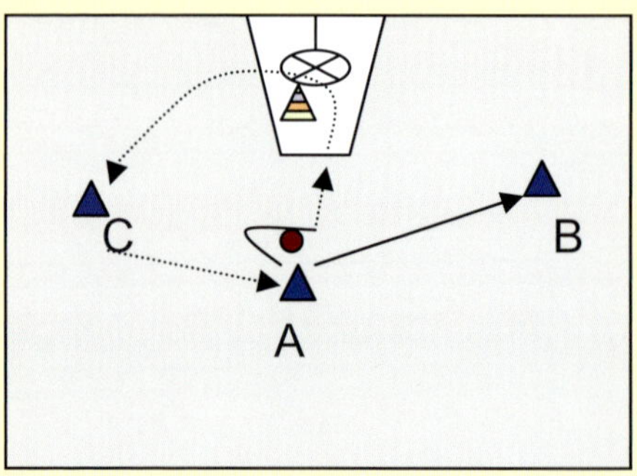

- A passt zu B, führt eine Lauftäuschung/Schrittfinte nach links aus, schneidet zum Korb, erhält den Ball von B aber nicht zurück. A läuft zum Korb, rechts am Markierungshütchen vorbei und im Bogen auf die Position von C, der mittlerweile auf die Position von A gelaufen ist (Ersetzen!). B passt den Ball auf C zurück.

Abb. 12.35

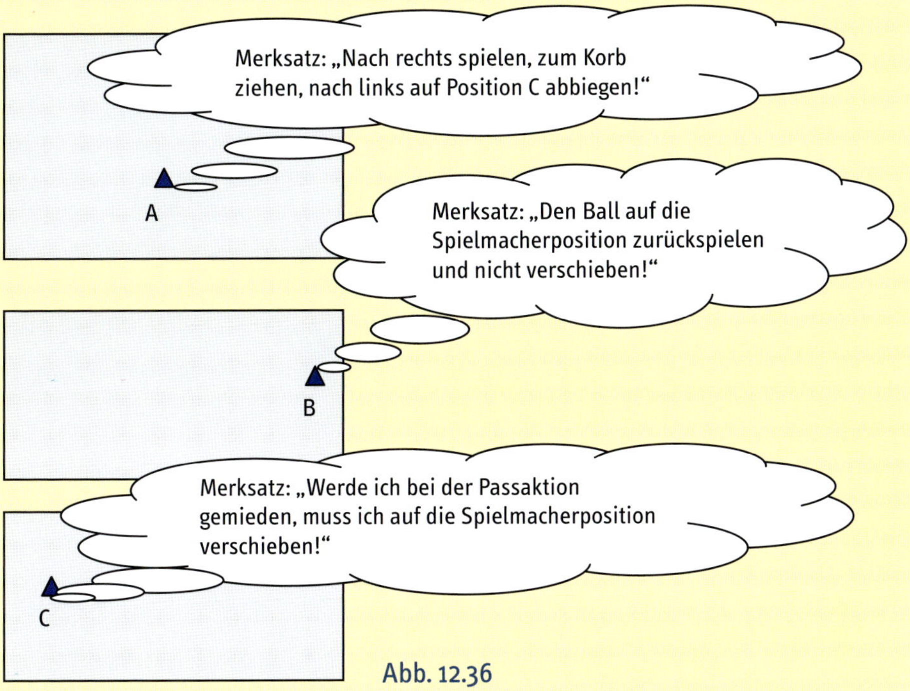

Abb. 12.36

Variationen:

» Den Ball nur nach links passen, links am Markierungshütchen vorbeiziehen und die Position von B einnehmen, der mittlerweile A ersetzt hat.
» Den Ball im freien Wechsel nach rechts oder links passen.
» Verknüpfung mit der In-and-Out-Bewegung der Flügelspieler und der Pass-/Lauffinte des Spielmachers.
» Kontinuum mindestens 1x durchspielen, dann Korbabschluss suchen durch Flügelspieler nach Pass in die In-Bewegung, durch Dribbling von Flügelspieler oder Spielmacher, durch Rückpass auf den schneidenden Spielmacher.

Hinweis: Der zum Korb durchziehende Aufbauspieler sollte sich zwischen dem ballbesitzenden Flügelspieler und dem direkten Gegenspieler freilaufen.

Fertigkeitsausbildung	– Schulung der Grundtechniken des Passens, Fangens, Dribbelns und des Korblegers. – Anwendung des Cut and Fill unter erleichterten Bedingungen. – Festigung der individualtaktischen Fertigkeiten in der Dreiecksaufstellung.

Fähigkeitsausbildung	– Einen Handlungsplan entwerfen und gemeinsam umsetzen. – Umstellungsfähigkeit durch spontanen Angriffsabschluss. – Wahrnehmung der komplexen Übungssituation und Entscheidungsfähigkeit bei der Angriffsauslösung und beim Angriffsabschluss.

Hinweise:
Die freie Wahl der Passseite erfordert am Anfang eine hohe Konzentrationsfähigkeit. Viele Spieler sind es gewohnt, nach rechts zu passen und dorthin zu laufen. Die Umstellung jetzt nach rechts zu passen, zum Korb zu schneiden und dann nach links abzubiegen, ist für sie neu. Deshalb kann die Einführung dieses Kontinuums (fortlaufender Spielzug) auch auf mehrere Stunden verteilt werden und so langfristig vorbereitet und eingeführt werden. Bei leistungsstarken Klassen kann die Übungsform bereits am Anfang mit der Pass-/Lauffinte und der In-and-Out-Bewegung gekoppelt werden. Damit die Übungsform zu keinem „Turnen unter dem Korb" wird und der Angriffsabschluss nicht völlig in Vergessenheit gerät, sollte das Kontinuum zwar eingeleitet, jedoch immer wieder durch spontane Abschlusshandlungen unterbrochen werden. Außerdem sollte darauf geachtet werden, dass die Übungsphasen nicht zu lange dauern und die Spieler Gelegenheit bekommen, das Kontinuum in Spielphasen anzuwenden.

– Anwendung des Kontinuums im Spiel 3:3

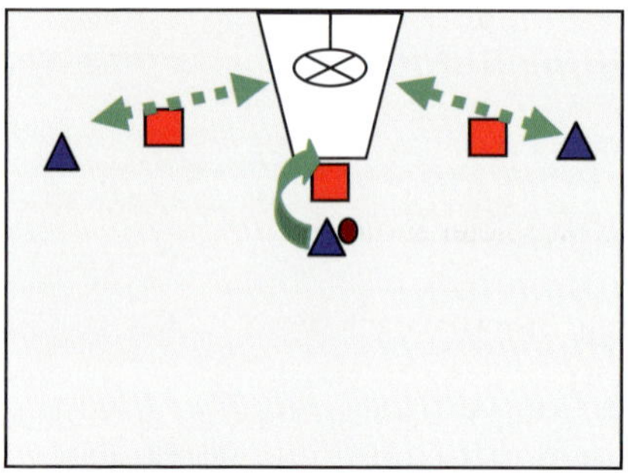

Reflexion:
- Beschreibe deine Spielwahrnehmung auf der Spielmacherposition.
- Was empfindest du im Moment des Ballbesitzes?
- Worauf achtest du bei der Angriffsauslösung?
- Welchen Flügelspieler spielst du an?

Abb. 12.37

Zwei Mannschaften spielen im 3:3 auf einen Korb. Mannschaft A hat 8 Angriffsversuche, danach erfolgt Rollenwechsel. Welches Team erzielt mehr Punkte?
Ein Korb, der durch das Kontinuum eingeleitet wurde, zählt 4 Punkte.
Variation:
- Nach Streetball-Regeln spielen.

Die Komplexität der Spielsituation mit drei Gegenspielern lässt sich am Anfang noch reduzieren, indem die Verteidiger zunächst nur teilaktiv agieren. Eine Erleichterung durch Überzahlsituationen wird der Sache nicht gerecht, weil sich dadurch völlig andere Situationen ergeben, die auf andere Weise einfacher gelöst werden können. Hier helfen längere Spielphasen im 3:3 sicherlich weiter. Das Spiel auf einen Korb verstärkt die Bereitschaft der Spieler, sich auf das Neue einzulassen, da ein Ballverlust im Aufbauspiel nicht zwangsläufig eine große Chance für einen Fast Break des Gegners bedeutet. Die Anwendung der individualtaktischen Maßnahmen in Verbindung mit dem Cut and Fill ist ein Prozess über Wochen hinweg und bedarf der stetigen Wiederholung und Festigung. Oberste Priorität besitzt in diesem gruppentaktischen Lernprozess jedoch die Suche nach der konvergenten Lösung. Deshalb müssen in Stop-and-Go-Spielen einzelne Spielsituationen unter diesem Aspekt reflektiert und die Lernenden ermuntert werden, die ersten offensichtlichen Schwächen in der Abwehr rigoros auszunutzen.

Differenzierung:
Der erreichte Ist-Zustand der Spieler wird dem bisher dargestellten Soll-Zustand nicht entsprechen. Eine durchgängige Lernstabilität kann sich noch nicht eingestellt haben. Das anspruchsvolle Lernniveau mit schwierigen Lerninhalten für weniger begabte Schüler bedarf

sicherlich unterschiedlicher Lerntempi, denen an dieser wichtigen Stelle Rechnung getragen werden muss. In differenzierenden Maßnahmen können und sollten einzelne Defizite abgebaut werden. Dabei ist die Unterstützung der leistungsstarken Schüler in Anspruch zu nehmen, denn gruppentaktisches Agieren in kleinen Mannschaften kann nur funktionieren, wenn alle Spieler über die notwendigen Fertigkeiten verfügen. Voraussetzung ist, dass die Schüler die objektiven Anforderungen in der taktischen Ausbildung zu ihrem subjektiven Anliegen machen. Die dazu erforderlichen Fähigkeiten lassen sich in umfangreichen Spielphasen mit klaren Schwerpunktsetzungen ausbilden. Deshalb ist es jederzeit möglich, dass auf bereits früher geschulte individualtaktische Maßnahmen in Lerngesprächen und in speziellen Spielphasen erneut eingegangen werden muss. Außerdem bietet auch das weitere inhaltliche Vorgehen stets Möglichkeiten, bisher aufgetretene Defizite abzubauen, da ständige Wiederholungen in der Angriffseröffnung eine Festigung der Lerninhalte ermöglichen sollten.

12.5.4 Lektion 4: Gruppentaktische Angriffsmaßnahme – Give and Go

Gruppentaktisches Element: Give and Go beim Kontinuum

Das Give and Go vollzieht sich in drei Phasen:

1. der Ballbesitzer passt zu einem Mitspieler;
2. der Passgeber schneidet zum Korb;
3. der schneidende Spieler erhält den Ball vom Mitspieler zurückgepasst.

Es wird den gruppentaktischen Maßnahmen zugeordnet, weil der Ballbesitzer mit dieser Aktion die Intention verfolgt, seinen direkten Gegenspieler im Spiel ohne Ball zu überlaufen und nach dem Rückpass dem Korb näher zu sein als dieser. Dazu wird die Schneidebewegung durch eine Körper- oder Lauftäuschung in die entgegengesetzte Richtung eingeleitet. In der Regel sollte das Schneiden bei großem Abstand zum Passgeber vor dem Verteidiger, bei geringem Abstand in dessen Rücken (back-door) erfolgen.

Da unsere Spieler in der Ballschule bereits die wesentlichen Elemente des Give and Go mitunter unbewusst und ohne bestimmte Absicht angewandt haben, sollte die bewusste Inszenierung keine größeren Probleme aufwerfen, sondern es eher wie eine „reife Frucht vom Baum fallen“ lassen. Entscheidend ist das Erkennen der Spielsituation. Dazu haben wir mit der Dreiecksaufstellung, dem In-and-Out der Flügelspieler und dem Schneiden des Spielmachers zum Korb die nötigen Vorkenntnisse und Voraussetzungen geschaffen. Der zentrale Spielmacher findet sowohl auf seinem rechten wie auch auf dem linken Flügel einen Anspielpartner, was die Deckungsarbeit des Gegenspielers durch diese Offenheit erheblich erschwert. Außerdem hat er gelernt, nach seinem Pass Korbgefahr zu entwickeln und zum Korb zu ziehen. Deshalb kann bereits in einer Spielphase zu Beginn des Unterrichts das Give and Go mit dem Korbleger zur Anwendung kommen, vor allem wenn sie mit der Variablen gesteuert wird, dass ein Dribbling nur zur Abschlusshandlung (Korbleger) erlaubt ist. Ansonsten muss der Ball durch Passen zum Korb transportiert werden.

– Konfrontationsspiel: 3:3 auf zwei Körbe

Inszenierung:
„Spielt 3:3 auf zwei Körbe. Es gilt die Regel, dass der Ball nicht gedribbelt werden darf außer vor der Ausführung des Zielwurfs.“
In der Reflexion soll das Zusammenspiel analysiert werden unter Fragestellungen wie:

- » Wen hast du am häufigsten angespielt?
- » Von wem hast du den Ball am öftesten bekommen?

» Habt ihr alle drei Spieler in etwa gleichmäßig in den Balltransport einbezogen?
» Habt ihr oft dem Spieler zurückgespielt, von dem ihr den Ball erhalten habt?

Ein anderer Weg, das Give and Go einzuführen, kann mit der direkten Methode vollzogen werden. Wir überlegen uns ständig bei der Unterrichtsvorbereitung, wie wir unsere Schüler aufwärmen und sie dabei zugleich auf das Unterrichtsthema einstimmen können. Deshalb lässt sich das Thema „Give and Go" auch durch komplexe Übungsformen mit Passen, Fangen, Laufen und Korbleger am Stundenanfang vorbereiten.

Übungsformen:

– Give and Go im Zentrum mit anschließendem Korbleger (Aufwärmen)

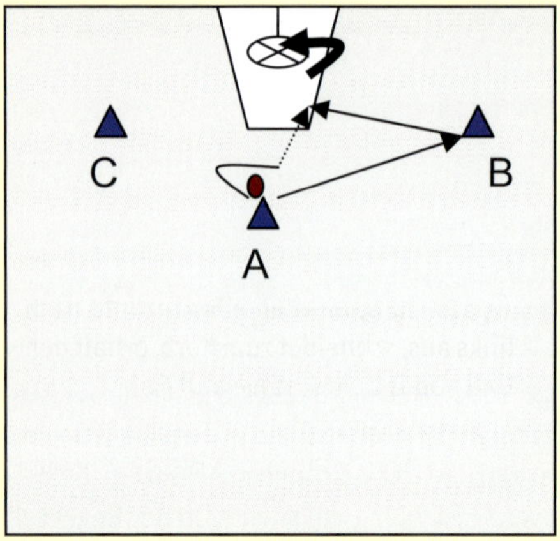

Abb. 12.38

– A passt zu B, führt eine Schrittfinte nach links aus, schneidet zum Korb, erhält den Ball von B zurück, dribbelt zum Korb und führt einen Korbleger aus. A holt sich den Ball (wenn möglich im Rebound), dribbelt auf die Position von C, der mittlerweile auf die Position von A gelaufen ist, und passt ihm den Ball zu.

Variation:

– A passt nach links, Rotation im Uhrzeigersinn;
– der Spielmacher entscheidet selbstständig, ob er nach rechts oder links passt.

– Steigerung: Wiederholung Passfinte, In-and-Out, Kontinuum, Give and Go

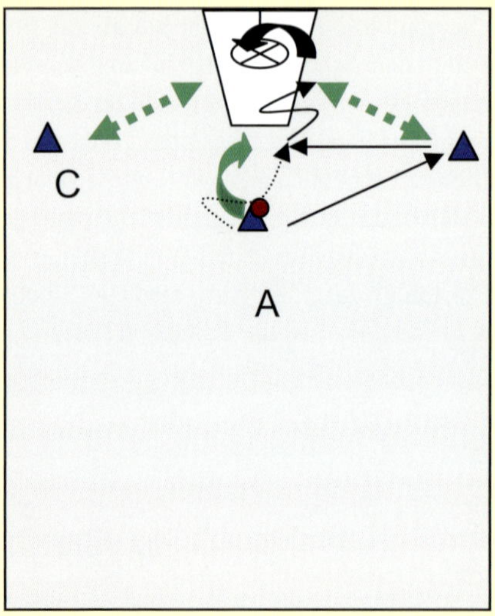

Abb. 12.39

– A führt Passfinte aus, B und C In-and-Out-Bewegung;
  A passt zu B, führt eine Schrittfinte nach links aus, schneidet zum Korb, erhält den Ball von B zurück, dribbelt zum Korb und führt einen Korbleger aus. A holt sich den Ball (wenn möglich im Rebound), dribbelt auf die Position von C, der mittlerweile auf die Position von A gelaufen ist, und passt ihm den Ball zu.

Variation:

– A passt nach links, Rotation im Uhrzeigersinn;
– der Spielmacher entscheidet selbstständig, ob er nach rechts oder links passt.

– **Give and Go auf dem Flügel mit anschließendem Korbleger nach Cut and Fill**

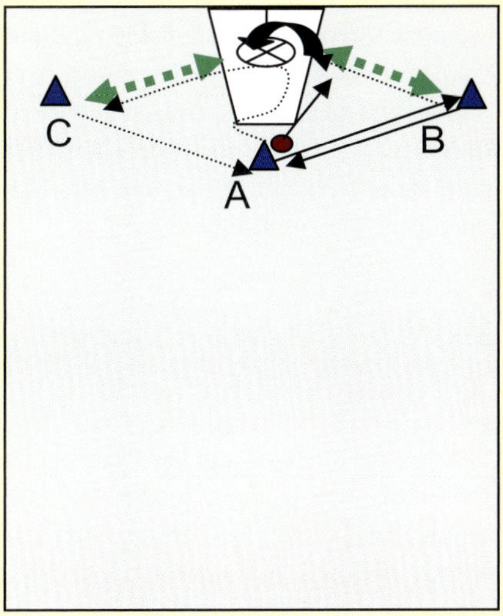

– A führt Passfinte aus, B und C In-and-Out-Bewegung;
  A passt zu B, führt eine Schrittfinte nach links aus, schneidet zum Korb und läuft nach links auf Position C, der mittlerweile auf die Position von A gelaufen ist. Dort erhält C den Ball von B. B schneidet nach dem Abspiel zum Korb, bekommt den Ball zurückgespielt und führt einen Korbleger aus.

Variation:
– A passt nach links, Rotation im Uhrzeigersinn;
– der Spielmacher entscheidet selbstständig, ob er nach rechts oder links passt.

Abb. 12.40

– **Anwendung des Give and Go im Spiel 3:3 auf zwei Körbe**

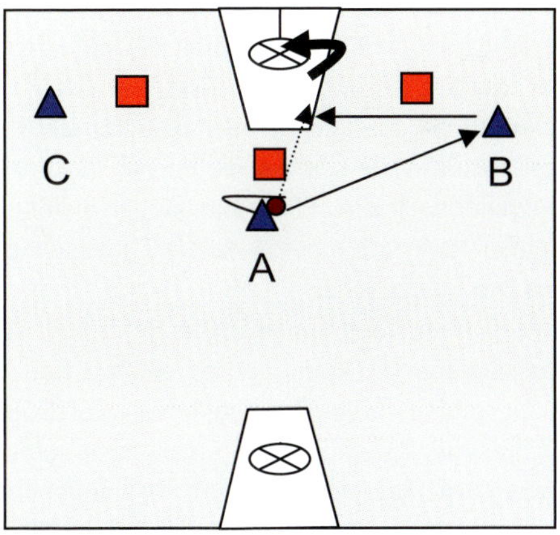

– A passt zu B, führt eine Schrittfinte nach links aus, schneidet zum Korb, erhält den Ball von B zurück (Give and Go).
– Damit das Spiel nicht zu einem „run and gun" ausartet, muss bei Ballgewinn jeder Spieler 1x in Ballbesitz gewesen sein, bevor der Ball über die Mittellinie transportiert wird. Der Gegner muss sich bei Ballverlust sofort hinter die Mittellinie zurückziehen.

Abb. 12.41: Give and Go des Spielmachers mit dem rechten Flügelspieler

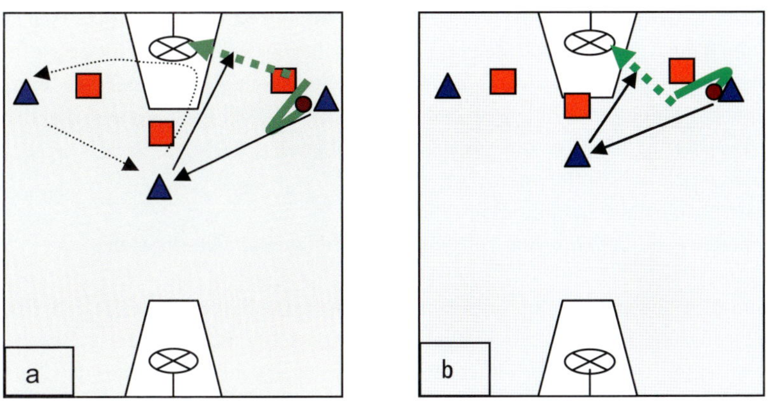

Abb. 12.42 a/b: Give and Go des rechten Flügelspielers mit dem Spielmacher nach Durchlaufen des Kontinuums

Abbildung 12.41 und 12.42a/b zeigen, dass das Give and Go bereits in der Angriffsauslösung sowohl durch den Spielmacher mit einem Flügelspieler als auch durch den Flügelspieler mit dem Spielmacher während des Kontinuums angewandt werden kann. Diese beiden Optionen erweitern den Handlungsspielraum der Angreifer im Sinne von divergenten Lösungen. In den Spielphasen gilt es nun, die Situationen wahrzunehmen und zu erkennen sowie das Give and Go bewusst einzusetzen. Dabei muss die Anwendung des Give and Go auch unter dem räumlichen Aspekt betrachtet werden: Eine geringe Passdistanz zwischen den beiden beteiligten Spielern erlaubt ein Schneiden im Rücken des Verteidigers, eine große vor diesem.

12.5.5 Lektion 5: Gruppentaktische Angriffsmaßnahme – Blocken und Abrollen

Das Basketballspiel grenzt sich durch die spezifische Form des Blockens und Abrollens deutlich von den anderen Sportspielen ab und hätte somit in einem integrativen Spielvermittlungskonzept nichts zu suchen. Aufgrund der Bedeutung des „Pick and Roll" als gruppentaktisches Angriffsmittel und seiner logischen Anwendungsmöglichkeiten in dem Kontinuum soll es an dieser Stelle thematisiert werden.

Mit dem Blocken und Abrollen wird eine Überzahlsituation geschaffen, die im Idealfall zu einer 1:0-Situation, normalerweise zu einer 2:1-Situation führt. Dabei müssen der Block stellende wie der ballführende Spieler eine Folge exakt getimter Handlungen auf engem Raum innerhalb kürzester Zeit ausführen, wodurch sehr hohe Anforderungen an die beteiligten Spieler gestellt werden.

Zu Beginn muss entweder über ein „Auslösezeichen", Codewort oder Blickkontakt das Blockstellen initiiert werden. Um an Bekanntes anknüpfen zu können, bieten sich dazu zwei Möglichkeiten während des Kontinuums an: Entweder nach einem Pass zum Flügelspieler mit Blockstellen des Spielmachers für den Flügelspieler oder nach einem Pass des Flügelspielers auf die Spielmacherposition mit Blockstellen für den Spielmacher.

Der Block muss zunächst regelgerecht gestellt werden, denn ein bewegter Block bedeutet ein Offensivfoul. Das Ziel des Blockens muss es sein, den direkten Gegenspieler des Ballbesitzers (= direkter Block) so zu behindern, dass dieser dem Ballbesitzer bei einem plötzlichen Dribbling Richtung Korb nicht folgen kann. Dazu muss der Ball führende Spieler eng an seinem Block stellenden Mitspieler vorbei ziehen (leichter Körperkontakt, damit kein Verteidiger über den Block gehen kann). Diese Situation beinhaltet für Schüler nach dem Erkennen der Spielsituation für das Blockstellen das zweite Problem: die zeitliche Koordination, sprich „Timing". Als Grundregel und Merksatz gilt: „Zuerst stehen, dann gehen!" Der Blocksteller muss zuerst eine breite Grundstellung am Verteidiger eingenommen haben, und zwar so, dass dessen Fuß zwischen seinen Beinen ist (= T-Block-Stellung). Danach sollte der Ballbesitzer eine Schrittfinte in die entgegengesetzte Richtung ausführen, um die Aufmerksamkeit des Abwehrspielers auf den Ball und nicht auf den Block zu lenken. Auf diese Weise wird der Verteidiger in den Block hineingeführt und der Ballbesitzer kann an ihm vorbeiziehen.

Danach können sich zwei Situationen ergeben:

- » Der ballbesitzende Spieler hat freie Bahn zum Korb.
- » Der ballbesitzende Spieler wird vom Verteidiger des Blockstellers übernommen.

Die zweite Situation bedarf einer Erläuterung und der Anschlusshandlung durch den Blocksteller, die allerdings auch in der ersten Situation erfolgen sollte. Während der Ballbesitzer weiterdribbelt und seinem neuen Verteidiger auszuweichen versucht, muss er abrollen, indem er sich rückwärts über den korbnahen Fuß dreht, um den geblockten Spieler „auf einen Rücken zu nehmen". Damit hat er diesen Spieler ausgeblockt und kann ebenfalls zum Korb schneiden, woraus eine 2:1-Situation resultiert. Wichtig ist dabei der ständige Blickkontakt zum Ballbesitzer, das Bewegen zum Korb außerhalb des Deckungsschattens, sodass ein Abspiel des Dribblers zu ihm möglich ist.

Gruppentaktisches Element: Blocken und Abrollen während des Kontinuums

Die Einführung des „Blocken und Abrollen“ sollte auf Grund seines Schwierigkeits- und Komplexitätsgrades deduktiv erfolgen. Voraussetzung ist ein sicheres Durchspielen des Kontinuums in der Dreiecksaufstellung. Dieses kann zu Beginn des Unterrichts nochmals wiederholt und in Zusammenhang mit den individualtaktischen Fertigkeiten gefestigt werden.

– Spielphase 3:3 auf einen Korb

Inszenierung:
„Spielt 3:3 auf einen Korb. Eine Mannschaft verbleibt für 8 Versuche im Angriff, danach erfolgt Rollenwechsel. Ein Korb nach dem Kontinuum zählt 4 Punkte.“

Übungsform

– Einführung Blocken und Abrollen auf dem Flügel

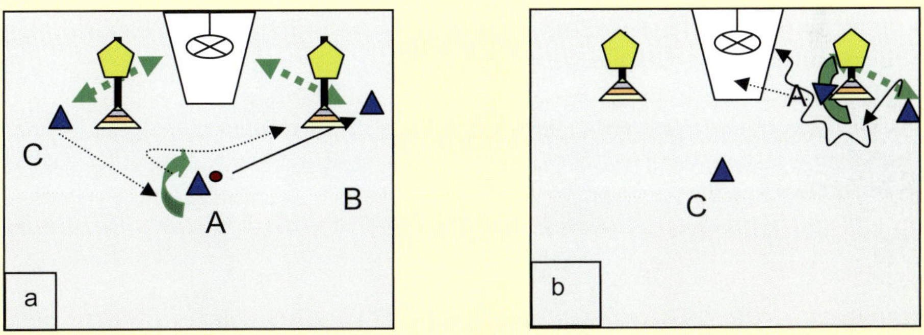

Abb. 12.43 a/b: Einführung Blocken und Abrollen auf dem Flügel

– A passt zu B und stellt Block an einem Markierungshütchen, in dem eine Stange steckt, an der ein Parteihemd an einem Kleiderbügel hängt. Der Kleiderbügel deutet die Schulterachse des imaginären Verteidigers an. A soll den Block in korrekter T-Stellung ausführen: Hütchen zwischen den Füßen, breite Grundstellung, Arme vor dem Körper verschränkt, Ellbogen nach außen abgespreizt. Wenn A steht, führt B Körpertäuschung oder Schrittfinte nach rechts aus, schneidet im Dribbling links dicht am Block vorbei zum Korb und führt Korbleger aus. A rollt sich auf dem korbnahen Fuß ab und schneidet ebenfalls zum Korb, um ggf. den Ball nach dem Korbleger im Rebound zu fangen. Danach mit dem linken Flügelspieler das Blocken und Abrollen ausführen.

Variationen:

– Zuerst das Kontinuum einmal durchspielen, dann Blocken und Abrollen.
– Das Kontinuum mehrmals durchspielen und im freien Wechsel nach Auslösezeichen Blocken und Abrollen ausführen.

Hinweise:
Durch die feststehende Stange mit Kleiderbügel soll ein exaktes Einnehmen der Blockposition geschult werden. Schüler als Verteidiger bewegen sich, verändern ihre Fußposition, wodurch ein korrektes Blockstellen schwierig ist. Außerdem kann dadurch vermieden werden, dass der Blockspieler zu aggressiv auf den „Verteidiger“ zugeht.

Steigerung:
Im weiteren Verlauf kann die Übungsform mit ihren Variationen zuerst gegen teilaktive (Hände hinter dem Rücken zusammenhalten), danach gegen aktive Verteidiger durchgeführt werden.
Der Blockraum (zwischen Blocksteller und Korb) kann durch einen V-Cut des Flügelspielers bei der Auftaktbewegung geöffnet werden, damit anschließend mehr Raum für die Folgeaktionen des Abrollens und des Schneidens zum Korb verbleibt.

– Spielphase 3:3 auf einen Korb

Inszenierung:
„Spielt 3:3 und versucht, einen direkten Block auf dem Flügel zu stellen. Ein Korb, der nach Blocken und Abrollen erzielt wird, zählt vier Punkte. Eine Mannschaft bleibt für 10 Versuche im Angriff, danach erfolgt Rollenwechsel."
Steigerung:
„Spielt 3:3 auf einen Korb. Mannschaft A hat 10 Angriffe hintereinander. Für jeden Korb, den sie nach Blocken und Abrollen erzielt, bekommt sie zwei weitere Angriffsversuche."
Steigerung:
„Spielt 3:3 auf einen Korb. Mannschaft A hat 10 Angriffe hintereinander. Davon muss sie mindestens in fünf Angriffen einen Block stellen. Hat sie also nach 6 Angriffsversuchen noch keinen Block gestellt, erfolgt ein Rollenwechsel."
Steigerung:
„Spielt 3:3 auf einen Korb nach Streetball-Regeln. Wer einen Korb erzielt, bleibt im Angriff (make it – take it). Wer einen Korb nach Blocken und Abrollen erzielt, bleibt für 2 weitere Versuche im Angriff."

Übungsform

– Einführung Blocken und Abrollen im Zentrum (für den Spielmacher)

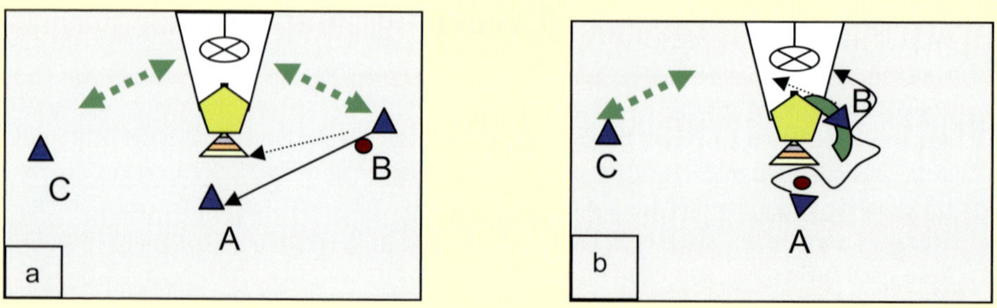

Abb. 12.44 a/b

B passt während des Durchspielens des Kontinuums zurück auf die Spielmacherposition, läuft seinem Pass nach und stellt einen Block für den Spielmacher an der Stange mit dem Kleiderbügel. A führt eine Schrittfinte nach links aus und zieht eng an dem Blocksteller vorbei, der abrollt und ebenfalls zum Korb schneidet.
Variationen:
- Blocken und Abrollen nach Rückpass vom linken Flügel
- Rückpass nach freier Wahl während des Kontinuums
- Der freigeblockte Spielmacher passt zum mitschneidenden Blocksteller, der einen Korbleger oder einen Sprungwurf ausführt.

Hinweise:

» Die Einführung des Blockstellens während des Kontinuums beim Rückpass vom Flügelspieler auf die Spielmacherposition fällt Schülern mitunter leichter, weil durch die zurückgezogene Spielmacherposition der Blockraum zwischen Blocksteller und Korb weiter geöffnet ist und somit die Folgehandlungen unter geringerem Raum- und Zeitdruck ablaufen können.
» Die Anwendung des Blockens und Abrollens im Spiel kann wie oben inszeniert werden.

12.5.6 Lektion 6: Gruppentaktische Angriffsmaßnahme – Spiel über den Dritten

Gruppentaktisches Element: Indirekter Block

Beim Spiel über den dritten Mitspieler erweitert sich die Handlungsvielfalt eines Teams nochmals. Dieser Schritt sollte jedoch erst gegangen werden, wenn die angriffsauslösenden Maßnahmen, das Cut and Fill, Give and Go und das direkte Blocken und Abrollen auch in Spielsituationen umgesetzt werden können. Bislang haben ständig der Spielmacher und ein Flügelspieler mit dem Ball zusammen agiert. Die Anforderungen an die Orientierungsfähigkeit und an das genau abgestimmte Timing erhöhen sich beim Spiel über den Dritten nun beträchtlich. Deshalb ist es wichtig, dass die Lernenden an bereits Bekanntes anknüpfen können. Im Basketball bietet sich dazu der indirekte Block an, der vordergründig nur ein Umdenken bei der Schneidebewegung des Spielmachers im Vergleich zum direkten Block verlangt. Dieser Laufweg entspricht jedoch nahezu der Schneidebewegung des Spielmachers beim ursprünglichen Cut and Fill (= Kontinuum): nach rechts passen, Position des linken Flügelspielers einnehmen. Diese Schneidebewegung wird jetzt früher zur linken Flügelseite umgeleitet, um dort einen Block für den Flügelspieler ohne Ball zu stellen und ihm somit ein Durchziehen zum Korb und ein Anspiel des rechten Flügelspielers zu ermöglichen. Die Technik des Blockstellens verändert sich zwar nicht, doch die erhöhten Schwierigkeiten zeigen sich in den individualtaktischen Anforderungen und in der zeitlichen Abstimmung:

» Angreifer ohne Ball werden in der Regel nicht so eng gedeckt wie Angreifer mit Ball. Deshalb müssen sie durch Schneidebewegungen (In-and-Out) den Verteidiger an sich binden.
» Der Blocksteller muss antizipieren können, wo der Flügelspieler bei der Out-Bewegung eng gedeckt wird, stehen bleibt und sich ein Blockstellen als zweckmäßig erweist (ein Block gegen einen Verteidiger mit größerem Abstand zum direkten Gegenspieler ist zwecklos, da er leicht übergangen werden kann!).
» Der Ballbesitzer muss das Bewegungsverhalten der beiden Mitspieler und deren Gegenspieler genau beobachten, seinen Gegenspieler auf Distanz halten und im richtigen Augenblick abspielbereit sein.

Übungsform

– Einführung indirekter Block

Der indirekte Block stellt eine Handlungsmöglichkeit zwischen zwei Spielern ohne Ball dar. Erst nach dem erfolgreichen Blockstellen erfolgt die Kooperation mit dem Ballbesitzer.

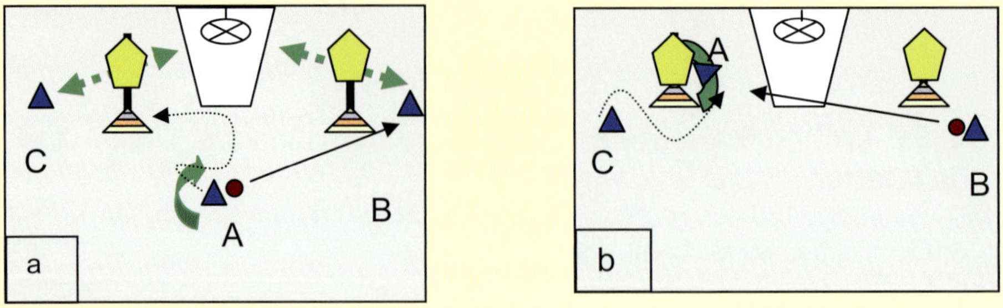

Abb. 12.45 a/b: Einführung indirekter Block und Abrollen auf dem Flügel

– A passt zu B, schneidet nach einer Schrittfinte zum Korb und stellt einen Block für C an dem linken Markierungshütchen, in dem eine Stange steckt, an der ein Parteihemd an einem Kleiderbügel hängt. Der Kleiderbügel deutet die Schulterachse des imaginären Verteidigers an. A soll den Block in korrekter T-Stellung ausführen: Hütchen zwischen den Füßen, breite Grundstellung, Arme vor dem Körper verschränkt, Ellbogen nach außen abgespreizt. Wenn A steht, führt C Körpertäuschung oder Schrittfinte nach links aus, schneidet dicht am Block vorbei zum Korb, erhält den Ball vom rechten Flügelspieler und führt Korbleger aus. A rollt sich auf dem korbnahen Fuß ab und schneidet ebenfalls zum Korb, um ggf. den Ball nach dem Korbleger im Rebound zu fangen oder für ein Abspiel zur Verfügung zu stehen.
Danach zu dem linken Flügelspieler passen und indirekten Block für B auf dem linken Flügel stellen.

Variationen:

- Zuerst das Kontinuum einmal durchspielen, dann Blocken und Abrollen.
- Das Kontinuum mehrmals durchspielen und auf Auslösezeichen den indirekten Block stellen und Abrollen ausführen.
- Das Kontinuum mehrmals durchspielen und im freien Wechsel nach Auslösezeichen Blocken und Abrollen ...

Die Schulung des indirekten Blocks und seine Anwendung in der Spielsituation 3:3 kann wie oben vorgenommen werden.

12.5.7 Lektion 7: Gruppentaktische Angriffsmaßnahme – Schneiden über den Flügel (Hinterlaufen)

Gruppentaktisches Element: Hinterlaufen auf dem Flügel

Mit der Variation der Schneidebewegung durch den Spielmacher nach einem Pass auf den Flügel kann die Verlagerung des Angriffsdreiecks in Korbnähe mit dem Spiel über den Dritten kombiniert werden.

Die beiden Flügelspieler führen zur Spieleröffnung die In-and-Out-Bewegung in einem V-Cut durch, sodass sie dem Spielmacher zum Anspiel entgegenkommen. Bei der Ballannahme muss sich der Flügelspieler sofort in Richtung Korb drehen (Facing!) Der Spielmacher schneidet nicht mehr im Zentrum zum Korb, sondern hinterläuft nach seinem Pass den neuen Ballbesitzer im

Bogen auf dem Flügel. Er kann dabei seinen direkten Gegenspieler am neuen Ballbesitzer „abstreifen". Durch diese kurzfristige 2:1-Situation wird das Abwehrverhalten des direkten Gegenspielers des Ballbesitzers erschwert, wodurch sich divergente Lösungsmöglichkeiten für die Angreifer ergeben. Er kann entweder in den Lauf des Spielmachers passen, die Verwirrung seines Gegenspielers zu einem Durchbruch ausnutzen oder dem sich anbietenden Flügelspieler zupassen und diesen wiederum bogenförmig hinterlaufen.

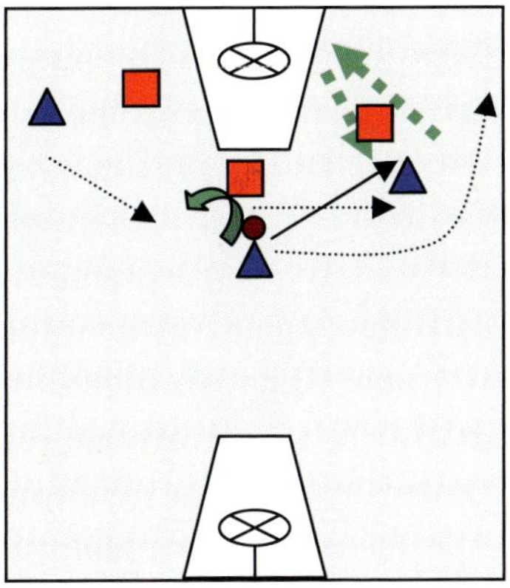

Abb. 12.46: Schneiden des Spielmachers über den Flügel (Hinterlaufen)

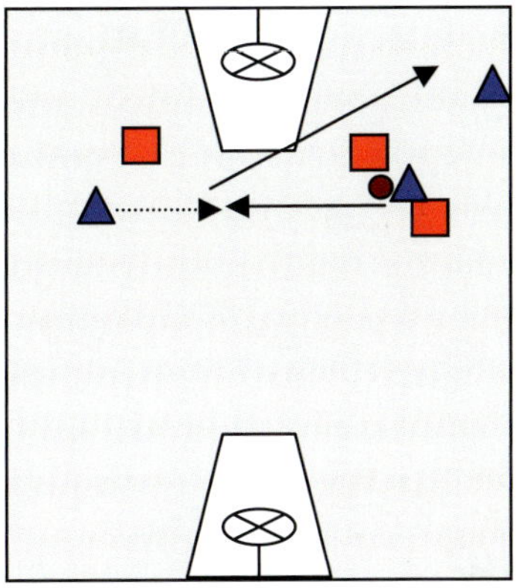

Abb. 12.47: Spiel über den Dritten nach Hinterlaufen

Übungsformen

– Einführung Hinterlaufen

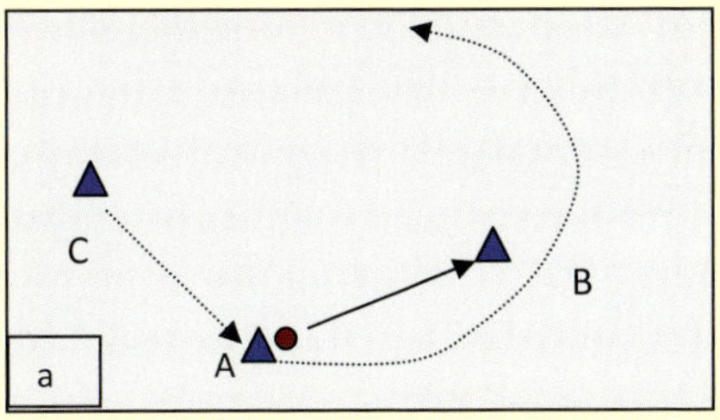

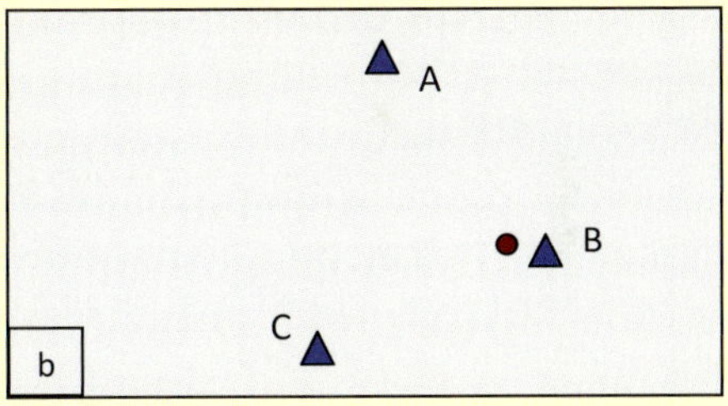

Abb. 12.48 a/b: Passen im freien Feld mit Hinterlaufen

- Die drei Spieler einer Mannschaft stellen sich im Raum in einem Angriffsdreieck auf. A passt zu B und hinterläuft seinen Pass so weit, bis sich wieder ein Angriffsdreieck ergibt. C ersetzt den hinterlaufenden A auf dessen Position. B passt erneut nach rechts, sodass sich das Angriffsdreieck im Gegenuhrzeigersinn weiterdreht.

Variationen:
- Pässe nach links, sodass sich das Angriffsdreieck im Uhrzeigersinn dreht.
- Pass im freien Wechsel nach rechts oder links.

Fertigkeitsausbildung	– Passen und Fangen im freien Raum mit Hinterlaufen des eigenen Passes zum Aufbau eines neuen Angriffsdreiecks

Fähigkeitsausbildung	– Schulung der Orientierungsfähigkeit und des Timings beim Zusammenspiel im Angriffsdreieck im freien Raum

– Tigerball 3:1 mit Hinterlaufen am Kreis

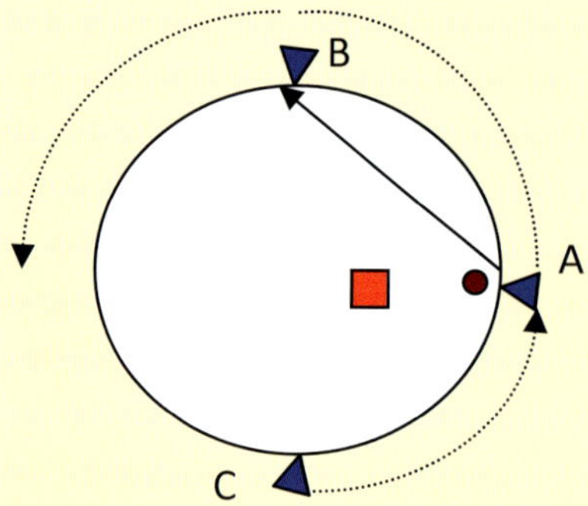

- A, B und C stellen sich im Angriffsdreieck an einem Kreis auf. A passt zu B und hinterläuft seinen Pass, bis er ein neues Angriffsdreieck aufgebaut hat.
  C ersetzt A.
- Kreisdurchmesser: ca. 5 m.

Abb. 12.49

– Hinterlaufen und Schneiden zum Korb

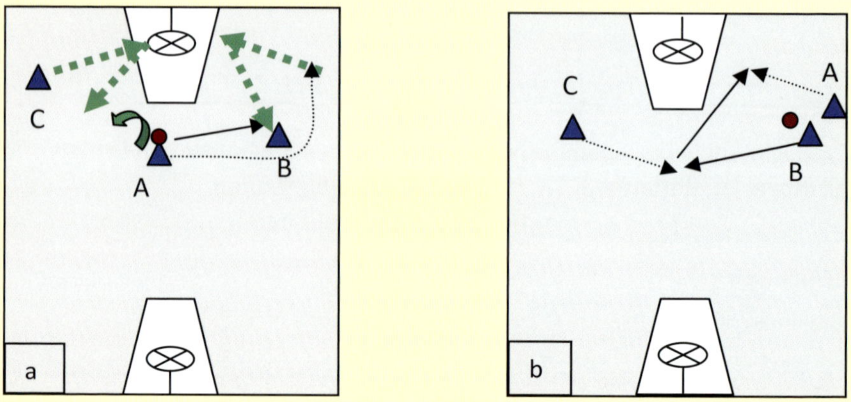

Abb. 12.50 a/b

- A passt zu B, der sich schnell zum Korb dreht, und hinterläuft B. C zieht nach innen, um A zu ersetzen. B spielt C an, der zum hinterlaufenden A passt, der zum Korb schneidet und den Wurf ausführt.

Variation:
- B dribbelt überraschend zum Korb und führt den Wurf aus.
- B spielt C an, der A in den Lauf passt.
- C dribbelt zum Korb und führt den Wurf aus.

Bei allen Variationen nach dem Wurf Grundformation wieder schnell einnehmen.

– **Spielphase 3:3 zum Schneiden des Spielmachers über den Flügel**

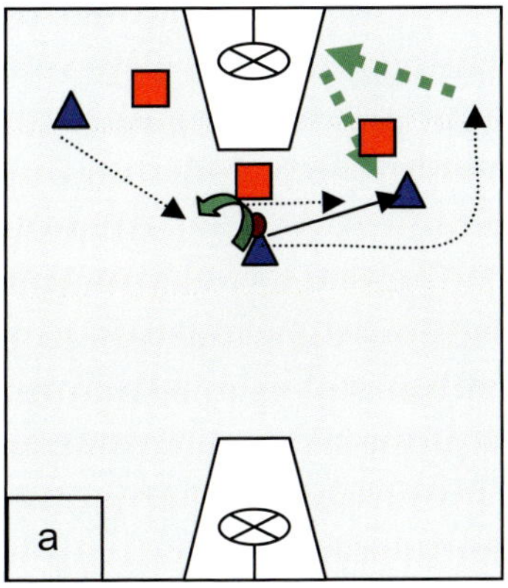

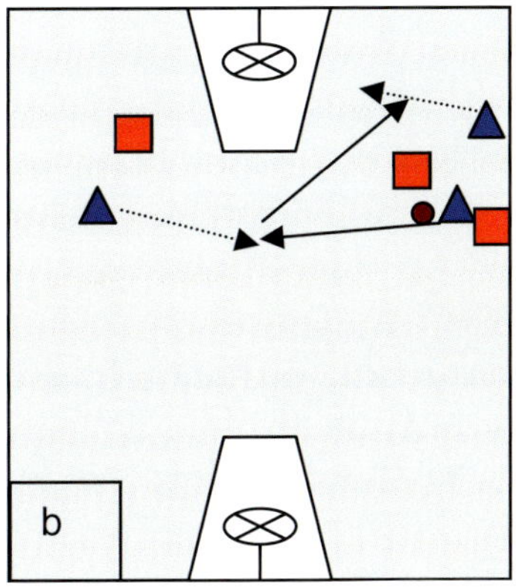

Abb. 12.51 a/b: Schneiden des Spielmachers zur Spieleröffnung über den Flügel

> Spiel 3:3 auf zwei Körbe. Ein Korb, der nach einem Schneiden des Spielmachers über den Flügel von diesem oder von einem anderen Angreifer aus dieser Spielsituation heraus erzielt wird, zählt vier Punkte.
> Variation:
> – Um eine Überforderung der Angreifer zu vermeiden, kann zunächst gegen eine teilaktive Mannschaft (Hände hinter dem Rücken) gespielt werden.

12.5.8 Lektion 8: Gruppentaktische Angriffsmaßnahme – Fast Break

Das Criss-Cross wird an dieser Stelle kurz vorgestellt, weil es beim Ballgewinn unter dem eigenen Korb zu einem Schnellangriff (Fast Break) eingesetzt werden kann. Auch hier folgt der zentrale Spieler seinem Pass nach außen. Im weiteren Verlauf entspricht das Criss-Cross einem Lauf der drei Spieler über Kreuz über das Feld, wobei dem Zuspiel immer gefolgt wird.

Mit der Einführung dieses Elements soll dem schnellen Umschalten von Abwehr auf Angriff Rechnung getragen werden und die Ausbildung in der Grundsituation „Aufbauen – Stören" zum Inhalt werden.

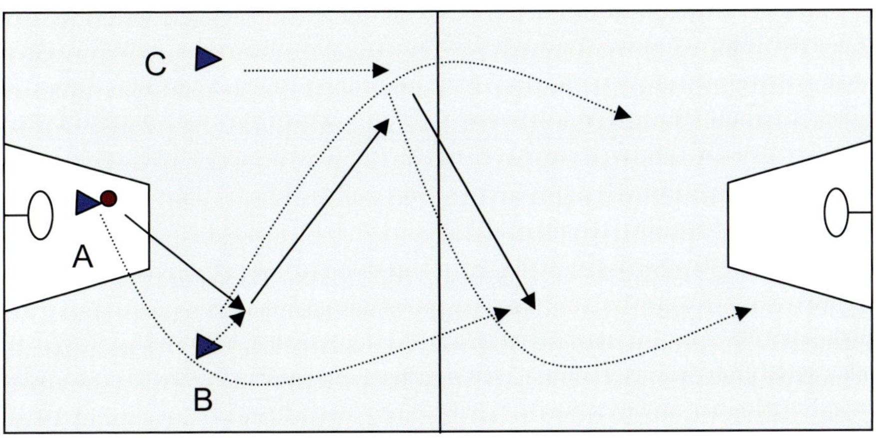

Abb. 12.52: Criss-Cross beim Schnellangriff

- A passt nach außen in die Laufbewegung des startenden C und folgt mit schnellem Antritt seinem Pass. B fängt den Ball, passt schräg in die Laufbewegung von C und folgt seinem Pass.
- Neben der Passgenauigkeit und Fangsicherheit im hohen Lauftempo ist die Laufbewegung nach dem Pass entscheidend. Der Passgeber kreuzt immer hinter dem neuen Ballbesitzer, damit er nicht den neuen Passweg auf den anderen Flügel stört.

Übungsform

– Vom geradlinigen Fast Break zum Criss-Cross 3:0

Die drei Angreifer stellen sich im Angriffsdreieck auf, der zurückhängende Spielmacher mit Ball unter dem Korb eröffnet mit einem Pass nach außen die Übungsform:
- Lauft geradlinig nach vorne und versucht mit 4 (3) Pässen zum Korb zu kommen und mit einem Korbleger abzuschließen.
- Lauft im Criss-Cross nach vorne, indem ihr eurem Pass nachlauft:

Laufwege im langsamen Tempo zunächst festlegen, Angriffsabschluss durch den Spieler, der im optimalen Abstand zum Korb den Ball erhält und Korbleger ausführen kann.
- Tempo steigern, dabei auf Schrittfehler achten.
- Auf seitliche Abstände achten, nicht zu eng werden.
- Korbabschluss im flüssigen Spielzug anwenden.

– Spielphase: 3:1

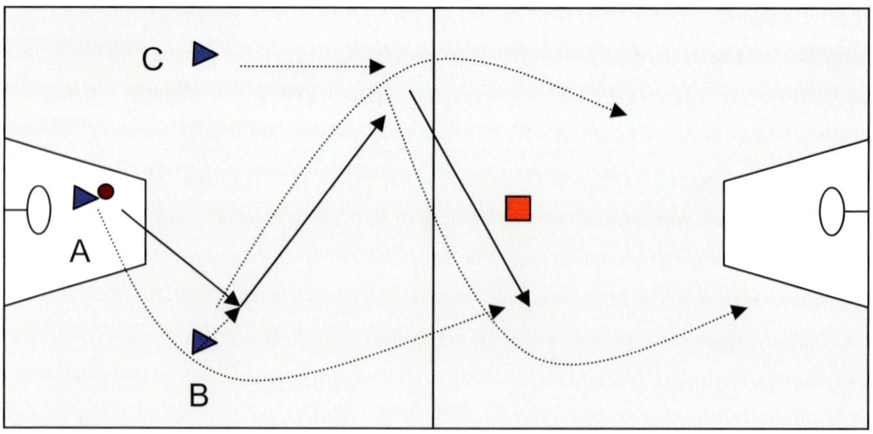

Abb. 12.53

Inszenierung:
„Spielt 3:1 im Criss-Cross und versucht, den zurückgeeilten Spielmacher des Gegners auszuspielen."
Steigerung:
„Spielt 3:2 im Criss-Cross und versucht, den zurückgeeilten Spielmacher und einen verteidigenden Flügelspieler des Gegners auszuspielen."
Steigerung:
„Spielt 3:3 im Criss-Cross und versucht, den zurückeilenden Spielmacher und die beiden verteidigenden Flügelspieler des Gegners auszuspielen."

Steigerung:
„Der Gegner ist an eurem Korb in Ballbesitz. Versucht einen Korberfolg zu verhindern und bei Ballgewinn sofort umzuschalten und im Criss-Cross den Schnellangriff durchzuführen. Solltet ihr nicht zum Korb durchkommen, stoppt den Schnellangriff ab und baut das Angriffsdreieck für einen Positionsangriff neu auf.“

12.5.9 Lektion 9: Gruppentaktische Abwehrmaßnahme – Sinkende MMV und Übergeben – Übernehmen

Das Abwehrverhalten wurde bislang nur unter dem Aspekt der Individualtaktik behandelt. Allein der Begriff „Mann-Mann-Verteidigung“ verleitet viele Schüler zu der Haltung, dass sie nur für ihren direkten Gegenspieler zuständig seien. Mit fortschreitendem Niveau des Angriffsspiels muss jedoch das Abwehrspiel unter dem Blickwinkel „gemeinsam agieren“ geschult werden, vor allem wenn die Angreifer gruppentaktische Maßnahmen einsetzen. Ein gemeinsames Agieren der Abwehrspieler verlangt Absprachen, ein Sichern und gegenseitiges Aushelfen in bestimmten Spielsituationen. Dafür müssen die Abwehrspieler lernen, ballferne und ballnahe Verteidigungshandlungen zu unterscheiden, das Verhalten ihrer Mitspieler genauer als bisher zu beobachten und ihr Verteidigungsspiel situationsspezifisch umzustellen. Damit wird die Umstellungsfähigkeit gefordert, die erst auf höherer Lernstufe zur Anwendung kommt. Erst wenn eine ausreichende Spielerfahrung vorhanden ist, kann eine optimale Anpassung an situative Veränderungen erfolgen, weil der Sportler dann in der Lage ist, den Anpassungsvorgang präzise zu steuern. Deshalb kann und sollte jetzt das gruppentaktische Abwehrverhalten ausgebildet werden, da die Spieler mit überraschenden Situationen konfrontiert werden, wie die folgenden Abbildungen aufzeigen.

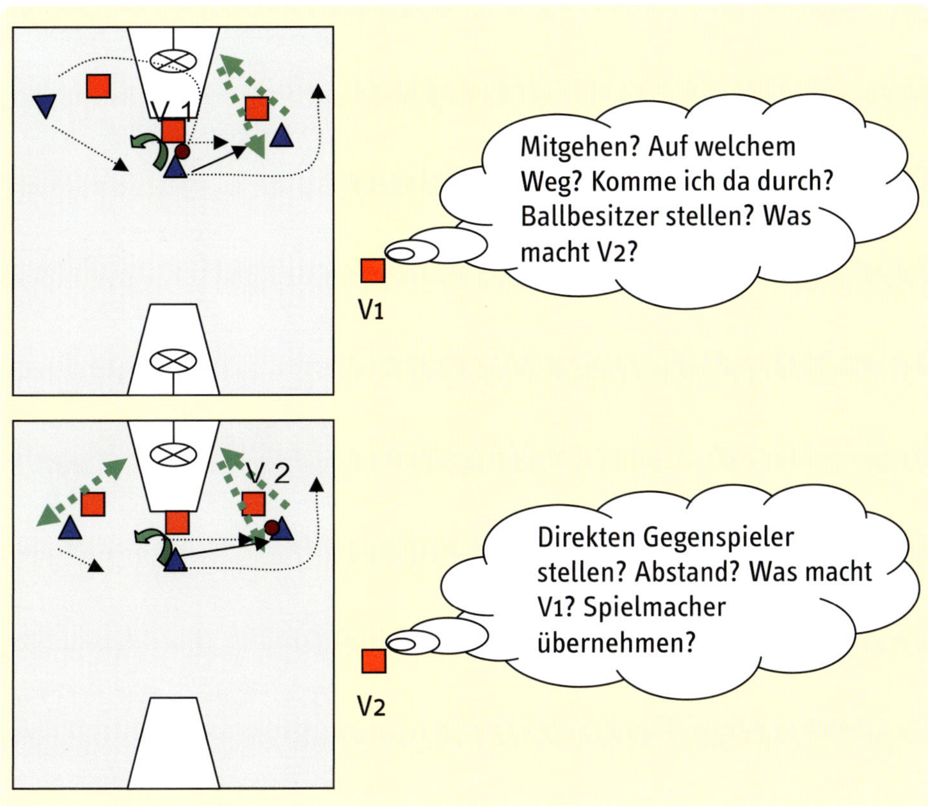

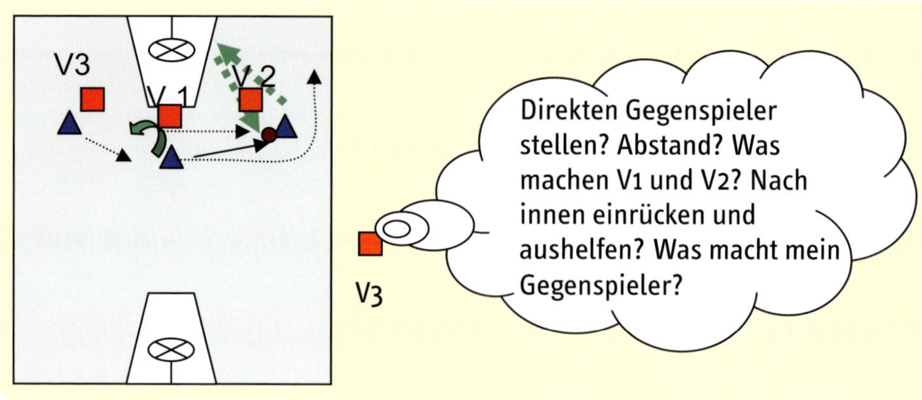

Abb. 12.54

– Spielphase 3:3 – Konfrontation mit dem Thema: Gruppentaktisches Abwehrverhalten

Inszenierung:
„Spielt 3:3 auf einen Korb im Rotationssystem von drei Mannschaften. Mannschaft A ‚parkt', Mannschaft B greift gegen C an. Nach Angriffsabschluss oder Ballverlust begibt sich Mannschaft B in die Defensive gegen A. Mannschaft C wertet ihr Abwehrspiel mit dem Analysebogen aus: Versucht die Situationen zu erfassen, in denen ihr Schwierigkeiten in der Defensive habt. Warum war die Offensive erfolgreich?"

In der Reflexionsphase werden die „neuralgischen" Punkte für das gruppentaktische Defensivspiel festgehalten und mögliche Lösungsansätze besprochen. Dafür kommt vor allem die **sinkende MMV** in Frage. Schwerpunkte sind dabei zu setzen auf

- Passweg versperren und Pässe abfangen
- Kompakt verschieben
- Doppeln des Angreifers bzw. direktem Verteidiger des Ballbesitzers aushelfen
- Übergeben – Übernehmen

Übungsphase

– Erarbeitung der Grundpositionen bei der sinkenden MMV

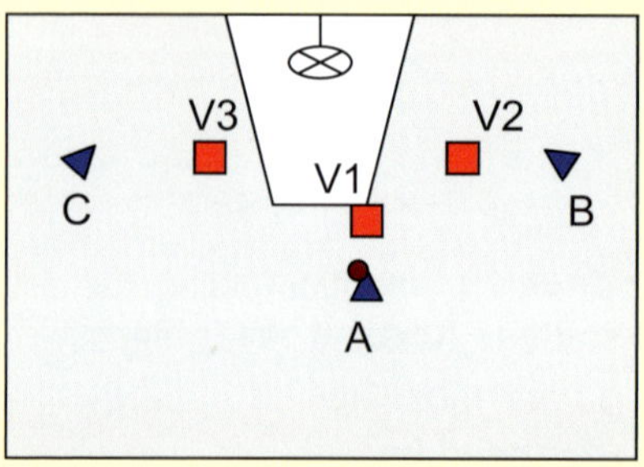

Abb. 12.55a: Sit. I – Sinkende MMV

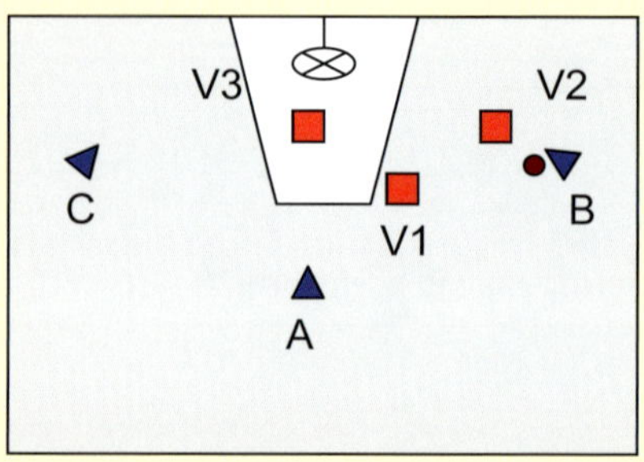

Abb. 12.55b: Sit. II – Sinkende MMV

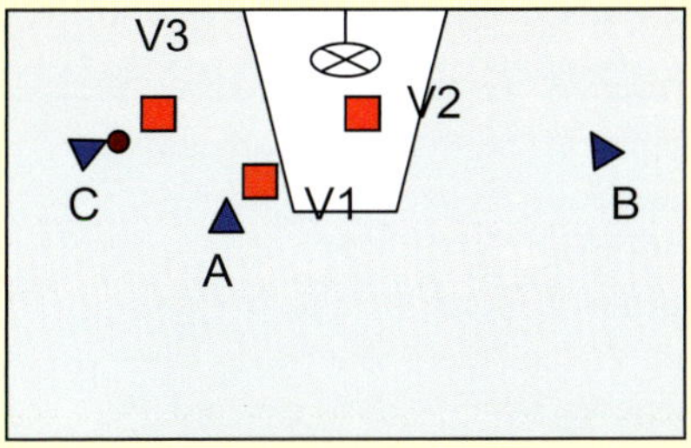

Abb. 12.55c: Sit. III – Sinkende MMV

- Passübung: Die Angreifer passen sich den Ball zu und versuchen sich in Wurfposition zu bringen. Die Verteidiger bewegen sich auf der inneren Linie in Grundhaltung und je nach Ballposition vor und zurück. Dabei agieren sie gemeinsam und dirigieren sich mit Codewörtern „vor" – „zurück" gegenseitig.
  Sit. I: Ballbesitz A, der von V1 eng gedeckt wird, V2 und V3 sinken etwas zurück und rücken leicht ein, damit sie bei einem Durchbruchsversuch aushelfen können.
  Sit. II: Ballbesitz B, der von V2 eng gedeckt wird, V1 sinkt etwas zurück und V3 rückt bis zur Korb-Korb-Linie ein.
  Sit. III: Ballbesitz C, der von V3 eng gedeckt wird, V1 sinkt etwas zurück und V2 rückt bis zur Korb-Korb-Linie ein.
  Die Verteidiger agieren zunächst nur mit den Füßen und konzentrieren sich nur auf die Laufwege, die Grundbewegung der Füße und auf den Abstand zum Angreifer.
  Steigerung:
  - Die Verteidiger versuchen die Pässe abzufangen.
  - Die Angreifer führen In-and-Out-Bewegung aus, die Verteidiger lassen sie nicht zum Korb durchziehen.
  - Die Angreifer versuchen im Dribbling zum Korb durchzubrechen.
  - Die Angreifer schneiden mit und ohne Ball zum Korb und verändern ihre Positionen.
  - Der Spielmacher schneidet über den Flügel oder die Angreifer wenden einen Block an.

– Spielphase 3:3

In längeren Spielphasen soll jetzt vornehmlich das Augenmerk auf die Defensivarbeit gerichtet werden.

Gegen Ende einer Spielphase wird von den Angreifern verlangt, bei jedem Angriff einen Block zu stellen oder vom Spielmacher über den Flügel zu schneiden, um die Verteidiger mit dem gruppentaktischen Aspekt „Übergeben – Übernehmen" zu konfrontieren.

– Übungsformen

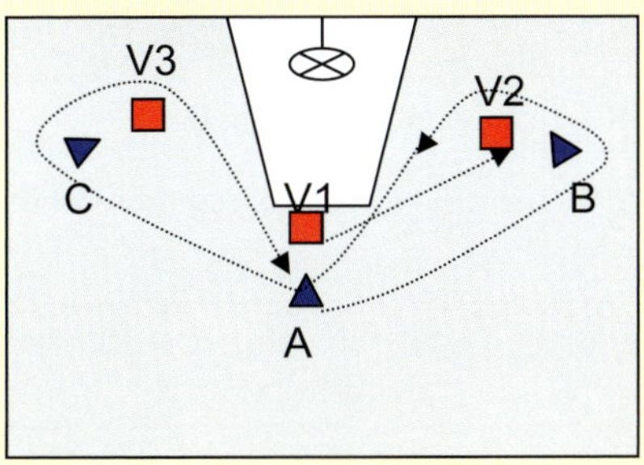

Abb. 12.56

- A schneidet auf rechtem Flügel zum Korb, V1 begleitet ihn auf der inneren Linie.
- Wenn A hinter B vorbeischneidet, klopft V1 seinem Mitspieler V2 an den Arm oder Rücken und übergibt damit seinen direkten Gegenspieler, V2 übernimmt nun A auf der inneren Linie und begleitet ihn. V1 bleibt bei B. A läuft zurück auf seine Ausgangsposition und dann auf den linken Flügel zu C. V1 und V2 übergeben dabei wieder ihren direkten Gegenspieler

Steigerung:

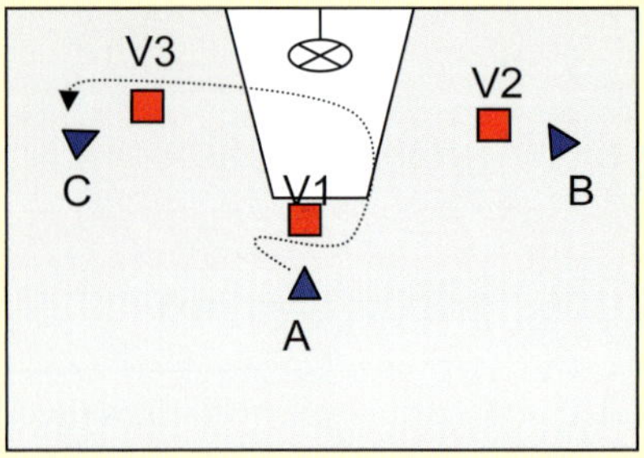

Abb. 12.57

- A schneidet im Zentrum zum Korb und löst Kontinuum aus, V1 begleitet ihn auf der inneren Linie.
- Wenn A vom Korb nach außen wegzieht, übergibt V1 den Spielmacher an seinen Mitspieler V3, begibt sich zu dem auf die Spielmacherposition laufenden C und übernimmt diesen auf der inneren Linie.

Variation:

- In Verbindung mit Passen im Kontinuum.

– Spiel 3:3 mit der Anwendung des Kontinuums und Übergeben – Übernehmen

– Übungsform

– Übergeben – Übernehmen in Blocksituationen

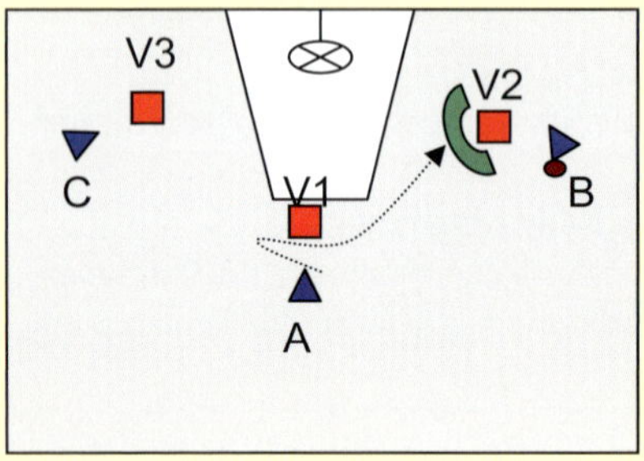

Abb. 12.58

- A schneidet im Zentrum zum Korb und stellt dann bei V2 einen Block.
- Wenn B zum Korb nach innen zieht, übernimmt V1 den Flügelspieler B auf der inneren Linie.

Variation:

- In Verbindung mit einem mehrmals durchgeführten Kontinuum.

12.5.10 Lektion 10: Basketball – Mini-Sportspiel 4:4

Der „Kopf" des Drachen lässt sich im Basketball mit der Spielposition des Centers gleichsetzen. Die Einführung dieser Spielposition muss jedoch unter Beachtung des Regelwerks erfolgen, denn hier sind grundlegende Einschränkungen für den Aktionsraum des Centers festgelegt.

„Art. 58. Drei-Sekunden-Regel
Ein Spieler darf nicht länger als drei Sekunden in dem Teil der begrenzten Zone des Gegners zwischen der Endlinie und der entfernteren Kante der Freiwurflinie bleiben, während der Ball in der Kontrolle seiner Mannschaft ist" (Off. BB-Regeln, S. 28).

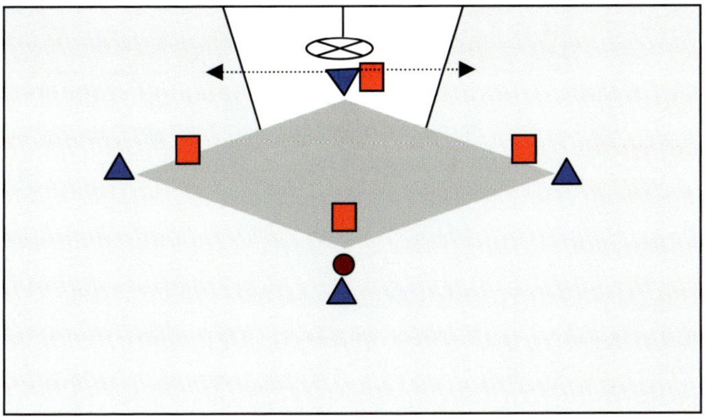

Abb. 12.59

Durch die Drei-Sekunden-Regel muss sich der Center (low post) beim Spielaufbau außerhalb der Freiwurfzone aufhalten. Ein statisches Verharren unter dem Korb ist somit nicht möglich, was besonders im Schulsport und im Juniorenspiel von besonderer Relevanz ist. Akzelerierte Schüler dürfen sich nicht ständig unter dem Korb aufhalten. Ansonsten können sie mit hohen „Bogenlampen", die von den retardierten Spielern nie erreicht werden können, angespielt werden.

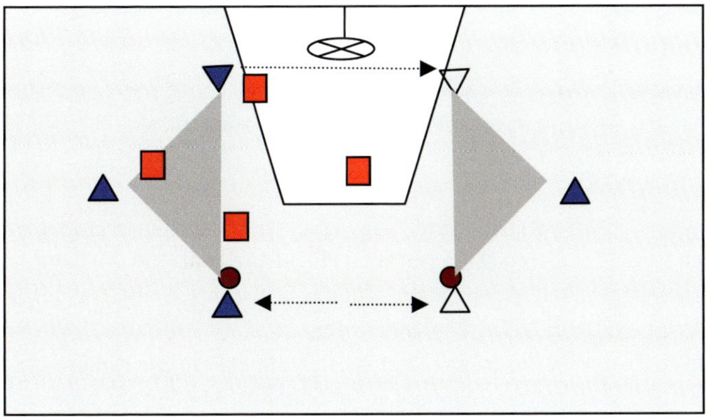

Abb. 12.60

Als Konsequenz der Drei-Sekunden-Regel kann der vierte Spieler als tiefer Center (Seitcenter) eingesetzt werden. Daraus ergeben sich zahlreiche taktische Möglichkeiten für einen systematischen Positionsangriff vor allem unter dem Aspekt der Dreiecksbildung, die durch kurze Positionsverschiebungen des Spielmachers und des Centers immer wieder vorgenommen werden können, wie Abb. 12.60 zeigt. Ebenso kann dieser Abbildung entnommen werden, dass der tiefe Center häufig in der 1:1-Situation mit dem Rücken zum Korb steht. Daraus leiten sich die Anforderungen an diesen Spieler ab: Er sollte der körperlich größte Spieler seiner Mannschaft sein, über eine gute Athletik verfügen, schnelle Drehungen mit und ohne Ball beherrschen, ein sicherer Schütze aus der Nahdistanz und äußerst reboundstark sein.
Um den Center in das Spiel taktisch geschickt einbeziehen zu können, müssen die Laufwege und das taktische Verhalten des Centers mit dem Spielmacher und den beiden Flügelspielern abgestimmt werden.

Für eine vielseitige Ausbildung der Schüler und Juniorenspieler im Basketball sollten in den einzelnen Spielphasen und Übungsformen die Spieler alle Positionen erlernen, indem sie im Rotationssystem von Zeit zu Zeit andere Spielpositionen einnehmen. Vor allem beim Centerspiel ist es wichtig, nicht nur die körperlich Größten dort einzusetzen.

– Spielphase I: Konfrontationsspiel 4:4

Inszenierung:
„Spielt 4:4 auf zwei Körbe. Der Center soll in Korbnähe unter Beachtung der Drei-Sekunden-Regel agieren. Versucht ihn in das Angriffsspiel zu integrieren und zum Korbbschluss zu bringen."

Reflexion:
» Wie viele Körbe haben die Center erzielt und Rebounds gewonnen?
» Wer hat als Center viele Ballkontakte zu verzeichnen gehabt?
» Worin bestehen die Probleme, den Center in Ballbesitz zu bringen?
» Wie sollte sich der Center bei der Angriffsauslösung verhalten und worauf muss er achten?
» Wie könnten folglich die Freilaufbewegungen des Centers aussehen?

In der Reflexion sollten die in der Sachanalyse (Kap.12.4) dargestellten Aufgaben zum Ausdruck kommen, daraus die Funktion und Aufgaben der „Angriffsspitze" abgeleitet werden und die notwendigen positionsspezifischen Verhaltensweisen festgehalten werden.

– Spielphase II : Konfrontationsspiel 4:4

Inszenierung:
„Spielt wie vorher gegeneinander. Der Center sollte seine Freilaufbewegung mit den beiden Flügelspielern abstimmen und versuchen, sowohl im Zentrum als auch auf den Flügeln in Ballbesitz zu kommen."

Wie Abb. 12.60 zeigt, kann der Center in der Nahdistanz des Korbes auf den Flügeln angespielt werden. Läuft er bei einem Pass des Spielmachers zu einem Flügelspieler auf dessen Seite, so bietet er diesem eine Abspielmöglichkeit, indem er ein neues Angriffsdreieck mit dem Flügelspieler und dem Spielmacher aufbaut. Dadurch kommt es aber zu einer Ballung auf diesem Flügel, wodurch Pass- und Laufwege für die gruppentaktischen Maßnahmen wie Hinterlaufen oder Spiel über den Dritten zugestellt werden. Deshalb kommt der Abstimmung der Laufwege und der Ausbildung des positionsspezifischen Verhaltens des Centers besondere Bedeutung zu. Die Auswertung der Spielphase II sollte sich besonders auf diesen Aspekt konzentrieren und deshalb auch alternative Laufwege thematisieren, die in den folgenden Übungsformen erarbeitet werden können.

Übungsform

– Freilaufbewegung des Centers beim Pass auf den Flügelspieler

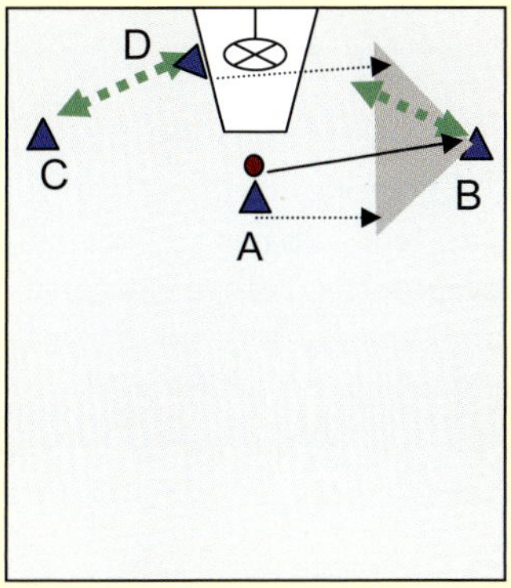

Abb. 12.61

- B und C führen die In-and-Out-Bewegung auf dem Flügel aus (zunächst geradlinig/später als V-Cut);
- A passt zu B, D läuft auf dessen Seite und baut ein neues Dreieck auf;
- B spielt den Pass zu A zurück, der abwartet, bis B und C wieder die In-and-Out-Bewegung ausführen;
- A spielt nun C an, D läuft auf die andere Seite und bietet sich dort an.
- A, B und C passen sich den Ball im Rückraum zu und spielen in freier Abfolge D an, der sich zum Korb dreht und den Korbabschluss sucht.

Variation:

- A spielt gelegentlich auch Bodenpass zu B oder C in die In-Bewegung, sodass diese zum Korb ziehen und einen Korbleger oder Sprungwurf ausführen können. D bringt sich in Reboundposition und versucht Abpraller zu fangen. Danach Positionswechsel.

Fertigkeitsausbildung	– Schulung des beidhändigen Druckpasses, des Fangens und des Korblegers oder Sprungwurfs sowie des Rebounds; – Einführung der Freilaufbewegung des Centers auf den Flügel für die Dreiecksformation.

Fähigkeitsausbildung	– Entwicklung des Timings bei der Angriffsauslösung; – Schulung der räumlichen Wahrnehmung in der Dreiecksaufstellung in Korbnähe; – Wahrnehmung des Centers und des Korbs.

– Spiel 4:4 auf einen Korb mit ständigem Aufbau des Angriffsdreiecks

Inszenierung:

„Spielt 4:4 auf einen Korb. Der Center soll versuchen, nach einem Pass auf den Flügel ständig ein neues Angriffsdreieck mit dem Flügelspieler und Spielmacher aufzubauen. Nutzt jedoch die erste Chance für einen Angriffsabschluss."

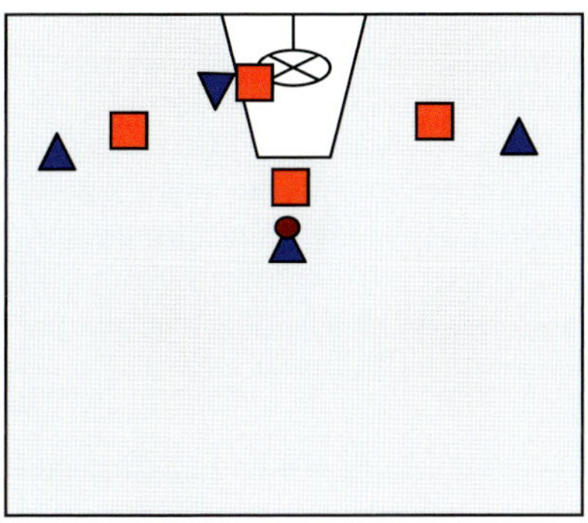

Abb. 12.62

- Mannschaft A hat 10 Angriffsversuche gegen die teilaktive Mannschaft B; danach Rollenwechsel. Welche Mannschaft erzielt mehr Punkte?

Variationen:

- Mannschaft A und B spielen nach Streetball-Regeln (nach Korberfolg bleibt Ballbesitz erhalten – Make it – take it!): nach jedem Rollenwechsel Angriffsinszenierung durch Zuspiel zum vordersten Verteidiger, dessen Rückpass das Spiel eröffnet.
- Aufheben der Teilaktivität der Verteidiger;
- Spiel 3:3 auf zwei Körbe bei entsprechender Korbanzahl in der Halle.

Übungsformen

– Schulung von Schrittstopp, Sternschrittfinten und Korbwurf des Centers

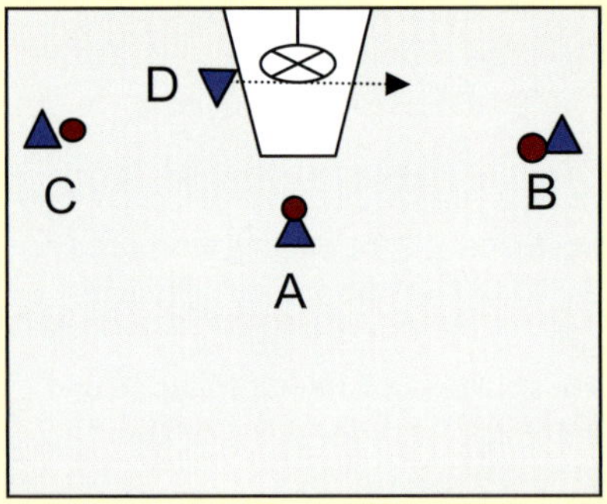

Abb. 12.63

- D bietet sich nach Schritttäuschung durch Freilaufbewegung auf den rechten Flügel an, B passt ihm den Ball zu, D stoppt ab, führt Sternschrittfinte aus, dreht sich zum Korb und schließt mit einem Wurf ab; danach sichert er den Ball durch Rebound, dribbelt zu dem Punkt zurück, an dem er angespielt wurde und passt auf B zurück.
- D läuft parallel zur Grundlinie und wird von A angespielt.

Variationen:

- D übt gegen einen teilaktiven Verteidiger;
- D spielt in der 1:1-Situation gegen einen direkten Gegenspieler.
- Die Reihenfolge, wer D anspielt, variiert und wird situativ über Auslösezeichen (Blickkontakt und Arme nach vorne) festgelegt.

Fertigkeitsausbildung	– Schulung der Freilaufbewegung (mit dem Auftakt durch Lauftäuschung) sowie des Brustpasses, des Fangens, des Schrittstopps, der Sternschrittfinte, des Korbwurfs und Rebounds.

Fähigkeitsausbildung	– Wahrnehmung der räumlichen Abstände in der Drachenaufstellung und zum Korb; – Entwicklung des Timings bei der Angriffsauslösung. – Erkennen der Handlungsabsicht durch Auslösezeichen.

– Schulung der Sternschrittfinte

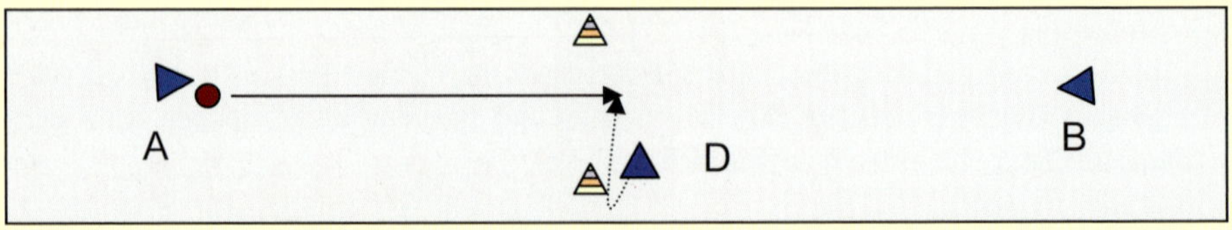

Abb. 12.64

- D läuft nach Schritttäuschung zwischen den beiden Hütchen zur Mitte, wo er von A angespielt wird, macht einen Schrittstopp und dreht mehrmals in verschiedene Richtungen um das hintere Standbein und passt dann zu B;
- D läuft zum anderen Hütchen, dreht dort und kommt zur Mitte zurück, wo er von B angespielt wird.

Variation:

- D läuft nicht nur im rechten Winkel zu A oder B, sondern kommt diesen zum Abspiel entgegen.

– Freilaufen des Centers und der Flügelspieler mit Korbabschluss

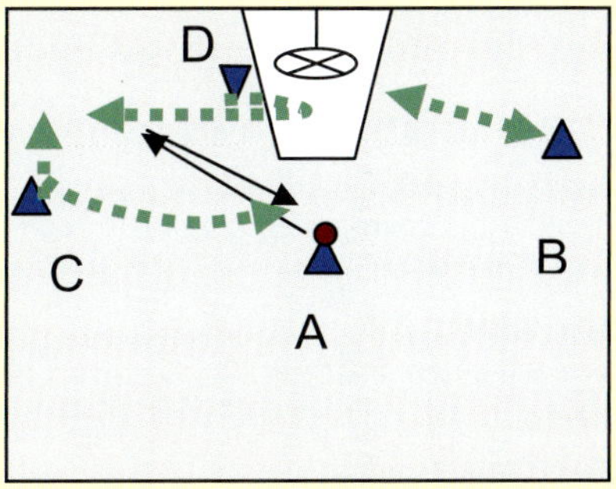

Abb. 12.65

– B und C führen die In-and-Out-Bewegung auf dem Flügel aus; D schneidet nach innen (= Auslösezeichen für Freilaufbewegung in die andere Richtung), stoppt plötzlich ab und sprintet in die entgegengesetzte Richtung parallel zur Grundlinie auf den Flügel;
– A passt zu D;
– D fängt den Ball, dreht sich zum Korb nach Sternschrittfinte und führt Korbwurf aus.

Variationen:

– D passt den Ball in die Laufbewegung von C, der ihn innen ersetzen will; C fängt den Pass und führt Korbwurf aus; D bringt sich in Reboundposition und versucht den Ball zu fangen;
– A spielt B oder C an, die den Ball auf A zurückpassen;
– A spielt gelegentlich auch flachen Bodenpass zu B oder C in die Vorwärtsbewegung, sodass diese zum Korb schneiden und einen Korbwurf ausführen können; D schafft dabei Raum für den durchziehenden Flügelspieler.

Fertigkeitsausbildung	– Schulung der Freilaufbewegung des Centers; – Festigung der Freilaufbewegung der Flügelspieler; – Schulung der Technikelemente (Passen, Fangen, Sternschrittfinte, Korbwurf, Rebound).

Fähigkeitsausbildung	– Entwicklung des Timings bei Freilaufbewegungen in der Angriffsauslösung; – Schulung der räumlichen Wahrnehmung in der Drachenaufstellung; – Erkennen der Auslösezeichen und Koordinieren der Laufwege; – Wahrnehmung des Torwarts und des Tors.

– Spielphase mit Zuspieler: Freilaufbewegungen des Centers und der Flügelspieler im 3:3 + Zuspieler

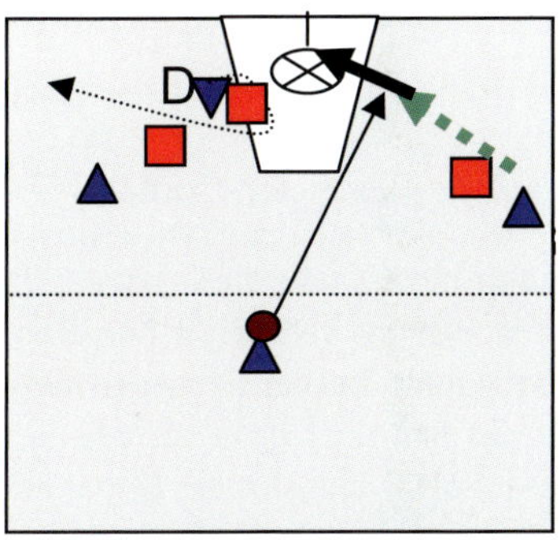

Abb. 12.66: Spielform mit Passgeber zur Freilaufbewegung im Zentrum und auf dem Flügel

- A fungiert nur als Passgeber hinter einer Angriffslinie.
- B, C und D führen die Freilaufbewegungen aus.
- Die direkten Gegenspieler verhalten sich teilaktiv (Hände hinter dem Rücken zusammenhalten).
- A entscheidet aufgrund der Freilaufbewegungen und der daraus resultierenden Spielsituation, wen er anspielt (Ausbildung der Entscheidungsfähigkeit!). Er gibt den angespielten B, C oder D mit dem Codewort „Drehen" oder „Druck" Rückmeldung für die Spielfortsetzung, vor allem wenn sie ihm entgegenkommen und mit dem Rücken zum Korb stehen. Der Rückpass auf A ist bei jedem Angriffsversuch zulässig.
- Ein Angriff gilt als abgefangen, wenn der Gegner nach einem missglückten Korbwurf in Ballbesitz kommt oder der Ball ins Aus gespielt wird.
- Wie viele Tore erzielt eine Mannschaft bei 10 Angriffsversuchen?

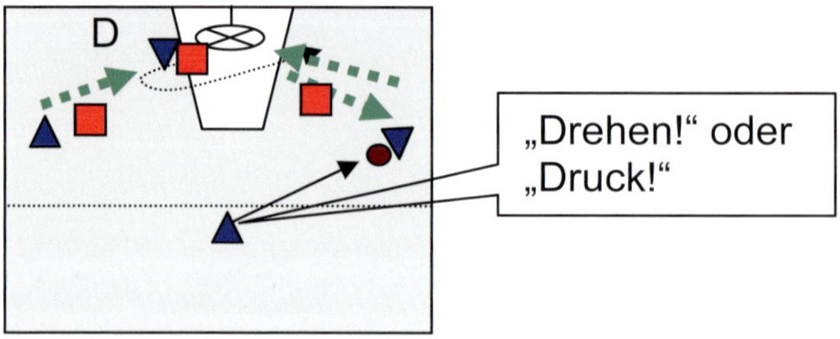

Abb. 12.67: Coachen in der Spielform mit Passgeber zu Freilaufbewegungen im Zentrum und auf dem Flügel

- **Spiel 4:4 mit Freilaufen des Centers und der Flügelspieler zur Angriffsauslösung**

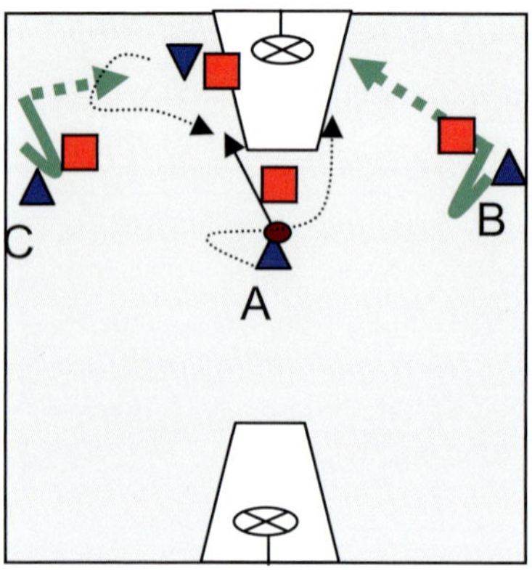

- Spiel 4:4 auf zwei Körbe.
- A coacht als Spielmacher seine Flügelspieler mit den festgelegten Codewörtern.
- Auf die Option des Give and Go zwischen Center und dem Spielmacher hinweisen!

Abb. 12.68: Spiel 4:4 auf zwei Körbe mit dem Schwerpunkt des Freilaufens im Zentrum und auf den Flügeln

Taktikelement: Deckungsverhalten des Abwehrspielers gegen den Center

Für das korrekte individuelle Abwehrverhalten sind besonders in Korbnähe die G-3-Kriterien (Einnehmen der Position zum Angreifer, Abstand zwischen Angreifer und Verteidiger, Körperposition und Fußstellung des Verteidigers) von elementarer Bedeutung. Bei der sinkenden MMV rückt der Verteidiger des Centers etwas nach vorne und deckt offensiver, da er vornehmlich Anspiele auf den Center und somit den Passweg zustellen muss. Bewegt sich der Center auf die Flügel, muss der Abwehrspieler bedacht sein, die innere Linie zu halten und stets dem Korb näher zu sein als der Angreifer.

Deshalb sollten jetzt Übungsphasen mit der Fokussierung auf einzelne Kriterien des individualtaktischen Abwehrverhaltens den Lernprozess unterstützen, denn hier kann konkret und explizit auf die wesentlichen Aktionen eingegangen werden.

Übungsformen

– Individualtaktisches Abwehrverhalten

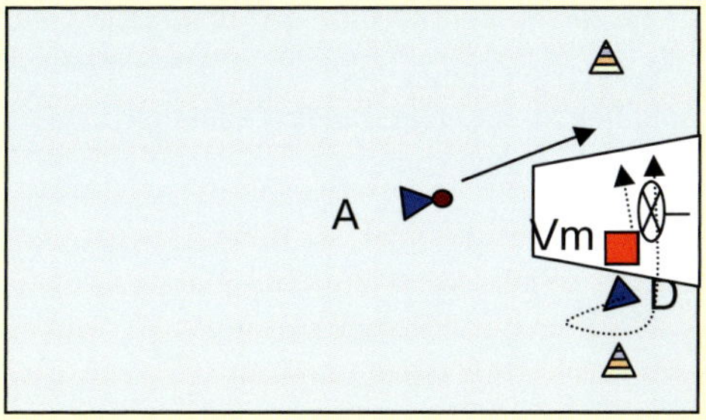

Abb. 12.69

- D führt Schritttäuschung aus und sprintet dann parallel zur Grundlinie in den Pass von A. Vm begleitet D auf der gleichen Höhe und stellt den Raum für einen front-cut nach innen durch Seitstellung zu, sodass der Center nur back-door schneiden kann. Damit sollte er vor dem Center stehen und versuchen, den Pass auf ihn abzufangen.

Grundregeln:

- Nicht von der Seite attackieren!
- Erzielt der Center durch Schrittfinte und Freilaufbewegung einen deutlichen Bewegungsvorsprung, muss Vm auf die innere Linie zurückweichen.
- Abstand lassen, dass Verteidiger nicht überlaufen wird, aber jederzeit eingreifen und ggf. Korbwurf blockieren kann.

Variation:

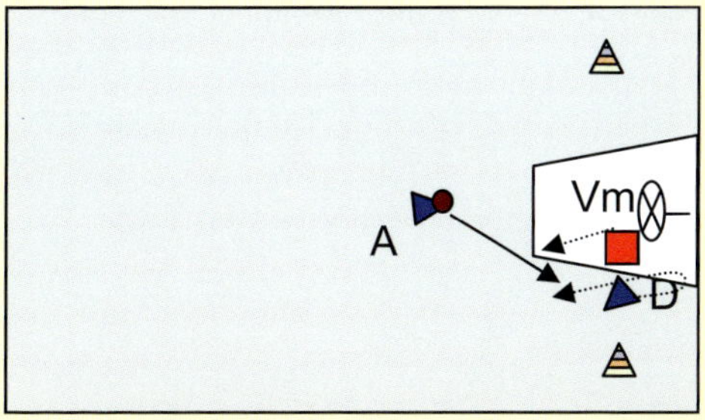

Abb. 12.70

- D führt Schritttäuschung zur Grundlinie aus und startet dann dem Ballbesitzer entgegen.
- A passt kurz auf den entgegenkommenden D.
- D nimmt den Ball an und dreht sich dabei zum Korb.
- Vm muss sich seitlich stellen, bei Rechtshänder als Angreifer rechter Fuß vorne, in Knien gebeugte Position mit Körperspannung einnehmen und optimalen Abstand zum Angreifer wählen (Gefahr des Überlaufen-Werdens und einen Distanzschuss verhindern können) und dessen Geschwindigkeit aufnehmen. Wenn er dem Center den Weg nach innen anbietet (linker Fuß vorne), kann er beim Wurf auf der Wurfarmseite zu blockieren versuchen.

Taktikelement: Freilaufen des Centers auf den Flügel – Raum schaffen für schneidende Angreifer

Eine wichtige Maßnahme im Übergang von der Individual-/Gruppentaktik zur Mannschaftstaktik ist das Freilaufen des Centers auf den Flügel mit der Intention, den Mittelverteidiger zu binden und ihn aus dem Abwehrzentrum zu führen. Damit soll Platz für nachrückende Spieler geschaffen werden, die dadurch zum Korb schneiden und mit einem Korbleger den Angriffsabschluss ausführen können. Der Spielmacher muss in diesem Fall umdenken, denn der Center, der in den freien Raum startet, muss den Ball nicht erhalten.

Stößt der Spielmacher nach einem Pass auf den rechten Flügel nach vorne, sollte ihn der linke Flügelspieler ersetzen. Damit wird Raum auf der linken Angriffsseite frei, in den der Center ausweichen kann. Wenn ihm sein direkter Gegenspieler folgt, entsteht im Abwehrzentrum eine Lücke, aus der sich mehrere Handlungsoptionen für die angreifende Mannschaft ergeben, wodurch das Abwehrgefüge durcheinandergebracht werden kann.

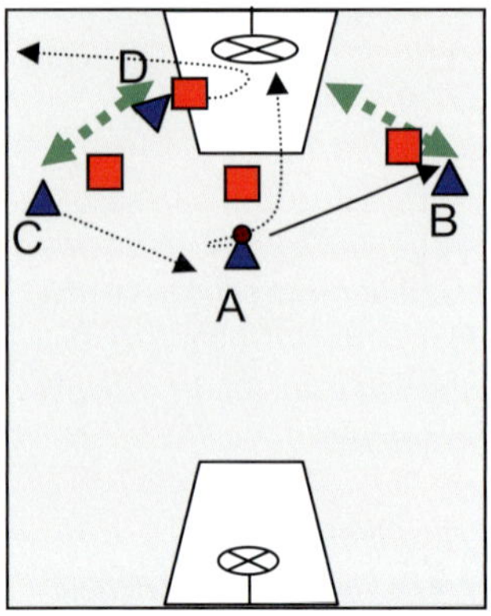

Abb. 12.71

Im weiteren Verlauf sollten die Freilaufbewegungen des Centers, der beiden Flügelspieler und des Spielmachers noch einmal intensiv aufeinander abgestimmt und möglichst spielnah angewandt werden. Sie bilden in der Spielsituation 4:4 die Grundlage für die Umsetzung der gruppentaktischen Maßnahmen und in den weiterführenden Spielformen mit ansteigender Spielerzahl das „Herz" des Mannschaftsspiels.

Übungsform/spielerisches Üben

- **Freilaufen des Centers auf den Flügel, der Flügelspieler und Schneiden des Spielmachers zum Tor in der Überzahlsituation 4:2**

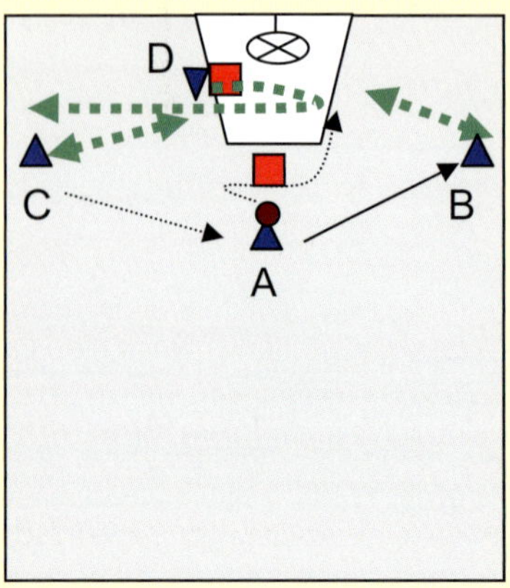

Abb. 12.72

A und D erhalten jeweils einen direkten Gegenspieler.

- B und C führen die In-and-Out-Bewegung auf dem Flügel aus; D läuft zur Mitte (= Auslösezeichen für Freilaufbewegung in die andere Richtung), stoppt plötzlich ab und sprintet in die entgegengesetzte Richtung parallel zur Grundlinie;
- A passt zu B und zieht zum Tor;
- B spielt den Ball entweder im Give and Go auf A zurück oder dreht sich schnell mit dem Ball und zieht von dem Flügel zum Korb. In diesem Fall sollen sich B, D und C in der Überzahlsituation gegen die beiden Abwehrspieler durchsetzen und zum Angriffsabschluss kommen.
- Bei einem gelungenen Give and Go sollen A und D in der Überzahlsituation 2:1 zum Abschluss kommen.
- B und C rücken dabei nach.

Fertigkeitsausbildung	– Schulung der Freilaufbewegung des Centers; – Festigung der In-and-Out-Bewegung der Flügelspieler; – Abstimmung der Freilaufbewegungen; – Schulung des Passens, Fangens, des Dribblings und des Korbwurfs.

Fähigkeitsausbildung	– Entwicklung des Timings bei Freilaufbewegungen in der Angriffsauslösung; – Schulung der räumlichen Wahrnehmung in der Drachenaufstellung; – Erkennen der Auslösezeichen und Koordinieren der Laufwege; – Wahrnehmung der beiden Gegenspieler und des Korbs.

– Spielphase 4:4

Inszenierung:
„Spielt 4:4 auf zwei Körbe. Versucht dabei, die Freilaufbewegungen des Centers und der Flügelspieler in der Angriffsauslösung und das Schneiden des Spielmachers zum Korb in die Folgehandlungen einzubeziehen."

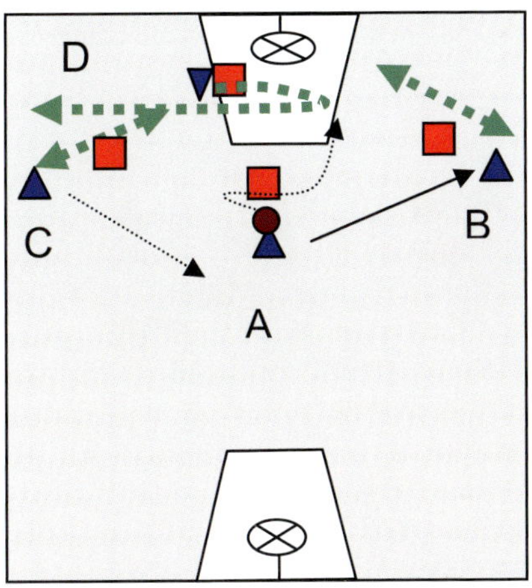

Abb. 12.73: 4:4 mit Freilaufbewegungen, Schneiden des Spielmachers zum Korb und Ersetzen

Im Folgenden soll nun kurz auf das Verhalten des Centers bei den einzelnen gruppentaktischen Elementen eingegangen werden.

Taktikelement: Hinterlaufen

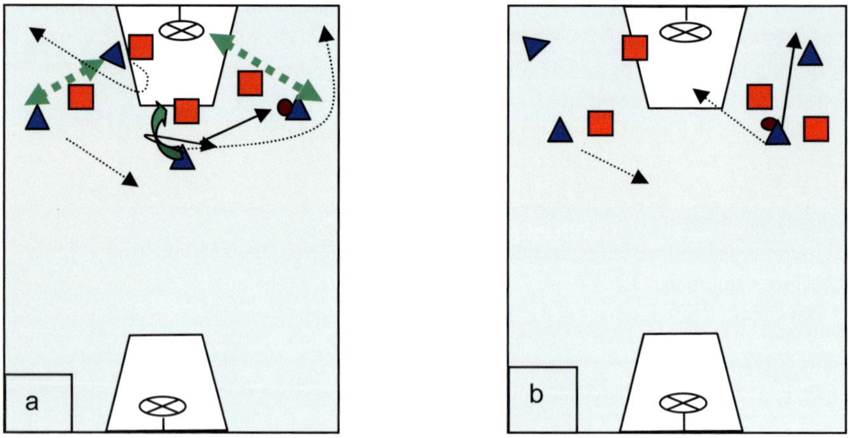

Abb. 12.74 a/b: Hinterlaufen durch den Spielmacher und Raum schaffen durch den Center

Abb. 12.74 zeigt, dass der Center auf den ballfernen Flügel ausweichen sollte, um Raum zu schaffen für den Spielmacher. Er führt dadurch seinen direkten Verteidiger weg, sodass dieser nicht aushelfen kann. Sollte dieser dem Center nicht folgen, kann der Flügelspieler mit einer Spielverlagerung den Center anspielen. Dieser kann in dieser Situation zum Korb einrücken und einen Sprungwurf aus der Nahdistanz ausführen. Außerdem kann der ballbesitzende Flügelspieler den Effekt des Hinterlaufens ausnutzen, indem er zum schneidenden Spielmacher passt oder durch ein überraschendes Dribbling an seinem Gegenspieler vorbei in die Freiwurfzone eindringt und somit eine 2:1-Situation zwischen sich und dem Center gegen den Brettverteidiger herstellt.

Taktikelement: Spiel über den Dritten

Beim Spiel über den Dritten wird der Pass zum hinterlaufenden Spielmacher nicht von B, sondern nach einem Querpass von B auf C von diesem diagonal gespielt. Deshalb gelten für den Center dieselben taktischen Verhaltensweisen (Platz schaffen durch Freilaufen auf ballfernen Flügel) wie oben.

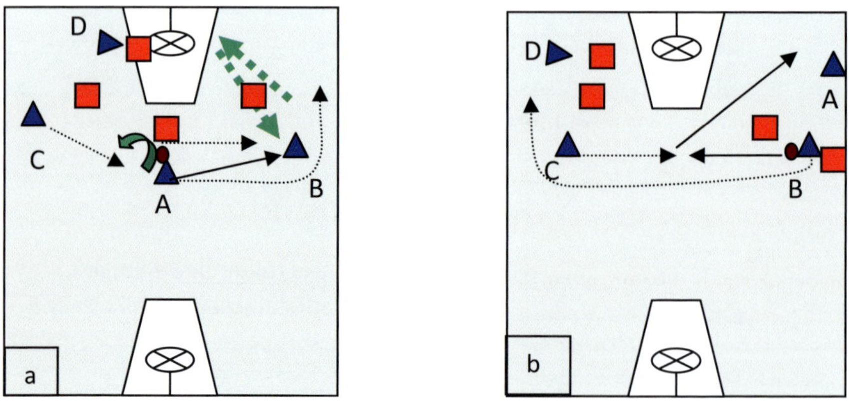

Abb. 12.75 a/b: Raum schaffen durch den Center beim Spiel über den Dritten

Übungsformen

– Übungsform 4:0 zum Hinterlaufen oder Spiel über den Dritten

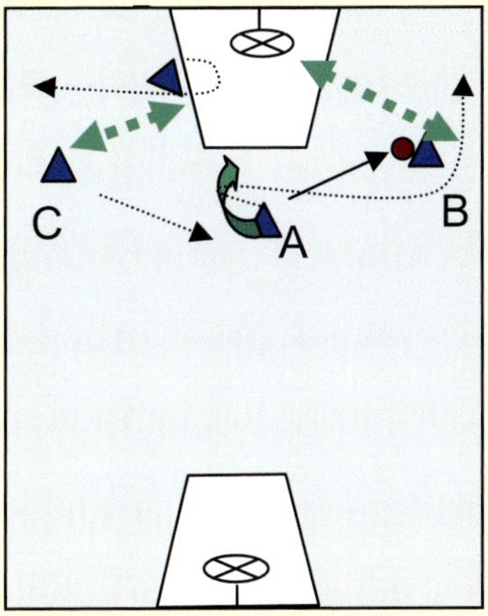

Abb. 12.76: Hinterlaufen des Spielmachers im 4:0

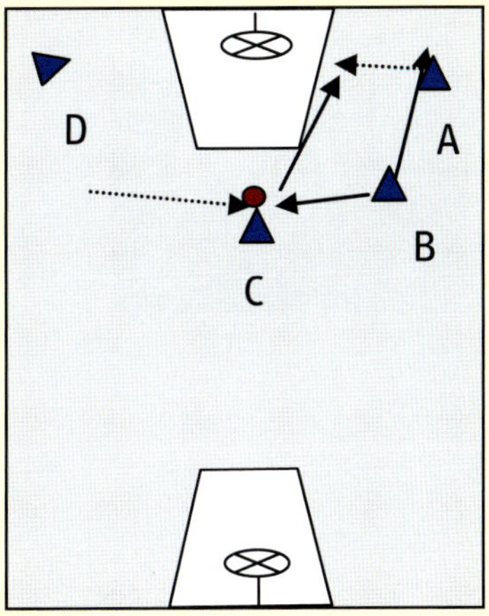

Abb. 12.77: Spiel über den Dritten im 4:0

Bevor die komplexen Spielzüge zur Angriffsauslösung in spielnahen Situationen angewandt werden, bieten sich Übungsformen an, in denen die Spieler die einzelnen Aktionen in ihrer zeitlichen und räumlichen Abfolge nochmals wiederholen können. Der neue Aspekt, die Freilaufbewegung des Centers, kann als Schwerpunkt in diese Wiederholungsphase aufgenommen werden. Dabei ist zu beachten, dass insbesondere die In-and-Out-Bewegung des nahen Flügelspielers mit seiner Freilaufbewegung koordiniert wird und das Hinterlaufen einschließlich des Spiels über den Dritten auf dem gegenüberliegenden Flügel stattfindet.

Der weitere Verlauf wäre stets abhängig von dem Gegenspieler des jeweiligen Ballbesitzers, sodass dieses bereits durch Variationstraining antizipiert werden kann, indem in der Übungsform intuitive und spontane Aktionen mit einem Schneiden des Ballbesitzers zum Korb verbunden werden können.

Taktikelement: Blocken und Abrollen durch den Center

Der Center findet durch seine Spielposition ideale Voraussetzungen für das Stellen eines Blocks vor, da er sich vornehmlich im Rücken der Abwehrspieler aufhält und sich deshalb unbemerkt einem Abwehrspieler annähern kann. Dies gilt vor allem für Spielsituationen nach einem Pass auf den Flügel. Als Alternative zum Aufbau eines Angriffsdreiecks kann der Center dem Flügelspieler einen Block stellen, sodass dieser über den Flügel zum Korb durchbrechen kann. Mit einem rechtzeitigen Abrollen sollte daraus eine 2:1-Situation gegen den aushelfenden Brettverteidiger resultieren.

Um den Center bei diesem gruppentaktischen Element nicht zu überfordern, können seine primären Aufgaben am Anfang noch aufgeteilt werden. Mit der Regel, dass der Center keinen direkten Gegenspieler erhält und somit ein Überzahlspiel stattfindet, bei dem der Center keinen Korb erzielen darf, jedoch permanent versuchen soll, einen Block am Gegenspieler der Flügelspieler zu stellen, soll der Fokus auf dieses taktische Element gerichtet werden.

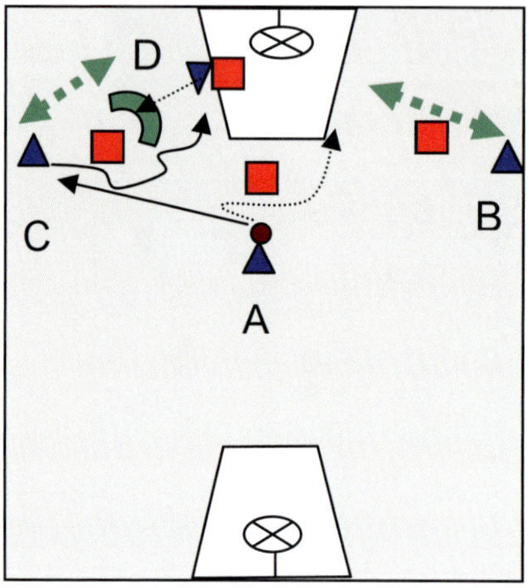

Abb. 12.78: Block am Verteidiger des Flügelspielers im 4:4

Spielform 4:3

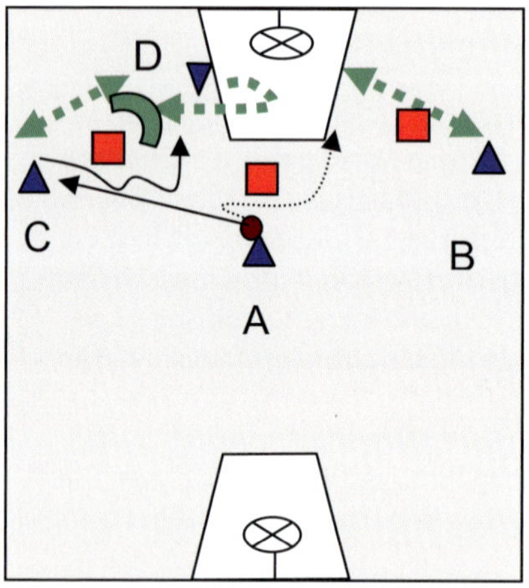

Abb. 12.79: Spiel 4:3 auf einen Korb

Inszenierung:
„A, B und C erhalten einen direkten Gegenspieler. D darf ohne Gegenspieler agieren und spielt als Seitcenter an der Freiwurfzone. Er bewegt sich von einer Seite zur anderen. Er darf keine Körbe erzielen, sondern soll beim Pass auf den Flügelspieler versuchen, einen Block an dessen Verteidiger zu stellen. Ergibt sich daraus ein Korb, zählt dieser 4 Punkte. Jede Mannschaft hat 10 Angriffe in Folge. Der vierte Abwehrspieler fungiert als Schiedsrichter."

Steigerung:
„Spielt 4:4 im freien Spiel auf zwei Körbe. Ein Korb nach einem Blocken und Abrollen durch den Center zählt doppelt."

Taktikelement: Abwehrverhalten gegen den Center in der sinkenden Mann-Mann-Verteidigung

Übungsphase

– Erarbeitung der Grundpositionen bei der sinkenden MMV

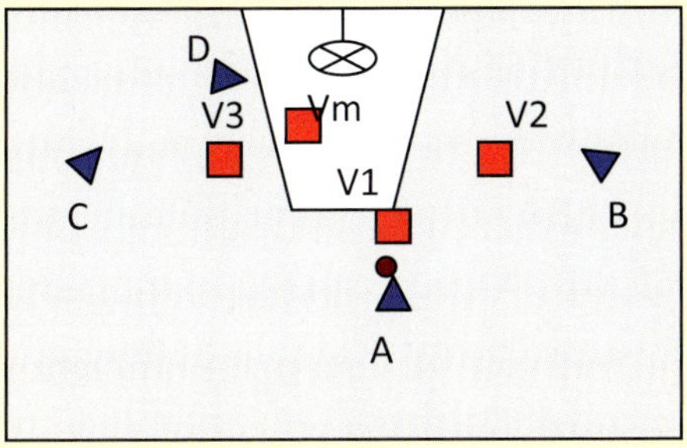

Abb. 12.80a: Sit. I – Sinkende MMV

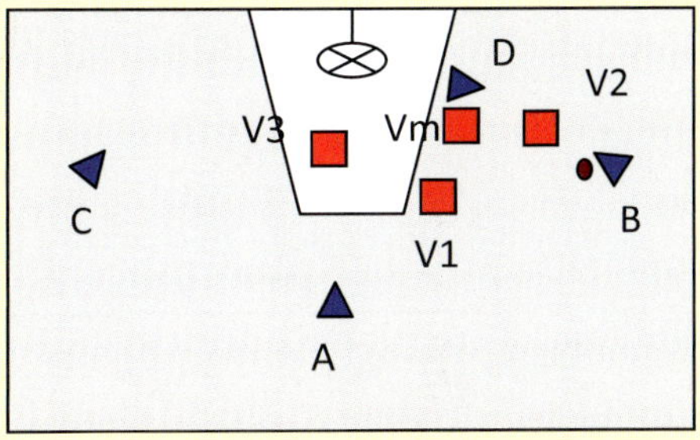

Abb. 12.80b: Sit. II – Sinkende MMV

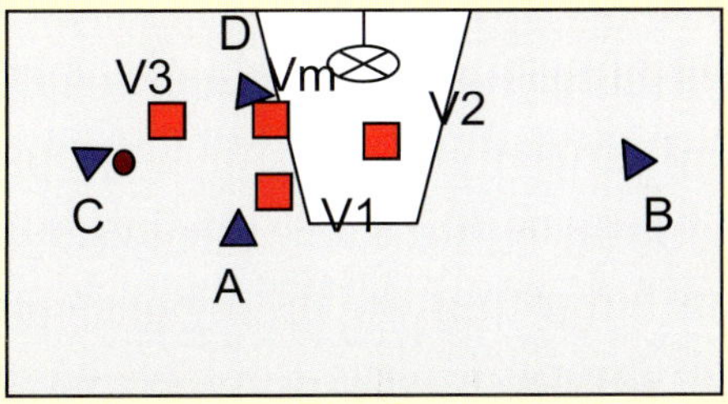

Abb. 12.80c: Sit. III – Sinkende MMV

- Passübung: Die Angreifer passen sich den Ball zu und versuchen sich in Wurfposition zu bringen. Die Verteidiger bewegen sich auf der inneren Linie in Grundhaltung und je nach Ballposition vor und zurück. Dabei agieren sie gemeinsam und dirigieren sich mit Codewörtern „vor" – „zurück", „Ball", „rechts – links" gegenseitig.
  Sit. I: Ballbesitz A, der von V1 eng gedeckt wird, V2 und V3 sinken etwas zurück und rücken leicht ein, damit sie bei einem Durchbruchsversuch aushelfen können, Vm rückt etwas nach vorne, um Passweg auf D zuzustellen und ggf. doppeln zu können.
  Sit. II: Ballbesitz B, der von V2 eng gedeckt wird, V1 sinkt etwas zurück und V3 rückt bis zur Korb-Korb-Linie ein; Vm deckt D offensiv, sodass er Pässe auf diesen abfangen kann. Außerdem doppelt er so den Angreifer.
  Sit. III: Ballbesitz C, der von V3 eng gedeckt wird, V1 sinkt etwas zurück und V2 rückt bis zur Korb-Korb-Linie ein; Vm deckt D offensiv, so dass er Pässe auf diesen abfangen kann. Außerdem doppelt er so den Angreifer.
  Die Verteidiger agieren zunächst nur mit den Füßen und konzentrieren sich nur auf die Laufwege, die Grundbewegung der Füße und auf den Abstand zum Angreifer.

Steigerung:

- Die Verteidiger versuchen die Pässe abzufangen.
- Die Angreifer führen In-and-Out-Bewegung aus, die Verteidiger lassen sie nicht zum Korb durchziehen.
- Die Angreifer versuchen im Dribbling zum Korb durchzubrechen.
- Die Angreifer schneiden mit und ohne Ball zum Korb und verändern ihre Positionen.
- Der Spielmacher schneidet über den Flügel oder die Angreifer wenden einen Block an.

– **Spielphase 4:4**

In längeren Spielphasen soll jetzt vornehmlich das Augenmerk auf die Defensivarbeit gerichtet werden.

Gegen Ende einer Spielphase wird von den Angreifern verlangt, bei jedem Angriff einen Block zu stellen oder vom Spielmacher über den Flügel zu schneiden, um die Verteidiger mit dem gruppentaktischen Aspekt „Übergeben – Übernehmen" zu konfrontieren.

Übungsformen

– **Begleiten, Übergeben – Übernehmen ohne Ball**

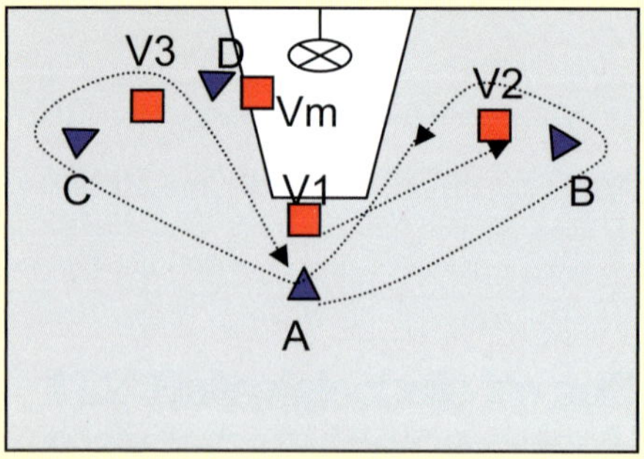

Abb. 12.81

– A schneidet auf rechtem Flügel zum Korb, V1 begleitet ihn auf der inneren Linie.
– Wenn A hinter B vorbeischneidet, klopft V1 seinem Mitspieler V2 an den Arm oder Rücken und übergibt damit seinen direkten Gegenspieler, V2 übernimmt nun A auf der inneren Linie und begleitet ihn. V1 bleibt bei B. A läuft zurück auf seine Ausgangsposition und dann auf den linken Flügel zu C. Dabei übernimmt V1 wieder A und V2 wieder B.
– D wechselt dabei die Seite und wird von Vm auf der inneren Linie begleitet.

Steigerung:

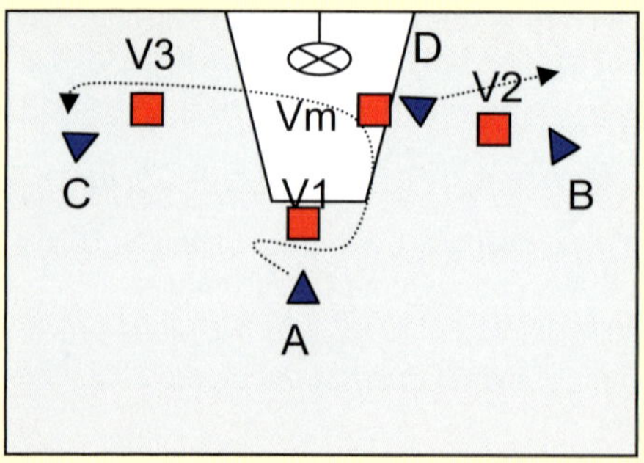

Abb. 12.82

– A schneidet im Zentrum zum Korb und löst Kontinuum aus, V1 begleitet ihn auf der inneren Linie.
– Wenn A vom Korb nach außen wegzieht, übergibt V1 den Spielmacher an seinen Mitspieler V3, begibt sich zu dem auf die Spielmacherposition laufenden C und übernimmt diesen auf der inneren Linie.
– Vm begleitet D nach außen nur, wenn V1 die innere Linie gegen A einhalten kann, ansonsten muss er aushelfen und A übernehmen

Variation:
– In Verbindung mit Passen im Kontinuum.

– **Spiel 4:4 mit der Anwendung des Kontinuums und Übergeben – Übernehmen**

Inszenierung:
„Spielt 4:4 auf zwei Körbe. Die Angreifer sollen verschiedene gruppentaktische Maßnahmen anwenden. Die Abwehrspieler sollen dabei ihre Gegenspieler übergeben, übernehmen und einander aushelfen."

Reflexion:
In welchen Spielsituationen ergeben sich die größten Probleme für die Abwehr? Wie können diese gelöst werden?

Übungsform

– Übergeben – Übernehmen in Blocksituationen

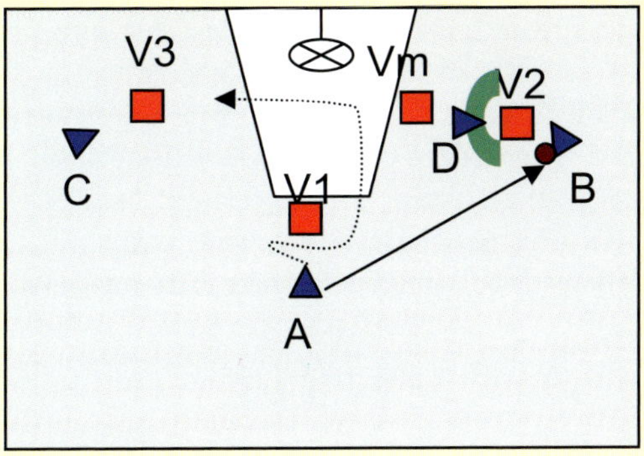

- A passt nach rechts auf B, schneidet im Zentrum zum Korb und läuft dann auf den linken Flügel.
- D stellt bei V2 einen Block.
- Wenn B zum Korb nach innen zieht, übernimmt Vm den Flügelspieler B auf der inneren Linie.

Variation:
- In Verbindung mit einem mehrmals durchgeführten Kontinuum.

Abb. 12.83

12.5.11 Lektion 11 – Mannschaftstaktik:Umschalten von Abwehr auf Angriff/von Angriff auf Abwehr

Beobachtet man das Basketballspiel im Schulsport, fällt einem selbst in der Sekundarstufe II oft und schnell ein wildes Hin und Her zwischen zwei Mannschaften in einem offenen „Schlagabtausch" auf. Zwei Aktionen dominieren das Spiel: Tempodribblings zum Korb oder lange hohe Pässe weit in die gegnerische Spielfeldhälfte hinein, verbunden mit einem Korbwurf (run and gun). Für viele Schüler scheinen dies die einfachsten Mittel zu sein, um den Ball schnell und direkt zum gegnerischen Korb transportieren zu können. Sie missachten damit elementare taktische Verhaltensweisen:

» Der Dribbler ist meistens langsamer als der Verteidigungsspieler, sodass er nach außen abgedrängt wird.
» Die Mitspieler sind nicht in der Lage, die weitere Handlungsabsicht des Dribblers erkennen zu können.
» Die Angriffsauslösung in der Nahzone des Korbs beginnt auf dem Flügel mit einer hohen Drucksituation des Ballbesitzers.
» Schnelle und nicht vorhersehbare Ballverluste sind die Folge.
» Der Gegner antwortet oft mit langen, hohen Pässen auf noch nicht zurückgelaufene Spieler tief in die gegnerische Spielfeldhälfte.
» Lange, hohe Pässe bedeuten für viele Spieler eine technische Überforderung und können nicht sicher gefangen werden.
» Fang- und Schrittfehler ermöglichen dem Gegner wiederum ein Eingreifen durch einzelne schnell zurückgeeilte Spieler.
» Das Mannschaftsgefüge wird dadurch weit auseinander gezogen, Spielpositionen aufgegeben und ein kontrolliertes Passspiel unmöglich gemacht.

Die Ursachen für dieses Spielverhalten liegen oft in einem banalen Spielverständnis der Schüler: Sie glauben mit individuellen Aktionen schnell und leicht nach vorne zu kommen und überfordern damit sich und ihre Mitspieler in ihrem Fertigkeits- und Fähigkeitspotenzial gänzlich. Das vermeintlich Einfache wird zum Unlösbaren. Deshalb ist der Unterscheidung zwischen einem schnellen und ballsichernden Umschalten von Angriff auf Abwehr und umgekehrt nun vermehrt Aufmerksamkeit zu schenken, bildet dies doch die Grundlage für die Anwendung der gruppentaktischen Maßnahmen. Als Ausgangspunkt dient stets der Zeitpunkt bzw. der Ort für den möglichen oder zu erwartenden Ballgewinn oder Ballverlust. Der ist in der Regel dort zu finden, wo sich die meisten Spieler gleichzeitig befinden und wo die Drucksituationen am höchsten sind, nämlich in der Nähe der Körbe.

Dazu sollen mannschaftstaktische Grundsätze im Sinne einer Spielphilosophie aufgestellt und ihre Umsetzung eingefordert werden.

Für das Umschalten von Abwehr auf Angriff heißt das:

» Der Balltransport wird vom Spielmacher und den beiden Flügelspielern vorgenommen.
» Der Center läuft rasch auf seine Spielposition und bindet so einen gegnerischen Abwehrspieler.
» Keine hohen und weiten Pässe auf lossprintende Spieler, sondern kurze und schnelle Pässe in die Laufbewegung der Nebenspieler.
» Ballsicherung vor Risikopässen: Sichere den Ball durch einen Outlet-Pass zum Aufbauspieler.

Für das Umschalten von Angriff auf Abwehr heißt das:

» Bei Ballverlust schnell hinter den Ball kommen und in das Drittel vor dem eigenen Korb zurückziehen.
» Die Mann-Mann-Verteidigung beginnt ab der Drei-Punkte-Linie. Vorher ist ein Angreifer nicht korbgefährlich.
» Die Nahwurfzonen räumlich verengen, damit ihr dort aushelfen, doppeln oder übergeben und übernehmen könnt.
» Bei Korbwürfen zuerst an den Rebound denken, erst dann an das schnelle Umschalten auf Angriff.

Praktische Umsetzung

– Spielphase 4:4: Einführung des gemeinsamen Zurückziehens

Inszenierung:

„Spielt 4:4 auf zwei Körbe. Stellt euch in der Raute auf. Versucht, nach einem Ballverlust sofort in die Grundordnung zu kommen und zieht euch in das letzte Drittel vor eurem Korb zurück. Übernehmt dort euren Gegenspieler in der MMV. Ein Korb zählt vier Punkte, wenn sich ein Spieler der verteidigenden Mannschaft noch in der gegnerischen Spielfeldhälfte aufhält.“

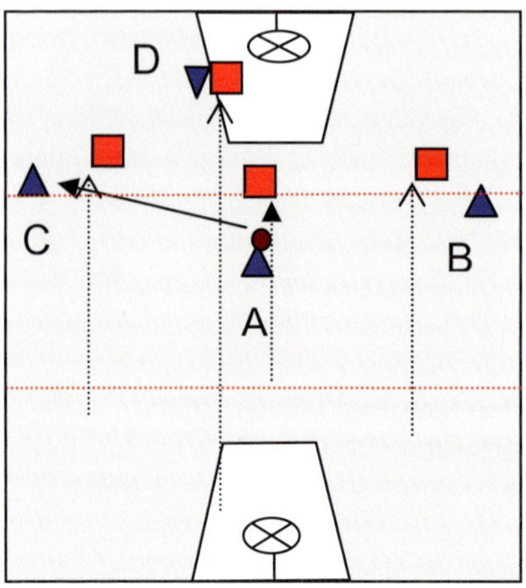

Reflexionsphase an der Taktiktafel: schnelles Umschalten von Angriff auf Abwehr

Abb. 12.84

» Durch das schnelle Zurückziehen gelangen alle Spieler hinter den Ball, sodass sich für den Gegner nur schwer Überzahlsituationen ergeben.
» Der Center hat den weitesten Weg und kann oft wegen der Reboundsituation als Letzter starten. Dasselbe gilt jedoch auch für seinen direkten Gegenspieler.
» Der Spielraum für den Gegner wird in der Nähe des eigenen Korbs eingeengt, sodass es nur wenige Lücken im Abwehrverbund ergibt.
» Das Angriffsspiel, besonders das Herausspielen von Wurfgelegenheiten aus der Nahdistanz, muss primär erschwert werden.
» Erholungsphasen dürfen erst genommen werden, wenn sich alle Spieler hinter dem Ball und auf der inneren Linie zu einem Gegenspieler befinden.

– Konfrontationsspiel 4:4: Einführung des gemeinsamen Aufrückens

Inszenierung:
„Spielt 4:4 auf zwei Körbe. Ein Korb kann nur erzielt werden, wenn sich alle Angreifer vor der Mittellinie in der gegnerischen Hälfte befinden."

Reflexionsphase an der Taktiktafel: schnelles Umschalten von Abwehr auf Angriff

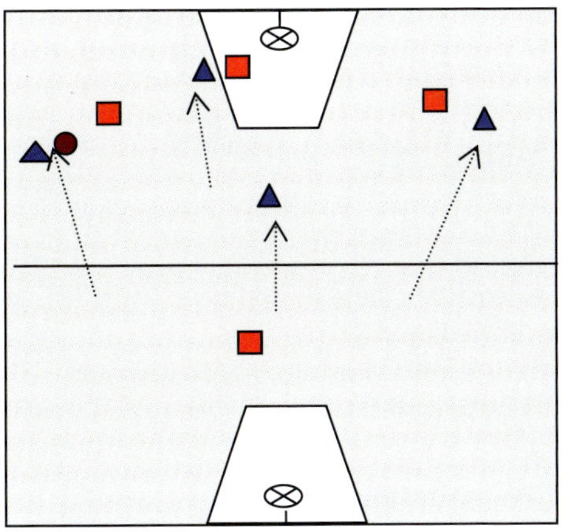

Abb. 12.85a

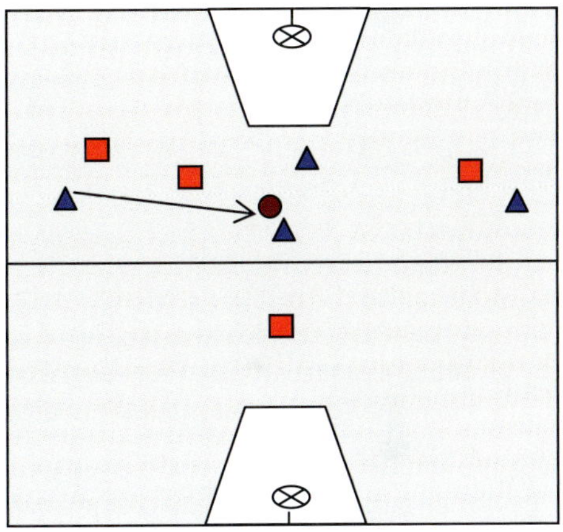

Abb. 12.85b

» Das schnelle Umschalten von Abwehr auf Angriff führt häufig zu einer Überzahlsituation von 4:3.
» Um diese Überzahlsituation effektiv ausnutzen zu können, muss das Spiel „geöffnet" werden: Flügel und Centerposition sind zu besetzen.
» Das gemeinsame Aufrücken verhindert ein „Auseinanderziehen" des Mannschaftsgefüges, die Abstände zwischen den einzelnen Mannschaftsteilen bleiben gleich.
» Beim gemeinsamen Aufrücken sind Ballverluste zu vermeiden, die Abwehr darf nicht „geöffnet" werden. Deshalb einfache und sichere Pässe in die Vorwärtsbewegung der Nebenspieler spielen, unnötige Dribblings vermeiden.

– Spielphase II: Schulung des schnellen Umschaltens von Angriff auf Abwehr bzw. von Abwehr auf Angriff im 4:4

Inszenierung:
„Spielt 4:4 auf zwei Körbe. Ein Korb kann nur erzielt werden, wenn sich alle Angreifer über der Mittellinie befinden. Versucht, nach einem Ballverlust sofort in die Grundordnung zu kommen und zieht euch ins Drittel vor den eigenen Korb zurück. Ein gegnerischer Korberfolg zählt doppelt, wenn sich ein Spieler der verteidigenden Mannschaft noch in der gegnerischen Spielfeldhälfte aufhält."

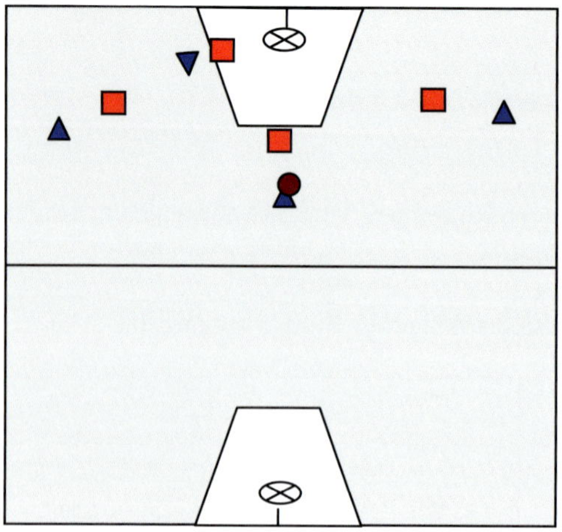

Abb. 12.86

Reflexion an der Taktiktafel:

» Um einen doppelt gewerteten Gegentreffer zu erhalten, muss das primäre Bestreben im schnellen Zurückziehen in die eigene Spielfeldhälfte liegen.
» Der Spielraum wird dann sehr eng, wodurch es zu ständigen Drucksituationen kommt.
» Hohe Drucksituationen erschweren ein konstruktives Angriffsspiel und führen zu zahlreichen Ballverlusten.

Worauf muss die abwehrende Mannschaft bei Ballgewinn achten?

» Kann eine Überzahlsituation durch sicheres Passspiel erzielt werden oder ist die Ballsicherung nötig?
» Spiel öffnen durch die Besetzung der Flügelpositionen nahe der Außenlinien und der Centerposition.
» Positionsspezifische Freilaufbewegungen, um Bewegungsvorsprung herauszuholen für kontrolliertes Passspiel.
» Sichere Pässe im Rückraum mit Spielverlagerung.
» Gruppentaktische Angriffsmaßnahmen aus der Grundordnung auslösen.

Worauf muss die angreifende Mannschaft bei Ballverlust achten?

» Zurückziehen auf den kürzesten Wegen ins Drittel vor den eigenen Korb, ggf. auch mit Positionswechseln.
» Einnehmen der Grundordnung der Raute.
» Sinkende MMV, um Räume eng machen.

Methodische Anmerkungen:
Um die Spieler auf schnell wechselnde Spielsituationen einzustellen, sie aber nicht zu überfordern, müssen diese taktischen Elemente ständig geschult werden. Dazu bieten sich die folgenden Spielformen an, die dem Abschlussspiel in Unterrichtsstunden oder Trainingseinheiten vorausgehen sollten und in diesem anschließend verstärkt zur Umsetzung kommen sollten.

– Schnelles Umschalten in der Überzahlsituation 4:2+2 Helfer

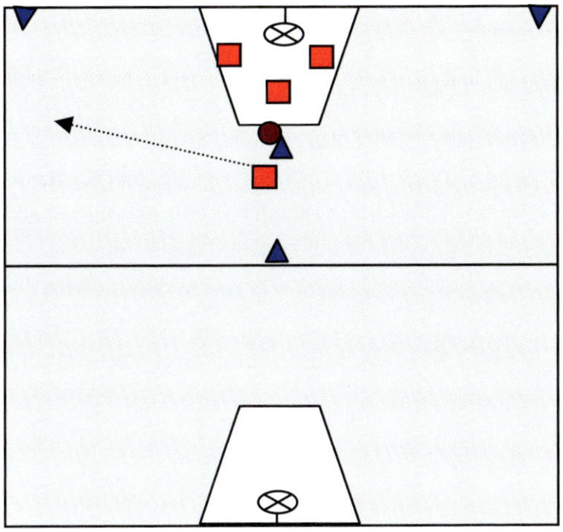

Ausnutzen der Überzahlsituation durch schnelle Kurzpässe in die Laufbewegung der Mitspieler.

Abb. 12.87

Inszenierung:
„Mannschaft rot stellt sich im Abwehrdreieck unter dem Korb und mit dem Aufbauspieler hinter dem gegnerischen Angreifer an der Freiwurflinie auf. Zwei Spieler von Mannschaft blau befinden sich an den beiden Ecken der Grund- und Seitenlinien von Mannschaft rot. Ein Angreifer ist im Ballbesitz und führt einen Freiwurf aus. Die Verteidiger drehen sich beim Freiwurf und nehmen Reboundposition (boxing out) ein. Ein Abwehrspieler sichert sich den Rebound und spielt einen Outlet-Pass zum Aufbauspieler. Wenn dieser in Ballbesitz kommt, dürfen die beiden in den Ecken stehenden Spieler der Mannschaft blau ins Spielfeld sprinten und ihre beiden Feldspieler beim Abwehrversuch unterstützen. Mannschaft rot soll die Überzahl durch schnelles Umschalten auf Angriff ausnutzen und versuchen zum Angriffsabschluss zu kommen.
Ein Angriff gilt als abgefangen, wenn ein Abwehrspieler in Ballbesitz gelangt oder sich der Ball im Aus befindet.“

Organisation:

» Eine Mannschaft hat eine bestimmte Anzahl von Angriffsversuchen, danach erfolgt Rollenwechsel.

Variation: Nach jedem Angriffsversuch werden die Rollen gewechselt.

– Schnelles Umschalten in der Überzahlsituation 4:3+1 Helfer

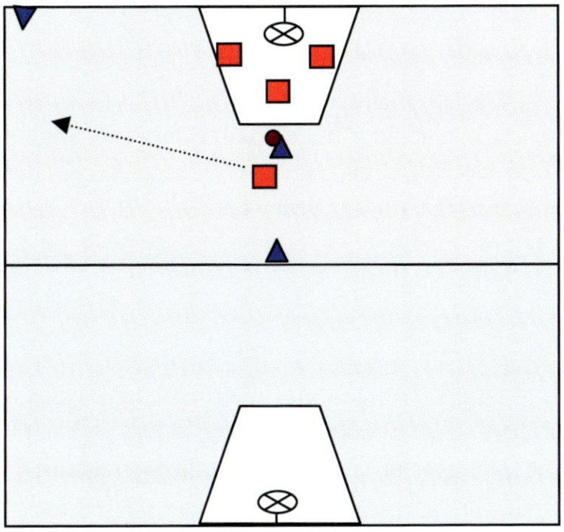

Ausnutzen der Überzahlsituation oder ggf. Ballsicherung in gegnerischer Korbnähe zur Auslösung gruppentaktischer Maßnahmen

Abb. 12.88

Inszenierung:
„Mannschaft rot stellt sich im Abwehrdreieck unter dem Korb und mit dem Aufbauspieler hinter dem gegnerischen Angreifer an der Freiwurflinie auf. Ein Spieler von Mannschaft blau befindet sich an einer Ecke der Grund- und Seitenlinie von Mannschaft rot. Ein gegnerischer Angreifer ist im Ballbesitz und führt einen Freiwurf aus, ein zweiter befindet sich an der Freiwurfzone. Die Verteidiger drehen sich beim Freiwurf und nehmen Reboundposition (boxing-out) ein. Ein Abwehrspieler sichert sich den Rebound und spielt einen Outlet-Pass zum Aufbauspieler. Wenn dieser in Ballbesitz kommt, darf der in der Ecke stehenden Spieler der Mannschaft blau ins Spielfeld sprinten und seine drei Feldspieler beim Abwehrversuch unterstützen. Mannschaft rot soll die Überzahl durch schnelles Umschalten auf Angriff ausnutzen und versuchen zum Angriffsabschluss zu kommen.

Ein Angriff gilt als abgefangen, wenn ein Abwehspieler in Ballbesitz gelangt oder sich der Ball im Aus befindet."

Organisation und Variation: wie oben

– Schnelles Umschalten in der Gleichzahlsituation 4:4 nach Eröffnung durch Passgeber

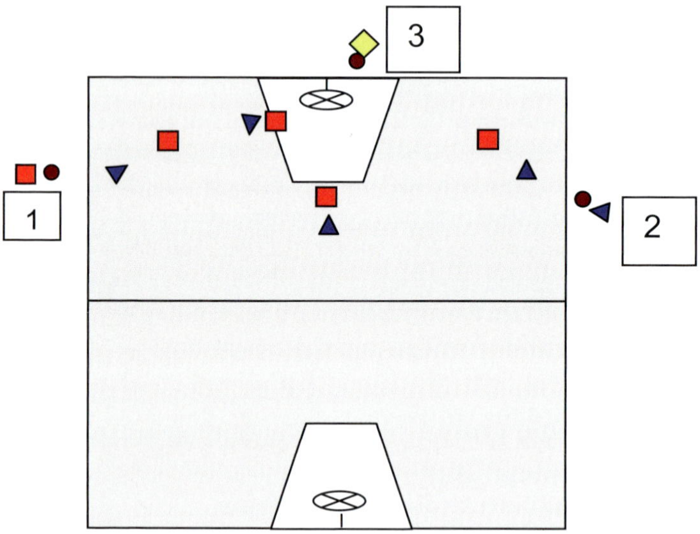

Abb. 12.89

Organisation:
Mannschaft rot und blau hat je einen Passgeber auf einem Flügel, ein dritter Passgeber an der Grundlinie ist neutral. Jeder Passgeber hat einen Ball in der Hand und wird mit einer Nummer bezeichnet. Bei Aufruf der Nummer 1 oder 2 durch einen Spielleiter (Spielführer/Lehrer/verletzter Schüler) passt dieser zu seiner Mannschaft, die auf Angriff umschalten muss. Die andere Mannschaft muss ihr Abwehrspiel organisieren. Bei Aufruf des neutralen Passgebers mit der Nummer 3 kann dieser entscheiden, welcher Mannschaft er den Ball zuspielt.

Nach einer Spielsequenz werden die Aufstellung und Spieleröffnung in der anderen Spielfeldhälfte vorgenommen.

Inszenierung:
„Spielt 4:4 auf zwei Körbe. Das Spiel wird durch ein Zuspiel des aufgerufenen Passgebers eröffnet. Die in Ballbesitz kommende Mannschaft versucht schnell auf Angriff umzuschalten, die andere zu verteidigen. Ein Angriff ist beendet, wenn die verteidigende Mannschaft in Ballbesitz kommt."

Variation:

» Die Spielform wird über eine bestimmte Zeit in der Spielfeldhälfte von Mannschaft rot durchgeführt, anschließend in der Spielfeldhälfte von Mannschaft blau.

Didaktisch-methodische Hinweise:

Die besondere Form der Spieleröffnung schafft äußerst offene Spielsituationen. Die angreifende Mannschaft kann entweder in gegnerischer Korbnähe in Ballbesitz kommen und soll den Angriff abschließen oder kann sich in ähnlicher Ausgangsposition bei Ballbesitz des Gegners zum Umschalten auf Abwehr mit dem Zurückziehen in die eigene Hälfte veranlasst sehen. Außerdem kann bei entsprechenden Lücken fast jeder Angreifer oder Verteidiger angespielt werden, sodass sich stets eine unterschiedliche Ausgangssituation für den Angriff oder die Verteidigung ergibt. Deshalb müssen die Spieler miteinander kommunizieren, entscheiden und ihr gemeinsames Handeln aufeinander abstimmen. Dafür sind Spieler nötig, die bereit sind, Verantwortung zu übernehmen und Regie zu führen. In leistungsheterogenen Mannschaften sollen die stärkeren Spieler angehalten werden, ihre Mitspieler zu dirigieren. Klare Verhaltensgrundsätze im mannschaftstaktischen Bereich im Sinne von Codewörtern müssen gemeinsam erarbeitet werden und sollen vor allem schwächeren Spielern bei der Handlungsumsetzung helfen.

Dazu gehören:

- „Zurück!“ – Alle Spieler laufen in die Grundordnung hinter den Ball zurück.
- „Verschieben nach rechts/links!“ – Alle Spieler laufen im selben Abstand nach rechts oder links.
- „Druck!“ – Der ballbesitzende Spieler wird angegriffen und unter Druck gesetzt.
- „Einrücken!“ – Spieler auf den Außenpositionen rücken in Richtung Spielfeldmitte ein.
- „Spiel öffnen!“ – Die Flügelspieler besetzen die Außenpositionen nahe der Außenlinien.
- „Seitenwechsel!“ – Die Spieler versuchen den Ball auf die andere Spielfeldseite zu verlagern.
- „Hinten rum!“ – Die Spieler passen sich den Ball in der hinteren Reihe im sicheren Abstand zum Gegner zu, um das Spiel zu verlagern oder eine Lücke für ein Abspiel in die Tiefe zu finden.

– Schnelles Umschalten von Angriff auf Abwehr im Provokationsspiel 4:4

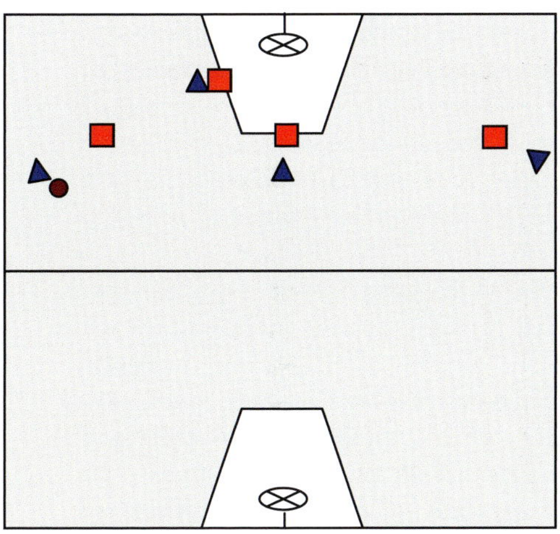

Abb. 12.90

Inszenierung:

„Spielt 4:4 auf zwei Körbe. Mannschaft A zieht sich tief in die eigene Hälfte zurück und lässt den Gegner ungestört aufbauen. Wenn sich der Ball in der Spielfeldhälfte von A befindet, provoziert ein Spielleiter (Lehrer/Schüler) eine Spielunterbrechung durch einen Pfiff. Die angreifende Mannschaft B legt den Ball auf den Boden und zieht sich schnell in die eigene Hälfte zurück. Mannschaft A schaltet schnell um und greift das Tor von B an. Ein Doppelpfiff des Spielleiters friert die Spielsituation zur Taktikbesprechung ein."

– Spielraum verengen und öffnen im Spiel 4:4

Organisation:

» Die beiden Mannschaften stehen weit auseinandergezogen auf dem Spielfeld in der Grundordnung. Der Spielleiter passt einem Spieler von außen den Ball zur Spieleröffnung zu.

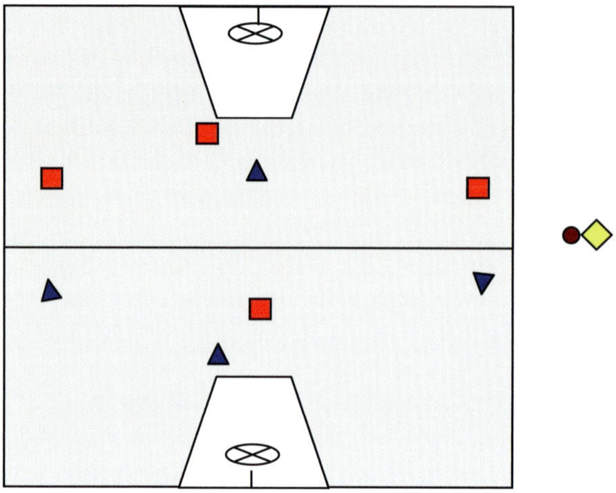

Abb. 12.91

Inszenierung:

„Spielt 4:4 auf zwei Körbe. Nach der Spieleröffnung durch den Pass des Spielleiters auf einen beliebigen Spieler zieht sich die abwehrende Mannschaft an ihren Korb zurück und organisiert ihr Verteidigungsspiel in einer sinkenden MMV. Bei Ballgewinn schaltet sie auf Angriff um. Nach dem zweiten Ballbesitzwechsel zwischen den beiden Mannschaften wird unterbrochen und jede Mannschaft wertet ihr Abwehr- und Angriffsverhalten aus."

– Parteiballspiel 4:4 in Korbnähe zur Auslösung des Angriffs- und Abwehrspiels auf zwei Körbe

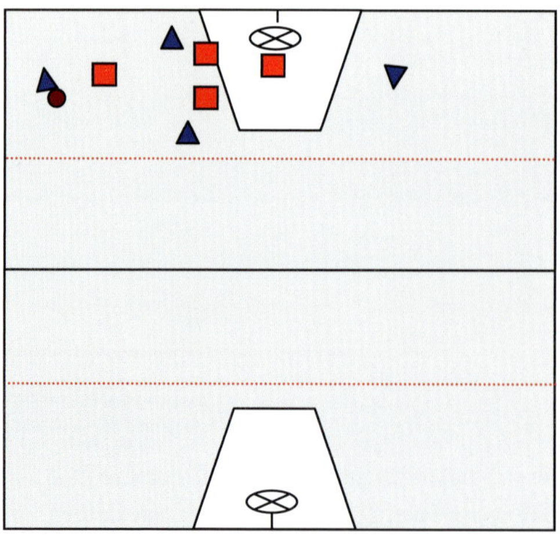

Abb. 12.92

Inszenierung:
„Spielt Parteiball 4:4 im Drittel des Spielfelds vor einem Korb. Das Signal des Spielleiters gibt das Spiel in Spielrichtung auf die zwei Körbe frei. Von jeder Mannschaft sollte beim Parteiballspiel ein Spieler bei gegnerischem Ballbesitz näher zum eigenen Korb agieren als ein Angreifer."

– Schnelle Organisation der Raute für das Spiel 4:4

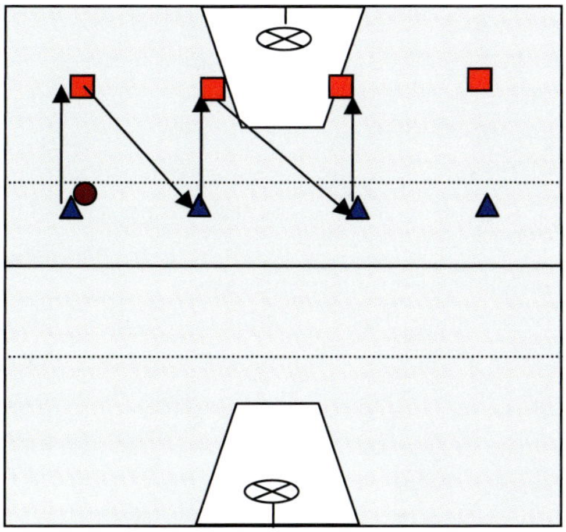

Abb. 12.93

Inszenierung:
„Zwei Mannschaften stehen sich wie in Abb. 12.93 gegenüber und passen sich den Ball in Brusthöhe zu. Mit einem überraschenden Bodenpass auf den gegenüberstehenden Spieler wird das Spiel eröffnet. Sucht sofort die Grundordnung der Raute einzunehmen und spielt auf die zwei Körbe gegeneinander. Nach dem zweiten Ballverlust ist die Spielsequenz beendet und ihr stellt euch wieder in der Gasse gegenüber auf."

Variation:

- » Auf Signal des Lehrers wird die Passabfolge beendet und das Spiel auf die zwei Körbe beginnt.
- » Die Spieler der beiden Mannschaften stehen hintereinander zur Passübung (Abb. 12.94). Nach dem Pass läuft ein Spieler hinter seine Reihe. Auf Signal des Lehrers beginnt das Spiel auf die zwei Körbe.

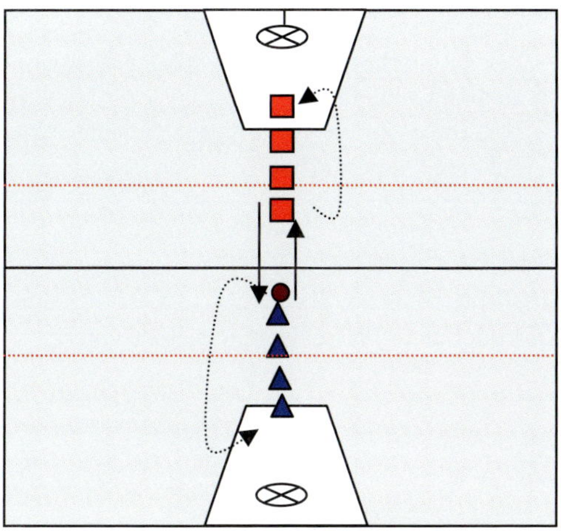

Abb. 12.94

12.6 Fußball

Im Fußball ist der Ballbesitz stets bedroht. Der Ball kann nicht fixiert werden und ist deshalb für den Gegenspieler leichter zu gewinnen als in den Ballspielen mit der Hand. Hinzu kommt die Schwierigkeit der Ballannahme, die sich besonders in der Schule und in den jüngeren Juniorenmannschaften bei weiten Flugbällen als fast unlösbare Aufgabe zeigt. Um diese Schwierigkeit zu minimieren und den Zufallscharakter des Spiels zu reduzieren, wird eine Fußballspielausbildung angestrebt, in der vorwiegend mit Flachpässen über kürzere und mittlere Distanzen agiert wird, wodurch die Ballannahme und somit auch die Ballkontrolle wesentlich erleichtert werden. Dies ist nur möglich, wenn die Spieler bereit sind, aus einer Grundordnung zu agieren, in der sich die Mitspieler dem Ballbesitzer stets für ein Anspiel auf dessen rechter oder linker Seite anbieten. Mit der Dreiecksaufstellung ist die Grundlage dafür geschaffen, sodass auf dieser Basis die technische und individualtaktische Ausbildung auf die Formel gebracht werden kann: „Mit einfachen Techniken taktisch anspruchsvoll spielen!" Diese Zielsetzung verlangt in der technischen Ausbildung das Spielen mit der Innenseite zu optimieren, in der taktischen Ausbildung das Freilaufen und Zusammenspielen fortwährend zu verbessern.

Da vor allem Letztere primär von der Wahrnehmung, der Informationsverarbeitung, aber auch vom Erleben und Empfinden der Angreifer abhängig ist, kann dieser Lernprozess wie im Basketball nur sehr spielnah und genetisch entwickelt werden. Daraus leitet sich derselbe Stundenaufbau (Spielphase – Reflexionsphase – Praxisphase) und das gleiche methodische Vorgehen wie im Basketball ab.

12.6.1 Lektion 1: Individualtaktik – Freilaufen auf dem Flügel zur Angriffsauslösung – Deckungsverhalten des Abwehrspielers

Taktikelement: Freilaufen auf dem Flügel

– Konfrontationsspiel 3:3 auf zwei Tore

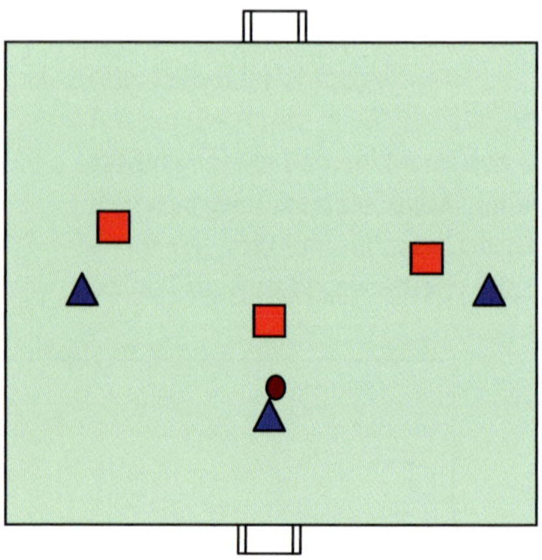

Reflexion:
- Beschreibe deine Spielwahrnehmung auf dem Flügel, auf der Spielmacherposition.
- Was empfindest du im Moment des Ballbesitzes?
- Wie könntet ihr euch den Drucksituationen entziehen?
- Was passiert, wenn ihr euch durch Entgegenkommen anbietet?
- Was solltet ihr vor dem Entgegenkommen auf dem Flügel machen?

Abb. 12.95

Zwei Mannschaften spielen auf zwei Tore mit oder ohne TW auf einem Spielfeld von ca. 30 x 20 m gegeneinander.

Die Angreifer werden in diesem konfrontierenden Spiel 3:3 erkennen, dass sie aufgrund der Drucksituationen Schwierigkeiten haben, trotz der Dreiecksaufstellung zum Tor zu kommen und einen erfolgreichen Torschuss ausführen zu können. Für das Erlernen der Freilaufbewegung reicht eine Erklärung und Beschreibung des Bewegungsverhaltens nicht aus, obwohl die motorischen Anforderungen banal erscheinen (weglaufen – entgegenkommen). Ein Einüben der Freilaufbewegung ist deshalb unerlässlich.

Der Unterschied in der Freilaufbewegung zum Basketball liegt im räumlichen Ausmaß des Fußballfelds. Die Bewegung muss weiträumiger und zugleich in höherer Bewegungsgeschwindigkeit ausgeführt werden. Das erhöht die Schwierigkeit der Ballannahme bzw. des Rückpasses beim Entgegenkommen enorm. Deshalb sollten die Spieler in Übungsphasen Gelegenheit erhalten, die dazu erforderlichen Fertigkeiten und Fähigkeiten unter erleichterten Bedingungen zu entwickeln.

Übungsformen

– Schulung der Freilaufbewegung der Flügelspieler

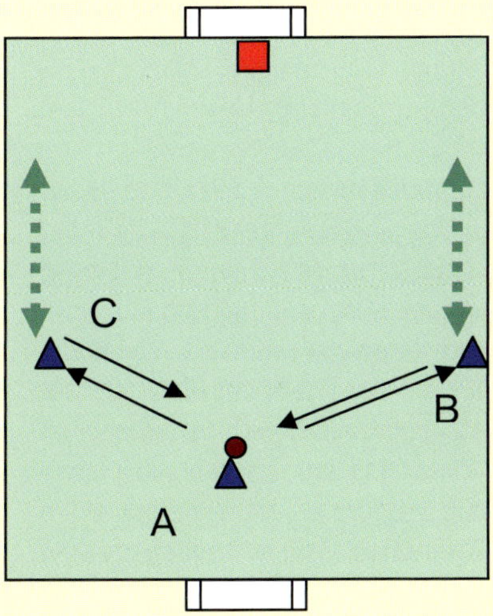

- B und C führen die Freilaufbewegung auf dem Flügel aus (schneller Antritt nach vorne; Abstoppen und schnelles Entgegenkommen);
- A passt zu B, wenn möglich auf das Spielbein;
- B spielt den Pass zu A zurück, der den Ball eng am Fuß führt und abwartet, bis B und C wieder die Freilaufbewegung ausführen;
- A spielt nun C an.

Variation:

- A spielt gelegentlich auch flachen Steilpass zu B oder C in die Vorwärtsbewegung, sodass diese zum Tor ziehen und einen Torschuss ausführen können.

Abb. 12.96

Fertigkeitsausbildung	– Schulung des Innenseitstoßes, der Ballannahme, des Dribblings und des Torschusses.

Fähigkeitsausbildung	– Entwicklung des Timings bei der Angriffsauslösung; – Schulung der räumlichen Wahrnehmung in der Dreiecksaufstellung; – ggf. Wahrnehmung des Torwarts und des Tors.

– Torschuss oder Rückpass durch den Flügelspieler

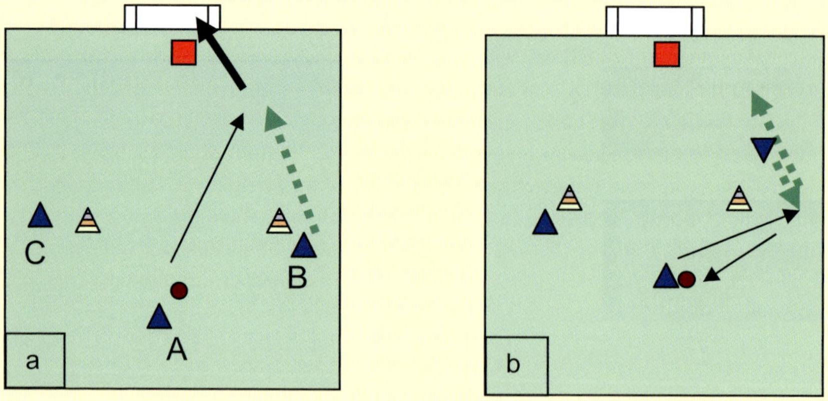

Abb. 12.97a/b: Übungsform zur Freilaufbewegung auf dem Flügel mit Torschuss oder Rückpass

B tritt auf dem Flügel an, A bestimmt den weiteren Ablauf der Übungsform. Er kann entweder in den Lauf von B passen, der den Ball mitnimmt und aufs Tor schießt, oder er entscheidet sich für ein kurzes Anspiel. B muss dann seine Freilaufbewegung nach vorne abstoppen und A zum Anspiel mit anschließendem Rückpass entgegenkommen. Variation: Freilaufbewegung gegen einen direkten Gegenspieler.

Fertigkeitsausbildung	– Schulung der Freilaufbewegung (auch mit dem Auftakt durch Lauf- und Körpertäuschungen) des Innenseitstoßes, der Ballan-/mitnahme und des Torschusses.

Fähigkeitsausbildung	– Wahrnehmung der räumlichen Abstände in der Dreiecksaufstellung und zum Tor; – Entwicklung des Timings bei der Angriffsauslösung.

– Spielerisches Üben: Freilaufbewegung auf dem Flügel in 1:1-Situationen

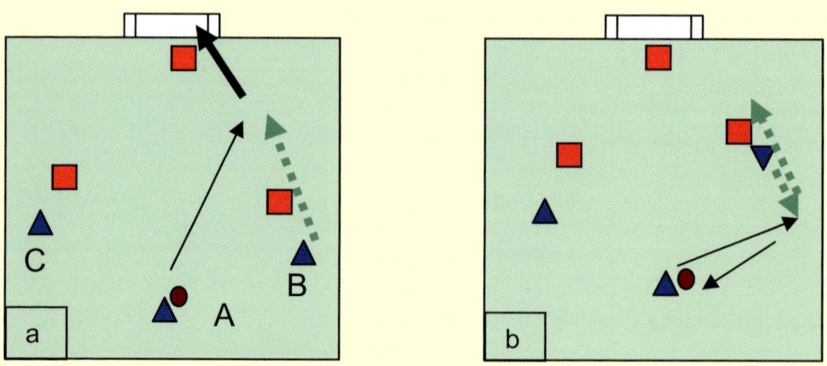

Abb. 12.98a/b: Übungsform zur Freilaufbewegung auf dem Flügel mit Torschuss oder Rückpass in 1:1-Situationen

B und C üben abwechselnd nacheinander. Zunächst muss B den Angriff entweder mit einem Tor abschließen oder den Ball zu A wieder zurückpassen (= 1 Punkt). Demnach muss der direkte Gegenspieler von B entweder den Steilpass abfangen oder beim Entgegenkommen des Angreifers dessen Rückpass zu A verhindern (= 1 Punkt). Wer erzielt bei fünf Versuchen die meisten Punkte? A fungiert nur als Passgeber.

Variation:

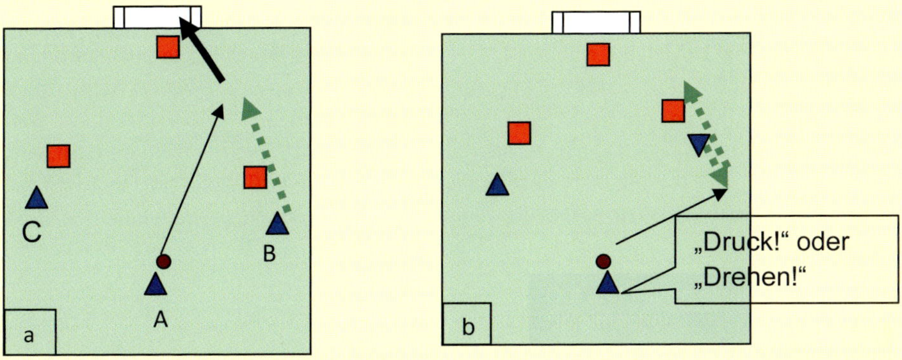

Abb. 12.99a/b: Übungsform zur Freilaufbewegung auf dem Flügel mit Torschuss, Dribbling oder Rückpass in 1:1-Situationen

Wie oben, jedoch erhält der Flügelspieler beim kurzen Anspiel, wenn er also wieder entgegenkommt, das Codewort „Drehen“ von A bei größerem Abstand des direkten Verteidigers. Dann kann er sich drehen und versuchen, in einem Dribbling den Torabschluss zu suchen. Beim Codewort „Druck“ soll er den Ball direkt zurückpassen. Ein Tor nach Dribbling ergibt zwei Punkte.

– Spiel 1+3:3+1 mit Freilaufen der Flügelspieler zur Angriffsauslösung

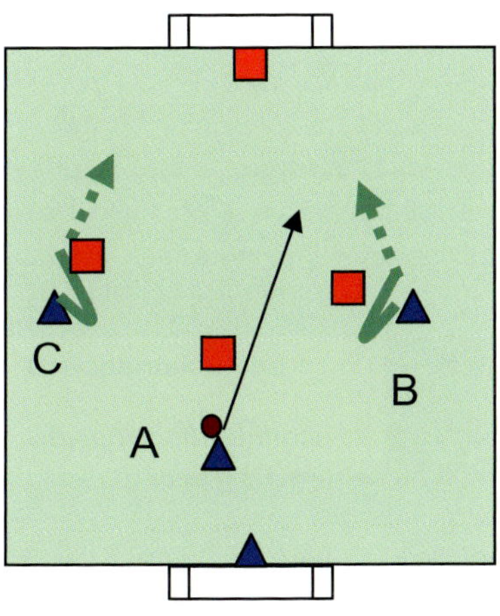

- Spiel 1+3:3+1 auf zwei Tore.
- A coacht als Spielmacher seine Flügelspieler mit den festgelegten Codewörtern.
- Auf die Option des Dribblings durch den Spielmacher hinweisen!

Abb. 12.100: Spiel 1+3:3+1 auf zwei Tore mit dem Schwerpunkt des Freilaufens auf den Flügeln

Die Rückmeldung für die Flügelspieler über den Erfolg ihrer Freilaufbewegung soll durch den Spielmacher erfolgen, der in dieser Situation als Einziger hinter dem Ball spielt und somit einen Überblick über das gesamte Spielgeschehen besitzt. Durch die Hinweise „Drehen" oder „Druck" erfährt der Flügelspieler eine grobe Rückmeldung, in welcher Entfernung sich der direkte Gegenspieler in seinem Rücken befindet. Davon hängt die Folgehandlung in der Angriffsauslösung entscheidet ab. Bei dem Codewort „Drehen" kann sich der Flügelspieler mit dem Ball in die Angriffsrichtung drehen. Um dem neuen Ballbesitzer helfen zu können, sollte der ballferne Flügelspieler ein neues Angriffsdreieck aufbauen („Wer nicht an der Passaktion beteiligt ist, läuft parallel zum Passweg!"), sodass das Angriffsspiel in Gang kommt und der Ball in Tornähe transportiert werden kann. Durch die Freilaufbewegungen der Angreifer kommt Bewegung in ein bis dahin statisches und leicht auszurechnendes Spiel. Es entstehen ständig neue Spielsituationen, in denen die Angreifer nach kreativen Lösungen für das Herausspielen von Torgelegenheiten und den Angriffsabschluss suchen können. Es muss an dieser Stelle betont werden, dass daraus ein freies, intuitives und spontanes Spielen resultieren soll. Jedoch sollten die Spieler ständig bemüht sein, die Grundordnung des Angriffsdreiecks (wie auch des Abwehrdreiecks) aufzusuchen, um allmählich aufeinander abgestimmt und miteinander spielen zu können.

Variation:

– **Spiel 3:3 auf zwei Tore mit neutralen Anspielern zur Anwendung der Freilaufbewegung auf dem Flügel.**

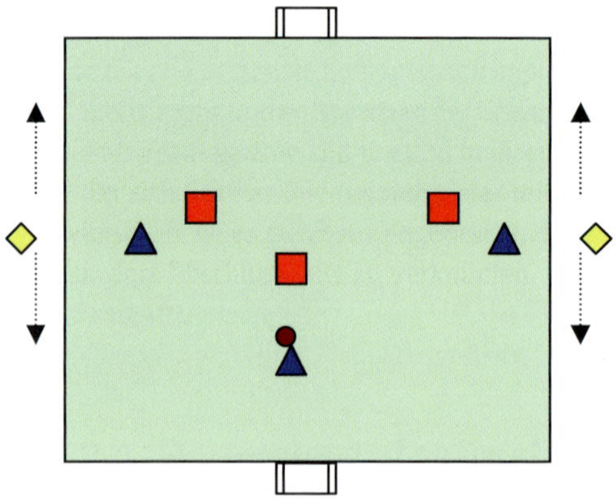

Spiel 3:3 auf zwei Tore mit dem Schwerpunkt auf der Freilaufbewegung der Flügelspieler. Beide Mannschaften können bei Ballbesitz den neutralen Außenspieler anspielen und bekommen den Ball wieder von ihm zugespielt.
Variation:
Spiel mit TW ohne Außenspieler.

Abb. 12.101

Um eine Überforderung der Angreifer, speziell des eventuell unter Druck geratenden Spielmachers, zu vermeiden, kann die angreifende Mannschaft einen Zuspieler am rechten und linken Spielfeldrand erhalten. Dieser Zuspieler darf nur flach angespielt werden und muss den Ball wieder ins Feld zurückpassen. Im Spiel mit jeweils einem TW ist diese Maßnahme nicht nötig, da der TW mit ins Aufbauspiel integriert werden kann.

Taktikelement: Deckungsverhalten der Abwehrspieler auf dem Flügel

Für das korrekte individuelle Abwehrverhalten in der Mann-Mann-Verteidigung sind wie im Basketball die drei Kriterien (Einnehmen der Position auf der inneren Linie zwischen Tor und Angreifer, Abstand zwischen Angreifer und Verteidiger, Körperposition und Fußstellung des Verteidigers) von elementarer Bedeutung. Noch ausgeprägter als im Basketball laufen im Fußball die Verteidiger auf den ballführenden Angreifer zu und wollen den auf sich zurollenden Ball in der Vorwärtsbewegung blockieren oder herausspielen. Sie handeln nach dem „Alles-

oder-Nichts-Prinzip". Wenn der Angreifer zuerst den Ball zur Seite wegspielen kann, stehen sie meist chancenlos für ein weiteres Eingreifen mit dem Rücken zur Spielrichtung und müssen sich um 180° drehen, bis sie den Angreifer wieder verfolgen können.

Der verlorene Zweikampf bedeutet in Spielen mit reduzierter Spielerzahl eine klare Unterzahlsituation, die von den Mitspielern nur schwer zu kompensieren ist.

Deshalb sollten auch im Fußball Übungsphasen mit der Fokussierung auf einzelne Kriterien des individualtaktischen Abwehrverhaltens den Lernprozess unterstützen, denn hier kann konkret und explizit auf die wesentlichen Aktionen eingegangen werden. Für die Umsetzung der drei wesentlichen Kriterien des individualtaktischen Abwehrverhaltens zur Fähigkeitsentwicklung kann auf die Übungs- und Spielformen im Basketball verwiesen werden. Darüber hinaus sollten jetzt die zwei wichtigsten Abwehrtechniken auf dieser Leistungsstufe unter taktischen Gesichtspunkten intensiver geschult werden (Grundtackling und Lauertackling).

Übungsformen zum individualtaktischen Abwehrverhalten

– Lauertackling zum Einhalten der inneren Linie

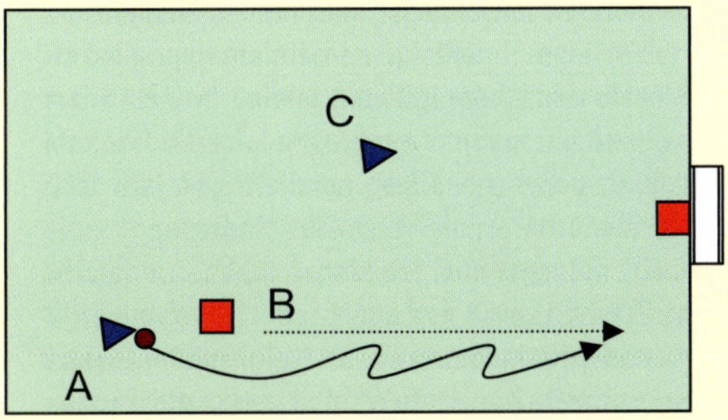

Abb. 12.102

– A dribbelt auf dem Flügel gegen B und versucht, zur gegnerischen Grundlinie zu kommen, um einen Rückpass auf C spielen zu können. B hält nur so großen Abstand zu A, dass er nicht durch ein weites Vorlegen und einen plötzlichen Antritt überlaufen wird. Er nimmt das Tempo von A auf, begleitet ihn und versucht dann engeren Kontakt herzustellen. Dabei „lauert" er auf den Moment der Ausholbewegung des Ballbesitzers zu einem Pass auf C, in dem er den Ball mit der Innen- oder Außenseite abblocken kann.

Variation:

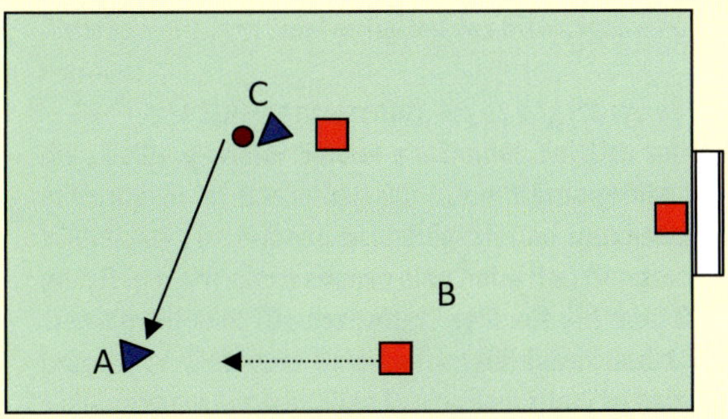

Abb. 12.103

– C passt zu A. B läuft diesem entgegen, stellt sich in seitliche und gebeugte Ausgangsposition (rechtes Bein nach vorne), nimmt rechtzeitig Geschwindigkeit auf, sodass er nicht überlaufen wird und begleitet A. Kurz vor Erreichen der Grundlinie versucht B, den Ball herauszuspielen und einen Pass zu C zu verhindern.

– Grundtackling zur Ballannahme

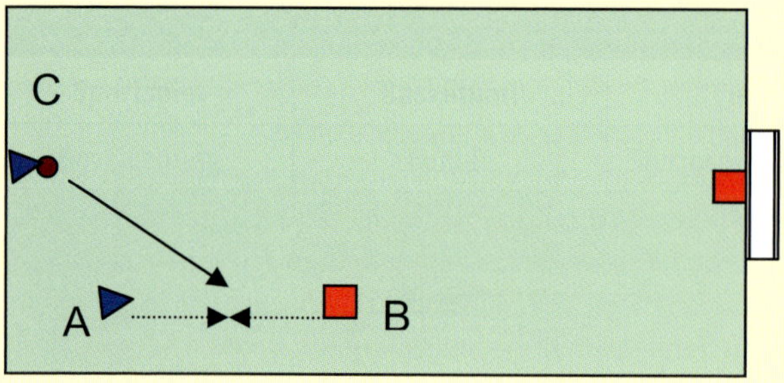

Abb. 12.104

C passt A in den Lauf, der den Ball annimmt. B geht A entgegen und versucht, bei der Ballannahme von A den Ball mit der Innenseite des Spielbeines zu blockieren und herauszuspielen.

Variation:

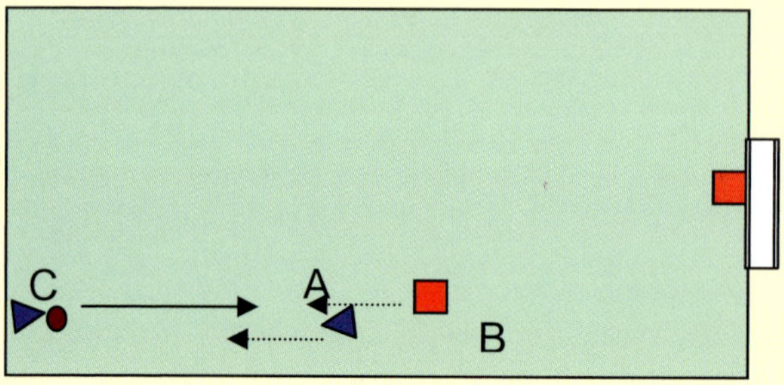

Abb. 12.105

– A steht auf dem Flügel mit dem Rücken zum Tor. B deckt ihn auf der inneren Linie. C spielt den entgegenkommenden A an, der sich nach der Ballannahme zum Tor dreht. In diesem Moment soll B versuchen, den Ball mit einem Grundtackling zu gewinnen. Gewinnt A den Zweikampf, soll er den Angriffsabschluss ausführen.

Variation:

– C spielt A kurz an oder mit einem Steilpass in dessen Lauf. B muss sich so stellen, dass er nicht überlaufen wird und bei einem kurzen Pass das Grundtackling bei der Ballannahme ausführen kann.
– B versucht bei kurzen Anspielen mit einem Prelltackling den Ball abzufangen, indem er auf der dem Ball näher gelegenen Seite plötzlich nach vorne prescht und den Ball wegspielt. Bei einem energischen Vorprellen kann der Ball auch abgefangen und gesichert werden.

Hinweis:

C coacht A mit den Codewörtern: Drehen/Druck.

12.6.2 Lektion 2: Individualtaktik – Ziehen des Spielmachers zum Tor – Deckungsverhalten des Abwehrspielers

Taktikelement: Ballsicherung und Angriffsauslösung durch den Spielmacher

– Konfrontationsspiel 3:3 auf ein Tor

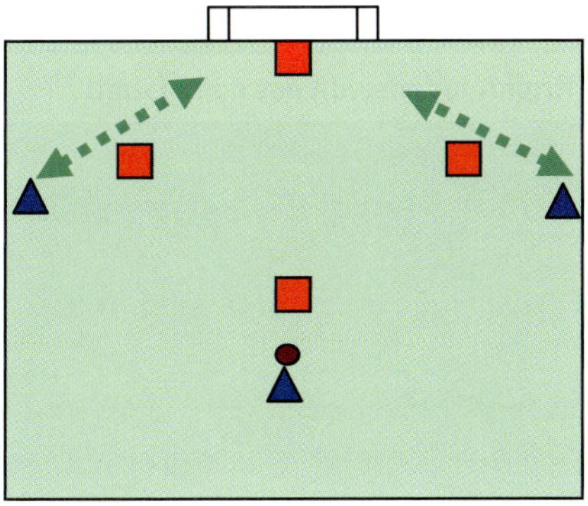

Abb. 12.106

Reflexion:
- Beschreibe deine Spielwahrnehmung auf der Spielmacherposition.
- Was empfindest du im Moment des Ballbesitzes?
- Wie könntest du dich der Drucksituation entziehen?
- Worauf solltest du bei der Angriffsauslösung achten?
- Was erwartest du von deinen beiden Mitspielern?
- Welchen Flügelspieler spielst du an?

Eine Mannschaft hat 10 Angriffsversuche. Wie viele Punkte erzielt sie? Danach erfolgt ein Rollenwechsel.

Im Fußball muss die Position des Spielmachers unter dem Aspekt der Kombinationssicherheit und der ständigen Gefahr des Ballverlusts gesehen werden. Spielmacher agieren im Fußball primär als Ballverteiler, als Anspielstation im Rückraum und in der Absicherung der offensiven Nebenspieler. Diese Rollenverteilung wird dem modernen Fußballspiel wie auch dem Spiel in Dreiermannschaften nicht gerecht. Durch die ständig wechselnden Spielsituationen muss sich jeder Spieler offensiv wie defensiv einbringen. Das ständige Anbieten des Spielmachers im Rückraum hat zur Folge, dass die beiden Flügelspieler bei enger Deckung fortwährend den Ball nur nach hinten passen können. Dadurch wird die Drucksituation vor dem eigenen Tor immer größer, die ballbesitzende Mannschaft immer weiter zurückgedrängt. Die Gefahr des Ballverlusts seiner Mannschaft ist ungleich höher als im Basketball.

Deshalb sollte der Spielmacher bei Ballbesitz nicht die 1:1-Situation suchen, sondern mit der Ballan- und -mitnahme freie Räume aufsuchen, aus denen er ein sicheres Aufbauspiel einleiten kann. Voraussetzung dafür ist, dass sich die beiden Flügelspieler zum richtigen Zeitpunkt anspielbar zeigen. Die „**FDP**-Frage“ ist also im Fußball mit wesentlich mehr Risiko verbunden. Für die Handlungsentscheidung ist nicht nur das Verhalten des direkten Gegenspielers ausschlaggebend, sondern auch die Qualität der Freilaufbewegungen auf den beiden Flügeln. Deshalb sollte das Verhalten in der Spieleröffnung zunächst in vereinfachten Übungsformen schrittweise entwickelt und dabei sorgfältig aufeinander abgestimmt werden.

Übungsform

– Ballsicherndes Dribbling des Spielmachers

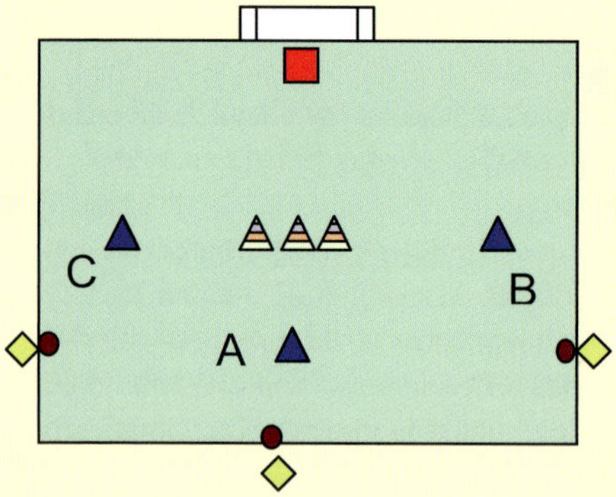

Abb. 12.107: Komplexe Übungsform für die Schulung der Ballsicherung und Angriffsauslösung durch den Spielmacher

– Der Spielmacher A fordert von einem der drei neutralen Außenspieler den Ball, indem er sich diesem anbietet. A nimmt den Ball vor einer Hütchenlinie an und führt dabei in zunehmender Komplexität die FDP-Aufgabe aus:
  – Fintieren durch Dribbling in freiem Raum und Pass zu Flügelspieler in die Vorwärtsbewegung mit anschl. Torschuss;
  – Fintieren durch ballsicherndes Dribbling, Ziehen zum Tor mit Ball am Fuß, Torschuss;
  – Dribbling und Pass zu Flügelspieler in die Rückwärtsbewegung mit anschließendem Ziehen des Spielmachers zum Tor, Anspiel und Torabschluss.

Steigerung der Komplexität:
– gegen aktiven Verteidiger.

Ziel der Übung ist es, das Timing für die aufeinander abzustimmenden Aktionen zu entwickeln. (Wann ist der Spielmacher abspielbereit? Wann ist der Flügelspieler anspielbar?)

– Spiel 3:3 zur Ballsicherung und Angriffsauslösung durch Spielmacher

Inszenierung mit dem Schwerpunkt:
Ein Tor zählt doppelt, wenn ihm folgende Aktionen (entweder – oder) vorausgehen:
» Pass in die Laufbewegung des Flügelspielers zum Tor und direkter Torerfolg;
» Dribbling des Spielmachers zum Tor und direkter Torerfolg;
» Anwendung des ballsichernden Dribblings mit Pass auf dem Flügel, Ziehen zum Tor durch den Spielmacher und Tor durch den Spielmacher.

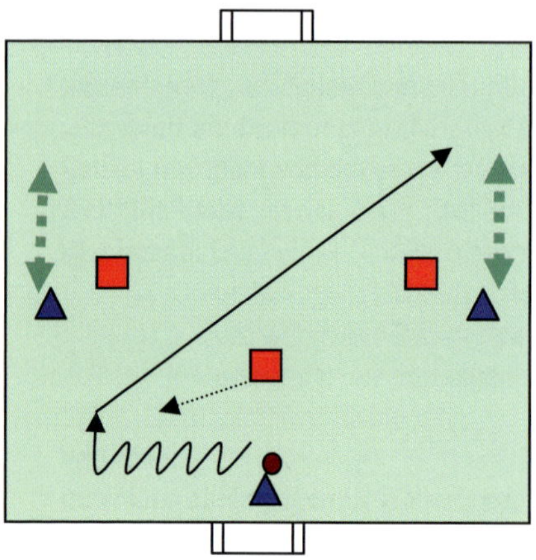

– Eine Mannschaft bleibt für eine bestimmte Zeit im Angriff, danach Rollenwechsel. Welches Team erzielt mehr Punkte?

Abb. 12.108

Taktikelement: Verteidigen gegen den Spielmacher

Dem direkten Gegenspieler des Spielmachers muss klar werden, dass durch die Freilaufbewegung der Flügelspieler kurzzeitig der Raum hinter ihm geöffnet wird, wenn die beiden äußeren Verteidigungsspieler auf der inneren Linie zum Tor zurückweichen. Sollte der zentrale Verteidiger zu schnell auf den Spielmacher zulaufen, ergibt sich für diesen in dieser speziellen Situation die Option, an diesem vorbei in den freien Raum hinein zu dribbeln. Den äußeren Verteidigungsspielern ist es dann kaum möglich, dem mittleren Verteidiger auszuhelfen. Die Abwehrmaßnahmen müssen wie im Basketball auf den Abstand zum Spielmacher, das Abdrängen des Spielmachers zur Seite im Falle eines Dribblings und die richtige Körperposition und Fußstellung ausgerichtet werden.

Übungsform

– **Verteidigungsspiel gegen den Spielmacher**

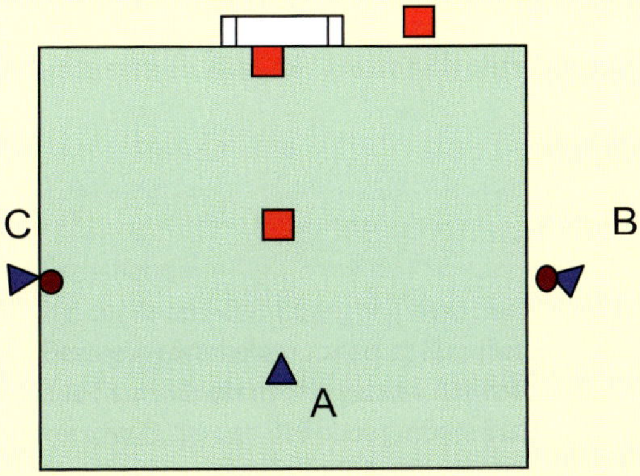

Abb. 12.109: Komplexe Übungsform für das Verteidigen gegen den Spielmacher

A bietet sich B oder C zum Anspiel an. Der Verteidigungsspieler läuft mit dem Pass zu A nach vorne und stellt A (seitliche Fußstellung), der den Ball sichert oder zum Tor dribbelt und den Torabschluss sucht. Der Verteidiger versucht, ihn regelgerecht zur Seite abzudrängen. Wenn A nicht durchkommt, dribbelt er auf die Position des Anspielers, der in die Mitte wechselt.

Taktikelement: Ziehen des Spielmachers zum Tor

„Ein Angreifer ist torgefährlich, wenn er zum Tor zieht." Setzt der Spielmacher den Grundsatz „Passen und Laufen" in die Tat um, führt das zu folgenden Konsequenzen in der Spielsituation 3:3:

» Der Spielmacher führt seinen direkten Gegenspieler zunächst ins Abwehrzentrum, weil dieser ihn begleiten muss;
» er sorgt für Verwirrung in der Abwehr, da diese nicht weiß, was er vorhat;
» der Spielmacher kommt seinem ballfernen Flügelspieler ins Gehege, wenn dieser versucht, ein neues Angriffsdreieck aufzubauen;
» er verschafft dem Flügelspieler Platz für ein ballsicherndes Dribbling oder für einen Durchbruch zum Tor;

» der Spielmacher öffnet den Rückraum für einen Mitspieler, der ihn auf dieser Position ersetzen kann.

Mit dem Ziehen des Spielmachers zum Tor klopfen die Spieler nicht nur an die Tür zur Gruppentaktik, sondern müssen ihr bisheriges Bewegungsverhalten um eine wesentliche Aktion erweitern: Während der Spielmacher bislang nach dem Pass zum Flügelspieler den Rückraum absicherte und sich dort lediglich für einen Rückpass anbieten musste, wird von ihm jetzt verlangt, aktiv in die Lücken des gegnerischen Abwehrverbunds zu stoßen und den Sicherheitsaspekt im Aufbauspiel aufzugeben. Als erkennbares Auslösezeichen für das Ziehen des Spielmachers zum Tor dient der Antritt des Spielmachers nach seinem Pass auf den Flügel. Daran sollte der ballferne Flügelspieler seine neue Aufgabe „ablesen".

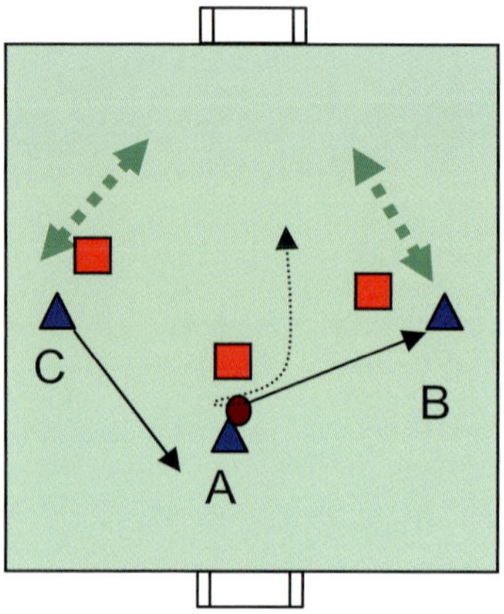

Abb. 12.110

Da dieses Spielverhalten beim Schneiden des Spielmachers nun fortwährend gefordert wird, ist es wichtig, die Spieler zunächst das Prinzip „Passen und Laufen" in erleichterter Spielform lernen zu lassen.

– Tigerball mit dem Grundprinzip „Passen und Laufen"

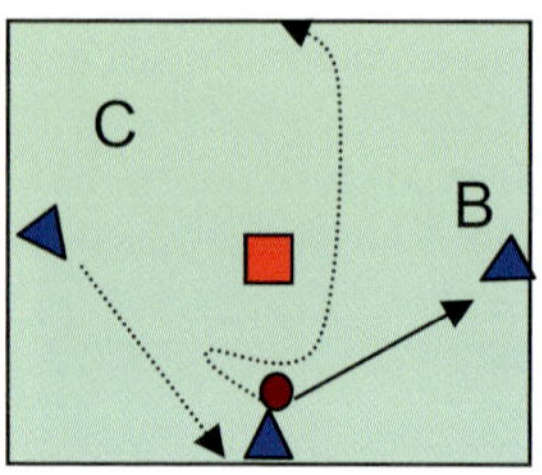

A passt zu B, täuscht eine Laufbewegung nach links an und zieht rechts vom Tiger zur gegenüberliegenden Linie durch. Die Lauftäuschung dient C als Auslösezeichen, dass er nun den Platz von A einnehmen muss, damit die Dreiecksaufstellung wieder gegeben ist.

Abb. 12.111

Der Grundsatz für Spieler C lautet nun: „ Wenn du nicht an der Passaktion beteiligt bist, laufe auf den Platz von A!" Da er früher einmal gelernt hat: „Wenn du nicht an der Laufaktion beteiligt bist, lauf parallel zum Passweg!", unterliegt mit dem Schneiden des Spielmachers sein weiteres Handeln einer Entscheidungsalternative, die vom Verhalten des Spielmachers abhängig ist. Die Anforderungen an die Wahrnehmung und Interaktion werden nun sehr anspruchsvoll, sodass die Spieler sehr viele Lerngelegenheiten erhalten müssen, um diese Fähigkeiten zu entwickeln. Um die Aktionen zur Spieleröffnung intensiv anwenden zu lassen und damit eine Festigung zu ermöglichen, werden lange Spielphasen benötigt, die besonders in Turnierformen zustande kommen.

Um zu verhindern, dass in leistungsheterogenen Mannschaften die schwächeren Spieler wieder auf die Außenpositionen gestellt werden, sollte eine Turnierform angeboten werden, in denen die leistungsstärkeren Spieler ein getrenntes Turnier durchführen und somit auf ähnlich starke Gegenspieler stoßen, was die Einsicht in die Notwendigkeit des Zusammenspiels wachsen lässt.

– Turnierform 3:3 auf zwei 2 Tore

Bei zwei Mannschaften pro Spielfeld sollten vier Spielfelder eingerichtet werden. Dazu wird eine Hälfte des Fußballspielfelds benötigt.

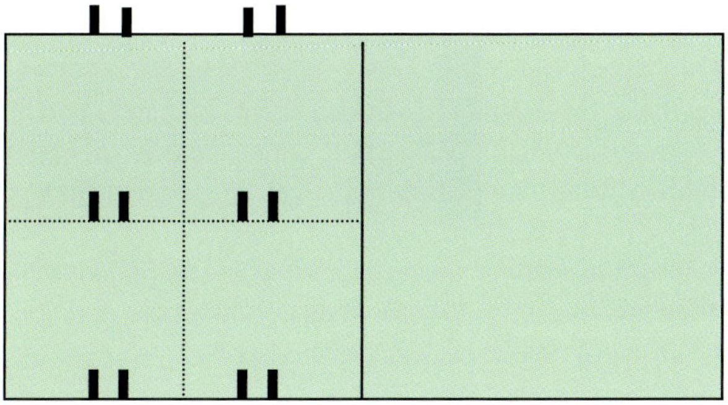

Abb. 12.112

Alle Mannschaften spielen einmal gegeneinander. So hat jede Mannschaft drei Spiele, in denen jeder Spieler in der Offensive einmal die Position des Spielmachers, des rechten und des linken Flügelspielers und in der Defensive des rechten, zentralen und linken Verteidigers einzunehmen hat.

Tab. 12.4: Turnierplan

Spielfeld 1/2			Spielfeld 3/4		
Runde 1:	A–B C–D	: :	Runde 1:	A–B C–D	: :
Runde 2:	A–C B–D	: :	Runde 2:	A–C B–D	: :
Runde 3:	D–A C–B	: :	Runde 3:	D–A C–B	: :

Das Spiel auf zwei Tore hat bei einem Ballverlust in der Angriffsauslösung verbunden mit dem Schneiden des Spielmachers einen schnellen Gegenstoß (Konter) zur Folge. Um den Fokus in der Spielanalyse auf das Ziehen des Spielmachers zum Tor zu lenken, sollten die einzelnen Mannschaften deshalb ihre Spiele unter dem Aspekt der Trefferentstehung bzw. Trefferursache auswerten.

Mit der Spielauswertung soll allmählich das Bewusstsein geschärft werden, dass Spielen mehr ist als nur ein spontanes individuelles Agieren aus der Dreiecksaufstellung heraus. Die Spielauswertung kann von einem Ergänzungsspieler während des Spiels oder von dem Torschützen nach der Aktion vorgenommen werden, indem sich dieser Spieler auswechselt. Die Hinführung zu einer selbstständigen Spielanalyse mittels eines Spielauswertungsbogens kann den anspruchsvollen Übergang zur gruppentaktischen Ausbildung einleiten und Einsicht in die Notwendigkeit gruppentaktischer Maßnahmen fördern.

12.6.3 Lektion 3: Gruppentaktische Angriffsmaßnahme – Ersetzen des Spielmachers

Die Vorbemerkungen zu dieser gruppentaktischen Maßnahme entsprechen den Ausführungen der Lektion 3 im Basketball. Im Fußball zeigt sich bei der Anwendung des Grundprinzips „Passen und Laufen" durch den Spielmacher das Problem der fehlenden Angriffsabsicherung noch deutlicher. Die Ursache liegt in der schwierigeren Ballkontrolle und dem damit verbundenen schnellen Ballverlust. Deshalb muss das Ziehen des Spielmachers zum Tor und das damit notwendige Ersetzen noch sorgfältiger eingeführt werden, damit die Spieler darüber in Spielsituationen verfügen können. Bei vielen Spielern haben sich bereits Automatismen für ein Sicherheitsdenken („Ja kein Gegentor erhalten!") eingestellt, die nur schwer abzulegen und zu verändern sind. Dieser Prozess dauert lange, bedarf stetiger Wiederholungen und konzentrierter Spieler.

Zur Einstimmung in der Aufwärmphase schulen wir wieder das Passen und die Ballannahme auf genau festgelegten Pass- und Laufwegen und knüpfen somit an Bekanntes an.

Übungsform

– Passen, Annahme und Dribbling in der Dreiecksaufstellung mit Ersetzen

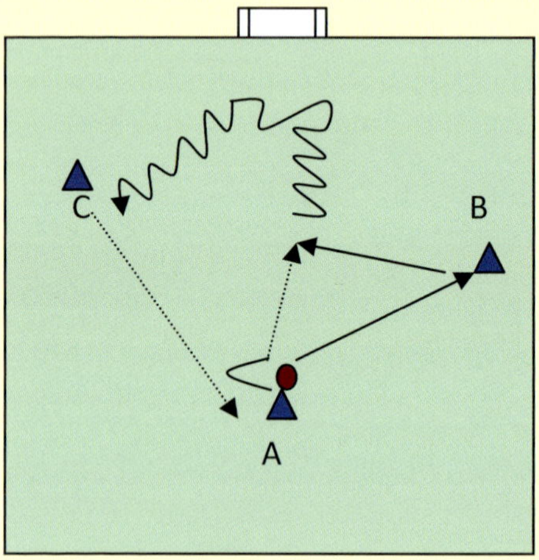

- A passt zu B, führt eine Lauftäuschung/Schrittfinte nach links aus, zieht zum Tor, erhält den Ball von B zurück, dribbelt in Richtung Tor, biegt nach links ab auf die Position von C, der mittlerweile auf die Position von A gelaufen ist, und passt ihm den Ball zu.

Variation:

- Pass nach links auf C.

Abb. 12.113

Variation der Übungsform:

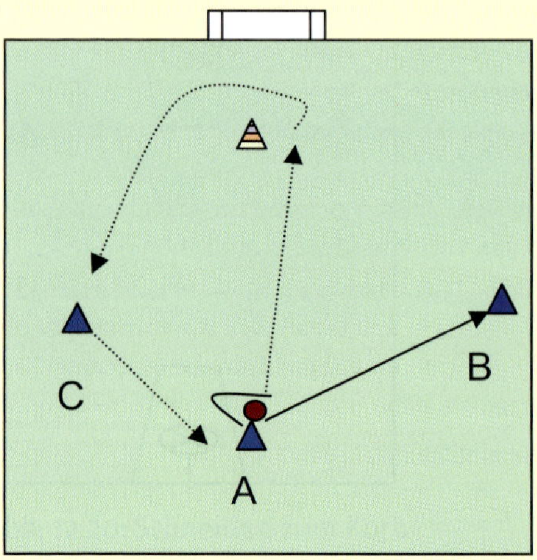

- A passt zu B, führt eine Lauftäuschung/Schrittfinte nach links aus, zieht zum Tor, erhält den Ball von B **aber nicht** zurück. A läuft in Richtung Tor, rechts am Markierungshütchen vorbei und im Bogen auf die Position von C, der mittlerweile auf die Position von A gelaufen ist (Ersetzen!). B passt den Ball auf C zurück.

Abb. 12.114

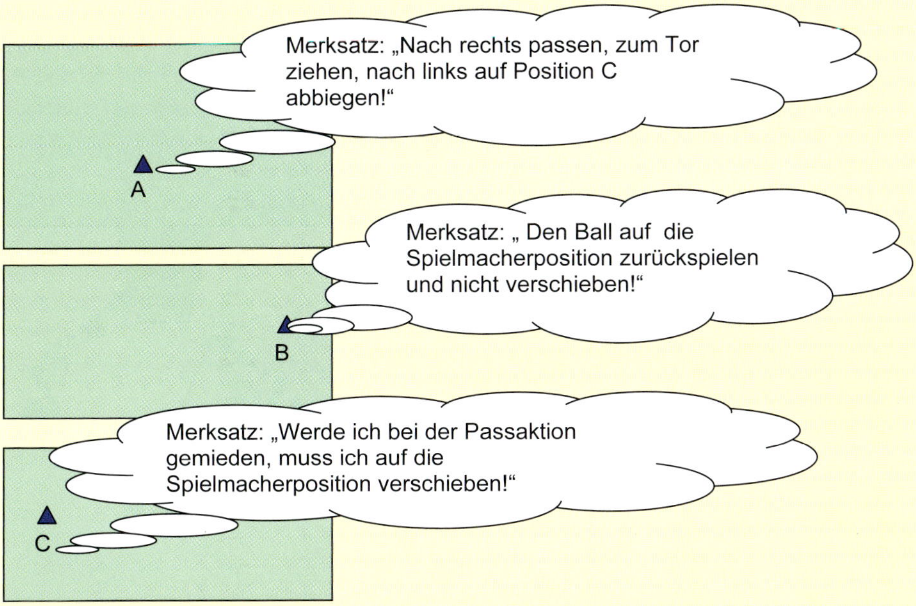

Abb. 12.115

Variationen:

- Den Ball nur nach links passen, links am Markierungshütchen vorbeiziehen und die Position von B einnehmen, der mittlerweile A ersetzt hat.
- Den Ball im freien Wechsel nach rechts oder links passen.
- Verknüpfung mit der Freilaufbewegung der Flügelspieler und der Pass-/Lauffinte des Spielmachers.
- Kontinuum mindestens 1x durchspielen, dann Torabschluss suchen durch Flügelspieler nach Pass in die Vorwärtsbewegung, durch Dribbling von Flügelspieler oder Spielmacher, durch Rückpass auf den schneidenden Spielmacher.

Fertigkeitsausbildung	– Schulung der Grundtechniken des Passens, der Annahme, des Dribbelns und des Torschusses. – Anwendung des Ersetzens durch Festlegen und Abstimmen der Laufwege unter erleichterten Bedingungen. – Festigung der individualtaktischen Fertigkeiten in der Dreiecksaufstellung.

Fähigkeitsausbildung	– Einen Handlungsplan entwerfen und gemeinsam umsetzen. – Umstellungsfähigkeit durch spontanen Angriffsabschluss. – Wahrnehmung der komplexen Übungssituation und Entscheidungsfähigkeit bei der Angriffsauslösung und beim -abschluss.

Hinweise:
Die freie Wahl der Passseite erfordert am Anfang eine hohe Konzentrationsfähigkeit. Viele Spieler sind es gewohnt, nach rechts zu passen und dorthin zu laufen. Die Umstellung jetzt, nach rechts zu passen, zum Tor zu ziehen und dann nach links abzubiegen und vom Ball wegzulaufen, ist für sie neu. Deshalb kann die Einführung dieses Kontinuums (fortlaufender Spielzug) auch auf mehrere Stunden verteilt werden und so langfristig vorbereitet und eingeführt werden. Bei leistungsstarken Klassen kann die Übungsform bereits am Anfang mit der Pass-/Lauffinte und der Freilaufbewegung der Flügelspieler gekoppelt werden. Damit die Übungsform zu keinem „Turnen vor dem Tor" wird und der Angriffsabschluss nicht völlig in Vergessenheit gerät, sollte das Kontinuum zwar eingeleitet, jedoch immer wieder durch spontane Abschlusshandlungen unterbrochen werden. Außerdem sollte darauf geachtet werden, dass die Übungsphasen nicht zu lange dauern und die Spieler Gelegenheit bekommen, das Kontinuum in Spielphasen anzuwenden.

– Anwendung des Kontinuums im Spiel 1+3:3+1

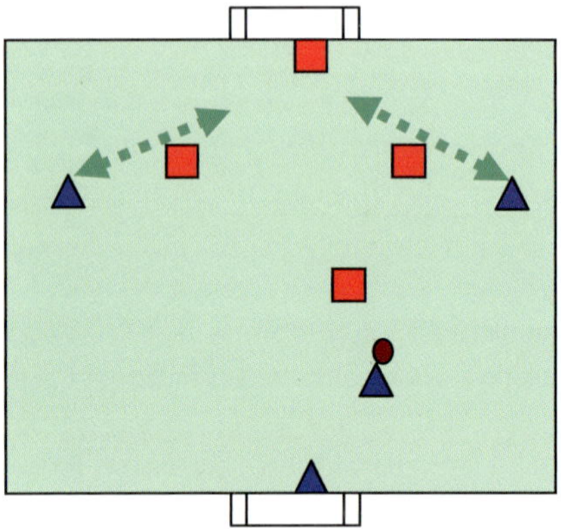

Reflexion:
- Beschreibe deine Spielwahrnehmung auf der Spielmacherposition.
- Was empfindest du im Moment des Ballbesitzes?
- Worauf achtest du bei der Angriffsauslösung?
- Welchen Flügelspieler spielst du an?

Abb. 12.116

Zwei Mannschaften spielen im 1+3:3+1 auf zwei Tore.
Ein Tor, das durch das Kontinuum eingeleitet wird, zählt 3 Punkte.

Die Komplexität der Spielsituation mit drei Gegenspielern lässt sich am Anfang noch reduzieren, indem die Verteidiger zunächst nur teilaktiv agieren. Eine Erleichterung durch Überzahlsituationen wird der Sache nicht gerecht, weil sich dadurch völlig andere Situationen ergeben, die auf andere Weise einfacher gelöst werden können. Hier helfen längere Spielphasen sicherlich weiter. Die Anwendung der individualtaktischen Maßnahmen in Verbindung mit dem Ersetzen ist ein Prozess über Wochen hinweg und bedarf der stetigen Wiederholung und Festigung. Oberste Priorität besitzt in diesem gruppentaktischen Lernprozess jedoch die Suche nach der konvergenten Lösung. Deshalb müssen in Stop-and-Go-Spielen einzelne Spielsituationen unter diesem Aspekt reflektiert und die Lernenden ermuntert werden, die ersten offensichtlichen Schwächen in der Abwehr rigoros auszunutzen.

Differenzierung:
Der erreichte Ist-Zustand der Spieler wird dem bisher dargestellten Soll-Zustand nicht entsprechen. Eine durchgängige Lernstabilität kann sich noch nicht eingestellt haben. Das anspruchsvolle Lernniveau mit schwierigen Lerninhalten für weniger begabte Schüler bedarf sicherlich unterschiedlicher Lerntempi, denen an dieser wichtigen Stelle Rechnung getragen

werden muss. In differenzierenden Maßnahmen können und sollten einzelne Defizite abgebaut werden. Dabei ist die Unterstützung der leistungsstarken Schüler in Anspruch zu nehmen, denn gruppentaktisches Agieren in kleinen Mannschaften kann nur funktionieren, wenn alle Spieler über die notwendigen Fertigkeiten verfügen. Voraussetzung ist, dass die Schüler die objektiven Anforderungen in der taktischen Ausbildung zu ihrem subjektiven Anliegen machen. Die dazu erforderlichen Fähigkeiten lassen sich in umfangreichen Spielphasen mit klaren Schwerpunktsetzungen ausbilden. Deshalb ist es jederzeit möglich, dass auf bereits früher geschulte individualtaktische Maßnahmen in Lerngesprächen und in speziellen Spielphasen erneut eingegangen werden muss. Außerdem bietet auch das weitere inhaltliche Vorgehen stets Möglichkeiten, bisher aufgetretene Defizite abzubauen, da ständige Wiederholungen in der Angriffseröffnung eine Festigung der Lerninhalte ermöglichen sollten.

12.6.4 Lektion 4: Gruppentaktische Angriffsmaßnahme – Doppelpass

Der Doppelpass vollzieht sich in drei Phasen:
1. der Ballbesitzer passt zu einem Mitspieler;
2. der Passgeber stößt in die Tiefe in Richtung Tor;
3. der Spieler erhält den Ball vom Mitspieler zurückgepasst.

Der Doppelpass wird den gruppentaktischen Maßnahmen zugeordnet, weil der Ballbesitzer mit dieser Aktion die Intention verfolgt, seinen direkten Gegenspieler im Spiel ohne Ball zu überlaufen und nach dem Rückpass dem Tor näher zu sein als dieser. Dazu kann die Stoßbewegung durch eine Körper- oder Lauftäuschung in die entgegengesetzte Richtung eingeleitet werden. In der Regel sollte das Stoßen in die Tiefe bei großem Abstand zum Passgeber vor dem Verteidiger, bei geringem Abstand in dessen Rücken (back-door) erfolgen.

Da unsere Spieler in der Ballschule bereits die wesentlichen Elemente des Doppelpasses mitunter unbewusst und ohne bestimmte Absicht angewandt haben, sollte die bewusste Inszenierung keine größeren Probleme aufwerfen und die Anwendung eher wie eine „reife Frucht vom Baum fallen" lassen. Entscheidend ist das Erkennen der Spielsituation. Dazu haben wir mit der Dreiecksaufstellung, dem Freilaufen der Flügelspieler und dem Ziehen des Spielmachers zum Tor die nötigen Vorkenntnisse und Voraussetzungen geschaffen. Der zentrale Spielmacher findet sowohl auf seinem rechten wie auch auf dem linken Flügel einen Anspielpartner, was die Deckungsarbeit des Gegenspielers durch diese Offenheit erheblich erschwert. Außerdem hat er gelernt, nach seinem Pass Torgefahr zu entwickeln und zum Tor zu ziehen. Deshalb kann bereits nach dem Aufwärmen in einer Spielphase der Doppelpass zur Umsetzung kommen.

– Konfrontationsspiel: 1+3:3+1 auf zwei Tore

Inszenierung:

„Spielt 3:3 mit je einem Torwart auf zwei Tore. Ein Tor, das nach einem Doppelpass erzielt wird, zählt doppelt."

In der Reflexion soll das Zusammenspiel analysiert werden unter Fragestellungen wie:
» Wen hast du am häufigsten angespielt?
» Von wem hast du den Ball am öftesten bekommen?
» Habt ihr alle drei Spieler in etwa gleichmäßig in den Balltransport einbezogen?
» Habt ihr oft dem Spieler zurückgespielt, von dem ihr den Ball erhalten habt?

Ein anderer Weg, den Doppelpass einzuführen, kann mit der direkten Methode vollzogen werden. Wir überlegen uns ständig bei der Unterrichtsvorbereitung, wie wir unsere Schüler aufwärmen und sie dabei zugleich auf das Unterrichtsthema einstimmen können. Deshalb lässt sich das Thema „Doppelpass" auch durch komplexe Übungsformen mit Passen, Ballannahme, Laufen und Torschuss am Stundenanfang vorbereiten.

Übungsformen

– Doppelpass im Zentrum

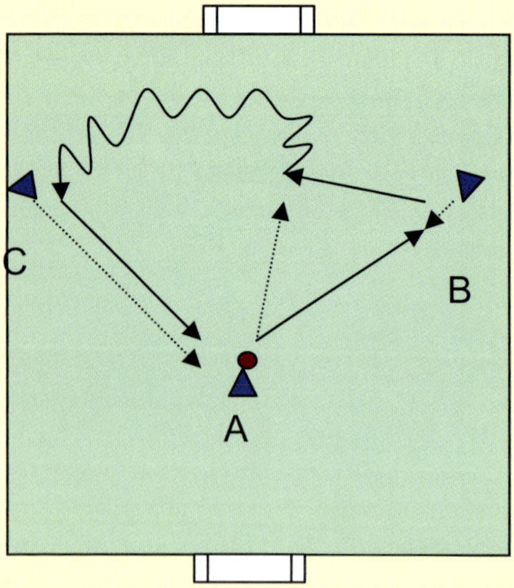

– A passt zu B, der dem Ball entgegengeht, führt eine Lauftäuschung nach links aus, zieht zum Tor, erhält den Ball von B direkt in die Laufbewegung gepasst, dribbelt in Richtung Tor, biegt nach links ab auf die Position von C, der mittlerweile auf die Position von A gelaufen ist, und passt ihm den Ball zu.

Variation:

– A passt nach links zu C, Rotation im Uhrzeigersinn;

– der Spielmacher entscheidet selbstständig, ob er nach rechts oder links passt.

Abb.12.117

– Steigerung: Wiederholung Freilaufen der Flügelspieler, Ersetzen, Doppelpass

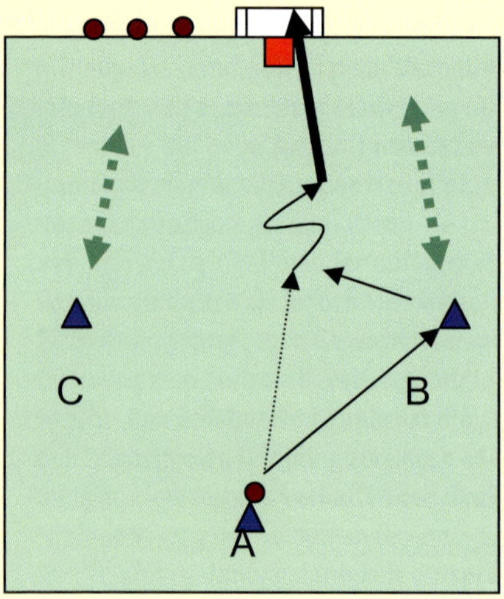

– B und C führen Freilaufbewegung auf dem Flügel aus; A passt zu dem entgegenkommenden B, führt eine Lauftäuschung nach links aus, zieht zum Tor, erhält den Ball von B direkt zurück, dribbelt zum Tor und führt einen Torschuss aus. A lässt sich vom TW wieder anspielen, dribbelt auf die Position von C, der mittlerweile auf die Position von A gelaufen ist, und passt ihm den Ball zu.

Variation:

– A passt nach links, Rotation im Uhrzeigersinn;

– der Spielmacher entscheidet selbstständig, ob er nach rechts oder links passt.

Abb. 12.118

- **Doppelpass auf dem Flügel nach Ersetzen mit anschließendem Torschuss**

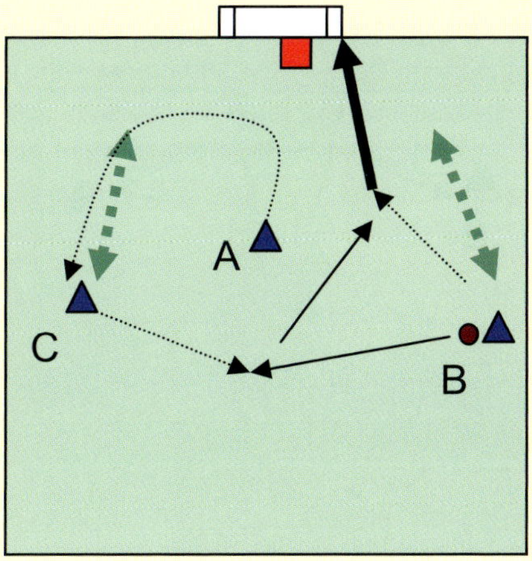

- B und C führen Freilaufbewegung aus; A passt zu dem entgegenkommenden B, zieht zum Tor und läuft nach links auf Position C, der mittlerweile auf die Position von A gelaufen ist. Dort erhält C den Ball von B und passt ihn direkt in den Laufweg von B, der einen Torschuss ausführt.

Variation:

- A passt nach links, Rotation im Uhrzeigersinn;
- der Spielmacher entscheidet selbstständig, ob er nach rechts oder links passt.

Abb. 12.119

- **Anwendung des Doppelpasses im Spiel 1+3:3+1 auf zwei Tore mit neutralen Anspielern**

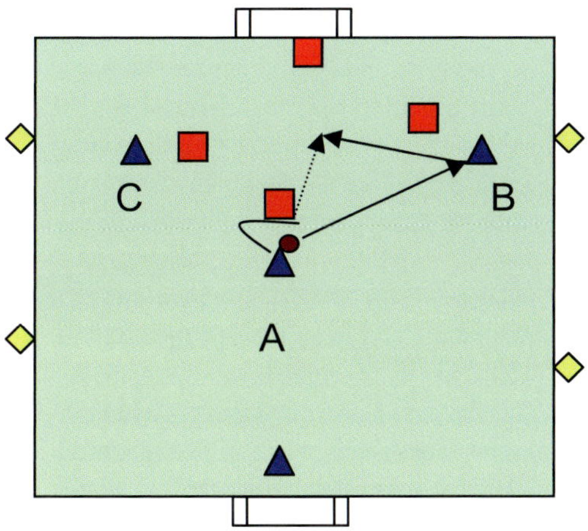

- A passt zu B, führt eine Lauftäuschung nach links aus, zieht zum Tor, erhält den Ball von B direkt zurück (Doppelpass).
- Jede Mannschaft kann im Spielaufbau und zum Herausspielen von Torchancen die neutralen Außenspieler einbeziehen. Diese dürfen den Ball jedoch nur direkt spielen.

Abb. 12.120: Doppelpass des Spielmachers mit dem rechten Flügelspieler

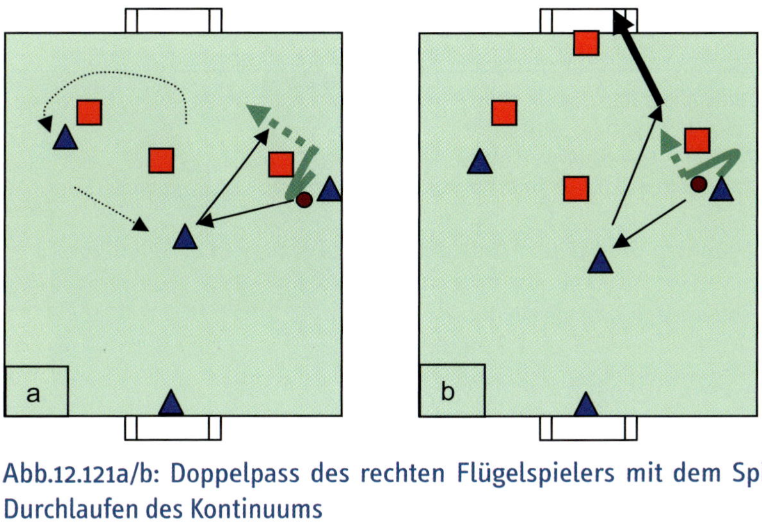

Abb.12.121a/b: Doppelpass des rechten Flügelspielers mit dem Spielmacher nach Durchlaufen des Kontinuums

Abbildung 12.120 und Abb.12.121a/b zeigen die Anwendung des Doppelpasses durch den Spielmacher mit einem Flügelspieler wie auch durch den Flügelspieler mit dem Spielmacher während des Kontinuums. Diese beiden Optionen erweitern den Handlungsspielraum der Angreifer im Sinne von divergenten Lösungen. In den Spielphasen gilt es nun, die Situationen wahrzunehmen und zu erkennen sowie den Doppelpass einzusetzen. Dabei muss die Anwendung des Doppelpasses auch unter dem räumlichen Aspekt betrachtet werden: Eine geringe Passdistanz zwischen den beiden beteiligten Spielern erlaubt ein Freilaufen im Rücken des Verteidigers, eine große vor diesem.

12.6.5 Lektion 5: Gruppentaktische Angriffsmaßnahme – Hinterlaufen auf dem Flügel

Durch die Variation des Laufweges des Spielmachers nach einem Pass auf den Flügel kann das Angriffsdreieck in Tornähe neu aufgebaut werden. Dabei folgt der Spielmacher seinem Pass und läuft hinter dem neuen Ballbesitzer bogenförmig vorbei.
Die beiden Flügelspieler führen zur Spieleröffnung die Freilaufbewegung durch, sodass sie dem Spielmacher zum Anspiel entgegenkommen. Bei der Ballannahme muss sich der Flügelspieler sofort in Richtung Tor drehen (= Facing im BB!) Der Spielmacher stößt nicht mehr im Zentrum zum Tor, sondern hinterläuft nach seinem Pass den neuen Ballbesitzer im Bogen auf dem Flügel (Abb. 12.122a). Durch eine kurzfristige 2:1-Situation wird das Abwehrverhalten des direkten Gegenspielers des Ballbesitzers erschwert, wodurch sich divergente Lösungsmöglichkeiten für die Angreifer ergeben. Er kann entweder in den Lauf des Spielmachers passen, die Verwirrung seines Gegenspielers zu einem Durchbruch ausnutzen oder dem sich anbietenden Flügelspieler zupassen und diesen wiederum bogenförmig hinterlaufen (s. Abb. 12.122b).

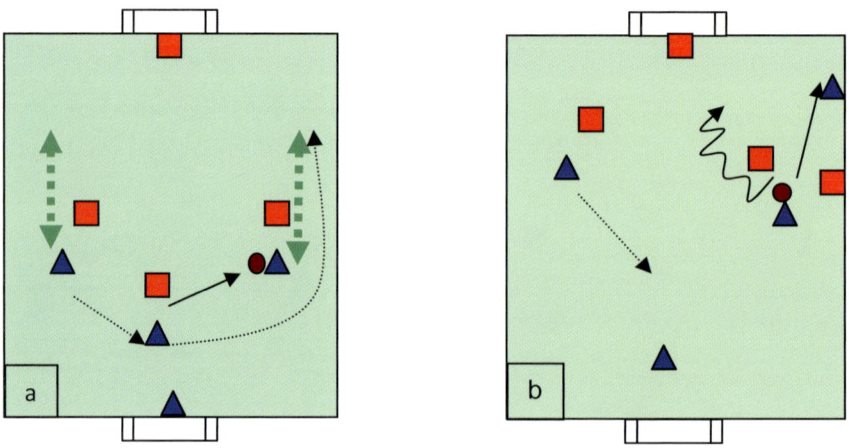

Abb. 12.122a/b: Schneiden des Spielmachers zur Spieleröffnung über den Flügel

Übungsformen

– Einführung Hinterlaufen

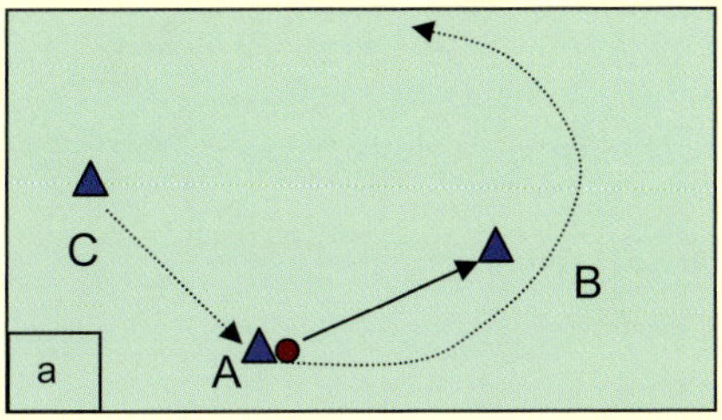

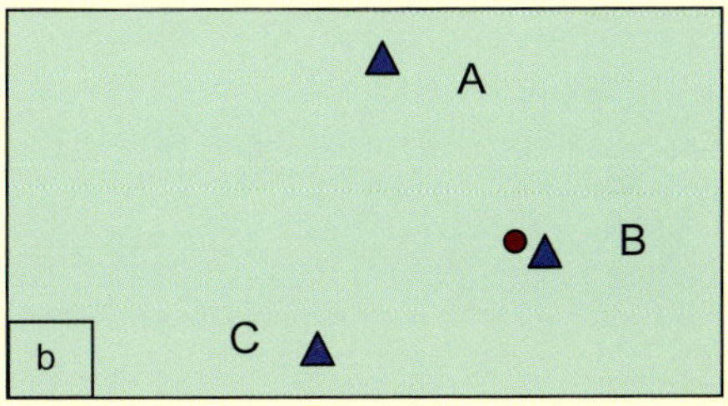

Abb. 12.123a/b: Passen im freien Feld und Hinterlaufen des Passens

- Die drei Spieler einer Mannschaft stellen sich im Raum zu einem Angriffsdreieck auf. A passt zu B und hinterläuft seinen Pass so weit, bis sich wieder ein Angriffsdreieck ergibt. C ersetzt den hinterlaufenden A auf dessen Position. B passt erneut nach rechts, sodass sich das Angriffsdreieck im Gegenuhrzeigersinn weiterdreht.

Variationen:
- Pässe nach links, sodass sich das Angriffsdreieck im Uhrzeigersinn dreht.
- Pass im freien Wechsel nach rechts oder links.

Fertigkeitsausbildung	– Passen und Ballannahme im freien Raum mit Hinterlaufen des eigenen Passes zum Aufbau eines neuen Angriffsdreiecks.

Fähigkeitsausbildung	– Schulung der Orientierungsfähigkeit und des Timings beim Zusammenspiel im Angriffsdreieck im freien Raum.

– Tigerball 3:1 mit Hinterlaufen am Kreis

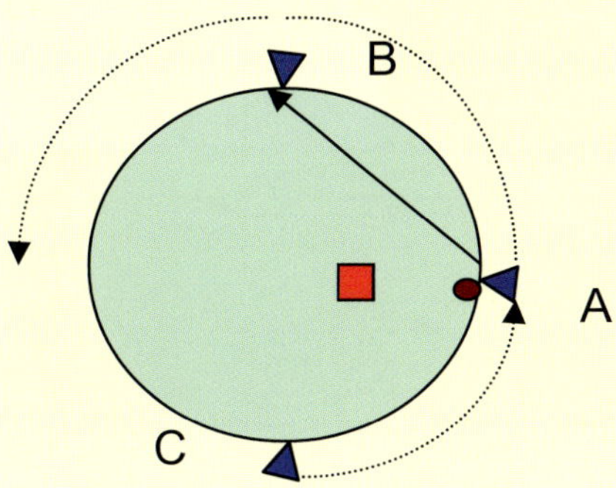

- A, B und C stellen sich im Angriffsdreieck an einem Kreis auf. A passt zu B und hinterläuft seinen Pass, bis er ein neues Angriffsdreieck aufgebaut hat. C ersetzt A.
- Kreisdurchmesser: 6–7 m.

Abb. 12.124

– **Hinterlaufen im Angriffsdreieck**

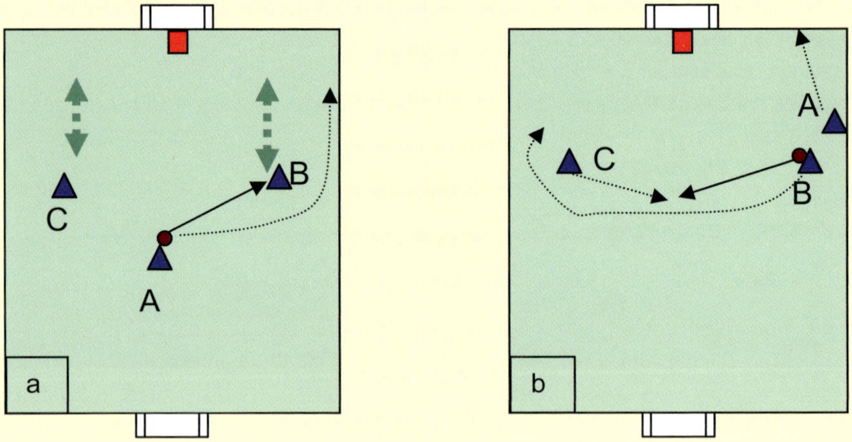

Abb. 12.125a/b

A passt zu B, der sich mit der Ballannahme zum Tor dreht, und hinterläuft diesen. C zieht nach innen, um A zu ersetzen. B besitzt durch das Hinterlaufen von A mehrere Handlungsoptionen:

» B passt zu dem hinterlaufenden A, der zur Grundlinie zieht und einen Rückpass ins Zentrum vor dem Tor spielt oder zum Tor zieht und Torschuss ausführt.
» B dribbelt überraschend zum Tor und führt Torschuss aus.
» B spielt C an und hinterläuft diesen zum Aufbau eines neuen Angriffsdreiecks;
» C dribbelt selbst zum Tor und sucht Torabschluss.

Bei allen Variationen nach dem Torschuss Grundformation wieder schnell einnehmen.

– **Spielphase 3:3 zum Hinterlaufen des Spielmachers über den Flügel mit Tabuzonen**

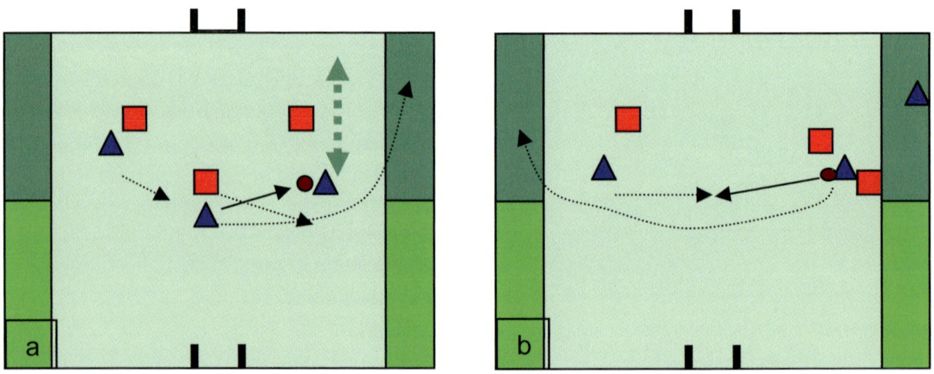

Abb. 12.126a/b: Hinterlaufen des Spielmachers zur Spieleröffnung über den Flügel mit Tabuzonen

Spiel 3:3 auf zwei Stangentore mit Tabuzonen. Ein Tor, das nach einem Hinterlaufen über den Flügel vom Spielmacher oder von einem anderen Angreifer aus dieser Spielsituation heraus erzielt wird, zählt doppelt.

– Um eine Überforderung der Angreifer zu vermeiden, dürfen die hinterlaufenden Spieler über der Mittellinie in eine Tabuzone für Verteidiger. Damit sollen die Angreifer aufgefordert werden, diese Räume aufzusuchen, da sie dort ohne direkten Gegnerdruck angespielt werden können.

Variationen:

– Veränderung des Spielfeldes (25 x 35 m) und der Toranzahl

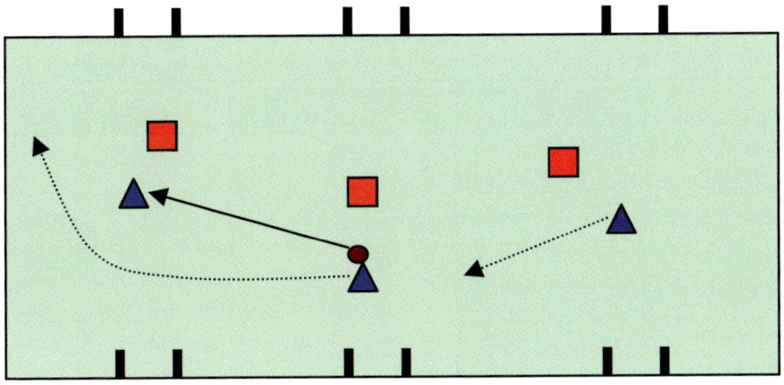

Abb. 12.127

– Spiel auf zwei Tore mit TW (Spielfeld 35 x 25 m)

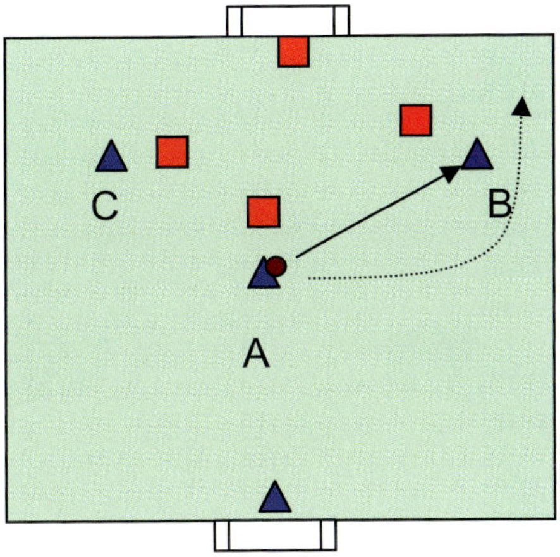

Abb. 12.128

– Freie Spielphase: Ein Tor, das nach Hinterlaufen erzielt wird, ergibt als Belohnung einen zusätzlichen Elfmeter für den hinterlaufenden Spieler, mit dem ein weiteres Tor erzielt werden kann.

12.6.6 Lektion 6: Gruppentaktische Angriffsmaßnahme – Spiel über den Dritten

Beim Spiel über den dritten Mitspieler erweitert sich die Handlungsvielfalt eines Teams nochmals. Dieser Schritt sollte jedoch erst angegangen werden, wenn die angriffsauslösenden Maßnahmen, das Ziehen des Spielmachers zum Tor und das Ersetzen sowie der Doppelpass in Spielsituationen umgesetzt werden können. Bislang haben ständig der Spielmacher und ein Flügelspieler mit dem Ball zusammen agiert. Die Anforderungen an die Orientierungsfähigkeit und an das genau abgestimmte Timing erhöhen sich beim Spiel über den Dritten nun beträchtlich. Deshalb ist es wichtig, dass die Lernenden an bereits Bekanntes anknüpfen können. Die Aufstellungsform des Dreiecks bietet sich mit seinen bisher erarbeiteten Laufwegen an. Neu ist nun, dass der zum Tor ziehende Spielmacher den Ball nicht von seinem Anspielpartner zugespielt bekommt, sondern von dem dritten Mitspieler. Die erhöhten Schwierigkeiten zeigen sich in den individualtaktischen Anforderungen und in der zeitlichen Abstimmung. Der Ballbesitzer muss das Bewegungsverhalten der beiden Mitspieler und deren Gegenspieler genau beobachten, seinen Gegenspieler auf Distanz halten und im richtigen Augenblick abspielbereit sein. Eine ideale Situation für das Spiel über den Dritten stellt sich beim Hinterlaufen durch den Spielmacher ein, wenn der Flügelspieler dem ballfernen Flügelspieler ins Zentrum zupasst. Dann kann dieser auf den hinterlaufenden Spieler passen.

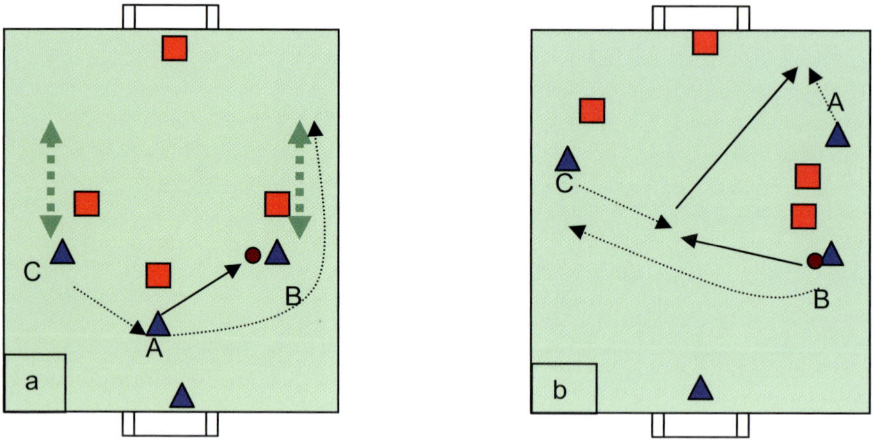

Abb. 12.129: Spiel über den Dritten nach Hinterlaufen durch den Spielmacher

A passt zu B, der sich mit der Ballannahme zum Tor dreht, und hinterläuft diesen. C zieht nach innen, um A zu ersetzen. B besitzt durch das Hinterlaufen von A mehrere Handlungsoptionen:

- B passt zu dem hinterlaufenden A, der zur Grundlinie zieht und einen Rückpass ins Zentrum vor dem Tor spielt oder zum Tor zieht und Torschuss ausführt.
- B dribbelt überraschend zum Tor und führt einen Torschuss aus.
- B spielt C an und hinterläuft diesen zum Aufbau eines neuen Angriffsdreiecks; C passt in den Lauf von A.
- C dribbelt selbst zum Tor und sucht den Torabschluss.

Bei allen Variationen nach dem Torabschluss oder Ballverlust Grundformation schnell wieder einnehmen.

Übungs-/Spielformen

– Nummernpassen

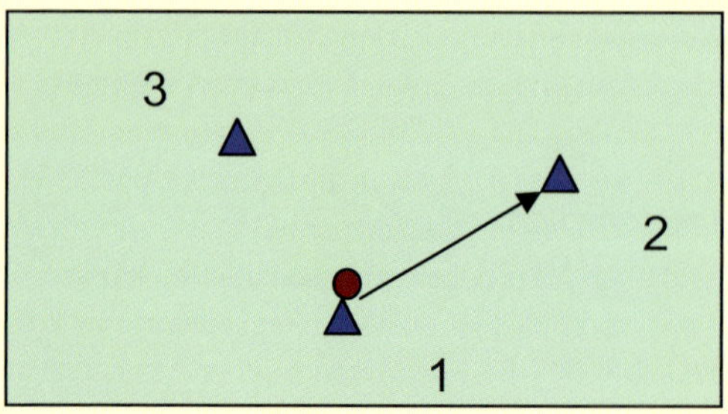

Abb. 12.130

- 1 passt zu 2, 2 zu 3, 3 zu 1...
- Dabei läuft jeder Spieler seinem Pass nach und bis zur Spielfeldgrenze weiter und bietet sich dann seinem Partner zum Anspiel an.

Variation:

- 1 passt zu 2 und hinterläuft diesen, 2 passt zu 3, der 1 anspielt (Spieler 1 hinterläuft 2x, danach kommt Spieler 2 an die Reihe)

– **Parteiball mit Kombinationspunkten**

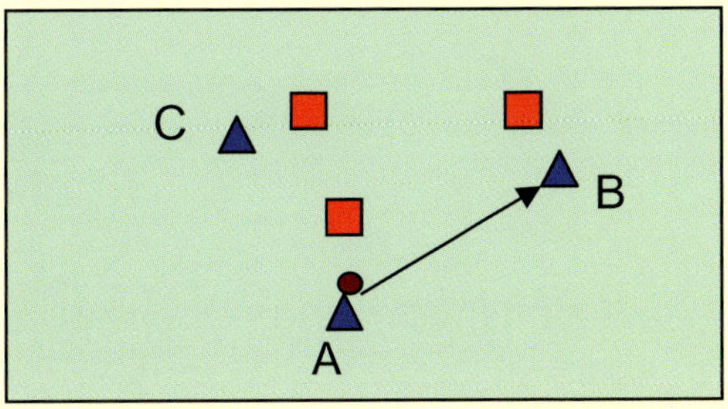

Abb. 12.131

- Parteiball 3:3 mit Kombinationspunkten;
- 6 aufeinanderfolgende Pässe innerhalb einer Mannschaft ergeben 1 Punkt;
- Das Zurückpassen auf den Anspieler wird nicht als Pass gezählt.

Variation:

- Rückpässe auf den Anspieler sind nicht erlaubt, es muss über den Dritten gespielt werden.

– **Torschussübung mit Vorlage über den Dritten**

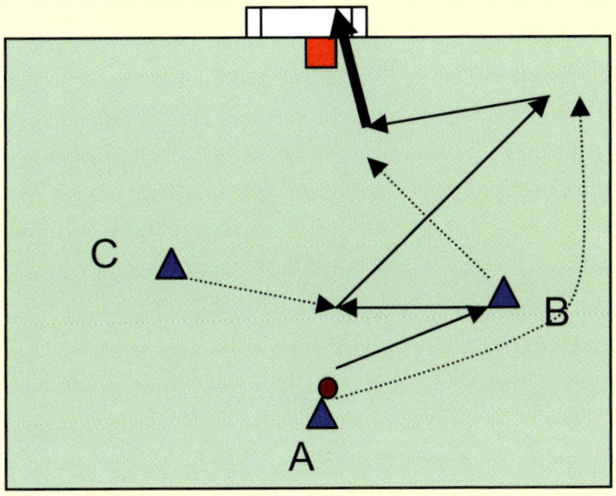

- A passt zu B und hinterläuft diesen;
- B passt zu C, der A ersetzt;
- C passt in den Lauf von A;
- A passt den Ball flach auf B, der einen Torschuss ausführt.

Variation:

- Spielerisches Üben 3:1+1 und 3:2+1 (gegen 1 bzw. 2 Verteidiger)

Abb. 12.132

– **Spielphase 1+3:3+1 auf sechs Tore**

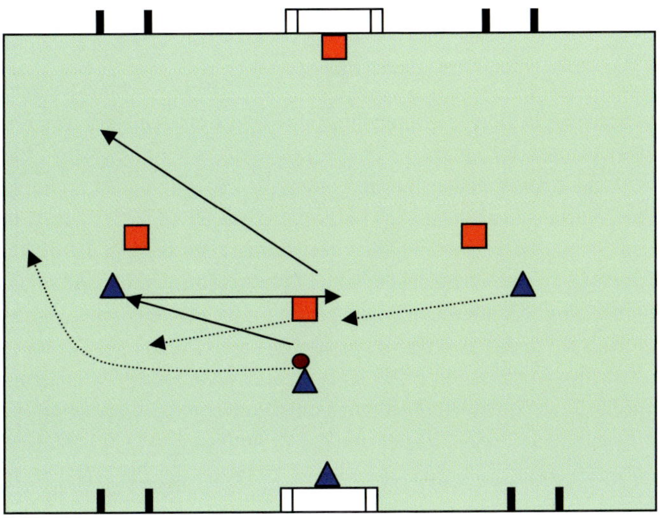

Abb. 12.133

- Freies Spiel auf je drei Tore. Ein Tor gegen den TW zählt dreifach, ins Stangentor einfach, ins Stangentor nach Spiel über den Dritten doppelt.

Hinweis:

Mit den Stangentoren auf den Flügeln soll das Hinterlaufen auf dem Flügel gefördert werden, wodurch sich Möglichkeiten für Diagonalpässe durch den Dritten ergeben.

12.6.7 Lektion 7: Gruppentaktische Angriffsmaßnahme – Kreuzen im Angriffszentrum

Aus dem Hinterlaufen des Spielmachers auf dem Flügel verbunden mit dem möglichen Durchbruch zur Grundlinie entwickelt sich die Notwendigkeit des Kreuzens im Angriffszentrum.

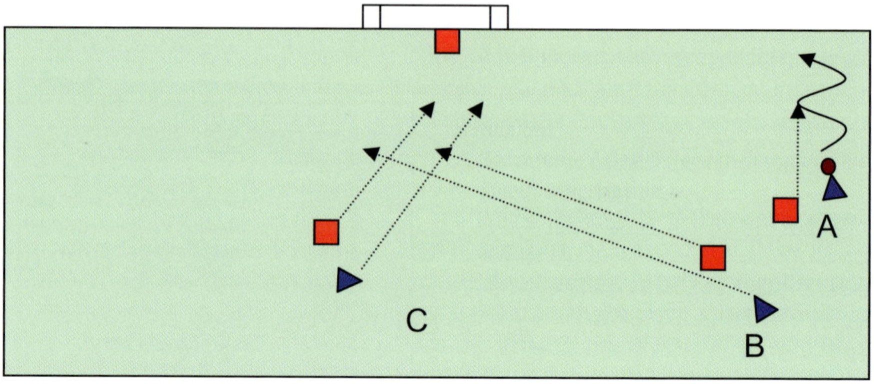

Abb. 12.134: Kreuzen im Angriffszentrum

- A passt nach außen zum sich anbietenden Flügelspieler B, der sich mit der Ballannahme zum Tor dreht. A hinterläuft B und bekommt von diesem den Ball in seine Laufbewegung zur Grundlinie gepasst, sodass eine Spielsituation wie in Abb. 12.134 entsteht.
- C, der A ersetzen will, bricht seine Rückwärtsbewegung ab und zieht in Richtung ballnahen Pfosten.
- B läuft nach seinem Pass auf Höhe des ballfernen Pfostens in den Rückraum des Tores, sodass die beiden Angreifer versetzt stehen und den Rückpass von A (Flanke, Flachpass?) verwandeln können.

Durch das Kreuzen erschweren die beiden Angreifer ihren direkten Gegenspielern das Abwehrverhalten. In der Mitte vor dem Tor kreuzen sich die Laufwege von vier Spielern. Für die Angreifer ist die Reihenfolge beim Kreuzen klar festgelegt. Der Spieler, der in Richtung ballnahen Pfosten zieht, hat „Vorfahrt". Er muss sich für einen kürzeren Rückpass zuerst in Angriffsposition bringen. Der Spieler auf Höhe des ballfernen Pfostens verbleibt im Rückraum und hat mehr Zeit zur Verfügung, um in einen hoch oder weit zugepassten Ball hineinzulaufen. Die Verteidiger können auf die abgestimmten Laufwege der Angreifer nur reagieren, sodass den Offensivspielern ein Vorteil durch den Bewegungsvorsprung verbleibt. Bei der Schulung des Kreuzens zeigen sich die Schwierigkeiten in erster Linie im Timing und in der räumlichen Umsetzung. Die Gründe hierfür liegen im hohen Bewegungstempo und in der Wahrnehmung des Ballführenden, des Mitspielers, der Gegenspieler und der Orientierung zum Tor. Deshalb bieten sich Übungsformen und vereinfachte Spielsituationen zunächst an, um elementare Verhaltensweisen auszubilden.

Übungsformen

– Schulung der "Vorfahrt"

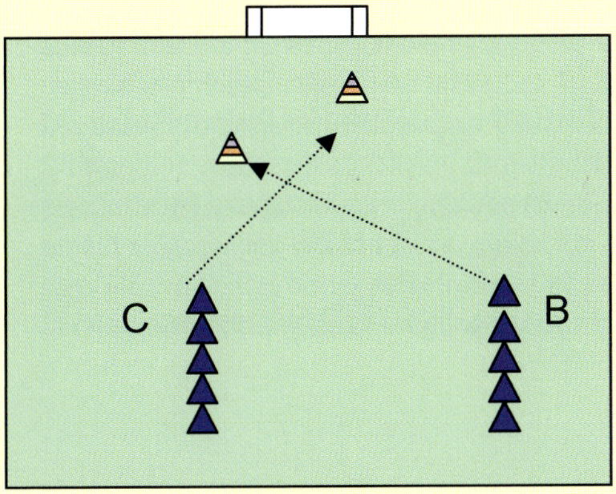

Abb. 12.135

- Die Spieler stellen sich in zwei Reihen auf (s. Abb. 12.135).
- Der Trainer gibt den einzelnen Paaren mit der Anweisung „Flanke von rechts!" das Startsignal, auf das die beiden Spieler lossprinten.
- Die beiden Spieler kreuzen in der korrekten Reihenfolge und stoppen bei ihrem Markierungshütchen ab.
- Die beiden Spieler laufen außen zurück.
- Variation: „Flanke von links!"

– Kreuzen mit Torabschluss

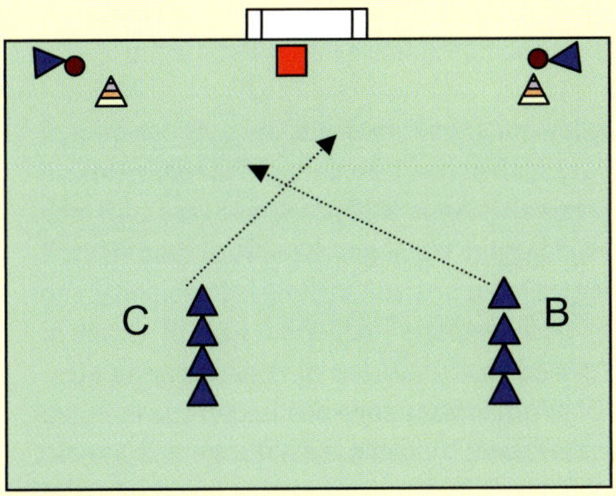

Abb. 12.136

- Die Spieler stellen sich in zwei Reihen auf (s. Abb. 12.136). 1 Flankengeber auf jedem Flügel.
- Der Trainer gibt den einzelnen Paaren die Anweisung: „Flanke von rechts" oder „Flanke von links" und das Startsignal, auf das die beiden Spieler lossprinten.
- Die beiden Spieler kreuzen in der korrekten Reihenfolge und nehmen ihre Position ein.
- Der vom Trainer benannte Spieler passt nach innen, wo der Torabschluss ausgeführt wird.

– Kreuzen mit Torabschluss gegen 2 Verteidiger

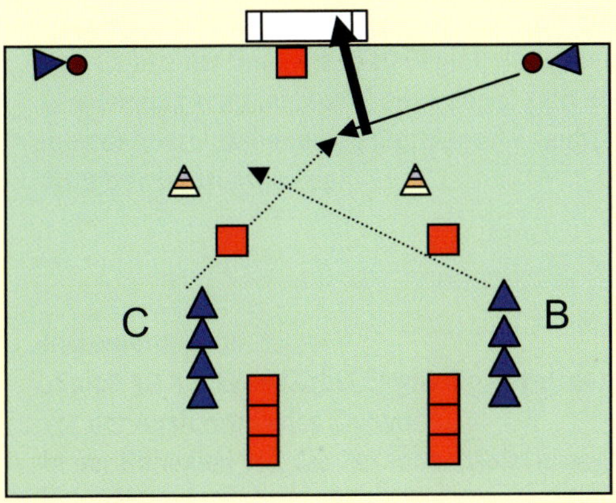

Abb. 12.137

- Die Spieler stellen sich in zwei Reihen auf (s. Abb. 12.137). 1 Flankengeber auf jedem Flügel, dazu 2 Verteidiger auf der inneren Linie, die nur bis zur Höhe der Markierungshütchen zurücklaufen.
- Der Trainer gibt den einzelnen Paaren die Anweisung: „Flanke von rechts" oder „Flanke von links" und das Startsignal, auf das die vier Spieler lossprinten.

– **Kreuzen nach Hinterlaufen und Spiel über den Dritten im 3:0+1**

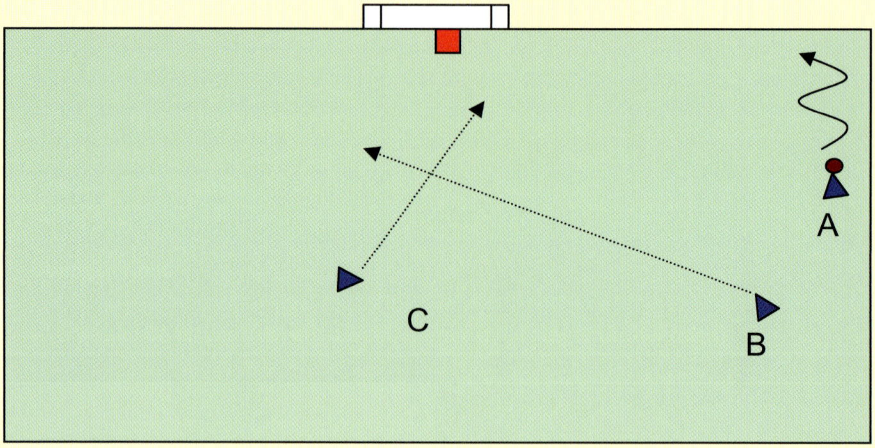

Abb. 12.138

- A passt zu B, der auf C weiterpasst, hinterläuft diesen und erhält Pass von C in seinen Lauf, Dribbling zur Grundlinie;
- B und C kreuzen zum Tor;
- A flankt, B oder C sucht Torabschluss.

Variationen:
- B und C erhalten direkten Gegenspieler;
- A, B und C erhalten direkten Gegenspieler.

– **Spielphase: 1+3:3+1 mit neutralen Anspielern**

Inszenierung mit 1 neutralem Anspieler auf jedem Flügel:
„Spielt 1+3:3+1 auf zwei Tore. Ein Tor, das nach einem Rückpass und Kreuzen erzielt wird, zählt doppelt. Um zur Grundlinie durchzukommen, könnt ihr den neutralen Außenspieler ins Spiel einbeziehen."

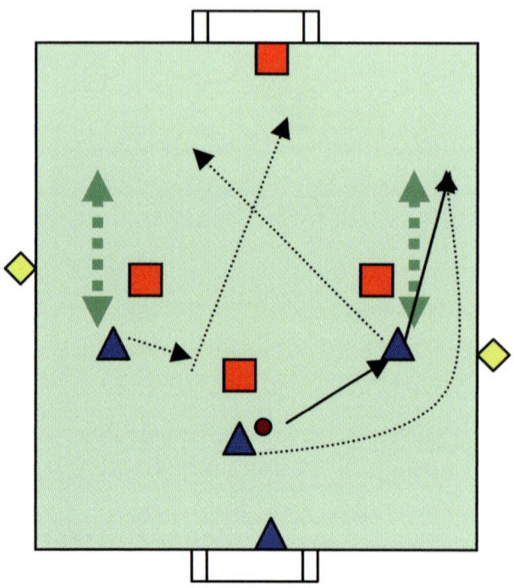

Abb. 12.139: Hinterlaufen des Spielmachers zur Spieleröffnung über den Flügel mit Kreuzen

Steigerung:
„Spielt 1+3:3+1 auf zwei Tore. Versucht in die Tabuzonen (s. Abb. 12.140) zu kommen und von dort einen Rückpass zu spielen."

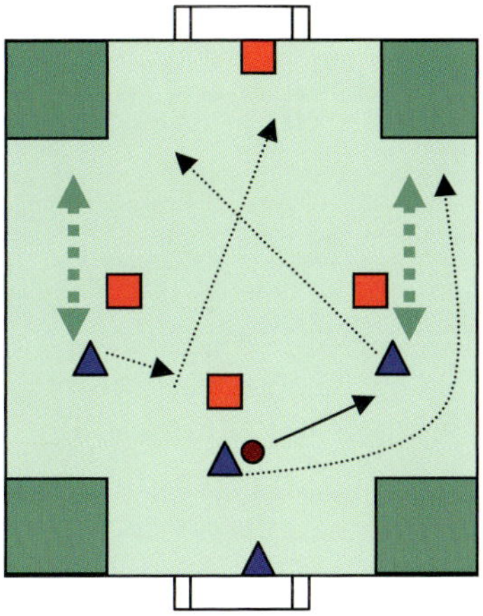

Abb. 12.140

Steigerung:
„Spielt 3:3 auf zwei Tore. Ein Tor zählt doppelt, wenn es nach Rückpass von der Grundlinie und Kreuzen erzielt wird. Außerdem erhält der zurückpassende Spieler die Option, mit einem zusätzlichen Elfmeter einen zusätzlichen Treffer oder mit einem Schuss aus 16 m zwei zusätzliche Treffer zu erzielen."
Steigerung: Anwendung des Kreuzens im Spiel 1+3:3+1.
„Spielt 1+3:3+1 auf zwei Tore. Wenn es zu einem Angriffsabschluss nach Kreuzen kommt, erhält ein Spieler die Chance, durch einen ‚Penalty' von der Mittellinie einen Treffer zu erzielen."

Hinweise zur Ausbildung der gruppentaktischen Angriffsmittel
Bis es zur gezielten Anwendung der gruppentaktischen Angriffsmittel im Fußball kommt, dauert es sehr lange. Dieser Prozess erstreckt sich von der Mittelstufe bis zur Sekundarstufe II, von den D- bis zu den B-Junioren. Während am Anfang das Freilaufen auf dem Flügel recht schnell erlernt wird und dadurch auch der Doppelpass bei einem zum Ziel ziehenden Spielmacher zur Anwendung kommt, erfordert das Ersetzen, Hinterlaufen, Spiel über den Dritten und Kreuzen stetige Wiederholungen, Inszenierungen in Spielsituationen, Lerngespräche und Reflexionen, die auch durch Übungsformen immer wieder gestützt und begleitet werden müssen. Das Spiel wird dadurch zu mehr als einem „unverbindlichen Tun". Es fordert und fördert die Schüler vor allem kognitiv und volitiv. Das Engagement aller Beteiligten ist unabdingbar. Während weniger ballspielerfahrene Schüler oder weniger leistungsstarke Juniorenmannschaften über das Ersetzen und den Doppelpass nicht hinauskommen, können mit Neigungs- oder Profilklassen bzw. ambitionierteren Juniorenmannschaften die anspruchsvolleren Formen durchaus angegangen werden.

Um Motivation und Spielfreude sowie Gelegenheit zur ständigen Erprobung und Anwendung der gruppentaktischen Angriffsmittel zu geben, braucht der Schul- und Vereinssport attraktive und motivierende Spiel- und Turnierformen. Hier kommt es zu langen Spielphasen, die unter den oben aufgezeigten Aspekten inszeniert und auch differenziert durchgeführt werden können.

Turnierform 3:3

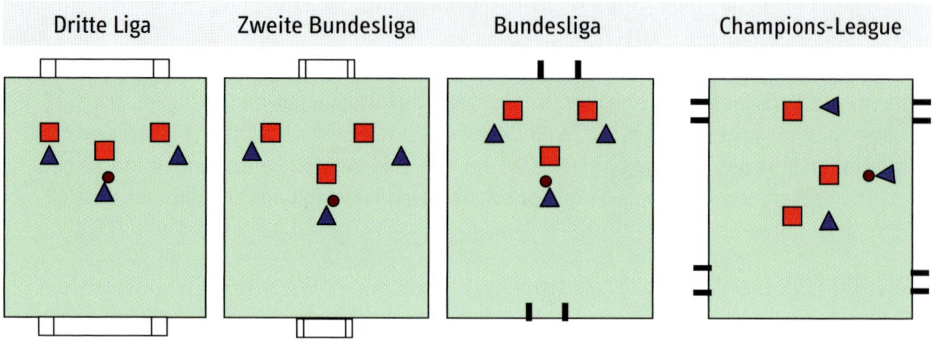

Abb. 12.141

Nach jeder Spielrunde steigt der Verlierer ab, der Sieger auf. Wer nach der vierten Spielrunde auf dem rechten Spielfeld gewinnt, ist Champions-League-Sieger. Durch die unterschiedlichen Tore stellen sich problemorientierte Spielformen. So können die gruppentaktischen Angriffsmittel implizit eingefordert werden und zur Anwendung kommen.
Variation:

- Das Turnier wird in leistungshomogenen Mannschaften durchgeführt.
- Die beiden Mannschaften spielen auf allen vier Spielfeldern gegeneinander.
- Sieger ist jeweils die Mannschaft mit mehr Punkten, bei Punktgleichstand entscheidet das Torverhältnis.

12.6.8 Lektion 8: Gruppentaktische Abwehrmaßnahme – „Mann-Raum-Verteidigung" mit Übergeben und Übernehmen

Schwierigkeiten in der Umsetzung gruppentaktischer Abwehrmaßnahmen setzen ein, sobald der Gegner zu einem variablen Angriffsspiel fähig ist. Durch die Freilaufbewegungen auf den einzelnen Spielpositionen und die gruppentaktischen Maßnahmen haben die Angreifer gelernt, ihre Positionen abgestimmt zu wechseln und damit die gegnerische Verteidigung zu „verwirren". Diese weiträumigen Freilaufbewegungen wie beim Hinterlaufen (Abb. 12.142) haben jedoch bei einem Ballverlust Konsequenzen auf das eigene Abwehrverhalten: Die aus den Angriffssituationen resultierenden Positionswechsel bleiben für das Abwehrspiel erhalten, sodass aus der Mannverteidigung eine kombinierte „Mann-Raum-Verteidigung" werden muss.

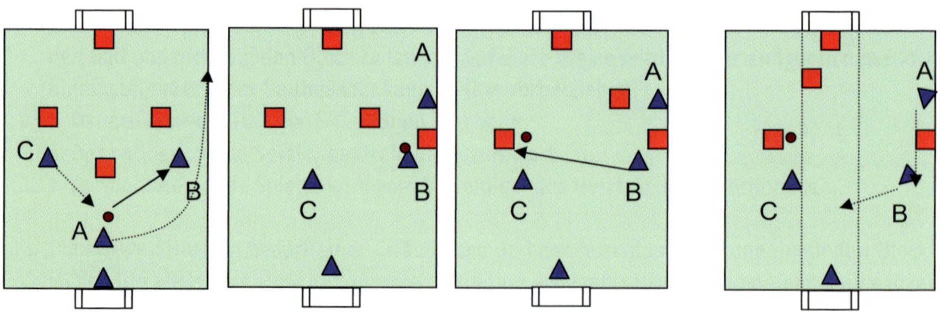

Abb. 12.142: Ballverlust verlangt oft rasche Positionswechsel im Abwehrverhalten (B ersetzt A).

Der hinterlaufende Spielmacher A wird in Abb. 12.142 zum Flügelspieler, der bei einem unerwarteten Fehlpass keine Zeit mehr findet, auf die verlassene zentrale Position zurückzukehren. Um auch in der Defensive gruppentaktisch agieren zu können, ist deshalb ein Einrücken von B auf die zentrale Position nötig, damit er C helfen kann, den Ball wieder zurückzugewinnen. A verbleibt dann die Aufgabe, möglichst schnell hinter seinen Gegenspieler auf dem Flügel zurückzukommen und die rechte Verteidigungsposition einzunehmen. Die Zuteilung von festgelegten Abwehrpositionen oder eine reine Manndeckung würde zu unökonomischen Laufwegen und zum Aufgeben einer Grundordnung im Abwehrspiel führen.

Beim Abwehrverhalten während einer gruppentaktischen Angriffsmaßnahme könnte die Innensicht der Abwehrspieler wie folgt aussehen:

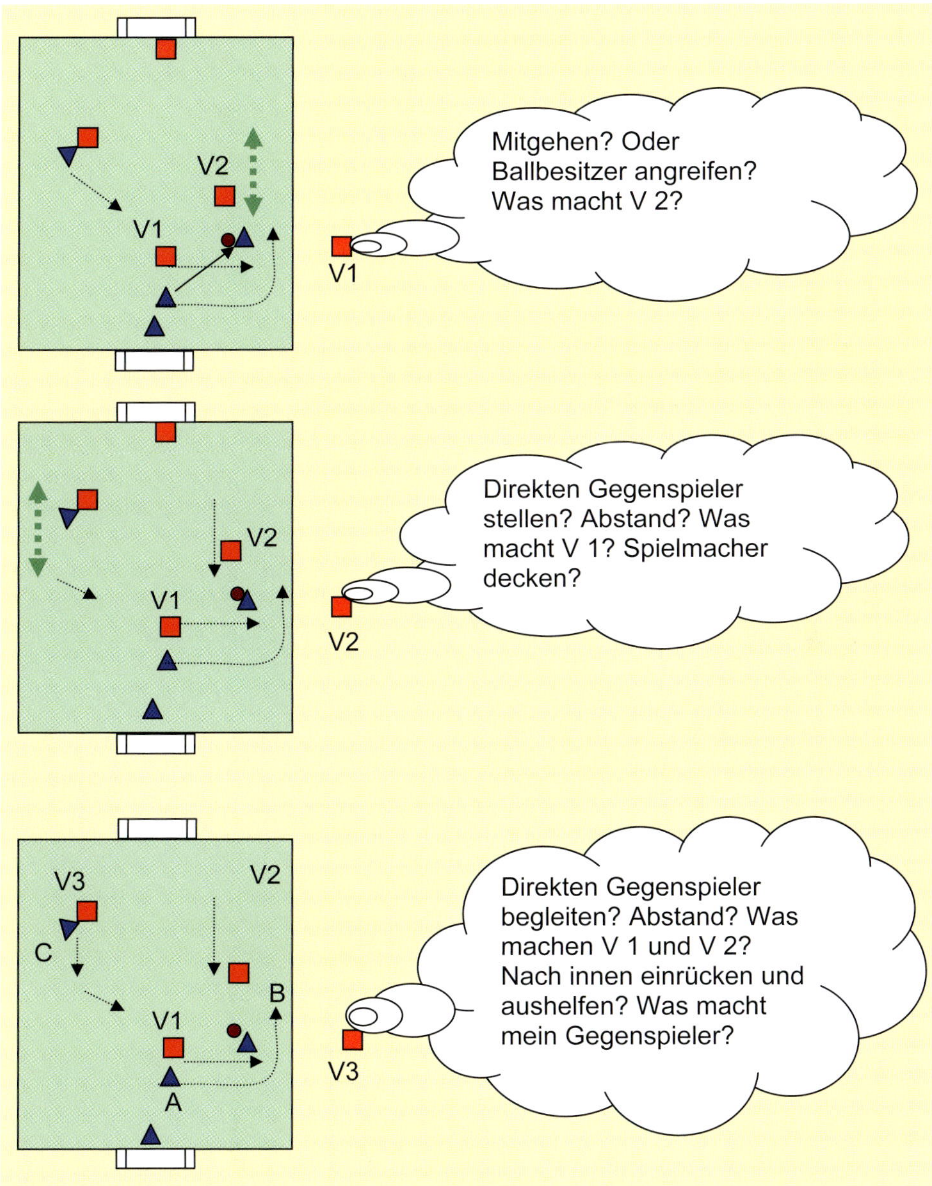

Abb. 12.143

Mit fortschreitendem Niveau des Angriffsspiels muss das Abwehrspiel nun ebenso geschult werden. Das gemeinsames Agieren der Abwehrspieler verlangt Absprachen und gegenseitiges Aushelfen in bestimmten Spielsituationen, was unter gruppentaktischen Gesichtspunkten erarbeitet werden muss. Ballferne und ballnahe Verteidigungshandlungen zu unterscheiden, Abwehrräume von den einzelnen Spielern schnell und flexibel einnehmen zu lassen und die Kommunikation und Interaktion mit den Mitspielern gehören ebenso zu den Ausbildungsinhalten wie die Festlegung der Abwehrzone, in der das gegnerische Spiel gemeinsam gestört und Druck auf die Angreifer ausgeübt wird.

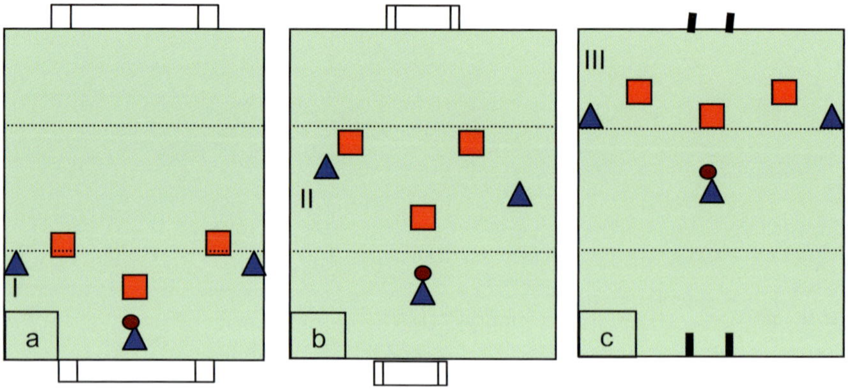

Abb. 12.144a/b/c: Gruppentaktisches Abwehrverhalten in den Zonen I, II und III

Mit problemorientierten Taktikspielen lässt sich die Ausbildung gruppentaktischer Abwehrmaßnahmen geradezu provozieren. Die vorherige abschließende Turnierform zur Anwendung der gruppentaktischen Angriffsmittel leitet indirekt zum Thema „gruppentaktisches Abwehrverhalten“ über. Die Wahl der Zone, in der gemeinsam verteidigt werden soll, ist primär abhängig von der Art bzw. Größe des Tores. Bei einem sehr großen Tor müssen die Angreifer sehr früh unter Druck gesetzt werden, damit kein Raum und keine Zeit für einen Distanzschuss in das leere Tor verbleibt (Forechecking). Ein Zurückziehen in die Zone II bietet sich an, wenn Torschüsse aus sehr großer Entfernung wenig Erfolg versprechend sind, jedoch Lücken aus der Mitteldistanz mit einem Schuss ins leere Tor „bestraft“ werden könnten (Mann-Raum-Verteidigung in Mittelzone). In einem Spiel mit sehr kleinen Toren ist es möglich, den Raum davor so zu „versperren“, dass sich die Angreifer sehr schwer tun, Möglichkeiten für den Torschuss herauszuspielen (defensive Mann-Raum-Verteidigung). Außerdem erlaubt dieses taktische Verhalten schnelle Gegenstöße, da die Abwehrspieler offene Räume bei Fehlpässen oder gewonnenen Zweikämpfen vorfinden. Während in der Zone I oder II sehr aktiv verteidigt und der Gegner rasch zu Fehlern gezwungen werden muss, genügt in der Zone III ein Abwarten und Schließen der Räume durch ein seitliches Verschieben und Einrücken.

Die Grundordnung in der Defensive entspricht weitgehend dem Dreieck der angreifenden Mannschaft, allerdings mit einem vorgezogenen und zwei zurückgezogenen Verteidigern.

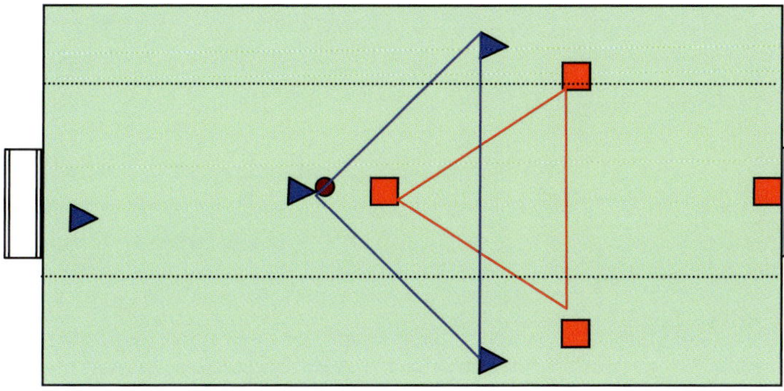

Abb. 12.145

Die Grundordnung im Abwehrspiel sieht vor, dass ein Spieler rechts und einer links vom Mittelverteidiger im Dreieck agiert. Bei Ballverlust müssen die Spieler sofort auf Abwehr umschalten, indem sie versuchen, hinter den Ball zu kommen und das Abwehrdreieck aufzubauen. Dabei sollten bei einem Angriff über die Mitte alle drei Vertikalzonen besetzt sein. Aus dieser Grundordnung heraus sollen die Verteidiger nun lernen, je nach Angriffssituation kompakt zur Seite zu verschieben, herauszutreten und einzurücken, was ggf. ein Verlassen der Längszone erfordert, um bei verlorenen Zweikämpfen dem Mitspieler aushelfen zu können. Dazu müssen die Verteidiger das Prinzip Übergeben – Übernehmen umsetzen können und die unterschiedlichen Verhaltensweisen in ballnahen und ballfernen Verteidigungssituationen beherrschen. Danach lässt sich das Verteidigungsspiel auch nach vorne in die oben angegebenen Horizontalzonen verschieben, um den Gegner vom eigenen Tor fernzuhalten. Ebenso sollten die Spieler das Grundprinzip des Verteidigungsverhaltens verinnerlichen: Enger Spielraum für die Angreifer bedeutet hohe Drucksituation, die zu Fehlern im Zusammenspiel führt. Die Lernvoraussetzungen für diese Art des gruppentaktischen Abwehrverhaltens bilden wiederum die räumlich-zeitlichen Wahrnehmungsfähigkeiten und das Antizipieren des Angreiferverhaltens sowie Kommunikation und Interaktion im Abwehrverbund.

– Spielphase 3:3 – Konfrontation mit dem Thema: Gruppentaktisches Abwehrverhalten

Inszenierung:
„Spielt 3:3+1 auf ein Tor im Rotationssystem von drei Mannschaften. Mannschaft A ‚parkt', Mannschaft B greift gegen C an. Nach Angriffsabschluss oder Ballverlust begibt sich Mannschaft B in die Defensive gegen A. Mannschaft C wertet ihr Abwehrspiel mit dem Analysebogen aus: Versucht die Situationen zu erfassen, in denen ihr ein Gegentor bekommt oder Schwierigkeiten in der Defensive habt. Wann und wo fällt die Verteidigungsarbeit gegen einen fest zugeordneten Gegenspieler schwer?"

In der Reflexionsphase sollten die schwierigen Verteidigungssituationen für das gruppentaktische Defensivspiel herausgearbeitet und mögliche Lösungsansätze besprochen werden. Die Schwerpunkte sind dabei zu setzen auf:

» Grundordnung im Abwehrspiel (Dreiecksaufstellung, Längszonen);
» Druck auf Ballbesitzer und großen Deckungsschatten aufbauen;
» Passweg versperren und Pässe abfangen;
» kompakt verschieben;
» direktem Verteidiger des Ballbesitzers ggf. aushelfen;
» Übergeben – Übernehmen
» Kommunikation – gegenseitiges Coachen im Abwehrspiel.

Übungsphase

– Verschieben in der Grundordnung

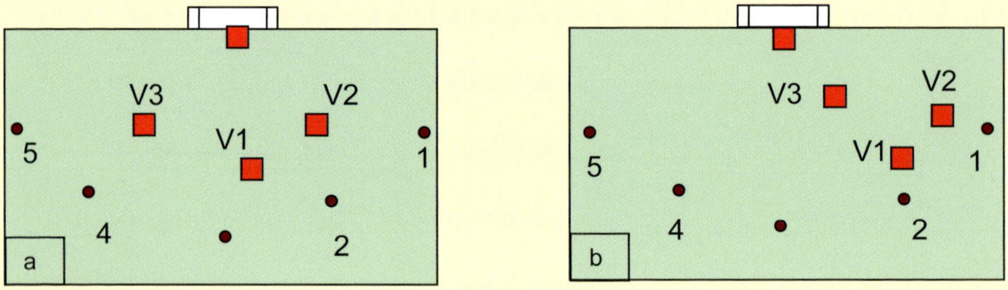

Abb. 12.146a/b

- Auf einem breiten Spielfeld (35 m) werden in 10–20 m Entfernung vom Tor 5 Bälle ausgelegt und nummeriert (Abb. 12.146a). Auf Kommando „1“ verschieben die Verteidiger im Dreieck zum Ball 1 (Abb. 12.146b), auf Kommando „5“ zum Ball 5. Sie lernen so das kompakte Verschieben zum Ball und Einrücken des ballfernen Verteidigers. Dabei sollten sie sich gegenseitig dirigieren.
- Diese Übungsform kann im weiteren Verlauf auch in einem Aufwärmprogramm mit dem Lauf-ABC oder dem Balldribbling (jeder Spieler mit einem Ball) kombiniert werden. Dabei sollten die Spieler fortwährend auf das Einhalten bzw. Einnehmen der richtigen Abstände zueinander angehalten werden.

– Variation der Grundordnung bei defensiver „Mann-Raum-Verteidigung“

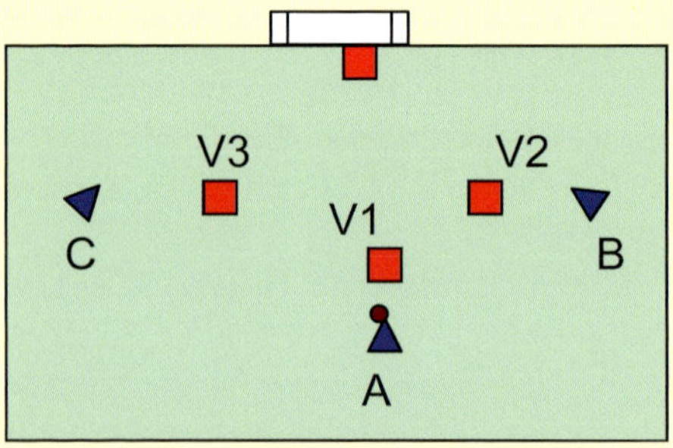

Abb. 12.147: Sit. I – Grundordnung bei Angriff über das Zentrum

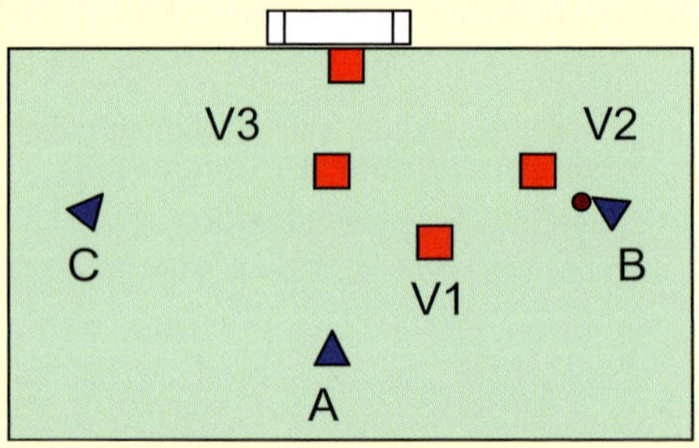

Abb. 12.148: Sit. II – Grundordnung bei Angriff über den rechten Flügel

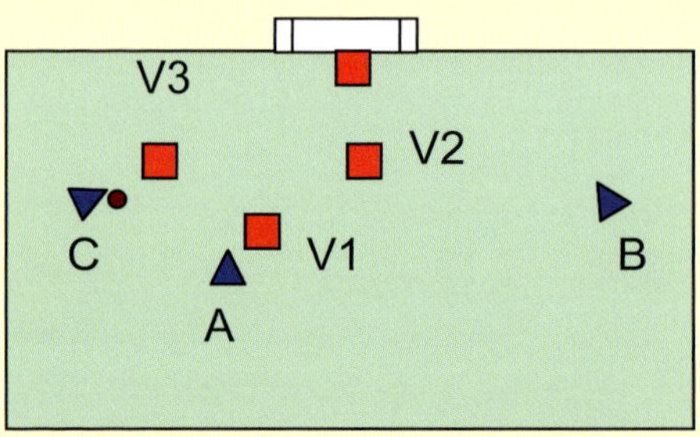

Abb. 12.149: Sit. III – Grundordnung bei Angriff über den linken Flügel

- Passübung: Die Angreifer passen sich den Ball zu und versuchen sich in Schussposition zu bringen. Die Verteidiger bewegen sich auf der inneren Linie in Grundhaltung und je nach Ballposition vor und zurück. Dabei agieren sie gemeinsam und dirigieren sich mit Codewörtern „raus", „zurück", „verschieben nach links/rechts", „einrücken" gegenseitig.
  Sit. I: Ballbesitz A, der von V1 eng gedeckt wird, V2 und V3 ziehen sich etwas zurück und rücken leicht ein, damit sie bei einem Zweikampf oder Dribbling aushelfen können.
  Sit. II: Ballbesitz B, der von V2 eng gedeckt wird, V1 zieht sich etwas zurück und V3 rückt bis zur Tor-Tor-Linie ein.
  Sit. III: Ballbesitz C, der von V3 eng gedeckt wird, V1 zieht sich etwas zurück und V2 rückt bis zur Tor-Tor-Linie ein.
  Die Verteidiger agieren zunächst nur teilaktiv und konzentrieren sich auf die Laufwege, die Grundstellung und auf den Abstand zum Angreifer. Sie lassen die Angreifer passen, klatschen den Ballbesitzer jedoch am Oberarm ab und zeigen somit an, dass sie jetzt in einem Zweikampf eingreifen könnten.
  Steigerung:
  - Die Verteidiger versuchen die Pässe abzufangen (Passweg zustellen).
  - Die Angreifer führen Freilaufbewegungen aus, die Verteidiger lassen sie nicht zum Tor durchziehen.
  - Die Angreifer versuchen im Dribbling zum Tor durchzubrechen.
  - Die Angreifer ziehen mit und ohne Ball zum Tor und verändern ihre Positionen.
  - Der Spielmacher hinterläuft auf dem Flügel.

– Spielphase 3:3

In längeren Spielphasen soll jetzt vornehmlich das Augenmerk auf die Defensivarbeit gerichtet werden.

Gegen Ende einer Spielphase wird von dem Spielmacher verlangt, bei jedem Angriff das Kontinuum auszulösen, um die Verteidiger mit der gruppentaktischen Maßnahme „Übergeben – Übernehmen" zu konfrontieren.

Übungsformen

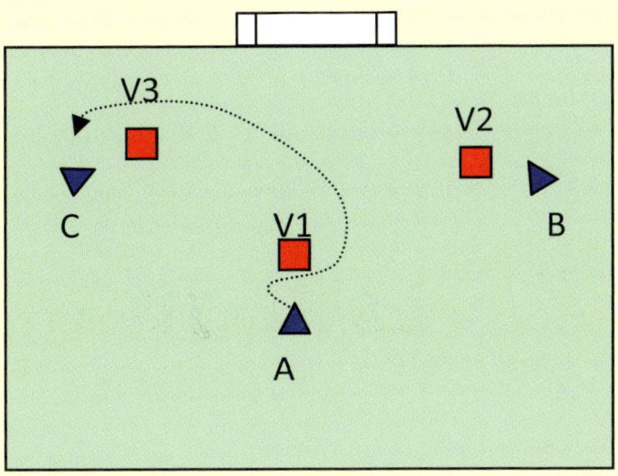

Abb. 12.150

- A zieht im Zentrum zum Tor und löst Kontinuum aus, V1 begleitet ihn auf der inneren Linie.
- Wenn A vom Tor nach außen wegzieht, übergibt V1 den Spielmacher an seinen Mitspieler V3 und begibt sich zu dem auf die Spielmacherposition laufenden C und übernimmt diesen auf der inneren Linie. V2 rückt dabei nach innen ein.

Variation:
- In Verbindung mit Passen im Kontinuum.

Steigerung:

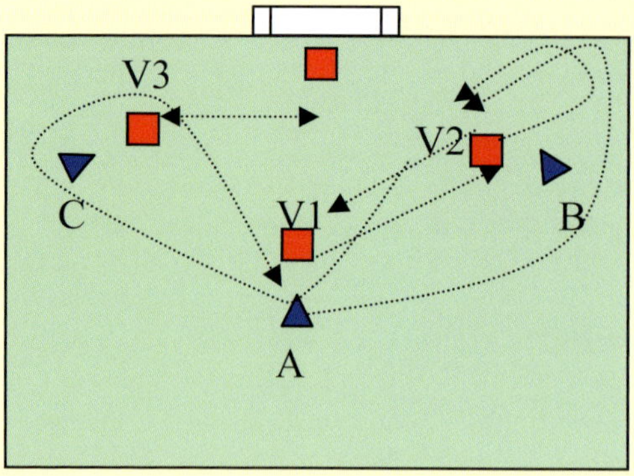

Abb. 12.151

- A hinterläuft B auf dem rechten Flügel, V1 begleitet ihn auf der inneren Linie.
- Wenn A hinter B vorbeizieht, übergibt V1 seinen Mitspieler an V2, der nun A übernimmt und auf der inneren Linie begleitet. V1 bleibt bei B. A läuft zurück auf seine Ausgangsposition. Wenn dabei V2 in die Nähe von V1 zurückkommt, werden die Gegenspieler erneut übergeben bzw. übernommen. V1 begleitet wieder A. V3 rückt beim Hinterlaufen ein.

– Spiel 1+3:3+1 mit Übergeben – Übernehmen

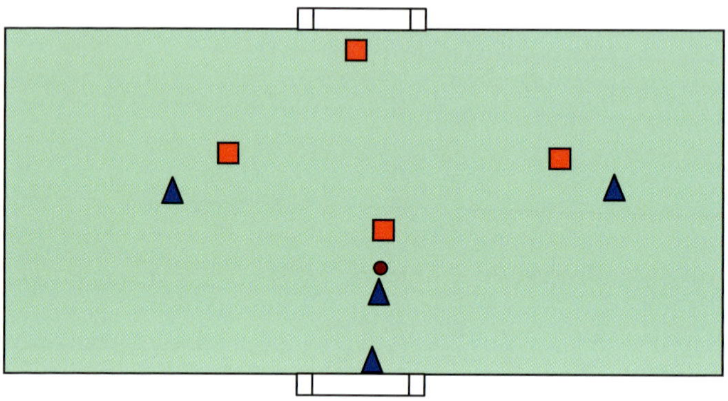

Abb. 12.152

- Spielfeld 25 m lang, 35 m breit. Damit sollen das Flügelspiel, das Hinterlaufen und das damit notwendige seitliche Verschieben gefordert werden. Außerdem lässt sich dabei die Kommandosprache entwickeln und stetig anwenden.

Übungsform

– Verschieben der Grundordnung in die Mittel- und Angriffszone

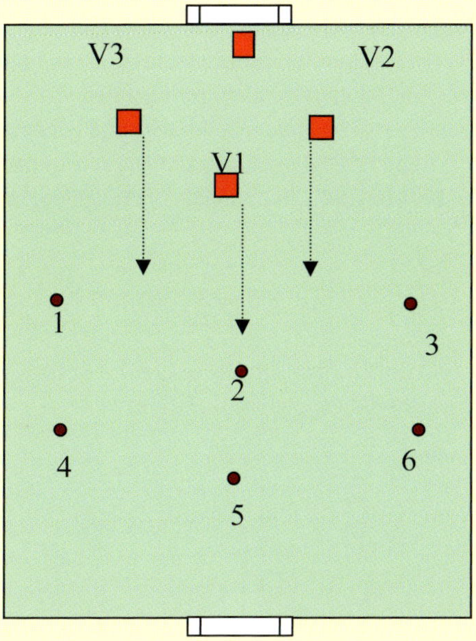

- Wie oben (in Abb. 12.146a/b), jedoch sollen die Abwehrspieler lernen, gemeinsam in kompakter Dreiecksaufstellung nach vorne in die Zonen II und III zu verschieben und in diesen Zonen auch das seitliche Verschieben nach rechts und links zu wiederholen.
- Die Spieler sollten sich in ihren Laufwegen nicht kreuzen.
- Bei den Kommandos „1/4" und „3/6" greifen jeweils die Außenverteidiger den „Ball" an, V1 rückt etwas weiter nach vorne, um Druck auf den „Spielmacher" ausüben zu können.
- Der TW bleibt nicht stehen, sondern rückt mit seiner Mannschaft auf, um als „Libero" lang geschlagene Pässe abfangen zu können.

Abb. 12.153

– Spielphase 1+3:3+1

Inszenierung:
„Spielt 1+3:3+1 mit drei Abwehrzonen in der Horizontalrichtung des Platzes. Die Spieldauer beträgt 15 min. Verteidigt im ersten Spieldrittel so, dass ihr euch bei Ballverlust in die Zone I zurückzieht, dort die Grundordnung einnehmt und auf den Angriff des Gegners wartet. Im zweiten Spieldrittel versucht ihr, den Gegner in der Zone 2 unter Druck zu setzen, und im letzten Drittel versucht ihr, den Gegner bereits beim Spielaufbau in der Zone III zu stören und dort den Ball zu gewinnen."

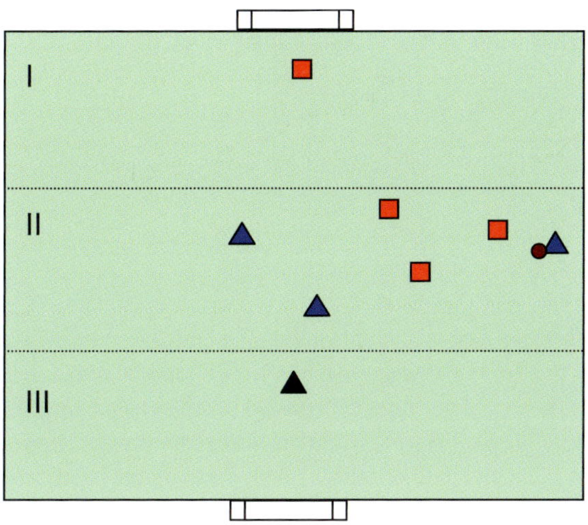

Abb. 12.154

12.6.9 Lektion 9: Fußball – Mini-Sportspiel 1+4:4+1

Das „Mini-Spiel" im Fußball soll zunächst unter dem Aspekt der Integration des vierten Spielers in die Mannschaft als Sturmspitze behandelt werden. Aufgrund der Besonderheit dieser Position, die Sturmspitze spielt meist vor dem Ball und steht bzw. bewegt sich dadurch sehr oft vornehmlich mit dem Rücken oder in seitoffener Stellung zum Tor, wird zunächst die technisch-individualtaktische Ausbildung im Hinblick auf die Ballmitnahme zum Torschuss ausführlicher vorgestellt. Danach soll das Verhalten der Sturmspitze mit den individualtaktischen Elementen der drei Mitspieler und den bisher entwickelten gruppentaktischen Maßnahmen „koordiniert" werden, damit sie die positionsbezogenen Aufgaben umzusetzen und in das Taktikgefüge der „Minimannschaft" einzubringen lernt.

Individualtaktik: Freilaufen, Ballan-/-mitnahme und Torschuss im Angriffszentrum

In der Grundordnung der Drachenaufstellung steht die Sturmspitze fast immer im Deckungsschatten der gegnerischen Abwehrspieler, egal welcher Mitspieler im Ballbesitz ist.

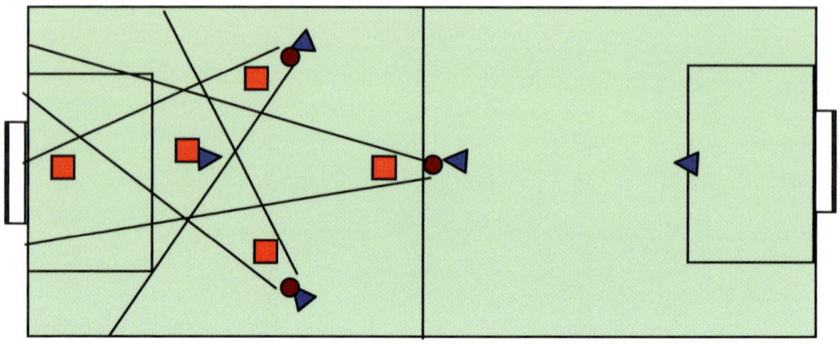

Abb. 12.155

Außerdem erfährt sie eine sehr enge Manndeckung, da sie durch ihre Position in der Nahzone des Tores ständige Gefahr bedeutet, vor allem wenn es den Mitspielern gelingt, an ihren Gegenspielern vorbei auf engem Raum Pässe in die Tiefe zu spielen, sodass es für sie sehr schwierig wird, überhaupt in Ballbesitz zu kommen. Viele Spieler lösen diese Situation, indem sie sich fortwährend „kurz" anbieten und dem Ballbesitzer entgegengehen.

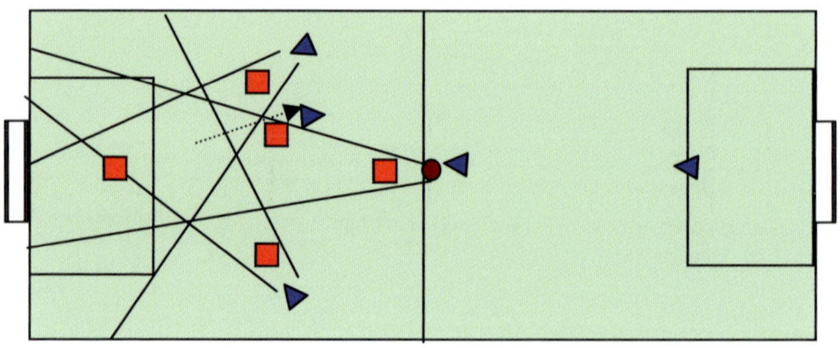

Abb. 12.156

Mit diesem Anbieten führt sie ihren direkten Gegenspieler fast auf eine Linie mit den beiden anderen Flügelspielern, die sich nach der Freilaufbewegung in die Tiefe ebenfalls zum Spielmacher hin orientieren. Kommen deren Verteidiger noch hinzu, sind sämtliche Passwege in die Tiefe zugestellt und die Ballbesitzer lassen sich relativ einfach durch die Abwehrspieler doppeln, sodass auch Dribblings kaum gelingen („Telefonzelle"). Allein durch dieses falsche individualtaktische Verhalten wird dem Gegner das Abwehrspiel wesentlich erleichtert. Deshalb muss die Sturmspitze zunächst lernen, ihre Freilaufbewegungen mit den beiden Flügelspielern abzustimmen und wirklich in der Spitze zu agieren. Dies fällt am Anfang leichter, wenn die Abseitsregel außer Kraft gesetzt wird, was für das Kleinfeldspiel angemessen ist.

– Spielphase 1+4:4+1

Inszenierung:
„Spielt mit vier Feldspielern und je einem Torwart auf einem Spielfeld von 35 x 27 m mit zwei Fünfmetertoren gegeneinander. Die Sturmspitze soll im Angriffszentrum agieren. Versucht, sie in das Angriffsspiel zu integrieren und zum Torabschluss zu bringen."

Reflexion:
» Wie viele Tore haben die Sturmspitzen erzielt?
» Wer hat als Sturmspitze viele Ballkontakte zu verzeichnen gehabt?
» Worin bestehen die Probleme, die Sturmspitze in Ballbesitz zu bringen?
» Wie sollte sich die Sturmspitze bei der Angriffsauslösung verhalten und worauf muss sie achten?
» Wie könnten folglich die Freilaufbewegungen der Sturmspitze aussehen?

In der Reflexion sollten die Schwierigkeiten in der eingangs dargestellten Sachanalyse (s. Kap. 12.4) zum Ausdruck kommen, daraus die Funktion und Aufgaben der Sturmspitze abgeleitet werden und die notwendigen positionsspezifischen Verhaltensweisen festgehalten werden.

– Spielphase II : Konfrontationsspiel 1+4:4+1

Inszenierung:
„Spielt wie vorher gegeneinander. Die Sturmspitze sollte ihre Freilaufbewegung mit den beiden Flügelspielern abstimmen und versuchen, sowohl im Zentrum als auch auf den Flügeln in Ballbesitz zu kommen."

Wie Abb. 12.155 zeigt, kann die Sturmspitze in vorderster Linie auf den Flügeln angespielt werden. Läuft sie bei einem Pass des Spielmachers zu einem Flügelspieler auf dessen Seite, so bietet sie diesem eine Abspielmöglichkeit, indem sie ein neues Angriffsdreieck mit dem Flügelspieler und dem Spielmacher aufbaut. Dadurch kommt es aber zu einer Ballung auf diesem Flügel, wodurch Pass- und Laufwege für die gruppentaktischen Maßnahmen wie Hinterlaufen oder Spiel über den Dritten zugestellt werden. Deshalb kommt der Abstimmung der Laufwege und der Ausbildung des positionsspezifischen Verhaltens der Sturmspitze besondere Bedeutung zu. Die Auswertung der Spielphase II sollte sich besonders auf diesen Aspekt konzentrieren und deshalb auch alternative Laufwege thematisieren, die in den folgenden Übungsformen erarbeitet werden können.

Übungsformen

– Ballan-/-mitnahme und Torschuss der Sturmspitze nach Freilaufbewegung

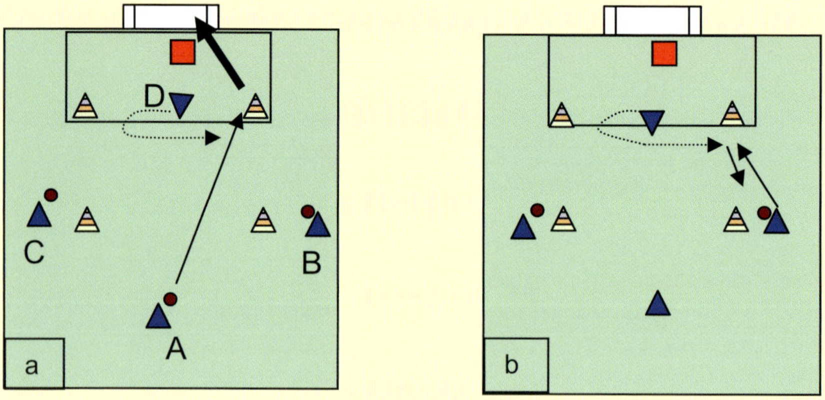

Abb. 12.157a/b: Übungsform zur Freilaufbewegung im Zentrum mit Torschuss oder Rückpass

- D läuft auf das linke Hütchen an der Strafraumlinie zu und zeigt damit den Zuspielern A, B und C an, dass er den Ball auf die rechte Seite zum 2. Hütchen zugepasst bekommen will (Lauftäuschung); er stoppt plötzlich ab und sprintet zu dem rechten Hütchen.
- A passt im ersten Durchgang den Ball zu D, der den Ball an- oder mitnimmt und aufs Tor schießt;
- Im zweiten und dritten Durchgang passt B oder C zu D, je nachdem zu welchem Hütchen D nach der Auftaktbewegung sprintet (Sprint nach rechts – Pass von B, Sprint nach links – Pass von C);

Variationen:

- D lässt den Ball auf B oder C zurückprallen, die mit dem Ball zum Tor ziehen und den Angriff abschließen;
- Freilaufbewegung von D gegen einen direkten Gegenspieler.

Fertigkeitsausbildung	– Schulung der Freilaufbewegung (mit dem Auftakt durch Lauftäuschung) sowie des Innenseitstoßes, der Ballan-/-mitnahme und des Torschusses;

Fähigkeitsausbildung	– Wahrnehmung der räumlichen Abstände in der Drachenaufstellung und zum Tor; – Entwicklung des Timings bei der Angriffsauslösung; – Erkennen der Handlungsabsicht durch Auslösezeichen.

Unterstützende Übungsformen zur Ballan-/-mitnahme der Sturmspitze/Fügelspieler

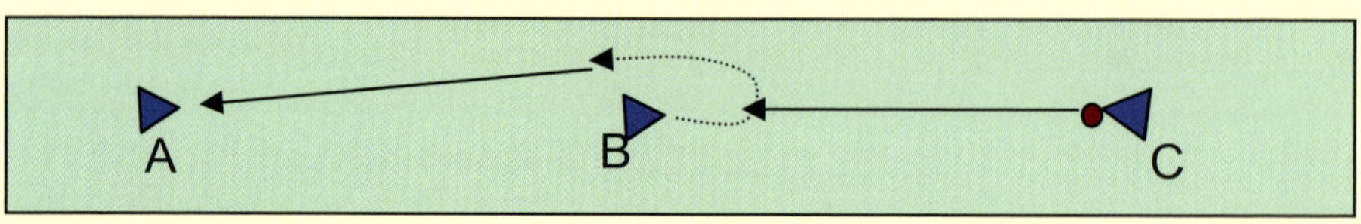

Abb. 12.158

- C passt zu B, der dem Ball entgegenstartet, ihn mit der Innenseite des Spielbeines mitnimmt, dreht und zu A passt.

Variationen der Ballmitnahme:

- B nimmt den Ball mit der Außenseite mit;
- B nimmt den Ball mit der rechten Innenseite an, dreht sich dabei auf dem linken Standbein nach rechts und zieht den Ball mit der Innenseite mit und führt den Fuß in der Endphase nach vorne, wodurch der Ball vorgelegt wird und passt zu ...
- B lässt den Ball am linken Standbein vorbeirollen und spielt den Ball mit der rechten Innenseite nach links hinter dem Standbein vorbei, dreht nach links und spurtet dem Ball nach.

– Freilaufen der Sturmspitze im Angriffszentrum und der Flügelspieler

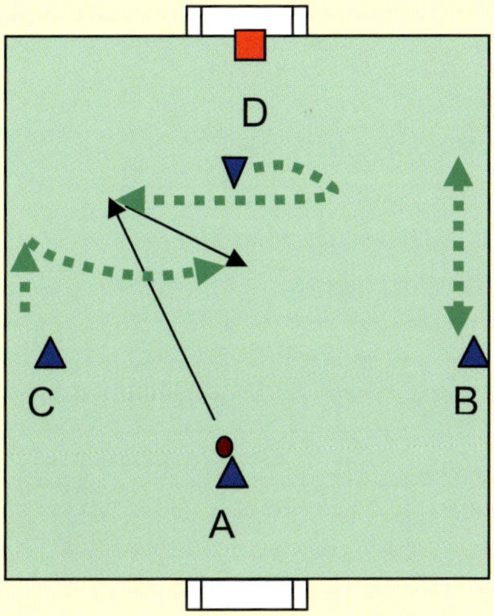

Abb. 12.159

- B und C führen die Freilaufbewegung auf dem Flügel aus (schneller Antritt nach vorne; Abstoppen und schnelles Entgegenkommen); D läuft zur Seite (= Auslösezeichen für Freilaufbewegung in die andere Richtung), stoppt plötzlich ab und sprintet in die entgegengesetzte Richtung parallel zur Grundlinie;
- A passt zu D, wenn möglich auf das Spielbein;
- D nimmt den Ball an, dreht sich zum Tor und führt Torschuss aus.

Variationen:

- D lässt den Ball in die Laufbewegung von C, der ihn ersetzt, prallen; C nimmt Ball mit und führt Torschuss aus (Abb. 12.159);
- A spielt B oder C an, die den Ball auf A zurückprallen lassen;
- A spielt gelegentlich auch flachen Steilpass zu B oder C in die Vorwärtsbewegung, sodass diese zum Tor ziehen und einen Torschuss ausführen können, D schafft Raum für den durchziehenden Flügelspieler.

Fertigkeitsausbildung	– Schulung der Freilaufbewegung der Sturmspitze; – Festigung der Freilaufbewegung der Flügelspieler; – Abstimmung der Freilaufbewegungen; – Schulung des Innenseitstoßes, der Ballannahme, des Dribblings und des Torschusses.

Fähigkeitsausbildung	– Entwicklung des Timings bei Freilaufbewegungen in der Angriffsauslösung; – Schulung der räumlichen Wahrnehmung in der Drachenaufstellung; – Erkennen der Auslösezeichen und Koordinieren der Laufwege; – Wahrnehmung des Torwarts und des Tors.

– Spielphase mit Zuspieler: Freilaufbewegungen im Zentrum und auf dem Flügel

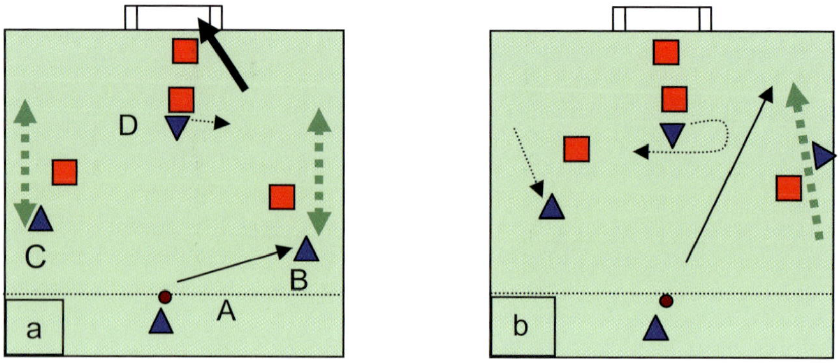

Abb. 12.160a/b: Spielform mit Passgeber zur Freilaufbewegung im Zentrum und auf dem Flügel

- A fungiert nur als Passgeber hinter einer Angriffslinie.
- B, C und D führen die Freilaufbewegungen aus.
- Die direkten Gegenspieler verhalten sich teilaktiv (Hände hinter dem Rücken zusammenhalten).
- A entscheidet aufgrund der Freilaufbewegungen und der daraus resultierenden Spielsituation, wen und wie er anspielt (Ausbildung der Entscheidungsfähigkeit!). Er gibt bei kurzen Anspielen B, C oder D mit dem Codewort „Drehen!" oder „Druck!" Rückmeldung für die Spielfortsetzung, vor allem wenn sie ihm entgegenkommen und mit dem Rücken zum Tor stehen. Der Rückpass auf A ist bei jedem Angriffsversuch zulässig. Er kann aber auch einen Pass in die Tiefe spielen.
- Ein Angriff gilt als abgefangen, wenn der Gegner in Ballbesitz kommt oder der Ball ins Aus gespielt wird.
- Wie viele Tore erzielt eine Mannschaft bei 10 Angriffsversuchen?

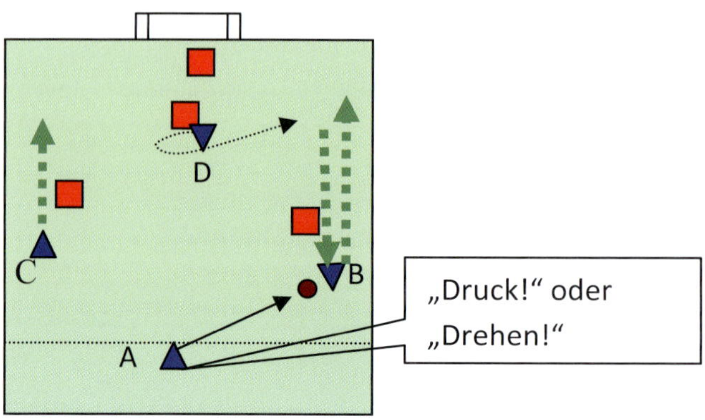

Abb. 12.161: Coachen in der Spielform mit Passgeber bei Freilaufbewegungen im Zentrum und auf dem Flügel

– **Spiel 1+4:4+1 mit Freilaufen der Sturmspitze/Flügelspieler zur Angriffsauslösung**

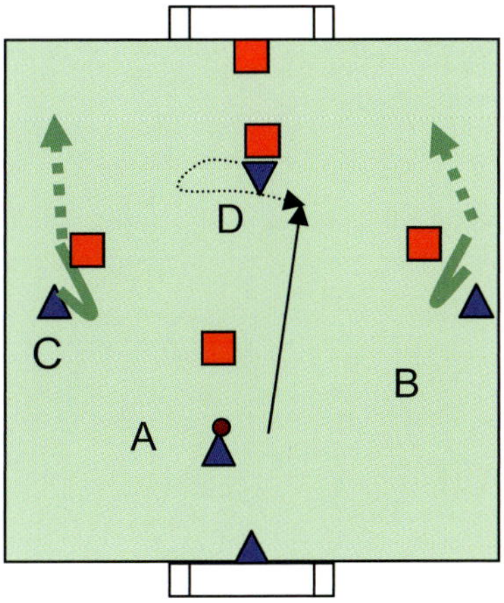

- Spiel 1+4:4+1 auf zwei Tore.
- A coacht als Spielmacher seine Flügelspieler mit den festgelegten Codewörtern.
- Auf die Option des Wandspiels oder Doppelpasses zwischen Sturmspitze und dem Spielmacher hinweisen!

Abb. 12.162: Spiel 1+4:4+1 auf zwei Tore mit dem Schwerpunkt des Freilaufens im Zentrum und auf den Flügeln

Variation:

– Spiel 1+4:4+1 mit neutralen Anspielern zur Anwendung der Freilaufbewegung im Zentrum und auf dem Flügel.

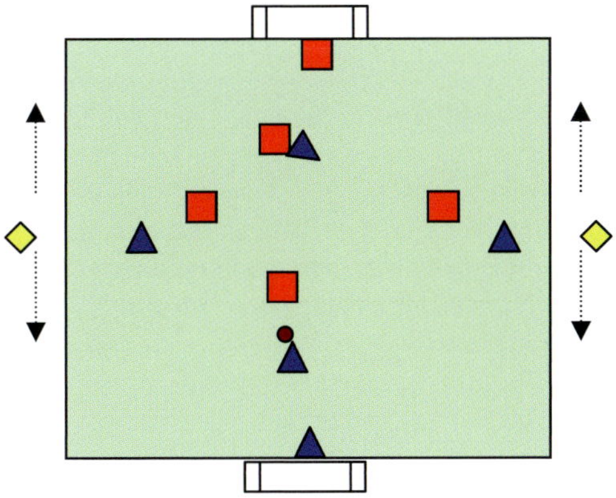

Spiel 4:4 auf zwei Tore mit TW mit dem Schwerpunkt auf der Freilaufbewegung der Sturmspitze und der Flügelspieler. Beide Mannschaften können bei Ballbesitz den neutralen Außenspieler anspielen und bekommen den Ball wieder von ihm zugespielt.
Variation:
Spiel mit TW ohne Außenspieler.

Abb. 12.163: Spiel 1+4:4+1 mit neutralen Anspielern

Um eine Überforderung der Angreifer, speziell des eventuell unter Druck geratenden Spielmachers, zu vermeiden, kann die angreifende Mannschaft einen Zuspieler am rechten und linken Spielfeldrand erhalten. Dieser Zuspieler darf nur flach angespielt werden und muss den Ball wieder ins Feld zurückpassen.

Taktikelement: Deckungsverhalten des Abwehrspielers gegen die Sturmspitze

Für das korrekte individuelle Abwehrverhalten sind besonders in Tornähe die G-3-Kriterien (Einnehmen der Grundposition zum Angreifer, innere Linie, Abstand zwischen Angreifer und Verteidiger, Körperposition und Grundhaltung mit der Fußstellung des Verteidigers und die Grundbewegung) von elementarer Bedeutung. Der verlorene Zweikampf in Tornähe gegen die Sturmspitze bedeutet für die Abwehr höchste Gefahrenstufe, da ein Eingreifen häufig nicht mehr möglich ist. Während in der Mann-Verteidigung nach wie vor die innere Linie zugestellt wird, rückt der Verteidiger in der „Mann-Raum-Verteidigung" etwas nach vorne und deckt offensiver, da er vornehmlich den Passweg zustellen will. Bewegt sich die Sturmspitze auf die Flügel, muss der Abwehrspieler bedacht sein, die innere Linie zu halten und stets dem Tor näher zu sein als der Angreifer (mit Ausnahme beim Agieren an der Abseitslinie, was hier noch nicht von Belang sein soll).

Deshalb sollten jetzt Übungsphasen mit der Fokussierung auf einzelne Kriterien des individualtaktischen Abwehrverhaltens den Lernprozess unterstützen, denn hier kann konkret und explizit auf die wesentlichen Aktionen eingegangen werden.

Übungsformen

– Individualtaktisches Abwehrverhalten

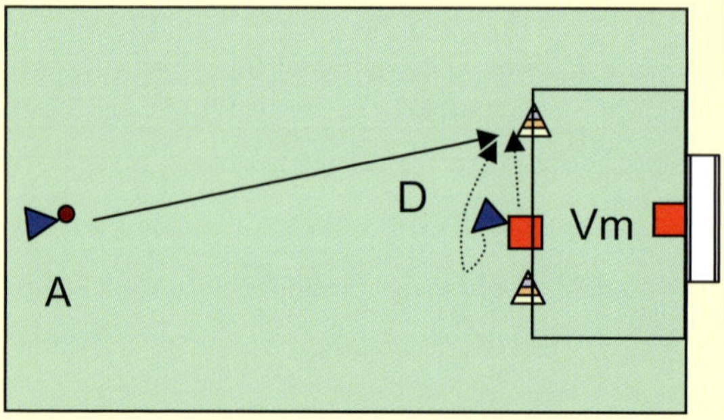

Abb. 12.164

- D führt Lauftäuschung aus und sprintet dann parallel zur Strafraumlinie in den Pass von A. Vm begleitet D auf der inneren Linie. Er muss anhand des Passes erkennen, wie D den Ball verarbeiten kann. Ein scharfer Pass muss angenommen werden. Dann sollte er D bei der Ballannahme eng decken und unter Druck setzen, dass es sich nicht nach innen zum Tor drehen kann. Hat D einen größeren Bewegungsvorsprung erzielt und kann sich bereits nach der Ballannahme nach innen drehen, muss Vm versuchen, sich seitlich zu stellen und D nach außen abzudrängen.

Grundregeln:

- Nicht von der Seite attackieren!
- Abstand lassen, sodass man nicht überlaufen wird, jederzeit eingreifen und ggf. Torschuss blockieren kann.

Variation:

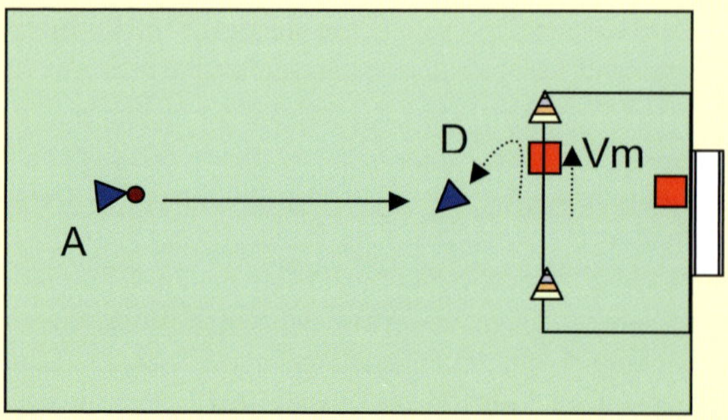

Abb. 12.165

- A passt vertikal ins Zentrum. D sprintet dem Ball nach Lauftäuschung schräg entgegen. Vm muss situativ entscheiden: Kann er den Ball vor dem Angreifer erreichen? Kann der Angreifer den Ball direkt mitnehmen? Muss der Angreifer den Ball annehmen? (Abb. 12.165) Dementsprechend muss er seinen Abstand zum Verteidiger ausrichten:
  - » Enge Deckung für Prelltackling, um Ball vor dem Angreifer wegspielen zu können;
  - » Abstand bei Ballannahme gering, damit Ball bei Drehung durch Grundtackling geblockt werden kann;
  - » Abstand bei Ballmitnahme größer, damit er nicht überlaufen wird.

Variation:

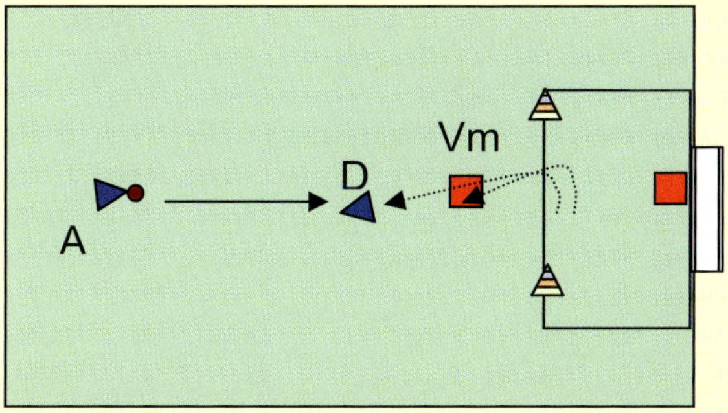

Abb. 12.166

- D führt nur kurze Lauftäuschung zur Seite aus und startet dann dem Ballbesitzer entgegen.
- A passt vertikal und kurz auf D.
- D nimmt den Ball an und dreht sich dabei zum Tor.
- Vm muss sich seitlich stellen, bei Angreifer mit starkem Rechtsfuß seitlich stellen (rechter Fuß vorne), in Knien gebeugte Position mit Körperspannung einnehmen und optimalen Abstand zum Angreifer wählen (Gefahr des Überlaufen-Werdens und eines Distanzschusses verhindern können) und dessen Geschwindigkeit aufnehmen.

Taktikelement: Freilaufen der Sturmspitze auf den Flügel – Raum schaffen der Sturmspitze für nachstoßende Angreifer

Eine wichtige Maßnahme im Übergang von der Individual-/Gruppentaktik zur Mannschaftstaktik ist das Freilaufen der Sturmspitze auf den Flügel mit der Intention, den Mittelverteidiger zu binden und ihn aus dem Abwehrzentrum zu führen. Damit soll Platz für nachrückende Spieler geschaffen werden. Dafür muss bei vielen Spielern zunächst die entsprechende Einstellung für Freilaufbewegungen geschaffen werden. Viele freilaufende Spieler denken, dass sie den Ball erhalten müssen, wenn sie sich freilaufen. Ebenso denken viele ballverteilende Spieler, dass Spieler, die in den freien Raum starten, den Ball erhalten müssen. Hierbei ist ein Umdenken gefordert, denn eine Freilaufbewegung kann auch nur dazu dienen, einem Nebenmann Raum für eine weniger komplizierte Aktion zu schaffen.

Stößt der Spielmacher nach einem Pass auf den rechten Flügel nach vorne, sollte ihn der linke Flügelspieler ersetzen. Damit wird Raum auf der linken Angriffsseite frei, in den die Sturmspitze ausweichen kann. Wenn ihr der direkte Gegenspieler folgt, entsteht im Abwehrzentrum eine Lücke, aus der sich mehrere Handlungsoptionen für die angreifende Mannschaft ergeben, wodurch das Abwehrgefüge durcheinandergebracht werden kann.

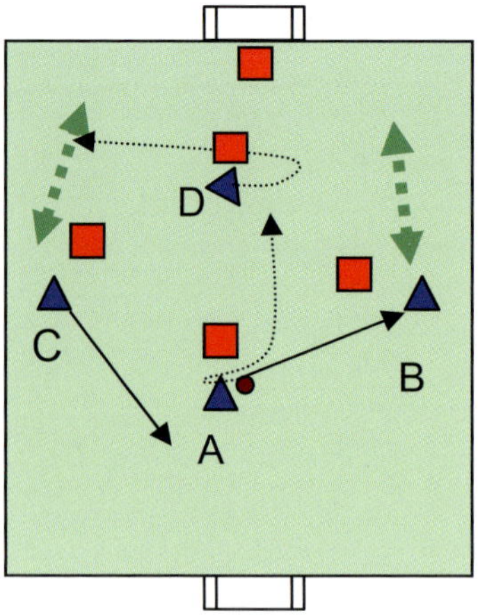

Abb. 12.167

Im weiteren Verlauf sollten die Freilaufbewegungen der Sturmspitze, der beiden Flügelspieler und des Spielmachers noch einmal intensiv aufeinander abgestimmt und möglichst spielnah angewandt werden. Sie bilden in der Spielsituation 1+4:4+1 die Grundlage für die Umsetzung der gruppentaktischen Maßnahmen und in den weiterführenden Spielformen mit ansteigender Spielerzahl das „Herz" des Mannschaftsspiels.

Übungsform/spielerisches Üben

- **Freilaufen der Sturmspitze auf den Flügel, der Flügelspieler und Ziehen des Spielmachers zum Tor in der Überzahlsituation 4:2+1**

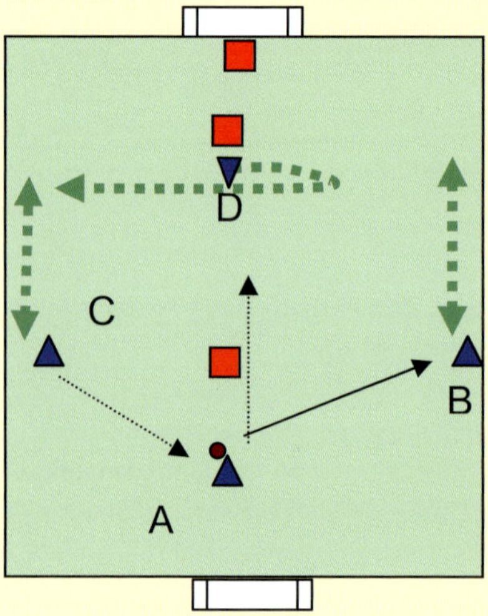

Abb. 12.168

A und D erhalten jeweils einen direkten Gegenspieler.

- B und C führen die Freilaufbewegung auf dem Flügel aus (schneller Antritt nach vorne; Abstoppen und schnelles Entgegenkommen); D läuft zur Seite (= Auslösezeichen für Freilaufbewegung in die andere Richtung), stoppt plötzlich ab und sprintet in die entgegengesetzte Richtung parallel zur Torauslinie;
- A passt zu B und zieht zum Tor;

– B spielt den Ball entweder im Doppelpass zu A oder dreht sich schnell mit dem Ball und zieht auf dem Flügel zum Tor. B, D und A sollen sich dann in der Überzahlsituation gegen die beiden Abwehrspieler durchsetzen und zum Angriffsabschluss kommen, während C den Rückraum und A ersetzt.
– Bei einem gelungenen Doppelpass sollen A und D in der Überzahlsituation 2:1 zum Abschluss kommen.
– B und C rücken dabei nach.

Fertigkeitsausbildung	– Schulung der Freilaufbewegung der Sturmspitze; – Festigung der Freilaufbewegung der Flügelspieler; – Abstimmung der Freilaufbewegungen; – Schulung des Passens, der Ballannahme, des Dribblings und des Torschusses.

Fähigkeitsausbildung	– Entwicklung des Timings bei Freilaufbewegungen in der Angriffsauslösung; – Schulung der räumlichen Wahrnehmung in der Drachenaufstellung; – Erkennen der Auslösezeichen und Koordinieren der Laufwege; – Wahrnehmung der beiden Gegenspieler, des Torwarts und des Tors.

– Spielphase 1+4:4+1

Inszenierung:
„Spielt 4:4 auf zwei Tore mit TW. Versucht dabei die Freilaufbewegungen der Sturmspitze und der Flügelspieler in der Angriffsauslösung und das Ziehen des Spielmachers zum Tor in die Folgehandlungen einzubeziehen."

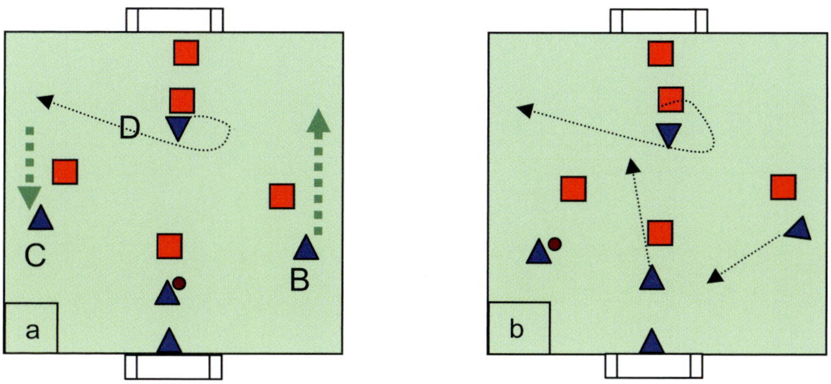

Abb.12.169a/b: 1+4:4+1 mit Freilaufbewegungen, Ziehen des Spielmachers zum Tor und Ersetzen.

Im Folgenden soll nun kurz auf das Verhalten der Sturmspitze bei den einzelnen gruppentaktischen Elementen eingegangen werden.

Taktikelement: Hinterlaufen

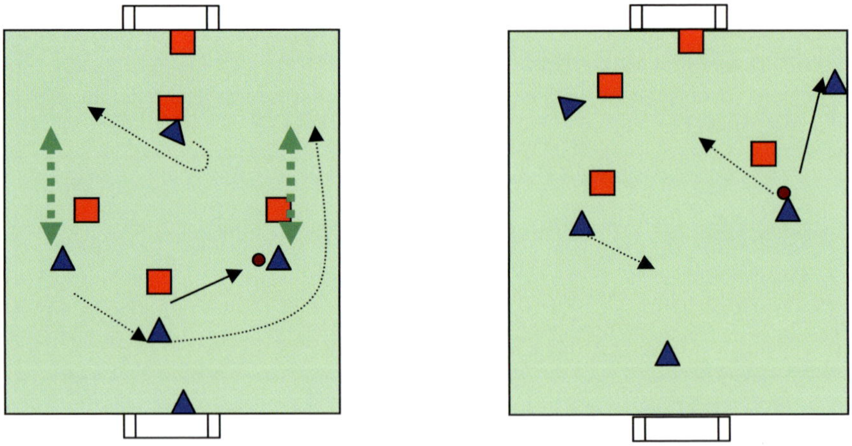

Abb. 12.170: Hinterlaufen durch den Spielmacher und Raum schaffen durch die Sturmspitze

Abb. 12.170 zeigt, dass die Sturmspitze auf den ballfernen Flügel ausweichen sollte, um Raum zu schaffen für den Spielmacher. Sie führt dadurch ihren direkten Verteidiger weg, sodass dieser nicht aushelfen kann. Sollte dieser der Sturmspitze nicht folgen, kann der Flügelspieler mit einer Spielverlagerung die Sturmspitze anspielen oder sogar mit einem Dribbling in das Zentrum eindringen. Ein Pass auf den hinterlaufenden Spielmacher bietet die ideale Ausgangskonstellation für das Kreuzen zwischen dem rechten Flügelspieler und der Sturmspitze.

Taktikelement Kreuzen:

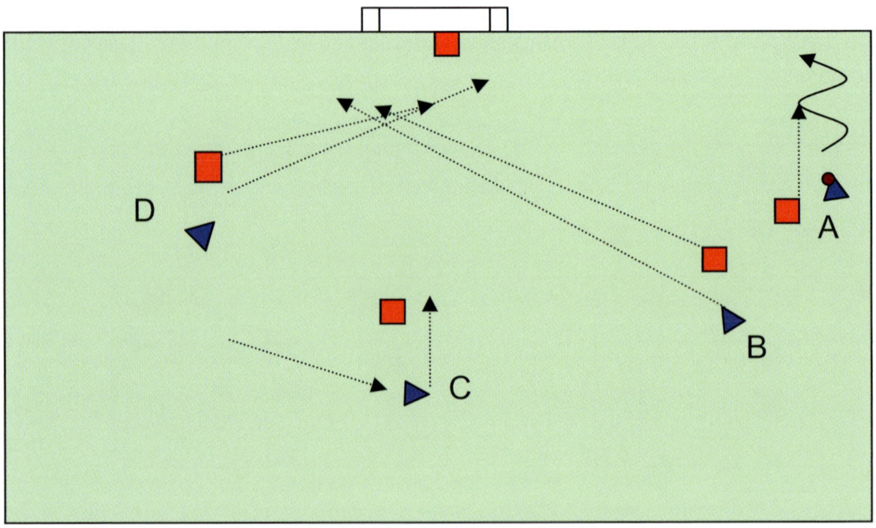

Abb. 12.171: Kreuzen der Sturmspitze mit dem rechten Flügelspieler nach Hinterlaufen

In Abb. 12.171 ist den Angreifern der Durchbruch zur Grundlinie nach dem Hinterlaufen gelungen. Für den Angriffsabschluss sollten nun B und D in die Nahzone des Tores eindringen. Dazu eignet sich das Kreuzen, bei dem D schräg in Richtung ballnaher Pfosten zum Tor zieht. Da er bei einem kurzen Rückpass zuerst vor dem Tor sein sollte, läuft B hinter ihm durch und kreuzt seinen Laufweg. B positioniert sich auf Höhe des ballfernen Pfostens etwa 10–12 m vor dem Tor.

Taktikelement: Spiel über den Dritten

Beim Spiel über den Dritten wird der Pass zum hinterlaufenden Spielmacher nicht von B, sondern von C diagonal gespielt, und zwar nach einem Querpass von B zu C. Deshalb gelten für die Sturmspitze dieselben taktischen Verhaltensweisen (Platz schaffen durch Freilaufen auf ballfernen Flügel, Kreuzen mit dem rechten Flügelspieler) wie oben.

Taktikelement: Abwehrverhalten der Sturmspitze in der „Ball-Raum-Verteidigung"

„Das Abwehrverhalten einer Mannschaft beginnt im Sturm." Diese immer wieder zu vernehmende Aussage erfährt besondere Gültigkeit im Spiel mit reduzierter Mannschaftsstärke. Nimmt sich die Sturmspitze in der Drachenaufstellung aus der Defensivarbeit heraus, bedeutet das für ihre Mannschaft sofort ein Unterzahlverhältnis von 3:4. Dadurch gerät das Abwehrgefüge rasch durcheinander, sodass die Verteidiger zum Aushelfen gezwungen werden. Damit müssen klare Rollenverteilungen und Aufgabenzuordnungen aufgegeben werden und es verbleibt häufig nur ein Reagieren in der Defensive. Um dies zu verhindern, muss die Sturmspitze in die Defensivarbeit eingebunden werden. Ihre wesentlichen Aufgaben sind:

» Bei Ballverlust sofort hinter den Ball zu kommen;
» den gegnerischen zentralen Aufbauspieler unter Druck zu setzen und einen großen Deckungsschatten aufzubauen;
» durch ihr Stellungsspiel und Bewegungsverhalten Rückpässe der Flügelspieler auf den zentralen Aufbauspieler zu verhindern.

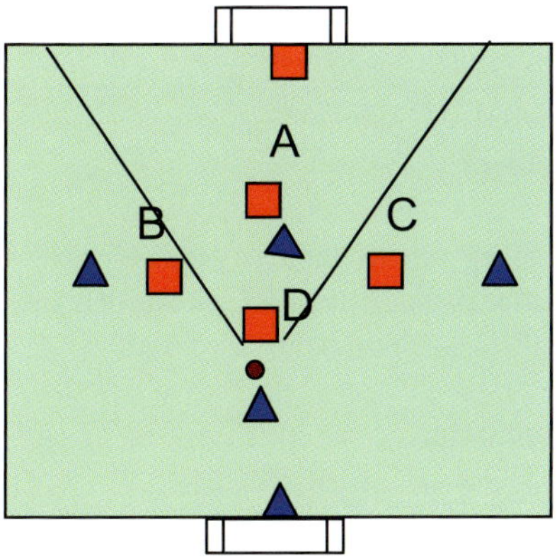

- D befindet sich hinter dem Ball und kann einen großen Deckungsschatten aufbauen;
- C und B können dadurch „offensiv verteidigen" und den Passweg zustellen.

Abb. 12.172

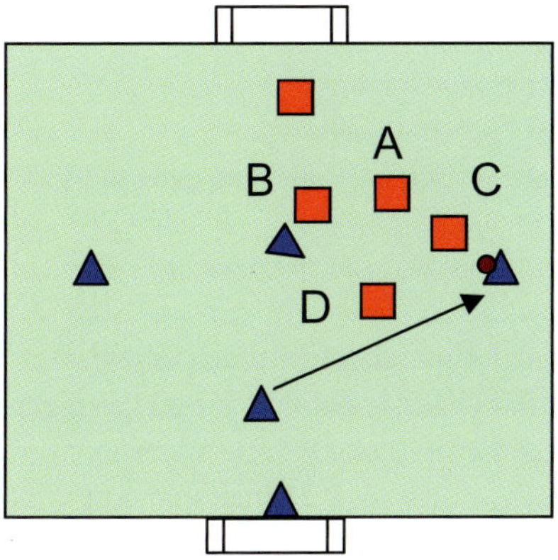

- D befindet sich vor dem Ball (Abb. 12.173).
- C setzt den rechten Flügelspieler unter Druck.
- A doppelt und B rückt ein, wodurch die Passwege zugestellt sind und ein Dribbling ebenfalls wenig Erfolg versprechend ist.
- Dem Ballbesitzer bleibt eigentlich nur die Möglichkeit des Rückpasses.
- D versucht, den Weg für einen Rückpass zuzustellen bzw. umgehend Druck auf den neuen Ballbesitzer bei einem gelungenen Rückpass aufzubauen.

Abb. 12.173

– **Basisübungsform: Verschieben in der Drachenaufstellung**

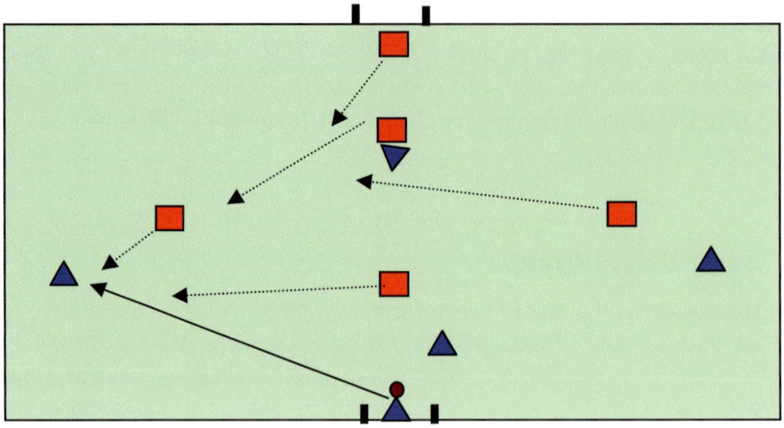

Abb. 12.174

Die vier Spieler der Mannschaft blau nehmen ihre Spielpositionen in der Drachenaufstellung ein und agieren fortan nur stationär als Anspielstationen des TW. Dieser passt einem Mitspieler zu, der den Ball annimmt und stehen bleibt. Mannschaft rot verschiebt sich zu dem Ballbesitzer und stellt die Passwege zu. Die Spieler der roten Mannschaft überprüfen ihre Positionen und korrigieren sich ggf. gegenseitig. Danach passt der Ballbesitzer unbedrängt zum TW zurück, der zu einem weiteren Mitspieler passt. Die rote Mannschaft verschiebt erneut zum Ballbesitzer.
Variation:
Die Feldspieler passen den Ball auf einen Mitspieler, der ggf. anspielbar wäre.

– **Turnierform 1+4:4+1 auf unterschiedlichen Spielfeldern**

Das mannschaftstaktische Abwehrverhalten soll jetzt in längeren Spielphasen genau so wie das Angriffsverhalten umgesetzt werden können. Dazu bietet sich eine Turnierform aus dem niederländischen Fußball an, die an dieser Stelle in modifizierter Form näher vorgestellt wird.

1+4:4+1 als Turniermodell
eine Turnierform für die Mini-Spiele der Großen Mannschaftsspiele

I. Folgendes Leitbild gilt für diese Turnierform:

1. Alle Spieler spielen gleichzeitig.
2. Nach jeder Spielrunde erfolgt eine andere Teamzusammenstellung.
3. Für zehn (1+4:4+1) Spieler bzw. acht (ohne TW) wird 1 Spielfeld benötigt.
4. Ein Spiel sollte nicht länger als 10 min dauern. Gleicher Beginn – gleiches Ende auf allen Spielfeldern.
5. Es wird ohne Schiedsrichter gespielt. (Wer streitet, kann keine Punkte machen! Spielzeit läuft weiter.)
6. Die Teilnehmer zählen selbst und melden das Schlussresultat des Spiels dem Organisator.
7. Der Spielball und die Parteihemden verbleiben nach Spielende auf dem jeweiligen Spielfeld.

II. Das Organisationsschema

1. Benötigte Zahl der Spielfelder festlegen und deutlich markieren.
2. Die Felder werden mit den Buchstaben des Alphabets gekennzeichnet. Pro Spielfeld werden 2 Buchstaben benötigt.
   - Feld 1: A links – B rechts
   - Feld 2: C links – D rechts
   - Feld 3: E links – F rechts

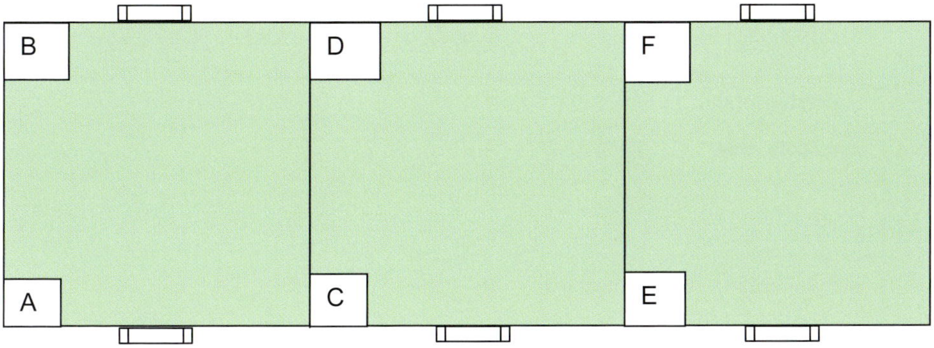

Abb. 12.175

3. Jeder Teilnehmer wird mit seinem Namen im Spielschema eingetragen. Danach werden die Spieler für die erste Runde mit dem jeweiligen Buchstaben einem Feld zugeordnet. Dazu können die Namen abgedeckt und die Mannschaftseinteilung vollkommen zufällig vorgenommen werden (5 x A, B, C, D, E, F in die Zeilen des Spielschemas eintragen).

Tab. 12.5

Spielschema Turniermodell 1+4:4+1								
Name, Vorname	1.Runde	Punkte	2. Runde	Punkte	3. Runde	Punkte	4. Runde	Punkte
A. T.	A							
B. U.	B							
C. V.	B							
D. W.	A							
E. S.	B							
F. R.	B							
G. P.	A							
H. O.	B							
J. N.	A							
K. M.	A							
...								

4. Den Teilnehmern den Bewertungsmodus und die Turnieridee (möglichst viele Tore erzielen) erklären. Es ist sowohl eine Einzelwertung (Welcher Spieler erzielt die meisten Punkte?) als auch/oder eine Mannschaftswertung möglich (Spieler der 1. Runde als Mannschaft, die sich in den folgenden Spielrunden auflöst).

5. Punkteverteilung: Sieg = 20 Punkte
Unentschieden = 10 Punkte
Niederlage = 0 Punkte
Trefferpunkte = 1 Punkt pro erzieltes Tor

Bei einem Sieg von 6:5 der Mannschaft A gegen B erhält jeder Spieler der Mannschaft A 26 Punkte, der Mannschaft B 5 Punkte.

6. Nach Beendigung jeder Spielrunde kommen alle zusammen, das Resultat wird auf dem Ergebnisblatt eingetragen. Während der folgenden Spielrunde trägt der Organisator die Punkte des jeweiligen Spielers und die Spielfeldbuchstaben für die nächste Spielrunde ein.

Ergebnisblatt:

1. Spielrunde:	Mannschaft	A – B	6 : 5
		C – D	... : ...
		E – F	... : ...
2. Spielrunde:	Mannschaft	A – B	4 : 1
		C – D	... : ...
		E – F	... : ...
3. Spielrunde:	Mannschaft	A – B	5 : 5
		C – D	... : ...
		E – F	... : ...

III. Auswertung:

Tab. 12.6

Spielschema Turniermodell 1+4:4+1								
Name, Vorname	1.Runde	Punkte	2. Runde	Punkte	3. Runde	Punkte	Summe	Platz
A. T.	A	26	B	1	A	15	42	
B. U.	B	5	A	24	A	15	44	3.
C. V.	B	5	B	1	A	15	21	
D. W.	A	26	A	24	A	15	65	1.
E. S.	B	5	B	1	A	15	21	
F. R.	B	5	A	24	B	15	44	3.
G. P.	A	26	B	1	B	15	42	
H. O.	B	5	A	24	B	15	44	3.
J. N.	A	26	B	1	B	15	42	
K. M.	A	26	A	24	B	15	65	1.
...								

a) Einzelwertung: 1. D.W. 65 Punkte
K.M. 65 Punkte
3. B.U. 44 Punkte
F.R. 44 Punkte
H.O. 44 Punkte
....

b) Mannschaftswertung: Aus pädagogischen Gründen eignet sich die Mannschaftsauswertung im Schulbereich eher (Ausbildung der Sozialkompetenz: Jeder Spieler setzt sich für seine Mannschaft ein).
A.T., D.W., G.P.; J.N.; K.M. bildeten in der 1. Spielrunde Mannschaft A und gelten somit als Team. Sie spielen dann aber in ständig wechselnden Mannschaften. Für die Mannschaftswertung am Schluss ist nun entscheidend, wie viele Punkte sie insgesamt gewonnen haben.
Mannschaft A: A.T. (42), D.W. (65), G.P. (42), J.N. (42), K.M. (65) = 256
Mannschaft B: B.U. (44), C.V. (21), E.S. (21), F.R. (44), H.O. (44) = 174

Anmerkungen:
» Das Modell wurde hier nur mit 10 Spielern aufgezeigt. Bei einer Klasse mit 30 Schülern werden 3 Spielfelder benötigt.
» Bei ungerader Spielerzahl kann auf einem Spielfeld mit einem Ergänzungsspieler gespielt werden.
» Es kann auch auf einem Spielfeld nur 4:4 ohne TW gespielt werden.
» Das Modell eignet sich auch für die anderen Großen Sportspiele wie auch für Kleine Spiele oder Vehikelspiele.
» Das Modell lässt sich in Vertretungsstunden oder Spielstunden schnell und einfach umsetzen. Es fördert die Selbstständigkeit und Eigenverantwortung der Spieler im besonderen Maße.

12.6.10 Lektion 10: Mannschaftstaktik – Umschalten von Abwehr auf Angriff/von Angriff auf Abwehr

Umschalten von Angriff auf Abwehr verlangt von allen Spielern einer Mannschaft eine schnelle Rückwärtsbewegung, um hinter den Ball zu kommen. Dabei soll dem Gegner die Chance genommen werden, durch ein schnelles Umschalten von Abwehr auf Angriff in eine Überzahlsituation irgendwo auf dem Spielfeld zu gelangen.

Umschalten von Abwehr auf Angriff erfordert eine schnelle Vorwärtsbewegung aller Spieler, um eine Überzahlsituation herzustellen oder sie nach einem gewonnenen Zweikampf auszunutzen.

Aufgrund der Größe des Spielfelds und des stets bedrohten Ballbesitzes kommt diesen beiden mannschaftstaktischen Elementen im Fußball eine besondere Bedeutung zu. Während im Basket- oder Handball der Ball nur ganz selten beim Spielaufbau einer Mannschaft in der Nähe des eigenen Korbs oder Tors verloren wird, kann dies im Fußball häufiger passieren. Durch den stets bedrohten Ballbesitz im Fußball kann sich ein Ballgewinn oder Ballverlust fast überall auf dem Spielfeld ergeben. Wenn der Gegner im Sinne eines Forecheckings schon sehr früh attackiert und versucht, den Ball in der gegnerischen Spielfeldhälfte zu erobern, eröffnet ein gewonnener Zweikampf oder das Abfangen eines Abspiels die Chance, sehr schnell zum Torabschluss oder sogar zum Alleingang auf das Tor in einer 1:0+1-Situation zu kommen. Andererseits kann sich eine Mannschaft nach einem Ballverlust auch schnell vor das eigene Tor zurückziehen und den Gegner relativ ungestört aufbauen lassen. Solche konträren Spieltaktiken ergeben völlig unterschiedliche Ausgangsbedingungen für die mannschaftstaktischen Elemente des Umschaltens von Angriff auf Abwehr und umgekehrt. Deshalb muss eine

Reduktion auf taktische „Basics“ erfolgen, aus denen sich das mannschaftstaktische Agieren in der Raute zusammenbauen lässt.

Umschalten von Angriff auf Abwehr:

Bei einem Ballverlust muss das für die Spieler heißen:

- » Alle Spieler ziehen sich möglichst schnell hinter den Ball zurück und begeben sich in die mannschaftstaktische Grundordnung.
- » Die Spielpositionen können dabei gewechselt werden, entscheidend ist, schnell in die Grundordnung der Raute durch möglichst kurze Laufwege zu kommen.
- » In der Verteidigung agieren wir kompakt und versuchen, die Angriffsräume durch horizontales und vertikales Verschieben eng zu machen.

Umschalten von Abwehr auf Angriff:

Bei einem Ballgewinn, muss das für die Spieler heißen:

- » Wir rücken nach einem Ballgewinn gemeinsam nach vorne.
- » Wir bieten dem Ballbesitzer zwei Abspielmöglichkeiten durch das Angriffsdreieck.
- » Wir besetzen ganz schnell die Angriffsposition in der Sturmspitze, um eine Abspielmöglichkeit in die Tiefe zu schaffen.
- » Wir richten unseren Blick bei Ballgewinn in die Tiefe und versuchen, schnell flach nach vorne zu spielen.
- » Wer sich im hohen Tempo freiläuft, ist häufig mit einer kontrollierten Ballannahme von langen Flugbällen überfordert. Deshalb sollte nicht jeder Spieler, der sich freiläuft, den Ball erhalten.
- » Wir spielen einfache und sichere Pässe.
- » Wir versuchen den Spielraum zu öffnen, indem wir die Außenpositionen besetzen und so einen Pass auf den Flügel ermöglichen.
- » Freilaufbewegungen sind nötig, um einem Mitspieler freien Angriffsraum zu verschaffen.
- » Wir sichern den Ball durch Pässe im Rückraum und verlagern das Spiel auf die andere Spielfeldseite.

Praktische Umsetzung:

– Konfrontationsspiel 1+4:4+1: Einführung des gemeinsamen Aufrückens

Inszenierung:
„Spielt 4:4 auf zwei Tore mit TW auf einem größeren Spielfeld (40 x 28 m) mit der Abseitsregel. Ein Tor kann nur erzielt werden, wenn sich alle Angreifer vor der Mittellinie in der gegnerischen Hälfte befinden (Ausnahme TW).“

Reflexionsphase an der Taktiktafel: schnelles Umschalten von Abwehr auf Angriff

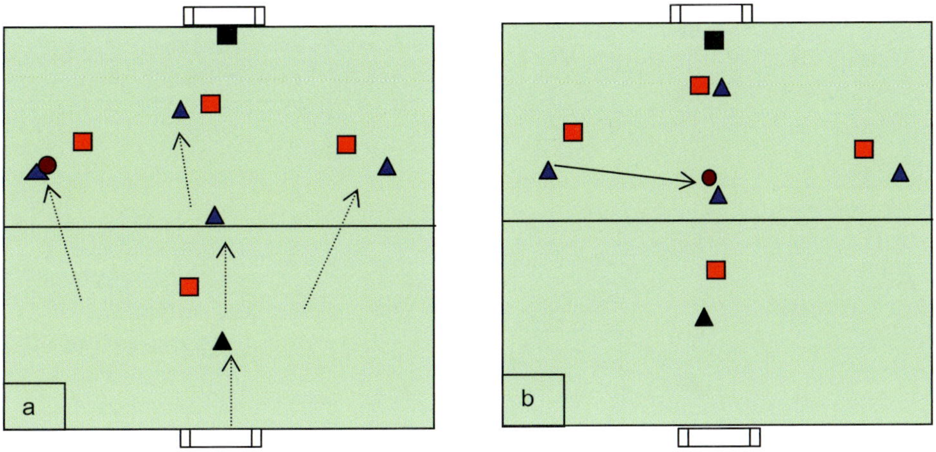

Abb. 12.176a/b

» Das schnelle Umschalten von Abwehr auf Angriff führt häufig zu einer Überzahlsituation von 4:3+1.
» Um diese Überzahlsituation effektiv ausnutzen zu können, muss das Spiel „geöffnet“ werden (Flügel und Sturmzentrum sind zu besetzen), damit schnell und einfach gepasst werden kann.
» Das gemeinsame Aufrücken verhindert ein „Auseinanderziehen“ des Mannschaftsgefüges, die Abstände zwischen den einzelnen Mannschaftsteilen bleiben gleich.
» Beim gemeinsamen Aufrücken sind Ballverluste zu vermeiden, die Absicherung darf nicht aufgegeben werden. Deshalb einfache und sichere Pässe spielen, unnötige Dribblings vermeiden.
» Der TW soll beim gemeinsamen Aufrücken sein Tor verlassen, damit er Befreiungsschläge des Gegners ablaufen kann.
» Bei einem Ballverlust findet der Gegner nur enge Räume für sein Aufbauspiel vor. Dies erhöht die Chance für den schnellen Rückgewinn des Balles, weil der Gegner sofort unter Druck gesetzt werden kann.
» Bei Ballverlust müssen die Spieler der Mannschaft deshalb blitzschnell entscheiden, ob sie dem Ball sofort nachjagen oder ob sich die gesamte Mannschaft hinter den Ball oder sogar hinter die Mittellinie zurückzieht.

– Spielphase 1+4:4+1: Einführung des gemeinsamen Zurückziehens

Inszenierung:
„Spielt 4:4 auf zwei Tore mit TW auf einem größeren Spielfeld (40 x 28 m) mit Abseitsregel. Stellt euch in der Raute auf. Versucht, nach einem Ballverlust sofort in die Grundordnung zu kommen und zieht euch hinter die Mittellinie zurück. Ein Gegentor zählt doppelt, wenn sich ein Spieler der verteidigenden Mannschaft noch in der gegnerischen Spielfeldhälfte aufhält.“

Reflexionsphase an der Taktiktafel:

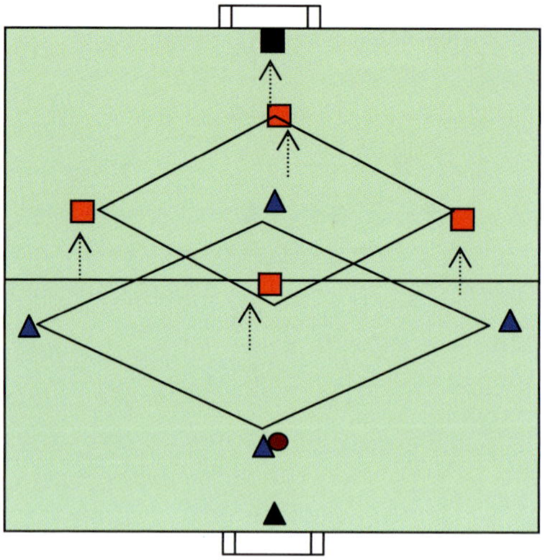

Schnelles Umschalten von Angriff auf Abwehr – Sicherheit vor Risiko!

Abb. 12.177

» Durch das schnelle Zurückziehen gelangen alle Spieler hinter den Ball, sodass sich für den Gegner nur schwer Überzahlsituationen ergeben.
» Der Spielraum für den Gegner wird eingeengt, sodass es nur wenige Lücken im Abwehrverbund ergibt.
» Das Angriffsspiel, besonders das Herausspielen von Torchancen, wird erschwert.
» Erholungsphasen dürfen erst genommen werden, wenn sich alle Spieler hinter dem Ball und auf der inneren Linie zu einem Gegenspieler befinden.

– Spielphase 1+4:4+1: Schulung des schnellen Umschaltens von Angriff auf Abwehr bzw. von Abwehr auf Angriff

Inszenierung:
„Spielt 4:4 auf zwei Tore mit TW auf einem größeren Spielfeld (40 x 28 m) mit der Abseitsregel. Ein Tor kann nur erzielt werden, wenn sich alle Angreifer vor der Mittellinie befinden. Versucht, nach einem Ballverlust sofort in die Grundordnung zu kommen und zieht euch hinter die Mittellinie zurück. Ein Gegentor zählt doppelt, wenn sich ein Spieler der verteidigenden Mannschaft noch in der gegnerischen Spielfeldhälfte aufhält."

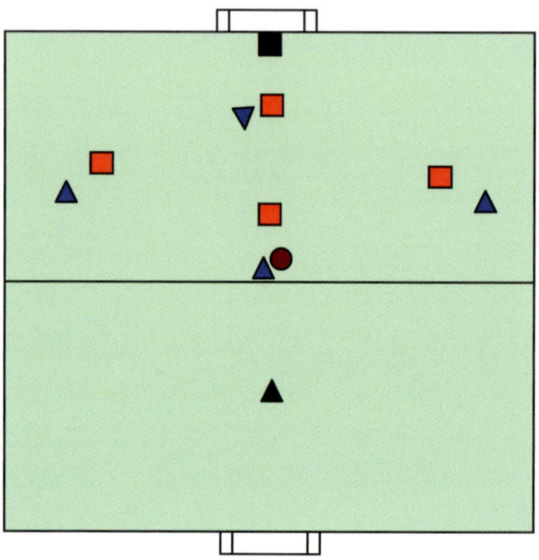

Gemeinsames Aufrücken und Zurückziehen. Der TW geht mit!

Abb. 12.178

Reflexion an der Taktiktafel:

» Um ein doppelt gewertetes Gegentor zu vermeiden, muss das primäre Bestreben im schnellen Zurückziehen in die eigene Spielfeldhälfte liegen.
» Der Spielraum wird dann sehr eng, wodurch es zu ständigen Drucksituationen kommt.
» Hohe Drucksituationen erschweren ein konstruktives Angriffsspiel und führen zu zahlreichen Ballverlusten.

Worauf muss die angreifende Mannschaft bei Ballgewinn achten?

- Spiel öffnen durch die Besetzung der Flügelpositionen nahe der Außenlinien und der Sturmspitze.
- Positionsspezifische Freilaufbewegungen, um Bewegungsvorsprung herauszuholen für kontrolliertes Passspiel.
- TW in Angriffsaufbau einbeziehen.
- Sichere Pässe im Rückraum mit Spielverlagerung.
- Gruppentaktische Angriffsmaßnahmen aus der Grundordnung auslösen und einsetzen.

Worauf muss die angreifende Mannschaft bei Ballverlust achten?

- Zurückziehen auf den kürzesten Wegen hinter die Mittellinie, ggf. auch mit Positionswechseln.
- Einnehmen der Grundordnung der Raute.
- Kompaktes Verschieben zum Ball, Räume eng machen.

Methodische Anmerkungen:
Um die Spieler auf schnell wechselnde Spielsituationen einzustellen, sie aber nicht zu überfordern, müssen diese taktischen Elemente ständig geschult werden. Dazu bieten sich die folgenden Spielformen an, die dem Abschlussspiel in Unterrichtsstunden oder Trainingseinheiten vorausgehen und in diesem anschließend verstärkt zur Umsetzung kommen sollten. 393

– Schnelles Umschalten in der Überzahlsituation 1+ 4:2+2 Helfer+1

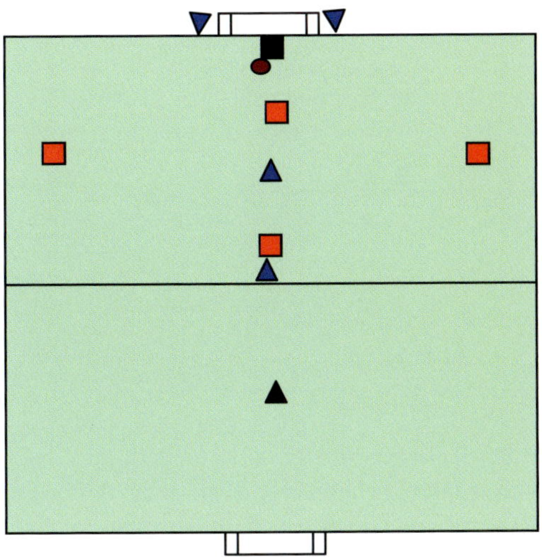

Ausnutzen der Überzahl durch schnelles Umschalten auf Angriff mit schnellen Kurzpässen

Abb. 12.179

Inszenierung:
„Mannschaft rot stellt sich in der Grundordnung der Raute auf. Der TW ist im Ballbesitz (mehrere Bälle in jedem Tor). Zwei Spieler von Mannschaft blau befinden sich an den beiden Pfosten des Tors von Mannschaft rot. Die Spieleröffnung erfolgt mit dem Ausrollen des Balls

durch den TW. Damit dürfen die beiden am Pfosten stehenden Spieler der Mannschaft blau ins Spielfeld sprinten und ihre beiden Feldspieler beim Abwehrversuch unterstützen. Mannschaft rot soll die Überzahl durch schnelles Umschalten auf Angriff ausnutzen und versuchen zum Angriffsabschluss zu kommen.
Ein Angriff gilt als abgefangen, wenn mindestens zwei Abwehspieler hintereinander in Ballbesitz waren, der gegnerische TW im Strafraum in Ballbesitz ist oder sich der Ball im Seiten- oder Toraus befindet."

Organisation:
Eine Mannschaft hat eine bestimmte Anzahl von Angriffsversuchen, danach erfolgt Rollenwechsel.
Nach jedem Angriffsversuch werden die Rollen gewechselt.

Variation:
Die beiden Helfer dürfen erst mit dem ersten Ballkontakt eines Feldspielers in das Spielfeld sprinten.
Die beiden Helfer befinden sich auf den Eckpunkten der gegnerischen Grundlinie.
Die beiden Helfer befinden sich auf den beiden Strafraumecken im Spielfeld und der TW bringt den Ball mit dem Fuß ins Spiel.
Die beiden Helfer befinden sich auf der Höhe des letzten Mannes und dürfen erst mit dessen Pass zu einem Mitspieler ins Spiel eingreifen.

– Schnelles Umschalten in der Überzahlsituation 4:3+1 Helfer

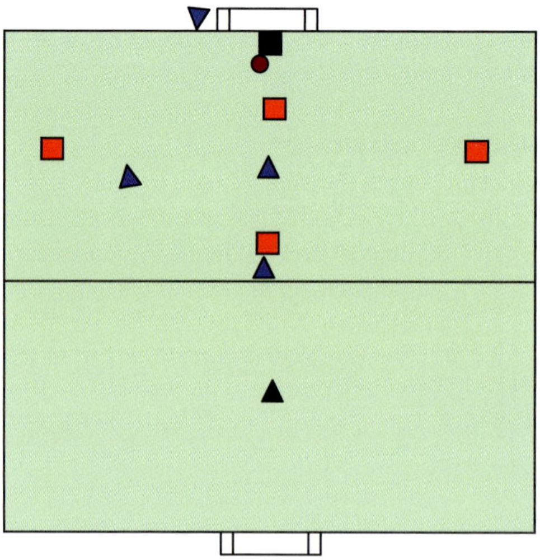

Schneller Angriffsabschluss durch Ausnutzen der Überzahl

Abb. 12.180

Inszenierung:
„Mannschaft rot stellt sich in der Grundordnung der Raute auf. Der TW ist im Ballbesitz (mehrere Bälle in jedem Tor). Ein Spieler von Mannschaft blau befindet sich an einem der beiden Pfosten des Tors von Mannschaft rot. Die Spieleröffnung erfolgt mit dem Ausrollen des Balls durch den TW. Damit darf der am Pfosten stehende Spieler der Mannschaft blau ins Spielfeld sprinten und seine drei Feldspieler beim Abwehrversuch unterstützen. Mannschaft rot soll die Überzahl durch schnelles Umschalten auf Angriff ausnutzen und versuchen zum Angriffsabschluss zu kommen."

Organisation und Variation: wie oben

– Schnelles Umschalten in der Gleichzahlsituation 1+4:4+1 nach Eröffnung durch Passgeber

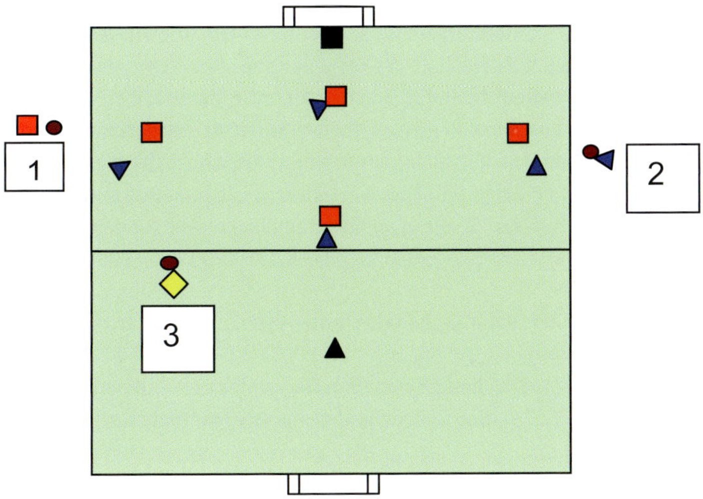

Abb. 12.181

Organisation:
Mannschaft rot und blau haben je einen Passgeber auf einem Flügel, ein dritter Passgeber an der Mittellinie ist neutral. Jeder Passgeber hat einen Ball am Fuß und wird mit einer Nummer bezeichnet. Bei Aufruf der Nummer 1 oder 2 durch einen Spielleiter (TW/Lehrer/verletzter Schüler) passt dieser zu seiner Mannschaft, die auf Angriff umschalten muss. Die andere Mannschaft muss ihr Abwehrspiel organisieren. Bei Aufruf des neutralen Passgebers mit der Nummer 3 kann dieser entscheiden, welcher Mannschaft er den Ball zuspielt.
Nach einer Spielsequenz werden die Aufstellung und Spieleröffnung in der anderen Spielfeldhälfte vorgenommen.

Inszenierung:
„Spielt 1+4:4+1 auf einem Spielfeld von 40 x 28 m. Das Spiel wird durch ein Zuspiel des aufgerufenen Passgebers eröffnet. Die in Ballbesitz kommende Mannschaft versucht schnell auf Angriff umzuschalten, die andere zu verteidigen. Ein Angriff ist beendet, wenn mindestens zwei verteidigende Spieler hintereinander in Ballbesitz kommen."

Variation:
- Die verteidigende Mannschaft soll sich schnell in ihre Hälfte zurückziehen.
- Die verteidigende Mannschaft kann versuchen, den Ball möglichst schnell zu gewinnen. Wenn ihr das in der gegnerischen Hälfte gelingt, darf sie bis zum Torabschluss oder Ballverlust weiterspielen.
- Die Spielform wird über eine bestimmte Zeit in der Spielfeldhälfte von Mannschaft rot durchgeführt, anschließend in der Spielfeldhälfte von Mannschaft blau.

Didaktisch-methodische Hinweise:
Die besondere Form der Spieleröffnung schafft äußerst offene Spielsituationen. Die angreifende Mannschaft kann entweder in Tornähe in Ballbesitz kommen und soll den Angriff abschließen oder kann sich in ähnlicher Ausgangsposition bei Ballbesitz des Gegners zum Umschalten auf Abwehr mit dem Zurückziehen in die eigene Hälfte veranlasst sehen. Genau so könnte sie auch versuchen, den verlorenen Ball sofort durch Druckausübung auf den Gegner zurückzugewinnen. Dazu sind unterschiedliche taktische Verhaltensweisen nötig, die sich nur ausbilden lassen, wenn sie ständig wiederholt werden. Deshalb ist es unerlässlich, zuerst ein taktisches System zu festigen und dann eine mögliche Variation anzubieten, denn die Spieler müssen zusätzlich

lernen, solche komplexen Spielsituationen zu analysieren, zu verstehen und einen gemeinsamen Handlungsplan zu entwerfen. Dazu müssen sie miteinander kommunizieren, entscheiden und ihr gemeinsames Handeln aufeinander abstimmen. Offene Spielsituationen lassen stets verschiedene Handlungsmöglichkeiten zu, weshalb die Festlegung des Handlungsziels von den Spielern selbst vorgenommen werden sollte. Dafür sind Spieler nötig, die bereit sind, Verantwortung zu übernehmen und Regie zu führen. In leistungsheterogenen Mannschaften sollen die stärkeren Spieler angehalten werden, ihre Mitspieler zu dirigieren. Klare Verhaltensgrundsätze im mannschaftstaktischen Bereich im Sinne von Codewörtern müssen gemeinsam erarbeitet werden und sollen vor allem schwächeren Spielern bei der Handlungsumsetzung helfen.

Dazu gehören:

- „Aufrücken!" – Alle Spieler laufen unter Beibehaltung des Abstands zwischen den einzelnen Mannschaftsteilen nach vorne.
- „Zurückziehen!" – Alle Spieler laufen in die Grundordnung hinter den Ball zurück.
- „Verschieben nach rechts/links!" – Alle Spieler laufen im selben Abstand nach rechts oder links.
- „Druck!" – Der ballbesitzende Spieler wird angegriffen und unter Druck gesetzt.
- „Einrücken!" – Spieler auf den Außenpositionen rücken in Richtung Spielfeldmitte ein.
- „Spiel öffnen! – Die Flügelspieler besetzen die Außenpositionen nahe den Außenlinien.
- „Seitenwechsel!" – Die Spieler versuchen den Ball auf die andere Spielfeldseite zu verlagern.
- „Hinten rum!" – Die Spieler passen sich den Ball in der hinteren Reihe im sicheren Abstand zum Gegner zu, um das Spiel zu verlagern oder eine Lücke für ein Abspiel in die Tiefe zu finden.

– Schnelles Umschalten von Angriff auf Abwehr im Provokationsspiel 1+4:4+1

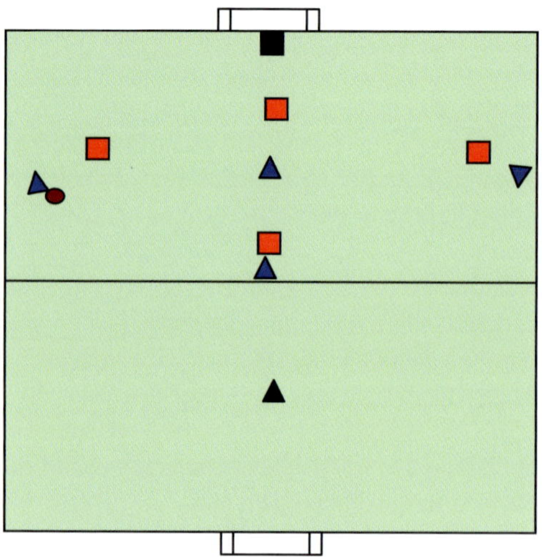

Abb. 12.182

Inszenierung:

„Spielt 4:4 auf zwei Tore mit TW auf einem Spielfeld von 40 x 28 m mit Abseits. Mannschaft A zieht sich tief in die eigene Hälfte zurück und lässt den Gegner ungestört aufbauen. Wenn sich der Ball in der Spielfeldhälfte von A befindet, provoziert ein Spielleiter (Lehrer/Schüler) eine Spielunterbrechung durch einen Pfiff. Die angreifende Mannschaft B lässt den Ball liegen (wie bei einem Freistoß) und zieht sich schnell in die eigene Hälfte zurück. Mannschaft A schaltet schnell um und greift das Tor von B an. Ein Doppelpfiff des Spielleiters friert die Spielsituation zur Taktikbesprechung ein."

– Spielraum verengen und öffnen im Spiel 1+4:4+1

Organisation:

- Die beiden Mannschaften stehen weit auseinandergezogen auf dem Spielfeld in der Grundordnung. Der Spielleiter passt einem Spieler von außen den Ball zur Spieleröffnung zu.

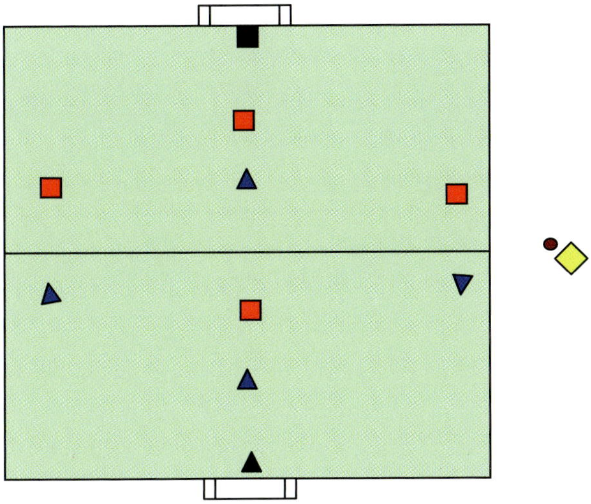

Abb. 12.183

Inszenierung:
„Spielt 4:4 auf zwei Tore mit TW auf einem Spielfeld von 40 x 28 m mit Abseits. Nach der Spieleröffnung durch den Pass des Spielleiters soll die abwehrende Mannschaft versuchen, den Ball möglichst schnell zu gewinnen. Sechs Pässe hintereinander innerhalb einer Mannschaft ergeben ein Tor. Ein Treffer ins Tor zählt doppelt. Spätestens nach dem vierten Ballbesitzwechsel zwischen den beiden Mannschaften wird unterbrochen und jede Mannschaft wertet ihr Abwehr- und Angriffsverhalten aus."

– Parteiballspiel 4:4 im Mitteldrittel zur Auslösung des Angriffs- und Abwehrspiels auf zwei Tore

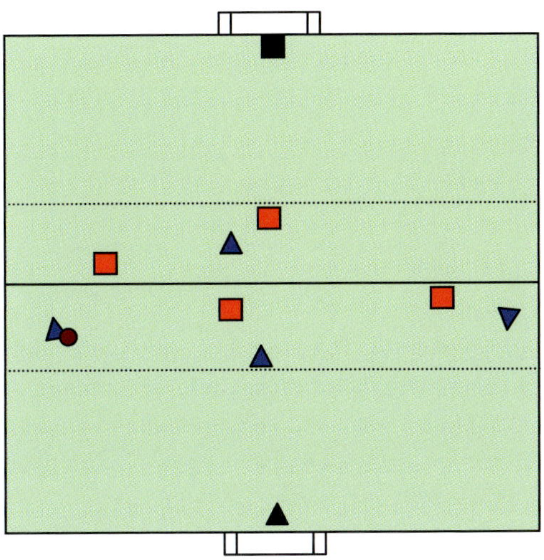

Abb. 12.184

Inszenierung:
„Spielt Parteiball 4:4 im mittleren Drittel des Spielfelds. Der Pfiff des Spielleiters gibt das Spiel auf die zwei Tore frei. Achtet auf das schnelle Umschalten auf Abwehr oder Angriff in Spielrichtung. Von jeder Mannschaft sollte beim Parteiballspiel ein Spieler bei gegnerischem Ballbesitz näher zum eigenen Tor agieren als ein Angreifer."

– **Schnelle Organisation der Raute für das Spiel 1+4:4+1**

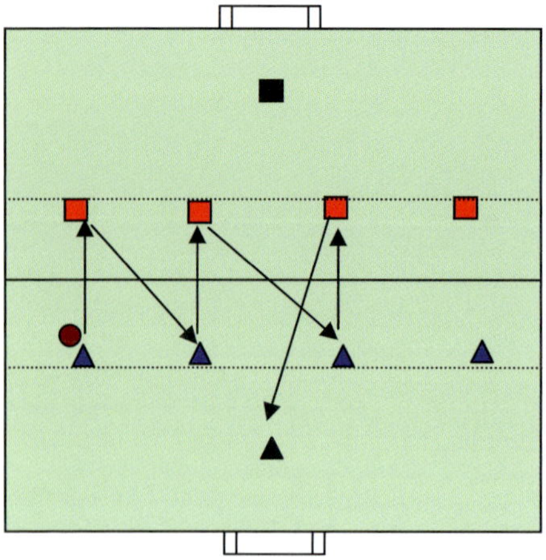

Abb. 12.185

Inszenierung:
„Zwei Mannschaften stehen sich wie in Abb. 12.185 gegenüber und passen sich den Ball zu. Mit einem überraschenden Pass auf den gegnerischen TW wird das Spiel eröffnet. Sucht sofort die Grundordnung der Raute einzunehmen und spielt gegeneinander auf die zwei Tore. Nach dem vierten Ballverlust ist die Spielsequenz beendet und ihr stellt euch wieder an der Mittellinie gegenüber auf."

Variation:

- Auf Signal des Lehrers wird die Passorgel beendet und das Spiel auf die zwei Tore beginnt.
- Die Spieler der beiden Mannschaften stehen hintereinander zur Passübung. Nach dem Pass läuft ein Spieler hinter seine Reihe. Auf Pfiff des Lehrers beginnt das Spiel auf die zwei Tore.

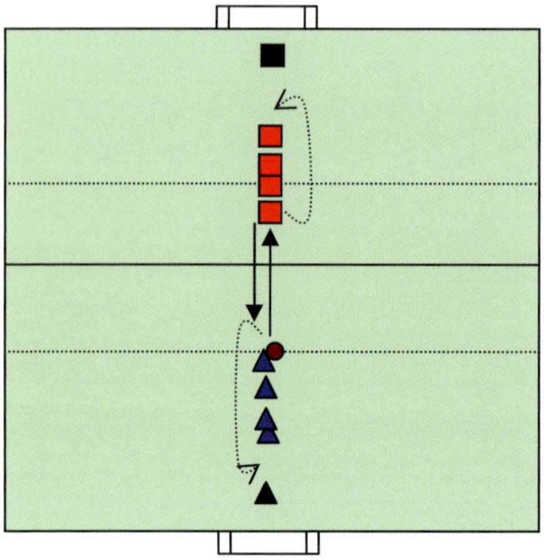

Abb. 12.186

12.7 Handball

Im Handball bestimmt das Abwehrsystem den Einsatz und die Form der individual- und gruppentaktischen Angriffsmittel. Mit zunehmender Spielerfahrung wird im Handball von der Mann-Mann-Verteidigung ab der Mittellinie zu einer Abwehrformation übergegangen. Darunter versteht man die Aufstellung der Abwehr vor der Torraumlinie, mit der versucht wird, Durchbruchsräume zu schließen und so Tore zu verhindern. Dieses passive Abwehrverhalten lässt vor allem in der Schule und in Juniorenmannschaften Handball zu einem äußerst statischen Spiel werden, das oftmals in eine „Bolzerei" ausartet, weil immer dieselben, nämlich akzelerierte und wurfstarke Spieler nach einer wenig raumschaffenden Passfolge vor der Abwehrkette völlig unkontrolliert aus der zweiten Reihe aufs Tor werfen. Um dies zu verhindern, ist ein schnelles Heraustreten in einer beweglichen Abwehrformation nötig, die einen oder mehrere Spieler nach vorne verschiebt. Durch eine aktive und offensive Abwehr werden die Angreifer zum Zusammenspiel gezwungen, sie müssen sich anbieten und auf Lücken stoßen, um Torgefahr entwickeln zu können.

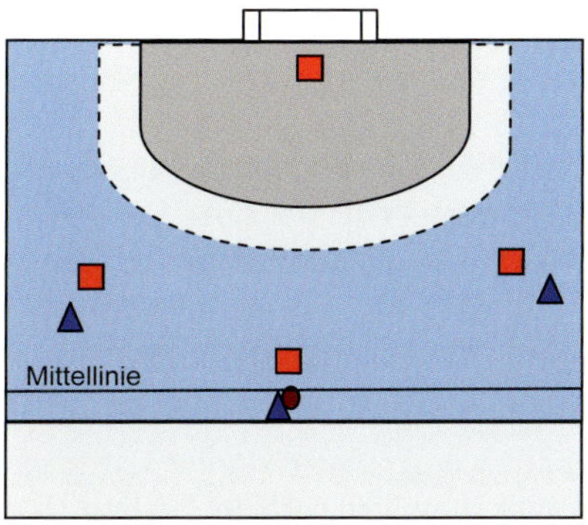

Abb. 12.187: Aktionsraum (blau) der Angreifer im Handball bei Mann-Mann-Verteidigung ab der Mittellinie

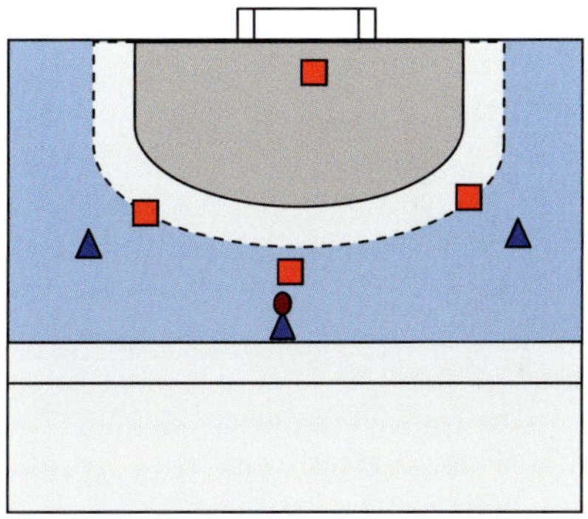

Abb. 12.188: Aktionsraum der Angreifer bei Abwehrformation vor dem Torraum

Bei fortschreitendem Leistungsvermögen sollte nun im Spiel 1+3:3+1 einer offensiveren Abwehrformation im Sinne einer 2–1-Deckung der Vorzug gegeben werden, wobei die beiden Kreisverteidiger vornehmlich an der Freiwurflinie agieren.

Im Angriffsspiel gegen diese Abwehrformation sind die Laufwege der Angreifer häufig nur sehr kurz, sie müssen deshalb mit einer hohen Dynamik auf Lücken im Abwehrverbund ausgeführt werden, um die Abwehrspieler zum Schließen dieser Lücken zu zwingen. Durch dieses seitliche Verschieben werden an anderer Stelle Durchbruchsräume frei, in die Mitspieler mit Dynamik hineinstoßen und Torwürfe aus kurzer Distanz ausführen können.

Mit dem Sprungwurf von der Torraumlinie lässt sich diese Distanz am „einfachsten" minimieren und die Torraumregel konsequent ausnutzen. Dazu bedarf es jedoch spezieller technischer und individualtaktischer Fertigkeiten und Fähigkeiten. Als Mittel bietet sich das ständige Stoßen der Spieler zum Kreis mit und ohne Ball an. Torgefährlich ist im Schul- und frühen Juniorenhandball nur der Spieler, der Lücken erkennt und unter Beachtung des Regelwerks beim Dribbling oder der Passannahme in der Bewegung diese Lücken ausnutzen kann. Folglich müssen jetzt im Ausbildungsprozess erhöhte Anforderungen an Technik, Wahrnehmung, Dynamik, Entscheidungsfähigkeit und Timing individueller Aktionen gestellt werden, auf deren Grundlage sich die gruppentaktischen Angriffsmittel gegen eine Abwehrformation ausbilden lassen.

12.7.1 Lektion 1: Individualtaktik – Stoßen auf dem Flügel – Deckungsverhalten des Abwehrspielers

Taktikelement: Stoßen auf dem Flügel zum Tor

Als zentrales Element im Spiel 1+3:3+1 gilt die Stoßbewegung der Flügelspieler mit dem Ball zum Tor. Im Vergleich zum Basket- oder Fußball ist es im Handball einfacher, in Ballbesitz zu kommen, da der direkte Gegenspieler an der Freiwurflinie in einem zugeteilten Raum agiert. Die Gefahr des Ballverlusts beim Pass auf den Flügel droht nur, wenn der Flügelspieler zu nah am Neunmeterkreis steht und der Gegenspieler mit wenigen schnellen Schritten in den Pass hineinlaufen kann. Zieht sich der Angreifer auf dem Flügel jedoch weit zurück, bleibt den Verteidigern ausreichend Zeit, um sich seitlich zu verschieben und den Raum auf der Ballseite zu verengen sowie den ballbesitzenden Flügelspieler durch schnelles Heraustreten rechtzeitig zu stellen. Dadurch fällt es den Angreifern jedoch schwer, Druck auf die Abwehr auszuüben und zu Wurfgelegenheiten am Kreis zu kommen. Folglich müssen die Angreifer nun lernen (s. Abb. 12.189):

1. Im Positionsspiel ihr Angriffsdreieck so aufzubauen, dass sich kein Flügelspieler im Deckungsschatten des Mittelverteidigers befindet;
2. den Abstand auf den Flügeln zum Außenverteidiger so einzunehmen, dass dieser nicht in den Pass zum Flügelspieler hineinlaufen kann;
3. ihre Position so einzunehmen, dass sie in der Vorwärtsbewegung den Ball fangen und zum Tor stoßen können („Ein Spieler ist dann torgefährlich, wenn er zum Tor stößt");
4. durch individuelle Aktionen in 1:1-Situationen nach einem Anlauf zum Torwurf am Kreis zu kommen;
5. sich nach einer Stoßbewegung schnell auf ihre Ausgangsposition zurückzuziehen.

Da das Gelingen dieser Spielhandlung von der räumlichen Orientierung, vom Timing und von der Qualität der technischen Einzelhandlungen, besonders von der Umsetzung der Schrittregel beim Fintieren mit dem Ball in der 1:1-Situation abhängig ist, sollten nach der Konfrontation mit dem Thema im Spiel 1+3:3 auf ein Tor unterstützende Übungsphasen die Spielphasen begleiten.

– Konfrontationsspiel 3:3 auf ein Tor

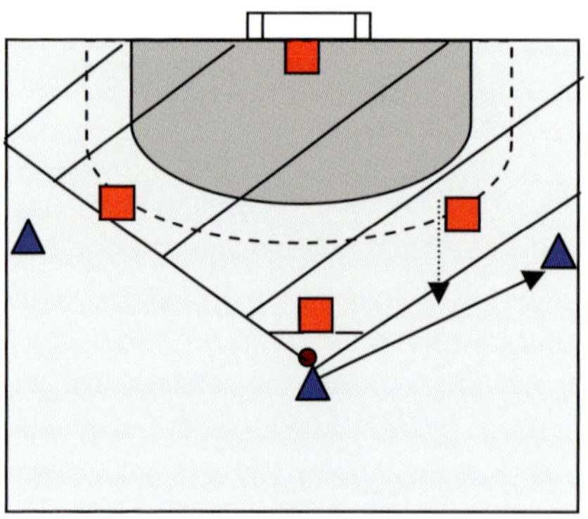

Abb. 12.189: 1+3:3 im HB auf ein Tor

Reflexion:
Beschreibe deine Spielwahrnehmung auf dem Flügel:
- Was musst du tun, um in Ballbesitz kommen zu können?
- Was nimmst du wahr im Moment der Ballannahme und worauf achtest du?
- Was empfindest du im Moment des Ballbesitzes?
- Was müsstest du tun, um Torgefahr zu entwickeln?
- Mit welchen Mitteln kannst du deinen direkten Gegenspieler täuschen, um an ihm vorbeizukommen?
- Worauf musst du beim Dribbling achten?

Eine Mannschaft hat 10 Angriffsversuche. Wie viele Tore erzielt sie? Danach erfolgt ein Rollenwechsel.

Diese Fragen zur Reflexion sollten in mehreren Etappen nach einzelnen Spielphasen besprochen oder mittels des Arbeitsblattes bearbeitet werden. In der Auswertung sollten die fünf oben genannten Lernziele klar zum Ausdruck kommen.

Übungsform

– Einführung der Stoßbewegung der Flügelspieler

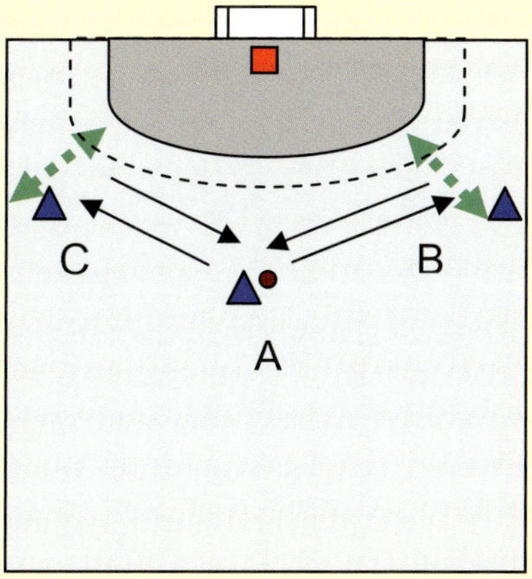

Abb. 12.190

B und C führen die Stoßbewegung auf dem Flügel aus; besonderes Augenmerk ist auf eine schnelle Rückwärtsbewegung zu richten:

- A passt zu B in die Vorwärtsbewegung, der seine Anspielbereitschaft mit den Händen anzeigt;
- B spielt den Pass zu A zurück, der nun C in die Vorwärtsbewegung passt.

Variation:

- A passt zu B oder C in die Vorwärtsbewegung, sodass diese zum Tor stoßen und einen Torwurf ausführen können. Danach Positionswechsel.

Fertigkeitsausbildung	– Schulung des einhändigen Passens in die Laufbewegung des Mitspielers, des Fangens und des Torwurfs. – Anwenden der Schrittregel beim Fangen des Balles vor allem in der Vorwärtsbewegung und beim Torwurf.

Fähigkeitsausbildung	– Entwicklung des Timings bei der Angriffsauslösung; – Schulung der räumlichen Wahrnehmung in der Dreiecksaufstellung in Torraumnähe, Abstand zum Torraum, um mit Dynamik reinspringen zu können; – Wahrnehmung der Torraumlinie, des Tors und des TW.

Steigerung:

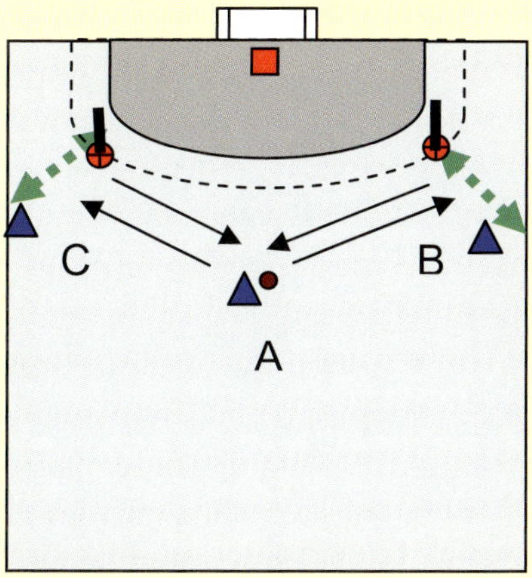

Abb. 12.191

B und C führen die Stoßbewegung auf dem Flügel aus; dort steht eine Stange als „passiver Gegenspieler" 2–3 m vor dem Torraum:

- A passt zu B in die Vorwärtsbewegung, der seine Anspielbereitschaft mit den Händen anzeigt;
- B fängt den Pass vor der Stange, führt eine Schritt- oder Körpertäuschung aus, umdribbelt die Stange und wirft aufs Tor;
- B holt den Ball, dribbelt auf die Position von C, der die Position von A eingenommen hat, A hat auf die Position von B gewechselt; B passt zu C in die Mitte.

Variationen:

- Stoßbewegung auf dem linken Flügel durchführen.
- Stoßbewegung auf den Flügeln gegen teilaktive Verteidiger durchführen.

– Spiel 1+3:3 auf ein Tor mit Anwendung der Stoßbewegung durch die Flügelspieler

Die erlernte Stoßbewegung soll umgehend in die Spielsituation 1+3:3 integriert werden, damit die Wahrnehmung auf die störenden Gegenspieler und den Kreis erweitert werden kann. Um eine Überforderung der Angreifer zu vermeiden, sollen die verteidigenden Spieler nur teilaktiv (100 % mit den Beinen, Hände hinter dem Rücken zusammenhalten) agieren.

Inszenierung:
„Spielt 3:3 auf ein Tor mit TW und achtet darauf, dass ihr in der Dreiecksaufstellung agiert und die beiden Flügelspieler stets zum Tor stoßen."

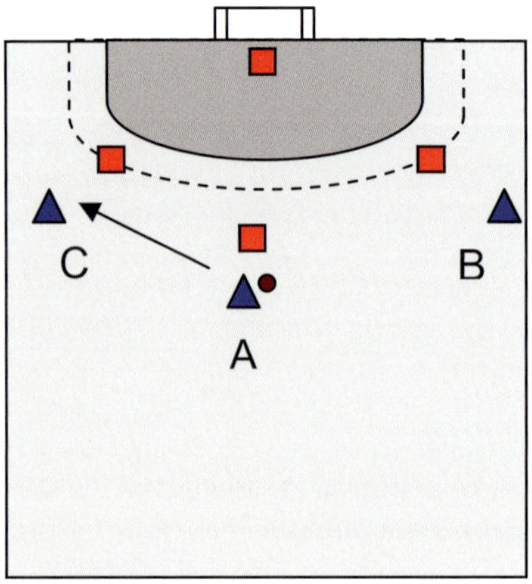

Abb. 12.192

- Mannschaft A hat 10 Angriffsversuche gegen die teilaktive Mannschaft B; danach Rollenwechsel. Welche Mannschaft erzielt mehr Tore?

Variationen:

- Mannschaft A und B spielen im Wechsel nach Ballverlust (nach Torerfolg bleibt Ballbesitz erhalten); nach jedem Rollenwechsel Spieleröffnung durch Zuspiel zum vordersten Verteidiger, dessen Rückpass zum gegnerischen Spielmacher das Spiel eröffnet.
- Aufheben der Teilaktivität der Verteidiger;
- Spiel 1+3:3+1 auf zwei Tore im Querbetrieb in einer Drittelhalle.

Spielfeldvariation: 1+3:3+1

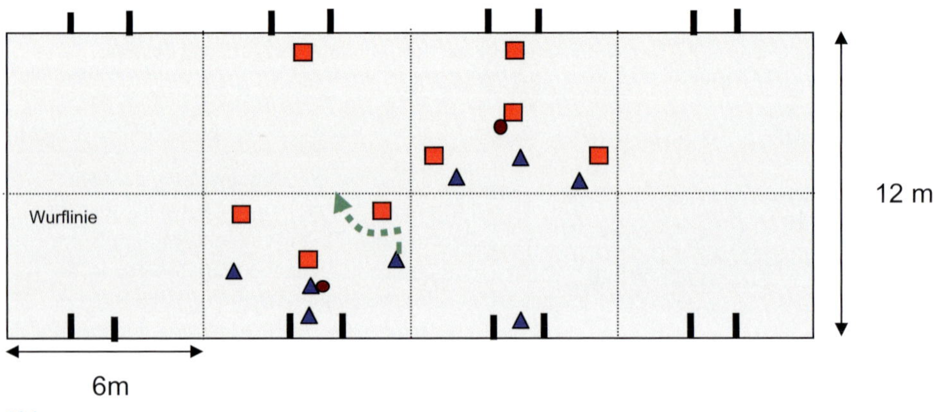

Abb. 12.193

Um Spielsituationen divergent lösen zu können, sollte die Stoßbewegung auf dem Flügel variiert werden. Bei entsprechenden Lücken kann das Einlaufen der Flügelspieler auch von der Außenlinie vor dem Verteidiger bogenförmig ausgeführt werden. Dies ist im Handball häufig nur bei einer defensiven Raum-Mann-Verteidigung sinnvoll. Bei einer offensiven Raum-Mann-Verteidigung ist die Gefahr des Ballverlusts groß, wenn der verteidigende Gegenspieler auf den Pass nach außen spekuliert und plötzlich in den Passweg hinein startet (vgl. Abb. 12.194). Um die Situationen erkennen zu können, wann und wohin gestoßen werden kann, sind längere Spielphasen nötig. Darüber hinaus lassen sich die technischen Fertigkeiten durch unterstützende Übungs- und Spielformen weiterentwickeln.

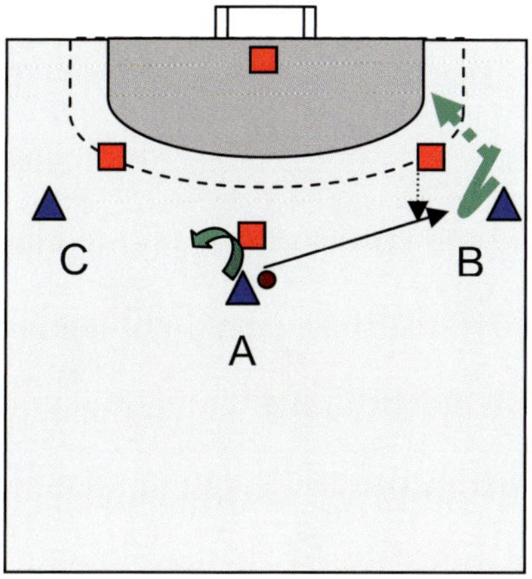

Abb. 12.194: Abfangen des Balles durch einen vorpreschenden Abwehrspieler beim Stoßen im Rücken des Verteidigers

Übungs-/Spielformen

– Glucke und Geier: **(Lauf-, Schritt-, Körpertäuschungen anwenden)**

- Die Glucke beschützt ihre Küken vor dem Geier, der versucht, mit Körpertäuschungen an ihr vorbei zu kommen und das hintere Küken auf dem Rücken mit der Hand abzuschlagen. Die Glucke hat die Arme angelegt, die Küken halten sich an den Hüften als Kette.

Steigerung: Geier dribbelt mit Ball.

– Fangspiele: Zonenwächter, Ketten fangen

Steigerung: Fangspiele mit Ball als Dribbelfangen durchführen.

– Variation der Stoßbewegung auf dem Flügel:

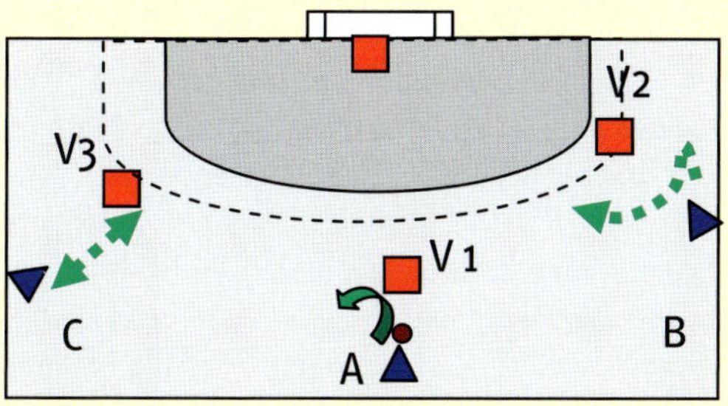

Abb. 12.195

- Bogenförmiges Einlaufen an den Kreis des rechten Flügelspielers nach Schrittfinte vor einem defensiv agierenden Verteidiger (V2).
- In der Angriffsauslösung kann der Spielmacher einen Pass zur Gegenseite antäuschen, was für den rechten Flügelspieler als Auslösezeichen dient, bogenförmig zum Kreis einzulaufen.

- **Spiel 1+3:3+1 mit Anwenden der Passfinte und der Stoßbewegung vor dem Verteidiger oder in dessen Rücken**

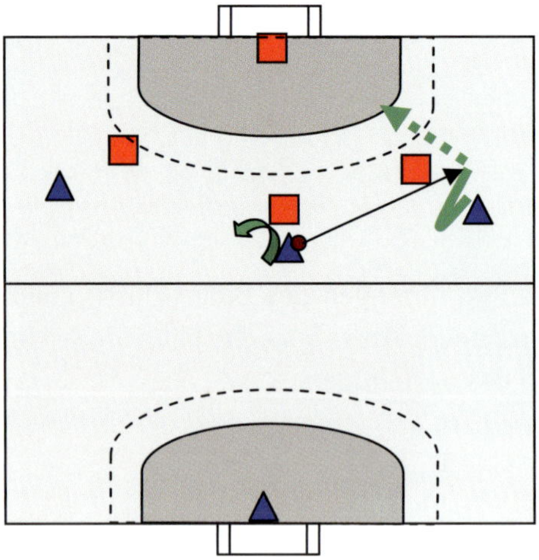

Abb. 12.196: Stoßen im Rücken des Verteidigers

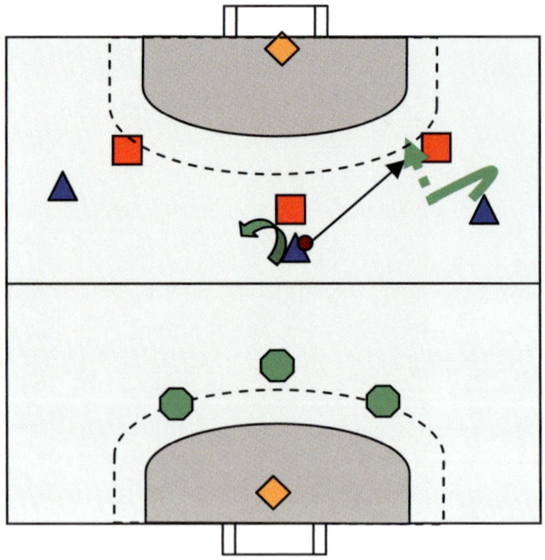

Abb. 12.197: Stoßen vor dem Verteidiger

Inszenierung:
„Spielt 1+3:3+1 auf zwei Tore im freien Spiel. Versucht, auf den beiden Flügeln ständig zum Tor zu stoßen. Wenn ihr nicht zum Torraum durchkommt, passt auf den Spielmacher zurück und zieht euch sofort auf die Ausgangsposition zurück. Wenn ihr ein Tor nach einem Pass vom Spielmacher auf den zum Tor stoßenden Spieler erzielt, zählt es doppelt."

Bei Platzmangel kann die Spielform auch im Wechsel von drei Mannschaften auf zwei Tore im „Parksystem" mit neutralen Torhütern durchgeführt werden (Abb. 12.197).

Für die Fortsetzung der Angriffshandlung nach dem Pass auf den Flügel haben die Spieler bereits auf den früheren Spielstufen gelernt, dem neuen Ballbesitzer zu helfen, indem sie ein neues Angriffsdreieck aufbauen. Mit der Umsetzung des Grundsatzes durch den ballfernen Flügelspieler „Wer nicht an der Passaktion beteiligt ist, läuft parallel zum Passweg!" findet der neue Ballbesitzer unter Umständen eine weitere Möglichkeit zum Abspiel als nur einen Rückpass auf den Spielmacher vor, sodass sich ständig neue Spielsituationen ergeben, in denen die Angreifer nach kreativen Lösungen für den Angriffsabschluss suchen können. In längeren Spielphasen sollten sie dafür Gelegenheit finden, ebenso für die qualitative Verbesserung der Angriffsauslösung. Dazu gehört vor allem das ständige Aufbauen des Angriffsdreiecks im Rückraum, wenn es der Abwehr gelungen ist, einen Durchbruch zu verhindern, und die Festigung der gemeinsamen Angriffsauslösung. Es soll an dieser Stelle betont werden, dass auf dieser Grundlage ein freies, intuitives und spontanes Spielen gefördert werden soll, indem Impulse für ein taktisch konvergentes Verhalten gegeben werden: Die optimale Lösung zeigt sich oft in ihrer Einfachheit, weshalb der erste Fehler des Gegners für den Angriffsabschluss ausgenutzt werden soll. Dabei sollte allmählich eine strengere Einhaltung des Regelwerks eingefordert werden. Die Umsetzung von Schritt- und Dribbelregeln sollte durch begleitende Übungsformen zum Dribbling und Sprungwurf gewährleistet werden.

Taktikelement: Abwehrverhalten gegen freilaufende Flügelspieler

Das individualtaktische Abwehrverhalten, bei dem die technischen Grundfertigkeiten richtig eingesetzt werden, ist unabhängig von der Abwehrformation, in der später einmal gespielt werden soll. Deshalb erlaubt auch das offensiv ausgerichtete Abwehrspiel in der Raum-Mann-Verteidigung ein integratives Vorgehen. In den grundsätzlichen Anforderungen unterscheidet es sich nur in den G-3-Kriterien durch eine sportspielspezifische Ausprägung.
Diese G-3-Kriterien (Grundhaltung, Grundposition, Grundbewegung) können nun in Anlehnung an diese Spielsituation qualitativ entwickelt werden.

Grundsätze für das individualtaktische Verteidigungsverhalten:

» Angreifer ohne Ball werden in größerem Abstand gedeckt. („Sie können dich sonst mit einem plötzlichen Antritt überlaufen.")
» Angreifer ohne Ball in Torraumnähe enger decken. (Fingerkontakt).
» Die Möglichkeit, den Passweg zu versperren, birgt aber auch die Gefahr, dass der Angreifer sich im Rücken des Abwehrspielers befreien kann.
» Oberstes Gebot: Position des Verteidigers auf der Angreifer-Tor-Linie (innere Linie – der Angreifer sollte nicht näher zum Tor kommen als der Verteidiger) in der Grundhaltung: leichte Grätschstellung, gebeugte Knie, leichte Beugung im Hüftgelenk, Oberkörper leicht nach vorne geneigt, Hände über Schulterhöhe, Arme leicht nach oben abgewinkelt, Gewichtsbelastung auf Fußballen, Körperspannung).
» Grundhaltung gegen dribbelnden Spieler verändert sich durch leichte Schrittstellung, um Angreifer zur Seite abzudrängen (flache Nachstellschritte).
» Den Dribbler nicht vorbeiziehen lassen.
» Den Ball beim Dribbling von unten nach oben versuchen „herauszuschaufeln" (ballseitiger Arm unten, ballferner oben, um Passen zu erschweren).
» Beim Aufnehmen des Balles durch den Dribbler Fehlpässe oder Fehlwürfe erzwingen durch Armbewegungen (Hände etwas über Schulterhöhe, Arme leicht abgewinkelt, nicht gleichzeitige Armbewegungen nach oben und unten).
» Bei Ballbesitz des Angreifers nach einem Pass auf Abstand achten, damit der Verteidiger nicht mit dem ersten Schritt vorbeiziehen kann.
» Bei Torwürfen den Ball mit beiden Armen zu blockieren versuchen, dabei Bein auf Wurfarmseite des Gegenspielers nach vorne stellen.

– Spiel 1+3:3 mit dem Schwerpunkt der Abwehrmaßnahmen gegen die Flügelspieler

Inszenierung:
„Spielt 1+3:3 auf ein Tor. Eine Mannschaft bleibt für eine bestimmte Zeit im Angriff, die andere in der Abwehr. Im Mittelpunkt soll das Abwehrverhalten gegen die Flügelspieler bei der Stoßbewegung und nach einem Pass zu diesen Spielern stehen. Bewegt euch auf der inneren Linie zum Angreifer und tretet sofort heraus, wenn er angespielt wird. Achtet darauf, dass der Flügelspieler nicht an euch vorbeilaufen kann und dem Tor nicht näher kommt als ihr selbst."

In der Reflexionsphase sollten die kritischen Situationen erörtert und das richtige individualtaktische Verhalten herausgestellt werden. In einer anschließenden Übungsphase lassen sich die individualtaktischen Abwehrmaßnahmen in Verbindung mit den elementaren Abwehrtechniken ausbilden.

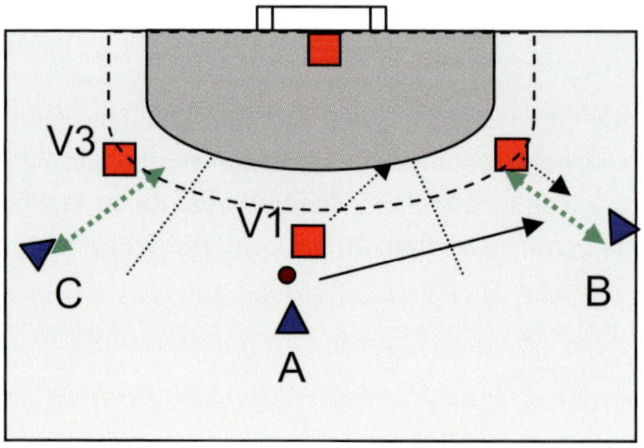

Abb. 12.198

Übungsphase

– Einnehmen der inneren Linie und Verteidigungsgrundhaltung

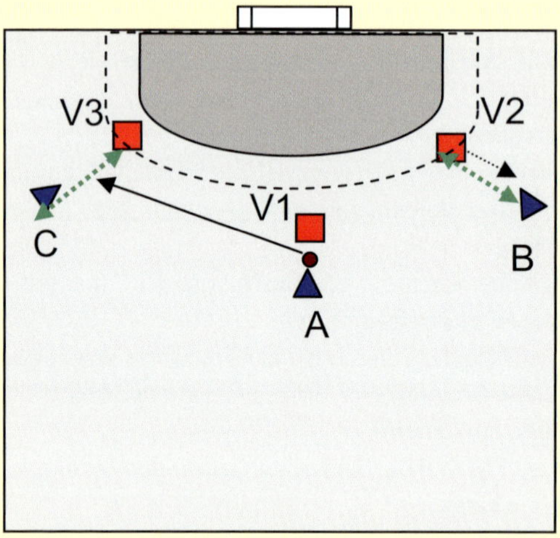

Abb. 12.199

Passübung der drei Angreifer in Verbindung mit der Stoßbewegung der Flügelspieler.
– A passt in die Stoßbewegung der beiden Flügelspieler den Ball nach rechts oder links auf dem Flügel.
– Mit dem Fangen des Balles durch den Flügelspieler wird die Situation „eingefroren“: Alle Spieler verharren in ihrer Position. Die drei Verteidiger können so in Bezug auf die G-3-Kriterien überprüft und ggf. korrigiert werden.
– Der Flügelspieler passt auf A zurück, A passt erneut und usw.
– Die drei Angreifer führen zunächst keinen Durchbruch zum Tor durch.

Variationen:
– B und C können nach einem Anspiel sofort zum Tor stoßen und falsches Abwehrverhalten ausnutzen.
– Mehrere Pässe hintereinander über A spielen und dann plötzlich die Übungssituation „einfrieren“ lassen.

– Isolierte Schulung der Grundhaltung, Grundbewegung

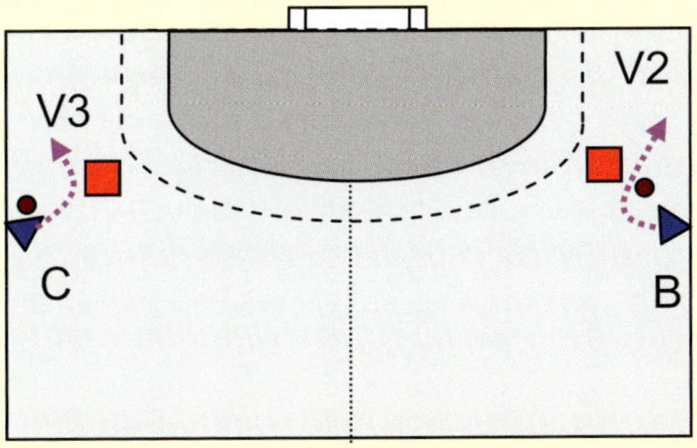

Abb. 12.200

- B dribbelt vom Flügel zum Tor, V2 nimmt Grundhaltung ein und versucht B abzudrängen;
- B dribbelt wie oben, V2 weicht in Grundbewegung zurück, B stoppt ab und nimmt Torwurfposition, V2 dazu die Grundhaltung ein, dann wird die Situation „eingefroren";
- 1:1-Spiel vom Flügel aus.
- Auf der linken Seite üben C und V3 parallel dazu.

Hinweis: ··········▶ Laufweg mit kurzfristigem Ballbesitz/Dribbling

Anmerkung zum Verteidigungsverhalten von V2: **Der Abwehrspieler gibt den Laufweg vor!**

- B als Linkshänder wird nach außen abgedrängt, indem die Wurfarmseite abgedeckt wird. Dazu wird der rechte Fuß nach vorne gesetzt und beide Arme zur Wurfarmseite hochgeführt.
- B als Rechtshänder kann der Weg nach innen angeboten werden, indem der linke Fuß vorgesetzt und die rechte Wurfarmseite abgedeckt wird. Beim Begleiten kann der Ball während des Dribblings evtl. herausgespielt werden.

12.7.2 Lektion 2: Individualtaktik – Stoßen des Spielmachers auf Lücke – Deckungsverhalten des Abwehrspielers

Taktikelement: Ballsicherung und Angriffsauslösung durch den Spielmacher

– Konfrontationsspiel 3:3+1 auf ein Tor

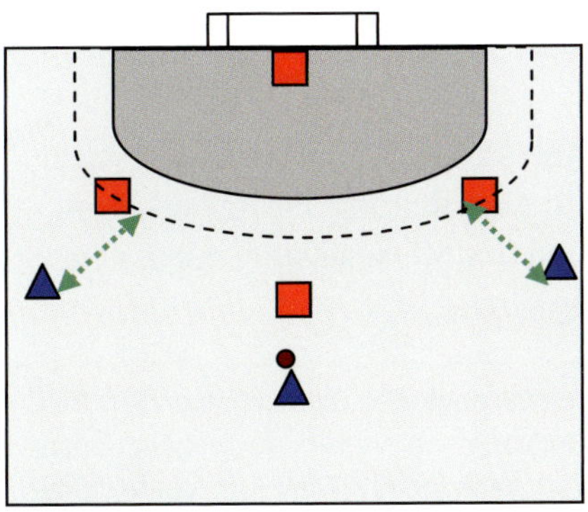

Abb. 12.201

Reflexion:

- Beschreibe deine Spielwahrnehmung auf der Spielmacherposition.
- Was empfindest du im Moment des Ballbesitzes?
- Wie könntest du dich der Drucksituation entziehen?
- Worauf solltest du bei der Angriffsauslösung achten?
- Was erwartest du von deinen beiden Mitspielern?
- Welchen Flügelspieler spielst du an?

Eine Mannschaft hat 10 Angriffsversuche. Wie viele Punkte erzielt sie? Danach erfolgt Rollenwechsel.

Das ständige Anbieten des Spielmachers im Rückraum hat zur Folge, dass die beiden Flügelspieler bei enger Deckung fortwährend den Ball nur nach hinten zu ihm zurückpassen können, wodurch es zwar zu einem Passspiel im Rückraum, aber zu keinen Torwurfgelegenheiten kommt. Dieses Passspiel ist aber für die Erfolg versprechende Angriffsauslösung enorm wichtig, weil sich dabei die Angreifer in Position bringen und das Entstehen von Lücken in der Abwehr vorbereiten können. Für dieses sichere Ballhalten im Rückraum kommt dem Spielmacher die zentrale Bedeutung zu. Er muss stets so anspielbar sein, dass der Ballbesitz kontrolliert werden und die Angriffsauslösung im entscheidenden Moment vollzogen werden kann. Er darf nicht zu weit im Rückraum agieren, aber auch nicht zu offensiv, um nicht in den Deckungsschatten des Außenverteidigers zu geraten.

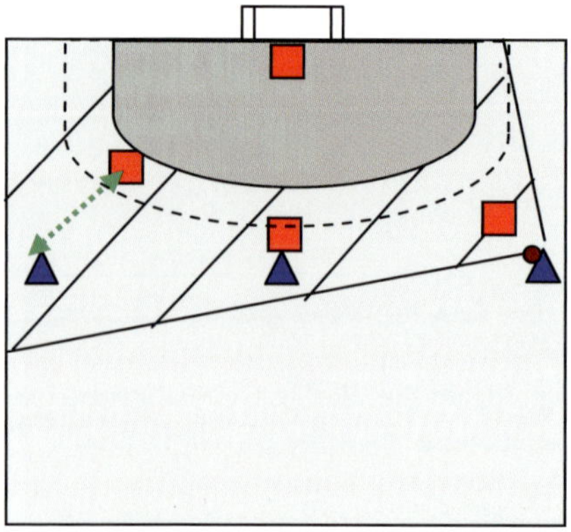

Der Spielmacher im Deckungsschatten des Außenverteidigers. Der Flügelspieler besitzt dadurch keine Abspielmöglichkeit.

Abb. 12.202

Deshalb sollte das Verhalten des Spielmachers in der Spieleröffnung zunächst in vereinfachten Übungsformen schrittweise entwickelt und dabei sorgfältig auf das Verhalten der Mitspieler abgestimmt werden.

Übungsform

– **Ballsicherung und Angriffsauslösung durch Spielmacher**

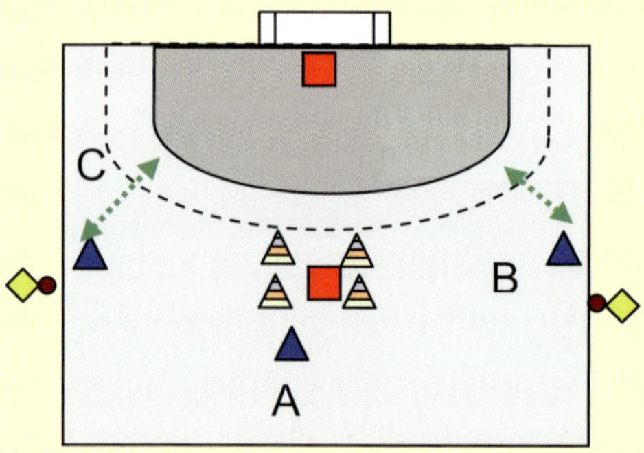

Abb. 12.203: Komplexe Übungsform für die Schulung der Ballsicherung und Angriffsauslösung durch den Spielmacher

- Der Spielmacher A fordert von einem der beiden neutralen Außenspieler den Ball, indem er sich diesem anbietet. A fängt den Ball vor einem Viereck, in dem ein Gegenspieler steht, der das Viereck aber nicht verlassen darf, und führt dabei in zunehmender Komplexität die FDP-Aufgabe aus:
- **Fintieren** (Pässe nach außen antäuschen), Seitenverlagerung und Passspiel im Rückraum in Gang setzen durch plötzlichen Pass zu Flügelspieler in die Vorwärtsbewegung mit anschließendem Torwurf;

- dito, mit eigenem Torabschluss nach **Dribbling** um Hütchen;
- Passfinten einsetzen, **Pass** zu Flügelspieler in die Vorwärtsbewegung mit plötzlichem Stoßen des Spielmachers zum Tor, Anspiel und Torabschluss.

Steigerung der Komplexität:

- gegen aktiven Verteidiger, anstatt Verteidiger im Viereck.

Fertigkeitsausbildung	– Schulung der Ballsicherung, der Freilaufbewegung auf dem Flügel und der Stoßbewegung des Spielmachers

Fähigkeitsausbildung	– Wahrnehmung der Abstände und des Spielraums des Spielmachers; – Timing für die aufeinander abzustimmenden Aktionen entwickeln (Wann ist der Spielmacher abspielbereit? Wann ist der Flügelspieler anspielbar?).

– Spiel 1+3:3 zur Ballsicherung und Angriffsauslösung durch Spielmacher

Inszenierung mit dem Schwerpunkt:
„Ein Tor zählt doppelt, wenn ihm folgende Aktionen (entweder – oder) vorausgehen:

- Pass in die Laufbewegung des Flügelspielers zum Tor mit direktem Torerfolg;
- Tor durch Spielmacher nach Dribbling und Stoßen zum Tor;
- Anwendung der Ballsicherung und Initiierung des Passspiels mit Pass auf dem Flügel, Stoßen zum Tor durch den Spielmacher und Tor durch den Spielmacher."

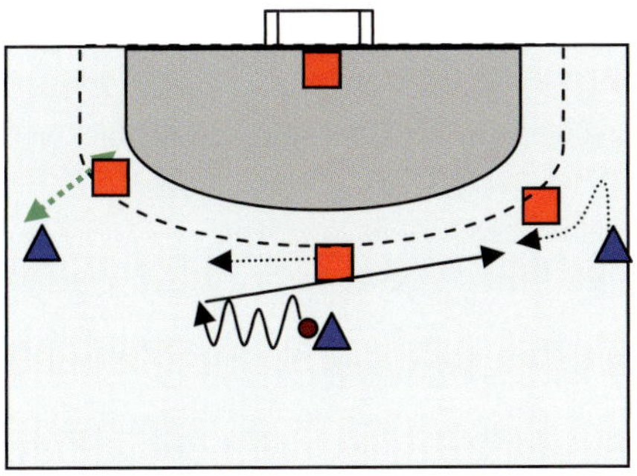

- Eine Mannschaft bleibt eine bestimmte Zeit im Angriff, danach Rollenwechsel. Welches Team erzielt mehr Punkte?

Abb. 12.204

Taktikelement: Verteidigen gegen den Spielmacher

Dem direkten Gegenspieler des Spielmachers muss klar werden, dass durch die Stoßbewegung der Flügelspieler zum Tor kurzzeitig der Raum hinter ihm erweitert wird, wenn er heraustritt und den Spielmacher stellt. Sollte der zentrale Verteidiger zu schnell auf den Spielmacher zulaufen, ergibt sich für diesen in dieser speziellen Situation die Option, an diesem vorbei in den freien Raum hinein zu dribbeln. Den äußeren Verteidigungsspielern ist es dann kaum möglich, dem mittleren Verteidiger auszuhelfen. Das Verteidigungsverhalten muss wie im Basketball auf den Abstand zum Spielmacher, das Abdrängen des Spielmachers zur Seite im Falle eines Dribblings und die richtige Körperposition und Fußstellung ausgerichtet werden.

Übungsform

– Verteidigungsspiel gegen den Spielmacher

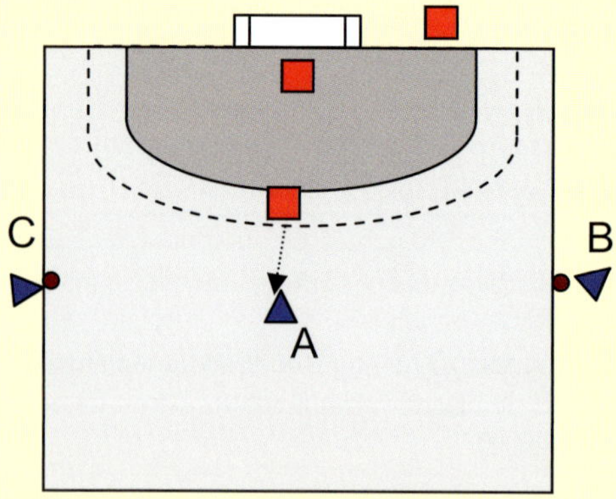

Abb. 12.205: Komplexe Übungsform für die Schulung der Ballsicherung und Angriffsauslösung durch den Spielmacher

A bietet sich B oder C zum Anspiel an. Der Verteidigungsspieler läuft mit dem Pass zu A nach vorne und stellt A (seitliche Fußstellung), der den Ball sichert oder zum Tor dribbelt und den Torabschluss sucht. Der Verteidiger versucht, ihn regelgerecht zur Seite abzudrängen. Wenn A nicht durchkommt, dribbelt er auf die Position des Anspielers, der in die Mitte wechselt. Verteidiger wechseln erst nach 3–5 Abwehrversuchen.

Basiselement: Stoßen des Spielmachers zum Tor

Setzt der Spielmacher den Grundsatz „Passen und Laufen“ in die Tat um, führt das zu folgenden Konsequenzen in der Spielsituation 3:3:

- Der Spielmacher führt seinen direkten Gegenspieler zunächst ins Abwehrzentrum, weil dieser ihn begleiten muss;
- er sorgt für Verwirrung in der Abwehr, da diese nicht weiß, was er vorhat;
- der Spielmacher kommt seinem ballfernen Flügelspieler ins Gehege, wenn dieser versucht, ein neues Angriffsdreieck aufzubauen;
- er verschafft dem Flügelspieler Platz für einen Durchbruch zum Tor;
- der Spielmacher öffnet den Rückraum für einen Mitspieler, der ihn auf dieser Position ersetzen könnte.

Mit dem Stoßen des Spielmachers zum Tor klopfen die Spieler nicht nur an die Tür zur Gruppentaktik, sondern müssen ihr bisheriges Bewegungsverhalten um eine wesentliche Aktion erweitern: Während der Spielmacher bislang nach dem Pass zum Flügelspieler den Rückraum absicherte und sich dort lediglich für einen Rückpass anbieten musste, wird von ihm jetzt verlangt, aktiv in die Lücken des gegnerischen Abwehrverbunds zu stoßen und den Sicherheitsaspekt im Aufbauspiel aufzugeben. Als erkennbares Auslösezeichen für das Stoßen des Spielmachers zum Tor dient der Antritt des Spielmachers zum Kreis nach seinem Pass auf den Flügel. Daran sollte der ballferne Flügelspieler seine neue Aufgabe „ablesen“.

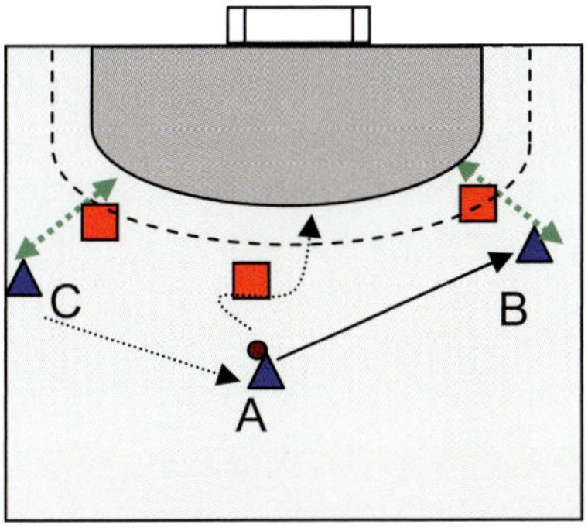

Abb. 12.206

Da dieses Spielverhalten beim Stoßen des Spielmachers nun fortwährend gefordert wird, ist es wichtig, die Spieler zunächst das Prinzip „Passen und Laufen“ in erleichterter Spielform lernen zu lassen.

– Tigerball mit dem Grundprinzip „Passen und Laufen“

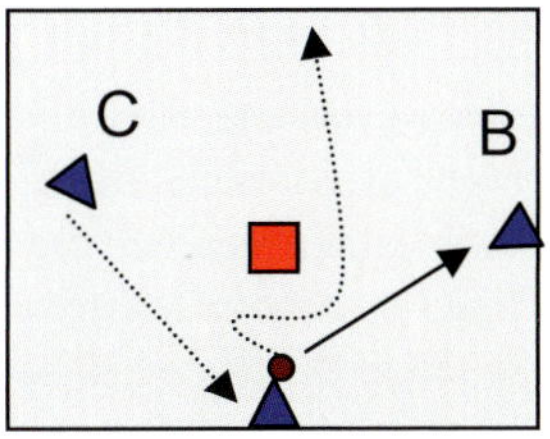

A passt zu B, täuscht eine Laufbewegung nach links an und zieht rechts vom Tiger zur gegenüberliegenden Linie durch. Die Lauftäuschung dient C als Auslösezeichen, dass er nun den Platz von A einnehmen muss, damit die Dreiecksaufstellung wieder gegeben ist.

Abb. 12.207

Der Grundsatz für Spieler C lautet nun: „ Wenn du nicht an der Passaktion beteiligt bist, laufe auf den Platz von A!“ Da er früher einmal gelernt hat: „Wenn du nicht an der Laufaktion beteiligt bist, laufe parallel zum Passweg!“, unterliegt mit dem Schneiden des Spielmachers sein weiteres Handeln einer Entscheidungsalternative, die vom Verhalten des Spielmachers abhängig ist. Die Anforderungen an die Wahrnehmung und Interaktion werden nun sehr anspruchsvoll, sodass die Spieler sehr viele Lerngelegenheiten erhalten müssen, um diese Fähigkeiten zu entwickeln. Um die Aktionen zur Spieleröffnung intensiv anwenden zu lassen und damit eine Festigung zu ermöglichen, werden lange Spielphasen benötigt, die besonders in Turnierformen zustande kommen.

Um zu verhindern, dass in leistungsheterogenen Mannschaften die schwächeren Spieler wieder auf die Außenpositionen gestellt werden, sollte eine Turnierform angeboten werden, in der die leistungsstärkeren Spieler ein getrenntes Turnier durchführen und somit auf ähnlich starke Gegenspieler stoßen, was die Einsicht in die Notwendigkeit des Zusammenspiels wachsen lässt.

– Turnierform 3:3 auf zwei 2 Tore

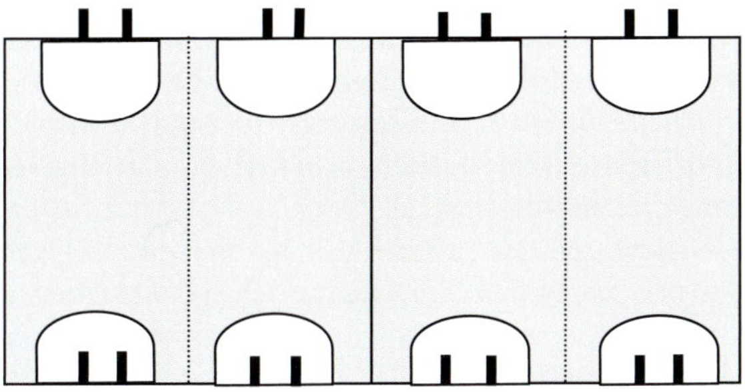

Abb. 12.208

Bei zwei Mannschaften pro Spielfeld sollten vier Spielfelder in einer Drittelhalle eingerichtet werden. Alle Mannschaften spielen einmal gegeneinander. So hat jede Mannschaft drei Spiele, in denen jeder Spieler in der Offensive einmal die Position des Spielmachers, des rechten und des linken Flügelspielers und in der Defensive des rechten, zentralen und linken Verteidigers einzunehmen hat.

Tab. 12.7

Spielfeld 1/2			Spielfeld 3/4		
Runde 1:	A – B C – D	: :	Runde 1:	A – B C – D	: :
Runde 2:	A – C B – D	: :	Runde 2:	A – C B – D	: :
Runde 3:	D – A C – B	: :	Runde 3:	D – A C – B	: :

Das Spiel auf zwei Tore hat bei einem Ballverlust in der Angriffsauslösung verbunden mit dem Stoßen des Spielmachers einen schnellen Gegenstoß zur Folge. Um den Fokus in der Spielanalyse auf das Stoßen des Spielmachers zum Tor zu lenken, sollten die einzelnen Mannschaften deshalb ihre Spiele unter dem Aspekt der Trefferentstehung bzw. Trefferursache auswerten.

Mit der Spielauswertung soll allmählich das Bewusstsein geschärft werden, dass Spielen mehr ist als nur ein spontanes individuelles Agieren aus der Dreiecksaufstellung heraus. Die Spielauswertung kann von einem Ergänzungsspieler während des Spiels oder von dem Torschützen nach der Aktion vorgenommen werden, indem sich dieser Spieler auswechselt. Die Hinführung zu einer selbstständigen Spielanalyse mittels eines Spielauswertungsbogens kann den anspruchsvollen Übergang zur gruppentaktischen Ausbildung einleiten und Einsicht in die Notwendigkeit gruppentaktischer Maßnahmen fördern.

12.7.3 Lektion 3: Gruppentaktische Angriffsmaßnahme – Doppelpass nach Stoßen

Bereits bei der individualtaktischen Ausbildung im Handball wurde die Abhängigkeit der Angriffsmittel von dem Abwehrverhalten der gegnerischen Mannschaft angesprochen. Zieht sich eine Mannschaft nach einem Ballverlust an den eigenen Torraum zurück und agiert dort sehr defensiv, ergibt sich eine andere Spielkonstellation als bei einer Manndeckung, bei der auf Höhe der Mittellinie jeder Abwehrspieler einen direkten Gegenspieler stellt und auf der inneren Linie begleitet. Bei dem offensiven Abwehrverhalten lassen sich zahlreiche gruppentaktische Maßnahmen wie das Ersetzen des Spielmachers in der Form eines Kontinuums, der Doppelpass, das Hinterlaufen oder das Spiel über den Dritten einsetzen, um Bewegung in das Angriffsspiel zu bringen und somit Druck auf die Abwehr auszuüben. Bei einer Abwehrformation am Torraum ergeben sich dagegen völlig veränderte Voraussetzungen für das Angriffsspiel. Der Ball kann ohne gegnerische Einwirkung bis auf eine Distanz von zehn bis zwölf Metern vor das gegnerische Tor transportiert werden, bis die Angreifer auf einen Abwehrverbund treffen, der in erster Linie keine Durchbruchsräume zum Tor zulassen will. Mit dem rechtzeitigen Heraustreten aus dem Abwehrverbund und dem Stellen des Angreifers sollen Distanzschüsse verhindert werden. Die Unterschiede, die sich daraus zum Angriffsspiel im Basketball ergeben, lassen bereits die Abbildungen 12.209a/b erkennen.

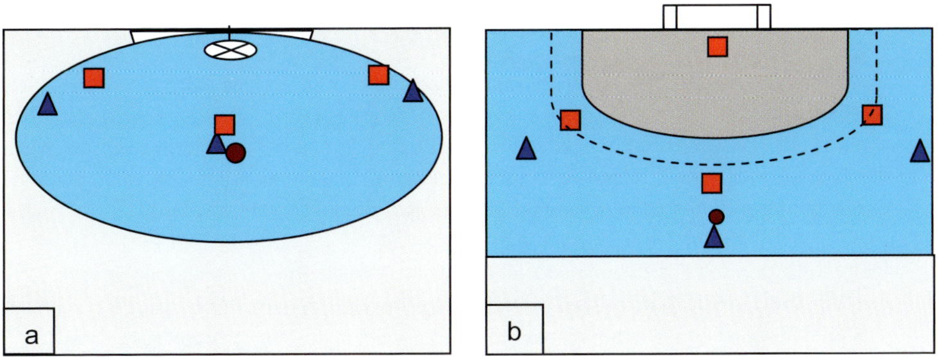

Abb. 12.209a/b: Aktionsräume der Angreifer im Basketball und Handball

Im Handball ergeben sich bei einer Raum-Mann-Verteidigung nur wenige Lücken für die Angreifer, vor allem wenn es die Verteidiger verstehen, durch seitliches Verschieben und schnelles Heraustreten kompakt zu agieren. Dadurch wird das Spiel in die Tiefe für die Angreifer erschwert, weil der heraustretende Abwehrspieler einen Deckungsschatten erzeugt, in den der Nebenmann bei falschem Timing zu früh hineinstößt, wodurch ein Passen nur zum übernächsten Angreifer möglich wird, was zu einem Spiel in die Breite führt. Um bei solchen Pässen ein „Dazwischenpreschen der Abwehrspieler" zu vermeiden, müssen die Angreifer einen entsprechenden Abstand zum Torraum einhalten. Um Druck auf die Abwehr ausüben zu können, ist es jedoch unerlässlich, sich nur in einer solchen Distanz zu der Abwehrformation zu positionieren, dass der Ball in der Vorwärtsbewegung gefangen und ein blitzschnelles Stoßen in die Lücken möglich ist, bevor sie die Verteidiger wieder schließen können. Dazu ist eine hohe Handlungsschnelligkeit erforderlich, die stets von der Wahrnehmung der Spielsituation, aber auch von der schnellen Handlungsausführung abhängig ist. Letztere wird vor allem durch eine regelgerechte Umsetzung der Schrittregel und ein situationsgerechtes Passspiel realisiert, zu dem nun präzise Kernwurf-, Handgelenks-, Unterhand- und Bodenpässe mit kurzen Ausholphasen in die Laufbewegung der Angreifer notwendig sind. Da bei einer funktionierenden Abwehrformation auftretende Lücken immer wieder rasch geschlossen werden, sind ein rechtzeitiges Abbrechen der Stoßbewegung und ein schnelles Zurückziehen auf die Ausgangsposition notwendig, um bei dem folgenden Angriffsversuch erneut mit Dynamik in den Abwehrverbund eindringen zu können. Durch ein kontrolliertes und organisiertes Positionsspiel sollen die Spieler diese lernrelevanten Spielsituationen in hoher Dichte wiederfinden und allmählich gruppentaktische Angriffsmittel in ansteigender Komplexität und Schwierigkeit anwenden lernen. Dazu eignet sich besonders der Doppelpass, der sich in drei Phasen vollzieht:

1. Der Flügelspieler B stößt auf eine Lücke zum Tor, erhält den Ball vom Spielmacher A zugepasst, fängt den Ball und stoppt ab;
2. A führt eine Schrittfinte nach links aus und stößt zwischen seinem direkten Gegenspieler und dem ballbesitzenden Flügelspieler zum Tor;
3. A erhält den Ball von B in die Laufbewegung gepasst und versucht, seine Stoßbewegung mit einem Torwurf abzuschließen (vgl. Abb. 12.210).

Der Doppelpass wird den gruppentaktischen Maßnahmen zugeordnet, weil der Ballbesitzer mit dieser Aktion die Intention verfolgt, an seinem direkten Gegenspieler im Spiel ohne Ball vorbeizukommen und nach dem Rückpass zum Kreis zu gelangen. Dazu wird die erste Stoßbewegung durch eine Schritt-, Körper- oder Lauftäuschung in die entgegengesetzte Richtung eingeleitet. Bei einem geringen Abstand der beiden Angreifer kann die Fortsetzung der Stoßbewegung des Spielmachers „in den Rücken" des Mittelverteidigers erfolgen, der in der Regel auf dem falschen Fuß steht, da er sich nach innen bewegt, um die Lücke zu schließen.

– Konfrontationsspiel: 1+3:3+1 auf zwei Tore

Inszenierung:
„Spielt 1+3:3+1 auf zwei Tore. Es gelten die Regeln, dass Tore nur erzielt werden können, wenn der Angreifer mit Anlauf in den Torraum hineinspringt und dabei auf das Tor wirft, und dass das Dribbling verboten ist (nur vor dem Torwurf darf einmal geprellt werden)."

In der Reflexion soll das Zusammenspiel analysiert werden unter Fragestellungen wie:

- Von welcher Position aus habt ihr am häufigsten aufs Tor geworfen?
- Seid ihr durch Einzelaktionen oder durch Passspiel in die Wurfposition gekommen?
- Habt ihr oft dem Spieler zurückgespielt, von dem ihr den Ball erhalten habt?
- Was müsst ihr tun, damit ihr mit Anlauf in den Kreis hineinspringen könnt?

Ein anderer Weg, die Spieler an das Stoßen und den Doppelpass heranzuführen, kann mit der direkten Methode vollzogen werden. Wir überlegen uns ständig bei der Unterrichtsvorbereitung, wie wir unsere Schüler aufwärmen und sie dabei zugleich auf das Unterrichtsthema einstimmen können. Deshalb lässt sich das Thema „Doppelpass nach Stoßen" auch durch komplexe Übungsformen mit Passen, Fangen, Laufen und Sprungwurf am Stundenanfang vorbereiten und ein Bewusstsein für die Notwendigkeit genau getimter Bewegungsabfolgen entwickeln.

Übungsformen

– Doppelpass und Torabschluss nach Stoßen des Spielmachers im Zentrum

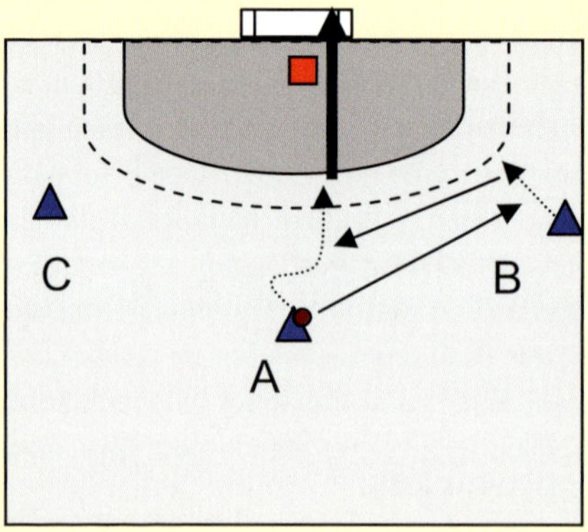

Abb. 12.210

- B führt Stoßbewegung zum Tor aus und erhält in der Vorwärtsbewegung den Ball von A zugepasst, fängt ihn und stoppt ab.
- A stößt ebenfalls nach Schrittfinte zum Tor, erhält den Ball von B zurück und schließt mit Sprungwurf ab.
- A holt den Ball, nimmt die Position von C ein, der zum Spielmacher wird, A geht auf linke Flügelposition.

Variation:

- A passt nach links, Rotation im Uhrzeigersinn;
- der Spielmacher entscheidet selbstständig, ob er nach rechts oder links passt.

– **Kleine Spielform: Hütchen umschießen im Spiel 3:3**

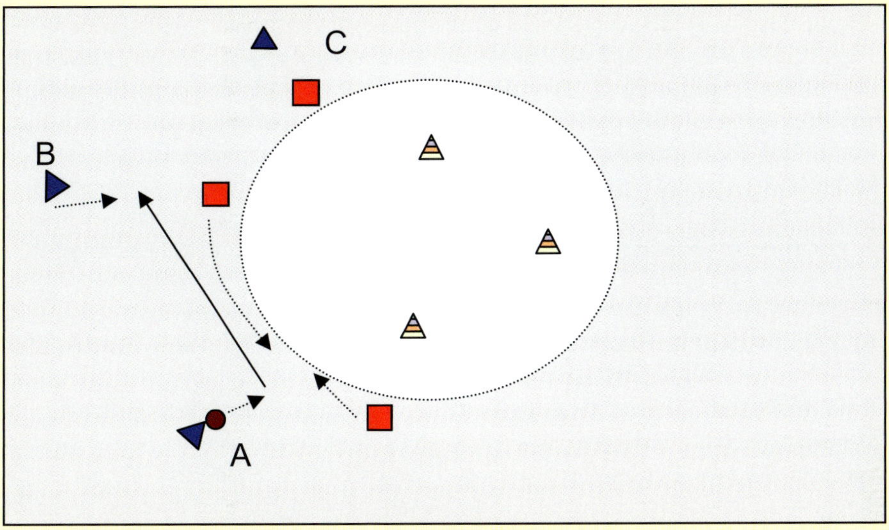

Abb. 12.211: Hütchen umschießen im Spiel 3:3

In einem Kreis mit einem Durchmesser von 4–5 m stehen mehrere Hütchen. Diese sollen von den drei Angreifern gegen die drei Verteidiger mit dem Ball umgeschossen werden. Mannschaft A verbleibt zunächst im Angriff, Mannschaft B in der Verteidigung. Die Angreifer dürfen jedoch nur auf die Hütchen werfen, wenn sie nach einem Anlauf vor der Kreislinie abspringen und im Sprung aus kurzer Distanz auf das Hütchen werfen.
Welche Mannschaft schießt in einem bestimmten Zeitraum die meisten Hütchen um?

– **Anwendung des Stoßens mit Doppelpass im Spiel 1+3:3+1 auf zwei Tore**

Inszenierung:
„Spielt 1+3:3+1 auf zwei Tore. Ein Tor, das nach einem Doppelpass erzielt wird, zählt doppelt."

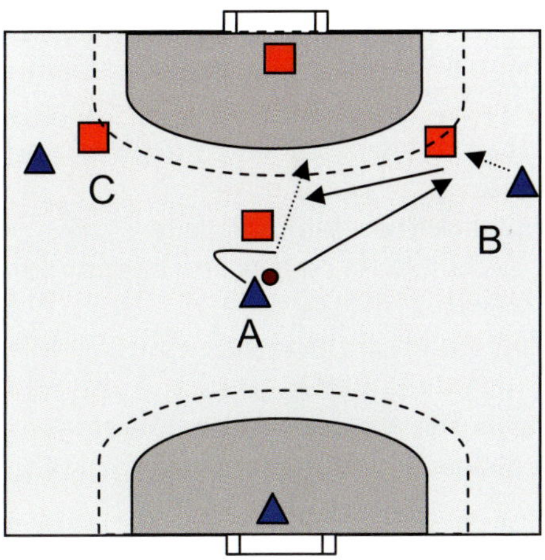

Abb. 12.212: Doppelpass des Spielmachers mit dem rechten Flügelspieler

Das Stoßen mit Doppelpass kann bereits nach dem ersten Pass in der Angriffsauslösung durch den Spielmacher mit einem Flügelspieler angewandt werden. Es kann jedoch auch notwendig sein, den Ball im Rückraum mehrmals durchzupassen, bis sich eine Lücke ergibt. Außerdem sollten die Flügelspieler und der Spielmacher stets versuchen, sich in der 1:1-Situation auch überraschend durchzusetzen. Diese Optionen erweitern den Handlungsspielraum der Angreifer im Sinne von divergenten Lösungen. In den Spielphasen gilt es nun, die Situationen wahrzunehmen und zu erkennen, ob ein Doppelpass mit Erfolg eingesetzt werden kann. Dabei ist die Anwendung des Doppelpasses von den räumlich-zeitlichen Gegebenheiten abhängig: Kann der Rückpass auf den stoßenden Spieler nicht erfolgen, muss das Zurückweichen auf die Ausgangsposition bewusst gemacht und ein Neuaufbau des Angriffs eingeleitet werden.

12.7.4 Lektion 4: Gruppentaktische Angriffsmaßnahme – Parallelstoß

Beim Parallelstoß wird nun der dritte Angreifer in die gruppentaktische Angriffsmaßnahme „Stoßen auf Lücke" einbezogen, vor allem wenn der Rückpass auf den das Stoßen auslösenden Angreifer beim Doppelpass nicht möglich ist. Unter dem Parallelstoß versteht man ein sukzessives Eindringen der Angreifer in die Abwehr mit dem Ziel, eine Überzahl zu schaffen bzw. einen Angreifer so frei zu spielen, dass er aus einer 1:0-Situation mit einem Sprungwurf in den Kreis zum Angriffsabschluss kommt. Das geschieht häufig auf den Außenpositionen. Das Stoßen zwingt die Abwehr zum Verschieben und Heraustreten, wodurch Durchbruchsräume geöffnet werden.

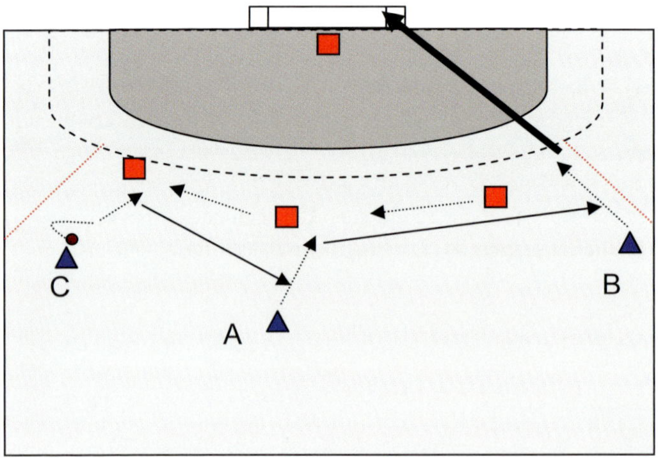

Abb. 12.213: Parallelstoß von der linken Außenposition eingeleitet

Um dieses komplexe und anspruchsvolle Angriffsmittel einsetzen zu können, muss man sich über den richtigen Ablauf des Stoßens im Klaren sein:

- Die Stoßbewegung erfolgt zwischen zwei Abwehrspielern in der Nahtstelle.
- Der parallel stoßende Spieler, der den Ball erhält, sollte in der Vorwärtsbewegung sein, um stets Druck auf die Abwehr und somit Torgefahr auszuüben.
- Der stoßende Spieler sollte das Bewegungsverhalten seines Nebenmannes stets peripher wahrnehmen.
- Nach dem Pass ist ein schnelles Zurückziehen auf die Ausgangsposition erforderlich.
- Der rückwärtslaufende Spieler sollte den Ball nicht wieder erhalten, dann muss der übernächste Angreifer angespielt werden.

Als technische Voraussetzungen für den Parallelstoß sind die korrekte Umsetzung des 3er-Rhythmus mit der Ausnutzung der Null-Kontakt-Regel, ein variables Passen aus dem Hand-

gelenk, mit der Unterhand und dem Kernwurf in der Bewegung, ein Fangen des Balles in der dynamischen Vorwärtsbewegung und der Sprungwurf nötig.
Unter dem Aspekt der Taktik sollten die Schüler das Positionsspiel beherrschen. Dabei ist es wichtig, dass das Spiel geöffnet, also in der Breite des Spielfelds angelegt wird. Ebenso ist das schnelle Zurückziehen auf die Ausgangsposition nach einer Stoßbewegung notwendig.
Hohe Anforderungen an die koordinativen Fähigkeiten, insbesondere an die räumlich-zeitliche Wahrnehmung, stellt das Timing im Zusammenspiel. Dabei ist besonders auf die zeitliche Abstimmung des Startens beim Stoßen zu achten.

Didaktische Hinweise:
Der Parallelstoß ist kein Doppelstundenthema! Er muss lange vorbereitet und immer wieder zur Anwendung kommen. Die technischen Fertigkeiten, das Timing, die Laufwege müssen ständig geschult und verbessert werden. Er muss über mehrere Stunden hinweg entwickelt, eingeübt und in Spielformen umgesetzt werden. Deshalb sollte gleich zu Beginn einer Unterrichtseinheit Handball mit dem Erlernen begonnen und kontinuierlich daran gearbeitet werden. Somit zieht sich das Thema wie ein roter Faden durch eine Unterrichtseinheit.
Was sich Vereinshandballmannschaften über mehrere Monate durch zwei- bis dreimaliges Training pro Woche mühsam erarbeiten, kann von Schülern oder Jugendspielern nicht in einer Doppelstunde erwartet werden. Deshalb sind auch methodische Erleichterungen (Ballgröße, Spielerzahl, Spielfeld) unerlässlich, um die Umsetzung zu unterstützen und zu ermöglichen.

Methodische Einführung:
Da die Spieler in der individualtaktischen Ausbildung bereits an die Stoßbewegung herangeführt worden sind und in der gruppentaktischen Ausbildung das Stoßen mit Doppelpass erarbeitet worden ist, gilt es nun, den Parallelstoß mit dem Einbezug des dritten Angreifers zu erweitern und als fortlaufenden Spielzug auszudifferenzieren. Dies kann sowohl in einem fragend-entwickelnden Verfahren als auch mit der direkten Lehrmethode erfolgen.

Als besonders hilfreich für die Umsetzung des Themas erweisen sich die folgenden Übungs- und Spielformen.

– Unterstützende Übungs- und Spielformen

– **Aufwärmen:** Kreisaufstellung, ca.12 Schüler bilden einen Kreis, Durchmesser 12 m, 3 verschiedenartige handliche Bälle.

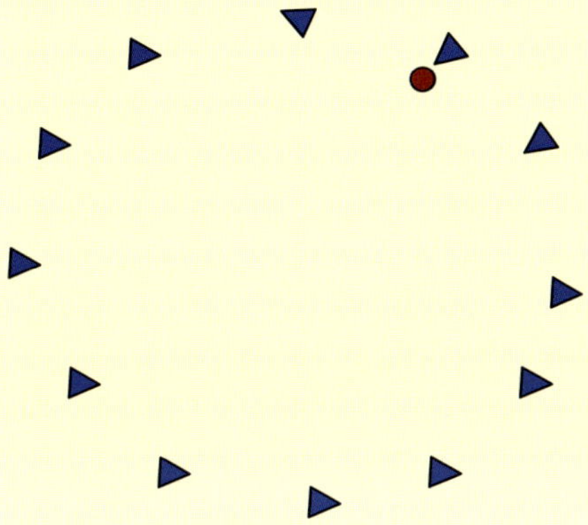

Abb. 12.214

Werfen und Fangen: zunächst mit 1 Ball. Jeder Schüler spielt einen Kernwurfpass nach 3er-Rhythmus zu einem gegenüberstehenden Schüler und setzt sich auf den Boden. Wenn alle Schüler bis auf den letzten Passempfänger sitzen, ist die Reihenfolge der Pässe bzw. der Ballweg festgelegt. Alle Schüler stehen auf und der letzte Passempfänger spielt zum ersten Passgeber. Somit können die weiteren Durchgänge mit **demselben** Ballweg beginnen.
Die Schüler setzen sich jetzt aber nach ihrem Pass nicht mehr hin, sondern laufen im Gegenuhrzeigersinn um den Kreis zu ihrer Ausgangsposition zurück (Herz-Kreislauf-System aktivieren).

Variationen: – mit einen zweiten Ball nach 3 Schritten nur Bodenpässe spielen;
– mit einem dritten Ball nach 3 Anlaufschritten nur Sprungpässe spielen.

Bei diesen Variationen sollten die Spieler nicht mehr um den Kreis laufen, da ansonsten die Übung zu komplex wird und die qualitative Ausführung des Passspiels herabgesetzt wird.

Handgelenkpässe spielen: Dazu handliche Bälle (Minihandbälle) verwenden.

» Den Ball im Gegenuhrzeigersinn von Schüler zu Schüler wandern lassen.
» Dito, jedoch nach kurzem Anlauf (3 Schritte) aus dem Handgelenk den Pass in den Lauf des Nebenmannes spielen.
» Auslösezeichen für Start: Abstoppen des Ballbesitzers, Blick über die Schulter nach rechts.
» Als Wettbewerb: jeder 2. Schüler erhält ein Parteiband zur Einteilung in 2 Mannschaften. Welche Mannschaft kann so schnell passen, dass der Ball der gegnerischen Mannschaft überholt wird (= Wettwanderball)?

Variation der Übungsform: Unterhand- und Schlagwurfpässe spielen

» Den Ball im Uhrzeigersinn von Schüler zu Schüler wandern lassen.
» Die obigen Aufgabenstellungen ausführen lassen, sodass sich Rechts- und Linkshänder in allen Abspieltechniken gleichermaßen weiterentwickeln können.

– Konfrontation mit dem Parallelstoß: Parallelstoß in den Innenkreis

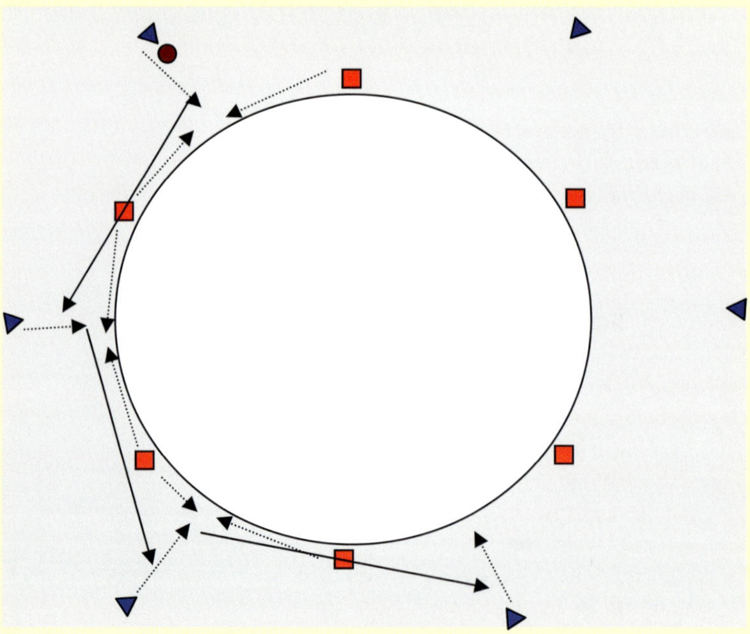

Abb. 12.215

Die sechs Angreifer versuchen, in den Innenkreis (Durchmesser 8–9 m) mit dem Ball in der Hand hineinzuspringen. Die Abwehrspieler versuchen die Lücken zuzustellen. Zu Beginn sollten die Abwehrspieler ohne die Hände (hinter dem Rücken zusammenhalten) agieren.

Fertigkeitsausbildung	– Schulung der verschiedenen Passarten in die Vorwärtsbewegung des Nebenmannes – Schulung des Fangens in der Stoßbewegung – Schnelles Zurückziehen nach der Stoßbewegung

Fähigkeitsausbildung	– Entwicklung des Zeit- und Raumgefühls für die Stoßbewegung – Ausbildung der Entscheidungsfähigkeit: Durch die Lücke stoßen oder Pass zum Nebenmann?

– Parallelstoß am laufenden Band

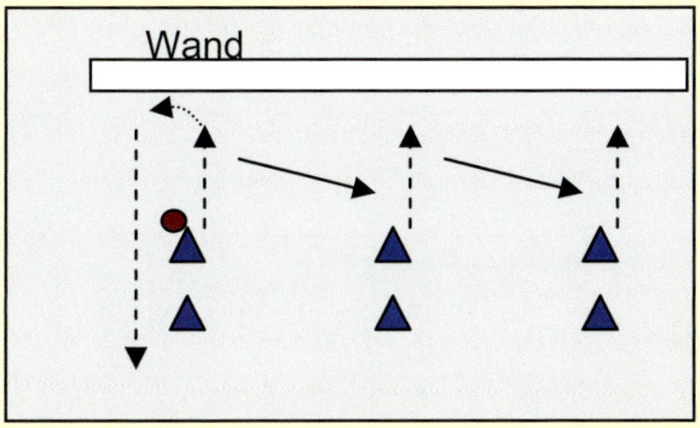

- Außenspieler läuft mit Ball auf Wand zu;
- nach 3 Schritten abstoppen und Ball in die Stoßbewegung des Nebenmannes passen;
- Ball mehrmals von einer Seite zur anderen wandern lassen;
- nach dem Pass sofort rückwärts zurücklaufen und anstellen.

Abb. 12.216

Steigerung:

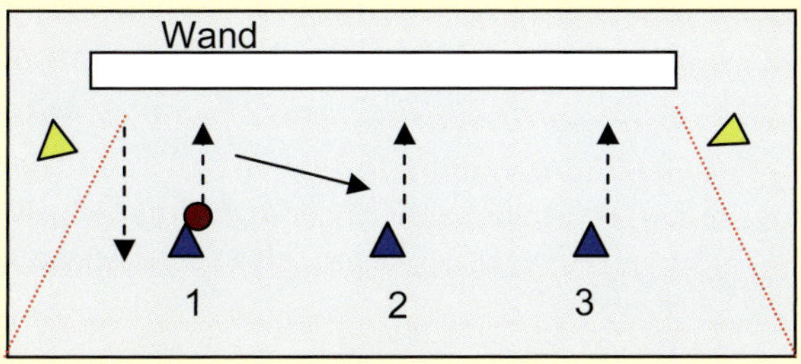

Abb. 12.217

- 3 Spieler stellen sich nebeneinander in Linie auf, Abstand 3–4 m; 2 Passgeber wie in Abb. 12.217 auf dem rechten und linken Flügel;
- Außenspieler (1) beginnt mit Stoßbewegung auf Wand zu;
- nach 3 Schritten abstoppen und Ball in die Stoßbewegung des Nebenmannes passen;
- Passgeber läuft schnell rückwärts auf seine Ausgangsposition;
- Spieler 3 passt zum rechten Passgeber, der den Ball sichert, bis Spieler 3 wieder mit der Vorwärtsbewegung das Stoßen vom rechten Flügel einleiten kann;

– Ball mehrmals von einer Seite zur anderen und zurück wandern lassen. Beachte jedoch: Wenn 1 oder 3 zum Passgeber gepasst haben, können diese auch auf Spieler 2 passen, denn dieser müsste seine Rückwärtsbewegung abgeschlossen haben und kann nun wieder nach vorne stoßen! Spieler 2 muss diesen Pass durch seine Stoßbewegung fordern;
– die beiden Flügelspieler sollten ihren Blick somit auch stets auf Spieler 2 richten.

– 3:0 am Kreis im Spielstreifen

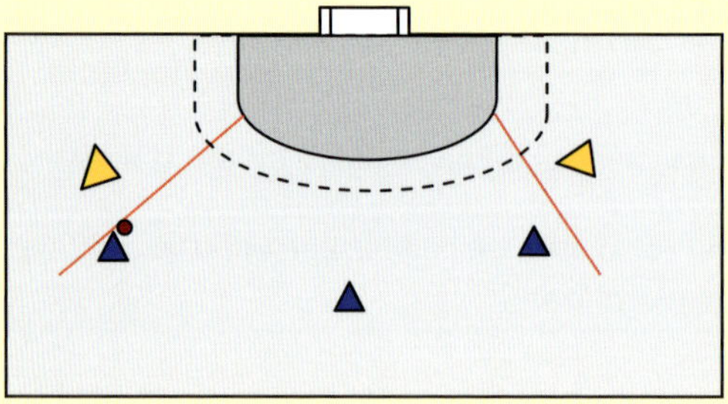

Abb. 12.218

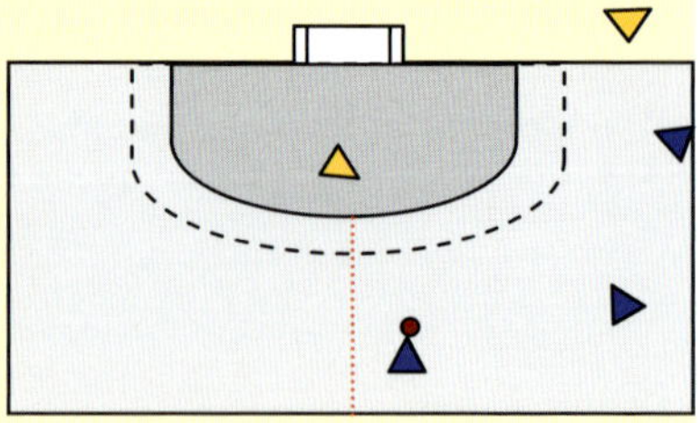

Abb. 12.219

– Einüben des Stoßens auf Lücke am Kreis in den beiden Spielstreifen (wie in den Abb. 12.218 und 12.219 dargestellt).

– Spiel 1+3:3 auf ein Tor im Spielstreifen mit 2 neutralen Passgebern

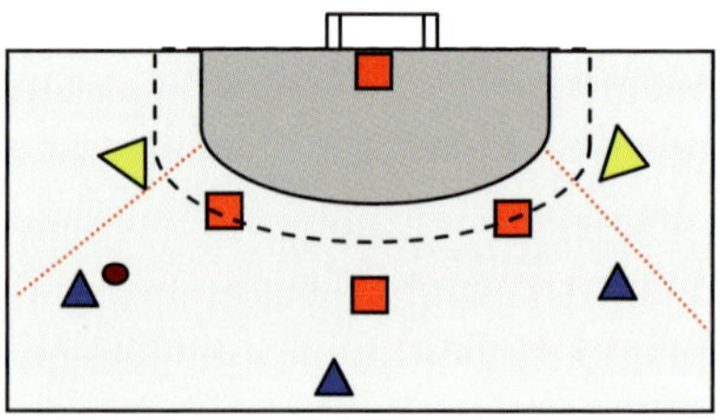

Abb. 12.220

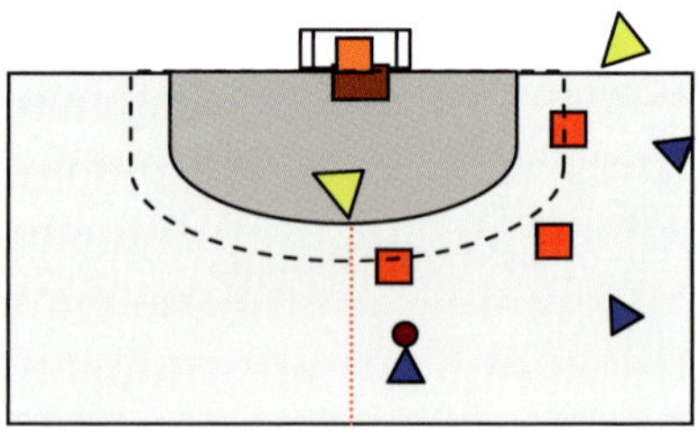

Abb. 12.221

Inszenierung:
„Spielt 3:3 auf ein Tor. Ein Tor, das ihr nach einem Parallelstoß aller drei Angreifer erzielt, zählt doppelt. Ihr könnt die Passgeber ins Spiel stets einbeziehen. Mannschaft A hat zunächst zehn Angriffsversuche, danach erfolgt ein Rollenwechsel."

Variationen:
» Bei Platzmangel können in zwei Spielstreifen auf dem Flügel jeweils 2 Mannschaften auf ein Tor gleichzeitig angreifen. In diesem Fall sollte der TW durch einen Kasten mit einem Kleinkasten darauf ersetzt werden.
» Sollte der Parallelstoß nicht zur Anwendung kommen, dürfen die Abwehrspieler nur teilaktiv agieren, d. h., sie können die Lücken durch seitliches Verschieben schließen, aus der Abwehr heraustreten und Würfe am Torraum blockieren, jedoch keine Pässe abfangen.
» Bei größeren Schwierigkeiten in der Umsetzung des Parallelstoßes kann auch auf die Überzahlsituation 3:2+1 zurückgegriffen werden.

– **Unterstützende Maßnahmen zum Sprungwurf**

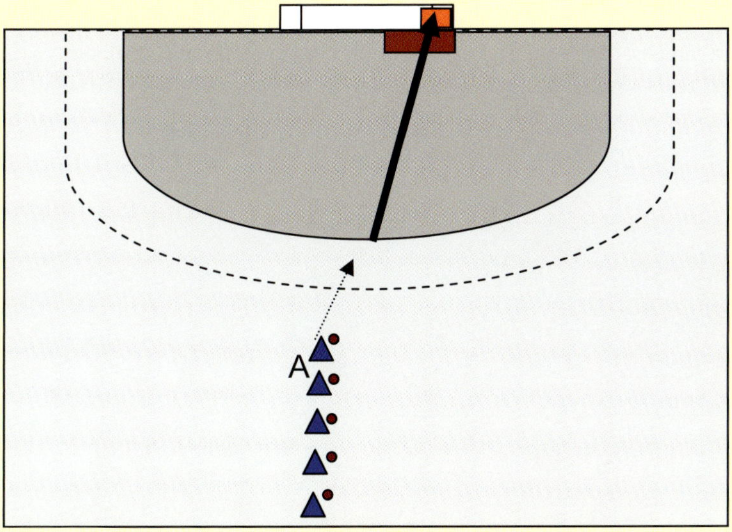

Abb. 12.222: Sprungwurftraining

Die Spieler versuchen, in folgenden Übungsformen den Kleinkasten mit Sprungwürfen vom großen Kasten zu schießen:

» nach 3-Schritt-Anlauf;
» nach einem Pass vom linken Flügelspieler;
» nach einer Stoßbewegung des linken Flügelspielers und einem Handgelenkpass in die Stoßbewegung des Werfers.

Variationen:

» Aus unterschiedlichen Positionen (Flügel rechts/links) aufs Tor werfen, auch nach Pässen von verschiedenen Positionen;
» als „Team-Kastenwurf-Cup: Abräumen!" an mehreren Anlagen durchführen (s. Kap. 10.2.1).

12.7.5 Lektion 5: Gruppentaktische Angriffsmaßnahme – Übergänge spielen

Als weiteres zweckmäßiges gruppentaktisches Angriffsmittel für die Angriffsauslösung kann das Spielen von Übergängen, auch als Einlaufen bezeichnet, angesehen werden, wodurch das Grundprinzip „Passen und Laufen" umgesetzt wird. Übergänge sollten zunächst als taktische Auslösehandlungen in jeweils einfachen Grundformen von den Außen- und Rückraumpositionen erfolgen. Im Verlauf dieser Auslösehandlung dringt ein Außen- oder Rückraumspieler in die Nahwurfzone ein, indem er eine Position am Kreis einnimmt, dort kurzfristig als Kreisspieler die Aufmerksamkeit der Abwehr auf sich zieht und dadurch mindestens einen Abwehrspieler bindet. Außerdem wird die Abwehr zum Übergeben – Übernehmen gezwungen, was mitunter zu Absprache- und Abstimmungsfehlern führt, die der Angriff für gezielte Abschlusshandlungen nutzen kann.

Für das Spielen von Übergängen bietet sich die Spielform 3:3 wegen ihrer Übersichtlichkeit geradezu an, da in ihr mit der Rückraumposition Mitte und den beiden Flügelspielern (Rückraum rechts/links) eine ideale Ausgangsposition vorgefunden wird, um die Schüler an dieses

Thema heranzuführen. Außerdem lassen sich durch diese Auslösehandlung weitere gruppentaktische Elemente wie das Sperren, Kreuzen oder Spiel über den Dritten mit dem Ziel des Angriffsabschlusses in der bereits bekannten Struktur entwickeln.

Als technische Voraussetzungen gelten ein druckvolles, genaues Passspiel, das sichere Fangen und die korrekte Umsetzung der Schritt- und Dribbelregel. Im Bereich der Taktik wird jetzt im Vergleich zum Stoßen mehr der auf einander abgestimmte Wechsel der Spielpositionen und Laufwege in die Breite (Spiel öffnen!) verlangt.

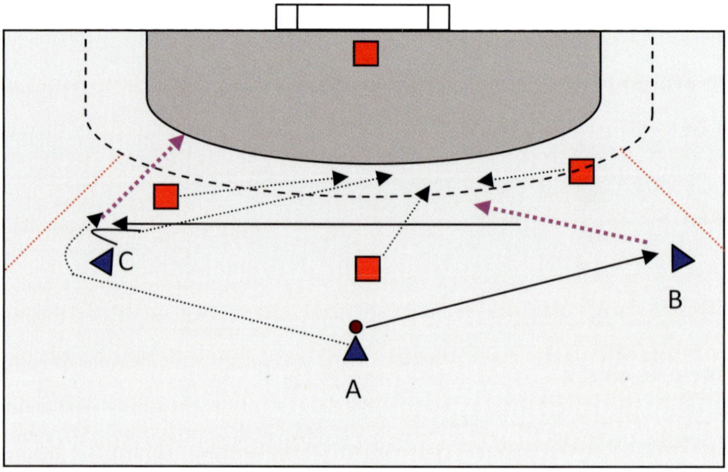

Abb. 12.223: Einlaufen des linken Flügelspielers C zum Aufbau eines neuen Angriffsdreiecks

Das Einlaufen eines Flügelspielers an den Kreis ohne Ball wie in Abb. 12.223 bildet sicherlich die einfachste Form des Übergangs, da dieser nicht an der Passaktion beteiligt ist und sich somit „nur" auf den Laufweg und die zeitliche Abstimmung mit seinen Mitspielern zu konzentrieren braucht:

Mit dem Pass von A zu B läuft der linke Flügelspieler C parallel zum Passweg bis zum Kreis ein. Durch das Einlaufen bindet er seinen Gegenspieler. B stößt mit dem Ball zum Tor, sodass der Mittelverteidiger die Lücke am Kreis schließen muss. A setzt sich nach seinem Pass auf den ballfernen Flügel ab, erhält von dem nach innen stoßenden B den Ball in die Vorwärtsbewegung gepasst und schließt den Angriff ab oder versucht, mit dem an Kreis eingelaufenen Flügelspieler die 2:1-Situation auszunutzen.

Ungewohnt ist es sicherlich für den Spielmacher, sich nach dem Pass auf den rechten Flügel nach links abzusetzen, weshalb diese Aktion im weiteren Verlauf durch eine Übungsform gezielt zu schulen sein wird und durch die koordinative Ausbildung vorbereitet werden sollte (s. Kap. 12.1).

Basiselement: Übergänge durch die Flügelspieler

– Konfrontationsspiel 1+3:3 auf ein Tor

Inszenierung:
„Spielt drei gegen drei auf ein Tor mit TW. Nach einem kontrollierten Passspiel im Rückraum sollte ein Flügelspieler schräg nach innen stoßen und bis zum Kreis weiterlaufen (‚Wer nicht an der Passaktion beteiligt ist, läuft parallel zum Passweg!'). Die beiden verbleibenden Rückraumspieler sollten das Spiel breit machen und gegebenenfalls unter Einbezug des ‚Kreisläufers' zum Torabschluss kommen."

Reflexionsphase:
» Welche Konsequenzen hat der Übergang des Außenspielers an den Kreis für die Abwehr?
» Was müssen die Abwehrspieler beim Einlaufen des Außenspielers tun?
» Wo entstehen durch das Begleiten Lücken im Abwehrverbund?
» Wie könnten die Angreifer diese Lücken ausnutzen?

Didaktisch-methodische Hinweise:
Durch das fragend-entwickelnde Verfahren und das Aufzeigen der Spielsituationen an der Taktiktafel sollen die Spieler eine klare Bewegungsvorstellung von der Auslösung eines Angriffs durch einen Übergang erhalten. In mehreren aufeinander folgenden Spielphasen können die Schüler aktiv in die Erarbeitung des Themas einbezogen werden und Gelegenheit erhalten, selbstständig an den Positionswechseln bzw. Laufwegen zu arbeiten.

Darüber hinaus können die folgenden Übungsformen helfen, die Laufwege zu festigen bzw. das Timing der aufeinander folgenden Aktionen und die Ausnutzung der gesamten Spielfeldbreite zu verbessern.

In der gruppentaktischen Ausbildung kann auf dieser Stufe nun auch auf Überzahlspiele zurückgegriffen werden. Dies erscheint angesichts der Schwierigkeit des Themas gerechtfertigt, denn Schüler tun sich äußerst schwer, Positionswechsel mit hoher Dynamik, wie sie das Handballspiel fordert, auf dem relativ engen Spielfeld planmäßig umzusetzen. Viel wichtiger ist jedoch die Tatsache, dass sich durch die Überzahl das Angreiferverhalten nicht verändern muss, um die Spielsituationen optimal lösen zu können, denn das Verteidigungssystem (Raum-Mann-Verteidigung) bleibt erhalten, es bieten sich jedoch größere Lücken, die von den Angreifern im Sinne der konvergenten Handlungsoption konsequent genutzt werden sollten.

Unterstützende Übungsformen

– Einlaufen im 3:0 mit Abstimmung der Pass- und Laufwege

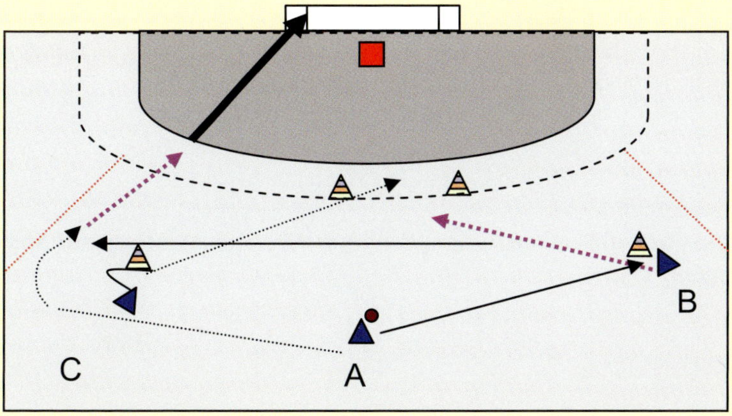

Abb. 12.224: Einlaufen des linken Flügelspielers ohne Ball an den Kreis in der Übungssituation

A passt auf den rechten Flügelspieler B. Dieser Pass dient als Auslösezeichen für C, der parallel zum Passweg durch das Hütchentor an den Kreis einläuft. Währenddessen setzt sich der Spielmacher A nach links auf den Flügel ab, indem er das Hütchen umläuft. B stößt mit dem Ball schräg nach innen und passt den Ball in die Laufbewegung von A, der mit einem

Sprungwurf in den Torraum den Angriffsabschluss ausführt. A holt den Ball, dribbelt auf die Ausgangsposition von C, C läuft auf die Position von B, der die Position von A einnimmt. Danach erfolgt der nächste Spielzug.

Variationen:
- Angriffsauslösung auf dem rechten Flügel durchführen;
- Angriffsauslösung im freien Wechsel durchführen;
- Angriffsauslösung nach mehreren Pässen im Rückraum beginnen.

– Spielphase 3:2+1 auf ein Tor

Inszenierung:
„Spielt 3:2+1 auf ein Tor. Ein Tor nach einem Übergang eines Flügelspielers ohne Ball an den Kreis zählt doppelt."

Variation: Spiel 3:3+1

Steigerung: Einlaufen eines Flügelspielers mit Ball an den Kreis

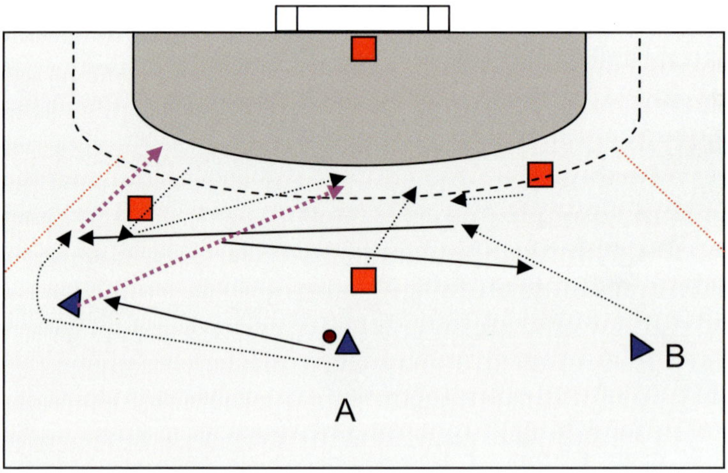

Abb. 12.225: Übergang von der linken Außenposition mit Positionswechsel des Spielmachers (Hinterlaufen)

– Spielphase 1+3:3 auf ein Tor

Inszenierung:
„Spielt drei gegen drei auf ein Tor mit TW. Nach einem kontrollierten Passspiel im Rückraum sollte ein Flügelspieler mit dem Ball schräg nach innen stoßen, rechtzeitig zum anderen Flügelspieler passen und bis zum Kreis weiterlaufen. Der Spielmacher (A = RM) setzt sich auf den frei werdenden Flügel ab. Versucht, aus dieser Angriffsauslösung zum Torabschluss zu kommen."

Übungsformen

– Übergang von der Außenposition im 3:0 mit Hinterlaufen

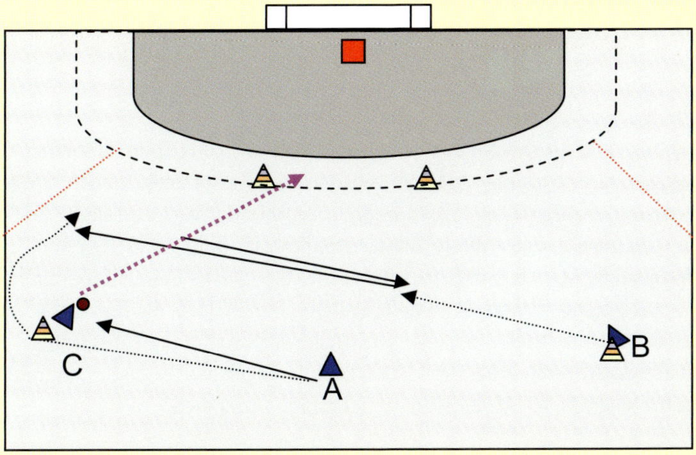

Abb. 12.226: Übergang von der linken Außenposition mit Positionswechsel des Spielmachers im 3:0

A passt auf den linken Flügelspieler C, der schräg zum Tor zieht und dabei den Ball auf den nach innen laufenden B weiterpasst. Währenddessen setzt sich der Spielmacher A nach links auf den Flügel ab, indem er das Hütchen umläuft (hinterlaufen!). C stößt zwischen die beiden Hütchen am Kreis. B passt den Ball in die Laufbewegung von A, der mit einem Sprungwurf in den Torraum den Angriffsabschluss ausführt. A holt den Ball, dribbelt auf die Ausgangsposition von B, B läuft auf die Position von C, der die Position von A einnimmt. Danach erfolgt der nächste Spielzug.

Variationen:
- Angriffsauslösung auf dem rechten Flügel durchführen;
- Angriffsauslösung im freien Wechsel durchführen;
- Angriffsauslösung nach mehreren Pässen im Rückraum beginnen.

– Spiel 3:2+1 auf ein Tor mit Übergängen vom Flügel

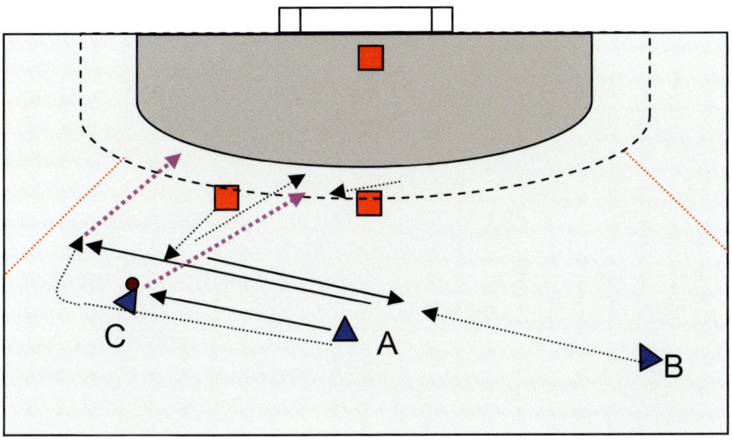

Abb. 12.227: Übergang von der linken Außenposition mit Positionswechsel des Spielmachers

Inszenierung:
„Spielt 3:2+1 auf ein Tor. Ein Tor nach einem Übergang vom Flügel zählt doppelt. Welche Mannschaft erzielt in einer bestimmten Spielzeit, in der sie im Angriff bleibt, mehr Treffer?"

Variation: Spiel 3:3+1

Didaktische Anmerkung:
Diese Form des Übergangs enthält sowohl das Hinterlaufen als auch das Spiel über den Dritten, wodurch sich insgesamt eine gruppentaktisch sehr anspruchsvolle, jedoch auch äußerst wirkungsvolle Variante in der Angriffsauslösung ergibt. Die Anforderungen an die Orientierungsfähigkeit und an das genau abgestimmte Timing erhöhen sich beim Spiel über den Dritten nun beträchtlich. Deshalb ist es wichtig, dass die Lernenden dieses Element methodisch schrittweise erlernen. Die Übungsformen ohne Gegenspieler dienen dazu, die Einzelaktionen und Laufwege einzustudieren. Im Überzahlspiel lässt sich die Wahrnehmung auf störende Gegenspieler erweitern und das Timing verbessern. Sollte sich die Angriffsauslösung in zahlreiche Torabschlüsse überführen lassen, ist das Spielen in Gleichzahl anzugehen.

Taktikelement: Übergang durch den Spielmacher im Zentrum

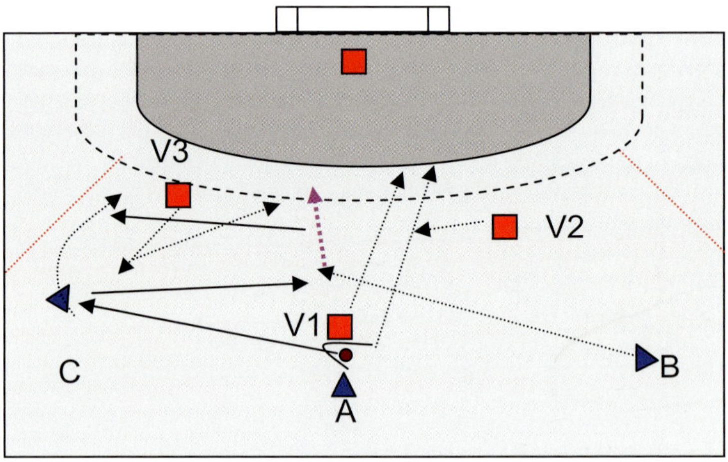

Abb. 12.228: Übergang des Spielmachers im Zentrum

Der Spielmacher A passt zum linken Flügelspieler C und führt nach einer Schritttäuschung einen Übergang zwischen dem Mittel- (V1) und dem ballfernen Verteidiger (V2) aus. Der rechte Flügelspieler B zieht nach innen, wo er den Ball von C in der Vorwärtsbewegung zugepasst bekommt und stößt zwischen dem Mittelverteidiger (V1) und dem ballnahen Außenverteidiger (V3) zum Tor. Der Außenverteidiger (V3) muss nun helfen, die Lücke zu schließen. Währenddessen setzt sich der linke Flügelspieler nach außen ab und stößt zum Tor. Sollte die Lücke geschlossen sein, kann der Ballbesitzer auf ihn passen. C stößt zum Tor und schließt den Angriff mit einem Sprungwurf ab.

– Konfrontationsspiel 1+3:3 auf ein Tor

Inszenierung:
„Spielt drei gegen drei auf ein Tor mit TW. Nach einem kontrollierten Passspiel im Rückraum sollte der Spielmacher den Ball auf den Flügel passen und an den Kreis zwischen den Mittelverteidiger und den ballfernen Außenverteidiger übergehen. Die beiden verbleibenden Rückraumspieler sollten gegebenenfalls unter Einbezug des ‚Kreisläufers' zum Torabschluss kommen."

Reflexionsphase:
» Welche Konsequenzen hat der Übergang des Spielmachers an den Kreis für die Abwehr?
» Was müssen die Abwehrspieler beim Einlaufen des Spielmachers tun?
» Wo entstehen durch das Begleiten Lücken im Abwehrverbund?
» Wie könnten die Angreifer diese Lücken ausnutzen?

– Spielphase 1+3:3 auf ein Tor

Inszenierung:
„Spielt drei gegen drei auf ein Tor mit TW. Nach einem kontrollierten Passspiel im Rückraum sollte der Spielmacher nach außen passen, an den Kreis zwischen Mittelverteidiger und ballfernem Außenverteidiger übergehen. Danach sollte der ballferne Flügelspieler nach innen ziehen und den Ball erhalten. Versucht, aus dieser Angriffsauslösung zum Torabschluss zu kommen."

Übungsformen

– Übergang von der Spielmacherposition im 3:0

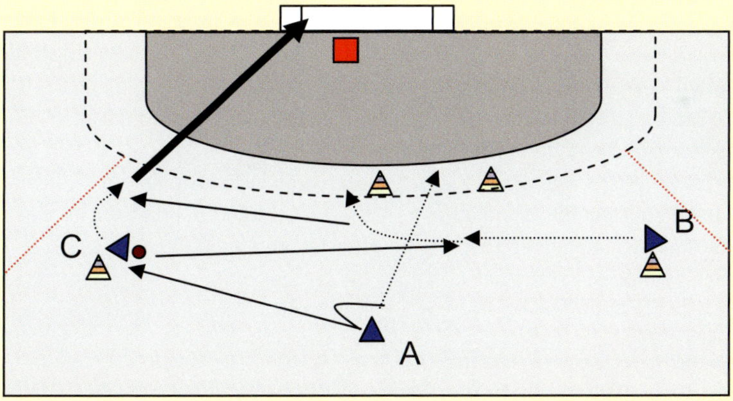

Abb. 12.229: Übergang des Spielmachers im 3:0

Der Spielmacher A passt zum linken Flügelspieler C und führt nach einer Schritttäuschung einen Übergang zwischen die beiden Hütchen am Kreis aus. Der rechte Flügelspieler B zieht nach innen, wo er den Ball von C in der Vorwärtsbewegung zugepasst bekommt, und stößt links von den beiden Hütchen zum Tor. Währenddessen setzt sich der linke Flügelspieler C nach außen ab und stößt zum Tor, wobei er den Ball von B zugepasst bekommt. C schließt den Angriff mit einem Sprungwurf ab.
Variationen:
– Angriffsauslösung mit Pass auf den rechten Flügel durchführen;
– Angriffsauslösung im freien Wechsel durchführen;
– Angriffsauslösung nach mehreren Pässen im Rückraum beginnen.

– **Spiel 3:2+1 auf ein Tor mit Übergang durch den Spielmacher**

Inszenierung:
„Spielt 3:2+1 auf ein Tor. Eine Mannschaft bleibt für eine bestimmte Zeit im Angriff. Ein Tor nach einem Übergang des Spielmachers zählt doppelt."
Sollte sich die Angriffsauslösung in zahlreiche Torabschlüsse überführen lassen, ist das Gleichzahlspiel 1+3:3+1 anzugehen.

Steigerung:
In langen Spielphasen sollten nun die beiden Basiselemente „Stoßen" und „Übergänge" im Gleichzahlspiel zur Anwendung kommen.

12.7.6 Lektion 6: Gruppentaktische Angriffsmaßnahme – Sperre – Absetzen

Aus den Übergängen im Spiel 1+3:3+1 ergibt sich ein weiteres gruppentaktisches Angriffsmittel fast zwangsläufig. Der an den Kreis einlaufende Rückraumspieler wird kurzfristig zum Kreisspieler, der den Abwehrspieler in seinem Aktionsradius so einengen kann, dass dieser seiner situationsspezifischen Abwehraufgabe nicht mehr nachkommen kann. Führt der Angreifer das bewusst und unter regelgerechtem Einsatz seines Körpers aus, um einem stoßenden Mitspieler eine Gasse oder eine Wurfgelegenheit zu verschaffen, spricht man im Handball von einer Sperre. Deren regelgerechte Ausführung verlangt, dass der Sperrende im Moment der Sperre steht und seine Arme angelegt hat. Beim Absetzen vom Gegner darf er diesen nicht wegdrücken. Von den drei Arten der Sperre (Frontal-/Flanken- und Rückensperre) kommt im Spiel 3:3 der Rückensperre die größte Bedeutung zu, da der Sperrende im weiteren Spielverlauf so Blickkontakt zum Freigesperrten halten und in die Spielfortsetzung einbezogen werden kann. Diese erleichtert auch ein Absetzen, da sich der Verteidiger im Rücken befindet und somit die innere Linie nicht einhalten kann. Auf Grund der geringen Anzahl der Angreifer ist im Spiel 1+3:3+1 die Gassensperre kaum anzuwenden. Im Rückraum verbliebe dann nur ein Aufbauspieler ohne eine weitere Anspielmöglichkeit. Diese Art der Sperre bietet sich erst im Spiel 1+4:4+1 an, wenn ein Angreifer fortwährend als Kreisspieler agiert. Dieser kann sich auch den Verteidigungsspielern relativ unauffällig annähern, sodass seine Absicht nicht sofort zu erkennen ist, was als Voraussetzung für das Gelingen einer Sperre angesehen werden muss. Ferner muss sich der freigesperrte Spieler zunächst abwartend verhalten, bis die Sperre steht. Daran erkennt man, dass das Sperren erhöhte Anforderungen an das Timing und die räumliche Wahrnehmung der zu koordinierenden Aktionen stellt, die es schrittweise zu entwickeln gilt.

Taktikelement: Sperre durch den Spielmacher im Zentrum

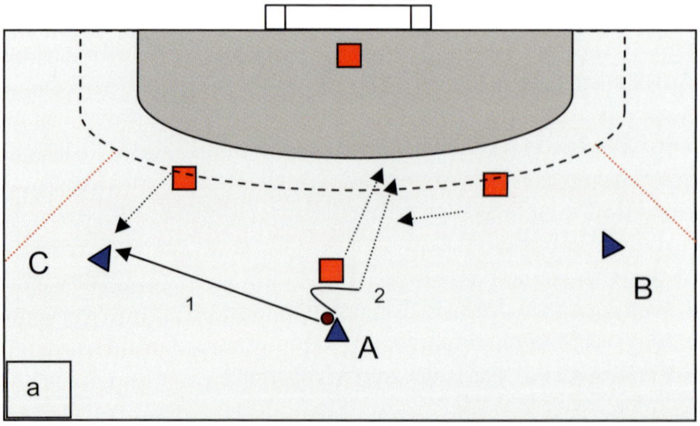

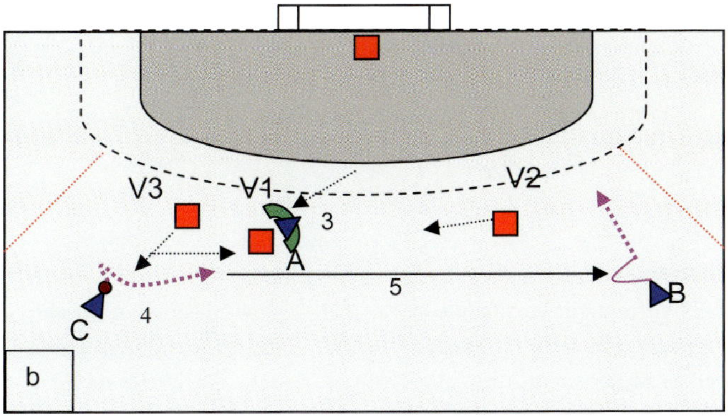

Abb. 12.230a/b: Sperre des Spielmachers im Zentrum

Der Spielmacher A passt (1) zum linken Flügelspieler C und führt nach einer Schritttäuschung einen Übergang zwischen den Mittel- (V1) und den ballfernen Verteidiger (V2) aus (2). Der Mittelverteidiger muss etwas nach außen verschieben, um die Lücke zwischen sich und V3 zu schließen. Dabei folgt ihm der Spielmacher und stellt eine Rückensperre (3). C stößt auf die Lücke zwischen V1 und V3 (4) und passt B den Ball in die Vorwärtsbewegung (5). Dadurch gelangen B und A in eine 2:1-Situation, die sie zum Torabschluss ausnützen sollen (Abb. 12.230a/b).

Übungsform

– **Sperre im 3:0+1 durch den Spielmacher im Zentrum**

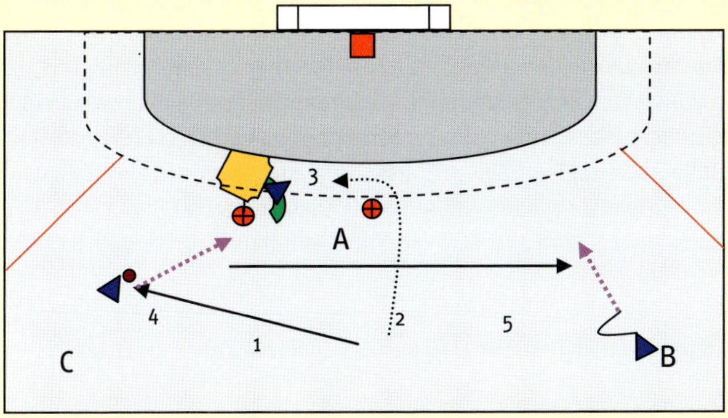

Abb. 12.231

Der Spielmacher A passt zum linken Flügelspieler C (1), führt nach einer Schritttäuschung einen Übergang um den Markierungsteller aus (2) und setzt an der Stange mit Kleiderbügel eine Rückensperre (3). Der linke Flügelspieler C stößt in Richtung Stange (4), passt B den Ball in die Vorwärtsbewegung (5). A setzt sich ab. B kann den Angriff selbst abschließen oder mit einem Bodenpass A anspielen, der dann aufs Tor wirft (Abb. 12.231).

Fertigkeitsausbildung	– Einlaufen des Spielmachers und korrekte Sperre stellen und absetzen durch den Spielmacher; – Passen und Fangen in der Vorwärtsbewegung; – Torabschluss durch Sprungwurf.

Fähigkeitsausbildung	– Räumliche Wahrnehmung: Abstand zum Torraum, zu den Mitspielern; – Timing entwickeln durch Abstimmung der einzelnen Aktionen.

Didaktische Hinweise:
Durch die feststehende Stange mit Kleiderbügel soll ein exaktes Einnehmen der Rückensperre geschult werden. Schüler als Verteidiger bewegen sich, verändern ihre Fußposition, wodurch ein korrektes Stellen der Sperre schwierig ist. Außerdem kann dadurch vermieden werden, dass der sperrende Spieler zu aggressiv auf den „Verteidiger" zugeht. Als Merksatz für den sperrenden und den freigesperrten Spieler gilt: „Zuerst stehen, dann gehen!"

Steigerung:
Im weiteren Verlauf kann die Übungsform zuerst gegen teilaktive (Hände hinter dem Rücken zusammenhalten), danach gegen aktive Verteidiger mit dem auslösenden Pass zum rechten oder linken Flügelspieler durchgeführt werden.

– Spielphasen 3:3+1 auf ein Tor

Inszenierung:
„Spielt 3:3+1 mit dem Versuch des Spielmachers, eine Sperre im Zentrum gegen den Mittelverteidiger zu stellen. Ein Tor, das nach Sperren (und Absetzen) erzielt wird, zählt dreifach. Eine Mannschaft bleibt für 10 Versuche im Angriff, danach erfolgt ein Rollenwechsel."

Steigerungen:
„Spielt 3:3+1 auf ein Tor. Mannschaft A hat 10 Angriffe hintereinander. Für jedes Tor, das sie nach Sperren (und Absetzen) erzielt, bekommt sie zwei weitere Angriffsversuche."

„Spielt 3:3+1 auf ein Tor. Mannschaft A hat 10 Angriffe hintereinander. Davon muss sie mindestens in fünf Angriffen eine Sperre stellen. Hat sie also nach 6 Angriffsversuchen noch keine Sperre gestellt, erfolgt Rollenwechsel."

„Spielt 3:3+1 auf ein Tor im Wechsel von Angriff und Verteidigung. Wer ein Tor erzielt, bleibt im Angriff. Wer ein Tor nach einer Sperre erzielt, bleibt für 2 weitere Versuche im Angriff."

12.7.7 Lektion 7: Gruppentaktische Angriffsmaßnahme – Kreuzen

Das einfache Kreuzen im Rückraum ist eine gruppentaktische Angriffsmaßnahme, bei der die Spielposition von zwei Spielern aus einem dynamischen Positionsspiel heraus gezielt gewechselt wird, indem sich die Laufwege der beiden Spieler dabei vor der Abwehr kreuzen. Insgesamt bleibt somit die Angriffsformation erhalten. Im Spiel in der Dreiermannschaft ergeben sich zwei Möglichkeiten des einfachen Kreuzens: Der Spielmacher kreuzt entweder mit seinem rechten oder linken Flügelspieler.

Voraussetzung für ein erfolgreiches Kreuzen ist ein druckvolles und dynamisches Positionsspiel, vor allem durch den Spielmacher. Erhält er den Ball vom rechten Flügelspieler, sollte er die Kreuzung torgefährlich mit einer Stoßbewegung auf die Lücke zwischen dem Mittelverteidiger und rechten Verteidiger einleiten und dadurch die beiden binden. Der linke Flügelspieler startet von seiner Außenposition und kreuzt bogenförmig über die Spielfeldmitte entgegen und erhält den Ball vom Spielmacher in die Laufbewegung zugepasst. Aus dieser einfachen Kreuzung resultieren zunächst folgende Abschlussmöglichkeiten:

1. Der linke Flügelspieler wirft über die Spielfeldmitte aufs Tor;
2. der linke Flügelspieler passt zu dem rechten Flügelspieler, der auf dem Flügel zum Tor stößt und wirft;
3. Weiterspielen nach Positionswechsel von Spielmacher und linkem Flügelspieler, falls sich keine direkte Abschlussmöglichkeit ergibt.

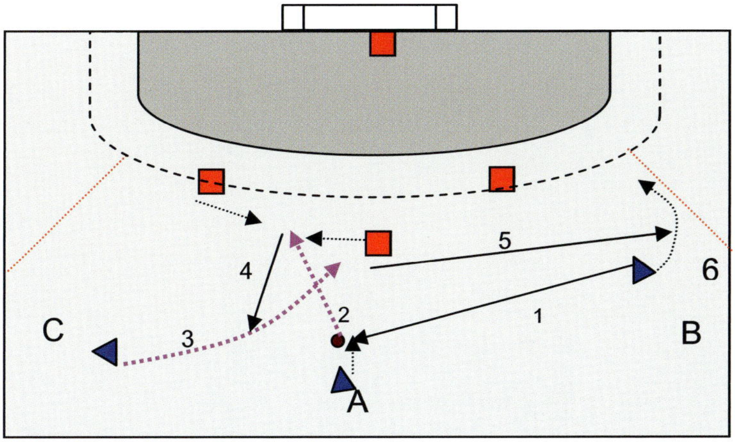

Abb. 12.232: Einfaches Kreuzen im Rückraum zwischen Spielmacher und Flügelspieler links

A erhält den Ball von B in die Vorwärtsbewegung gepasst (1). Er stößt nach links zum Tor (2) und stoppt ab. C stößt bogenförmig in die Mitte zum Tor (3), erhält dabei den Ball von A zugespielt (4) und kreuzt den Laufweg von A. Gelingt es C nicht, am Mittelverteidiger vorbeizukommen, passt er (5) dem nach außen ziehenden Flügelspieler (6) in die Vorwärtsbewegung (Abb. 12.232).

Didaktisch-methodische Hinweise:
Aufgrund des anspruchsvollen Timings beim Kreuzen ist die deduktive Vermittlung in wenigen methodischen Schritten angebracht. Dabei können die Spieler bereits im Aufwärmen mit dem Kreuzen konfrontiert werden.

Übungsformen

– Einführung der Kreuzbewegung und des Passens (Aufwärmen)

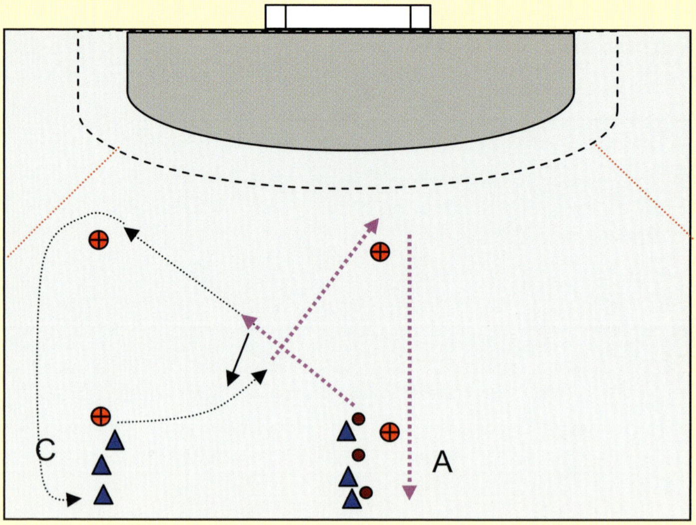

Abb. 12.233: Einführung der Kreuzbewegung im Aufwärmen

In einem Quadrat, begrenzt durch Markierungsteller, stellen sich die Spieler in zwei Reihen an zwei Pylonen nebeneinander auf (s. Abb. 12.333). Spieler A dribbelt zum Mittelpunkt des Quadrats. Spieler C kreuzt hinter ihm den Laufweg, erhält aber davor per Unterhandpass den Ball von A in die Laufbewegung zugespielt. Spieler A läuft diagonal weiter, um den Markierungsteller herum und in verschiedenen Varianten des Lauf-ABC zurück zur Ausgangsposition von C. Spieler C dribbelt mit dem Ball diagonal weiter, um den Markierungsteller herum und auf die Ausgangsposition von A zurück usw.
Variation:
– C beginnt auf der linken Seite mit dem Dribbling und zieht zum Mittelpunkt.

– Kreuzen in der Übungsform mit Rückraumspieler links und Zuspieler

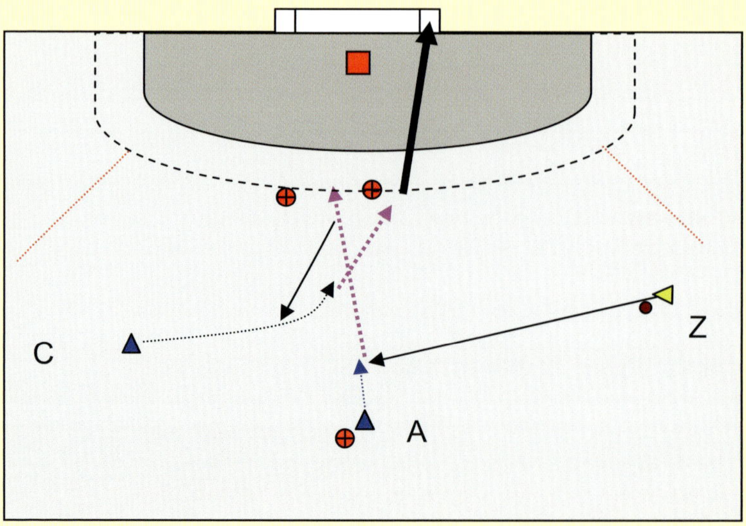

Abb. 12.234

A stößt in der Mitte zum Tor und bekommt von Z den Ball zugepasst. Er zieht auf die Lücke zwischen den beiden Markierungstellern, stoppt davor ab, spielt den kreuzenden C mit einem Unterhandpass an und bleibt stehen. C dribbelt zum Tor und schließt mit Torwurf ab (Abb. 12.234).

Variationen:

- Einleitung des Kreuzens durch Passspiel im Rückraum mit dynamischer Stoßbewegung. A mit Ball stößt ein bis zwei Schritte nach vorne, passt zu Z, läuft rückwärts um den Markierungsteller, stößt nach vorne, erhält den Ball wieder von Z, führt Passfinte zu C aus, der diese als Auslösezeichen versteht, und passt wieder auf Z. A läuft wieder rückwärts um den Markierungsteller, stößt schräg nach vorne zum Tor, erhält den Ball von Z und stoppt vor den Markierungstellern ab. Anschließend erfolgt das Zuspiel auf den kreuzenden C.
- Kreuzen des Spielmachers mit dem rechten Flügelspieler (wenn möglich Linkshänder oder bei Rechtshänder enges Kreuzen, damit Werfer weitgehend vertikal zum Tor stoßen kann und mit der rechten Hand werfen kann!) und Zuspieler auf dem linken Flügel.

– Kreuzen in der Übungsform 3:0+1

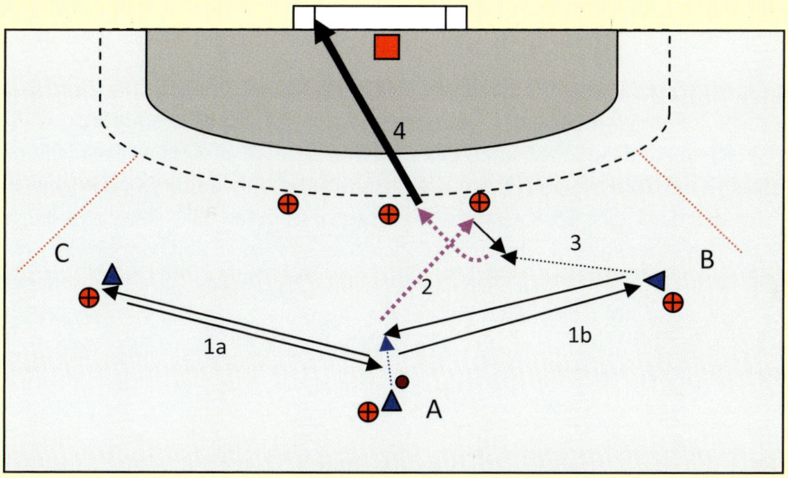

Abb. 12.235: Kreuzen in der Übungsform mit Torabschluss

Durchführung des einfachen Kreuzens zwischen Spielmacher und Flügelspieler rechts oder Flügelspieler links. Für die Ausführung des dynamischen Stoßens auf Lücke als Voraussetzung des erfolgreichen Kreuzens werden drei Markierungsteller zur räumlichen Orientierung auf die jeweiligen Spielpositionen gelegt, von denen aus die Spieler beim vorbereitenden Passspiel im Rückraum (den Ball vor dem Kreuzen mindestens einmal durchspielen) stoßen und schnell wieder zurückkommen sollen. Hilfestellungen:

- Spielmacher sagt an, wer zum Kreuzen geholt wird, und passt den Ball zunächst zu diesem Spieler.
- Ball von diesem Flügelspieler über Spielmacher zur anderen Seite durchpassen (1a–1b).
- Der Rückpass von diesem Flügelspieler auf den Spielmacher leitet das Kreuzen ein.
- Spielmacher führt Passfinte aus und stößt zur anderen Seite schräg auf den Abwehrraum (2) zwischen die beiden Markierungsteller (= 2 Auslösezeichen!).
- Der Flügelspieler kreuzt (3) und wirft aufs Tor (4).

Variation:
- Der kreuzende Flügelspieler passt dem parallel stoßenden Flügelspieler in die Vorwärtsbewegung und dieser schließt den Angriff mit Torwurf ab.

Fertigkeitsausbildung	– Schulung der Stoßbewegung als Grundlage des Kreuzens; – Anwendung der Auslösezeichen zur Einleitung des Kreuzens; – Schulung des Bewegungsablaufs des Kreuzens; – Verbesserung von Passen, Fangen, Werfen im dynamischen Positionsspiel bzw. beim Positionswechsel.

Fähigkeitsausbildung	– Entwicklung und Verbesserung der räumlichen Wahrnehmung und des Timings beim Kreuzen; – Verbesserung der Kooperationsfähigkeit beim Einleiten und Durchführen einer Angriffshandlung. – Entscheidungsfähigkeit durch Alternative Torwurf oder Pass zum stoßenden Mitspieler schulen.

Taktikelement: Doppelkreuzen im Rückraum

Beim Doppelkreuzen im Rückraum werden im Spiel 3:3+1 alle drei Spieler in die Kreuzbewegung einbezogen. Damit wird die zeitliche Abstimmung der Aktionen noch anspruchsvoller, jedoch ergibt sich durch das Weiterlaufen und Absetzen zum Flügel des auslösenden Spielers sehr oft eine 1:0+TW-Position für den Angriffsabschluss. Aus diesem Grund kann das Doppelkreuzen durchaus auch bei entsprechendem Leistungsniveau der Spieler angegangen werden. Mit methodischen Hilfsmitteln wie neutralen Zuspielern am Spielfeldrand oder in den Angriffsecken kann das einleitende Passspiel bereits als Vorbereitung für die anstehenden Erhöhungen der Spielerzahl im weiteren Verlauf der Ausbildung eingeübt werden. Dadurch müssen die Spieler in der Abwehrformation ihre Laufwege ausdehnen und die Lücken für die Angreifer werden größer.

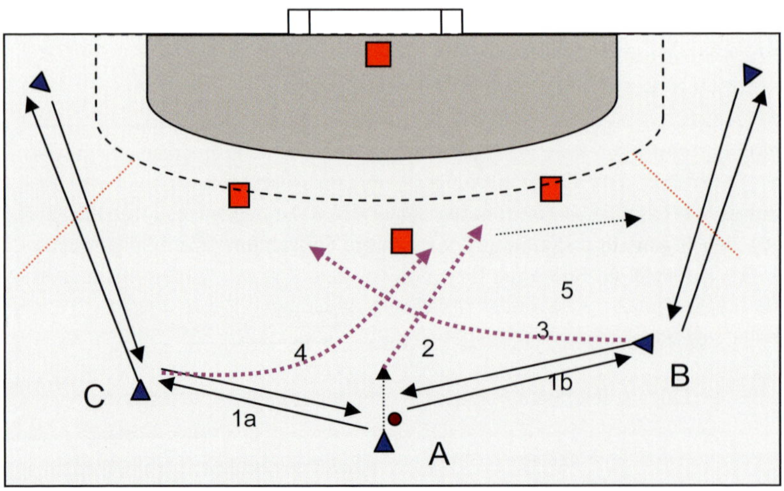

Abb. 12.236: Doppelkreuzen in der 3+(2):3+1-Spielsituation

Nach dem Passspiel im Rückraum (1a/1b) löst der Spielmacher beim Doppelkreuzen in der Reihenfolge zwischen dem Spielmacher – dem rechten Flügelspieler – dem linken Flügelspieler die Angriffshandlung nach einem Pass von der linken Seite aus, indem er schräg zum Tor auf die Lücke zwischen Mittelverteidiger und linkem Außenverteidiger zieht (2). Wenn die Lücke geschlossen wird, stoppt er ab und spielt den entgegen kreuzenden rechten Flügelspieler an. Dieser zieht nach innen auf die Lücke zwischen Mittelverteidiger und rechtem Außenverteidiger (3). Wenn diese Lücke geschlossen wird, stoppt er ab und spielt dem entgegen kreuzenden linken Flügelspieler ab. Währenddessen setzt sich der Spielmacher an den rechten Spielfeldrand ab. Der linke Flügelspieler stößt in die Lücke zwischen Mittelverteidiger und linkem Außenverteidiger (4), wodurch dieser zum Einrücken gezwungen wird. Dadurch wird auf der Außenbahn eine Lücke frei für den Spielmacher. Kann der linke Flügelspieler nicht selbst abschließen, passt er den Ball in die Vorwärtsbewegung des Spielmachers, der seinerseits den Torabschluss sucht.

Didaktisch-methodische Hinweise:
Das Doppelkreuzen kann nach dem Anwenden des einfachen Kreuzens in Spielsituationen in denselben methodischen Schritten wie das einfache Kreuzen eingeführt werden. Dabei erfährt die einfache Kreuzbewegung eine weitere Festigung, sodass sich am Ende des methodischen Weges eine weitere Ausdifferenzierung dieses gruppentaktischen Angriffselements eingestellt haben sollte.

– Spiel 3:3+1 mit Anwendung des Kreuzens bzw. Doppelkreuzens

Inszenierung:
„Spielt 3:3 auf ein Tor mit TW. Bereitet das Kreuzen durch mindestens einmaliges Durchpassen im Rückraum vor. Versucht, jede Lücke zum Durchstoßen und Angriffsabschluss auszunützen. Sollten der Innenverteidiger und der Außenverteidiger bei der Angriffsauslösung den Weg zustellen, wendet das Kreuzen an und schließt den Angriff ab. Ein Tor nach Kreuzen zählt doppelt und ergibt einen weiteren Angriffsversuch. Jede Mannschaft hat zehn Angriffe."

Steigerung:
„Spielt 3:3 auf ein Tor mit TW. Versucht, durch Parallelstoßen die erste Lücke zum Angriffsabschluss auszunützen. Sollten der Innenverteidiger und die Außenverteidiger bei der Angriffsauslösung die Wege zustellen, wendet das Kreuzen an und schließt den Angriff ab. Ein Tor nach Kreuzen zählt doppelt und ergibt einen weiteren Angriffsversuch. Jede Mannschaft hat zehn Angriffe."

Steigerung:
„Spielt 3:3 auf ein Tor mit TW. Versucht. nach einer ruhigen Aufbauphase die verschiedenen gruppentaktischen Elemente wie Übergänge, Sperren, Stoßen und Kreuzen anzuwenden. Gelingt es euch nicht, in Lücken zu stoßen und zu einem Torabschluss zu kommen, geht immer wieder in die Organisationsphase über, in der ihr eure Positionen wieder einnehmt, und versucht eine neue Angriffsauslösung. Jede Mannschaft hat zehn Angriffe."

12.7.8 Lektion 8: Gruppentaktische Angriffsmaßnahme – Tempogegenstoß

Der Tempogegenstoß spielt im Handball nach jedem gegnerischen Ballverlust eine bedeutende Rolle, um gegebenenfalls sehr schnell zur Abschlusshandlung kommen zu können. Der komplexe Bewegungsablauf der ersten Angriffswelle stellt sehr hohe koordinative Anforderungen, da er in einem sehr hohen Tempo und mit viel Bewegungspräzision im Passspiel und in der Fangbewegung durchgeführt werden muss und von den Gegenstoß laufenden Spielern ein ausgeprägtes Raum-Zeit-Gefühl verlangt. Dieses gilt es zunächst zu entwickeln.

Der Gegenstoß lässt sich in folgende Phasen unterteilen:

1. Ballaufnahme durch den Torwart oder Verteidigungsspieler
2. Start vornehmlich der Außenverteidiger mit schnellem Raumgewinn und Blickkontakt zum Ballbesitzer
3. Pass des Torwarts oder Verteidigers
4. Ballannahme
5. Dribbling bzw. Ballführung
6. Torwurf

Der Gegenstoß ist nur möglich bei einem sicheren Ballgewinn durch die Verteidigungsspieler nach einem Fehlpass oder durch die schnelle Ballaufnahme des Torwarts. Bei der zweiten Möglichkeit muss der TW schnell zu einem abgeprallten oder abgewehrten Ball laufen, ihn aufnehmen und dabei bereits die Spielsituation wahrnehmen und die Gegenstoßaktion planen. Als Auslösezeichen für Spieler, die einen Gegenstoß laufen wollen, kann der Moment der Wurfaktion eines Angreifers oder auch das Abfangen eines Passes dienen.

Als Laufweg bietet sich für die Außenspieler in der eigenen Hälfte eine Linie entlang der seitlichen Spielfeldbegrenzung an. So früh wie möglich, spätestens kurz vor Erreichen der Mittellinie sollte der Spieler durch einen Blick zurück die Spielsituation wahrnehmen und sich vergewissern, ob ein Gegenstoß überhaupt möglich ist. Sollte dies nicht der Fall sein, muss er sich umgehend wieder in die Abwehr zurückziehen. Ansonsten sollte er in einem leichten Bogen nach innen zum Tor ziehen. Der weite Pass auf den laufenden Spieler ist nun von zentraler Bedeutung. Die Antizipation des Laufweges, der Laufgeschwindigkeit und die räumliche Wahrnehmung ist Voraussetzung für die Präzision des Zuspiels, das eine sichere Annahme erst bedingen kann. Je genauer das Zuspiel erfolgt, desto größer ist die Chance, dass der Spieler den Ball sicher fangen kann. Die Ballannahme gilt es dann aufgrund der hohen Laufgeschwindigkeit schnell in ein sicheres Ballführen überzuführen, wobei vor allem die Schrittregel und der Abstand zum Torraum beachtet werden müssen. Beim Übergang vom Ballführen zum Torwurf sollte der Spieler bei genügend Vorsprung das Tempo drosseln und rechtzeitig vor dem Torraum abspringen, um ein Übertreten zu vermeiden. Um dem TW die Abwehrarbeit zu erschweren und ihn eventuell sogar auf den „falschen Fuß“ zu stellen, können die letzten ein bis zwei Schritte nach innen durchgeführt werden.

Da Handball in der Schule vornehmlich durch die Raumsituation bedingt ist (30 Schüler) in einer Drittelhalle und die Spielausbildung fast nur im Querbetrieb bzw. in einem Längsspielstreifen von (25 x 7,5 m) durchgeführt werden kann, kann dem Gegenstoß notgedrungen nur eine untergeordnete Bedeutung zukommen, weshalb seine Ausbildung hier nur kurz in den wesentlichen Grundübungen in einem ganzheitlichen und fähigkeitsorientierten Ansatz vorgestellt werden soll.

Organisation:

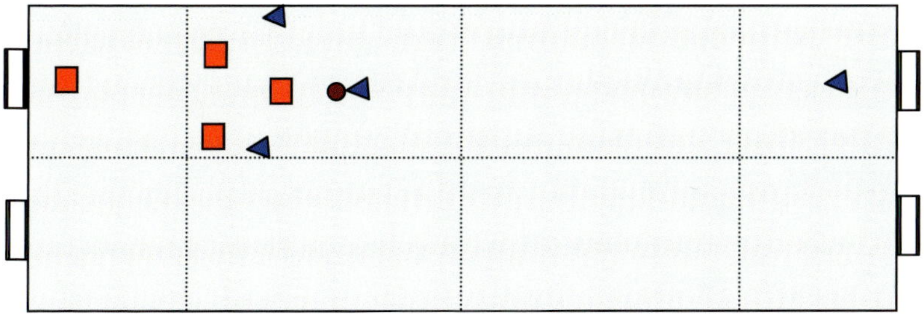

Abb. 12.237

– **Konfrontationsspiel 1+3:3+1**

Inszenierung:
„Spielt 3:3 auf einem Längsspielfeld mit je einem TW. Bei einem Angriff wird plötzlich durch einen Spielleiter (in der Ecke eines Torraumes) der Angriff abgepfiffen und ein Ball zu dem TW gepasst. Damit wird der abwehrenden Mannschaft das Signal gegeben, sofort auf einen Gegenstoß umzuschalten. Versucht, durch einen Tempogegenstoß möglichst schnell ein Tor zu erzielen. Der Ballbesitzer der angreifenden Mannschaft A hält den Spielball in beiden Händen und kann somit während des nächsten Spielzuges nur teilaktiv agieren. Vergibt Mannschaft B die Gegenstoßchance, wird das Spiel durch einen Pass des ballbesitzenden Spielers von Mannschaft A fortgesetzt."

Reflexion:
» Was muss der TW zunächst tun, damit ein schneller Gegenstoß überhaupt sinnvoll ist?
» Welche(r) Spieler sollte(n) den Gegenstoß laufen?
» Worauf sollten diese Spieler bei den ersten Schritten besonders achten?
» Wie sollte ihr Laufweg aussehen?

Übungsformen

– **Verbesserung des Passens und Fangens in der Laufbewegung durch differenzielles Lernen**

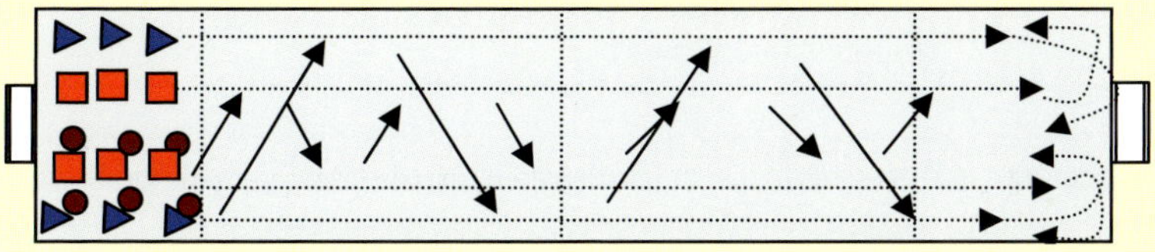

Abb. 12.238

Die Spieler stellen sich in vier Reihen wie oben abgebildet auf. Die beiden inneren Reihen spielen sich den Ball in kurzen Pässen in die Laufbewegung, die beiden äußeren Reihen in längeren Pässen. Wenn die Spieler auf der anderen Hallenseite angekommen sind, stellen sich die inneren Reihen außen auf, die beiden äußeren innen und warten, bis alle Spieler die erste Längsbahn absolviert haben. Auf dem Rückweg wechseln folglich die Bewegungsaufgaben, sodass die Spieler unterschiedliche Erfahrungen im Passen und Fangen sammeln können.

Fertigkeitsausbildung	– Passen und Fangen in der frontalen Laufbewegung (keine Seitstellschritte), unterschiedliche Passarten; – Blick über die Schulter zum Partner beim Abspiel, Ball mit den Augen verfolgen und dabei Laufrichtung einhalten.

Fähigkeitsausbildung	– Antizipation von Laufgeschwindigkeit des Partners und Ballweg; – kinästhetische Differenzierungsfähigkeit beim Passen und Fangen; – räumliche Orientierung.

– „Zonenpässe" in die Laufbewegung

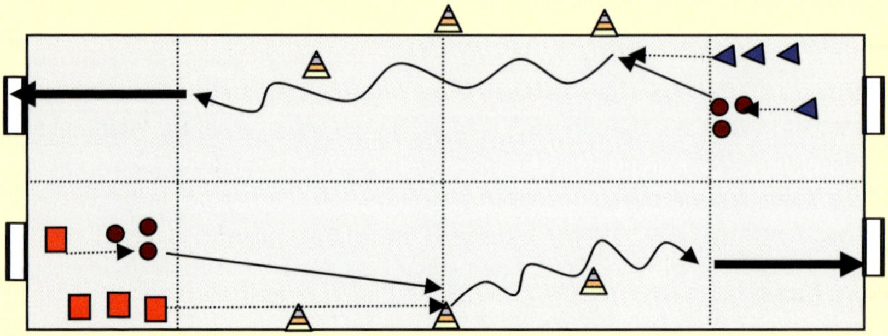

Abb. 12.239

Der TW sprintet zu einem Ball, nimmt ihn auf und passt zu dem an der Außenlinie startenden Spieler. Im 1. Durchgang sollte dessen Lauftempo so ausgerichtet sein, dass er den Ball auf Höhe des ersten Markierungshütchens fangen kann. Danach dribbelt der Spieler nach innen bis zum Torraum und schließt mit Sprungwurf ab.
Im zweiten Durchgang sollte der sprintende Spieler am zweiten Hütchen den Ball zugepasst bekommen.

Fertigkeitsausbildung	– Passen und Fangen in der Bewegung; – Blickschulung zum TW; – Dribbling und Torwurf.

Fähigkeitsausbildung	– Timing entwickeln für die verschiedenen Aktionen: Ballaufnahme, Start des Außenspielers, Lauftempo, Ballgeschwindigkeit. – Bewegungspräzision schulen; – räumlich-zeitliche Wahrnehmung beim Dribbling bis zum Torraum und Torwurf.

– **Tempogegenstoß durch die Außenspieler**

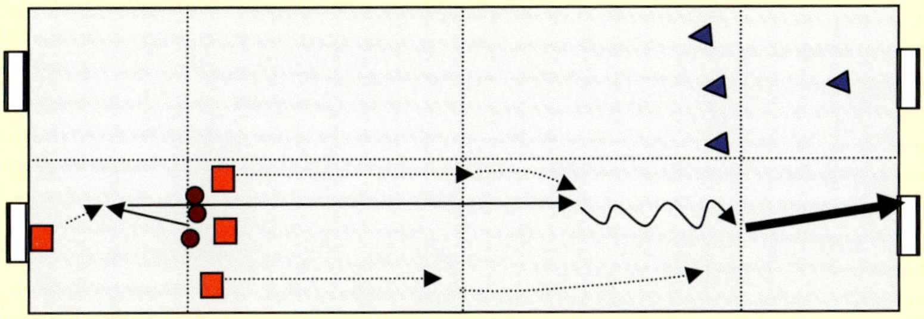

Abb. 12.240

Der mittlere Spieler rollt einen Ball in den Torraum. Der TW sprintet zum Ball, nimmt ihn auf und passt zu einem der beiden nach vorne laufenden Außenspieler. Diese müssen Blickkontakt zum TW aufnehmen. Der angespielte Angreifer dribbelt nach innen und schließt mit Torwurf ab.

– **Tempogegenstoß durch die Außenspieler gegen zurücklaufenden Verteidiger**

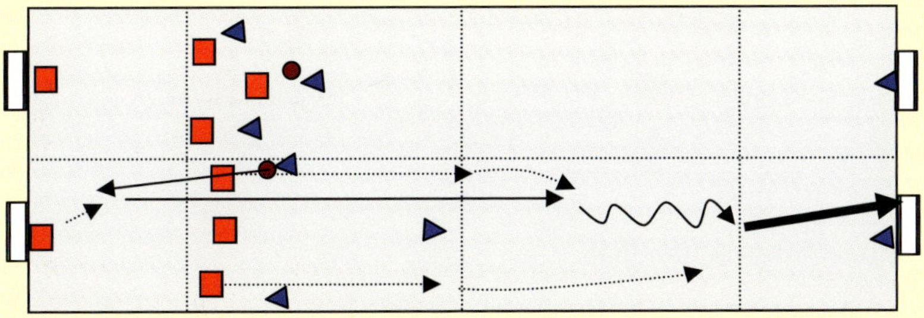

Abb.12.241

Mannschaft blau greift gegen Mannschaft rot (oberes Spielfeld) an. Auf Zuruf durch den TW muss der ballbesitzende Angreifer den Ball in den Torraum rollen. Dieser Angreifer und sein Passgeber bleiben nun vorne stehen. Der dritte Angreifer darf sich zurückziehen. Der TW sprintet zum Ball und passt auf einen der beiden laufenden Außenspieler, die sich in der 2:1-Situation gegen den zurückeilenden Verteidiger durchsetzen und mit Torwurf abschließen sollen.

– **Spielphase1+3:3+1**

Inszenierung:
„Spielt 3:3 auf einem Längsspielfeld mit je einem TW. Bei einem Angriff wird plötzlich durch einen Spielleiter das Signal ‚Werfen' ausgerufen. Der Ballbesitzer muss daraufhin umgehend auf das Tor werfen. Die abwehrende Mannschaft sollte vor allem bei Würfen aus ungünstigen Positionen sofort auf einen Gegenstoß umschalten und versuchen, durch einen Tempogegenstoß möglichst schnell ein Tor zu erzielen."

Steigerung:
„Spielt 3:3 auf einem Längsspielfeld mit je einem TW. Versucht, Abspiele abzufangen und einen schnellen Gegenstoß zu spielen. Bei Torwürfen solltet ihr schnell umschalten und mindestens einen Spieler einen Gegenstoß laufen lassen. Ein Tor durch Gegenstoß zählt doppelt."

12.7.9 Lektion 9: Gruppentaktische Abwehrmaßnahmen in der Raumdeckung

Bei der Manndeckung wird jeder Abwehrspieler einem bestimmten Angreifer zugeordnet, und zwar unabhängig von einer festen Spielposition. Dabei befindet sich der Abwehrspieler in der Grundposition immer zwischen Angreifer und Tor. Der Abstand des Abwehrspielers zum Angreifer verändert sich je nach Spielsituation bzw. je nach Position des Angreifers auf dem Feld: Ein im Rückraum agierender Angreifer verlangt einen größeren Abstand, ein Angreifer in Tornähe Körperkontakt. Außerdem bestimmt die Geschwindigkeit des Angreifers den Abstand, denn je größer diese ist, desto größer muss der Sicherheitsabstand sein. Bei Freilaufbewegungen oder Positionswechseln folgt der Abwehrspieler seinem Angriffsspieler auf Schritt und Tritt.

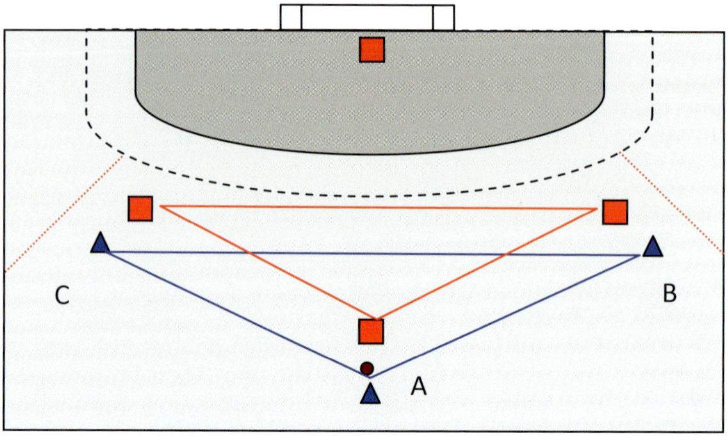

Abb. 12.242: Manndeckung im Handball

Bei der Raumdeckung agiert der Abwehrspieler in einem bestimmten Feldbereich (Zone) und stört oder behindert Angreifer am Eindringen in den Raum.

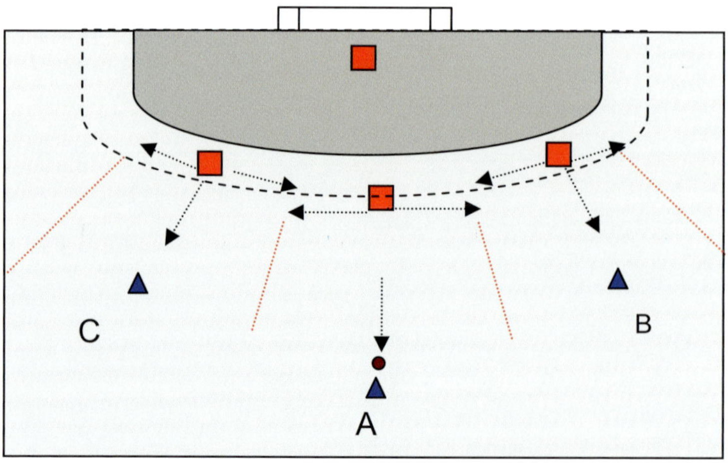

Abb. 12.243: Defensive Raumdeckung im Handball

Wechselt der Angreifer seine Spielposition, wird er nicht von seinem bisherigen Verteidiger in diese Zone begleitet, sondern an der Nahtstelle übergeben. Dadurch kommt es zu keinem Kreuzen der Laufwege in der Verteidigung, sondern nur zu einem Verschieben entlang der

Torraumlinie, weshalb dieses Abwehrverhalten auch als defensiv bezeichnet wird. Bei torgefährlichen Angreifern muss der Abwehrspieler heraustreten und den Angreifer stellen. Dabei sollte er etwa eine Armlänge vor dem Angreifer zum Stehen kommen und die Wurfhandseite abdecken.

Von einem offensiven Deckungsverhalten spricht man, wenn sich der Abwehrspieler nicht nahe der Torraumlinie, sondern je nach taktischer Vorgabe in einem vorgegebenen Abstand weiter vorne bewegt. Je weiter vorne er den Angreifer deckt, desto offensiver agiert er, wodurch Würfe aus dem Rückraum weniger gut möglich sind und das Aufbauspiel bereits gestört werden kann. Außerdem wird der Spielmacher bei einem offensiv agierenden Mittelverteidiger Richtung Mittellinie zurückgedrängt. Dadurch ergeben sich jedoch Durchbruchsräume einlaufender Nebenspieler oder die Möglichkeit von langen Pässen hinter seinem Rücken. Da einerseits Distanzwürfe im Schulbereich unterbunden und die Angreifer zu einem gruppentaktischen Angriffsspiel hingeführt werden sollen, scheint es angebracht, bei drei Abwehrspielern den Mittelverteidiger etwas nach vorne zu schieben, jedoch nur so weit, dass er sich stets in den Abwehrverbund einordnen und in seine Zone einlaufende Spieler am Kreis übernehmen kann, was als halboffensive Stellung bezeichnet werden kann.

Daraus ergeben sich dann folgende gruppentaktische Abwehrmaßnahmen:

- Verschieben: Verdichten der Abwehrspieler auf Ballseite, um eine günstige Überzahlsituation für die Abwehrspieler zu schaffen
- Übergeben – Übernehmen: Ein offensiver Verteidiger übergibt einen Angreifer mit Ball, der seine Zone verlässt, an einen Nebenspieler und übernimmt sofort wieder einen Angreifer.
- Sichern: Verschieben in Richtung Ballbesitzer durch ein abgestimmtes Verhalten von Verteidigern, um den Mitspieler gegen den Ballbesitzer unterstützen zu können. Es wird aber nur so weit verschoben, dass die direkten Gegenspieler noch gedeckt werden können.
- Einordnen: Wiedereintreten in den Abwehrverbund nach dem Heraustreten oder Sichern zur Herstellung der Grundordnung.
- Aushelfen: Um einen ausgespielten Abwehrspieler zu ersetzen, wird der direkte Gegenspieler verlassen, um einen Torwurf des durchbrechenden Angreifers zu verhindern.
- Doppeln: Zwei Abwehrspieler decken den ballführenden Angreifer.

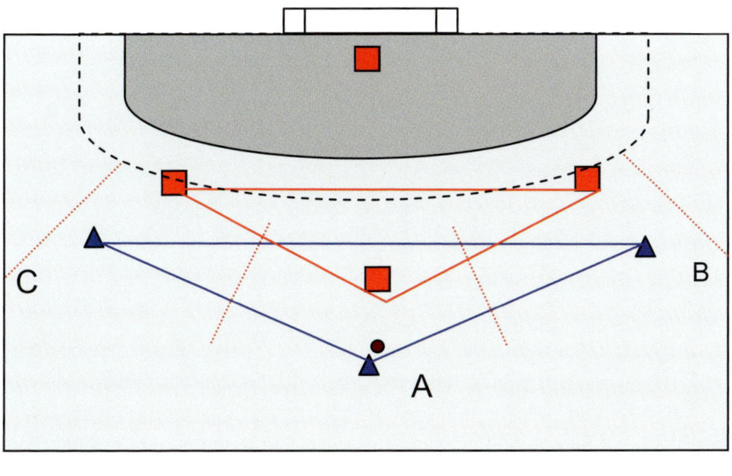

Abb. 12.244: Halboffensive Raumdeckung in der Spielsituation 3:3+1

– Konfrontationsspiel 3:3+1 Gruppentaktisches Abwehrverhalten

Inszenierung:
„Spielt 3:3+1 auf ein Tor im Rotationssystem von drei Mannschaften. Mannschaft A ‚parkt', Mannschaft B greift gegen C an. Nach Angriffsabschluss oder Ballverlust begibt sich Mannschaft B in die Defensive gegen A. Mannschaft C wertet ihr Abwehrspiel mit dem Analysebogen aus, indem sie versucht, die Situationen zu erfassen, in denen sie ein Gegentor oder Schwierigkeiten in der Defensive bekommen hat. Die zentralen Fragen der Analyse des Abwehrverhaltens sind: Wann und wo fällt die Verteidigungsarbeit in einem fest zugeordneten Raum schwer? Wie können wir diese Situationen lösen?"

In der Reflexion sollten die wesentlichen gruppentaktischen Abwehrmaßnahmen als Lösungsmöglichkeiten thematisiert und als Inhalte der Schulung der Abwehrarbeit festgehalten werden.

Taktikelement: Verschieben mit Heraustreten

Die Zuteilung von Abwehrräumen kann bei den Spielern zu Missverständnissen im Abwehrverhalten führen. Im Glauben, nur für diese Zone verantwortlich zu sein und nur gegen die dort eindringenden Angreifer verteidigen zu müssen, agieren sie zunächst sehr unsicher und statisch. Deshalb muss ihnen bewusst werden, dass sie ihre Grundordnung im Verteidigungsdreieck einhalten müssen, was nichts anderes heißt, als dass der linke Verteidigungsspieler stets links vom Mittelverteidiger und der rechte Verteidiger stets rechts von diesem zu agieren hat. Um kompakt agieren zu können, sollten sie diese Abstände bei raumöffnenden Pässen auf den Flügel nicht größer werden lassen, sondern im Gegenteil sofort gemeinsam zu schließen versuchen.
Diese Erfahrung können die Spieler vornehmlich in Übungssituationen sammeln, wenn es den Angreifern untersagt wird, ihre Spielpositionen zu wechseln. Dadurch fällt es den Abwehrspielern am Anfang auch leichter, das gemeinsame Verschieben mit dem rechtzeitigen Heraustreten zum Ballbesitzer zu verbinden.

Übungsphase

– Verschieben in der Grundordnung

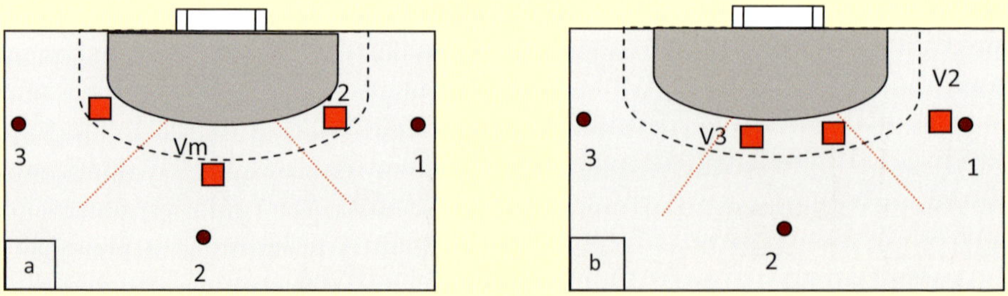

Abb. 12.245

– 3–4 m vor dem Torraum werden 3 Bälle wie oben abgebildet ausgelegt und nummeriert sowie die 3 Verteidigungsräume markiert. Auf Kommando „1" verschieben die Verteidiger zum Ball 1, auf Kommando „3" zum Ball 3 usw. Sie lernen so das kompakte Verschieben zum Ball, das Verlassen ihres zugeteilten Abwehrraumes und das Heraustreten des ballnahen Verteidigers. Dabei sollten sie sich gegenseitig dirigieren.

Variationen:

- Die 3 Bälle werden von 3 Angreifern aufgenommen. Diese dürfen sich in der jeweiligen Zone nach rechts und links mit dem Ball prellend bewegen. Die 3 Verteidiger verschieben wieder zur aufgerufenen Nummer, der jeweilige Verteidiger tritt heraus und versucht, den geprellten Ball herauszuspielen.
- Die 3 Angreifer passen sich aus ihren Angriffszonen den Ball im Rückraum zu. Die 3 Verteidiger verschieben entsprechend dem Passweg des Balles. Der jeweilige Verteidiger tritt aus der Abwehr heraus und klatscht den Ballbesitzer ab. Die Angreifer führen noch keine Positionswechsel durch.

Taktikelement Sichern

Durch die halboffensive Stellung des Mittelverteidigers können sich Durchbruchsräume in seinem Rücken ergeben, vor allem wenn die beiden Außenverteidiger nicht schnell genug heraustreten. Deshalb sollte der Mittelverteidiger darauf achten, dass er durch das Einordnen in den Abwehrverbund mitunter den Nebenmann absichern kann, indem er sich kurzfristig zurückzieht. Ein aktives Agieren in der Verteidigung bedeutet letztendlich nicht nur ein seitliches Verschieben, sondern auch ein schnelles Heraustreten und Zurückweichen.

– Variation der Grundordnung zur defensiven Raum-Verteidigung

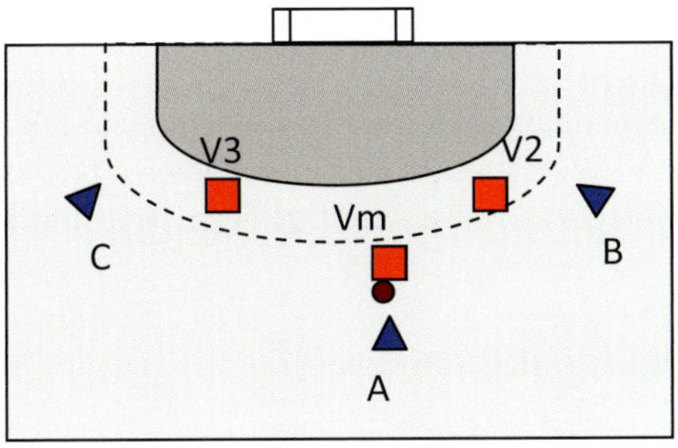

Abb. 12.246: Sit. I – Grundordnung bei Angriff über das Zentrum

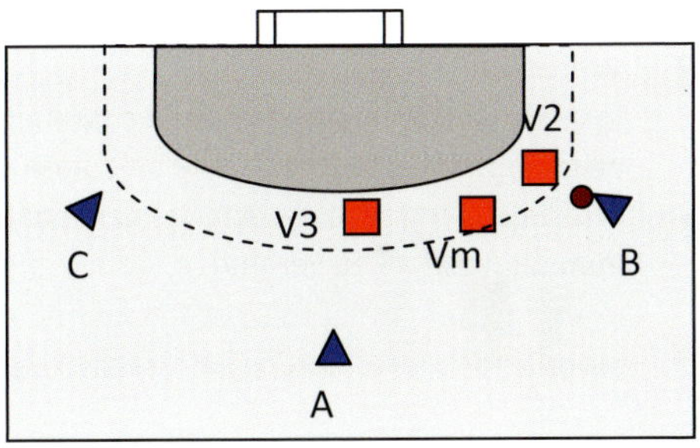

Abb. 12.247: Sit. II – Grundordnung bei Angriff über den rechten Flügel

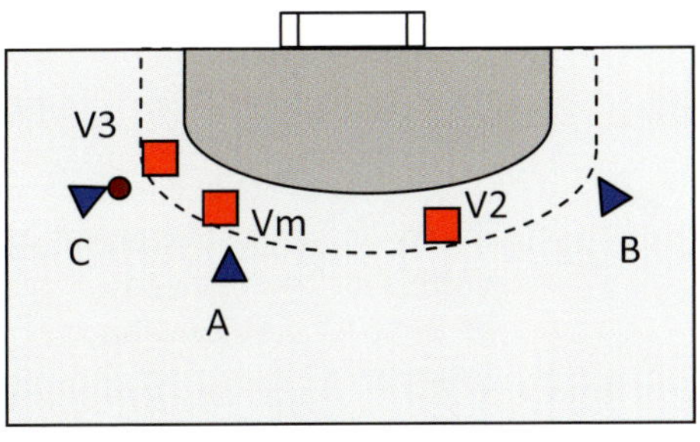

Abb. 12.248: Sit. III – Grundordnung bei Angriff über den linken Flügel

- Passübung: Die Angreifer passen sich den Ball zu und versuchen sich in Schussposition zu bringen. Die Verteidiger bewegen sich auf der inneren Linie in Grundhaltung und je nach Ballposition vor und zurück. Dabei agieren sie gemeinsam und dirigieren sich mit Codewörtern „raus“, „zurück“, „verschieben nach links/rechts“, „einrücken“, „sichern“ gegenseitig.
  Sit. I: Ballbesitz A, der von Vm eng gedeckt wird, V2 und V3 ziehen sich etwas zurück und rücken leicht ein, damit sie bei einem Zweikampf oder Dribbling sichern und aushelfen können.
  Sit. II: Ballbesitz B, der von V2 eng gedeckt wird, Vm zieht sich etwas zurück und V3 rückt bis zur Tor-Tor-Linie ein.
  Sit. III: Ballbesitz C, der von V3 eng gedeckt wird, Vm zieht sich etwas zurück und V2 rückt bis zur Tor-Tor-Linie ein.
  Die Verteidiger konzentrieren sich auf die Laufwege, die Grundstellung und auf den Abstand zum Angreifer. Sie lassen die Angreifer passen, klatschen den Ballbesitzer jedoch am Oberarm ab und zeigen somit an, dass sie jetzt in einem Zweikampf eingreifen könnten.

Steigerung:

- Die Verteidiger versuchen die Pässe abzufangen (Passweg zustellen).
- Die Angreifer stoßen auf Lücken zum Tor, die Verteidiger lassen sie nicht zum Tor durchziehen.
- Die Angreifer versuchen im Dribbling zum Tor durchzubrechen.
- Die Angreifer ziehen mit und ohne Ball zum Tor und verändern ihre Positionen.

– Spielphase 3:3

In längeren Spielphasen soll jetzt vornehmlich das Augenmerk auf die Defensivarbeit gerichtet werden.

Inszenierung:
„Spielt 3:3 auf ein Tor mit TW. Die Angreifer sollen in erster Linie das Kreuzen und Übergänge als gruppentaktische Mittel einsetzen, um die Abwehrarbeit zu erschweren.“

– Übungsformen

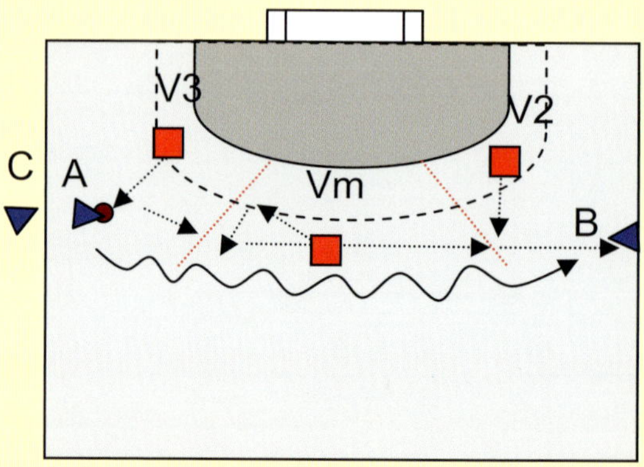

Abb. 12.249

- A dribbelt ca. 10 m vor dem Tor zur anderen Seite, V3 tritt heraus und begleitet ihn auf der inneren Linie.
- Wenn A die Abwehrzone von V3 verlässt, übergibt dieser ihn an Vm, der ihn übernimmt und bis zur Zonenlinie von V2 begleitet, wo dieser ihn übernimmt.
- A dribbelt auf B zu und übergibt den Ball. Danach läuft die Übungsabfolge in die andere Richtung.

Steigerung:

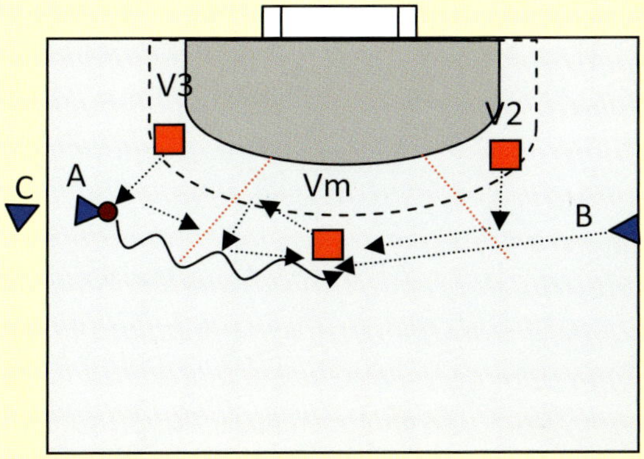

Abb. 12.250

- A dribbelt ca. 10 m vor dem Tor zur anderen Seite, V3 tritt heraus und begleitet ihn auf der inneren Linie.
- Wenn A die Abwehrzone von V3 verlässt, übergibt dieser ihn an Vm, der ihn übernimmt und begleitet.
- B, der von V2 begleitet wird, kommt A entgegen, in der Spielfeldmitte wird der Ball übergeben. Vm und V2 übergeben jeweils ihren direkten Gegenspieler und übernehmen den des Mitspielers.
- A und B laufen bis zum Spielfeldrand weiter, danach läuft die Übung wieder zur anderen Seite.

- **Spiel 1+3:3+1 mit Übergeben – Übernehmen**

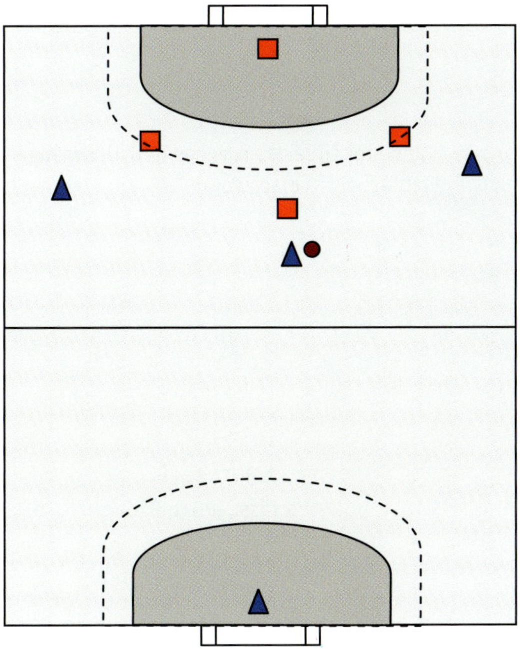

Abb. 12.251

Inszenierung:
„Spielt 3:3 auf zwei Tore. Ein Tor mit TW, das nach Kreuzen oder einem Übergang erzielt wird, zählt doppelt."

12.7.10 Lektion 10: Handball – Mini-Sportspiel 1+4:4+1

Mit der Erweiterung der Mannschaftsstärke auf vier Feldspieler kann nun die Spielposition des Kreisläufers eingeführt und dessen vornehmlicher Aktionsraum festgelegt werden. Dies lässt eine konsequente Umsetzung der Drachenaufstellung zu.

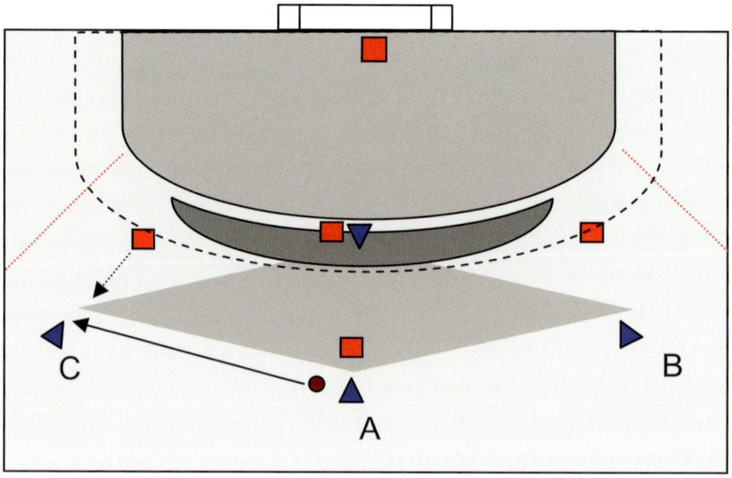

Abb. 12.252

Im Handball entspricht diese Aufstellungsform bereits dem „Gerüst" der am häufigsten anzutreffenden Angriffsformation, da lediglich noch die beiden Außenangreifer auf den Flügeln fehlen, wie Abb. 12.253 zeigt.

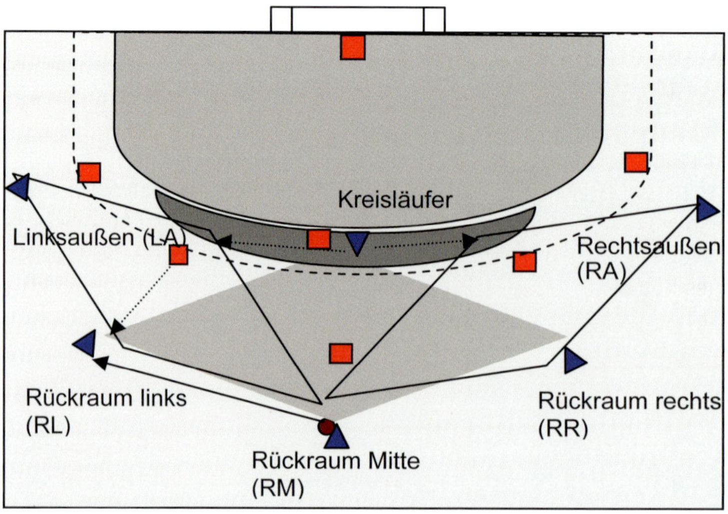

Abb. 12.253: 3-3-Angriffsformation mit Angriffsrauten gegen eine 3-2-1-Abwehrformation mit Aktionsraum des Kreisläufers

Die Abbildungen 12.252 und 12.253 zeigen den Aktionsraum des Kreisläufers, der vorwiegend mit dem Rücken zum Tor oder in offener Seitstellung zur Ballseite steht oder agiert. Seine Laufwege sind nur sehr kurz, d. h., er kann sich mit wenigen Schritten parallel zur Torraumlinie stets in die Position des „Kopfes einer Drachenaufstellung" bringen, wodurch sich zahlreiche Möglichkeiten für das Angriffsdreieck ergeben. Dadurch zwingt er auch die beiden Verteidiger hinten rechts und hinten links zu einem defensiveren Abwehrverhalten. Außerdem bindet er durch seine Präsenz am Kreis ständig einen Abwehrspieler. Für diesen stellt sich das Problem der Grundposition zum Kreisläufer. Steht er hinter dem Kreisläufer, so ist dieser relativ gut anspielbar, kann als „Wandspieler" fungieren und Sperren bei den heraustretenden Innenverteidigern im Rücken stellen. Steht er vor ihm, kann er Passwege auf ihn zustellen, andererseits bieten sich dem Kreisläufer zahlreiche Gelegenheiten, sich in seinem Rücken nach rechts oder links abzusetzen. Dazu muss er Lücken blitzschnell erkennen und mit kurzen Drehungen unter Einsatz seines Körpers den Gegenspieler aussperren können. Somit bilden sich auch weitere Optionen für eine Sperre, die im Zusammenspiel mit einem einlaufenden Rückraumspieler zur Gassensperre erweitert werden können. Eine weitere wichtige Aufgabe des Kreisläufers besteht in der Abstimmung seiner Laufwege mit der Stoßbewegung der Rückraumspieler, bei der er darauf achten muss, dass er nicht Lücken zustellt, in die Rückraumspieler hineinstoßen könnten. Die Abschlussaktion führt der Kreisläufer aus kurzer Distanz zum Tor aus. Da er keinen Anlauf aus dem Rückraum mitbringt, wendet er Fallwürfe an, die bei der Vermittlung des Handballspiels in der Schule ein Problem darstellen. Nur wenige Schüler trauen sich selbst bei intensiver Technikschulung in den Torraum hinein zu hechten. Als Alternative verbleiben Sprungwürfe häufig nach einem kurzen Drehschritt.

– Spielphase 1+4:4:4

Inszenierung:
„Spielt im Wechsel von drei Mannschaften in einem festgelegten Sektor mit je vier Feldspielern auf ein Tor mit einem festen TW. Der Kreisläufer soll im Angriffszentrum agieren. Versucht, ihn in das Angriffsspiel zu integrieren und zum Torabschluss zu bringen."

Reflexion:

» Wie viele Tore haben die Kreisläufer erzielt?
» Wer hat als Kreisläufer viele Ballkontakte zu verzeichnen gehabt?
» Worin bestehen die Probleme, den Kreisläufer in Ballbesitz zu bringen?
» Wie sollte sich der Kreisläufer bei der Angriffsauslösung verhalten und worauf muss er achten?
» Wie könnten folglich die Freilaufbewegungen des Kreisläufers aussehen?
In der Reflexion sollten die Aspekte, die in der eingangs dargestellten Sachanalyse (Kap. 12.4) angesprochen wurden, zum Ausdruck kommen und daraus die Funktion und Aufgaben des Kreisläufers abgeleitet sowie die notwendigen positionsspezifischen Verhaltensweisen festgehalten werden.

– Spielphase II : Konfrontationsspiel 1+4:4+1

Inszenierung:
„Spielt wie vorher gegeneinander. Der Kreisläufer sollte seine Freilaufbewegungen mit den Rückraumspielern abstimmen und versuchen, auf der Ballseite in Lücken zu stoßen, in Ballbesitz zu kommen oder als Wandspieler zu agieren."

Individualtaktik: Freilaufen, Ballannahme und Torwurf des Kreisläufers

Für die Ausbildung des individualtaktischen Verhaltens auf der Kreisläuferposition können spielnahe Übungsformen den Lernprozess unterstützen. Die Übungsformen sind größtenteils so angelegt, dass sie in ihrer räumlichen Struktur der anschließenden Spielphase entsprechen und die Spieler erste Erfahrungen im zeitlichen Ablauf ohne störende Gegenspieler sammeln können. Der Schwerpunkt soll dabei zunächst auf kurze Freilaufbewegungen, Finten und schnelle Drehungen des Kreisläufers in Verbindung mit Torwürfen gelegt werden und im weiteren Verlauf mit den gruppentaktischen Angriffsmaßnahmen der Rückraumspieler koordiniert werden.

Übungsformen

– Torwurfdrill im 4:0+1

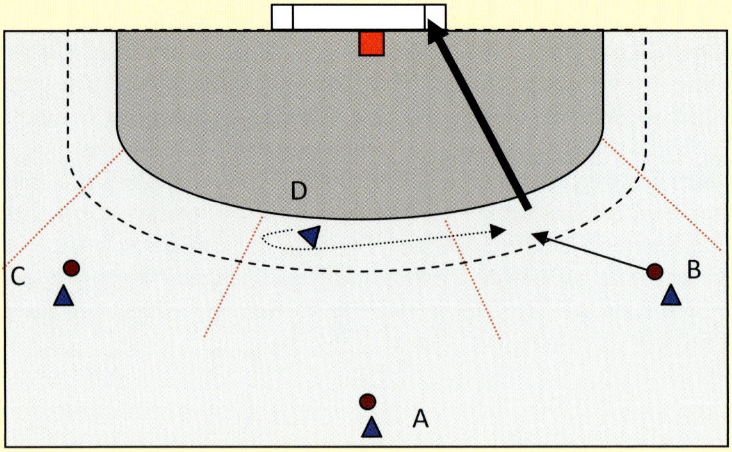

Abb. 12.254

– A, B, C stehen jeweils mit einem Ball auf ihren Spielpositionen;
– D steht am Kreis mit dem Rücken zum Tor;
– D führt eine Schritttäuschung aus und startet parallel zum Kreis in Richtung B;
– B spielt D an, der abstoppt, eine Drehfinte nach innen antäuscht, mit einem Angehschritt zum Kreis dreht und aufs Tor wirft;
– D kehrt zum Absprungort aus dem Kreis zurück, bietet sich A für ein Anspiel an.

Hinweis:
Nach einem Durchgang wechseln die Spieler im Gegenuhrzeigersinn ihre Positionen.

Variationen:
– D führt Freilaufbewegungen und Torwurf gegen einen teilaktiven Verteidiger durch.
– D führt Freilaufbewegungen und Torwurf gegen einen aktiven Verteidiger durch, allerdings in freier Abfolge der Anspielpartner.

– Kreisläufer als Wandspieler oder Doppelpasspartner im 4:1+1

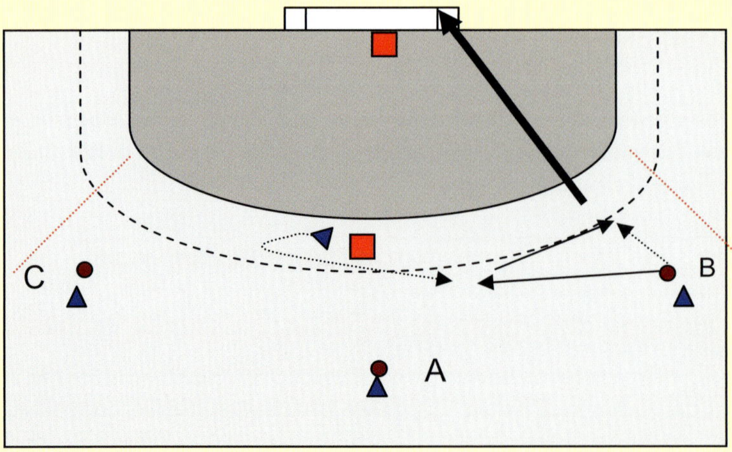

Abb. 12.255

- Organisation und Ablauf wie oben; jedoch wird D von einem Verteidiger gedeckt (zunächst teilaktiv, später aktiv);
- B, A, C stoßen nach Pass auf D zum Kreis, bekommen den Ball zurückgepasst und schließen mit Sprungwurf ab.

Variation:

- D passt nicht auf den stoßenden Mitspieler, sondern dreht sich zum Tor und schließt selbst ab.

– Passen in Verbindung mit Drehfinten

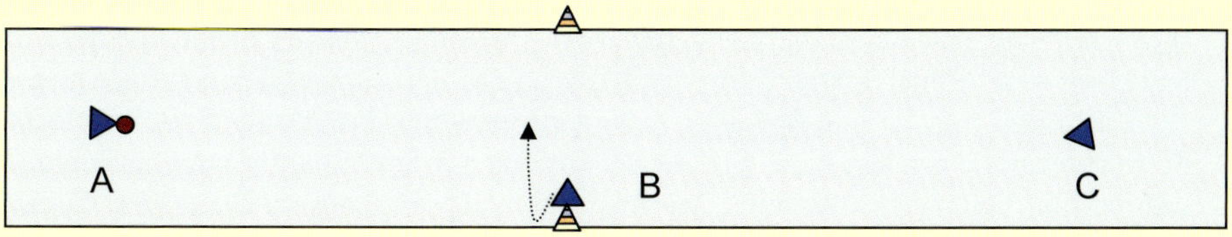

Abb. 12.256

- B führt Schrittfinte nach außen aus, startet zwischen den beiden Hütchen in die Mitte und wird von A angespielt;
- B fängt den Ball, stoppt ab, führt eine Drehfinte in die entgegengesetzte Richtung aus, dreht sich und passt zu C;
- B läuft zum anderen Hütchen, an dem die Übung mit C beginnt.

Variation:

- B läuft A schräg entgegen, A passt zu B und stößt nach vorne, B spielt Rückpass auf A, der zu C passt.
- B läuft A schräg entgegen, A passt zu B und stößt nach vorne, B täuscht den Rückpass, dreht sich um die eigene Achse und passt auf C.

– Freilaufen am Kreis mit Torabschluss im 4:0+1

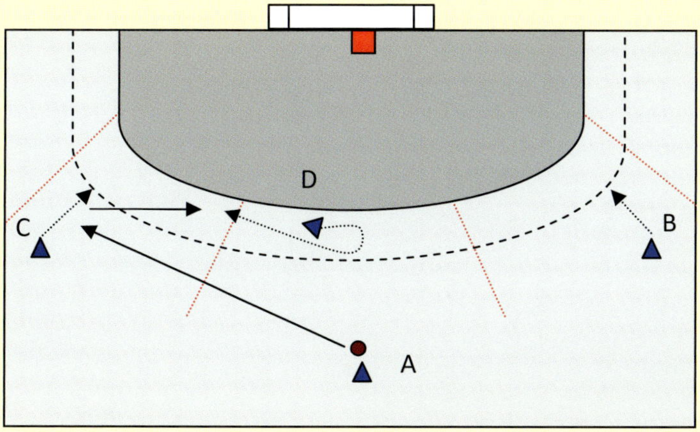

Abb. 12.257

- A, B und C spielen sich im Rückraum den Ball zu;
- D führt beim Pass nach links eine Schrittfinte in die entgegensetzte Richtung aus, startet am Kreis entlang in Richtung C, der ihn anspielt;
- D nimmt den Ball an, fintiert und dreht sich je nach Wurfarm zum Tor und schließt mit einem Torwurf ab.

Variation:

- A, B und C führen Parallelstoß aus.

– **Spielphase 4:4+1**

Inszenierung:
„Spielt 4:4 auf ein Tor mit TW. Eine Mannschaft hat 10 Angriffsversuche. Ein Tor durch den Kreisläufer zählt doppelt und ergibt einen weiteren Angriffsversuch."

Taktikelement: Deckungsverhalten des Abwehrspielers gegen den Kreisläufer

Über das individuelle Abwehrverhalten gegen den Kreisläufer gehen die Meinungen der Fachleute weit auseinander. Einige Trainer propagieren das Deckungsverhalten auf der inneren Linie, also zwischen Tor und Angreifer, andere plädieren für das Zustellen des Kreisläufers durch den Verteidiger, also die Einnahme der Position auf der Ball-Kreisläufer-Linie. Die Abwehrposition hinter dem Kreisläufer lässt Anspiele auf diesen eher zu, jedoch ist der Weg zum Tor zugestellt. Das führt häufig zu einem Gerangel und zu sehr harten Zweikampfsituationen mit einer Dominanz der Athletik über das Spielerische, wodurch im Schulbereich die Begeisterung für Handball nicht wächst. Beim Deckungsverhalten vor dem Kreisläufer besteht die Gefahr, dass sich dieser wesentlich leichter absetzen und im „Rücken des Verteidigers davonschleichen" kann, weil es schwierig ist, diesen mit dem Blick über die Schulter im Auge zu behalten und andererseits den Spielablauf im Rückraum genau zu beobachten. Deshalb müssen die individualtaktische Maßnahme „Bälle abfangen" und die gruppentaktischen Abwehrmittel „Verschieben" und „Aushelfen" in diesem Fall besonders intensiv geschult werden. Um vor allem in der Schule aktiv gegen den Kreisläufer zu verteidigen und das Gerangel am Kreis zu vermeiden, sollte der Abwehrspieler versuchen, näher zum Ball zu stehen als der Kreisläufer, um einen Pass auf diesen abfangen zu können.

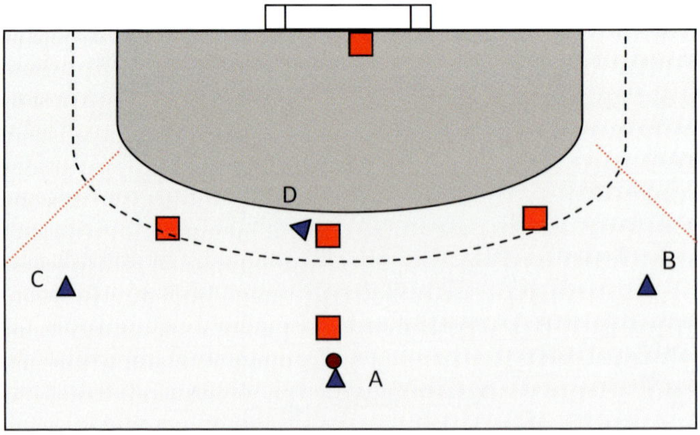

Abb. 12.258

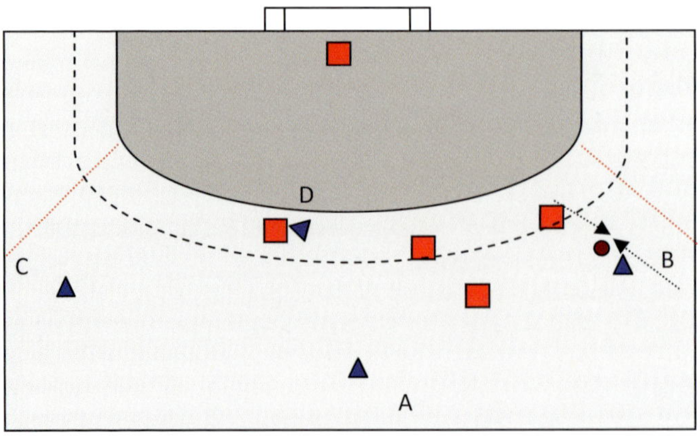

Abb. 12.259

Deshalb sollten jetzt Übungsphasen mit der Fokussierung auf einzelne Kriterien des individualtaktischen Abwehrverhaltens den Lernprozess unterstützen, denn hier kann konkret und explizit auf die wesentlichen Aktionen eingegangen werden.

Übungsformen

– Bodenpässe abfangen

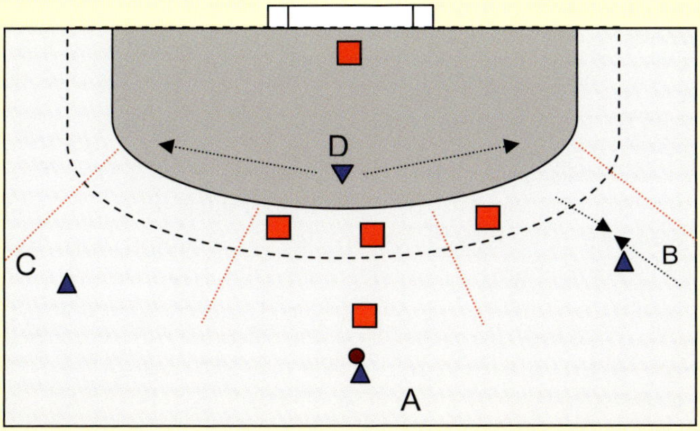

Abb. 12.260

- A, B, C agieren im Rückraum, passen sich den Ball schnell zu und versuchen, den im Kreis befindenden Spieler D mit einem Bodenpass anzuspielen.
- Die Verteidiger verschieben parallel zum Passweg und versuchen, die Bodenpässe abzufangen.

Variation:

- D befindet sich außerhalb des Torraumes und bewegt sich an der Kreislinie.

– Spielphase: Spielmacher als Zuspieler

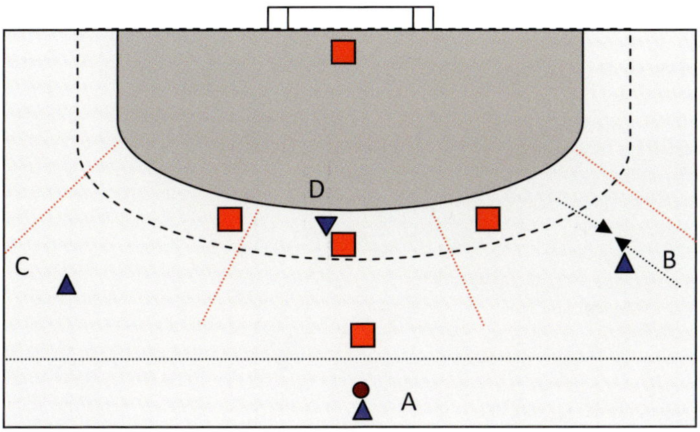

Abb. 12.261

Inszenierung:
„Spielt 4:4 auf ein Tor mit TW. Der Spielmacher der angreifenden Mannschaft fungiert nur als Zuspieler hinter einer Linie. Er darf sich nach rechts und links bewegen und jederzeit angespielt werden. Sein direkter Gegenspieler darf ihn vor dieser Linie stören und einen Deckungsschatten aufbauen. B, C und D sollen in Lücken stoßen und zum Torabschluss kommen. Kreisläufertore zählen doppelt."

Organisation:
Nach einer bestimmten Spielzeit tauschen die beiden Mannschaften die Rollen.

– Spiel 4:4+1
Inszenierung:
„Spielt 4:4 auf ein Tor mit TW. Ein Anspiel auf den Kreisläufer ergibt einen Punkt, ein Tor zwei Punkte, ein Kreisläufertor drei Punkte. Welche Mannschaft erzielt mehr Punkte?"

Taktikelement: Individualtaktisches Verhalten des Kreisläufers beim Stoßen des Spielmachers

Im Zentrum vor dem Tor kommt es stets zur Ballung, sodass dem Spielmacher wenig Raum für einen Durchbruch zur Verfügung steht. Mit der Einführung des Kreisläufers und der damit verbundenen engen Manndeckung gestaltet sich diese Situation noch schwieriger. Deshalb sollten der Kreisläufer Mitte und der Spielmacher ihr Bewegungsverhalten ganz besonders aufeinander abstimmen, um sich nicht gegenseitig im Wege zu stehen. Als Grundregel kann zunächst gelten, dass der Spielmacher eine Schritt- oder Lauftäuschung als Auslöszeichen für den Kreisläufer ausführt und dieser sich auf die Seite des Ausfallschrittes oder der Lauftäuschung bewegt und somit die Verteidiger in die andere Richtung führt. Folglich öffnet er dem Spielmacher den Weg zum Tor oder eröffnet ihm die Möglichkeit eines kurzen Anspiels gegen die Laufrichtung des Mittelverteidigers, der ihn zu übernehmen versucht.

– Spiel 4:4+1 auf ein Tor mit TW
Inszenierung:
„Spielt 4:4 auf ein Tor mit TW. Der Schwerpunkt soll auf der Stoßbewegung des Spielmachers zum Tor liegen. Dabei soll ihm der Kreisläufer Raum schaffen, indem er sich von dem Spielmacher zur anderen Seite weg bewegt. Spielmacher- und Kreisläufertore zählen doppelt. Nach 10 Angriffen werden die Rollen getauscht."

– Unterstützende Übungsform: 4:1+1 auf ein Tor

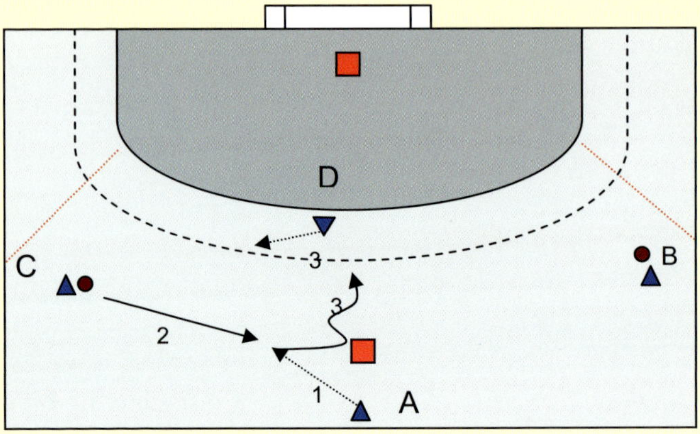

Abb. 12.262

- B und C fungieren als Zuspieler auf ihren Positionen mit jeweils einem Ball;
- A, der manngedeckt wird, bietet sich durch Laufbewegung in Richtung des Flügelspielers an und erhält den Ball zugespielt (1, 2);
- A führt ein Dribbling zur entgegengesetzten Seite aus (3), währenddessen sich D von ihm wegbewegt (3).
- Wenn A sich durchsetzen kann, schließt er selbst ab, ansonsten versucht er, D mit einem Bodenpass anzuspielen.

- **Spiel 4:4+1 auf ein Tor mit dem Schwerpunkt des Zusammenspiels Kreisläufer – Spielmacher**

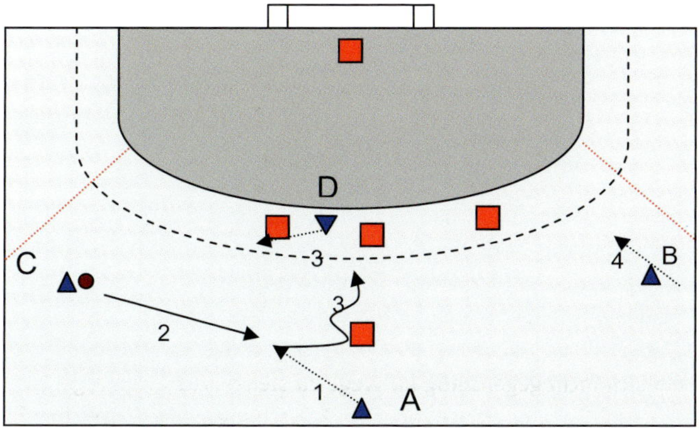

Abb. 12.263

Inszenierung:
„Spielt 4:4 auf ein Tor mit TW. Der Kreisläufer und Spielmacher sollen ihr Bewegungsverhalten so aufeinander abstimmen, dass der Spielmacher Lücken für Stoßbewegungen vorfindet."

Taktikelement: Kreisläuferspiel beim Parallelstoß

Beim Parallelstoß der drei Rückraumspieler bieten sich dem Kreisläufer sehr oft zwei Optionen. Er kann dem stoßenden Rückraumspieler Rechts oder Links Platz schaffen, indem er in der Mitte bleibt und versucht, den Mittelverteidiger zu sperren. Bei einer erfolgreichen Sperre führt das zu einer 2:1-Situation mit dem Rückraumspieler. Bei der zweiten Möglichkeit kann er mit dem äußeren Verteidiger mitgehen und an ihm eine Rückensperre stellen, sodass der Rückraumspieler nach innen ziehen kann. Gelingt es dem Kreisläufer sich von diesem abzusetzen, resultiert daraus eine 2:1-Situation gegen den Mittelverteidiger.

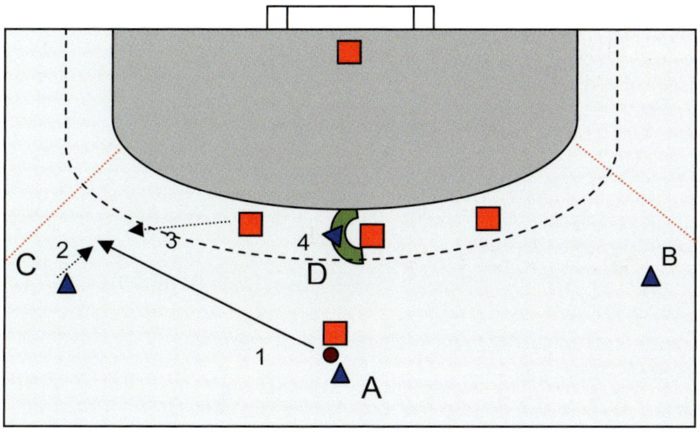

Abb. 12.264: Sperre des Kreisläufers am Mittelverteidiger hinten

- A passt (1) in die Stoßbewegung von C (2);
- der rechte Verteidiger verschiebt nach außen und stellt C (3);
- D setzt Sperre gegen den Mittelverteidiger (4).

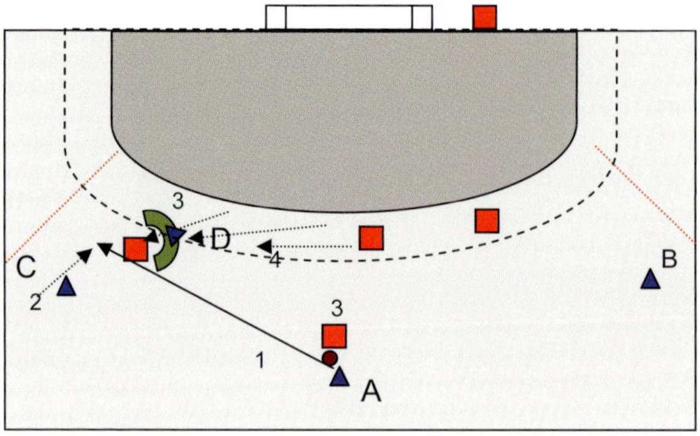

Abb. 12.265: Sperre des Kreisläufers am Außenverteidiger rechts

- A passt (1) in die Stoßbewegung von C (2);
- der rechte Außenverteidiger verschiebt nach außen und stellt C (3);
- D läuft dem Außenverteidiger nach und setzt eine Rückensperre an ihm (4).
- C zieht nach innen auf den Mittelverteidiger zu und kann zu dem sich absetzenden D passen oder den stoßenden Spielmacher anspielen.

Taktikelement: Gassensperre des Kreisläufers mit einlaufendem Flügelspieler

Bei Übergängen durch einen der beiden äußeren Rückraumspieler ergibt sich die Möglichkeit, im Zusammenspiel mit dem Kreisläufer eine Gassensperre zu stellen und somit eine Lücke für den stoßenden Mitspieler zu schaffen.

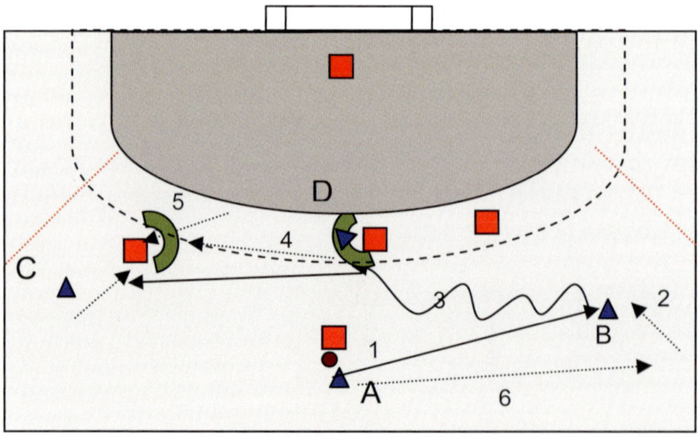

Abb. 12.266

- A passt zu B (1) in dessen Stoßbewegung (2);
- B zieht nach innen (3), passt auf den stoßenden C (4) und führt einen Übergang aus;
- D stellt Sperre am Mittelverteidiger (4);
- B läuft weiter zum rechten Verteidiger (4) und setzt dort eine Sperre (5);
- A setzt sich auf den rechten Flügel ab (6);
- C versucht, in die Lücke zu stoßen und den Angriff abzuschließen oder auf A zu passen.

Taktikelement: Kreisläuferspiel beim Kreuzen

Da das Kreuzen vor der Deckung abläuft und mit dem Ziel durchgeführt wird, einen freien Raum für den Torwurf durch den gegenkreuzenden Angreifer zu schaffen, sollte der Kreisläufer besonders darauf achten, dass er diesen Raum offen lässt bzw. sperrt. Durch das Mitgehen der Abwehrspieler beim Einlaufen ergibt sich im „Kreuzungsbereich" eine Ansammlung von mehreren Angreifern und Abwehrspielern, wodurch es in Verbindung mit Sperren auch am Kreis zu Wurfchancen kommen kann. Diese entstehen in erster Linie beim Kreuzen zwischen Rückraum Mitte und Rückraum links, wenn der Kreisläufer bereits bei der Angriffsauslösung näher zum Durchbruchsraum steht als der Mittelverteidiger. Durch die Ballung dürfte es dem Gesperrten sehr schwer fallen, über die Sperre zu gehen (Abb. 12.267).

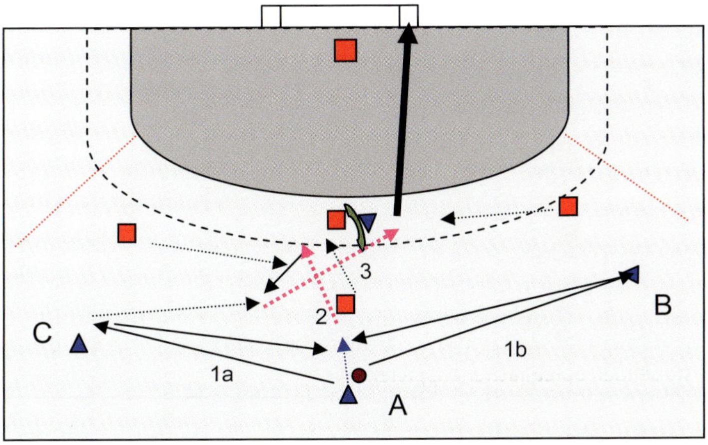

Abb. 12.267

Übungsformen:

– Kreisläuferverhalten beim Kreuzen im 4:1+1

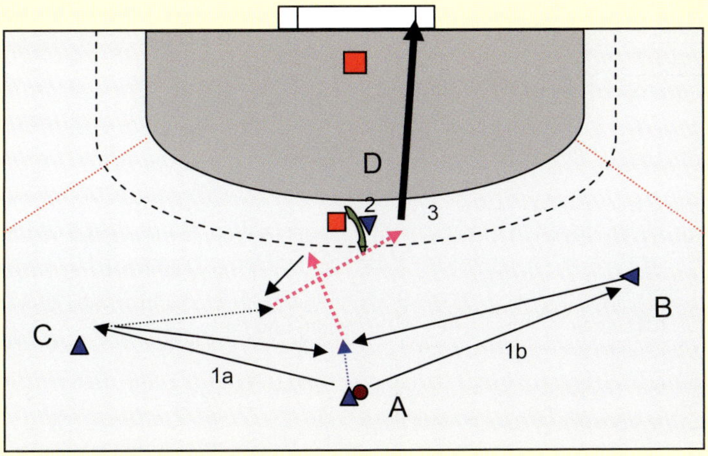

Abb. 12.268

- A, B, C spielen den Ball durch (1a, 1b), bis A ankündigt, wen er zum Kreuzen holt.
- D begibt sich beim Kreuzen des linken Rückraumspielers auf die rechte Angriffsseite, also links vom Mittelverteidiger (2) aus gesehen;
- A leitet das Kreuzen ein und bleibt vor dem Mittelverteidiger stehen, D stellt Sperre, anschließend soll Torabschluss durch Rückraumspieler C (3) oder Kreisläufer erfolgen (Abb. 12.268).

Taktikelement: Raumdeckung in der Spielsituation 1+4:4+1

Durch die Einführung des vierten Feldspielers lässt sich eine halboffensive Raumdeckung umsetzen. Während drei Abwehrspieler am Kreis agieren, kann der vierte als Störspieler vor der Abwehr eingesetzt werden. Er sollte das gegnerische Passspiel im Rückraum stören und versuchen, Bälle für einen schnellen Gegenstoß abzufangen. Außerdem kann er den gegnerischen Spielmacher in seinem Aktionsradius einschränken und einen großen Deckungsschatten aufbauen, der zu einem Spiel in die Breite zwingt.

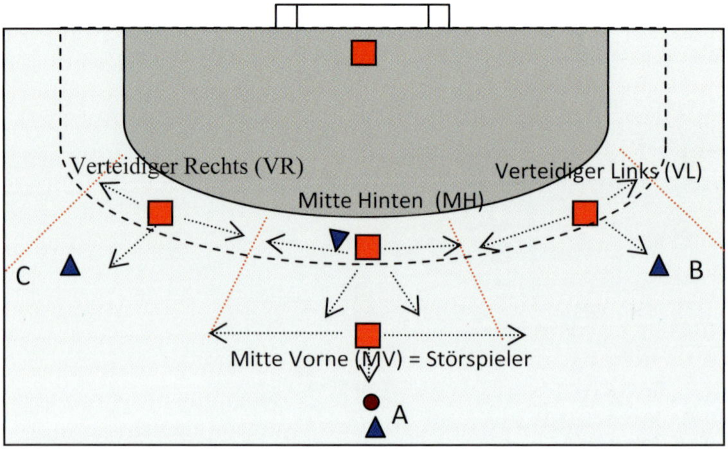

Abb. 12.269: Halboffensive Raumdeckung in der Spielsituation 4:4+1

Dem Mitteverteidiger am Kreis (MH) kommt eine Schlüsselfunktion in dieser Abwehrformation zu. Er ist einerseits mit der Bewachung des Kreisläufers beschäftigt, andererseits muss er nach rechts und links verschieben, um Lücken zu schließen und die beiden Außenverteidiger abzusichern. Außerdem sollte er bei verlorenen Zweikämpfen des Störspielers diesem aushelfen und aus dem Abwehrverbund schnell heraustreten und den Angreifer stellen. Dazu braucht er die Unterstützung seiner beiden Nebenspieler, die ebenfalls verschieben und andere Angreifer übernehmen müssen.

– Konfrontationsspiel 4:4+1: Gruppentaktisches Abwehrverhalten

Inszenierung:
„Spielt 4:4+1 auf ein Tor im Rotationssystem von drei Mannschaften. Mannschaft A „parkt", Mannschaft B greift gegen C an. Nach Angriffsabschluss oder Ballverlust begibt sich Mannschaft B in die Defensive gegen A. Mannschaft C wertet ihr Abwehrspiel in Bezug auf das Decken des Kreisläufers und das Zusammenspiel zwischen Mitte Hinten und Mitte Vorne aus."

In der Reflexion sollten die wesentlichen gruppentaktischen Abwehrmaßnahmen als Lösungsmöglichkeiten thematisiert und als Inhalte der Schulung der Abwehrarbeit festgehalten werden.

Taktikelement: Verschieben mit Heraustreten

Die Spieler haben in der Dreiermannschaft die wesentlichen individual- und gruppentaktischen Abwehrmaßnahmen ebenso wie das Decken des Kreisläufers in der Spielsituation 4:4+1 bereits erlernt. Jetzt muss der Schwerpunkt auf die Abwehrarbeit zwischen Mitte Hinten und Mitte Vorne sowie auf das Übergeben – Übernehmen der einzelnen Spieler durch ein rechtzeitiges

Verschieben, Heraustreten und Einordnen gerichtet werden. Dazu soll ihnen die Grundordnung, die Zuteilung ihrer Abwehrräume und das gemeinsame Verschieben in Übungsformen nochmals verdeutlicht werden.

Übungsphase

– Verschieben in der Grundordnung

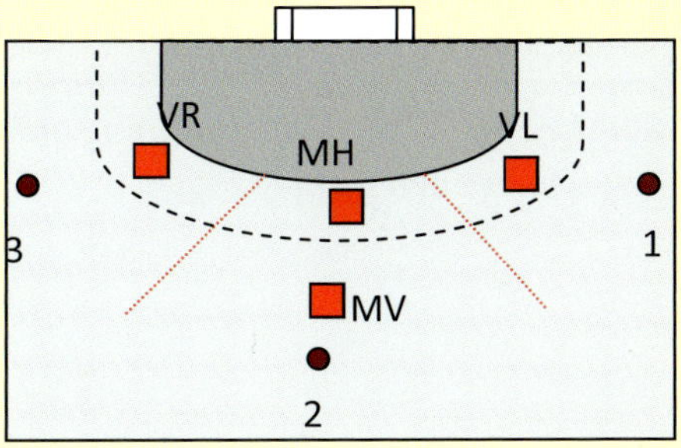

Abb. 12.270

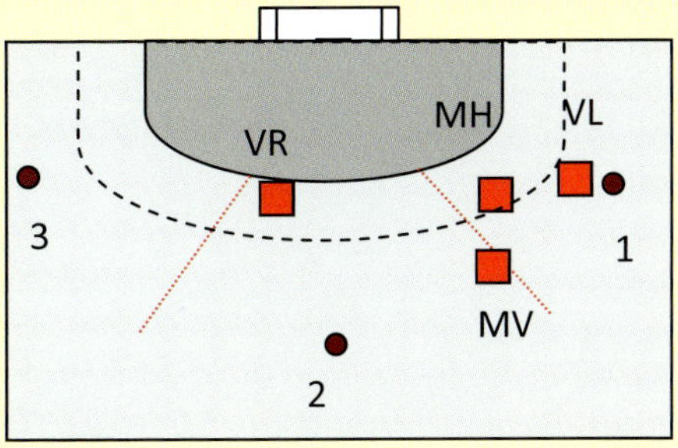

Abb. 12.271

- 3–4 m vor dem Torraum werden 3 Bälle wie oben abgebildet ausgelegt und nummeriert sowie die drei Verteidigungsräume markiert. Auf Kommando „1“ verschieben die Verteidiger zum Ball 1, auf Kommando „3“ zum Ball 3 usw. Sie lernen so das kompakte Verschieben zum Ball, das Verlassen ihres zugeteilten Abwehrraumes und das Heraustreten des ballnahen Verteidigers. Dabei sollten sie sich gegenseitig dirigieren.

Variationen:

- Die 3 Bälle werden von 3 Angreifern aufgenommen und ein vierter Angreifer begibt sich an den Kreis. Die 3 Rückraumspieler dürfen sich in der jeweiligen Zone nach rechts und links mit dem Ball prellend bewegen. Die 4 Verteidiger verschieben wieder zur aufgerufenen Nummer und achten darauf, dass der Kreisläufer übergeben und übernommen wird und der jeweilige Verteidiger heraustritt und den geprellten Ball herauszuspielen versucht.
- Die 3 Angreifer passen sich aus ihren Angriffszonen den Ball im Rückraum zu. Die 4 Verteidiger verschieben entsprechend dem Ballweg. Der jeweilige Verteidiger tritt aus der Abwehr heraus und klatscht den Ballbesitzer ab. Die Angreifer führen noch keine Positionswechsel durch, versuchen jedoch den Kreisläufer anzuspielen.

Taktikelement: Sichern

Durch den vorgezogenen Störspieler (MV) werden die zugeteilten Abwehrräume für die drei Abwehrspieler am Kreis breiter, wodurch sich mehr Raum für ein Durchstoßen in 1:1-Situationen ergibt. Deshalb sollte MH darauf achten, dass er durch Verschieben den Nebenmann absichert. Das erfordert jedoch ein Übernehmen des Kreisläufers durch den ballfernen Außenverteidiger. Das Einnehmen der inneren Linie des Störspielers zum Spielmacher (RM) lässt diese Abwehrformation defensiver agieren, bei einem Zustellen des Passweges durch den Störspieler kann aktiver und offensiver verteidigt werden, wodurch die Angreifer zu einem abgestimmten Laufspiel gezwungen werden.

– Variation der Grundordnung zur Ball-Raum-Verteidigung

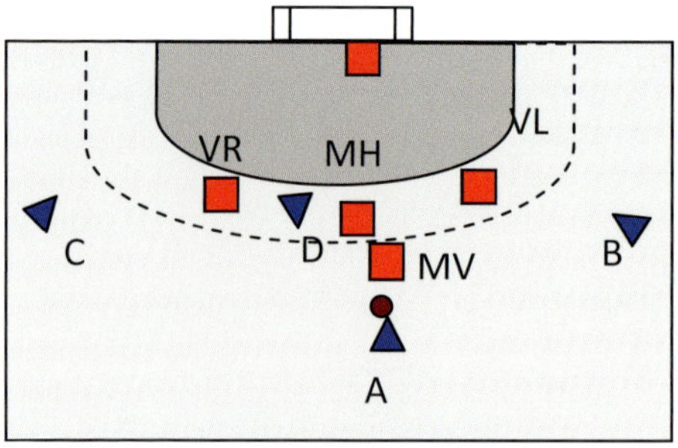

Abb.12.272: Sit. I – Grundordnung bei Angriff über das Zentrum

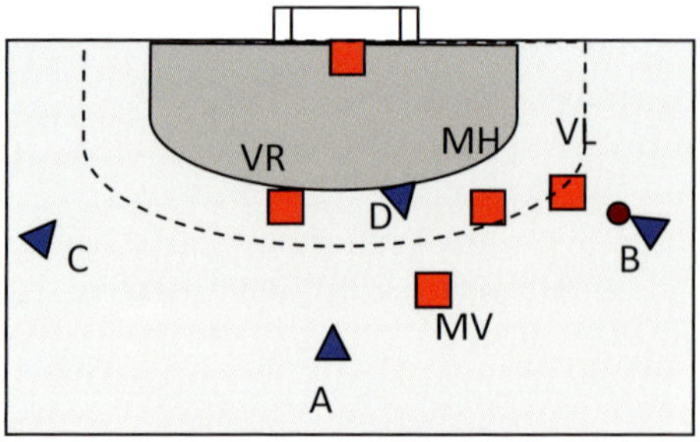

Abb. 12.273: Sit. II – Grundordnung bei Angriff über den rechten Flügel

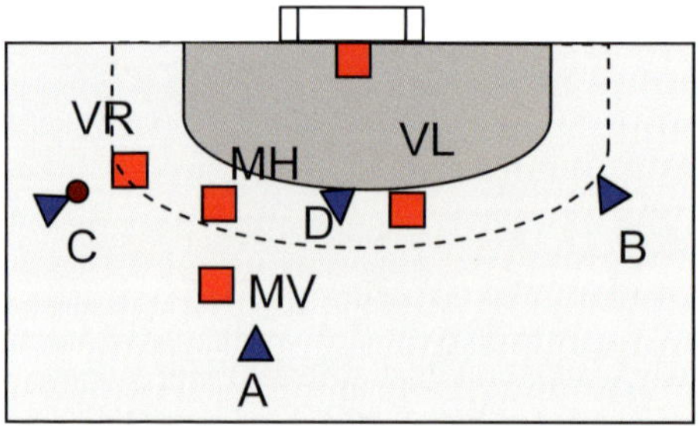

Abb. 12.274: Sit. III – Grundordnung bei Angriff über den linken Flügel

– Passübung: Die Angreifer passen sich den Ball zu und versuchen, sich in Schussposition zu bringen. Die Verteidiger bewegen sich auf der inneren Linie in Grundhaltung und je nach Ballposition vor und zurück. Dabei agieren sie gemeinsam und dirigieren sich mit Codewörtern „raus“ und „zurück“, „verschieben nach links/rechts“, „einrücken“, „sichern“ gegenseitig.
Sit. I: Ballbesitz A, der von MV eng gedeckt wird, VR und VL ziehen sich etwas zurück und rücken etwas ein, MH deckt D offensiv, sodass er MV noch sichern kann. MV deckt den Spielmacher auf der inneren Linie ab.
Sit. II: Ballbesitz B, der von VL eng gedeckt wird, MH verschiebt etwas nach außen und VR rückt bis zur Tor-Tor-Linie ein. MV stellt Passweg zu A zu.
Sit. III: Ballbesitz C, der von VR eng gedeckt wird, MH verschiebt etwas nach außen und VL rückt bis zur Tor-Tor-Linie ein. MV stellt Passweg zu A zu.
Die Verteidiger konzentrieren sich auf die Laufwege, die Grundstellung und auf den Abstand zum Angreifer. Sie lassen die Angreifer passen, klatschen den Ballbesitzer jedoch am Oberarm ab und zeigen somit an, dass sie jetzt in einem Zweikampf eingreifen könnten.

Steigerung:

- Die Verteidiger versuchen die Pässe abzufangen (Passweg zustellen).
- Die Angreifer stoßen auf Lücken zum Tor, die Verteidiger lassen sie nicht zum Tor durchziehen.
- Die Angreifer versuchen im Dribbling zum Tor durchzubrechen.
- Die Angreifer ziehen mit und ohne Ball zum Tor und verändern ihre Positionen.

– Spielphase 4:4+1

In längeren Spielphasen soll jetzt vornehmlich das Augenmerk auf die Defensivarbeit gerichtet werden.

Inszenierung:
„Spielt 4:4 auf ein Tor mit TW. Die Angreifer sollen in erster Linie das Kreuzen und Übergänge als gruppentaktische Mittel einsetzen, um die Abwehrarbeit zu erschweren."

– Übungsformen

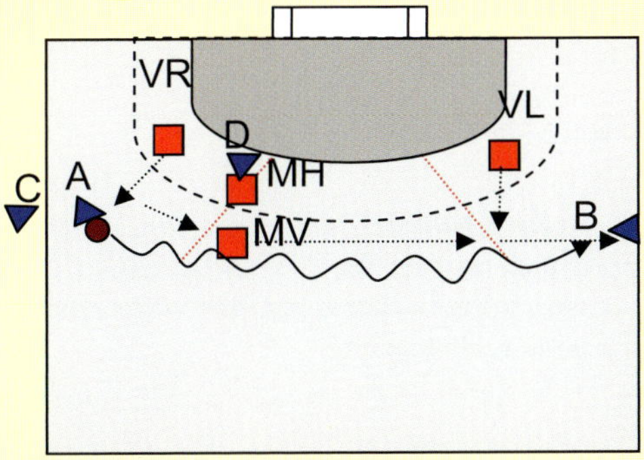

Abb. 12.275

- A dribbelt ca. 10 m vor dem Tor zur anderen Seite, VR tritt heraus und begleitet ihn auf der inneren Linie, MH deckt Kreisläufer offensiv.
- Wenn A die Abwehrzone von VR verlässt, übergibt dieser ihn an MV, der ihn übernimmt und bis zur Zonenlinie von VL begleitet, wo dieser ihn übernimmt.
- MH und VR rücken zur Mitte ein;
- A dribbelt auf B zu und übergibt den Ball. Danach läuft die Übungsabfolge in die andere Richtung.

Steigerung:

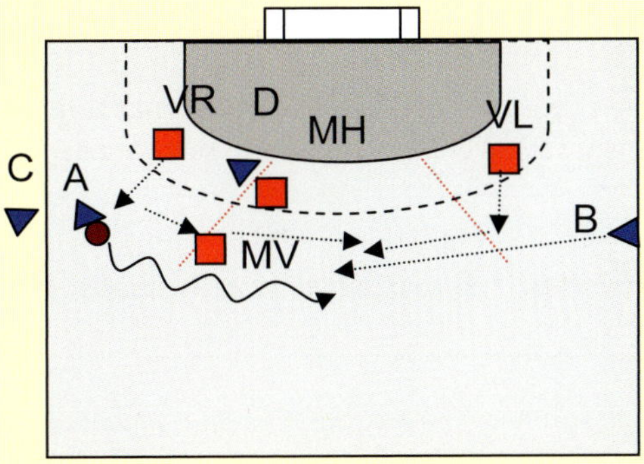

Abb. 12.276

- A dribbelt ca. 10 m vor dem Tor zur anderen Seite, VR tritt heraus und begleitet ihn auf der inneren Linie.
- Wenn A die Abwehrzone von VR verlässt, übergibt dieser ihn an MV, der ihn übernimmt und begleitet.
- B, der von VL begleitet wird, kommt A entgegen, in der Spielfeldmitte wird der Ball übergeben. MV und VL übergeben jeweils ihren direkten Gegenspieler und übernehmen den des Mitspielers.
- MH und VR verhalten sich wie oben.
- A und B laufen bis zum Spielfeldrand weiter, danach läuft die Übung wieder zur anderen Seite.

– **Übergeben – Übernehmen beim Kreuzen**

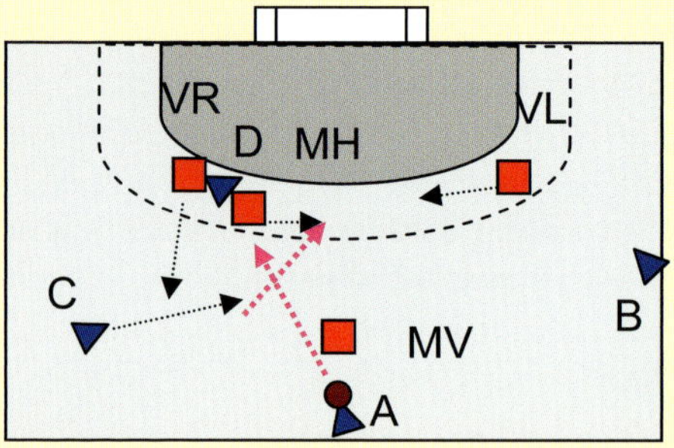

- A und C kreuzen im Rückraum in einer Übungsform;
- MH übernimmt A und übergibt D an VR;
- MV übernimmt C;
- VL rückt ein.

Steigerung:

- Als Stop- and-Go-Spiel mit Unterbrechung nach einem Kreuzen.

Abb. 12.277

– **Spiel 1+4:4+1 mit Übergeben – Übernehmen**

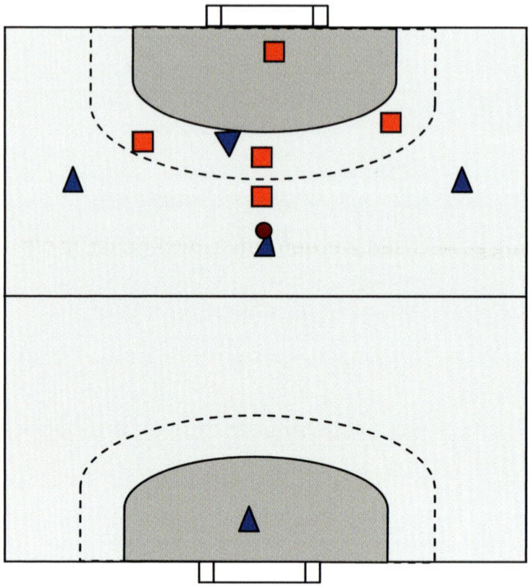

Inszenierung:
„Spielt 4:4 auf zwei Tore mit TW. Ein Tor, das nach Kreuzen oder einem Übergang erzielt wird, zählt doppelt."

Abb. 12.278

12.7.11 Lektion 11 – Mannschaftstaktik: Umschalten von Abwehr auf Angriff/von Angriff auf Abwehr

Das Umschalten von Abwehr auf Angriff und von Angriff auf Abwehr ist im Handball didaktisch einfacher zu reduzieren als in den beiden anderen Zielschussspielen, sofern in einer Abwehrformation und somit in einer Raumdeckung agiert wird. Es kommt durch die sichere Kontrolle des handlichen Balles, die großzügige Schrittregel in erster Linie zum Ballgewinn in der Nähe des eigenen Torraums durch abgelaufene Pässe, Fangfehler oder Fehlwürfe bzw. Torwartparaden. Der Versuch, den Ball im offenen Feld zu gewinnen, schlägt aufgrund der hohen Ballsicherheit meist fehl und eröffnet lediglich Durchbruchsräume an den Kreis, weshalb im Handballspiel fortgeschrittener Mannschaften darauf verzichtet wird. Die Mannschaften ziehen sich nach einem Angriff schnell an den eigenen Torraum zurück und lassen den Gegner den Spielaufbau ungestört vornehmen, um sich auf das Abschirmen des Tors und damit auf das Verhindern von Wurfchancen, auf das Abwehren von Torwürfen bzw. auf das Abfangen von Pässen konzentrieren zu können. Nur wenn es der verteidigenden Mannschaft gelingt, in sicheren Ballbesitz während einer Spielhandlung zu kommen, ist ein schneller Gegenstoß möglich und damit ein schnelles Umschalten beider Mannschaften vonnöten.

In der Lektion 7 wurde bereits das schnelle Umschalten von Abwehr auf Angriff beim Tempogegenstoß behandelt. Deshalb soll jetzt der Fokus mehr auf das Umschalten von Angriff auf Abwehr gerichtet werden, um Tempogegenstöße schon im „Keim ersticken" zu können.

Das Umschalten von Angriff auf Abwehr verlangt von allen Spielern einer Mannschaft eine schnelle Rückwärtsbewegung, um dem Gegner zunächst die Chance für einen Tempogegenstoß zu nehmen. Da Tempogegenstöße am häufigsten über die beiden Außenspieler vorgetragen werden, gilt es besonders, auf diesen Positionen schnell umzuschalten und diese beiden Spieler zu decken. Deshalb sollten sich vor allem die Außenangreifer und ballferne Angriffsspieler bei der Gefahr eines Ballverlusts schnell umorientieren und vor den Gegenspielern zurücksprinten. Im nächsten Schritt muss verhindert werden, dass der Gegner durch ein schnelles Umschalten von Abwehr auf Angriff im offenen Feld in eine Überzahlsituation gelangt. Entscheidend für das schnelle Umschalten nach einem Ballgewinn oder Ballverlust ist das Erkennen bzw. sogar das geistige Vorwegnehmen des Handlungsverlaufs, um vor den Tempogegenstoß laufenden Spielern in die Rückwärtsbewegung zu kommen.

Umschalten von Angriff auf Abwehr:

Bei einem Ballverlust muss das für die Spieler heißen:

» Alle Spieler ziehen sich möglichst schnell an den eigenen Torraum zurück und begeben sich in die mannschaftstaktische Abwehrformation.
» Die Spielpositionen können dabei kurzfristig gewechselt werden, entscheidend ist, in die Abwehrformation durch möglichst kurze Laufwege zu kommen.
» Außenangreifer und ballnahe Rückraumspieler dürfen sich nicht überlaufen lassen.
» Ein Spieler in der Nähe des Ballverlusts sollte versuchen, einen weiten Pass durch Blocken zu unterbinden.
» In der Verteidigung agieren wir kompakt und versuchen die Angriffsräume durch horizontales Verschieben und schnelles Heraustreten eng zu machen.

Umschalten von Abwehr auf Angriff:

Bei einem Ballgewinn, muss das für die Spieler heißen:

» Wir rücken nach einem Ballgewinn gemeinsam nach vorne.
» Wir bieten dem Ballbesitzer zwei Abspielmöglichkeiten durch das Angriffsdreieck.
» Wir besetzen ganz schnell die Kreisläuferposition, um eine Abspielmöglichkeit in die Tiefe zu schaffen.
» Wir richten unseren Blick bei Ballgewinn in die Tiefe und versuchen, schnell nach vorne zu spielen.
» Wer sich in hohem Tempo freiläuft, ist häufig mit einer kontrollierten Ballannahme von langen Flugbällen überfordert. Deshalb sollte nicht jeder Spieler, der nach vorne sprintet, den Ball erhalten.
» Wir spielen einfache und sichere Pässe.
» Wir versuchen den Spielraum zu öffnen, indem wir die Außenpositionen besetzen und so einen Pass auf den Flügel ermöglichen.
» Freilaufbewegungen sind nötig, um einem Mitspieler freien Angriffsraum zu verschaffen.
» Wir sichern den Ball durch Pässe im Rückraum und verlagern das Spiel auf die andere Spielfeldseite.

Praktische Umsetzung:

– Spielphase 1+4:4+1: Einführung des gemeinsamen Zurückziehens

Inszenierung:

„Spielt 4:4 auf zwei Tore mit TW. Versucht, nach einem Ballverlust sofort in die Abwehrformation zurückzukommen. Ein Gegentor zählt doppelt, wenn sich ein Spieler der verteidigenden Mannschaft nicht im eigenen Abwehrdrittel befindet."

Reflexionsphase an der Taktiktafel:

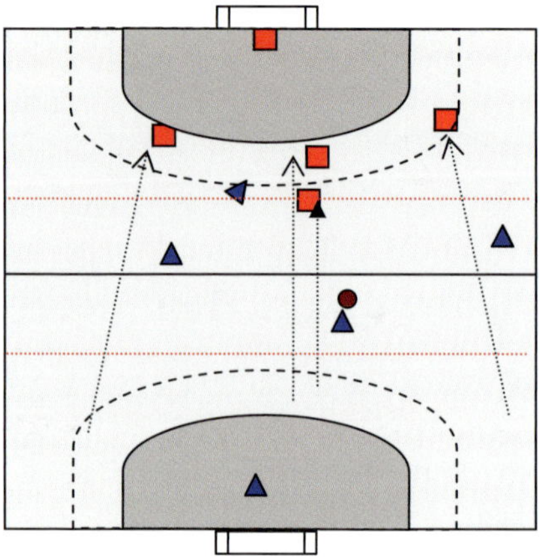

Schnelles Einnehmen der Abwehrformation durch alle Spieler führt zu einem langsamen Angriffsaufbau des Gegners.

Abb. 12.279

- » Durch das schnelle Zurückziehen und Einnehmen der Abwehrformation verhindern wir einen schnellen Angriffsaufbau des Gegners.
- » Der Spielraum für den Gegner ist dann eingeengt, sodass sich nur wenige Lücken im Abwehrverbund ergeben.
- » Das Angriffsspiel, besonders das Herausspielen von Torchancen, wird erschwert.
- » Erholungsphasen dürfen erst am eigenen Torraum genommen werden.

– Spielphase 1+4:4+1: Schulung des gemeinsamen Umschaltens von Angriff auf Abwehr bzw. von Abwehr auf Angriff

Inszenierung:

„Spielt 4:4 auf zwei Tore mit TW. Ein Tor kann nur erzielt werden, wenn sich alle Angreifer in der Hälfte des Gegners befinden. Versucht, nach einem Ballverlust sofort in die Abwehrformation zurückzukommen. Ein Gegentor zählt doppelt, wenn sich ein Spieler der verteidigenden Mannschaft außerhalb seines Abwehrdrittels aufhält."

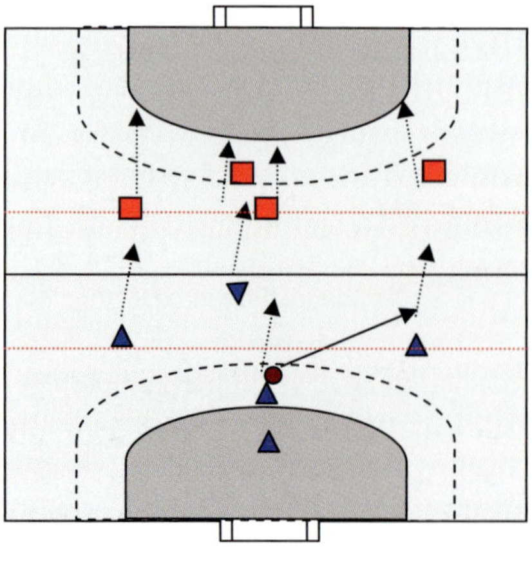

Gemeinsames Aufrücken und Zurückziehen

Abb. 12.280

Reflexion an der Taktiktafel:

» Um ein doppelt gewertetes Gegentor zu erhalten, muss das primäre Bestreben im schnellen Zurückziehen an den eigenen Torraum liegen.
» Der Spielraum wird dann sehr eng, wodurch es zu ständigen Drucksituationen kommt.
» Hohe Drucksituationen erschweren ein konstruktives Angriffsspiel und führen zu zahlreichen Ballverlusten.

Worauf muss die abwehrende Mannschaft bei Ballgewinn achten?

» Befindet sich ein Angreifer in einer Position, von der er nicht hinter den Ball kommen kann?
» Als Mittel bieten sich dann schnelle Kurzpässe in die Laufbewegung der Nebenspieler, um Überzahlsituation auszunutzen.
» Gemeinsames Aufrücken und schneller Angriffsabschluss oder Ballsicherung, um gruppentaktische Angriffsmaßnahmen aus der Grundordnung auszulösen und einzusetzen?

Worauf muss die angreifende Mannschaft bei Ballverlust achten?

» Zurückziehen auf den kürzesten Wegen an den eigenen Torraum ggf. auch mit Positionswechseln.
» Einnehmen der Abwehrformation.
» Kompaktes Verschieben zum Ball, Räume eng machen und Ballbesitzer in Torraumnähe stellen.

Methodische Anmerkungen:
Um die Spieler auf schnell wechselnde Spielsituationen einzustellen, sie aber nicht zu überfordern, müssen diese taktischen Elemente ständig geschult werden. Dazu bieten sich die folgenden Spielformen an, die dem Abschlussspiel in Unterrichtsstunden oder Trainingseinheiten vorausgehen sollten und in diesem anschließend verstärkt zur Umsetzung kommen sollten.

– Schnelles Umschalten in der Überzahlsituation 1+ 4:2+2 Helfer+1

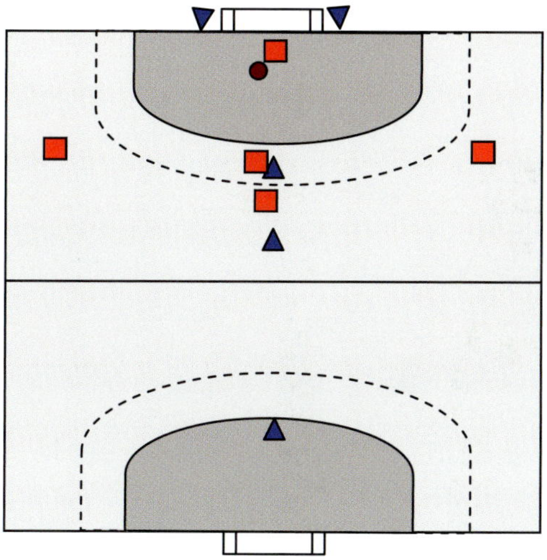

Ausnutzen der Überzahl durch schnelles Umschalten auf Angriff mit schnellen Kurzpässen. Alle Spieler rücken mit auf!

Abb. 12.281

Inszenierung:
„Mannschaft rot stellt sich in der Abwehrformation auf. Der TW ist im Ballbesitz (mehrere Bälle in jedem Tor). Zwei Spieler von Mannschaft blau befinden sich an den beiden Pfosten des Tors von Mannschaft rot. Die Spieleröffnung erfolgt mit dem Pass durch den TW. Damit dürfen

die beiden am Pfosten stehenden Spieler der Mannschaft blau ins Spielfeld sprinten und ihre beiden Feldspieler beim Abwehrversuch unterstützen. Mannschaft rot soll die Überzahl durch schnelles gemeinsames Umschalten auf Angriff ausnutzen und versuchen zum Angriffsabschluss zu kommen.
Ein Angriff gilt als abgefangen, wenn mindestens zwei Abwehrspieler hintereinander in Ballbesitz waren, der gegnerische TW im Strafraum in Ballbesitz ist oder sich der Ball im Seiten- oder Toraus befindet."

Organisation:
Eine Mannschaft hat eine bestimmte Anzahl von Angriffsversuchen, danach erfolgt der Rollenwechsel.
Nach jedem Angriffsversuch werden die Rollen gewechselt.

Variation:
» Die beiden Helfer dürfen erst mit dem ersten Ballkontakt eines Feldspielers in das Spielfeld sprinten.
» Die beiden Helfer befinden sich auf den Eckpunkten der gegnerischen Grundlinie.
» Die beiden Helfer befinden sich auf der Höhe des letzten Mannes und dürfen erst mit dessen Pass zu einem Mitspieler ins Spiel eingreifen.

– Schnelles Umschalten in der Überzahlsituation 4:3+1 Helfer

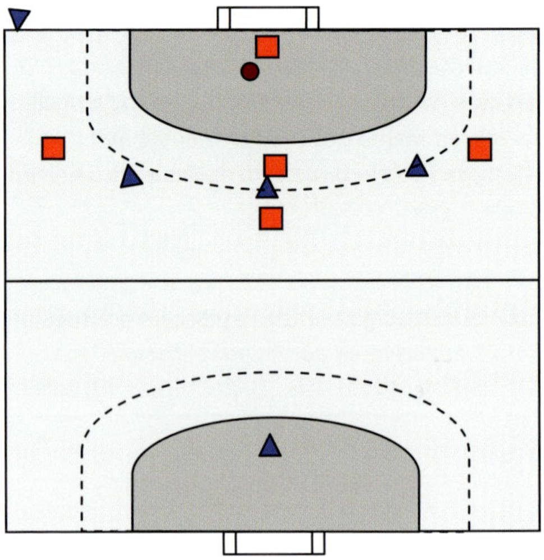

Schneller Angriffsabschluss durch Ausnutzen der Überzahl.

Abb. 12.282

Inszenierung:
„Mannschaft rot stellt sich in der Abwehrformation auf. Der TW ist im Ballbesitz (mehrere Bälle in jedem Tor). Ein Spieler von Mannschaft blau befindet sich in einer der beiden Spielfeldecken von Mannschaft rot. Die Spieleröffnung erfolgt mit dem Pass durch den TW. Damit darf der in der Ecke stehende Spieler der Mannschaft blau ins Spielfeld sprinten und seine drei Feldspieler beim Abwehrversuch unterstützen. Mannschaft rot soll die Überzahl durch schnelles gemeinsames Umschalten auf Angriff ausnutzen und versuchen zum Angriffsabschluss zu kommen."

Organisation und Variation: wie oben

– Schnelles Umschalten in der Gleichzahlsituation 1+4:4+1 nach Eröffnung durch Passgeber

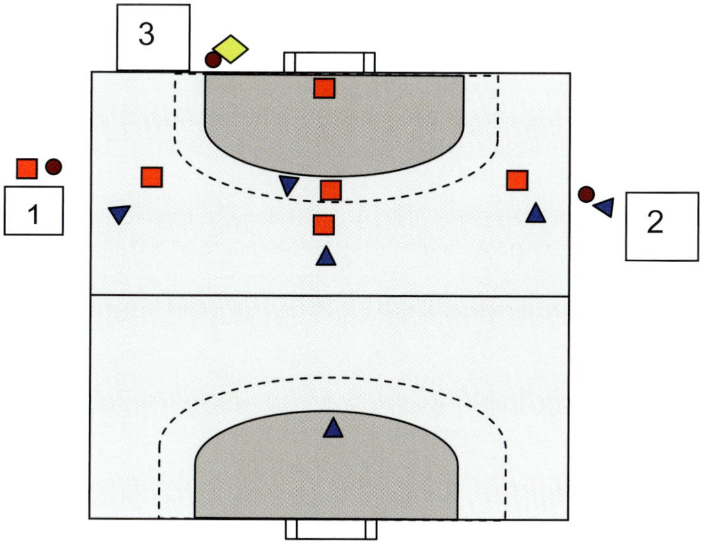

Abb. 12.283

Organisation:
Mannschaft rot und blau haben je einen Passgeber auf einem Flügel, ein dritter Passgeber an der Torauslinie ist neutral. Jeder Passgeber hat einen Ball in der Hand und wird mit einer Nummer bezeichnet. Bei Aufruf der Nummer 1 oder 2 durch einen Spielleiter (TW/Lehrer/verletzter Schüler) passt dieser zu seiner Mannschaft, die auf Angriff umschalten muss. Die andere Mannschaft muss ihr Abwehrspiel organisieren. Bei Aufruf des neutralen Passgebers mit der Nummer 3 kann dieser entscheiden, welcher Mannschaft er den Ball zuspielt.
Nach einer Spielsequenz werden die Aufstellung und Spieleröffnung in der anderen Spielfeldhälfte vorgenommen.

Inszenierung:
„Spielt 1+4:4+1. Das Spiel wird durch ein Zuspiel des aufgerufenen Passgebers eröffnet. Die in Ballbesitz kommende Mannschaft versucht schnell auf Angriff umzuschalten, die andere zu verteidigen. Eine Spielsequenz ist spätestens nach dem vierten Ballbesitzwechsel von einer Mannschaft zur anderen beendet."

Didaktisch-methodische Hinweise:
Die besondere Form der Spieleröffnung schafft äußerst offene Spielsituationen. Die angreifende Mannschaft kann entweder in Tornähe in Ballbesitz kommen und soll den Angriff abschließen oder kann sich in ähnlicher Ausgangsposition bei Ballbesitz des Gegners zum Umschalten auf Abwehr mit dem Zurückziehen an den eigenen Torraum veranlasst sehen. Genau so könnte sie auch versuchen, den verlorenen Ball bei einem Tempogegenstoßversuch des Gegners sofort wieder zurückzugewinnen. Dazu sind unterschiedliche taktische Verhaltensweisen nötig, die sich nur ausbilden lassen, wenn sie ständig wiederholt werden. Deshalb ist es unerlässlich, zuerst ein taktisches System zu festigen und dann eine mögliche Variation anzubieten, denn die Spieler müssen zusätzlich lernen, solche komplexen Spielsituationen zu analysieren, zu verstehen und einen gemeinsamen Handlungsplan zu entwerfen. Dazu müssen sie miteinander kommunizieren, entscheiden und ihr gemeinsames Handeln aufeinander abstimmen. Offene Spielsituationen lassen stets verschiedene Handlungsmöglichkeiten zu, weshalb die Festlegung des Handlungsziels von den Spielern selbst vorgenommen werden sollte. Dafür sind Spieler nötig, die bereit sind, Verantwortung zu übernehmen und Regie zu führen. In leistungshete-

rogenen Mannschaften sollen die stärkeren Spieler angehalten werden, ihre Mitspieler zu dirigieren. Klare Verhaltensgrundsätze im mannschaftstaktischen Bereich in Sinne von Codewörtern müssen gemeinsam erarbeitet werden und sollen vor allem schwächeren Spielern bei der Handlungsumsetzung helfen. Dazu gehören:

» „Aufrücken!" – Alle Spieler laufen nach vorne.
» „Zurückziehen!" – Alle Spieler laufen in die Abwehrformation an den Kreis zurück.
» „Verschieben nach rechts/links!" – Alle Spieler laufen im selben Abstand nach rechts oder links.
» „Stellen!" – Der ballbesitzende Spieler wird angegriffen und unter Druck gesetzt.
» „Einrücken!" – Spieler auf den Außenpositionen rücken in Richtung Spielfeldmitte ein.
» „Spiel öffnen! – Die Flügelspieler besetzen die Außenpositionen nahe der Außenlinien.
» „Seitenwechsel!" – Die Spieler versuchen, den Ball auf die andere Spielfeldseite zu verlagern.
» „Rückraum passen!" – Die Spieler passen sich den Ball im Rückraum im sicheren Abstand zum Gegner zu, um das Spiel zu verlagern oder eine Lücke für ein Abspiel an den Kreis zu finden.

– Schnelles Umschalten von Angriff auf Abwehr im Provokationsspiel 1+4:4+1

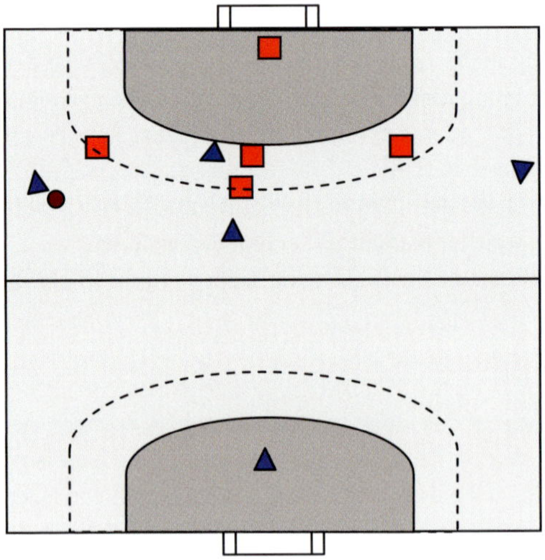

Abb. 12.284

Inszenierung:

„Spielt 4:4 auf zwei Tore mit TW. Mannschaft A zieht sich an den eigenen Torraum zurück und lässt den Gegner ungestört aufbauen. Wenn sich der Ball in der Spielfeldhälfte von A befindet, provoziert ein Spielleiter (Lehrer/Schüler) eine Spielunterbrechung durch einen Pfiff. Die angreifende Mannschaft B legt den Ball auf den Boden (zu einem Freiwurf) und zieht sich schnell an den eigenen Kreis zurück. Mannschaft A schaltet schnell um und greift das Tor von B an. Ein Doppelpfiff des Spielleiters friert die Spielsituation zur Taktikbesprechung ein."

– Spielraum verengen und öffnen im Spiel 1+4:4+1

Organisation:

» Die beiden Mannschaften stehen weit auseinandergezogen auf dem Spielfeld in der Grundordnung. Der Spielleiter passt einem Spieler von außen den Ball zur Spieleröffnung zu.

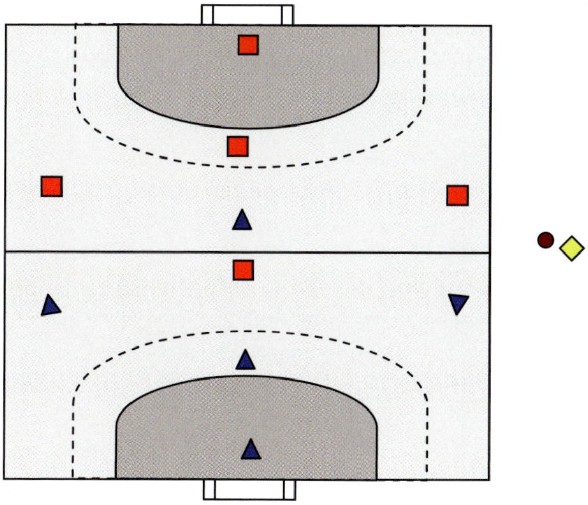

Abb. 12.285

Inszenierung:
„Spielt 4:4 auf zwei Tore mit TW. Stellt euch zu Beginn einer Spielsequenz spiegelbildlich in der Rautenaufstellung über das Spielfeld verteilt auf (Mittellinie als Spiegelachse). Nach der Spieleröffnung durch den Pass des Spielleiters soll die abwehrende Mannschaft versuchen, schnellstmöglich an den Kreis zurückzukommen und die Abwehrformation zu stellen und in Ballbesitz zu kommen. Spätestens nach dem vierten Ballbesitzwechsel zwischen den beiden Mannschaften wird unterbrochen und jede Mannschaft wertet ihr Abwehr- und Angriffsverhalten aus.“

- **Parteiballspiel 4:4 im Mitteldrittel zur Auslösung des Angriffs- und Abwehrspiels auf zwei Tore**

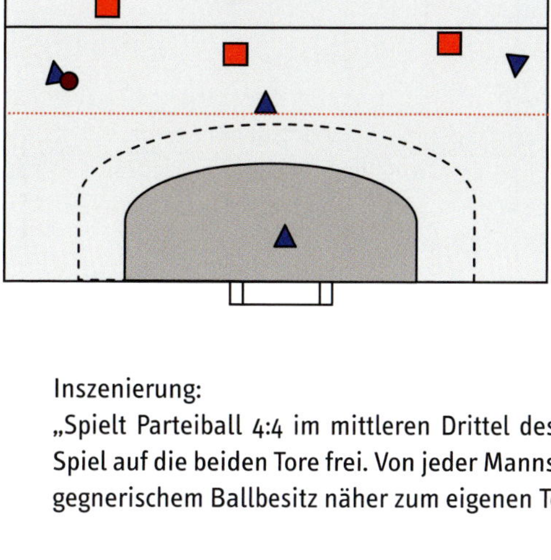

Abb. 12.286

Inszenierung:
„Spielt Parteiball 4:4 im mittleren Drittel des Spielfelds. Der Pfiff des Spielleiters gibt das Spiel auf die beiden Tore frei. Von jeder Mannschaft sollte beim Parteiballspiel ein Spieler bei gegnerischem Ballbesitz näher zum eigenen Tor agieren als ein Angreifer.“

– **Schnelle Organisation der Angriffs- und Abwehrformation für das Spiel 1+4:4+1**

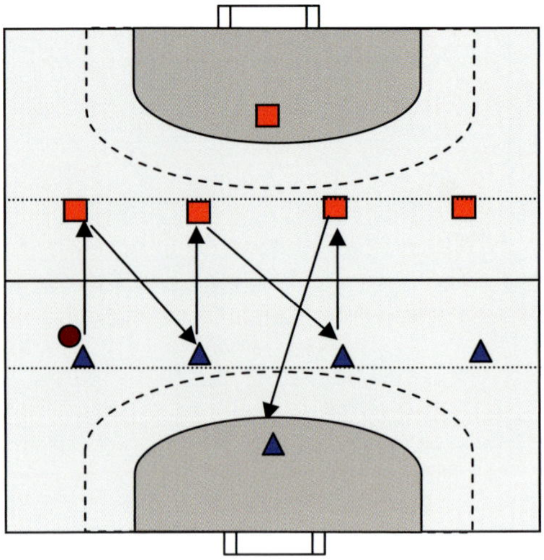

Abb. 12.287

Inszenierung:
„Zwei Mannschaften stehen sich wie in Abb. 12.287 gegenüber und passen sich den Ball in Brusthöhe zu. Mit einem überraschenden Bodenpass auf einen gegnerischen Spieler wird das Spiel eröffnet. Sucht sofort die Grundordnung der Angriffsraute bzw. die Abwehrformation einzunehmen und spielt gegeneinander auf die zwei Tore. Nach dem zweiten Ballverlust ist die Spielsequenz beendet und ihr stellt euch wieder an der Mittellinie gegenüber auf."

Variationen:

» Auf Signal des Lehrers wird die Passorgel beendet und das Spiel auf die zwei Tore beginnt.
» Die Spieler der beiden Mannschaften stehen mit je zwei Paaren hintereinander und nebeneinander zur Passübung (s. Abbildung 12.288). Nach dem Pass stellt sich ein Spieler hinter seinem Partner an. Auf Pfiff des Lehrers beginnt das Spiel auf die zwei Tore.

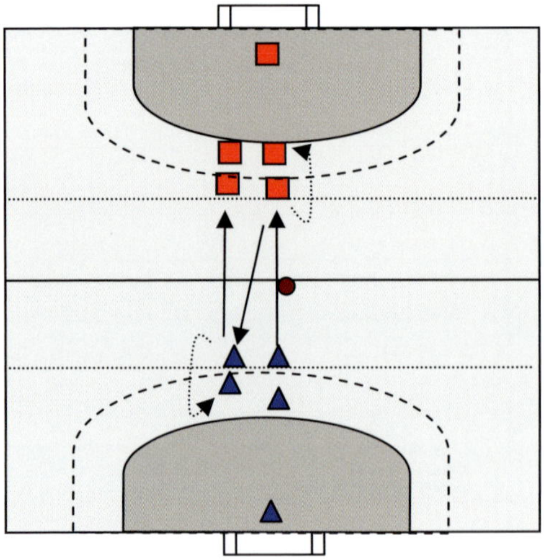

Abb. 12.288

13 Stufe 4 – Von den Mini-Sportspielen (1)+4:4+(1) zu den komplexen Mannschaftsspielen

Auf dieser Stufe geht es um die Erweiterung der Mini-Sportspiele zu den komplexen Mannschaftsspielen im Basketball, Fußball und Handball. Bei einer konsequenten Fortsetzung der Ausbildungskonzeption muss dabei die Frage im Mittelpunkt stehen, wie man die Rautenaufstellung als „Herzstück“ in das Zielspiel integrieren kann oder anders herum formuliert:

Mit welchen weiteren Spielpositionen kommen wir von der Rautenaufstellung zum komplexen Mannschaftsspiel?

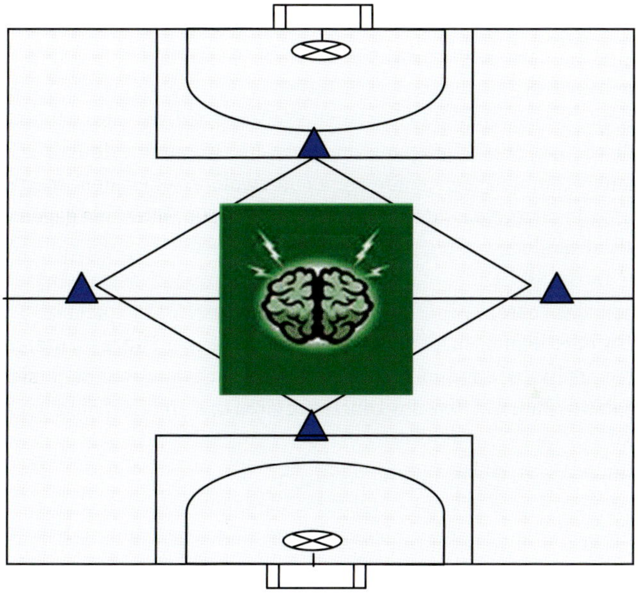

Abb. 13.1: Die Raute als Herzstück des Mannschaftsspiels

Entscheidend für das Spiel in komplexeren Mannschaften ist, dass die Einführung weiterer Spielpositionen so gestaltet wird, dass die Grundstruktur erhalten bleibt und die Spieler in der Lage sind, das Neue mit den bisherigen Lerninhalten zu verknüpfen. Deshalb müssen nun weitere Spielpositionen so hinzugefügt werden, dass die Spieler relativ rasch fähig sind, die typischen Situationen des Spiels (1)+4:4+(1) auch in einem komplexeren Mannschaftsspiel wiederzuerkennen, um die erworbenen gruppentaktischen Maßnahmen erneut einsetzen zu können.

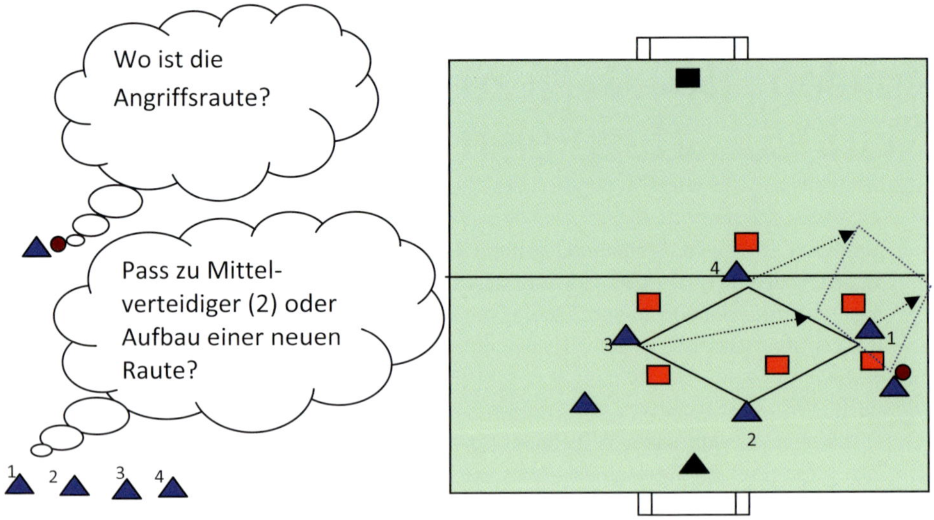

Abb. 13.2: Das Spiel 1+6:6+1 im FB mit zwei „neuen" Außenverteidigern

Die große Schwierigkeit für Lernende besteht in den Sportspielen immer im Transfer gruppentaktischer Elemente in das Zielspiel. Während bei der gruppentaktischen Ausbildung anspruchsvolle Angriffsmaßnahmen wie bspw. das Hinterlaufen oder das Kreuzen im Zentrum schon relativ sicher umgesetzt und angewandt werden, ist bei der Aufstockung der Spielerzahl davon plötzlich nichts mehr zu sehen. Oft genügt die Hinzunahme eines weiteren Spielers und dessen Gegenspielers, um die gesamte taktische Ausbildung wie ein Kartenhaus einstürzen zu lassen. Diese Tatsache nur mit einer mangelnden Motivation oder fehlenden Einsicht in die Notwendigkeit taktischer Maßnahmen der Schüler in den komplexen Mannschaftsspielen zu erklären, wird dem Sachverhalt nicht gerecht. Zum einen wünschen sich die Schüler diese Spiele permanent und demonstrieren auch großen Ehrgeiz in Spielphasen, zum andern tritt selbst in praktischen Abiturprüfungen dieses Phänomen Jahr für Jahr deutlich auf. Deshalb liegen die Ursachen vornehmlich:

- im Erkennen der Ausgangssituation,
- im Erinnern an die entsprechenden Maßnahmen,
- in der Abstimmung der einzelnen Spielpositionen und Mannschaftsteile und
- im Auslösen der anzuwendenden taktischen Maßnahmen.

Die Inszenierung komplexer Mannschaftsspiele muss genau an diesen Punkten ansetzen.
Das ständige Aufsuchen der Dreiecksformation, um sichere Abspielmöglichkeiten zu bieten, die Erweiterung zur Raute, um ggf. schnell in die Tiefe und in die Nähe des Ziels zu gelangen und das gemeinsame Aufrücken und Zurückziehen in der Grundordnung bilden die Grundlage für das komplexe Mannschaftsspiel unter dem Aspekt des gemeinsamen Agierens. Darauf aufbauend lassen die Spielsituationen aufgrund divergenter Lösungsmöglichkeiten genügend Freiraum für Kreativität, intuitives und spontanes Handeln, um zur konvergenten Lösung zu kommen.
Ausgangspunkt für die Umsetzung bildet die Einführung der neuen Spielpositionen unter folgenden Fragestellungen:

- Wo liegen die Aktionsräume der neu hinzugekommenen Spielpositionen?
- Welche Aufgaben haben diese Spieler zu erfüllen?
- Welche individualtaktischen Maßnahmen sind für diese Positionen von besonderer Bedeutung?

- Wie können diese Spieler die erlernten gruppentaktischen Elemente von ihren Spielpositionen aus unterstützen oder selbst anwenden?
- Wie können die neuen Spieler die Handlungsmöglichkeiten der Mannschaft erweitern?

Um die Spieler bei diesen Fragestellungen zu unterstützen, bedarf es sicherlich mehr als die häufig zu beobachtende Tatsache, dass nach der Einführung, Schulung und Festigung gruppentaktischer Elemente deren Umsetzung und Anwendung in komplexen Mannschaftsspielen wie beispielsweise im Basketball folgendermaßen inszeniert wird:
„Spielt 5:5 und versucht das Blocken und Abrollen, mit dem wir uns heute ausführlich beschäftigt haben, anzuwenden."

Auch dürften lange Erklärungsversuche an der Taktiktafel nicht ausreichen, um die Umsetzung zu gewährleisten. Hier sind sicherlich methodische Maßnahmen zur Spielsteuerung und zum Coaching durch Stop-and-Go-Spiele, den gezielten Einsatz der Steuerungsvariablen und die Auswertung des Spielverlaufs durch nichtaktive Beobachter (verletzte Spieler), leistungsstarke Spieler und den Lehrer/Trainer nötig.

Wie die Steuerungsvariablen effektiv eingesetzt werden können, wurde bereits in den vorherigen Kapiteln vorgestellt. Ihre Übertragbarkeit sollte mit der jeweiligen Zielsetzung abgeglichen und ggf. erneut genutzt werden. Außerdem sollten weitere Spielanalysen helfen, den Spielern eine Rückmeldung über ihr Spielverhalten zu geben. Dazu sind konkrete Erwartungen an einzelne Spielpositionen und Kriterien zur Beurteilung der Spielleistung zu formulieren, wodurch sich einzelne Lernziele konkret überprüfen und einzelne Leistungen transparent machen lassen. Die daraus resultierenden Interaktionen zwischen den Schülern, zwischen Schülern und Lehrer, die erforderlichen Kommunikationsprozesse machen den Sportspielunterricht zu mehr als nur zu einem unverbindlichen Tun. Das bloße spaßorientierte Spielen-Lassen und die ständige Chance des „sozialen Faulenzens" („Die guten Spieler werden es schon richten.") haben mit einem kompetenzorientierten Lernen in den Zielschussspielen nur wenig zu tun. Spielfreude entwickelt sich aus einem Lernfortschritt, aus dem Gelingen von beabsichtigten Aktionen, aus der Dominanz der Qualität über den Zufall.

13.1 Basketball: Vom 4:4 zum Zielspiel 5:5

Im Basketball muss die bisher intensiv erarbeitete „Minispielform" lediglich um je einen Spieler beider Mannschaften erweitert werden, um zum Zielspiel 5:5 zu gelangen. Das hört sich einfach an, bedarf jedoch gründlicher Überlegungen, welche Spielposition dem Angreifer und somit auch dessen Gegenspieler zufallen soll, tummeln sich doch plötzlich zwei weitere Spieler auf dem engen Spielfeld vor und unter dem kleinen Korb, was zu unübersichtlichen Ballungen und Störungen beim Umsetzen gruppentaktischer Maßnahmen führen kann.

Das Spiel 5:5: 1-3-1-Angriffsaufstellung

Eine Möglichkeit der Erweiterung zum institutionalisierten Mannschaftsspiel bietet die Spielposition des Vorcenters („High Post-Position"). Er agiert in erster Linie an der Freiwurflinie in Höhe der beiden Flügelspieler.

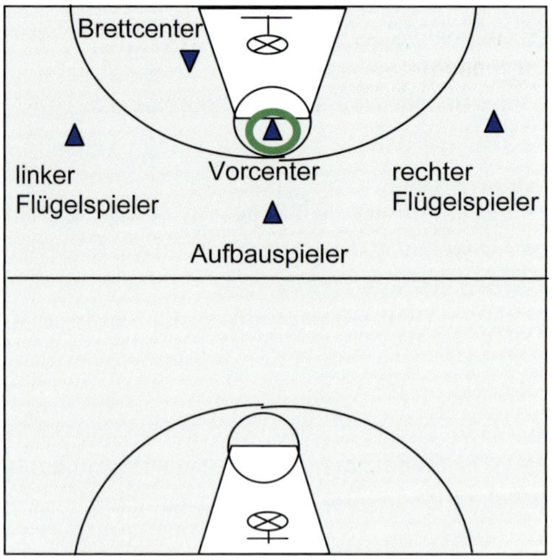

Abb. 13.3

Das Einnehmen von Spielpositionen bedeutet im Basketball auch, gewisse Rollen zu übernehmen und die dafür notwendigen Anforderungen erfüllen zu können. Die Rollenzuordnung soll im Basketballspiel des Schulsports primär durch die technischen und taktischen Fertigkeiten erfolgen, jedoch können darüber hinaus auch die körperlichen Voraussetzungen zur Rollendifferenzierung herangezogen werden. Große Spieler können als Brettcenter eingesetzt werden, ballgewandte und taktisch versierte Spieler fungieren als Aufbauspieler, die Flügelspieler sollten über ein gutes Spielverständnis verfügen, schnell und durchsetzungsfähig sowie gute Distanzwerfer sein. Der Vorcenter sollte über ein gutes Passspiel verfügen, auch aus der Mitteldistanz werfen können und sich auch aus einer Position mit dem Rücken zum Korb durchsetzen können.

Gründe für die 1-3-1-Grundaufstellung

Wie die folgende Abbildung zeigt, lassen sich durch einfache Laufwege auf der Spielmacherposition (Aufbauspieler) und der Brettcenterposition (Low Post-Position) stets zwei Angriffsrauten bilden. Außerdem kann dadurch dem taktischen Prinzip der Überlagerung nachgekommen werden, sodass sich taktische Grundsätze aus den beiden anderen Zielschussspielen Fuß- und Handball übertragen lassen. Damit sind die Voraussetzungen für ein schnelles Passspiel im Angriffsdreieck geschaffen, wodurch die Zielsetzung „gemeinsam agieren" erreicht werden kann.

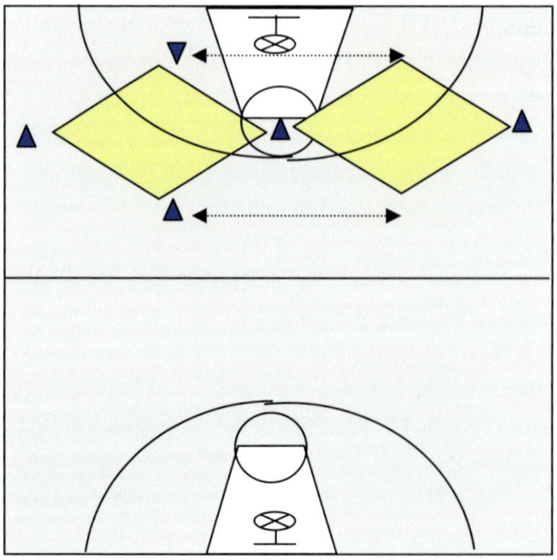

Abb.13. 4

Zusätzlich lassen sich jetzt aus einer den Schülern bekannten Ausgangssituation die gruppentaktischen Angriffsmaßnahmen einleiten. Ausgehend von der Tatsache, dass im Schulbasketball Körbe in erster Linie durch Würfe aus kürzester Distanz erzielt werden (Korbleger, Sprungwürfe), finden die Schüler Raum für Schneidebewegungen vor, sofern sich der Brettcenter als „Innenspieler" in seinen Laufwegen mit dem Vorcenter und den jeweiligen Außenspielern richtig abstimmt. Dazu sind Kenntnisse über den Aktionsraum und die Aufgaben des Vorcenters nötig.

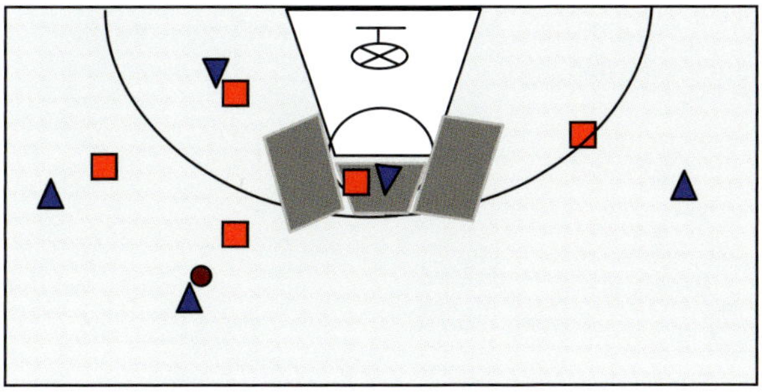

Abb. 13.5: Aktionsräume des Vorcenters

Aufgaben des Vorcenters im Angriff:

– Dreiecksbildung mit Spielmacher und Flügelspieler und mit Spielmacher und Brettcenter:
Verschiebt der Spielmacher im Rückraum nach rechts oder links, kann der Vorcenter mit dem jeweiligen Flügelspieler und dem Spielmacher ein Angriffsdreieck aufbauen und sich in die Umsetzung gruppentaktischer Maßnahmen einschalten. Ebenso gehört es aber auch zu den Aufgaben, Raum für das Cut and Fill des Spielmachers mit den Flügelspielern zu schaffen.

– Abstreifen am Vorcenter mit Abrollen:
Nach einem Pass zum Flügelspieler kann der Aufbauspieler einen passiven Block des Vorcenters ausnutzen, indem er einen Durchbruch zum Korb auf der einen Seite des Vorcenters antäuscht, seine Laufrichtung wechselt und seinen direkten Gegenspieler am Vorcenter abstreift. Rollt der Vorcenter anschließend ab, bietet er dem Flügelspieler eine weitere Passoption.

– Give and Go mit dem Spielmacher und den Flügelspielern:
Durch seine Position mit dem Rücken zum Korb oder in offener Seitstellung zu den Flügelspielern kann der Vorcenter als „Wandspieler" für das Give and Go eingesetzt werden. Mit einleitenden Täuschbewegungen zur Gegenrichtung schafft sich der Vorcenter einen Bewegungsvorsprung und läuft aus dem Deckungsschatten heraus, sodass er vornehmlich mit kurzen Bodenpässen in Ballbesitz kommt und dem schneidenden Mitspieler wieder in den Lauf passen kann.

– Korbwürfe aus der Mitteldistanz:
Aus dem Ballbesitz mit dem Rücken zum Korb und der Unterstützung eines schneidenden Mitspielers zum Korb kann der Vorcenter sich durch eine Passtäuschung und eine schnelle Drehung selbst in Wurfposition bringen und den Angriffsabschluss suchen.

– Raum schaffen für Schneidebewegungen des Spielmachers:
Durch die Position des Vorcenters wird der Rückraum „verdichtet", d. h., es kann zur Ballung mehrerer Spieler in der Fernzone kommen, wodurch eine durchdachte und planmäßige Angriffsauslösung erschwert wird. Durch Freilaufbewegungen zur Gegenseite kann der Vorcenter Platz für die Schneidebewegungen des Spielmachers oder der Flügelspieler schaffen (Spacing).

– Offensive Reboundposition einnehmen:
Nach Würfen aus der Mitteldistanz kann der Vorcenter durch Abrollen oder schnellen Drehungen zum Korb seinen direkten Gegenspieler „auf den Rücken nehmen“ und sich in eine Reboundposition bringen für Bälle, die vom Korbring oder bei Abwehraktionen abprallen.

Aufgaben des fünften Spielers in der Verteidigung:
Aufgrund der MMV in der Schule wird der fünfte Spieler einem Gegenspieler zugeordnet. Spielt er in der Defensive gegen den Vorcenter, ist die Grundposition auf der inneren Linie in enger Manndeckung. Darüber hinaus kann durch eine hohe Manndeckung je nach Spielsituation das Zuspiel auf den Vorcenter unterbunden werden.

Variation: 1-2-2

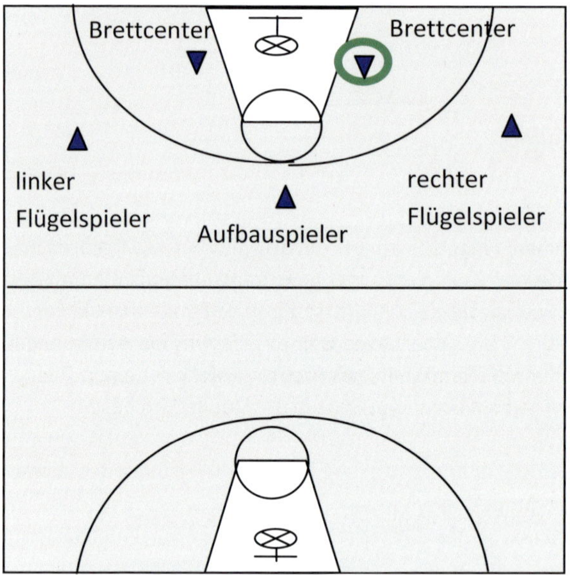

Abb. 13.6

Die Variation mit zwei Brett- oder Seitcentern führt zu einer verstärkten Bedrohung des korbnahen Raumes und zu einer Entlastung der korbfernen Zone, wodurch die Angriffsauslösung durch eine geringere Spielerzahl überschaubarer und dadurch erleichtert wird. Da in der Schule Körbe jedoch in erster Linie durch den Korbleger erzielt werden, bewirkt diese Aufstellungsform ein Zustellen des korbnahen Raumes durch die zwei Brettverteidiger, die somit ausgespielten Verteidigern aushelfen können, indem sie ihre Position einfach beibehalten. Dadurch werden die Anforderungen an den erfolgreichen Angriffsabschluss durch einen Korbleger deutlich erhöht.

Variation: 2-1-2

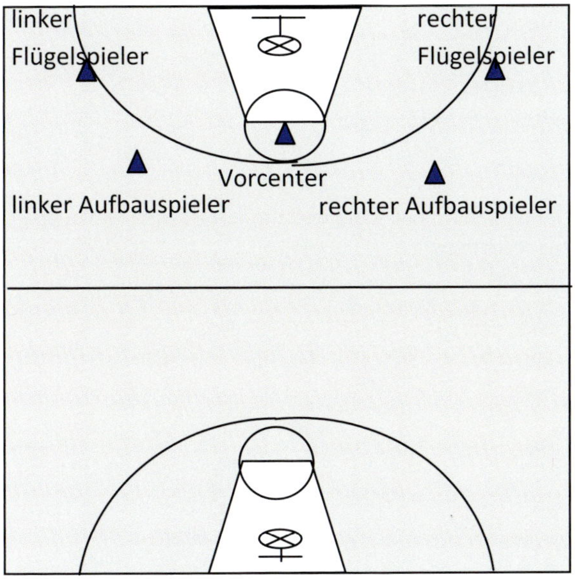

Abb. 13.7

Die 2-1-2-Angriffsformation zeigt, dass sie das Prinzip des „Spacing" (Raum öffnen zum Korb hin) berücksichtigt. Schwer umsetzbar ist dabei das Einnehmen der Rautenaufstellung, dafür sind stets zwei Angriffsdreiecke im Rückraum gegeben, sodass die gruppentaktischen Elemente auf die zwei Spielfeldsektoren rechts und links übertragen werden müssen. Eine weitere Handlungsoption bietet das Durchsetzen in 1:1-Situationen, wodurch die Gefahr des eigensinnigen Spiels und das Vernachlässigen des gemeinsamen Agierens in der Mannschaft besteht.

13.2 Fußball: Vom 1+4:4+1 zu den Zielspielen 1+6:6+1 / 1+8:8+1

Das Spiel 7:7: Tannenbaumaufstellung und Variationen

Die Erweiterung der Minispielform 1+4:4+1 zum 1+6:6+1 vollzieht sich am einfachsten durch die Hinzunahme von zwei Außenverteidigern. Daraus ergibt sich die Aufstellungsformation im „Tannenbaum". Bei älteren Schülern sollten auf einem Normalspielfeld zwei Spielfelder (pro Platzhälfte ein Spielfeld mit etwa 70 x 55 m im Querbetrieb) eingerichtet werden, sodass 28 Schüler gleichzeitig spielen können.

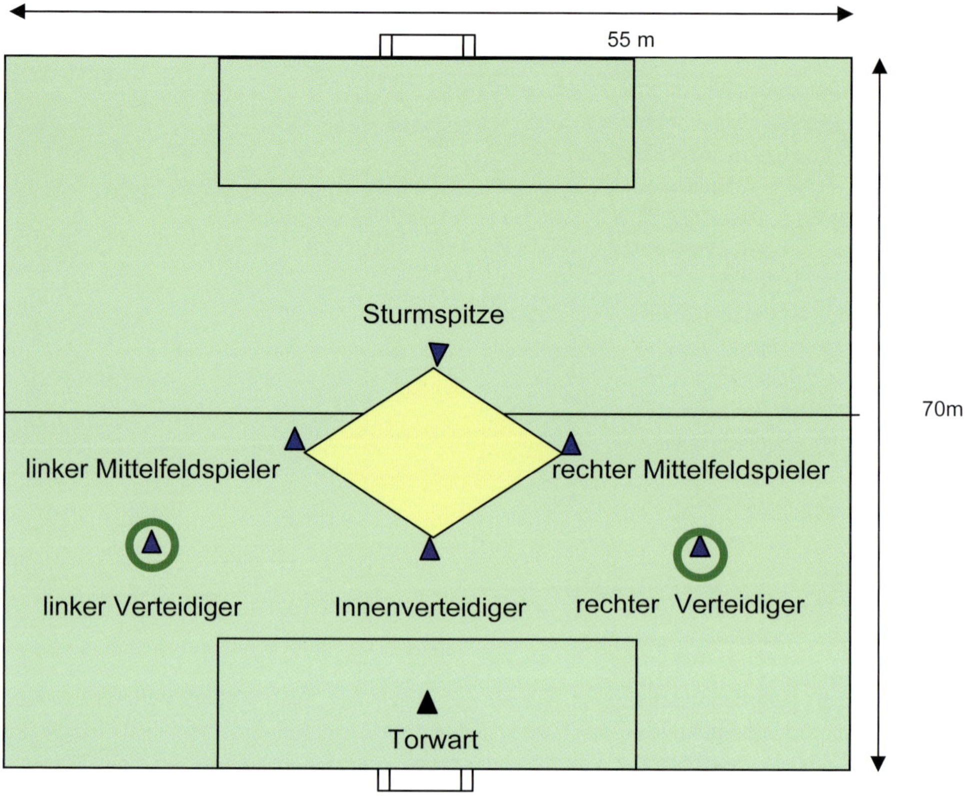

Abb. 13.8: Tannenbaumaufstellung im Spiel 1+6:6+1

Diese defensiv ausgerichtete Aufstellung bedeutet eine numerische Überzahl der Abwehrspieler gegenüber der alleinigen gegnerischen Angriffsspitze. Das Offensivspiel verlangt bei dieser Aufstellung eine Unterstützung durch die Verteidiger, sodass das mannschaftstaktische Agieren mit dem gemeinsamen Aufrücken und Zurückziehen im Mittelpunkt stehen muss. So wird eine vielseitige Ausbildung aller Spieler in Angriff und Abwehr im komplexen Mannschaftsspiel angestrebt. Dazu gehört vor allem das Agieren aus einer festen Grundordnung mit dem Einnehmen und Einhalten der zugeteilten Aktionsräume.

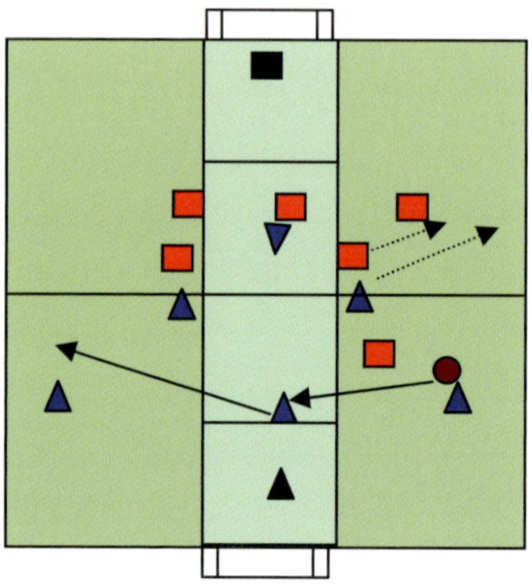

Abb. 13.9: Aktionsräume der Außenverteidiger

Aufgaben der beiden Außenverteidiger:

Abwehr:

- Übernehmen eines Gegenspielers im Aktionsraum auf der inneren Linie;
- Ballgewinn in Zweikämpfen;
- Agieren auf der Abwehrlinie, um Abseitsstellungen nicht aufzuheben;
- Passwege zustellen durch Einrücken in ballfernen Spielsituationen.

Angriff:

– Spiel öffnen und Spielverlagerung:

Durch das Einnehmen der Positionen auf den „Außenbahnen" schaffen die Außenverteidiger die Grundlage für die Spieleröffnung bzw. den Spielaufbau, indem sie dem Gegner das Herstellen von Drucksituationen erschweren, sodass sie Zeit und Raum für die anspruchsvollen technischen Fertigkeiten der sicheren Ballannahme und des gezielten Passens beim Balltransport bzw. Spielaufbau vorfinden. Das beginnt bereits mit dem Abstoß, Abwurf oder Abschlag des Torwarts oder nach einem Ballgewinn in Tornähe durch einen Mitspieler. Dann haben sie möglichst schnell ihren Aktionsraum in der Nähe der Seitenlinien aufzusuchen und sich so anzubieten, dass sie stets außerhalb des Deckungsschattens eines Gegenspielers mit flachen Pässen angespielt werden können, um ein einfaches und schnelles Aufbauspiel einleiten zu können.

– Balltransport und Ballsicherung

Die numerische Überzahl in der Abwehr erlaubt den beiden Spielern auf der „Außenbahn" oft einen Balltransport durch Tempodribblings und dadurch einen Raumgewinn. So können und sollen sie zum Herausspielen von Torgelegenheiten durch Flügelläufe bis zur Grundlinie, Flanken oder Rückpässe in das Angriffszentrum angehalten werden. Allerdings müssen die beiden Spieler dabei beachten, dass sie nicht mit dem Ball auf verschiebende Gegenspieler zu dicht auflaufen, woraus ein großer Deckungsschatten resultiert. Dann ist die Spielfortsetzung in die Tiefe meist nicht mehr möglich. Deshalb müssen das Erkennen der Spielsituation, das rechtzeitige Abspiel zu einem Mitspieler oder das Abstoppen und die Ballsicherung durch einen Rückpass und die anschließende Spielverlagerung zur Ballsicherung erarbeitet werden.

– Umsetzung gruppentaktischer Maßnahmen:

Zu den Aufgaben im Angriffsspiel gehören das ständige Aufbauen des Angriffsdreiecks, das Hinterlaufen, Spiel über den Dritten im Zusammenspiel mit dem Mittelfeldspieler oder dem Innenverteidiger. Dabei sollten die beiden Außenverteidiger stets bestrebt sein, durch ihre Aktionen das Einnehmen der Rautenaufstellung durch den Innenverteidiger, die beiden Mittelfeldspieler und die Sturmspitze zu ermöglichen, damit die Mannschaft in bekannte und ihr vertraute Spielsituationen gerät, in denen sie die früher erlernten gruppentaktischen Maßnahmen anwenden kann.

– Ersetzen des Innenverteidigers

Das Anspielen des Innenverteidigers, um im Zentrum den Angriffsaufbau aus den bekannten Spielsituationen des Spiels 1+4:4+1 ermöglichen zu können, verlangt von den beiden Außenverteidigern, dass sie den nach vorne agierenden und die gruppentaktischen Maßnahmen auslösenden Innenverteidiger ersetzen und die gegnerische Angriffsspitze gegebenenfalls übernehmen.

Variation: Die VW-Aufstellung

Die Erweiterung der Rautenaufstellung um zwei Spieler lässt sich auch durch die Hinzunahme zweier Angreifer erreichen. Dies führt zu einer offensiven Grundordnung im Spiel 7:7.

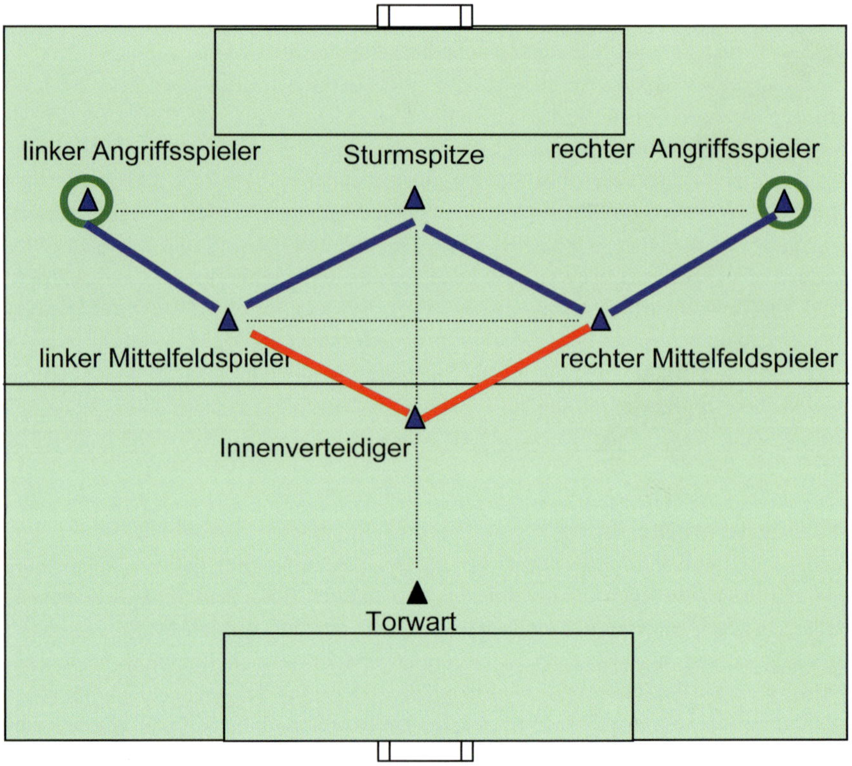

Abb. 13. 10: Die VW-Aufstellung im Spiel 1+6

Diese offensive Aufstellungsform zwingt den Gegner zur Tannenbaumaufstellung, woraus sich eine klare Gegenspielerzuordnung ergibt. Sie verlagert das Spielgeschehen vornehmlich in die gegnerische Spielfeldhälfte und ist dadurch äußerst anfällig gegen ein schnelles Konterspiel. Deshalb sollte diese Formation nur von sehr spielstarken Mannschaften mit technisch guten Spielern, sehr laufstarken Mittelfeldspielern sowie einem äußerst schnellen und ballsicheren Innenverteidiger gewählt werden.

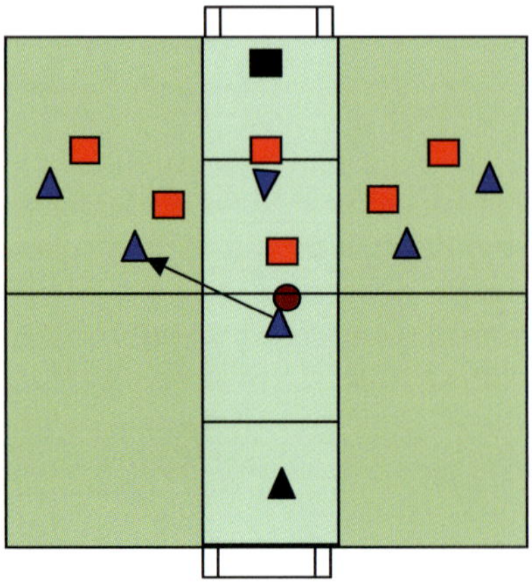

Abb. 13. 11: Aktionsräume der Außenstürmer

Aufgaben der beiden Außenangreifer:

Angriff:

– Spiel öffnen:
Das Einnehmen der Positionen auf den „Außenbahnen" nahe der Außenlinien durch die Außenstürmer ermöglicht ein breit angelegtes Angriffsspiel. Den Verteidigern fällt es dadurch schwer, einerseits Lücken vor dem Tor zu schließen und andererseits die Angreifer so eng zu decken, dass sie bereits bei der Ballannahme unter Druck gesetzt werden können. Bei enger Manndeckung der Außenstürmer werden zwei Abwehrspieler auf den Flügeln gebunden, sodass die Mittelfeldspieler und der Innenverteidiger im Zentrum Durchbruchsräume vorfinden. Rücken die beiden Außenverteidiger nach innen ein, sollen die Außenangreifer verstärkt in das Angriffsspiel zum Herausspielen von Torgelegenheiten einbezogen werden.

– Rückpässe von der Grundlinie:
Durch Dribblings oder Doppelpässe sollen die Außenstürmer zur Grundlinie gelangen und durch Pässe in den Rücken der Abwehr für Torgefahr sorgen. Dazu sollte der ballferne Außenstürmer einrücken, um ebenfalls Torgefahr auszustrahlen.

– Tore erzielen:
Ein guter Stürmer muss Tore erzielen. Von den Außenpositionen ist das nur schwer möglich. Deshalb sollte der ballferne Außenstürmer bei Durchbrüchen auf dem gegenüberliegenden Flügel nach innen in Richtung zweiter Pfosten einrücken, um weite Flanken verwandeln zu können oder mit der Sturmspitze zu kreuzen. Bei ballsichernden Pässen sollte er jedoch darauf achten, dass er das Spiel „auseinander zieht".

– Umsetzung gruppentaktischer Maßnahmen:
Die Außenangreifer agieren vornehmlich mit dem Mittelfeldspieler auf ihrer Seite und der Sturmspitze zusammen. Das ständige Aufbauen des Angriffsdreiecks, das Freilaufen auf dem Flügel, das Hinterlaufen und das Eröffnen des Hinterlaufens durch den Mittelfeldspieler gehören zu den wichtigsten gruppentaktischen Aufgaben der Außenangreifer.

– Ersetzen des Mittelfeldspielers:
Werden die Außenspieler angespielt, sollten sie versuchen, von der Außenlinie etwas nach innen zu ziehen, um sich den Raum für Durchbrüche zur Grundlinie oder dem Mittelfeldspieler Platz für das Hinterlaufen zu verschaffen. Dadurch wechseln sie oft die Positionen mit den beiden Mittelfeldspielern, deren Positionen sie durchaus beim schnellen Umschalten von Angriff auf Abwehr einnehmen können.

Abwehr:
» Schnelles Zurückziehen hinter den Ball und frühes Stellen des Ballbesitzers;
» Übernehmen eines Gegenspielers im Aktionsraum auf der inneren Linie;
» früher Ballgewinn durch Forechecking;
» Passwege zustellen durch Einrücken in ballfernen Spielsituationen.

Variation: Die WM-Aufstellung

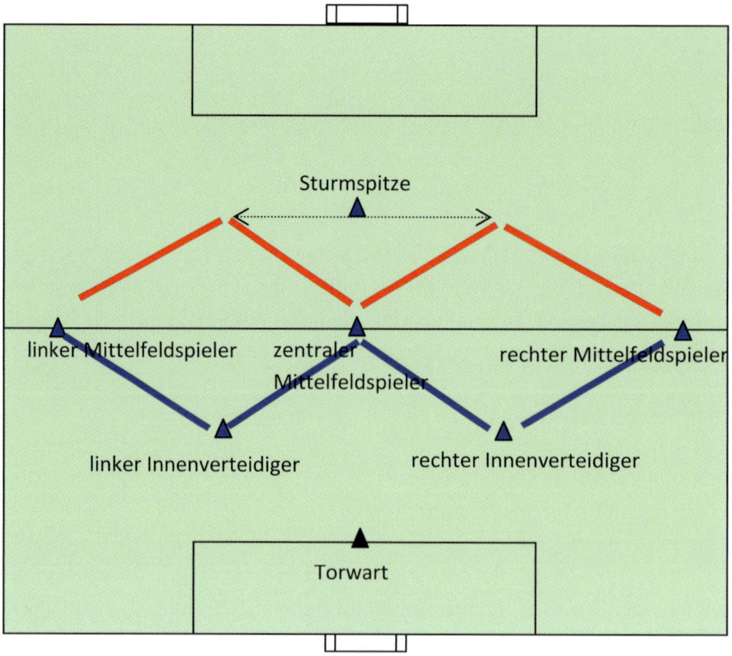

Abb. 13.12: Die WM-Aufstellung im Spiel 1+6

Bei fortschreitender Entwicklung des mannschaftstaktischen Verhaltens lässt sich ein Kompromiss aus den beiden vorangehenden Aufstellungsformen eingehen. Das Bestreben, die übervorsichtige defensive oder riskante offensive Einstellung abzubauen, lässt sich mit einer Dreierachse im Mittelfeld umsetzen. Durch den linken und rechten Mittelfeldspieler kann die Offensive situativ mit einem oder sogar mit zwei Mittelfeldspielern „überfallartig" verstärkt werden, wodurch sich zahlreiche Variationsmöglichkeiten ergeben. Ebenso kann bei einem notwendigen schnellen Umschalten die Defensive durch zurücklaufende Mittelfeldspieler verstärkt werden. Eine wichtige Rolle bei diesem System fällt der Sturmspitze zu. Sie sollte stets auf die Ballseite verschieben, sodass sich eine Raute ergibt. Bei Spielverlagerungen wechselt sie mit dem Ball zur anderen Seite und bildet dadurch wieder die Spitze der zweiten Raute. So könnte man auch, mathematisch nicht ganz korrekt, von einer „Doppelrauten-Aufstellung" reden.

Das Spiel 9:9: 1-3-3-2- System

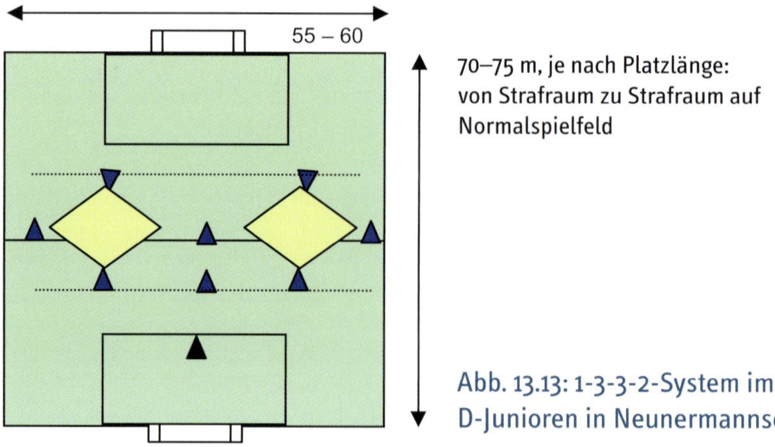

Abb. 13.13: 1-3-3-2-System im Spiel der D-Junioren in Neunermannschaften

Das Spiel 11:11: 1-4-4-2-System

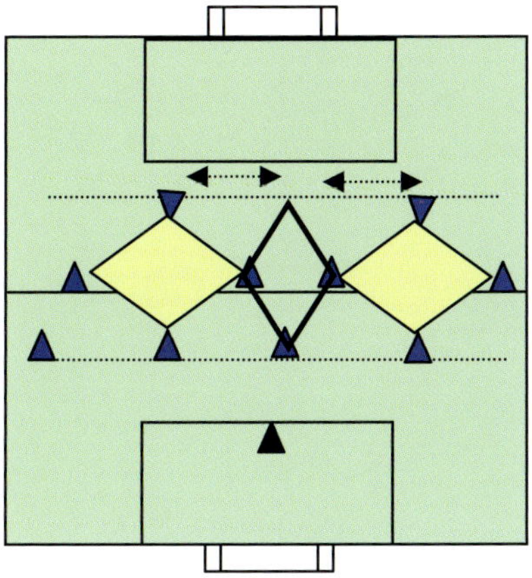

Abb.13.14: 1-4-4-2-System im institutionaliserten Zielspiel

Die Spielsysteme 9:9 und 11:11 können aus einer konsequenten Fortsetzung des eingeschlagenen Wegs mit der Dreiecks- bzw. Rautenaufstellung entwickelt werden. Aufgrund der Komplexität spielen sie im Sportunterricht nur eine untergeordnete Rolle und kommen nur gelegentlich zur Anwendung. Die im Sportunterricht fast immer anzutreffende Leistungsheterogenität führt bei solchen Mannschaftsstärken zu einem Ungleichgewicht der Ballkontakte, schwächere Spieler fungieren nur noch als Statisten und kommen kaum in Ballbesitz. Deshalb wird an dieser Stelle darauf nicht näher eingegangen.

Den Betreuern von Arbeitsgemeinschaften im Schulsport oder Wettkampfmannschaften soll jedoch der Hinweis gegeben werden, dass sich das seit einigen Jahren im Verbreitungsgebiet des Württembergischen Fußballverbands bei den D-Junioren praktizierte Spiel 9:9 im Spielsystem 1-3–3-2 ebenso in einer „Doppelraute" umsetzen lässt wie das institutionalisierte Zielspiel 11:11 ab den C-Junioren im 1-4-4-2.

Vereinstrainer müssen an dieser Stelle auf die weiterführende Fachliteratur verwiesen werden, denn mit der Diskussion um das „optimale" Spielsystem für die einzelnen Mannschaften öffnet sich das weite Feld der Spielphilosophien, das hier nicht ansatzweise in einem gebührenden Umfang bearbeitet werden kann. Es sei jedoch angemerkt, dass die Qualität der Einzelspieler in der Offensive und Defensive die Wahl des Spielsystems bestimmen sollte und nicht die Vorliebe eines Trainers für ein System. In der langfristigen gezielten Ausbildung von Kindern und Jugendlichen im Rahmen der Ballspielschule werden die taktischen „Basics" so umfassend und variabel angelegt, dass es den Spielern nicht schwerfallen dürfte, sich in verschiedene Systeme zu integrieren, weil sie die Grundlagen des Zusammenspielens und überhaupt das Lernen erlernt haben.

13.3 Handball: Vom 1+4:4+1 zum Zielspiel 1+6:6+1

Im bisherigen Verlauf der Ausbildung wurden im Handball die Spielpositionen der Raute mit „Spielmacher", „rechter und linker Flügelspieler" und „Kopf bzw. Kreisläufer" bezeichnet. Bei der Erweiterung auf das komplexe Mannschaftsspiel werden die beiden Flügelspieler der Raute nun zu den Rückraumspielern rechts und links, wodurch das „Herzstück" der Mannschaft erhalten bleibt. Die beiden weiteren Spielpositionen nehmen der Rechts- und Linksaußen ein, sodass es ohne große Veränderungen zu einer 3:3-Aufstellungsformation kommt.

Das Spiel 7:7: (1)+3:3-Angriffsformation

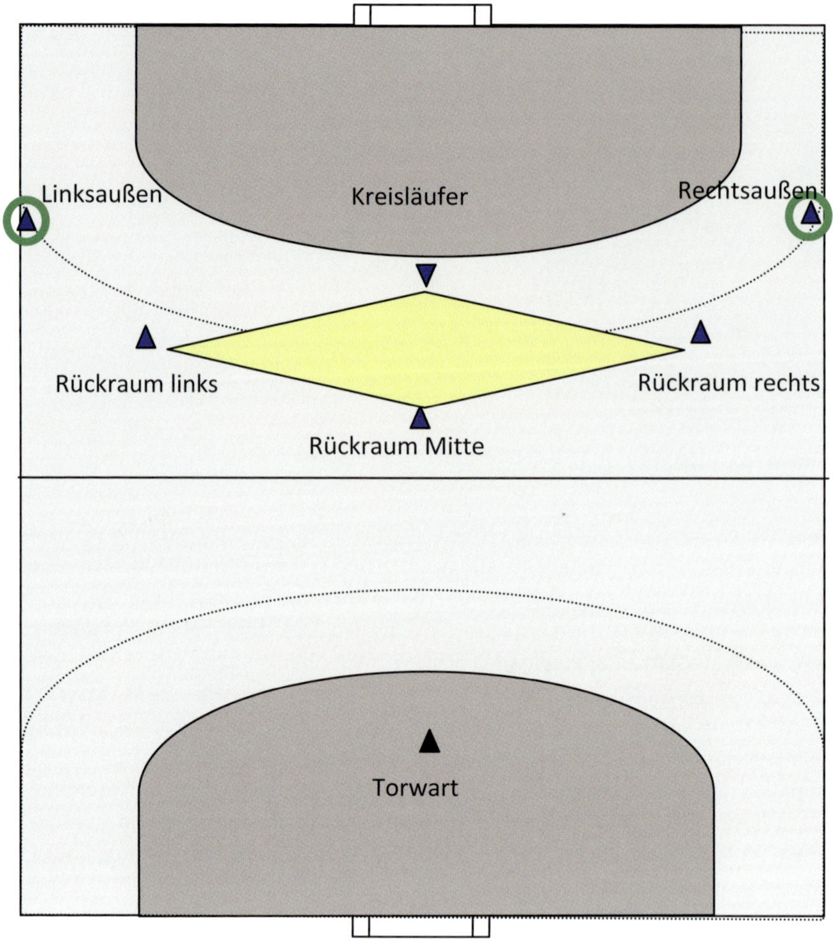

Abb. 13.15: 3:3-Angriffsformation im Handball

Für die 3:3-Angriffsformation fallen keine weiteren neuen Spielerrollen an, da die Flügelspieler der Raute die gruppentaktischen Maßnahmen als Außenspieler bereits erlernt haben. Lediglich die räumlich-zeitliche Abstimmung ist nun im Mannschaftsspiel zu schulen und gruppentaktische Maßnahmen sollten auch auf das Zusammenspiel in dem linken Spielsektor mit Linksaußen, Rückraum links, Rückraum Mitte und Kreisläufer sowie in dem rechten mit Rechtsaußen, Rückraum rechts, Rückraum Mitte und Kreisläufer übertragen werden. Ebenso ist das mannschaftstaktische Zusammenspiel mit Überlagerung und vor allem dem Parallelstoß zu schulen und die Umsetzung taktischer Grundsätze nachhaltig zu entwickeln.

Um Struktur in das mannschaftstaktische Verhalten zu bringen, müssen die Spieler nach einem Ballgewinn und nicht möglichen schnellen Gegenstoß zunächst die Aufbauphase organisieren und für das Positionsspiel die jeweiligen Aktionsräume einnehmen. Für den Rechts- und Linksaußen ergeben sich die folgenden Aktionsräumen:

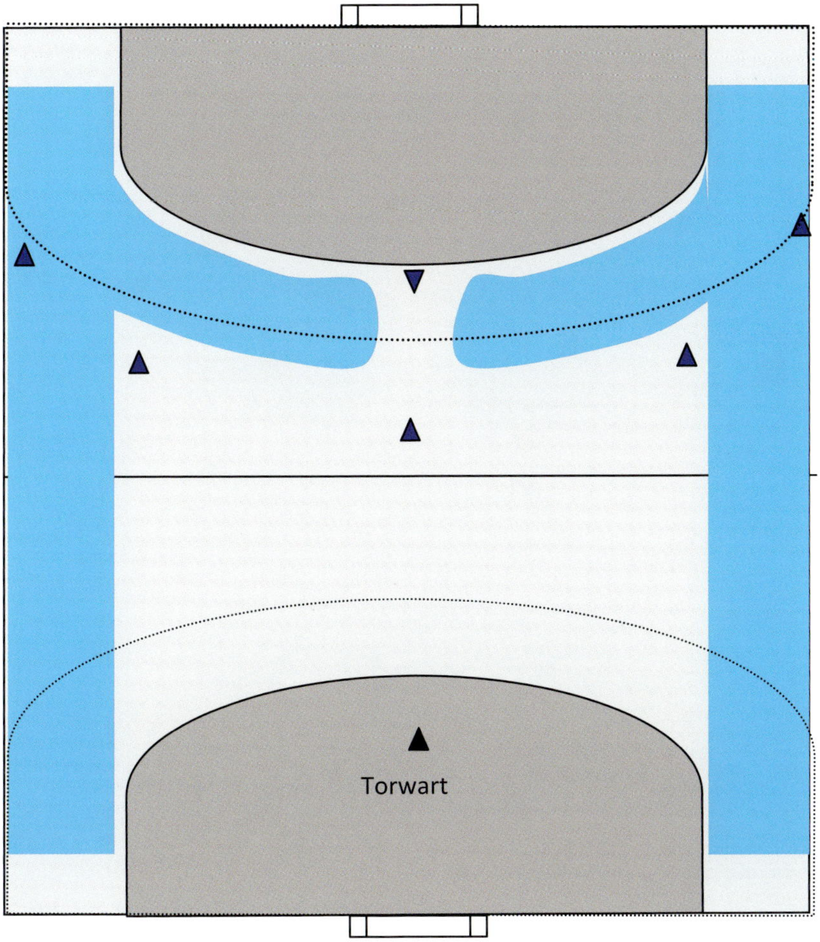

Abb. 13.16: Aktionsräume (hellblau) von Rechts- und Linksaußen in der 3:3-Angriffsformation

Aufgaben von Rechts- und Linksaußen im Angriff:

» In Lücken stoßen zwischen den beiden äußeren Abwehrspielern;
» Angriffsabschluss vom Flügel suchen;
» Gruppentaktische Maßnahmen einleiten wie Übergänge spielen, Parallelstoß usw.;
» Spiel öffnen und Spielverlagerung ermöglichen durch Einhalten der Außenpositionen;
» schnelles Zurückziehen auf Ausgangsposition und Anspielbereitschaft herstellen;
» Tempogegenstöße laufen.

Aufgaben von Rechts- und Linksaußen in der Abwehr:

» Schnelles Umschalten von Angriff auf Abwehr, um Tempogegenstöße zu verhindern;
» Heraustreten und gegnerischen Flügelspieler früh stellen;
» Pässe zum Flügelspieler ablaufen;
» Einrücken und Aushelfen im Abwehrverbund.

Als Abwehrsystem sollte im Schulsport die 3:2:1-Abwehrformation gewählt werden, um vor allem das Herausspielen der Torgelegenheiten und ein aktives, offensives Verteidigungsverhalten zu schulen.

3:2:1-Abwehrformation:

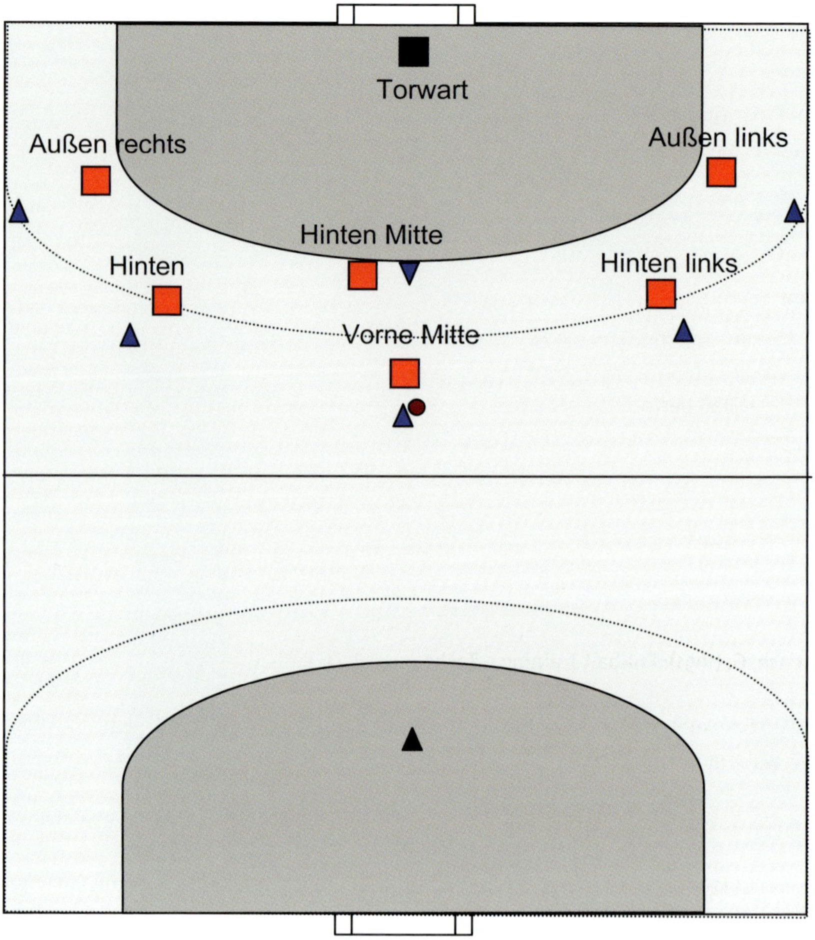

Abb. 13.17: Die 3-2-1-Abwehrformation bei einer 3:3-Angriffsformation

Literaturverzeichnis

Abraham, U./Baumann, J. (2007): Kompetenzorientiert unterrichten, in: Praxis Deutsch, Heft 203

Adolph, H./Hönl, M. (1993): Integrative Sportspielvermittlung, Psychomotorik in Forschung und Praxis – Band 18, Kassel

Afflerbach, H./Grözinger, S./Moosmann, K./Rettich, D./Stephan, M. (2004): Ballorientierte Koordination, Württembergischer Fußballverband e.V., Stuttgart

Albeck, T./Zöller, H. (2001): Kindgerechtes Fußballtraining, Handbuch für Jugendtrainer und Sportlehrer/-innen, Württembergischer Fußballverband e.V., Stuttgart

Bauer, G. (1976): Fußball perfekt: Vom Anfänger zum Profi, 3., völlig neubearbeitete Auflage, München

Baur, J./Bös, K./Singer, R. (1994): Motorische Entwicklung. Ein Handbuch, Schorndorf

Beug, R./Kleber, G./Kluwe, E./Knirsch, K./Laumanns, H./Schmid, R.: Schulung und Verbesserung der koordinativen Fähigkeiten, Ministerium für Kultus, Jugend und Sport Baden-Württemberg

Bisanz, G./Gerisch, G. (1991): Fußball Training – Technik – Taktik, aktualisierte Auflage, Reinbeck

Bohler, H. (2006): Spielen lernen durch Taktik lernen – Beispiel Netz- und Wandspiele, in: Sportunterricht, 9, Schorndorf

Brettschneider, W.-D./Westphal G. u. U. (1976): Das Volleyballspiel, Ahrensburg

Brettscheider, W.-D. (2005): Die SPRINT-Studie, Internet: bildungsklick.de/datei-archiv/4033/gesamtbericht_dsb_sprint_studie, pdf; letzter Zugriff: 03.05.11

Cornelius, I. (2010): Auswirkungen der Bevölkerungsentwicklung auf die Sportvereine in Baden-Württemberg, Statistisches Landesamt B-W, Monatshefte 2/2010

Dietrich, K./Landau G. (1974): Beiträge zur Didaktik der Sportspiele, Teil I, Schorndorf

Dietrich, K./Dürrwächter, G./Schaller, H.J. (1976): Die Großen Spiele, Wuppertal

Dietrich, K. (1977): Fußball spielgemäß lernen – spielgemäß üben, 5. Auflage, Schorndorf

Emrich, A. (1994): Spielend Handball lernen in Schule und Verein, Wiesbaden

Fisette, J. (2006): Spielverständnis lehren durch das „Taktik-Spiel-Modell" – Beispiel Basketball, in: Sportunterricht, 9, Schorndorf

Hagedorn, G./Niedlich, D./ Schmidt, G. J. (1977): Basketball-Handbuch, 3. Auflage, Berlin

Hagedorn, G./Niedlich, D./ Schmidt, G. J. (1996): Das Basketball-Handbuch, Reinbeck bei Hamburg

Hasler, H. (1982): Fußball spielen lernen, in: Sporterziehung in der Schule, Heft 3/4

Hohmann, A./Kolb, M. u. Roth, K. – Hrsg. (2005): Handbuch Sportspiel, Schorndorf

Hotz, A. (1985): „Lernen und Lehren auf Schnee und Ski"- anno 1985, unveröffentlichtes Skript des Lehrgangs für Multiplikatoren Skilauf alpin vom 30.04. – 03.05.1987, Hannes Reiber, Staatliche Sportakademie Ludwigsburg

Hotz, A. (1986): Qualitatives Bewegungslernen, Zumikon (CH)

ISB, Herausgeber: Staatsinstitut für Schulqualität und Bildungsforschung, 2006: Kompetenz ... mehr als nur Wissen! Informationsblatt; Internet: http://www.kompas.bayern.de/userfiles/infokompetenz.pdf, letzter Zugriff: 21.09.11

Kern, U./Söll, W. (2005): Praxis und Methodik der Schulsportarten, 3., überarbeitete Auflage, Schorndorf

König, S./Eisele A. (1999): Handball unterrichten, 2. Auflage, Schorndorf

Kröger, Ch./Roth, K. (1999): Ballschule, Ein ABC für Spielanfänger, Schorndorf

Kurz, D./Sonneck, P. (1996): Die Vereinsmitglieder – Formen und Bedingungen der Bindung an den Sportverein. In: Kurz, D./Sack, H.G./Brinkhoff, K.-P. (Hrsg.). Kindheit, Jugend und Sport in Nordrhein-Westfalen – Der Sportverein und seine Leistungen – Eine repräsentative Befragung der nordrhein-westfälischen Jugend – Abschlussbericht. Düsseldorf

Loibl, J. (2001): Basketball – Genetisches Lehren und Lernen, spielen – erfinden – erleben – verstehen, Schorndorf

Ministerium für Kultus, Jugend und Sport (2004): Bildungsplan 2004 – Allgemein bildendes Gymnasium, Stuttgart

Ministerium für Kultus, Jugend und Sport (2004): Bildungsplan 2004 – Grundschule, Stuttgart

Naldi, Beat (1990): 4 tegen 4 (Holländischer Fußball-Verband), Lenzburg Kinder-Fußballschule, Staffelbach (CH)

Neumaier, A. & Mechling, H. (1995): Taugt das Konzept koordinativer Fähigkeiten als Grundlage für sportartspezifisches Koordinationstraining? In P. Blaser, K. Witte & Ch. Stucke (Hrsg.), Steuer- und Regelungsvorgänge der menschlichen Motorik (S. 207 – 212). St. Augustin

Pöhlmann, R. (1986): Motorisches Lernen – Psychomotorische Grundlagen der Handlungsregulation sowie Lernprozessgestaltung im Sport, Berlin

Pöhlmann, R. (1994): Motorisches Lernen – Bewegungsregulation, Psychomotorik, Rehabilitation, Reinbeck bei Hamburg

Röthig, P. (1983): Sportwissenschaftliches Lexikon, 5., neu bearbeitete Auflage, Schorndorf

Roth, K./Kröger, Ch./Memmert, D. (2002): Ballschule Rückschlagspiele, Schorndorf

Scheuer, W. (1982): Hockey, Eine Spielschule für die Praxis in Schule und Verein, Stuttgart

Scheuer, W./Schmidt, G./Zöller, H (1986).: Praxis-Handbuch Sport 1 – Die Großen Spiele, Böblingen

Scheuer, W./Schmidt, G./Zöller, H (1986).: Praxis-Handbuch Sport 2 – Die Großen Spiele, Böblingen

Scheuer, W. (a.a.O.): Unveröffentlichte Seminarunterlagen am Staatlichen Seminar für Schulpädagogik Weingarten

Scheunpflug, A. (2001): Biologische Grundlagen des Lernens, Berlin

Schmidt, W. (1991): Lehren und Lernen im Sportspiel, Sportwissenschaft und Sportpraxis, Ahrensburg bei Hamburg

Schmidt, W. (2004): Fußball: Spielen – Erleben – Verstehen, Schorndorf

Schmidt, W. (2006): Kindertraining, Fußballspielen 4 – 12, Württembergischer Fußballverband e.V., Stuttgart

Singer, E. (1976): HallenHandball: Technik – Taktik – Konditionsarbeit, Stuttgart

Söll, W. (1973): Differenzierung im Sportunterricht, 1. Teilband, Schorndorf

Söll, W. (1979): Differenzierung im Sportunterricht, 2. Teilband, Schorndorf

Söll, W. (2003): SPORTunterricht – sportUnterrichten, 5. Auflage, Schorndorf

Spitzer, M. (2002): Lernen – Gehirnforschung und die Schule des Lebens, Heidelberg/Berlin

Steinhöfer, D. (2003): Grundlagen des Athletiktrainings, Theorie und Praxis zu Kondition, Koordination und Trainingssteuerung im Sportspiel, Münster

Steinhöfer, D./Remmert, H. (2004): Basketball in der Schule – Spielerisch und spielgemäß vermitteln, 6. überarbeitete und erweiterte Auflage, Münster

Stemper, T. (1982): Differenzierung des Sportunterrichts, Sportunterricht, 10, Schorndorf

Weineck, J. (1983): Optimales Training – Leistungsphysiologische Trainingslehre, Erlangen

Wurzel, B. (2008): Was heißt hier „spielgemäß"? in: Sportunterricht, 11, Schorndorf

Wydra, G. (2000): Beliebtheit und Akzeptanz des Sportunterrichts, Eine Empirische Erhebung zur Situation des Schulsports im Saarland; Internet: http://www.sportpaedagogik-sb.de/pdf/Schulsport %, letzter Zugriff: 06.09.11

Register

A

Abschlusshandlung 218
Abwehrformation 399, 468
Abwehrmaßnahmen
– gruppentaktische 267, 277, 368
Abwehrsystem 399
Abwehrverhalten in Unterzahl 220
Analysator 45, 55, 60
– akustischer 55
– kinäthetischer 55
– vestibulärer 55
– visueller 55
Angriffsabschluss 221, 279
Angriffsauslösung 267, 268, 412, 423
Angriffsdreieck 9, 221, 273, 278, 279
Angriffsmaßnahmen
– gruppentaktische 277, 279, 281, 368
Angriffsspitze 221, 279
Antizipationsfähigkeit 55, 107, 181, 193, 207, 279
Antriebsregulation 41
Arbeitsgedächtnis 268
Ausbildung
– koordinative 58
– spielspezifische 267
– sportspielgerichtete 106
Ausbildungsinhalte der Jugend-Ballspielschule
– gemeinsame Elemente 101
Ausbildungsinhalte der Kinder-Ballspielschule
– identische Elemente 100
Ausführungsregulation 41
Auslösezeichen 268
– Auslöser 38, 220
Außenaspekt des Lernens 44

B

Ballan-/-mitnahme 56
Ballannahme 182, 218, 279
Ballgewinn – Ballverlust 280
Ballkoordination 58, 267
– allgemeine Schulung 62
Ballschule
– fähigkeitsorientierte 62
– fertigkeitsorientierte 62
– spielerisch-situationsoriente 61
Ballsicherung 281, 477
Ballspielschule 10, 44
Balltechniken 267
Bandbasketball 204
Bandgasse 204
Basiselemente
– individualtaktische 267
Basistechniken 94, 95
Bausteinkasten 268
Bewegungsantrieb 107
Bewegungsgedächtnis 46
Bewegungsgefühl 55
Bewegungslernen 44
Bewegungsprogramme 46
Bewegungsvorsprung 99, 100
Bewegungsvorstellung 45, 423

C

Center 280
Codewort 396, 466
Cut and Fill 279

D

Deckungsschatten 80, 90, 172, 477
Denken
– strategisches 37
– taktisches 107, 221, 267
Differenzierung 117, 182, 207, 212
Differenzierungsfähigkeit 41, 58, 107
Divergenz
– taktische 279
Doppelpass 90, 222
Drachenaufstellung 106, 229, 278
Dreiecksaufstellung 99, 192, 242
Dribbling 55, 56, 206, 217, 220, 242
Druckbedingungen 60
Drucksituationen 242

E

Elemente
– mannschaftstaktische 268
Emotion 38
Entscheidungsfähigkeit 99, 206, 207, 219
Entwicklung
– emotionale 30
– kognitive 30
– motorische 30, 37
– soziale 30
Erfolgswahrscheinlichkeit 207, 280

Erziehung
- durch Sport 38
- zum Sport 38

F
Fachkompetenz 67
Fähigkeiten 9, 38
- koordinative 44, 268
Fähigkeitskomplexe 41
Fähigkeitstheorie 60
Fertigkeiten 9, 38
Finten 57, 220, 242
Flügelspieler 221, 278
Förderung
- individuelle 117
Forechecking 368
Freilaufen 56, 57, 80, 90, 100, 221, 267, 282
Freilaufen des Centers 322
Fünfer-Würfel-Blick 98

G
Gedächtnis 107
Gehirn 10, 106
Give and Go 90, 222
Gleichgewichtsfähigkeit 57
Gleichzahlspiele 242, 278
Große Sportspiele 11, 106
Grundlagenausbildung 19
Grundordnung 221, 242, 267, 368, 468, 476
Grundposition 99
Grundregeln
- taktische 175, 281
Grundsituation
- Aufbauen – Stören 242
- Herausspielen von Torgelegenheiten – Abschirmen des Tores 219
- Torschuss – Torabwehr 205
Grundsituationen 100, 220
Grundstruktur 106
Grundtätigkeiten
- motorische 58, 59, 107, 267, 268
Gruppentaktik 267

H
Handlungsdramatik 39
Handlungskompetenz 67, 282
Handlungslernen 44
Handlungsplan 45, 46, 190, 219, 396
Handlungsschnelligkeit 279
Heidelberger Ballschule 60
Heraustreten 399, 483
Hinterlaufen 279

I
In and Out 90
Informationsaufnahme 44, 46, 56, 60, 219
Informationsverarbeitung 44, 46, 219
Innenaspekt des Lernens 44
Innensicht 367
innere Linie 220
Inszenierung von Spielsituationen 281
Interaktion 37, 190, 368
Interaktionskompetenz 37

J
Jugend-Ballspielschule 101, 267, 282

K
Keimzelle des Spiels 220
kick and rush 267
Kinder-Ballspielschule 90, 100, 267
Kleine Spiele
- mit indirektem Störspieler 173
Kompetenz
- soziale 280
Kompetenzen
- personale 278
Konfrontationsspiel 281
Konvergenz
- taktische 279
Koordination 268
Koordinationsbausteine 62
Koordinationsschulung
- spielsituationsorientiert 217
Kopplungsfähigkeit 57
Kreisläufer 280, 481

L
Leistungsmotivation 38
Lernbereitschaft 268
Lernen 57, 80, 278
- entdeckendes 172
- explizites 281
- induktives 172
- spielerisch-implizites 281
- taktisches 34, 172, 190, 268
Lernfähigkeit 60
Lerngespräche 107
Lernprozesse
- kognitive 106
- motorische 106
- taktische 268

Lerntransfer 9
Lösen
 – von Spielsituationen 45, 217, 279

M
Mann-Mann-Verteidigung 131, 234, 242, 267, 399
Mann-Raum-Verteidigung
 – defensiv 368
 – kombiniert 368
Mannschaftsbildung 39
Mannschaftsspiele
 – komplexe 267, 469
Maßnahmen
 – gruppentaktische 477, 479, 483
Merkfähigkeit 41
Methode
 – spielgemäße 131
Methodenkompetenz 67
Mini-Sportspiel 278
Mini-Sportspiele 106
Misserfolgswahrscheinlichkeit 280

N
Nebenstraße
 – Übungsformen 193
Netzwerk 106

O
Orientierungsfähigkeit 56, 217, 279
Orientierungsregulation 41

P
Parallelstoß 483
Passen und Annehmen 219
Passen und Laufen 292
Phasen
 – sensible 39, 57, 58
Phasenstruktur
 – von Bewegungshandlungen 46
 – von Spielhandlungen 46

R
Raumdeckung 221
Raumverteidigung 456
Raute 9, 221
Rautenaufstellung 9, 222, 229, 267, 468, 475
Reaktionsfähigkeit 56, 57, 58
Rechtsaußen 481
Reflexionsphase 278
Reflexionsphasen 107
Rhythmusfähigkeit 56, 58
run and gun 267

S
Sachanalyse 205, 219, 242
Schneiden 90
Schneiden des Spielmachers 292
Schrittregeln 56
Schulsportuntersuchung 11, 12
Selbst- und Sozialkompetenz 67
Sichern 222
Spacing 475
Spannschuss 207
Spannungsgehalt 38
Sperre 279
Spiel 7vs7 482
Spiel 11vs11
 – 1-4-4-2-System 481
Spielanalyse 412
Spielantizipation 99
Spielausbildung.
 – fähigkeitsorientierte 44
Spielfähigkeit 19
 – allgemeine 19
Spielgedanke 29, 159
Spielhandlung 101
Spielmacher 90, 221, 278
Spiel öffnen 281, 336, 397, 466, 477, 479, 483
Spielphilosophie 268, 280, 481
Spielposition 220
Spielraum verengen 336, 397, 466
Spielregeln 29
Spielstraße 116, 159, 281
Spielsystem 9, 481
Spielverhalten
 – ballorientiertes 220, 221
Spielverlagerung 281, 477, 483
Spielverständnis 279
SPRINT-Studie 12
Sprungwurf 207
Statistik des Gebrauchs 107
Stellen des Angreifers 281
Steuerungsvariablen 172, 189, 190, 191, 281
Stoßen 90
Stoßen auf Lücke 399
Stoßen des Flügelspielers 400
Straßenspiel 19, 20, 22
Stresssituation
 – im Spiel 38
Sturmspitze 234, 280

T

Tackling 57
Taktikbausteine 61
Taktik der Mini-Sportspiele 267
Taktikspiele
– problemorientierte 368
Taktik-Spielkonzept 131, 281
Tannenbaumaufstellung 475, 478
Technikbausteine 63
Technik-Taktik-Methode 131
Tempodribblings 477
Tempogegenstoß 483
Torschuss-/Torwurf-/Korbwurfspiele 140, 205
Trampelpfad 107
Transfer 242
Turnierform 411
Turniermodell 4 gegen 4 386

U

Übergang spielen 422, 483
– durch Flügelspieler 422
Übernehmen und Übergeben 220
Überzahlspiele 140, 219, 220, 278
Übungsform 182, 282
Umschalten
– von Abwehr auf Angriff 242
– von Angriff auf Abwehr 220, 242, 280, 281, 395, 398, 466, 483

V

Vehikelspiele 191, 193
Vernetzung 106, 139
Verschieben 281
Vogelaufstellung 105, 106, 229, 278
VW-Aufstellung 478

W

Wahrnehmung 41, 101
– einer Spielsituation 45
Wahrnehmungsfähigkeit 217, 222, 235, 272, 273
Wahrnehmungsschulung
– strukturiert 98
Weingärtner Übertragungsmodell 116
Wenn-dann-Prinzip 220, 281
Werfen und Fangen 181

Z

Zielschussspiele 100, 159
Zurückziehen hinter den Ball 281

Über den Autor

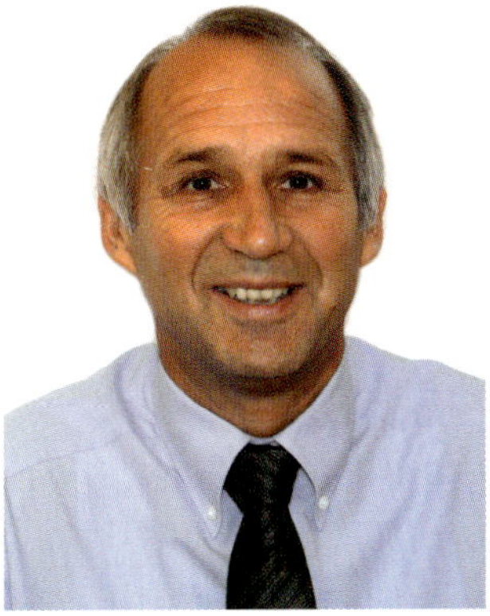

Jahrgang 1956, Studium in den Fächern Sport und Germanistik an der Albert-Ludwigs-Universität in Freiburg.

Seit 1982 im Schuldienst des Landes Baden-Württemberg am Gymnasium Weingarten, Albert-Einstein-Gymnasium Ravensburg und jetzt am Störck-Gymnasium Bad Saulgau. Referent bei zahlreichen Fortbildungen zur Spielvermittlung und der koordinativen Ausbildung im Sport.
Von 1984–1999 in der Funktion als Multiplikator für Skilauf an Schulen der Staatlichen Sportakademie Ludwigsburg mehrmalige Begegnungen mit Arturo Hotz und dessen Theorie „Qualitatives Bewegungslernen". Übertragung der wesentlichen Gedanken auf den Sportspielbereich.
Von 2003 bis 2007 als Fachberater Sport für das Regierungspräsidium Tübingen tätig.

Seit 1992 Mitarbeiter beim Württembergischen Fußballverband, zunächst als Instruktor für kindgerechtes Fußballtraining, danach als Mitglied des Trainerlehrstabes.
Ständige Durchführung von Aus- und Fortbildungsveranstaltungen im Fußball für Junioren- und Aktiventrainer. Inhaber der A-Lizenz des Deutschen Fußball-Bundes.

Als Jugendtrainer im Fußballverein von den F- bis zu den B-Junioren und Leiter von Fußball-, Kinder- und Jugendcamps sammelte der Autor über die Schule hinaus umfangreiche Erfahrungen in der Spielvermittlung auch mit Primarschülern.

In seiner jetzigen Tätigkeit als Fachleiter für Sport am Staatlichen Seminar für Didaktik und Lehrerbildung Weingarten liegt ein Schwerpunkt in der zielorientierten Umsetzung der Bildungspläne. Sein besonderes Interesse in der Ausbildung der Referendare für das Höhere Lehramt an Gymnasien gilt der schul- und entwicklungsgerechten Ballspielvermittlung unter dem Aspekt des spielgemäßen und nachhaltigen Lernens.